국어 교육을 위한

학교 문법 1

언어와 국어·음운·형태·통사·의미

국어 교육을 위한
학교 문법 1

언어와 국어·음운·형태·통사·의미

나찬연 지음

경진출판

'학교 문법(學校文法)'은 국어를 규범대로 바로 쓰도록 하기 위하여 초·중등학교에서 가르치는 문법을 이른다. 곧, 학교 문법은 초등학교와 중·고등학교의 교육과정에서 제시한 내용에 기반하여 문법 교과서에 반영되어 있는 문법 교육의 체제와 내용이다.

지은이는 2000년 무렵에 학교 문법을 종합적으로 해설하는 책을 발간하려는 계획을 세웠다. 이러한 뜻에서 발간한 첫 책이 『한글 맞춤법의 이해』였고, 그 후로 '현대 국어, 중세 국어, 근대 국어, 훈민정음, 표준 발음법, 국어 의미론' 등 학교 문법의 내용을 풀이하고 보충하는 교재를 잇달아 발간하였다. 그동안의 노력이 헛되지 않아서 2024년 2월에는 학교 문법의 교육 내용을 종합적으로 기술한 책을 『학교 문법의 이해』라는 제목으로 간행하였다. 그 후 교육과정이 개편됨에 따라서, '2022 개정 국어과 교육과정'에 따른 〈화법과 언어〉에 기술된 교육 내용을 반영하여, 이번에 『국어 교육을 위한 학교 문법 1, 2』를 새롭게 내놓게 되었다.

지은이는 학교 문법의 내용을 두 권의 책에 나누어서 실었다. 『국어 교육을 위한 학교 문법 1』에는 현대 국어의 공시적인 모습을 중심으로 하여, '언어와 국어·음운론·형태론·통사론·의미론·어문 규정' 등의 내용을 다루었다. 그리고 『국어 교육을 위한 학교 문법 2』에는 국어사를 중심으로 하여, '차자 표기법·중세 국어·근대 국어·국어의 특징'을 다루었다. 특히 『학교 문법 2』에서는 근대 국어의 문법 현상을 중세 국어와 비교하면서 기술함으로써, 학습자들이 15세기의 중세 국어로부터 19세기 말의 근대 국어에까지 국어사의 흐름을 이해할 수 있도록 하였다.

『국어 교육을 위한 학교 문법 1, 2』는 다음과 같은 방법으로 내용을 기술하였다. 첫째, 이 책에서 쓰인 문법 용어와 내용 체제는 '2022 개정 국어과 교육과정'에 따른 〈화법과 언어〉에 기술된 대로 따랐다. 둘째, 『학교 문법 1』과 『학교 문법 2』는 비록 국어과 교육과정에 따른 〈화법과 언어〉의 내용을 다루고 있지만, 실제로는 학교 문법의 내용을 대학교 학부의 전공 교과목의 수준에서 다룬다. 따라서 이 책은 고등학교 교사가 수업을 운영할 때에 '교사용 지도서'의 역할을 할 수가 있으며, 사범대학교의 졸업생들이 중등 교사 임용 시험을 준비하는 데도 충분히 기여할 것이다. 셋째, 학교 문법의 내용을 쉽게 소개하고자 하는 기본 취지를 살리기 위해서 지은이의 개인적인 견해를 밝히지 않았다.

셋째, 학교 문법의 내용에는 포함되어 있지 않지만 이미 학계에서 인정받고 있는 이설(異說)이나 심화된 문법 내용은 글상자에 넣어서 별도로 기술했다. 넷째, 중세 국어와 근대 국어에 관련된 내용은 제7차 교육과정에 따른 『고등학교 문법』(2010)의 '국어의 옛 모습'과 '국어의 역사'의 단원에 기술된 내용을 기본 골격으로 삼고, 학계에서 널리 통용되는 보편적인 이론을 보태어서 기술하였다.

이 책에는 지은이가 앞서 간행한 저서의 내용이 많이 반영되어 있다. 곧, 『언어·국어·문화』, 『표준 발음법의 이해』, 『현대 국어 문법』, 『현대 국어 의미론의 이해』, 『국어 어문 규정』, 『훈민정음의 이해』, 『중세 국어의 이해』, 『중세 국어 강독』, 『근대 국어 문법의 이해』 등에 기술된 내용이 이 책에 실려 있다. 또한 이 책에는 앞선 학자들이 이루어 놓은 연구의 내용도 함께 반영되어 있다. 곧, 최현배 선생님의 『우리 말본』, 허웅 선생님의 『우리 옛말본』, 『국어학』, 『국어 음운학』, 『16세기 우리 옛말본』, 이기문 선생님의 『국어사 개설』, 고영근 선생님의 『표준 중세 국어 문법론』, 김동소 선생님의 『한국어 변천사』, 이광호 선생님의 『근대 국어 문법론』, 임지룡 선생님의 『국어 의미론』 등에 기술된 내용이나 예문이 이 책에 인용되었음을 밝힌다. 머리말의 짧은 글을 통해서나마 선행 연구자분들께 감사의 뜻을 밝힌다.

끝으로 부산대학교 대학원의 국어국문학과에서 『15세기 국어의 시간 표현 연구』로 박사학위를 취득한 나벼리 군이 이 책의 내용을 구성하는 데에 많은 도움을 주었음을 밝힌다. 아울러서 이 책을 편집하고 간행해 주신 경진출판의 양정섭 대표님께 감사의 말을 전한다.

지은이는 이 책이 현직 국어과 교사와 '중등학교 교사 임용 시험'을 준비하고 있는 예비 교사, 그리고 외국인들에게 한국어를 가르치는 한국어 교사에게 학교 문법의 종합적이고 심화된 내용에 대한 길잡이가 될 수 있을 것으로 기대한다.

2024년(甲辰年) 2월에
지은이 씀

차례

제3부 형태론 171

제3부 통사론·······295

제4부 의미론 407

언어와 국어

제1장 언어의 특징

언어는 '음성'으로 된 기호의 체계이므로, 언어의 기본적인 전달 형식은 '음성 언어'이다. 그러나 인간은 '음성 언어'에서 나타나는 시·공간적인 단점을 보완하기 위하여 꽤 오래 전부터 '음성 언어'를 시각적으로 표현하여 사용하여 왔는데, 이것이 '문자 언어(글말)'이다. 제1장에서는 음성 언어와 문자 언어로 이루어진 인간 언어의 특징을 알아본다.

1.1. 음성 언어

1.1.1. 의사소통과 기호

'기호(記號)'의 기본적인 기능은 의사소통(意思疏通, communication)의 기능, 곧 발신자가 품은 뜻(의사)을 어떠한 형식에 담아서 수신자에게 전달하는 기능이다. 인간의 언어도 기호의 일종이므로 인간의 언어의 가장 기본적인 기능은 의사소통의 기능이다.

〈 의사소통에 영향을 주는 요소 〉 의사소통에 영향을 끼치는 요소로는 '발신자'와 '수신자', '기호'와 '메시지', '발화 장면'과 '정보 전달의 통로' 등이 있다.

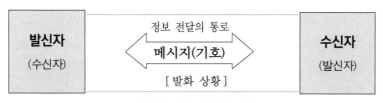

〈 그림 1 〉 정보 전달의 모형

의사소통이 이루어지기 위해서는 먼저 '발신자(addresser)'와 '수신자(addressee)'가 전제되어야 한다. 그리고 발신자는 전달 내용을 기호로 바꾸어서 이를 조합하여 메시지의 형태로 수신자에게 전달하며, 수신자는 발신자로부터 받은 메시지로부터 기호의 의미를 해석한다. 이처럼 발신자가 자신의 생각을 기호로 만드는 과정을 '환기호(換記號, encoding)'라고 하고, 수신자가 기호를 해석하여 이해하는 과정을 '해기호(解記號, decoding)'라고 한다. 이러한 의사소통의 과정은 특정한 시공간적인 장면(발화 상황) 속에서 이루어지므로, '정보 전달의 통로'의 상태도 의사소통에 영향을 미치게 된다.

〈 기호 〉 발신자는 전달하고자 하는 내용을 일정한 형식에 담아서 수신자에게 보내는데, 이때 특정한 전달 형식에 특정한 전달 내용이 결합된 것을 '기호(記號, code)'라고 한다. 곧 기호는 발신자가 수신자에게 전달하고자 하는 전달 내용을 특정한 형식으로 바꾸어 놓은 것이며, 의사소통에 사용되는 유형과 무형의 상징물이다.

$$기호 = \frac{전달\ 형식(form)}{전달\ 내용(concept)}$$

이러한 '기호'는 하나로 이루어진 것도 있지만 여러 기호가 함께 쓰여서 의사 전달를 위한 기호의 체계를 형성하는 수도 있다. 인공 언어인 '모스(morse) 부호'와 '에스페란토어'를 비롯하여 '깃발'이나 '봉화'도 기호에 속하며, '음성 기호'와 '문자 기호'로 실현되는 인간의 자연 언어도 대표적인 기호이다.

    (1) ㄱ. 신호등 : 녹색, 적색, 황색, 화살 표시
        ㄴ. 한국어 : 철수, 집, 자(다)- ; -가, -에서 ; -았-, -다

예를 들어서 (ㄱ)은 신호등의 기호 체계인데 이들 각각의 기호들은 하나의 체계를 이루면서 교차로에서 차마(車馬)의 진행을 제어한다. 그리고 (ㄴ)에서 '철수, 집, 자- ; -가, -에서 ; -았-, -다' 등은 모두 특정한 내용(의미)에 특정한 형식(음성)이 결합되어 있는 기호이며, 이들 기호는 한국어라는 기호 체계를 구성하는 일부 요소이다.

발신자와 수신자가 기호를 통하여 의사소통을 할 수 있는 것은 발신자와 수신자가 그 기호의 체계를 이해하고 있기 때문이다. 따라서 영어의 기호 체계를 모르는 한국인과 한국어의 기호 체계를 모르는 미국인은 그들이 사용하는 기호 체계가 서로 맞지 않으므로 의사소통을 할 수 없다.

〈 메시지 〉 실제 발화 상황에서 발신자는 개별 기호를 단독으로 전달하는 것이 아니라,

이들 기호를 조합하여 '의미 있는 기호의 연속체'로 정보를 전달한다.

　　(2) ㄱ. 적색 및 화살 표시 → 황색 → 녹색 → 황색 → 적색
　　　　ㄴ. 철수가 집에서 잤다.

발신자는 (1)과 같은 개별적인 기호들을 (2)처럼 선조적(線條的)으로 조합하여 수신자에게 전달한다. 이렇게 발신자가 전달하고 싶은 생각이나 느낌을 언어 기호의 연속체로 만들어 놓은 것을 '메시지(傳言, message)'라고 한다. 곧 기호 체계는 의사소통을 위한 재료들의 집합이며, 이 재료들이 의미 있게 조직된 기호의 연속체가 메시지이다.

　〈 발신자와 수신자 〉 동일한 메시지를 사용하여 의사소통을 하더라도, 발신자와 수신자의 의도나 심리 상태에 따라서 메시지의 의미가 다르게 전달되거나 해석될 수도 있다.

　　(3) ㄱ. 잘～ 한다.
　　　　ㄴ. 엄마, 배고파 죽겠어.

(ㄱ)의 메시지 자체는 수신자에 대하여 '칭찬'이나 '격려'의 말이다. 그러나 '학생이 교실에서 친구와 장난을 하다가 유리창을 깬 상황'에서 선생님이 "잘ˇ 한다."라고 발화했다고 하면, 이는 칭찬이 아니라 '질책이나 못마땅함'을 표현한 것이다. (ㄴ)은 학교에 갔다가 집에 막 돌아온 딸이 어머니에게 한 말이다. 이 문장에서 메시지를 문맥 그대로 해석하면 '발신자 자신이 배가 고프다는 것을 표출하는 호소'이지만, 딸의 의도를 미루어 보면 어머니에게 '먹을거리를 요구하는 요청'으로 볼 수 있다. 이처럼 발신자나 수신자의 의도나 심리 상태 등도 메시지의 해석에 영향을 끼칠 수가 있다.

　〈 발화 상황 〉 발신자와 수신자의 의도나 심리 상태뿐만 아니라, '전달이 일어나는 발화 상황(發話 狀況, situation, context)'도 메시지를 해석하는 데에 영향을 줄 수가 있다.

　　(4) ㄱ. 나는 짜장면이다.
　　　　ㄴ. 이명박 대통령이 어제 오전에 미국에 도착했어요.

(ㄱ)의 문장은 문법적인 측면에서 보면 하자가 없는 문장이지만, 의미를 고려한다면 이 문장을 실제로 발화할 수 있는 상황은 그리 많지 않다. 하지만 중화요리 집에서 다수의 손님이 음식을 따로따로 주문하는 발화 상황에서는 (ㄱ)의 문장이 자연스럽게 쓰일 수 있다. 그리고 (ㄴ)의 문장은 문법적으로나 의미적으로 아무런 하자가 없는 문장으로서,

화자와 청자가 대면하면서 발화하는 쌍관적인 장면에서는 아주 자연스럽게 쓰이는 문장이다. 그러나 TV나 라디오의 뉴스와 같은 공식적이고 의례적인 발화 상황에서는 (ㄴ)처럼 '-어요'로 끝나는 반말체의 문장을 발화하면 대단히 어색하게 된다. 따라서 동일한 메시지라도 발화 상황에 따라서 그것을 사용하는 데에 제약을 받는다는 사실을 알 수 있다.

〈 정보 전달의 통로 〉 의사소통이 일어나는 '통로(通路, channel)'의 물리적 · 심리적인 상태도 의사소통에 영향을 미친다.

첫째, 의사소통이 일어나는 물리적인 상태가 의사소통에 영향을 줄 수 있다. 예를 들어서 메시지를 전달할 때에 청각과 시각적인 환경이 양호하여 장애 요소(noise)가 없을 때에는 일상적인 방법으로 의사소통을 할 수 있다. 하지만 주위가 시끄럽다든지 휴대전화를 사용할 때 수신 상태가 좋지 않다든지 하여 의사소통에 물리적인 장애가 발생할 때에는 의사소통의 방법이 달라질 수 있다.

(5) ㄱ. 뭐? 야, 잘 안 들려. 다시 말해봐. 다시 말이야.

　　ㄴ. 철수가 죽었대요, 철수가 죽었어요.

곧 발신자는 의사소통의 장애를 극복하기 위하여, 목소리를 크게 하거나 특정한 언어 표현을 되풀이하여 발화하거나 비언어적인 표현(동작 언어)을 곁들여서 사용하는 등 여러 가지 수단을 쓰게 된다.[1]

둘째, 의사소통에 참여하는 사람의 심리적인 상태도 의사소통에 영향을 줄 수있다. 예를 들어서 우리가 일상 생활에서 주고받는 인사말은 의사소통에서 일어날 수 있는 심리적인 장애를 줄이는 역할을 한다.

(6) ㄱ. 안녕하세요? 선생님.

　　ㄴ. 어이, 김 사장, 요즈음 신수가 훤하네.

곧, 인사말은 발신자와 수신자가 발화 장면에 처음 등장하였을 때, 발신자와 수신자 사이에서 생길 수 있는 심리적인 장애를 제거함으로써, 앞으로 일어날 본격적인 의사소통을 원활하게 하는 기능을 한다.

---

1) 이처럼 음성 언어의 전달 효과를 높이기 위해서 사용하는 비언어적인 의사소통의 수단을 '동작 언어'라 하는데, 동작 언어에는 '얼굴 표정, 눈, 몸짓, 행동, 근접 거리' 등이 있다.

지금까지 살펴본 바와 같이, 언어를 통한 의사소통은 기호와 메시지 자체로만 이루어지는 것이 아니다. 발신자와 수신자, 발화 장면과 전달 통로 등의 요인들도 기호와 메시지를 전달하고 해석하는 데에 영향을 준다.[2]

1.1.2. 언어의 두 가지 모습 (랑그와 빠롤)

인간이 사용하는 언어에는 두 가지 모습이 있다. 하나는 언어를 사용하는 '사회 구성원의 머릿속에 갈무리(저장)되어 있는 언어'의 모습이고, 다른 하나는 '개인이 부려 쓰는 언어'의 모습이다.(허웅 1981:22 이하 참조.)

〈 랑그 〉 한국 사람들이 한국어로 문장을 발화할 수 있고 또한 그 말을 이해할 수 있다는 것은 한국어에 대한 정보가 머릿속에 들어 있다는 것이다. 곧 한국 사람의 머릿속에는 한국어의 '음운 정보, 어휘 정보, 문법 정보'가 저장되어 있어서, 한국 사람은 이들 정보를 이용하여 말을 한다. 이렇게 사람들의 머릿속에 공통적으로 저장되어 있는 언어의 모습을 '랑그(langue)'라고 한다.

    (7) ㄱ. 음성 정보 : 음운의 목록, 음운의 체계, 음운 규칙

        ㄴ. 어휘 정보 : 어휘 목록과 어휘 체계에 관한 규칙

        ㄷ. 문법 정보 : 문법 규칙

'랑그'는 언어의 소리에 관한 '음성 정보'와 어휘에 관한 '어휘 정보', 그리고 단어를 엮어서 문장을 짜 이루는 법칙인 '문법 정보'로 구성되어 있다.

〈 빠롤 〉 화자는 자신의 머릿속에 저장되어 있는 랑그를 이용해서 실제의 발화 장면에서 메시지(문장)를 통해서 청자와 의사소통을 한다. 이때에 화자는 동일한 일에 대해서도 개인적인 선택에 따라서 다양한 방식으로 발화할 수 있다.

첫째, 화자는 머릿속에 저장되어 있는 말소리를 이용해서, 실제의 발화 장면에서 개인적으로 부려 쓸 수 있다.

                   랑그   빠롤

    (8) ㄱ. 고기(肉) : / koki / — [kogi]

        ㄴ. 밥(飯) : / pap / — [pap˺]

---

2) 언어학의 연구 분야 가운데서 '화용론(話用論, pragmatics)'에서는 발신자와 수신자의 의도나 심리적 상태, 그리고 발화 장면 등을 고려하여 언어 현상을 연구한다.

(8ㄱ)의 '고기'에서 첫 음절의 'ㄱ' 소리와 둘째 음절의 'ㄱ' 소리는 한국 사람은 둘 다 /k/ 소리로 동일하게 인식한다. 반면에 실제로 화자가 발화한 물리적인 소리로서는 첫 음절에서 나는 'ㄱ' 소리는 [k]로 발음되는 데에 반해서, 둘째 음절에서 나는 'ㄱ' 소리는 [g]로 다르게 발음된다. 곧 랑그로서의 'ㄱ' 소리는 첫 음절의 'ㄱ'과 둘째 음절의 'ㄱ'이 모두 동일한 소리이지만, 빠롤로서의 'ㄱ' 소리는 첫 음절의 'ㄱ'과 둘째 음절의 'ㄱ'이 다른 소리인 것이다.

둘째, 화자는 머릿속에 저장되어 있는 어휘를 이용해서 실제의 발화 장면에서 개인적으로 부려 쓸 수 있다.

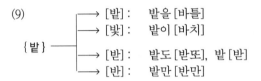

실제로 머릿속에 저장되어 있는 단어의 형태는 {밭(田)}이지만, 이 단어를 실제의 발화 장면에서 부려 쓸 때에는 '밭, 밫, 받, 반'의 각기 다른 형태로 실현된다. 곧 (ㄱ)처럼 /ㅣ/를 제외한 일반적이 모음 앞에서는 '밭'의 형태로, (ㄴ)처럼 /ㅣ/ 앞에서는 '밫'의 형태로 실현된다. 그리고 (ㄷ)처럼 단독으로 발화되거나 비음(= 콧소리)을 제외한 자음 앞에서는 '받'으로 실현되며, (ㄹ)처럼 비음의 자음 앞에서는 '반'으로 실현된다.

셋째, 동일한 일을 문장으로 표현할 때에도, 개인에 따라서 각각 다른 방식으로 발화한다.

(10) ㄱ. 어머니께서는 지금 바쁘시다.   ⇨ 지금 어머님께서는 바쁘시다

ㄴ. 지금, 엄만 바빠.   ⇨ 엄만 지금 바빠.

(10ㄱ)의 문장을 발화하기 위해서 화자는 먼저 머릿속에 저장되어 있는 수많은 어휘 목록 가운데 '어머니, 지금, 바쁘(다)'를 선택한다. 그리고 문법 정보를 이용하여 이들 단어를 한국어의 어순에 맞게 [주어 + 부사어 + 서술어]로 배열하고, '-께서, -는, -시-, -다'와 같은 문법 요소를 실현한다. 끝으로 음성 정보를 이용하여 머릿속에 떠오른 문장을 실제의 음성으로 발화한다. 그런데 어떤 사람은 동일한 일을 (10ㄴ)의 문장으로 표현할 수도 있다. 이를 위해서 화자는 어휘 목록에서 '엄마, 지금, 바쁘(다)' 등을 선택하고, 이들 어휘를 한국어의 어순에 맞게 배열한 뒤에, 문법 목록에서 '-ㄴ(-는), -아'와 같은

문법 요소를 실현한다. 끝으로 음성 정보를 이용하여 (10ㄴ)의 문장을 실제의 음성으로 발화한다.

이처럼 특정한 개인이 발화 현장에서 실제의 음성을 사용하여 구체적으로 발화한 말의 모습을 '빠롤(parole)'이라고 한다.

〈 랑그와 빠롤의 특징 〉 '랑그'는 특정한 언어 사회를 구성하는 언중(言衆)들의 머릿속에 공통적으로 들어 있는 추상적인 언어의 자료라고 할 수 있고, '빠롤'은 개인이 현실적인 발화 상황에서 실제로 수행한 구체적인 발화라고 할 수 있다. 랑그는 언어를 사용하는 언중들의 머릿속에 저장되어 있는 언어 정보의 목록이므로 정신 – 심리적인 존재이다. 또한 랑그는 언어를 사용하는 언중들 전체가 공유하고 있는 언어에 대한 정보이므로 랑그는 사회성을 띠며, 머릿속에 기억되어 있는 어휘 · 문법 · 음운에 관한 정보이므로 이들 정보는 유한하다. 반면에 빠롤은 실제 발화 현장에서 개인이 부려 쓰는 말이므로 생리 – 물리적인 현상이고, 실제 발화는 개인마다 다르므로 개인성을 띤다. 그리고 빠롤은 개인이 한번 발화하고 나면 즉시 소멸되어 버리므로 순간적인 존재이며, 개개인마다 각기 다르게 발화하므로 무한성이 있다.(허웅 1981:22~37)[3]

랑그	빠롤
정신-심리적인 존재	생리-물리적인 현상
항구적	순간적
사회성	개인성
유한성	무한성

〈표 1〉 랑그와 빠롤의 차이

〈 언어의 참 모습 〉 특정 언어 사회를 구성하는 언중들의 머릿속에 말에 대한 공통적인 정보의 형태로 저장되어 있는 랑그와, 개개인이 발화 현장에서 구체적으로 부려 쓰는 말인 빠롤 중에서 어떤 것이 언어의 참 모습일까?

예를 들어서 우리가 '한국어'라고 하면 한국 사람들이 머릿속에 공통적으로 가지고 있는 언어의 모습을 가리키며, '서울말'이라고 하면 서울 사람들이 공통적으로 사용하고 있는 언어의 모습을 가리킨다. 곧 언어는 특정한 개인이 개인적으로 부려서 사용하는

---

3) 랑그와 빠롤의 차이를 다음과 같이 비유적으로 설명할 수 있다. 작곡가인 베토벤은 교향곡 5번(운명)의 악곡을 악보에 기록하여 저장하였으며, 관현악단의 연주자들은 베토벤이 기록한 '악보'를 보고 실제 공연장에서 악곡을 연주한다. 여기서 악보에 적힌 교향곡 5번의 악곡은 랑그에 해당하며, 관현악단이 연주한 실제의 악곡은 빠롤에 해당한다.

빠롤이 아니라 어떠한 언어 공동체가 머릿속에 공유하고 있는 랑그로서의 언어인 것이다. 만일 언어의 참모습을 개개인이 각각 다르게 부려쓰는 빠롤로 간주하면, 언어는 걷잡을 수 없을 만큼 다양하고 지극히 개인적이며 순간적인 존재가 된다. 사람들은 이렇게 개인적이고 순간적이며, 끊임없이 변화하는 개개의 언어를 일일이 머릿속에 기억하고 있는 것은 아니다.

반면에 언중들의 머릿속에 들어 있는 랑그는 추상적인 실제일 뿐이고 실제는 개인이 이를 발화해야만 의사소통의 도구로 이용할 수 있다. 어린 아이가 랑그를 습득하는 과정을 보면, 아이들은 어른들이 실제로 발화한 수많은 빠롤을 듣고 자신의 머릿속에 랑그의 상태로 갈무리한다. 따라서 언어의 참모습은 랑그와 빠롤의 모두에 있다.

소쉬르는 이러한 두 관점을 종합하여 랑그와 빠롤의 관계를 다음과 같이 설명했다.

(11) 랑그는 빠롤의 연모(도구)요, 동시에 빠롤이 만들어낸 것이다.

언어는 머릿속에 저장된 것(랑그)을 도구로 부려써서 우리의 생각을 밖으로 나타내기도 하고, 또 그 부려쓰인 언어(빠롤)를 통하여 언어를 머릿속에 저장하기도 하는 정신 활동이다. 소쉬르는 이러한 정신 활동의 전체를 '랑가주(langage)'라고 하였는데, 이러한 '랑가주'를 언어의 참모습으로 본 것이다.(허웅 1981:34)`

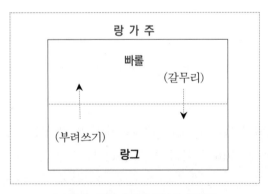

〈그림 2〉 정신 활동으로서의 랑가주

결국 언어의 참모습은 머릿속의 랑그를 이용하여 현실 세계에서 빠롤을 부려쓰고, 현실 세계에서 부려 쓴 빠롤을 통해서 머릿속에 랑그를 갈무리하는 정신 활동인 것이다.4)

---

4) 언어를 정신 활동으로 보는 견해는 훔볼트(Humboldt. W. von.)의 관점이기도 한데, 그는 "언어 자체는 작품(에르곤)이 아니라, 활동(에네르게이아)이다."라고 하였다.

1.1.3. 인간 언어의 특징

인간의 자연 언어는 기호의 한 종류이지만 동물들이 사용하는 기호와는 다른 특성이 있다.[5] 여기서는 인간의 자연 언어에 나타나는 특징을 '기호적 특징'과 '구조적인 특징'으로 나누어서 살펴본다.

1.1.3.1. 기호적 특징

인간의 언어를 비롯한 모든 기호는 '전달 형식(form)'과 '전달 내용(concept)'이라는 두 가지 측면이 있다.

$$(12) \quad 기호 = \frac{전달\,형식(form)}{전달\,내용(concept)}$$

예를 들어 실제의 사물인 '태극기'가 추상적인 개념인 '대한민국'을 대표한다고 할 때에, '태극기'의 표상(表象, 형태, 모양)은 '전달 형식'이 되며 '대한민국'이라는 개념은 전달 내용이 된다. 그리고 신호등의 '적색 불빛'이 '정지(停止)'를 표현한다고 할 때에, '적색 불빛'은 전달 형식이 되며 '정지'라는 의미는 전달 내용이 된다.

인간의 언어 기호도 전달 형식과 전달 내용이라는 양면이 있다. 이때에 인간의 언어 기호의 전달 형식은 '음성(signifiant, 시니피앙, 청각 영상)'이며 전달 내용은 '의미(signifié, 시니피에, 개념)'이다. 곧 특정한 의미를 특정한 음성으로 전달하는 것이 인간의 언어 기호이다.

$$(13) \quad 가위 = \frac{/\,k\ a\ w\ i\,/}{[\text{✂}]}$$

$$(14) \quad 언어\,형식(\text{linguistic form}) = \frac{전달\,형식}{전달\,내용} = \frac{/음성/}{[의미]}$$

예를 들어 '가위'라는 말의 전달 형식은 /kawi/라는 '음성'이며, 전달 내용은 [옷감, 종이,

---

5) 일부 동물은 의사소통을 위한 수단이 있다. 예를 들어서 동물 가운데 '꿀벌, 돌고래, 개미, 큰가시고기, 고릴라, 침팬지' 등은 제한적이나마 의사소통을 하고 있다고 알려져 있다. 하지만 인간은 무한하게 많은 표현을 생산하고 해석할 수 있는 반면에 동물들은 극히 제한된 표현밖에 사용할 수 없다는 점에서, 인간의 언어와 동물의 의사 전달 방법은 근본적으로 차이가 있다.(이기동·신현숙 1994:3-18, 임병민 1993:20)

머리털 따위를 자르는 기구]라는 의미이다. 이와 같이 언어 기호의 단위(언어 형식, l inguistic form)는 그것이 큰 것이든 작은 것이든 간에 모두 특정한 음성에 특정한 의미가 결합된 형식으로 이루어져 있다.

(가) 자의성

언어 기호에 결합되어 있는 음성과 의미의 관계는 필연적인 관련성이 없다. 앞의 (8)에서 '가위'라는 언어 형식은 /kawi/라는 음성에 [옷감, 종이, 머리털 따위를 자르는 쇠붙이 기구]라는 의미가 결합되어 있다. 이처럼 언어 형식을 구성하고 있는 음성과 의미는 다른 음성이나 의미와 교체될 수 있는데, 이러한 성질을 '자의성(恣意性, arbitrariness)'이라고 한다. 예를 들어 /kawi/라는 음성에 [☎]의 의미가 결합할 수도 있고, [✂]라는 의미에 /jənhwa/라는 음성이 결합할 수도 있다. 곧, 인간의 언어 기호에 맞붙어 있는 음성과 의미는 그 언어를 사용하는 사회의 구성원들이 맺은 약속에 따라 임의적으로 결합된 것이다.

언어 기호의 음성과 의미가 자의적으로 결합된 것이라는 사실은 다음과 같은 언어 현상을 보면 알 수 있다.

첫째, 음성은 같으나 의미가 다른 단어, 곧 '동음 이의어(同音 異義語)'가 있다.

(15) $\dfrac{/배/}{[腹]} \leftrightarrow \dfrac{/배/}{[梨]} \leftrightarrow \dfrac{/배/}{[舟]}$

'동음 이의어'는 음성은 동일하지만 의미가 다른 단어를 일컫는다. 만일 /배/라는 특정한 소리가 [腹]이라는 의미와만 필연적으로 결합되어 있다면, 다른 의미인 [梨]나 [舟]의 의미와는 결합되지 않아야 한다. 하지만 (15)에서처럼 동일한 음성인 /배/에 세 가지의 다른 의미가 결합될 수 있다는 사실을 생각하면, 음성과 의미는 자의적인 관계에 놓여 있다는 것을 알 수 있다.

둘째, 의미는 같으나 음성이 다른 단어, 곧 '동의어(同義語)'가 있다.

(16) $\dfrac{/호랑이/}{[虎]} \leftrightarrow \dfrac{/범/}{[虎]}$ (17) $\dfrac{/사람/}{[人]} \leftrightarrow \dfrac{/인간/}{[人]}$

'동의어'는 의미는 같지만 음성이 다른 단어를 일컫는다. (16)에서 만일 [虎]라는 의미에 /호랑이/라는 소리만 결합한다면, [虎]에 /범/이라는 음성은 결합되지 않아야 한다. (17)의 '사람'과 '인간(人間)'도 마찬가지로 동의어를 형성하는데 이렇게 동의어가 존재한다는 것은 음성과 의미가 자의적인 관계임을 말해 준다.

셋째, 지역에 따라서 달리 쓰이는 말, 곧 '방언(方言)'이 있다.

중부 방언	경상 방언
/부엌/	/정지/
/부침개/, /전(煎)/	/지짐/
/우렁쉥이/	/멍게/

〈표 2〉 지역에 따른 어휘의 차이

동일한 의미를 나타내는 말이라도 지역마다 형태가 다르게 표현될 수 있는데, 이러한 말을 '방언'이라고 한다. 만일 특정한 의미에 특정한 음성만 결합할 수 있다면 지역 방언은 생겨날 수가 없을 것이다.

넷째, 시간이 지남에 따라 언어에 변화가 생길 수 있다.

(18) $\dfrac{/ᄀᆞ슬/}{[秋]}$ 〉 $\dfrac{/가을/}{[秋]}$

(19) $\dfrac{/어리다/}{[愚]}$ 〉 $\dfrac{/어리다/}{[幼]}$

15세기 국어에서 [秋]를 의미하는 단어의 음성 형태는 /ᄀᆞ슬/이었는데 이 말이 현대어에는 /가을/로 바뀌어서 쓰인다. 그리고 15세기 국어에서 /어리다/는 [愚]의 의미로 쓰였는데 현대어에서는 [幼]의 의미로 바뀌었다. 만일 언어 기호를 구성하는 음성과 의미가 필연적으로 결합되어 있다면, (18)처럼 음성이 바뀌는 것도 불가능할 것이며 (19)처럼 의미가 바뀌는 것도 불가능할 것이다. 그러나 언어는 시간의 흐름에 따라서 끊임없이 변화하므로 인간의 언어에는 자의성이 있다고 할 수 있다.

언어 기호의 자의성에 대한 증거를 뒤집어 보면 다음과 같은 주장이 성립할 수 있다. 곧 인간의 언어는 자의성이 있기 때문에 동음 이의어와 동의어가 나타난다. 그리고 인간의 언어는 자의성이 있기 때문에 지역에 따라 언어의 모습이 다르게 실현될 수도 있고, 시간이 지남에 따라서 언어의 형태나 의미가 변화할 수 있다.

인간 언어는 자의성이 있기 때문에 공시적(公時的)인 측면에서 다양한 모습으로 실현될 수 있으며, 통시적(通時的)인 측면에서 끊임없이 변화하고 발전할 수 있다.

{ 음성 상징어와 언어의 자의성 }

대부분의 인간의 언어 기호는 그것을 구성하는 음성과 의미가 자의적인 관계로 맺어져 있다. 그런데 인간의 언어 기호 가운데서 '음성 상징어'에서는 음성과 의미의 관계가 필연적인 관계에 있는 것처럼 보인다.(허웅 1981:42)

(1) $\dfrac{\text{/꼬끼오/}}{\text{[닭의 울음 소리]}}$

(2) $\dfrac{\text{/깡충깡충/}}{\text{[토끼가 뛰어 가는 모양]}}$

국어에서는 [닭의 울음 소리]를 /꼬끼오/라고 하고, [토끼가 뛰어가는 모양]을 /깡충깡충/이라고 표현하는데, 이들 말에서 음성과 의미의 관계는 필연적인 것처럼 보인다. 곧 [닭의 울음 소리]를 /슈슈/라는 음성으로 대치하거나 [토끼가 뛰어가는 모양]을 /짜르짜르/라는 음성으로 대치하면 아주 어색해서 화자들이 받아들이기 힘들다. 이처럼 의미와 음성의 관계가 필연적인 것으로 느껴지는 이러한 말을 '음성 상징어'라고 부른다.

의미와 음성의 관계가 필연적인 것처럼 여겨지는 '음성 상징어'가 있음에도 불구하고 인간의 언어 기호에는 자의성이 있다고 하는데, 이는 다음과 같은 이유 때문이다.

첫째로 같은 의미를 나타내는 음성 상징어일지라도 나라마다 실현되는 음성이 다를 수 있기 때문이다.

(3) ㄱ. 한국어 - [닭의 울음소리] - /꼬끼오/
    ㄴ. 영 어 - [닭의 울음소리] - /cock-a-doodle-doo/
    ㄷ. 일본어 - [닭의 울음소리] - /kokekokko/

예를 들어서 '닭의 울음소리'를 나타내는 말을 한국어에서는 /꼬끼오/로 표현하며, 영어에서는 /cock-a-doodle-doo/로, 일본어에서는 /kokekokko/로 표현한다. 이처럼 동일한 닭울음 소리를 나라마다 다른 소리로 표현하는 것을 감안하면, 음성 상징어의 음성과 의미의 관계도 필연적인 것을 아니라는 사실을 수 있다.

둘째로 음성 상징어는 그 수효가 많지 않으며, 또 그것들은 의성 부사나 의태 부사이기 때문에 언어 기호의 뼈대 부분(체언이나 용언)을 이루는 요소가 되지 못한다. 따라서 이들 음성 상징어에 나타나는 음성과 의미의 필연성은 인간 언어가 가지는 본질적인 특징이 아니다.

결국 일부 음성 상징어 등에서 예외가 있기는 하지만, 언어 기호를 구성하는 음성과 의미는 기본적으로 자의적인 관계로 결합되어 있다는 것을 알 수 있다.

(나) 사회성

언어는 시대 · 지역 · 계층의 차이에 따라 끊임없이 변하려는 자의성이 있다. 이와는 달리 언어에는 개인이 언어를 임의적으로 바꿀 수 없다는 '사회성(社會性)'도 나타난다.

언어는 의사소통을 위하여 특정한 의미를 특정한 음성 기호에 실어서 전달하는 일종의 사회적인 약속 체계이다. 따라서 언어 기호를 사용하는 사회 구성원들은 음성의 측면에서든 의미의 측면에서든 언어 기호를 인지하거나 이해할 수 있어야 한다. 따라서 어떠한 특정한 음성과 특정한 의미가 결합된 언어 기호가 사회적으로 공인을 받고 난 후에는, 개인이 마음대로 바꿀 수 없다.

(20) ㄱ. 벌써 점심시간이네. <u>송아</u>에서 <u>모수</u>를 먹자.

　　 ㄴ. 벌써 점심시간이네. <u>집</u>에서 <u>밥</u>을 먹자.

(21) ㄱ. 뎌희가 ⓔ헌글을쓰능뎨다듈익얼외계언어樂호하더군효글험뎌희능외계인입늬깍?

　　 ㄴ. 저희가 이런 글을 쓰는데 다들 이걸 외계 언어라고 하더군요. 그럼 저희는 외계인입니까?

예를 들어서 언어에는 기본적으로 자의성이 있기 때문에 (20)의 (ㄱ)에서처럼 특정한 개인이 임의적으로 '집'을 '송아'라고 하고 '밥'을 '모수'라고 부를 수는 있다. 하지만 이렇게 바꾼 '송아'와 '모수'가 언중들에게서 사회적으로 공인을 받지 못한다면 언어로서 자격을 갖추지 못한다. 그리고 (21)에서 (ㄱ)의 문장은 요즘 젊은 학생들이 인터넷을 이용하여 대화할 때에 사용한 것이다. 비록 통신 언어를 사용하는 언어 집단 내에서는 이러한 언어가 통용될 수는 있지만 전체 언중들로부터는 공인을 받을 수는 없다. 결국 언어 기호에는 자의성뿐만 아니라 사회 구성원이 맺은 약속 체계로서 사회성도 갖추고 있는 것이다.

(다) 역사성

언어는 언어 사회의 구성원끼리 맺은 사회적 약속으로서 개인이 마음대로 바꿀 수 없는 것이다. 하지만 시간이 어느 정도 흐르게 되면 언중들이 맺은 사회적인 약속도 변해서 언어가 바뀔 수가 있는데, 이러한 특징을 '언어의 역사성(歷史性)'이라고 한다.

(23) $\dfrac{/마술/ > /마을/}{[村]}$, $\dfrac{/셔볼/ > /서울/}{[京]}$

$$(24) \quad \frac{/어엿브다/}{[憫] > [美]}, \quad \frac{/힘/}{[筋肉],[力] > [力]}$$

(25) 온〉백(百), 즈믄〉천(千), ᄀᆞᄅᆞᆷ〉강(江)

위의 (23~25)의 예는 15세기에 쓰였던 언어의 모습이 변화된 예이다. 먼저 (23)은 단어의 소리가 바뀐 예인데, /마슬/이 /마을/로 바뀌었고 /셔볼/이 /서울/로 바뀌었다. 그리고 (24)의 예들은 단어의 의미가 변화된 것이다. 곧 '어엿브다'의 의미가 [憫]에서 [美]로 바뀌었고, '힘'의 의미가 [筋肉]과 [力]의 뜻에서 현재는 [力]의 뜻으로만 쓰인다. (25)에서 '온, 즈믄, ᄀᆞᄅᆞᆷ'과 같은 원래 있던 단어가 없어지고 이들을 대신해서 새로운 단어인 '백(百), 천(千), 강(江)'이 생겨난 것이다. 결국 (23~25)와 같은 언어의 통시적인 변화는 언중들이 꽤 오랜 시간에 걸쳐서 이룩한 사회적인 합의에 의해서 생긴 결과이다.

(라) 분절성

음성과 의미가 결합된 언어의 단위를 '언어 형식(linguistic form)'이라고 하는데, 이러한 언어의 형식은 도막도막으로 쪼개어질 수 있다.

(26) ㄱ. 범이 토끼를 잡았다

ㄴ. 범이 / 토끼를 잡았다

ㄷ. 범이 / 토끼를 / 잡았다

ㄹ. 범 / -이 / 토끼 / -를 / 잡- / -았- / -다

(27) ㄱ. 범 / 이 / 토 / 끼 / 를 / 자 / 받 / 따

ㄴ. ㅂ / ㅓ / ㅁ / ㅣ / ㅌ / ㅗ / ㄲ / ㅣ / ㄹ / ㅡ / ㄹ / ㅈ / ㅏ / ㅂ / ㅏ / ㄷ / ㄸ / ㅏ

(26)의 (ㄱ)의 문장은 (ㄴ)과 (ㄹ)처럼 다양한 언어 형식으로 쪼갤 수가 있다. 그리고 만일 의미를 고려하지 않으면 (27)의 (ㄱ)과 (ㄴ)처럼 음절이나 음소(자음과 모음)의 단계까지 쪼갤 수 있다.6) 이와 같이 언어의 단위가 큰 단위에서 작은 단위로 도막도막으로 쪼개어지는 특징을 '분절성(分節性, articulation)'이라고 한다. 인간의 언어는 문장의 단위로부터

---

6) 앙드레 마르티네(André Martinet)는 언어의 이러한 모습을 '이중 분절(二重分節, double articulation)'이라고 하였다. 곧 제1차 분절은 (28)처럼 음성과 의미(시니피앙~시니피에)의 양면을 가진 단위의 분절이며, 제2차 분절은 (29)처럼 음성의 측면만 가진 언어 단위의 분절이다.

음소의 단위까지 쪼개어질 수 있는 데 반하여, 인간의 언어를 제외한 다른 소리(음향)는 분절되지 않는다.

　인간의 언어는 분절될 수 있기 때문에, 제한된 수의 언어 기호를 이용하여서 다양한 표현을 할 수 있다.

　　(28) ㄱ. 범 -이　토끼 -를　잡- -았- -다
　　　　 ㄴ. 개 -가　토끼 -를　잡- -았- -다
　　　　 ㄷ. 범 -은　토끼 -를　잡- -았- -다
　　　　 ㄹ. 범 -이　쥐　 -를　잡- -았- -다
　　　　 ㅁ. 범 -이　토끼 -만　잡- -았- -다
　　　　 ㅂ. 범 -이　토끼 -를　먹- -겠- -다
　　　　 ㅅ. 범 -이　토끼 -를　잡- -았- -다
　　　　 ㅇ. 범 -이　토끼 -를　잡- -았- -니

만일 언어가 분절되지 않는다면 (ㄱ)의 "범이토끼를잡았다"라는 문장은 한 덩어리로 되어 있어서 다른 요소가 문장의 가운데에 끼어들 수가 없다. 뿐만 아니라 특정한 언어 형식을 다른 언어 형식으로 대치할 수도 없다. 이렇게 되면 (ㄴ~ㅅ)처럼 문장의 일부 요소를 대치함으로써 다양한 표현을 만들어 낼 수가 없다. 그러나 인간의 언어는 분절될 수 있기 때문에, (28)처럼 일부 요소를 대치함으로써 다양한 표현을 만들어 낼 수 있는 것이다.

　인간의 언어는 이처럼 하위 요소로 분절할 수 있기 때문에, (25ㄱ)의 문장을 변형하여 다음과 같이 표현할 수도 있다.

　　(29) ㄱ. 배가 고픈 범이 귀가 큰 토끼를 재빨리 잡았다.
　　　　 ㄴ. 토끼를 범이 잡았다.

(ㄱ)처럼 다른 언어 요소를 첨가할 수도 있고, (ㄴ)처럼 특정한 문장 성분을 이동하여 표현에 변화를 줄 수도 있다. 이는 "범이 토끼를 잡았다."라는 문장을 하위 구성 요소로 분절할 수 있기 때문에 가능한 것이다. 요약해서 말하면, 언어에는 분절성이 있기 때문에 제한된 언어 자료를 이용하여 대단히 다양한 표현을 손쉽게 만들어 낼 수가 있는 것이다.

(마) 분리성과 추상성

인간은 연속적인 자연 세계의 개념을 하위 개념으로 분리하여서 인식할 수 있는 능력(개별화 능력)과 자연 세계의 독립적인 개체의 공통성을 추출하여 더 큰 개념으로 묶어서 인식할 수 있는 능력(추상화 능력)이 있다. 이러한 개별화 능력과 추상화 능력은 언어 기호를 통해서 형성된다.

〈 분리성 〉 인간은 언어를 통하여 연속적인 자연 세계를 분리하여 인식할 수도 있는데, 이러한 특징을 '분리성(discreteness, 分離性)'이라고 한다.7)

자연 세계에 존재하는 대상은 분리될 수 있는 것도 있지만 분리되지 않는 것도 있다.

(30) ㄱ. 무지개의 색깔 : 빨강, 주황, 노랑, 초록, 파랑, 남색, 보라색
　　ㄴ. 한반도 주변의 바다 : 동해, 남해, 서해

'무지개'의 색깔은 한 쪽 끝에서 다른 끝으로 조금씩 연속적으로 변하기 때문에 그 경계를 명확하게 정할 수 없다. 하지만 한국어에서는 무지개의 색깔을 '빨강, 주황, 노랑, 초록, 파랑, 남색, 보라색'의 7색으로 분리하여서 표현한다. 곧 연속적인 사물을 언어를 통하여 분리하여 표현하고, 이와 같이 분리된 상태로 세계를 인식하는 것이다. 그리고 실제의 세계에서는 '동해'와 '남해'와 '서해'는 서로 이어져 있는 하나의 바다이다. 그럼에도 불구하고 우리는 '동해, 남해, 서해'라는 어휘를 통하여 '바다'를 분리하여 표현하고 인식한다.

그리고 시간의 흐름도 물리학의 관점에서 볼 때에는 과거로부터 현재까지 연속적으로 이어지는 현상이다.

(31) 철수는 밥을 먹었다. / 먹는다. / 먹겠다.

하지만 이러한 연속적인 시간을 언어로 표현할 때에는 과거는 '-었-'으로 표현하고, 현재는 '-는-'으로 미래는 '-겠-'으로 분리적으로 표현한다. 곧 발화한 때를 기준으로 하여 그 이전에 일어난 일은 '-었-'으로 표현하고, 발화하는 때에 일어나고 있는 일은 '-는'으로 표현하고, 발화한 이후에 일어날 것으로 예상되는 일은 '-겠-'으로 표현하여, 연속적인

---

7) 일반적으로는 '분절성(分節性)'이라는 용어를 '언어 형식의 분절성'과 '개념의 분절성'에 통용한다. 그러나 이 책에서는 언어 형식을 큰 단위에서 작은 단위로 쪼개어 낼 수 있는 성질을 '분절성(分節性)'이라고 한다. 반면에 언어 기호를 통하여 큰 개념을 작은 개념으로 세분화하여 인식할 수 있는 언어의 성질을 '분리성(分離性)'이라고 한다.

시간을 언어적으로 분리해서 표현한다. 이처럼 인간은 언어를 사용하여 어떠한 대상의 개념을 하위 요소로 분리하여 정밀하게 표현할 수 있다.

인간의 언어에는 분리성이 있기 때문에, 인간은 이 언어 기호를 통하여 연속적인 자연 세계를 개념적으로 분리하여 더욱 세밀하게 인식하고 표현할 수 있다.

〈추상성〉 자연의 세계에 존재하는 개체들은 하나하나가 독립적인 요소이다. 그런데 인간은 언어를 이용하여 서로 다른 개별적이고 구체적인 대상으로부터 공통적인 요소를 뽑아 일반적인 것으로 표현할 수 있다. 언어에 나타나는 이러한 특성을 '추상성(抽象性, abstractness)'이라고 한다.

(32) ㄱ. { 삽살개, 진돗개, 풍산개, ……, 치와와, 불도그 } ⇨ 개
　　 ㄴ. { 사과, 배, 감, 대추, ……, 귤, 포도 } 　　　　 ⇨ 과일

우리가 일반적으로 '개'라고 부르는 대상들도 주의 깊게 들여다보면 속성과 생김새가 각각 다르다. 하지만 인간은 언어를 사용하여 개개의 개들로부터 공통적인 요소를 뽑아 서 좀 더 일반적인 명칭을 부여한다. 곧 수많은 개들 가운데서 이러이러한 특징을 가진 개들을 총칭하여 '삽살개'라고 하고, 저러저러한 특징을 가진 개들을 총칭하여 '진돗개' 라고 한다. 그리고 '삽살개, 진돗개, 풍산개, 치와와, 불도그' 등에서 나타나는 공통성을 발견하여 이들 개체들을 모두 '개'라고 하는 단어로 부른다. 결국 인간이 가진 이러한 추상화 능력은 언어 기호를 통해서 이루어진다.

(바) 창조성

인간의 언어는 위의 여러 가지 특징으로 말미암아서 다른 기호에서는 볼 수 없는 '창 조성(創造性, creativity)'이 있다.

〈무한한 표현〉 인간은 유한 체계의 언어 자료(음성, 단어, 문법)로써 무한한 수의 문장을 생성할 수 있다. 영어를 예로 들면 20개까지의 단어로 구성할 수 있는 문장의 수효는 10^{30}(10의 30자승)개나 된다고 한다.(서정수 1996:19) 여기서 만일 일반적으로 사람이 기억 할 수 있는 어휘를 1만 개라고 가정한다면, 이들 1만 개의 단어에 다양한 문법 형태소를 실현시켜서 만들 수 있는 표현의 수는 실제로 무한하다. 이러한 점에서 극히 제한된 수의 표현만을 만들어 낼 수 있는 동물의 언어와는 비교가 될 수 없다.

〈창의적 표현〉 동물의 언어에서는 특정한 개체가 어떤 표현을 새롭게 창조해서 사용 한다는 것은 극히 드문 일이다. 동물들은 앞선 세대로부터 학습한 기호를 사용할 뿐이지 개체의 차원에서 새로운 표현을 만들어 내는 것은 아주 힘들다. 하지만 인간은 개개인마

다 이제까지 한 번도 들어본 일이 없는 표현을 얼마든지 만들어 낼 수 있으며, 이전에는 들어 본 일이 없는 표현도 이해할 수 있는 능력이 있다.

> (33) ㄱ. 진돗개를 사정없이 물어뜯은 개 주인이 영자 씨에게 밟혀 죽었다.
> ㄴ. 코끼리의 하품 소리에 놀라서 동물원의 사슴들이 모두 기절했다.

(33)의 표현은 다른 곳에서 사용되었을 가능성이 아주 낮다. 하지만 인간은 이와 같은 특이한 표현을 그리 어렵지 않게 만들어 낼 수도 있으며, 반대로 이러한 특이한 표현을 처음 접하는 사람들도 이들 문장의 의미를 이해할 수 있다.

이처럼 무한한 수의 문장을 생성하고 창조적인 표현을 할 수 있다는 점에서, 인간의 언어는 다른 모든 기호와 차별된다.

1.1.3.2. 구조적 특징

(가) 계열 관계와 통합 관계

언어 기호는 무질서하게 모여 있는 것은 아니며, 일정한 '체계'와 '규칙'으로 이루어진 구조체이다. 언어의 체계성과 규칙성을 결정짓는 요인은 언어 요소 사이에 존재하는 '계열 관계'와 '통합 관계'이다.(허웅 1986:85 참조.)

통합 관계

		A	B	C	D	E	F	G
계열관계	(1)	철수	-가	큰딸	-은	매우	좋아하-	-ㄴ다
	(2)	영수	-는	김밥	-만	아주	싫어하-	-느냐
	(3)	친구	-만	쑥떡	-을	너무	먹-	-는구나
	(4)	오빠	-도	동생	-마저	정말로	사랑하-	-네

〈표 3〉 계열 관계와 통합 관계

먼저 한 언어 요소는 연상 작용에 의해서 다른 언어 요소로 대치할 수 있는데, 이렇게 서로 대치할 수 있는 언어 요소 사이의 관계를 '계열 관계(系列關係, paradigmatic relation)'라고 한다. '계열 관계'는 위의 표에서 세로 줄로 보았을 때의 언어 요소끼리 맺는 관계이다. 예를 들어서 A와 C의 세로 줄에서는 체언이 서로 대치될 수 있으며, B와 D의 줄에는 '-가, -는, -만, -도, -을, -마저'와 같은 조사가 서로 대치될 수 있다. 그리고

E 줄에서는 부사가, F 줄에서는 동사의 어간이, G 줄에서는 어미가 서로 대치될 수 있다.

이에 반해서 '통합 관계(統合關係, syntagmatic relation)'는 선조적으로 발화된 언어 요소가 상호간에 맺는 실제적인 관계이다. '통합 관계'는 위의 표에서 가로 줄로 실현된 언어 요소끼리 선조적으로 맺는 관계이다. 예를 들어서 (1)의 문장에서 '철수 + -가', '큰딸 + -은'처럼 체언과 조사가 맺는 관계와 '좋아하- + -ㄴ다'처럼 어간과 어미가 맺는 관계 등이 통합 관계이다. 그리고 '매우 + 좋아한다'에서처럼 부사어와 서술어가 맺는 관계도 통합 관계이며, 끝으로 '철수가 큰딸은 매우 좋아한다'에서처럼 '주어 + 목적어 + 부사어 + 서술어' 등이 통사적으로 맺는 관계도 통합 관계이다.

흔히들 언어에는 체계성과 규칙성이 있다고 한다. 여기서 언어의 체계성은 언어 요소의 '계열 관계'에 바탕을 두고 있으며, 언어의 규칙성은 언어 요소의 '통합 관계'에 바탕을 두고 있다.[8]

(나) 체계성

언어 기호들은 머릿속에서 무질서한 집합체로 구성되어 있는 것이 아니라, 상호간에 일정한 원리들이 지배하는 '계열 관계'로 연관되어 있다. 이처럼 언어가 무질서한 기호의 집합체가 아니라, 하나의 체계를 이루는 기호의 집합체라는 것은 음소 · 어휘 · 문법 등의 측면에서 그 예를 찾아볼 수 있다.

첫째, 사람의 말소리(음소)는 하나의 질서 있는 체계를 이룬다.

혀의 높이＼혀의 위치	전 설 모 음		후 설 모 음	
	평 순	원 순	평 순	원 순
고 모 음	/ㅣ/	/ㅟ/	/ㅡ/	/ㅜ/
중 모 음	/ㅔ/	/ㅚ/	/ㅓ/	/ㅗ/
저 모 음	/ㅐ/		/ㅏ/	

〈표 4〉 단모음의 분류

예를 들어서 국어의 단모음의 음소는 무질서하게 존재하는 것이 아니다. 곧, 국어의 단모음은 발음할 때의 '혀의 고저, 혀의 전후 위치, 입술의 모양'의 세 가지 조건에 따라, 위의 〈표 4〉처럼 질서 정연한 모습으로 하나의 체계를 이루면서 머릿속에 저장되어 있다.

---

8) '언어의 체계성'은 인간의 머릿속에서 '랑그(langue)' 상태로 존재하는 언어 요소의 모습과 관련이 있다. 그리고 '언어의 규칙성'은 '단어, 어절, 구, 절'과 같은 하위 언어 요소를 적절하게 이어서 문법적인 문장을 구성하는 과정, 곧 '빠롤(parole)'로서의 언어와 관련이 있다.

자음도 머릿속에서 질서 있는 체계를 이루면서 조직되어 있다. 예를 들어서 자음 가운데 파열음과 파찰음은 소리 내는 방법에 따라서 '예사소리, 거센소리, 된소리'로 구분되며, 소리를 내는 자리에 따라서 '입술소리, 혀끝소리, 센입천장소리, 여린입천장소리'로 구분된다.

소리 내는 자리 / 소리 내는 방법	입술소리	잇몸소리	센입천장소리	여린입천장소리
예사소리	/ㅂ/	/ㄷ/, /ㅅ/	/ㅈ/	/ㄱ/
거센소리	/ㅍ/	/ㅌ/	/ㅊ/	/ㅋ/
된 소 리	/ㅃ/	/ㄸ/, /ㅆ/	/ㅉ/	/ㄲ/

〈표 5〉 자음의 분류

이들 음소들은 〈표 5〉처럼 '소리 내는 자리'와 '소리 내는 방법'에 따라서 질서 정연하게 조직되어 있음을 알 수 있다.

둘째, 머릿속에 저장되어 있는 어휘들도 체계적으로 조직되어 있다. 곧 어휘들도 무질서하게 저장되어 있는 것이 아니라, 나름대로 하나의 질서를 갖춘 체계를 이루고 있는 것이다.

	[남]	[여]
[+2세대]	할아버지	할머니
[+1세대]	아버지	어머니
[0세대]	나	
[-1세대]	아들	딸
[-2세대]	손자	손녀

〈표 6〉 직계 가족에 관련된 어휘 체계

국어의 직계 가족의 어휘들은 〈표 6〉에서처럼 '나'를 중심으로 '세대'와 '성별'에 따라 하나의 체계를 이룬다. '나'를 중심으로 한 세대 위에는 '아버지'와 '어머니'가 '남자'와 '여자'의 관계로 대립하고 있으며, 두 세대 위에는 '할아버지'와 '할머니'가 '남자'와 '여자'의 관계로 대립하고 있다. 동일한 의미적 관계로 '나'를 중심으로 한 세대 밑에는 '아들'과 '딸'이, 두 세대 밑에는 '손자'와 '손녀'가 대립하고 있다.

그리고 특정한 단어는 머릿속에서 다른 단어와 '동의 관계, 유의 관계, 대립 관계, 동음 관계, 상하 관계' 등의 관련을 맺으면서 기억되어 있다.

> (34) ㄱ. 범   — 호랑이   [동의 관계]
>
> ㄴ. 머리   — 머리털   [유의 관계]
>
> ㄷ. 아버지 — 어머니   [대립 관계]
>
> ㄹ. 배(腹) — 배(梨) — 배(舟)   [동음 관계]
>
> ㅁ. 어버이 — (아버지 : 어머니)   [상하 관계]

(ㄱ)의 '범'이란 말은 '호랑이'와 동의 관계로 맺어져 있으며, (ㄴ)의 '머리'라는 말은 '머리털'과 유의 관계로 밀접하게 맺어져 있다. 그리고 (ㄷ)의 '아버지'라는 말을 연상하면 '어머니'라는 말이 대립 관계에 의해서 연상될 수 있으며, (ㄹ)의 '배(腹)'와 '배(梨)'와 '배(舟)'는 모두 동음 관계로 서로 관련되어 있다. 끝으로 (ㅁ)의 '아버지'와 '어머니'라는 말은 각각 '어버이'에 대하여 상하 관계로 머릿속에서 서로를 불러일으킨다. 이러한 현상을 감안하면 머릿속의 어휘들이 무질서하게 기억되어 있는 것이 아니라, 어휘들이 서로 연관되면서 하나의 체계를 이루어서 기억되어 있음을 알 수 있다.

셋째, 국어의 대표적인 문법 요소로는 조사와 어미가 있는데, 이들 문법 요소도 체계적으로 조직되어 있다.

> (35) ㄱ. 나 -는   배 -가   아주   아프-았-다 과거
>
> ㄴ. 철수-가   머리 -를   많이   다치-겠-다 미래
>
> ㄷ. 아들-도   집 -에   늘   있- -더-라 회상

(35)에서 '나, 철수, 아들, 배, 머리, 집'과 같은 체언 다음에는 '-는, -가, -도, -를, -에' 등의 조사가 실현되며, '아프-, 다치-, 있-'과 같은 용언의 어간 뒤에는 '-았-, -다, -겠-, -더-, -라'와 같은 어미가 실현된다. 여기서 국어에서 사전적이면서 실질적인 뜻을 나타내는 말에 붙어서 문법적인 뜻을 나타내는 조사와 어미들도 각각 내부적으로 요소들 사이에 일정한 관계를 맺고 있어서, 하나의 체계를 이루면서 질서 있게 조직되어 있음을 알 수 있다.

이처럼 언어 기호가 체계적으로 짜인 상태(랑그)로 기억되어 있기 때문에, 인간은 수많은 언어 기호를 기억할 수 있고, 또 그것을 적절하게 부려 쓸 수가 있는 것이다.

(다) 규칙성

언어 기호가 발화될 때에는 선조적으로 실현되는데, 이때에 언어 기호는 아무렇게나 통합되는 것이 아니라 일정한 규칙에 따라서 통합된다. 만일 특정한 언어 기호들이 통합 규칙을 지켜서 결합되면 '문법적인 문장'이 되며, 통합 규칙에 어긋나는 방식으로 결합되면 '비문법적인 문장'이 된다.

(36) ㄱ. *철수가 밥이 먹는다.
　　 ㄴ. *우리는 어제 밥을 먹겠다.
　　 ㄷ. *철수야, 너는 학교에 가실 거니?

(37) ㄱ. 철수가 밥을 먹는다.
　　 ㄴ. 우리는 어제 밥을 먹었다.
　　 ㄷ. 철수야, 너는 학교에 갈 거니?

(36)에서 (ㄱ)의 '먹다'는 목적어를 취해야 하는데, 목적어로 쓰인 '밥' 뒤에 주격 조사인 '-이'가 실현되었다. (ㄴ)에서는 과거 시제를 나타내는 부사 '어제'와 적절하게 호응하는 시제 형태소는 '-었-'인데도 불구하고 실제로는 '-겠-'으로 실현되었다. 끝으로 (ㄷ)에서는 주어로 쓰이는 대명사 '너'와 서술어에 실현된 '-시-'가 높임법상 서로 호응하지 않는다. 이러한 점에서 (37)에 쓰인 예문은 모두 문장에서 실현된 언어 요소 사이의 통합 관계가 적절하지 못한 표현이다. 정상적인 한국 사람이라면 누구나 (36)의 예가 언어 규칙에 어긋나는 표현이고 (37)의 예가 언어 규칙에 맞는 표현이라는 것을 직관적으로 알 수 있다. 인간의 언어에서 나타나는 이러한 규칙성은 언어 기호의 '통합 관계'에 바탕을 둔 것이다.

지금까지 살펴본 바처럼 언어(= 랑그)는 그 구성 요소가 머릿속에 무질서하게 존재하는 것이 아니라, 이들은 상호 간에 일정한 원리들이 지배하는 관계로 연관되어 있다. 뿐만 아니라 머릿속의 언어를 개인이 실제의 현실에서 부려쓸 때(= 빠롤)에도 일정한 규칙에 따라서 발화한다. 이러한 점에서 랑그로서의 인간의 언어는 체계적이고, 빠롤로서의 언어는 규칙적이라고 할 수 있다. 이처럼 인간의 언어에는 체계성과 규칙성이 갖추어져 있기 때문에, 인간은 수많은 언어 요소를 머릿속에 기억할 수 있고, 현실 생활에서 화자와 청자가 기억된 언어 요소를 정확하게 부려쓸 수 있다.

{ 인간 언어와 동물 언어의 차이 }

꿀벌, 침팬지, 돌고래 등의 동물은 부분적이기는 하지만 특수한 방법으로 의사소통을 한다고 알려져 있다. 여기서는 동물과 인간의 의사소통 사이에 나타나는 차이점을 알아본다.

첫째, 인간의 언어의 전달은 음성 기호를 통하여 이루어지는 데에 반해서, 꿀벌의 의사 전달은 몸짓(gesture)에 의하여 이루어진다. 이처럼 꿀벌의 의사 전달은 오로지 시각적인 것에 국한되기 때문에, 밤이나 비가 오는 날에는 의사 전달이 이루어지지 않는다.

둘째, 인간 언어의 전달은 발신자와 수신자가 서로 상호 작용하면서 이루어진다. 반면에 꿀벌의 의사 전달은 이러한 상호 작용이 일어나지 않기 때문에 진정한 의미의 대화가 아니다. 꿀벌의 의사 전달은 일방적으로 이루어지고, 전달하는 정보의 내용도 오직 꿀이 있는 장소와 관련된 공간적인 정보일 뿐이다. 따라서 꿀벌의 의사 전달은 다른 정보가 개입될 여지가 없어서 메시지 내용이 고착적이다.

셋째, 꿀벌을 비롯한 동물의 언어는 그 전달 방법이 그 종족에 유전적으로 전승되어 온 것이다. 예를 들어 한국의 꿀벌이나 아프리카의 꿀벌이나 동일한 춤을 추어서 같은 내용을 전달한다. 반면에 인간은 학습을 통해서만 언어 능력을 습득할 수 있으며, 이러한 언어 능력이 유전적으로 대대로 전승되는 것은 아니다. 곧 인간에게는 언어를 습득하는 내재적인 능력이 있을 뿐이지, 언어 자체는 그 안에 담겨 있는 문화와 함께 학습을 통해서 습득해야 한다. 이러한 점에서 인간의 언어는 동물의 의사 전달 체계에 비해서 유전적으로 전승되지 않고 학습을 통해서만 전승되는 특징이 있다.

넷째, 인간의 언어는 자의성(恣意性)이 있기 때문에 시간의 흐름이나 지역의 차이에 따라서 끊임 없이 변화하는데, 이러한 변화 때문에 인간의 언어는 끊임없이 발전한다. 이와는 달리 꿀벌의 의사 전달 방법은 자의성이 없어서 시공간의 차이에도 불구하고 이 세상의 모든 꿀벌에게 동일하다. 따라서 꿀벌의 의사 전달 방법은 오랜 시간이 지나도 발전하지 못한다.

다섯째, 인간의 언어에는 분절성(分節性)이 있으므로 언어 요소를 하위 요소로 쪼개거나 둘 이상의 요소를 결합할 수 있다. 이를 통해서 인간은 무한한 경험 내용을 분절적인 언어를 통하여 다양한 방법으로 다른 사람에 전달할 수 있다. 따라서 정보의 산출의 측면에서 볼 때 인간의 언어는 경제적이면서도 생산적이다. 이와는 달리 꿀벌의 춤을 통한 메시지는 하위 요소로 분절될 수 없는 총제적인 정보일 뿐이다.

결국 인간의 음성 언어에 의한 의사 전달과 동물의 비음성적인 의사소통은 근본적으로 다르다. 이러한 차이점 때문에 인간이 사용하는 음성 기호만을 진정한 의미의 언어로 간주한다.

{ 인간의 비언어적 의사소통 }

의사 전달이라는 측면에서 본다면, 인간의 음성 언어로 하는 전달을 '언어적 의사소통

(verbal communication)'이라고 하고, 손짓, 발짓, 몸짓, 어깻짓 등을 통해서 하는 전달을 '비언어적 의사소통(non-verbal communication)'이라고 한다. 이러한 비언어적 의사소통의 방법은 극히 제한된 범위 안에서만 사용되는데, 발신자와 수신자 사이의 약정이나 문화에 따른 제약을 많이 받는 것이 특징이다.

다음은 손짓 중에서 손가락의 움직임으로써 표현할 수 있는 비언어적 의사소통 방법의 예이다.

(1) ㄱ. 엄지손가락을 세움 : 우두머리, 첫째, 일등, 아버지, 훌륭함, 멋있음.
　　ㄴ. 새끼손가락을 세움 : 첩(妾), 애인.
　　ㄷ. 엄지손가락과 집게손가락으로 동그라미를 만듦 : 돈, OK.
　　ㄹ. 집게손가락과 가운뎃손가락으로 V자를 만듦 : 승리, 자랑스러움.

이러한 비언어적 의사소통의 방법은 동물의 의사 전달 방법과 마찬가지로 극히 제한된 기능만을 발휘할 뿐이다. 이러한 점에서 인간의 음성 언어가 발휘하는 생산적 기능과는 많은 차이를 보인다.

1.1.4. 언어의 기능과 개념

1.1.4.1. 언어의 기능

언어의 가장 중요한 기능은 의사를 전달하는 기능이다. 곧 언어는 의사소통을 위해 존재한다고 할 수 있다. 로만 야콥슨(Roman Jacobson 1960)에서는 의사소통과 관계되는 여러 요소 중에서 어느 것에 중점을 두는가에 따라, 언어의 기능을 여섯 가지로 설명했다.

(가) 지시적 기능

'지시적 기능(指示的 機能, referential function)'은 언어가 사물이나 현상 또는 개념 등을 언어 기호로써 가리키는 기능이다. '지시적 기능'은 언어의 제1차적인 기능으로서 흔히 '정보적 기능'이라고도 한다.

(38) 토끼풀→[♧], 전화→[☎], 온천→[♨]

(39) 비가 많이 내린다.

(38)에서 '토끼풀', '전화', '온천'이라는 말이 각각 실제의 사물인 [🍀], [☎], [♨]를 나타낸다면, 이때의 언어는 지시적으로 기능한 것이다. 그리고 '실제로 비가 많이 내리는 상황'을 보고 (39)처럼 "비가 많이 내린다."라고 발화했을 때에 그때의 발화도 지시적으로 기능한 것이다.

지시적 기능으로 쓰이는 언어는 정보 전달을 목적으로 하는 의사소통에 많이 쓰이며, 의사소통에 관여하는 요소 중에서 '메시지의 전달 내용(화제)'과 직접적으로 관련된다.

(나) 정서적 기능

'정서적 기능(情緖的 機能, emotive function)'은 화자의 감정 상태나 어떤 일에 대한 태도 등을 나타내는 언어의 기능이다. 이는 어떠한 대상에 관하여 화자의 태도나 감정을 표현하므로 '표현적 기능(表現的 機能, expressive function)'이라고도 한다. 언어의 '정서적 기능'은 주로 감정이나 감탄 표현의 말이나 욕설, 독백, 자문자답의 말 등이 표현적 기능을 가지는 말로써 사용된다.

(40) ㄱ. 난 널 사랑해.
　　 ㄴ. 야, 이놈의 자식아.
　　 ㄷ. 어머나, 눈이 내리네.

(ㄱ)에서는 사랑하는 태도(감정)를 표현하고 있으며, (ㄴ)에서는 상대방에 대한 적대적인 감정이나 태도를 표현하고 있다. 그리고 (ㄷ)에서는 '눈이 내리는 상황에 대한 화자의 흥분된 감정'을 표현하고 있다.

정서적 기능의 언어는 의사소통에 관여하는 요소 중에서 '화자(speaker)'와 직접적으로 관련된다.

(다) 지령적 기능

'지령적 기능(指令的 機能, ditective function)'은 화자가 전달한 내용이 청자의 감정이나 행동, 이해 등에 미치는 기능인데, 이를 '능동적 기능(能動的 機能, conative function)'이라고도 한다. 지령적 기능의 언어는 '명령, 요청, 부탁' 등의 형식으로 표현되어서 청자의 행위에 직접적으로 영향을 미치거나 질문의 형식으로 표현되어서, 간접적으로 청자의 행위에 영향을 미친다.

(41) ㄱ. 이제 일어서라.

ㄴ. 이제 일어서자.

ㄷ. 이제 일어서 주시기 바랍니다.

ㄹ. 이제 일어서 주시지 않으시겠습니까?

(ㄱ)에서 화자는 직접적인 명령문으로써 청자에게 '일어서는 행동'을 요구하고 있으며, (ㄴ)은 청유문으로써 청자에게 '일어서는 행동'을 함께 할 것을 요구한다. (ㄷ)과 (ㄹ)에서는 명령이나 청유의 형식은 아니지만 평서문이나 의문문을 통해서 들을이의 행동을 요구하는 문장이다. 곧 (ㄷ)은 평서문을 통해서, (ㄹ)은 질문의 형식을 통해서 청자에게 '일어서는 행동'을 완곡하게 요구하고 있다.

지령적 기능의 언어는 의사소통에 관여하는 요소 중에서 '청자(hearer)'와 직접적으로 관련된다.

(라) 친교적 기능

'친교적 기능(親交的 機能, phatic function)'은 의사소통을 원활하게 할 목적으로, 의사소통에 장애가 되는 물리적 요소를 극복하거나, 사람 사이의 유대를 확인하고 대화의 길을 터주며 부드러운 분위기를 조성해 주는 언어의 기능이다.

(42) ㄱ. 여보세요? 잘 들립니까?

ㄴ. 미안하지만, 다시 한 번 말씀해 주시겠습니까?

(43) ㄱ. 안녕하십니까?

ㄴ. 친애하는 국민 여러분.

(44) ㄱ. 점심 먹었니?

ㄴ. 날씨 참 좋습니다.

(42)의 예는 의사소통을 가로막는 물리적인 장애 요소를 극복하기 위하여 발화한 문장이다. 곧 이들 문장은 물리적인 장애 요소를 제거함으로써 의사소통을 원활하게 해 준다. 그리고 (43)과 (44)의 표현은 일상적인 인사말인데, 이는 사람 사이의 유대를 확인하고 부드러운 분위기를 조성함으로써 대화를 원활하게 해 준다. (43)과 (44)의 표현은 메시지가 전달하는 문맥 자체의 내용과 관계없이 그냥 의례적인 인사말로 쓰일 뿐이다.

예를 들어서 (44ㄱ)의 표현이 지시적 기능으로 쓰였다면 이는 청자가 점심을 먹었는지를 확인하려고 발화한 말이 된다. 하지만 이 표현이 친교적 기능으로 쓰였다면 점심때쯤에 사용하는 의례적인 인사말로 쓰인 것이다. 만일 (44ㄴ)의 표현이 지시적 기능으로 쓰였다면 "날씨가 정말 좋다."라고 하는 정보를 청자에게 전달하는 말이다. 하지만 친교적인 기능의 관점에서 보면 상대방에게 부드러운 대화 분위기를 조성하는 의례적인 표현일 뿐이다.

언어의 친교적 기능은 의사소통에 관여하는 요소 중에서 화자와 청자의 '접촉(contact)'과 관련된다.

(마) 메타 언어적 기능

'메타 언어적 기능(metalingual function)'은 언어 표현 자체에 대하여 설명하는 언어의 기능이다. 언어학이나 언어 철학에서는 언어를 '대상 언어'와 '메타 언어'로 나눈다. 여기서 '대상 언어(對象言語, object language)'는 사물에 대해서 직접 말하거나 표현·서술한 언어로서 언어학적으로 연구의 대상이 되는 언어이다. 반면에 '메타 언어(上位言語, metalanguage)'는 언어 자체에 대해서 설명하거나 언급하는 언어이다. 곧 일상적인 언어는 어떠한 대상을 언급하는 데에 쓰이는 대상 언어인데, 이러한 대상 언어 자체를 설명하는 언어가 '메타 언어'인 것이다.

(45) ㄱ. 어머니는 시장에 가서 '<u>동태</u>'를 한 마리 사 오셨다.
　　　ㄴ. 철수가 지금 바빠서 너를 만날 수 없대.

(46) ㄱ. '동태'는 '<u>얼린 명태</u>'를 말한다.
　　　ㄴ. 그 말의 뜻은 <u>철수가 너를 싫어한다는 것이야</u>.

(45)의 문장 속에 쓰인 단어는 모두 특정한 대상이나 움직임을 표현한 말이므로 이들 문장은 모두 대상 언어로 쓰였다. 이에 대하여 (46ㄱ)의 문장은 (45ㄱ)에 쓰인 '동태'라는 언어를 설명하는 말이며, (46ㄴ)의 문장은 (45ㄴ)에 쓰인 대상 언어의 뜻을 설명하는 말이다. 따라서 (46)의 문장은 (45)에 쓰인 대상 언어에 대한 메타 언어로 기능한다.

메타 언어는 화자와 청자가 서로서로 상대방과 일치하는 기호 체계(code)를 사용하고 있는지를 확인해야 할 필요가 있을 때에 쓰인다. 이렇게 메타 언어로 기능한 말은 의사소통에 관여하는 요소 중에서 '기호(code)' 자체와 직접적으로 관련된다.

(바) 시적 기능

'시적 기능(詩的 機能, poetic function)'은 언어를 통한 예술 작품에 쓰인 언어에서 나타나는 기능으로서, 언어가 청자(독자)에게 미적인 감동을 일으키는 기능이다. 시를 비롯한 언어 예술에서 표현되는 언어는 대체로 이러한 기능을 나타낸다.

(47) ㄱ. 나 보기가 역겨워 가실 때에는 죽어도 아니 눈물 흘리오리다.

ㄴ. 눈물 아롱아롱 피리 불고 가신 님의 밟으신 길은 진달래 꽃비 오는 서역 삼만리

ㄷ. 달빛에 부서진 추억도 날 버린 이름도 모두 다 지울 순 없겠지…

(47)은 시에 쓰인 표현인데 일상의 언어와는 달리 '운율의 사용, 시어의 모호성, 역설, 아이러니' 등의 기법을 사용하여 수신자에게 정서적 감동을 줄 수 있다.

시적 기능을 하는 언어는 의사소통에 관여하는 요소 가운데 '메시지(message)'와 관련된다.

1.4.2. 의사소통의 요소와 언어의 기능

지금까지 로만 야콥슨(Roman Jacobson 1960)의 이론에 따라 언어의 기능을 살펴보았다.

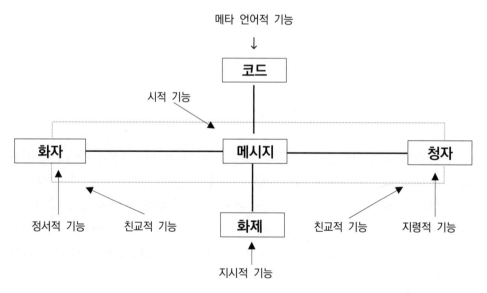

〈그림 3〉 의사소통의 요소와 언어의 기능]

언어에는 여러 가지 기능이 있을 수 있으나 특정한 언어적 표현에 이들 기능이 동시에 다 실현되는 것은 아니다. 뿐만 아니라 하나의 언어가 특정한 기능만을 발휘하는 것도 아니다. 화자의 의도나 발화 상황과 관련해서 이들 기능 가운데에서 어느 한 가지 또는 몇 가지의 기능이 포개어져 나타나는 것이다.

(48) ㄱ. 차 한잔 마시고 싶은데……."
     ㄴ. 날씨 좋군요.

예를 들어서 (ㄱ)의 문장에는 대체로 '지시적, 정서적, 지령적 기능'이 나타나 있으며, (ㄴ)의 문장에는 '지시적, 친교적 기능'이 있다고 볼 수 있다.

또 언어의 여러 기능은 문장의 표현 형식에도 반영된다. 곧 평서문은 지시적 기능과, 감탄문은 정서적 기능과 관계있는 문장의 형식이며, 의문문, 명령문, 청유문은 지령적 기능과 관계있는 문장의 형식이다.

1.1.4.2. 언어의 정의

언어의 특징과 기능을 종합하여 언어에 대한 간단한 정의를 내리면 다음과 같다.

> 언어는 인간의 사상과 감정을 서로 교환하기 위한, 자의적인 음성 기호의 체계이다.[9]

위의 정의는 다음과 같이 풀이할 수 있다. 첫째, '인간의 사상과 감정을 교환한다.'는 것은 언어는 인간만이 가지고 있으며 언어의 기본적인 기능은 의사소통에 있다는 것을 표현한 것이다. 둘째, '음성 기호'는 언어는 전달 형식이 '음성'으로 된 상징물(symbol)이라는 뜻이다. 셋째, '체계'는 인간의 언어를 이루는 음성 기호들이 무질서하게 모여 있는 것이 아니라, 질서 있고 규칙적인 모습으로 조직되어 있다는 것이다. 넷째, '자의적'은 언어 기호의 전달 내용인 '의미'와 전달 형식인 '음성'이 그 언어를 쓰는 구성원들의 약속에 의하여 임의적으로 바뀔 수 있다는 뜻이다.

이처럼 인간은 언어를 통하여 의사소통을 할 뿐만 아니라, 사회생활을 유지하고 문화를 창조하고 발전시키며, 나아가 다음 세대들에게 문화를 전승할 수 있다.

---

9) Sturtevant, Edgar H(1947:2)에서는 언어의 개념을 "A language is a system of arbitrary vocal symbols by which members of a social group cooperate and interact."으로 정의했다.

1.2. 문자 언어

언어는 '음성'으로 된 기호의 체계이므로, 언어의 기본적인 전달 형식은 '음성 언어(입말)'이다.

〈음성 언어의 한계〉 음성 언어로써 의사를 전달하려면 같은 시간과 같은 장소에서 두 사람 이상의 대화자가 반드시 있어야 하며, 정보의 종류에 따라서는 의사를 전달할 때에 시간이 오래 걸릴 수도 있다. 그리고 음성 언어로써 정보를 저장하기 위해서는 말하는 사람이나 듣는 사람이 암기를 통해서 내용을 기억해야 하기 때문에, 정보를 저장할 수 있는 양에 한계가 있다. 그리고 음성 언어는 기억력에 의존하여 한정된 정보만 저장할 수 있으므로, 받아들인 정보에 대하여 비판적으로 사고하거나 이를 변형하여 창조적으로 사고하는 데에도 어려움이 있다.

인간은 '음성 언어'에서 나타나는 이러한 약점을 보완하기 위하여 꽤 오래 전부터 '음성 언어'를 시각적으로 표현하여 사용하여 왔는데, 이것이 '문자 언어(글말)'이다.

1.2.1. 문자

음성 언어의 전달 형식을 구성하는 가장 기초적인 단위를 '음소(자음과 모음)'라고 한다면, 문자 언어의 전달 형식의 기초적인 단위는 '문자(글자)'이다. 여기서는 문자 언어를 짜 이루는 기초적인 단위인 문자의 개념과 문자의 종류를 알아본다.

1.2.1.1. 문자의 개념

〈문자의 정의〉 '문자(글자)'는 음성 언어의 특정한 단위(단어, 음절, 음소)를 시각적으로 기록한 '문자 언어의 최소 단위'이며, 비교적 구체적인 생각(관념)을 문자 언어로써 항구적이며 가시적으로 표현할 때에 쓰는 기호 체계이다.(신상순 2000:33 참조.)

(49) ㄱ. / 가을 하느른 푸르다 /

ㄴ. 가을 하늘은 푸르다

ㄷ. ㄱ, ㅏ, ㅇ, ㅡ, ㄹ, ㅎ, ㅏ, ㄴ, ㅡ, ㄹ, ㅇ, ㅡ, ㄴ, ㅍ, ㅜ, ㄹ, ㅡ, ㄷ, ㅏ

(50) ㄱ. / aj lʌv ju /

ㄴ. I love you

ㄷ. I l o v e y o u

(49)에서 (ㄱ)은 국어의 문장을 음성 언어로 실현한 것이며 (ㄴ)은 문자 언어로 실현한 것이다. 그리고 (ㄷ)에 제시한 문자(= 한글의 자모)는 (ㄴ)의 문자 언어를 구성하는 최소의 단위(자소, 字素)가 된다. 마찬가지로 (50)에서 영어의 알파벳은 영어의 문자 언어를 실현하는 최소의 단위가 된다.

〈 문자의 조건 〉 어떠한 개념을 시각적으로 기록한 것이라고 해서 모두 문자가 되는 것은 아니며, 문자가 성립하기 위해서는 다음과 같은 조건을 갖추어야 한다.

첫째, 문자는 음성 언어(= 기호)가 나타내는 특정한 개념을 일관성 있게 표현해야 한다.

(51) ㄱ. 사람, man, ひと   → [人]
     ㄴ. 호랑이, tiger, とら   → [虎]

예를 들어서 문자로 표기된 단어인 '사람, man, ひと'는 항상 [人]의 개념을 나타내며, '호랑이, tiger, とら'는 [虎]의 개념을 나타낸다.

그런데 어떤 시각적인 기호(부호)는 특정한 개념을 나타내지 못하고, 쓰임에 따라서 여러 가지 다른 개념을 나타내기도 한다.

(52) ☁ ♨ × ☼ ☂ ☟ ♡ ♧ Ⓚ ☞ ○ ☎

[☁]은 경우에 따라 '구름'을 상징할 수도 있고, '날씨가 흐림'을 나타낼 수도 있다. 그리고 [♨]은 관광 지도에서는 '온천'을 나타내지만, 숙박 시설의 간판에서는 '목욕 시설을 갖추고 있음'을 나타내기도 한다. [×]도 답안지를 채점할 때에는 '틀림'의 기호로 사용하지만, 수학에서는 '곱셈표'로 사용되기도 한다. 이와 같이 (4)의 기호들은 모두 관습적으로 쓰이는 기호이기는 하지만, 특정한 개념을 일관성 있게 나타내는 것이 아니라는 점에서 문자가 아니다.

둘째, 문자는 기록성이 있기 때문에, 일단 표현된 다음에는 형태가 일정한 시간 동안 남아 있어야 한다. '몸짓, 깃발 신호, 봉화' 등은 문자와 마찬가지로 시각적인 기호이다. 하지만 이들 기호는 일정한 관념을 표현하지도 못할 뿐 아니라, 구현되고 난 뒤 얼마 지나지 않아서 사라지기 때문에 문자가 되지 못한다.

셋째, 문자는 음성 언어를 시각적으로 표기하되, 특정한 음성 언어의 단위를 직접적으로 표기하여야 한다.

(53) ㄱ. 1 2 3 4 5 6 7 8 9 10
　　ㄴ. ＋ － × ÷ ＝ ≒ ≡
　　ㄷ. ml cc m³ cm cal dB NaCl H₂O O₂
　　ㄹ. ? ! , . : ; [ ]

숫자나 수학이나 과학에 쓰이는 부호, 문장 부호 등은 문자가 되지 못한다. 이들은 특정한 개념을 표기할 수는 있지만, 특정한 언어의 음성 언어를 직접적으로 표기하지는 않기 때문이다. 예를 들어서 아라비아 숫자 '1'은 여러 나라에서 공통적으로 쓰이지만, 한국에서는 '일(하나)'로, 영국에서는 'one'으로, 일본에서는 'いち'로 각각 달리 읽힌다. 따라서 (53)의 예들은 모두 문자가 될 수 없다.

1.2.1.2. 문자의 종류

문자는 입말을 시각적으로 표기하는 기호를 통틀어서 일컫는 말이다. 문자는 그것이 나타내는 언어 단위에 따라서 '표의 문자(단어 문자)'와 '표음 문자'로 나뉘게 된다.

(가) 단어 문자

〈단어 문자의 개념〉특정한 문자가 말소리(시니피앙)와 개념(시니피에)의 결합체인 단어 자체를 표시하게 되면, 그 문자는 '단어 문자(낱말 글자, 표의 문자, word writing, logogram, logograph)'가 된다. 중국에서 사용하는 한자는 대표적인 단어 문자이다.

(54) ㄱ. 人, 田, 山, 日, 容
　　ㄴ. 上, 下, 本, 末, 血, 烏
　　ㄷ. 林, 森, 姦, 磊, 旦, 明, 古, 解

(55) 田 ⟶ / tɕən /
　　　　⟶ [밭]

(56) 容 ⟶ / joŋ /
　　　　⟶ [얼굴]

'田'과 '容'이라는 한자는 글자 한 자가 말소리와 개념의 결합체인 단어를 표현하므로 단어 문자가 된다. 단어 문자는 흔히 '표의 문자(뜻글자, logographic writing, ideographic writing)'라고 부르기도 하는데, 표의 문자는 음절이나 음소를 표기하는 '표음 문자(소리글자, phonographic writing)'에 대립되는 용어이다.

〈단어 문자의 장점〉 개개의 단어를 한 글자로 표기하는 단어 문자는 다음과 같은 장점이 있다.

첫째, 문자를 보고 이해하는 과정이 매우 빠르다. 단어 문자 가운데 특히 (6)의 (ㄱ)처럼 특정한 사물의 모양을 상형한 문자는 그것이 나타내는 단어의 시니피에(개념, 의미)와 직접적으로 연결되기 때문에 글자의 꼴을 보면 대략 그 의미를 짐작할 수 있다. 둘째, 단어 문자를 사용하면 입말이 통하지 않는 사람들도 어느 정도 의사소통을 할 수 있다. 특히 중국에서는 지역마다 서로 현저하게 다른 입말(방언)을 쓰고 있는데, 중국의 7대 방언1)의 사용자들은 다른 방언을 사용하는 사람을 만났을 때에 입말로는 의사소통에 장애를 겪는다고 한다. 하지만 중국 사람들이 글말을 쓸 때에는 단어 문자인 한자를 사용하므로, 비록 입말이 서로 달라도 한자로 적어 놓으면 서로 뜻이 통한다. 그뿐만 아니라 일본이나 한국, 중국 사람들은 한자를 사용하면 의사소통이 어느 정도 가능하다.

〈단어 문자의 단점〉 단어 문자에는 장점뿐만 아니라 다음과 같은 단점도 있다.

첫째, 단어 문자는 한 단어마다 하나의 문자가 필요하기 때문에, 단어의 수만큼 각기 다른 형태의 문자가 있어야 한다. 한자에서 /toŋ/과 같이 동일한 음성으로 발음되는 단어도 한자를 사용하면 '洞, 東, 動, 同, 童, 銅, 冬, 棟……'과 같이 다양하게 표기되기 때문이다. 중국의 강희자전(康熙字典)2)에는 5만에 가까운 한자가 실려 있다는 사실에서 문자의 수가 대단히 많음을 짐작할 수 있다. 이렇게 수많은 문자를 일일이 학습을 통하여 기억하여 정확하게 적는다는 것은 쉬운 일이 아니다.

둘째, 단어 문자는 문자에 대응되는 소리를 직접적으로 나타내지는 않는다. 따라서 문자의 형태만으로는 특정한 단어 문자에 대한 옛날 발음을 알 수 없고, 또한 여러 가지 지역 방언에서 문자가 어떻게 읽히는지도 알기 어렵다. 중국에서는 이러한 문제를 해결하기 위하여 각 시대에 쓰인 한자의 소리를 정리하여 각 한자의 음을 보여주는 사전을 편찬하게 된다. 이것이 흔히 말하는 운서(韻書)인데, 이는 한자를 운(韻)별로 분류하고 그 분류 목록을 일정한 순서에 따라 배열한 말소리의 사전이다.

---

1) 현대 중국어는 보통 7대 방언, 곧 '북방 방언, 오방언, 상방언, 월방언, 감방언, 민방언, 객가 방언'으로 나누어진다. 이들 7대 방언 중에서 북방 방언은 북경어를 대표 방언으로 하며, 중국 민족의 공통어로 인정받고 있다.

2) 중국 청(淸)나라 강희제(康熙帝)의 칙명(勅命)으로 당시의 진정경(陳廷敬), 장옥서(張玉書) 등 30명의 학자가 5년 만인 1716년(강희 55)에 완성한 것이다. 전 42권. 214의 부수(部首)를 세워 약 4만 7,000자를 각 부수에 배속시켜 획수순으로 배열하였는데, 오늘날의 한자 자전의 체재(體裁)는 여기에서 정립되었다고 할 수 있다.

(나) 표음 문자

〈**표음 문자의 개념과 종류**〉 음소 문자나 음절 문자는 단어를 구성하는 한 요소인 말소리(음절이나 음소)를 적는 글자이다. 이러한 문자를 '표음 문자(소리글자, phonogram)'라고 하는데, 표음 문자는 시니피에와는 관련을 끊고 시니피앙과만 관련을 맺게 된다.

(57) ㄱ. そら → /so/, /ra/

　　ㄴ. かお → /ka/, /o/

(58) ㄱ. 달　 → /t/, /a/, /l/

　　ㄴ. 얼굴 → /ʌ/, /l/, /k/, /u/, /l/

(59) ㄱ. sun　 → /s/, /ʌ/, /n/

　　ㄴ. foot → /f/, /uː/, /t/

예를 들어 표음 문자인 일본의 '가나 문자'에서 'そら'는 단어의 소리인 /sora/와 관련되고, 한글의 '달'은 /tal/이라는 소리와만 관련을 맺을 뿐이다.

표음 문자는 낱낱의 문자가 표시하는 소리의 단위에 따라서 '음절 문자'와 '음소 문자'로 나뉘게 된다. '음절 문자(syllabic writing)'는 한 개의 문자에 대응하는 시니피앙의 단위가 음절인 문자를 말한다. 곧 일본어의 'そら'에서 'そ'와 'ら'는 각각 /so/와 /ra/에 대응되기 때문에 음절 문자이다. 반면에 '음소 문자(phonetic writing)'는 문자 하나가 표기하는 시니피앙의 단위가 음소인 문자이다. 한글의 '달'에서 낱낱의 문자 'ㄷ, ㅏ, ㄹ'은 각각 음소의 소리 단위인 /t/, /a/, /l/에 대응되기 때문에 음소 문자가 된다. 마찬가지로 영어의 'sun'에서 's', 'u', 'n'은 각각 /s/, /ʌ/, /n/에 대응되므로 음소 문자이다.

〈**표음 문자의 특징**〉 표음 문자에는 단어 문자에 비하여 다음과 같은 특징이 있다.

첫째, 표음 문자는 음성을 기반으로 만들어졌기 때문에, 문자를 통하여 음성을 직접적으로 전사(轉寫)하기가 쉽다. 음절 문자인 가나 문자의 'そ'와 'ら'는 /so/와 /ra/를 직접적으로 나타나며, 음소 문자인 한글에서 'ㄷ'과 'ㅏ'와 'ㄹ'의 낱글자는 각각 /t/, /a/, /l/을 직접적으로 나타낸다. 따라서 지역 방언이나 옛말 등도 사용된 문자를 보면 그때에 쓰인 발음을 그대로 전사할 수 있다.

둘째, 표음 문자는 단어 문자에 비하여 글자의 수가 대단히 적다는 것이 큰 특징이다. 예를 들어 국어의 음소의 수는 자음 19개, 모음 10개, 반모음 2개로 모두 31개밖에 되지 않는다. 즉 음소 글자로 치면 31개의 글자만 있으면 대략 국어의 모든 소리를 표현할 수 있는 셈이다.[3] 그리고 일본어는 음절 수가 120개 내외인데, 음절 문자인 일본 문자에서는 약 47개 내외의 글자만 있으면 음절을 표기하는 데에 충분하다고 한다. 단어 문자인 한자(漢字)가 수만 개의 낱글자를 가졌다는 사실과 비교해 볼 때에 표음 문자는 글자의 수가 대단히 적다는 것을 알 수 있다.

표음 문자 가운데서도 음소 문자는 음절 문자보다 문자의 수가 더 적다. 예를 들어서 영어의 알파벳은 26개의 글자가 있으며, 한글은 24개의 글자로 구성되어 있다. 그리고 일본말을 음절 문자로 표기할 때는 47개의 문자가 필요하다. 하지만 일본어의 음절 구조를 음소로 분석하면 대충 자음 9개, 모음 5개이므로 모두 합하여 14개에 지나지 않는다. 그러므로 일본어를 음절 문자로 표기하지 않고 음소 문자로 표기한다면 불과 14개의 글자만 있으면 된다.

셋째, 표음 문자는 교육과 학습이 용이하며, 또한 문자 생활의 기계화에 매우 유리하다. 알파벳을 사용하는 국가에서는 일찍부터 타자기를 개발하여 사용하고 있으며 한글을 사용하는 우리나라에서도 문자 생활의 기계화가 비교적 잘되어 있는 편이다. 단어 문자인 중국의 한자를 기계화하여 문자생활을 한다는 것은 음소 문자인 한글과 알파벳에 비하면 상당히 불편한 것은 사실이다.

반면에 표음 문자는 표의 문자보다 시각적인 전달 효과가 떨어지는 단점도 있다.

(60) ㄱ. 人, 田, 山, 日, 容

　　 ㄴ. 上, 下, 本, 末, 血, 鳥

　　 ㄷ. 林, 森, 姦, 磊, 旦, 明, 古, 解

한자 중에서 (60)처럼 '상형(象形)'이나 '지사, 회의' 등의 방법으로 만들어진 글자는 문자의 형태가 문자의 의미를 어느 정도 반영하고 있다. 하지만 표음 문자는 문자의 형태와 의미가 아무런 관련이 없기 때문에 표의 문자에 비하여 시각적인 전달 효과가 떨어진다. 한글의 경우 이러한 문제를 '띄어쓰기, 맞춤법의 형태 음소적 표기[4], 모아쓰기 방식,

---

3) 현대 국어의 입말에서 실현될 수 있는 음절 단위의 소리는 이론상으로는 3,520개가 나오지만, 실제로 쓰이는 입말의 음절 수는 1,000여 개 정도이다. 하지만 음소 글자인 한글의 낱글자로써 이들을 음절을 적는 데에 사용되는 글자의 수는 이론적으로는 31개이다. 그러나 실제로는 자음 글자 14개와 모음 글자 10개로 도합 24개의 낱글자가 쓰인다.

4) '형태 음소적 표기법(形態音素的 表記法)'은 형태소와 형태소가 결합할 때에, 실질 형태소의 기본 형태를 밝히고 형태소와 형태소의 경계를 구분하여 적는 표기 방법이다. 이러한 표기법은 단어의 기본 형태를 고정시켜서, 문자의 가독력을 높임으로써 글을 읽을 때에 단어의 의미를 정확하게도 빨리 파악하기 위한 표기법이다.

문장 부호' 등의 보조적인 수단을 통하여 극복하고 있다.

1.2.2. 문자 언어

문자로써 음성 언어를 기록하면 문자 언어가 된다. 문자 언어는 음성 언어의 보완 수단으로 발생하였으나, 점차로 기능이 강해져서 지금은 어느 정도 독자성을 갖추고 있다.

1.2.2.1. 문자 언어의 개념

〈 문자 언어의 정의 〉 문자 언어는 문자를 사용하여 음성 언어를 시각적으로 표기하는 의사 전달의 수단이다. 따라서 문자 언어는 음성 언어에 비하여 이차적인 전달 수단이다. 문자 언어는 경우에 따라서는 음성 언어를 규제하기도 하지만, 원칙적으로 음성 언어가 없으면 문자 언어가 성립하지 않는다. 그리고 음성 언어는 무의식적으로 학습되는 데에 반해서 문자 언어는 개인이 의도적으로 학습하여 습득한 것이다. 따라서 음성 언어가 1차적인 언어라고 한다면, 문자 언어는 음성 언어를 바탕으로 이루어진 제2차적인 언어이다.

〈 문자 언어의 특성 〉 음성과 문자는 사람의 사상이나 감정을 표출하는 매개체라는 점에서는 동일한 언어 기호이다. 따라서 음성과 문자는 단지 청각적 기호냐 시각적 기호냐 하는 차이만 있는 것으로 착각하는 경우도 없지 않다. 그것은 언어를 연구할 때에 문자 언어로 된 자료(= 문헌)에 의존해 왔고, 또 문자 언어가 바로 그 시대 또는 그 지방의 음성 언어 그대로인 것처럼 믿어 왔기 때문이다. 또 언어를 교육할 때에도 전통적으로 음성 언어보다도 문자 언어를 교육하는 데에 치중하였는데, 이는 문자 언어를 교육함으로써 음성 언어를 효과적으로 교육할 수 있다고 믿었기 때문이다.

그러나 음성 언어와 문자 언어는 동일시되거나 혼동될 수 있는 성질의 것이 아니다. 문자 언어는 음성 언어와 비교할 때에 다음과 같은 고유한 특성이 있다.

첫째, 음성 언어는 청각을 통하여 인지할 수 있으나, 문자 언어는 시각을 통하여 인지한다. 이에 따라서 화자가 음성 언어를 사용할 때에는 자신만의 독특한 음색과 억양으로 다른 사람과 구분되는 데에 반하여, 문자 언어를 사용할 때는 필체와 문체로써 다른 사람과 구분된다.

둘째, 문자를 이용하여 기록을 남기면 그 기록은 일정한 시간 동안 남는다. 어떠한 재료를 사용해서 기록하였는가에 따라 보존 기간에 차이가 나지만, 발화되는 순간에 사라져 버리는 음성 언어에 비해서는 지속성이 있다고 할 수 있다. 문자 언어가 가진 본래의 역할은 공간적인 연락(횡적인 연락)이지만, 이러한 지속성 때문에 문자 언어의 역할은 다시 통시적인 연락(시간적인 흐름에 따른 연락)에까지 번지게 되었다. 문자 언어가 인간 문화를 기록하고 보존하는 구실을 맡게 된 것은, 문자에 나타나는 지속성에서 비롯되었다고 할 수 있다.

셋째, 음성 언어는 지역과 시대적인 차이에 따라서 끊임없이 변화하는 반면에, 문자 언어는 변화가 상대적으로 적은 편이다. 곧 문자 언어의 형태는 그것이 쓰이는 시대나 지역이 달라지더라도 변화가 급격하게 일어나지는 않는데, 이러한 특징을 문자 언어의 '보수성'이라고 한다.

넷째, 문자 언어는 간접적으로 전달되는 특징이 있다. 음성 언어는 인간의 사고를 직접적으로 전달하는 도구이다. 그러므로 음성 언어를 통해서 의사소통을 할 때에는, 화자와 청자가 서로 대면하면서 상호 작용한다. 반면에 문자는 입말을 시각적으로 표기한 기호이므로 문자에 의한 의사 전달은 간접적인 전달이다. 따라서 문자 언어를 통하여 의사소통을 할 때에는, 필자와 독자 사이에 공간과 시간적으로 상당한 차이를 두고 상호 작용이 이루어진다.

다섯째, 문자 언어는 음성 언어에 비해서 논리적이며 체계적으로 내용이 구성된다. 곧, 음성 언어를 통해서 의사소통을 할 때에는 발화 장면에서 얻을 수 있는 정보를 바탕으로 화자와 청자 사이에 형성되는 공감대가 중요하게 작용한다. 따라서 음성 언어에서는 화자가 발음상의 오류를 범하거나, 같은 말을 되풀이하거나, 특정한 말을 생략하거나, 혹은 비논리적으로 표현할 수 있다. 그럼에도 불구하고 청자는 발화 장면을 통하여 알 수 있는 비언어적인 정보에 기대어서, 음성 언어로써 비교적 정확하게 의사소통을 할 수 있다.

그러나 문자 언어를 사용할 때는 음성 언어를 사용할 때에 비해서 필자와 독자 사이에 심리적인 공감대를 형성하기가 어렵다. 그리고 언어적인 맥락을 제외하고는 비언어적인 맥락에 의한 발화 장면의 정보도 거의 제공되지 않는다. 이 때문에 화자는 전달하고자 하는 모든 요소를 일일이 언어화하여 논리적이며 체계적으로 전달해야만 의사소통을 정확하게 할 수 있다. 따라서 문자 언어는 음성 언어에 비하여 정확하고 논리적이며 체계적인 특징이 있다.

음성 언어와 문자 언어에 나타나는 특성을 정리하면, 다음 쪽의 〈표 7〉에 제시된 내용과 같다.

음성 언어	문자 언어
청각에 의존하여 인식하며, 음색과 억양을 통하여 화자를 식별함.	시각에 의존하여 인식하며, 필체와 문체를 통하여 글을 쓴 이를 식별함.
시간과 거리에 따라서 전달과 전승에 제약이 있음.	시간과 거리에 따른 제약이 적음.
지역과 시대, 계층에 따른 변화가 활발함.	지역과 시대, 계층에 따른 변화가 활발하지 않음.
화자와 청자가 면 대 면를 통하여 직접적으로 전달함.	필자와 독자가 시간적, 공간적인 거리를 두고 간접적으로 전달함.
비체계적이며, 비논리적, 상황 의존적 성격. 정보의 내용이 적음.	체계적, 논리적, 설명적 성격임. 정보의 내용이 많음.

〈표 7〉 음성 언어와 문자 언어의 차이

1.2.2.2. 문자 언어의 기능

언어의 본래 모습은 음성 언어이다. 하지만 정보를 보존하고 전달할 필요성이 점차로 증대하게 되었다. 이에 따라서 기원전 5~6천 년 전부터 이집트, 메소포타미아, 중국의 황하 지역 등 고대 문명의 발상지를 중심으로 문자가 발명되기 시작하였다. 그리고 중국의 후한(後漢) 시대(AD 105년 무렵)에 채륜이 종이를 발명하고 여러 가지 필기 도구가 개선되자, 문자 언어가 언어 생활에서 사용되는 비중이 점차적으로 커져 갔다. 그리고 인쇄술이 발달함에 따라서 현대에는 문자 언어를 통하여 엄청나게 많은 정보를 교환할 수 있게 되어서, 문자 언어가 음성 언어에 못지않게 큰 영향을 끼치고 있다.

이에 따라서 현대의 언어 생활에서는 문자 언어가 단순히 음성 언어의 보조적인 전달 수단에 머무는 것이 아니라, 어느 정도 독자성까지 생기게 되었다. 이처럼 문자 언어는 음성 언어에 비해서 훨씬 후대에 나타났지만, 음성 언어와는 다른 방식으로 인간의 생활에 큰 영향을 끼치고 있다. 문자 언어는 다음과 같은 기능이 있다.(김진우 1996:266 이하)

(가) 음성 언어를 보존하고 발전시킨다

문자 언어는 음성 언어에 나타나는 시간적 제약과 공간적인 제약을 극복하여 음성 언어를 보존할 수 있는데, 이것은 문자 언어의 가장 본질적인 기능이다. 예를 들어서 라틴어는 현재 음성 언어로는 세계의 어느 곳에서도 사용되지 않지만, 문자 언어로는 수많은 문헌에 기록되어서 지금까지 전하고 있다. 15세기에 쓰였던 국어도 음성 언어로의 상태로는 존재하지 않는다. 하지만 『용비어천가』(龍飛御天歌), 『석보상절』(釋譜詳節),

『월인천강지곡』(月印千江之曲) 등의 문헌에 문자 언어의 형태로 기록되어 있기 때문에, 500년이 지난 지금에도 우리는 중세 국어의 음성 언어의 모습을 쉽게 파악할 수 있다.

음성 언어는 지역에 따라서 쉽게 변하는 특징이 있는데, 문자 언어는 음성 언어에 나타나는 분화 현상을 완화시킬 수 있다. 예를 들어서 현대 중국어의 경우 음성 언어로는 수많은 방언이 존재하고 방언의 차이가 아주 심해서 의사소통조차 어려울 때가 많다. 하지만 중국에는 한자라는 표준화된 문자 언어가 있기 때문에 음성 언어에 나타나는 지역적인 차이를 완화시킨다.

문자 언어는 이처럼 음성 언어를 보존할 뿐만 아니라, 아울러서 음성 언어의 수준을 높이고 발전시킬 수도 있다. 문자 언어는 문법적인 면에서나 전달의 효율성의 면, 혹은 문화적인 질의 측면에서 음성 언어보다 수준이 높다고 할 수 있다. 즉 음성 언어에서 흔히 나타나는 비문법적이나 비효율적인 표현이 문자 언어에서는 훨씬 덜 나타나며 은어와 비속어 등이 잘 쓰이지 않는다. 그리고 고차원적이고 논리적인 사고는 음성 언어보다는 문자 언어로 표현되는 경우가 많다. 이러한 점에서 문자 언어는 음성 언어의 질적 수준을 높이고 발전시키는 데에 기여한다고 볼 수 있다.

(나) 지식과 문화를 보존하고 전수한다

인간은 선조들이 만들어 놓은 지식과 문화를 계승하고 보존하며, 물려받은 지식과 문화에 자신들이 만든 것을 보태어서 후대에 전수한다. 그런데 인간이 문자를 발명하기 전에는 수만 년 동안 이루어낸 문명을 음성 언어를 통하여 보존하고 후대에 전수해 왔다. 하지만 인간의 기억력에는 한계가 있기 때문에 음성 언어를 통하여 지식과 문화를 보존하거나 전수하는 것은 상당히 어렵다.

반면에 문자 언어를 사용하면 기억력의 제약을 받지 않게 되어서, 지식과 문화를 문서화하여 보존할 수 있으며, 후대에까지 전수할 수도 있다. 실제로 서양에서는 15세기 무렵에 금속 활자가 발명되고 인쇄술이 발달하게 되면서부터, 문서의 대량 복제가 가능하여 지식과 문화가 보급되는 양과 속도가 크게 증가하였다. 20세기 후반에는 컴퓨터와 인터넷이 발명되어 이를 이용하여 수많은 문자 자료들을 신속하고 편리하게 작성하고 효율적으로 관리 · 보관하게 됨으로써 정보의 혁명을 이룰 수 있었다.

(다) 사고력을 신장시킬 수 있다

인간의 사고력은 '기억력, 논리력, 분석력, 추리력, 상상력, 창조력'과 같은 다양한 고등 정신 능력으로 구성되어 있다. 이러한 고등 정신 능력을 기르는 데에는 음성 언어보다는 문자 언어를 사용하여 사고하는 것이 훨씬 효율적이다.

인간은 기본적으로 음성 언어를 통해서 사고 활동을 한다. 그러나 음성 언어는 비체계적이며 비논리적으로 실현되고, 발화 상황에 영향을 많이 받으며, 부려쓸 수 있는 문장의 길이가 짧고 양이 적다는 특징이 있다. 이 때문에 음성 언어를 통하여 인간의 사고력을 신장시키는 데에는 한계가 있다.

반면에 문자 언어는 음성 언어보다 길고 많은 문장을 한꺼번에 부려쓸 수도 있다. 그리고 문자 언어는 발화 상황에 의존하지 않기 때문에 완전하고 정확한 문장을 구사하여야만 정보의 전달이 제대로 이루어진다. 뿐만 아니라 문자 언어로 기록된 문헌에는 음성 언어에서는 잘 사용하지 않는 높은 수준의 어휘와 표현법이 사용된다. 이 밖에도 문자 언어를 사용하게 되면 남의 글이나 자신의 글에 대하여 반성적인 사고를 반복해서 수행할 수 있다. 따라서 이른바 '반성적 사고'를 할 수 있다. 이처럼 문자 언어를 통하여 사고하면 음성 언어를 통하여 사고할 때보다 인간의 사고 능력이 훨씬 크게 신장될 수 있다.

(라) 문학 활동을 통하여 문화를 창달할 수 있다

인간은 언어를 의사 전달의 수단으로 사용할 뿐만 아니라 예술 활동에도 활용할 수 있다. 언어를 통하여 할 수 있는 대표적인 예술 장르는 문학인데, 문학에 사용되는 매체는 문자 언어이다. 물론 음성 언어를 사용하는 구비문학도 문학의 한 갈래로 인정받고 있기는 하지만, 문학이 예술로서 확고한 위치를 차지한 것은 문자 언어로 문학 활동을 하고 나서부터이다.

문학 작품뿐만 아니라 인간의 언어를 기반으로 하는 '영화, 연극, 성악, 오페라, 대중가요' 등도 대부분 문자 언어의 형태로 창작되어서 최종적으로 음성 언어로 공연 활동이 이루어진다. 이러한 측면까지 고려하면 문자 언어는 문학 활동을 넘어서 대단히 폭넓게 예술 문화 활동에 기여하고 있음을 알 수 있다.

인간은 문자 언어를 통하여 문학 활동을 함으로써, 자신들의 정서를 함양하고 상상력과 창의력을 고양할 수 있다. 더 나아가서 문자 언어를 통하여 국가나 사회의 문화적인 전통을 학습하고 보존하며 발전시켜서 이를 후대에 전수할 수 있다.

제2장 언어와 문화

언어는 의사소통의 수단일 뿐만 아니라, 인간의 사고, 사회, 문화와 밀접하게 관련되어 있다. 곧, 언어는 사고를 하는 수단인 동시에 사고를 일정한 방식으로 이끄는 틀이 되기도 한다. 또한 언어는 그 언어를 사용하는 지역이나 언중들의 성격으로부터 영향을 받거나, 그 언어를 사용하는 언중들의 문화가 언어에 반영되기도 한다.

2.1. 언어와 사고

언어와 사고는 서로 밀접한 관계에 있다. 곧, 인간의 사고가 언어에 영향을 끼칠 수도 있고 반대로 언어가 사고에 영향을 줄 수가 있다.

2.1.1. 사고가 언어에 미치는 영향

전통적인 언어 철학에서는 인간의 사고 작용에 따라서 언어 표현이 생성된다고 보았다. 곧, 인간이 사고하는 방식에 따라서 언어를 표현이 결정된다고 보는 것이 일반적인데, 이처럼 사고가 언어에 영향을 주는 예로서 다음과 같은 사례를 들 수 있다.

첫째, 합성어·대등 접속어·관용어 등의 고정된 어순을 결정하는 원리로서, '나(Me)'에게 가까운 언어적 요소가 '나'에게 먼 언어적 요소보다 앞서는 경향이 있다는 '나 먼저 원리(Me First Principle)'가 있다. 곧, 인간이 보편적으로 사고하는 방식이 언어 표현의 어순에 그대로 반영된 예가 있다.(임지룡 1996:161 이하)

(1) ㄱ. 시간의 합성 : 어제오늘, 오늘내일, 아침저녁, 작금, 조만간

　　ㄴ. 수의　합성 : 하나둘, 두셋, 일이등, 오륙도, 홀짝수, 단복수

　　ㄷ. 성별의 합성 : 남녀, 갑남을녀, 선남선녀, 신사숙녀, 형제자매

　　ㄹ. 거리의 합성 : 여기저기, 이곳저곳, 이쪽저쪽, 이리저리, 그럭저럭, 자타, 한일관계

　　ㅁ. 방향의 합성 : 앞뒤, 전후, 상하

　　ㅂ. 대소의 합성 : 장단, 고저, 심천, 강약, 원근, 여야, 군신, 처첩, 경향, 경부선, 경춘가도

　　ㅅ. 평가의 합성: 잘잘못, 보나마나, 행불행, 진위, 승패, 상벌, 희비, 찬반, 화복, 손익

(ㄱ)에서 '시간의 합성'은 앞선 시간을 나타내는 말이 먼저 실현되고 나서 뒤따른 시간을 나타내는 말이 그 다음에 합성된다. (ㄴ)에서 '수의 합성'은 작은 수에서 큰 수의 차례로 합성된다. (ㄷ)에서 '성별의 합성'은 일반적으로 '남성-여성'의 차례로 나타난다. (ㄹ)에서 '거리의 합성'은 화자에게 가까운 거리에서 먼 거리의 차례로 나타난다. (ㅁ)에서 '방향의 합성'은 대체로 지각하기 쉬운 방향이 앞자리에 나타난다. (ㅂ)에서 '대소의 합성'은 정도가 큰 말, 힘이 센 말, 가치가 높은 말이 앞자리에 놓인다. (ㅅ)에서 '평가의 합성'은 긍정을 표시하는 말이 부정을 표시하는 말에 앞서나, 관심도에 따라 그 반대의 경우도 나타난다. (1)에 제시된 합성어의 어순은 인간이 대상을 인식하는 순서에 따라서 형성된 것이므로, 사고가 언어에 영향을 끼친 예라고 할 수 있다.

둘째, 사고가 언어에 영향을 끼치는 예는 문장으로 표현되는 일상의 언어 생활에도 나타난다. 예를 들어서 프로 야구 경기에서 롯데 팀과 삼성 팀이 벌인 시합의 결과가 다음과 같다고 하자.[1]

롯데 팀	삼성 팀
2	3

〈표 1〉 객관적인 경기 결과

보통의 경우에 화자는 자기가 관심을 많이 두는 대상을 주어로 설정하여서 문장에의 맨 앞자리에 위치시킨다. 따라서 위의 경기 결과를 문장으로 표현할 때에는 다음의 2가지 방법으로 표현할 수 있다.

---

1) 어떠한 대상에 대하여 화자가 가지는 관심도가 언어 표현에 반영되는 경우가 있는데, 이러한 현상을 발화의 '시점(視點, empathy)'이라고 한다. 시점이 적용되면 화자가 관심을 많이 두는 요소를 주어로 표현하는 경향이 매우 강하다.

(2) ㄱ. <u>롯데 팀</u>이 삼성 팀에게 2 대 3으로 졌습니다.

　　ㄴ. <u>삼성 팀</u>이 롯데 팀에게 3 대 2로 이겼습니다.

만일 화자가 롯데 팀의 팬일 경우에는 (ㄱ)처럼 표현하겠지만, 반대로 화자가 삼성 팀의 팬이라면 (ㄴ)처럼 표현할 것이다. (2)의 문장은 사람의 개인적인 관심도가 언어 표현에 영향을 미친 사례인데, 이 또한 사고가 언어에 영향을 끼친 예로 볼 수 있다.

　동일한 상황에서 화자가 어떠한 대상에 관심을 두느냐에 따라서 능동문과 피동문으로 달리 표현될 수가 있다.

〈그림 1〉 '영희 – 차다 – 철수'의 상황

(3) ㄱ. 영희가 철수를 <u>찼다</u>.　　　　　　　　　　　　　　[능동문]

　　ㄴ. 철수가 영희에게 <u>차였다</u>.　　　　　　　　　　　[피동문]

예를 들어서 화자가 행위의 주체인 '영희'에 관심이 있을 때에는 (ㄱ)과 같이 행위자인 '영희'를 주어로 취하여서 능동문으로 표현한다. 이에 반해서 화자가 행위의 객체인 '영희'에게 관심이 있는 경우에는 (ㄴ)처럼 '철수'을 주어로 취하여서 피동문으로 표현한다.

　결국 (3)의 예는 화자가 관심을 두는 대상에 따라서 각기 다르게 표현된 것이므로, 시점이 언어에 영향을 끼친 예이다.

2.2.2. 언어가 사고에 미치는 영향

　사고가 언어에 영향을 끼친다는 생각을 뒤집어서 언어가 인간의 사고를 결정짓는다고 주장하는 가설도 있다. 이 이론은 인간은 자기가 사용하는 모국어의 구조에 따라서 세계를 인식하고 해석한다는 이론인데, 이 이론을 '언어 상대성 이론(言語 相對性 理論)' 또는 '사피어-워프 가설(Sapir-Whorf hypotheis)'이라고 한다.2)

워프(Whorf)는 영어와 에스키모어에 나타나는 '눈(雪)'에 관한 어휘를 비교함으로써 '언어 상대성 이론'을 주장하였다.

    (4) 영   어 : snow

    (5) 에스키모 어 : aput(땅 위의 눈), quana(내리는 눈), piqsirpoq(바람에 날리는 눈),
                 quiumqsuq(바람에 날려 쌓인 눈)

영어에는 '눈'을 나타내는 어휘가 'snow'만으로 표현되는 데에 반해서, 에스키모어에는 눈에 관한 어휘로서 'aput(땅 위의 눈), quana(내리는 눈), piqsirpoq(바람에 날리는 눈), quiumqsuq(바람에 날려 쌓인 눈)' 등이 있다. 워프는 두 언어에 나타나는 어휘 수의 차이를 다음과 같이 설명하였다. 에스키모어에서 '눈'에 관련된 어휘가 다양하게 발달되어 있기 때문에 에스키모인들은 영어를 모국어로 사용하는 사람들이 인식하는 것보다 훨씬 세밀하고 다양하게 '눈'을 인식한다는 것이다. 곧 워프의 주장은 '눈'에 대한 언어가 사람들이 사물을 인식하는 방법에 영향을 끼친다는 주장이다.3)

언어 표현이 인간의 시각 작용에 영향을 지배하는 경우도 있다. 다음에 제시된 시각에 관련한 표현은 '언어 상대성 이론'을 설명할 때에 흔히 드는 예문이다.

    (6) ㄱ. 하늘이 푸르다.
        ㄴ. 잔디가 푸르다.

---

2) 언어 상대성 이론은 언어가 인간의 사고와 문화를 결정짓는다는 이론이다. 18세기에 헤르더(J. Herder)와 훔볼트(W. Humbolt)가 이론적 단초를 제시하였고 20세기에 들어서 사피어(E. Sapir)가 기본 개념을 설정하였다. 이어서 그의 제자인 워프(B. L. Whorf)가 사피어의 이론을 발전시켰기 때문에 이 이론을 '사피어-워프 가설(Sapir-Whorf hypotheis)'이라고도 한다. 이 이론은 인간은 자기가 사용하는 모국어의 구조에 따라서 세계를 인식하고 해석한다는 이론이다.

3) '언어 상대성 이론'은 언어와 사고의 관계를 설명하는 데에 완벽한 이론은 아니다. 곧 '언어 상대성 이론'을 주장하는 증거로 쓰인 예들은 거꾸로 이 이론을 반박하는 증거로도 쓰일 수도 있기 때문이다. 곧, 에스키모 인들은 원래부터 영어를 쓰는 화자에 비하여 '눈(雪)'에 대하여 관심이 많기 때문에 '눈'에 관련된 표현이 대단히 발달했다고 설명할 수 있는 것이다. 그리고 한국 사람들이 원래부터 '하늘'과 '잔디'의 색깔을 동일하게 인식하기 때문에 둘 다 '푸르다'로 표현하고, 영어를 모국어로 사용하는 사람들은 그 둘을 다르게 인식하기 때문에 'blue'와 'green'으로 다르게 표현한다고도 설명할 수 있기 때문이다.

(7) ㄱ. The sky is <u>blue</u>.

   ㄴ. The grass is <u>green</u>.

'언어 상대성 이론'을 따르는 사람들은 다음과 같이 설명한다. 한국어에서는 (17)처럼 '하늘'의 색깔도 '푸르다'도 표현하고, '잔디'의 색깔도 푸르다고 표현하기 때문에, 한국 사람들은 실제로 '하늘'의 색깔과 '잔디'의 색깔을 동일하게 인식하려는 경향이 있다 것이다. 반면에 영어에서는 (18)처럼 하늘의 색깔은 'blue'로 표현하는 반면에 '잔디'의 색깔은 'green'으로 표현한다. 이에 따라서 영어를 모국어로 사용하는 화자들은 '하늘'의 색깔과 '잔디'의 색깔을 다르게 인식하려는 경향이 있다.

  이와 비슷한 예로서 언어가 우리의 청각을 지배하는 경우도 있다. 곧 사람들은 닭의 울음소리를 있는 그대로 듣는 것이 아니라, 말이 시키는 대로 듣는다.

   (8) ㄱ. 한국어 : 꼬끼오, 꼬꼬, 꼬꼬댁

      ㄴ. 프랑어 : cocorico

      ㄷ. 영 어 : cock-a-doodle-doo

한국 사람은 한국말에 따라서 '꼬끼오'나 '꼬꼬' 등으로, 프랑스 사람은 프랑스 말에 따라서 'cocorico'로, 영어를 쓰는 사람들은 'cock-a-doodle-doo'로 인식한다. 이것은 곧 사람이 소리를 인식할 때 소리를 있는 그대로 객관적으로 인식하는 것이 아니라, 그들이 쓰고 있는 언어에 영향을 받는다는 사실을 알 수 있다.

2.2. 언어와 사회와 문화

  개인과 개인이 모여서 사회 집단을 이루고, 언어를 통하여 의사 소통을 활발하게 함으로써 그 사회를 유지하고 발전시키고 있다. 그리고 언어는 인간이 사회와 문화를 형성하는 수단이기도 하면서, 동시에 특정한 사회와 문화가 이루어 놓은 산물(産物)이기도 하다. 이처럼 언어는 인간들이 생활하는 사회나 그 사회의 문화와 서로 밀접하게 관계를 맺고 있다.

2.2.1. 언어와 사회

언어가 의사소통의 도구로서 의의가 있으려면, 그 언어를 사용하는 사회 구성원들이 서로 이해할 수 있는 방식으로 의사 소통이 이루어져야 한다. 이러한 이유 때문에 언어는 그것을 사용하는 사람들이 생활하고 있는 지역이나 사회와 밀접한 관계를 맺고 있으며, 동시에 지역이나 사회로부터 끊임없이 영향을 받고 있다.

이처럼 특정한 언어가 그것을 사용하는 지역이나 특정한 계층으로부터 영향을 받아서 분화를 일으킨 것을 '방언(方言)'이라고 한다. 이와 같은 방언의 분화는 두 가지 원인에 의해 발생한다. 곧, 지역적 요인의 차이에 따라서 생긴 방언을 '지역 방언'이라고 하고, 사회적 요인의 차이에 따라서 방언을 '사회 방언'이라고 한다.

〈지역 방언〉 일정한 지역에 사는 사람들이 공통적으로 사용하는 특정한 언어가 타지역과의 차이 때문에 구별되는 언어 체계를 '지역 방언(地域 方言)'이라고 한다. 우리나라에서는 '제주 방언, 경상 방언, 전라 방언, 충청 방언, 중부 방언, 평안 방언, 함경 방언' 등의 주요 지역 방언이 있다.

  (9) 가위, 가웨, 가왜, 가에, 가애, 가우, 가오, 강웨, 강에, 강애, 강아, 강우, 강새, 가새, 가시개, 가새기, 가시, 과새

  (10) 잠자리, 부쨍이, 부짠자리, 짬자리, 잼자리, 쨈채, 잠마리, 잘래비, 철갱이, 참자리, 처리, 철랭이, 까랭이, 나마리, 밤버리, 밥주리, 소곰재, 소곰쟁이, 행오리

  (11) 냉이, 날생이, 내사니, 나싱개, 낙신갱이, 나시랭이, 난생이, 난시, 나생이, 나시갱이, 나상구, 나상구, 앵이

예를 들어서 서울말인 '가위(鋏), 잠자리, 냉이'에 대응되는 말이 지역에 따라서 (9~11)처럼 다양한 형태로 나타난다고 한다.

이렇게 지방마다 언어가 다르게 실현되는 것은 산맥, 강, 바다 등의 자연물에 의하여 지리적인 장애를 받아서 된 경우가 가장 많다. 지리적 장애뿐만 아니라 혼례나 제례 등을 통한 문화권의 차이, 사회적인 접촉의 두절과 외지인에 대한 배타성, 경제권의 차이 등도 하나의 언어를 여러 가지의 방언으로 분화시키는 원인이 된다.

〈사회 방언〉 사회적 계층의 다름이나, 세대 또는 성별의 차이, 종교, 인종, 사회적 상황과 같은 사회적 요인에 의해서 각기 다르게 형성되는 언어의 유형을 '사회 방언(社會 方言)'이라고 한다. 사회 방언으로는 '계층어, 전문어, 연령별 언어, 성별 언어' 등이 있다.

첫째, 사회 계층의 모습이 인습적으로 굳어진 특수 계층의 언어로써 나타나는 경우가 있는데, 이러한 언어의 유형을 '계층어(階層語)'라고 한다. 중세와 근대 시대 이전에는 우리나라에서도 양반과 상민, 천민 계층에 따라서 언어가 달리 쓰이기도 하고, 또 상류 사회에서 쓰는 말이라도 양반 계층의 말과 궁중어가 다르게 쓰였다.

(12) ㄱ. 궁중어 : 마마(상감마마, 중전마마, 동궁마마), 수라(임금의 진지), 세시다(잡수시다), 치(신), 梅花(대변)

ㄴ. 백정어 : 탈팽이(쇠고기), 신탱이(칼), 갈지받다(소잡다)

(ㄱ)은 궁중에서 사용하는 말이며 (ㄴ)은 백정 집단에서 사용하는 말인데, 이들은 특정한 사회 계층의 사람들이 사용하는 사회적인 계층 방언이다.

둘째, 특수 직업에 종사하는 사람들이 쓰는 말은 일종의 직업적인 전문성을 띠게 되는데, 이를 '전문어(專門語)' 또는 '직업어(職業語)'라고도 한다.

(13) 민법(民法) 제764조 "명예 회복(名譽回復)에 적당(適當)한 처분(處分)"에 사죄 광고(謝罪廣告)를 포함시키는 것이 헌법(憲法)에 위반(違反)된다는 것의 의미(意味)는, 동조(同條) 소정의 처분(處分)에 사죄 광고(謝罪廣告)가 포함되지 않는다고 하여야 헌법(憲法)에 위반(違反)되지 아니한다는 것으로서, 이는 동조(同條)와 같이 불확정 개념(不確定槪念)으로 되어 있거나 다의적(多義的)인 해석 가능성(解釋可能性)이 있는 조문에 대하여 한정 축소 해석(限定縮小解釋)을 통하여 얻어진 일정한 합의적(合意的) 의미(意味)를 천명한 것이며, 그 의미(意味)를 넘어선 확대(擴大)는 바로 헌법(憲法)에 위반(違反)되어 채택할 수 없다는 뜻이다. 〈헌법 소원(89헌마160)에 대한 판결문〉

(13)은 헌법 재판소의 전원 재판부가 1991년 4월 1일에 판결한 '민법 제764조의 위헌 여부에 관한 헌법 소원'(89헌마160)에 대한 판결문의 일부이다. 이 글은 형식이나 내용으로 볼 때 법률에 대한 전문적인 지식이 없는 사람은 그 의미를 쉽게 이해할 수 없다. 따라서 (13)에 쓰인 언어는 직업에 따른 사회적인 성격을 많이 반영하고 있다.

2.2.2. 언어와 문화

특정한 사회의 모습이 언어에 반영되어 있는 것과 마찬가지로 사회 공동체의 문화도 언어에 반영되어 있다. 국어의 어휘에서도 한국 문화의 특징적인 현상이 나타나는 경우가 있다.

(14) ㄱ. 'brother, sister' — '형, 오빠, 아우, 동생, 누나, 언니, 누이'
　　ㄴ. 'rice'　　　　　— '모, 벼, 쌀, 밥(진지, 수라)'

국어에서는 친족 관계를 나타내는 어휘가 다양하게 분화되어 있다. 예를 들어서 형제 자매를 나타내는 어휘가 영어에서는 'brother'와 'sister'의 두 어휘로만 분화되어 있는 반면에, 국어에서는 (ㄱ)과 같이 '형, 오빠, 아우, 동생, 누나, 언니, 누이' 등 7가지로 분화 되어 있다. 이러한 사실은 우리나라 사람들이 혈연 관계를 중시하는 문화가 언어에 반영 된 것이다. 그리고 영어에서 'rice'로만 표현되는 개념이 국어에서는 (ㄴ)에서처럼 '모, 벼, 쌀, 밥(진지, 수라)' 등으로 분화되어 있는데, 이는 한국 사회가 전통적으로 농경 문화 에 속했지만 영국은 그렇지 않은 데에 원인이 있다. 이처럼 한 나라의 언어는 그 나라의 문화를 반영하기 때문에 특정한 언어를 잘 분석하면 그 언어 속에 담겨 있는 고유한 문화를 알 수 있다.

다음은 국어의 어휘 가운데서 한국의 전통적인 문화를 잘 반영하고 있는 어휘이다.

(15) ㄱ. 아버지, 아버님, 가친(家親), 엄친(嚴親), 노친(老親); 어머니, 어머님, 모친(母親), 자친 (慈親), 노모(老母)

　　ㄴ. 상투, 댕기머리, 비녀, 참빗, 머릿수건; 연지, 연지분, 곤지, 머릿기름; 갓, 망건, 삿갓, 밀짚모자, 족두리; 두루마기, 한복, 도포, 색동저고리, 삼베바지, 모시치마, 솜옷, 명 주옷, 버선대님; 고무신, 짚신, 나막신

　　ㄷ. 김치, 국, 된장찌개, 불고기, 생선구이, 생선조림, 김, 젓, 콩나물무침, 두부찌개; 떡국, 죽, 육개장, 비빔밥, 만두, 송이전골, 잡채, 갈비찜, 삼계탕; 떡, 강정, 산자, 약밥, 다 식, 수정과, 라면, 떡볶이, 냉면; 숭늉, 식혜, 미숫가루, 인삼차; 막걸리, 소주

　　ㄹ. 한옥, 초가집, 기와집, 장독대, 안방, 건너방, 사랑방, 헛간, 아궁이; 장롱, 찬장, 문갑, 교자상, 화장대; 병풍, 발, 자리, 보료, 함, 뒤주, 고리짝, 합죽선, 다듬잇돌, 인두

　　ㅁ. 한글날, 설날, 정월대보름, 추석, 한식, 단오; 돌, 돌떡, 돌반지, 부고(訃告), 수의(壽衣), 차례, 제사, 성묘

　　ㅂ. 국악, 농악, 가야금, 태평소, 단소, 대금, 소금, 깡깡이, 징, 장구, 꽹과리, 판소리, 사물 놀이; 탈춤, 승무, 향가, 시조, 한시; 한국화, 민화, 사군자, 산수화; 윷놀이, 그네타기, 널뛰기, 제기차기, 씨름, 차전놀이, 마당놀이, 광대놀이, 태권도

이들 어휘들에는 우리 고유의 문화가 직접적으로 반영되어 있기 때문에, 이들 어휘를 익히는 것 자체가 한국 문화를 배우는 것이다.

어휘뿐만 아니라 속담에도 한국 문화가 잘 반영되어 있다. 속담은 오랜 세월에 걸쳐서 민중 속에서 생성된 관용적인 표현이므로 속담에는, 그 나라 언어를 쓰는 사람들의 생활 철학이나 시대상이 반영된다. 그리고 속담 속에는 민족의 삶과 역사 속에서 터득된 삶의 지혜가 담겨 있다.

(16) ㄱ. 사위 반찬은 장모 눈썹 밑에 있다.

ㄴ. 형 만한 아우 없다.

ㄷ. 이웃이 사촌보다 낫다.

ㄹ. 말은 나면 제주도로 보내고 사람은 나면 서울로 보낸다.

(ㄱ)은 장모가 사위를 대접하려고 눈에 띄는 대로 음식을 찾아서 차려 주려 함을 비유적으로 이르는 말인데, 이 속담에는 사위를 특별히 아끼면서 챙겨 주려고 하는 장모의 전통적인 정서가 잘 나타나 있다. (ㄴ)은 아우가 아무리 잘났어도 형만 못하다는 말로서 아들 가운데서 큰 아들을 특히 귀하게 여기는 문화적인 양상이 반영되어 있다. (ㄷ)은 가까이 사는 이웃이 먼 곳에 사는 친족보다 좋다는 뜻으로 가까운 이웃과 서로 도우며 지내는 한국인의 생활과 문화적인 정서가 반영되어 있다. (ㄹ)은 사람은 어릴 때부터 서울로 보내어 공부를 하게 하여야 잘될 수 있다는 말이다. 이 속담에는 과거에도 교육 환경이 좋은 서울 지역에서 교육을 받으려는 한국인의 고정관념이 잘 드러나 있다.

국어의 높임법은 한국 문화의 여러 가지 특징을 보여 주는데, 다음의 문장은 전통 사회에서 장모와 사위의 관계를 잘 보여 준다.

(17) ㄱ. [?]김 서방, 이 떡 좀 먹어라.   [장모가 사위에게 한 발화]

ㄴ. 김 서방, 이 떡 좀 드시게.

(17)의 문장은 장모가 사위에게 떡을 권하는 장면에서 장모가 사위에게 발화한 문장이다. 단순히 가족 관계로만 보면 장모가 윗사람이고 사위가 아랫사람이므로 (ㄱ)처럼 화자가 청자에게 낮추어서 표현해야 한다. 그러나 전통적인 화법으로는 (ㄴ)처럼 '드시게'라고 발화하여 높임과 낮춤을 뒤섞어서 표현하였다. 이러한 표현은 전통적인 사회에서 장모가 사위를 '백년손님'으로 대우하던 전통 풍습이 언어에 반영된 것이다.

이처럼 국어에는 오랫동안 이어온 한국인들의 전통적인 사고와 문화가 반영되어 있다.

제3장 국어의 특징

국어에는 언어가 가진 일반적인 성격이 나타나는 동시에 개별 언어로서의 특성이 있다. 한국어에 나타나는 이러한 특성은 우리나라 사람의 사고방식과 문화를 결정짓는 중요한 요소가 된다. 곧 국어는 한국 사람들의 의사소통의 수단이 될 뿐만 아니라 국어에는 한국 사람들이 사고하는 방식과 사물을 파악하는 방법이 반영되어 있다. 이러한 관점에서 국어의 특징을 음운, 어휘, 문법, 화용적인 측면으로 나누어서 살펴본다.

3.1. 음운의 특징

말소리의 최소의 단위를 '음운(音韻)'이라고 한다. 음운에는 자음과 모음, 그리고 운소가 있는데 여기서는 국어에 나타나는 자음과 모음의 특징을 살펴본다.

3.1.1. 자음의 특징

한국어의 자음에는 다음과 같은 몇 가지 특징이 있다.

(가) 장애음이 3항 대립을 한다

한국어의 자음 체계에 나타나는 특징으로는 장애음(障碍音)인 '예사소리(평음), 된소리(경음), 거센소리(격음)'가 서로 변별적으로 작용하여 3항으로 대립한다.

(1) ㄱ. 예사소리: /ㅂ, ㄷ, ㅅ, ㅈ, ㄱ/

ㄴ. 된 소 리: /ㅃ, ㄸ, ㅆ, ㅉ, ㄲ/

ㄷ. 거센소리: /ㅍ, ㅌ,　ㅊ, ㅋ/

예사소리인 /ㄱ, ㄷ, ㅂ, ㅈ, ㅅ/은 발음할 때에 발음 기관의 긴장도가 약하고 공기량이 적은 소리라는 점에서 각각 된소리나 거센소리와 변별된다. 이에 비해서 된소리인 /ㄲ, ㄸ, ㅃ, ㅉ, ㅆ/과 거센소리인 /ㅋ, ㅌ, ㅍ, ㅊ/은 예사소리보다 더 긴장되거나 더 세게 발음되는 소리다. 곧, 된소리는 조음부의 근육뿐만 아니라 후두 근육에 힘을 주어서 내는 소리이며, 거센소리는 성문이 많이 열려 있어서 입 밖으로 유출되는 공기량이 많은 소리라는 점에서 예사소리와 변별된다.

한국어를 제외한 대다수의 다른 언어에서는 성대의 진동이 있고 없음에 따라서 유성과 무성의 대립이 있다. 곧 영어나 프랑스어, 독일어, 일본어 등은 유성음(울림소리)과 무성음(안울림소리)으로 2항 대립을 한다. 예를 들어서 영어의 자음 가운데 입술소리는 무성음인 /p/와 유성음인 /b/로서 2항으로 대립한다. 이에 반해서 국어의 입술소리는 /ㅂ/ : /ㅃ/ : /ㅍ/으로 3항으로 대립한다. 나머지 잇몸소리, 센입천장소리, 여린입천장소리 등도 영어에서는 무성음과 유성음으로 2항으로 대립하는 데에 반해서, 한국어에서는 예사소리, 된소리, 거센소리로 3항으로 대립한다.

	입술소리	잇몸소리	센입천장소리	여린입천장소리
한국어	/ㅂ/ : /ㅃ/ : /ㅍ/	/ㄷ/ : /ㄸ/ : /ㅌ/ /ㅅ/ : /ㅆ/	/ㅈ/ : /ㅉ/ : /ㅊ/	/ㄱ/ : /ㄲ/ : /ㅋ/
영어	/p/ : /b/	/t/ : /d/ /s/ : /z/	/ʧ/ : /ʤ/	/k/ : /g/

〈표 1〉 한국어와 영어에 나타나는 장애음 대립 관계

(나) 마찰음의 수가 적다

다른 언어와 대조했을 때에 한국어 자음 체계에 나타나는 또 하나의 특징으로는 마찰음(摩擦音)이 별로 없다는 점이다.

(2) ㄱ. 한국어의 마찰음: / s, s', h /

ㄴ. 영어의 마찰음 : / f, v, θ, ð, s, z, ʃ, ʒ, h /

한국어의 마찰음은 /ㅅ, ㅆ, ㅎ/뿐이어서 파열음에 비해 음소의 수가 적다. 반면에 영어에는 마찰음으로 /f, v, θ, ð, s, z, ʃ, ʒ, h/ 등이 있어서, 마찰음이 파열음보다 더 많다.[1]

(다) 겹자음이 실현될 수 없다

현대 국어의 음절 구조는 음절 초나 음절의 말에 둘 이상의 자음이 실현될 수 없다.

(3) ㄱ. spriong : 영어(/spriŋ/)
ㄴ. 한국어 : 스프링(/스프링/)

예를 들어 영어 'soring'의 발음은 /spriŋ/으로 1음절어이다. 그러나 한국어는 음절 초에서 실현되는 겹자음이 허용되지 않기 때문에, 자음마다 영어에는 없는 모음 /ㅡ/를 첨가하여 /스프링/으로 발음하게 된다.

그리고 표기로는 음절 말에 겹자음이 존재할 수 있지만, 발음으로는 음절 말에도 겹자음이 허용되지 않는다.

(4) ㄱ. 값도 ─ /갑도/
ㄴ. 닭 ─ /닥/

(5) ㄱ. next : 영어(/nekst/)
ㄴ. 한국어 : 넥스트(/넥스트/)

예를 들어서 (4)의 '값도'와 '닭'은 표기상으로는 음절 말의 위치에서 겹자음 글자인 'ㅄ'이나 'ㄺ'이 존재한다. 하지만 소리로서는 /ㅄ/과 /ㄺ/을 발음할 수는 없어서 /ㅂ/과 /ㄱ/의 한 소리만 발음된다. 그리고 (5)에서 영어의 'next'는 /nekst/로 1음절어이지만 한국어로는 /ㄱㅅㅌ/와 같은 음절 말 자음군은 허용되지 않고 하나만 발음할 수 있기 때문에, 3음절인 /넥스트/로 발음하게 된다.

(라) 두음 법칙이 있다

음절을 형성할 때에 나타나는 특징으로 단어의 첫머리에 /ㄹ/이나 /ㄴ/이 올 수 없다

---

1) 참고로 15세기의 국어에서는 /ㅸ, ㅿ/와 같은 유성 마찰음도 있었다. 현대 국어에 오면서 /ㅸ, ㅿ/와 같은 마찰음이 없어져서 현재는 다른 언어에 비하여 마찰음이 적다.

는 점도 들 수 있다.(頭音法則)

    (6) 流(류) : 下流(/하류/), 流水(/유수/)

    (7) 匿(닉) : 隱匿(/은닉/), 匿名(/익명/)

그래서 똑같은 한자 '流'를 단어의 가운데에서는 '하류(下流)'로 발음하고, 단어의 첫머리에서는 '유수(流水)'로 발음한다. 또 한자 '匿'도 단어의 가운데에 쓰일 때는 '은닉(隱匿)'이라 발음하고 단어의 첫머리에서는 '익명(匿名)'이라 발음한다.

    그러나 요즘은 외래어를 중심으로 '라면, 라디오, 루마니아'처럼 단어의 첫머리에 /ㄹ/이 실현된 어휘가 늘어나고 있다.

(마) 음절의 끝에 실현되는 자음은 폐쇄음으로 발음한다

    음절의 첫 자리와는 달리 음절의 끝 자리에서는 /ㄱ, ㄷ, ㅂ, ㄴ, ㄹ, ㅁ, ㅇ/의 일곱 개만 발음되는데, 이들 자음은 각각의 조음 위치를 폐쇄(閉鎖)한 채로 끝난다.

    (8) ㄱ. 부엌   → /부억/, */부어크/
       ㄴ. madame → /마담므/
       ㄷ. cake   → /케이크/, /케익/

예를 들어서 국어에서는 음절 말 자음을 폐쇄하여 '부엌'을 /부억/으로만 발음하지, 음절 말 자음의 폐쇄를 개방하여 /부어크/라고 발음하지는 않는다. 반면에 우리가 '마담(madame)'이라고 하는 외래어를 프랑스 사람이 발음하면 우리 귀에는 /마담므/로 들리는데, 그것은 프랑스 사람들이 음절 말의 자음을 발음할 때에 폐쇄를 개방하기 때문이다. 그리고 영어의 'cake'가 우리 귀에 /케이크/로도 들리고 /케익/으로도 들리는 것은, 영어 화자가 음절 말 자음을 발음할 때에 폐쇄를 개방하기도 하고 그렇지 않기도 하기 때문이다.

3.1.2. 모음의 특징

    한국어에는 '모음 조화' 현상이 나타나며, 이중 모음 중에서 '상향적 이중 모음'이 많다는 특징이 있다.

(가) 모음 조화 현상이 있다

국어의 모음은 그 음상에 따라서 '양성 모음'과 '음성 모음'으로 구분할 수 있다. 곧 모음 가운데서 /ㅏ, ㅗ/처럼 밝고 가볍고 생동감이 있는 느낌을 주는 모음을 양성 모음이라고 하고, /ㅓ, ㅜ, ㅡ, ㅣ/처럼 어둡고 무겁고 둔한 느낌을 주는 것을 음성 모음이라고 한다.

그런데 국어에는 하나의 단어 속에서 모음이 연결될 때에, 양성 모음은 양성 모음끼리 어울리고 음성 모음은 음성 모음끼리 어울리는 현상이 있는데, 이를 '모음 조화(母音調和)'라고 한다.

첫째, 한 단어 안에서 실현된 모음이 양성 모음이냐 음성 모음이냐에 따라 음상이나 의미가 달라진 예가 있다.

> (9) ㄱ. 사각사각/서걱서걱, 소곤소곤/수군수군, 종알종알/중얼중얼
>
> ㄴ. 고불고불/구불구불, 살랑살랑/설렁설렁, 산들산들/선들선들
>
> ㄷ. 파랗다/퍼렇다, 노랗다/누렇다, 까맣다/꺼멓다

(ㄱ)은 의성어를 예로 들었는데, '사각사각'은 양성 모음끼리 어울렸으며 '서걱서걱'은 음성 모음끼리 어울렸다. (ㄴ)은 의태어를 예로 들었는데, 이 중에서 '고불고불, 산들산들'은 한 단어 안에서 양성 모음과 음성 모음이 함께 실현되었다. (ㄷ)의 색채어는 양성 모음과 음성 모음의 선택에 따라 음상과 의미가 달라진다.

둘째, 음상이나 의미가 달라지는 것은 아니지만, 어간에 어미가 결합될 때에 어간 모음의 음상에 따라 어미 모음의 음상이 선택되는 예가 있다.

> (10) ㄱ. 막았다, 막아라, 막아(서), 막아야; 몰았다, 몰아라, 몰아서, 몰아야
>
> ㄴ. 먹었다, 먹어라, 먹어(서), 먹어야; 물었다, 물어라, 물어서, 물어야

즉 '막다'와 '몰다'처럼 어간의 모음이 양성 모음인 /아, 오/일 때는 '-았-'과 '-아서'처럼 양성 모음으로 시작되는 어미가 선택된다. 반면에 '먹다'와 '물다'처럼 어간의 모음이 음성 모음일 때는 음성 모음으로 시작하는 어미가 결합된다. 이러한 모음 조화는 '알타이(Altai) 제어(諸語)'에 공통적으로 나타나는 특징이기도 하다.

(나) 상향적 이중 모음이 많다

모음 중에는 입술 모양을 바꾸거나 혀를 일정한 자리에서 다른 자리로 옮기면서 내는 소리가 있는데, 이를 '반모음(반홀소리, /j/, /w/)'이라고 하고, 반모음과 단모음이 결합된 것을 '이중 모음(二重 母音)'이라고 한다.

'이중 모음'은 음절의 주모음(主母音)과 음절의 부모음(副母音)이 결합하는 선후 관계에 따라서 '상향적 이중 모음'과 '하향적 이중 모음'으로 나누어진다. '상향적(식) 이중 모음(上向的 二重母音, rising diphthong)'은 /ㅑ/, /ㅘ/처럼 부모음인 반모음(/j/, /w/)이 주모음인 단모음 앞에 있는 이중 모음이다. 그리고 '하향적(식) 이중 모음(下向的 二重母音, falling diphthong)'은 영어의 'came /kejm/, how /haw/'처럼 반모음이 단모음의 뒤에 실현되는 이중 모음이다.

국어의 이중 모음으로는 /ㅑ, ㅕ, ㅛ, ㅠ; ㅘ, ㅝ, ㅙ, ㅞ, ㅟ; ㅢ/ 등이 있는데, 이들 이중 모음은 모두 상향적 이중 모음이라는 특징이 있다.

(11) ㄱ. /ㅑ, ㅕ, ㅛ, ㅠ/   → /j/ + /a, ə, o, u/   (상향적)

ㄴ. /ㅘ, ㅝ, ㅙ, ㅞ, ㅟ/   → /w/ + /a, ə, æ, e, i/   (상향적)

ㄷ. /ㅢ/   → /ï/ + /j/   (상향적/하향적)

(12) ㄱ. yes /jes/, wash /waʃ/   (상향적)

ㄴ. came /kejm/, how /haw/   (하향적)

(11)에서 (ㄱ)과 (ㄴ)의 이중 모음은 모두 '반모음+단모음'의 순서로 연결되는 '상향적 이중 모음'이다. 반면에 영어에서는 (12ㄱ)의 /jes/, /waʃ/처럼 상향적 이중 모음으로도 실현되고, (9ㄴ)의 /kejm/과 /haw/처럼 하향적 이중 모음으로도 실현된다.

3.2 어휘의 특징

국어에는 '차용어, 음성 상징어, 감각어, 친족 어휘' 등이 다른 나라 언어보다 많이 있는데, 이러한 점은 국어의 어휘적인 특징으로 볼 수 있다.

3.2.1. 차용어

어느 나라이든 국가 간의 교류가 있으면 언어의 교류도 동시에 일어나는데, 국어의 어휘에도 외국에서 들어온 '차용어(借用語)'가 많이 들어 있다. 여기서 '차용어(혹은 외래어, 들온말)'는 외국에서 들어와서, 국어 어휘 체계에 동화되어서 널리 사용되는 말을 이른다.(임홍빈 1997:199) 보통의 경우 '외래어'나 '들온말'은 능동적으로든 수동적으로든 결과적으로 우리나라에 들어와 있는 말을 나타내지만, '차용어'라는 말에는 우리나라 국민이 적극적으로 이들 어휘를 받아들였다는 뜻이 들어 있다.(민현식 1999:352 참조.)

국어의 차용어는 예전에는 중국을 통해서 들어온 것들이 대부분이었다. 그렇지만 20세기 이후에는 국가 사이에 인적, 물적인 교류가 빈번해짐에 따라서 여러 언어에서 수많은 어휘들이 우리나라에 들어왔다.(고등학교 문법 2010:124)

(13) ㄱ. [산스크리트어] 달마, 만다라, 보살, 불타, 사리, 석가, 선(禪), 아미타, 열반, 찰나, 탑, 바라문

ㄴ. [만주어, 여진어] 호미, 수수, 메주, 가위

ㄷ. [영어] 버스, 넥타이, 컴퓨터, 로켓, 슈퍼마켓, 챔피언, 아이스크림, 나일론, 갱, 재즈

ㄹ. [일본어] 우동, 짬뽕, 와사비, 사쿠라, 유도리, 찌라시, 함박스테이크, 돈까스

ㅁ. [독일어] 세미나, 이데올로기, 노이로제, 아르바이트, 알레르기, 에네르기, 테마

ㅂ. [프랑스어] 망토, 콩트, 루주, 데생, 샹송, 모델, 마담, 앙코르, 크레용

ㅅ. [라틴어] 스타디움, 알리바이

ㅇ. [그리스어] 로고스, 파토스, 데이터

ㅈ. [포르투갈어] 담배, 빵, 카스텔라

ㅊ. [오스트레일리아 원주민어] 캥거루

ㅋ. [이탈리어어] 첼로, 오페라, 템포, 아리아, 스파게티

ㅌ. [러시아어] 툰드라, 트로이카, 페치카, 보드카

ㅍ. [노르웨이어] 스키

이처럼 국어에는 다양한 언어에서 차용된 어휘가 들어와 있지만 어휘 수로 보아서 한자어, 영어, 일본어에서 들어온 차용어가 대부분을 차지한다. 차용어 가운데에서 특히 한자어는 국어 어휘의 58.5%를 차지할 정도로 그 수가 많고, 대부분 유입된 시기가 오래되어서 한국인에게 외래어로 인식되지 않는 특징이 있다.

3.2.2. 음성 상징어

특정한 소리와 특정한 의미가 밀접하게 관련된 말을 '음성 상징어'라고 하는데, 이러한 음성 상징어에는 소리를 흉내 내는 말인 '의성어(擬聲語)'와 모양을 흉내 내는 말인 '의태어(擬態語)'가 있다.

(14) ㄱ. 멍멍, 꼬끼오, 철썩, 딩동댕, 따르릉, 낄낄, ……
    ㄴ. 깡충깡충, 굼지럭굼지럭, 살랑살랑, ……

(ㄱ)의 어휘는 의성어이며 (ㄴ)의 어휘는 의태어이다. 의성어와 의태어는 자연계의 소리를 그대로 흉내 내거나 자연계의 모양을 음성의 청각적인 영상으로 본뜬 말이므로, 어휘 중에서 가장 기초적인 형태라고 할 수 있다.

국어는 다른 나라의 말에 비하여 의성어와 의태어가 대단히 발달해 있다.

(15) 그렁그렁, 뚝뚝; 종종, 아장아장; 피식, 허허

예를 들어서 커다란 눈에 '그렁그렁' 맺힌 눈물은 뉘우침으로 '뚝뚝' 흘리는 참회의 눈물과는 다른 느낌이 난다. '종종' 걷는 까치걸음은 가볍고 '아장아장' 걷는 '아장걸음'은 귀여운 느낌을 준다. '피식' 웃는 찬웃음에는 화가 나지만 '허허' 웃는 너털웃음에는 오히려 우리의 마음이 밝아진다.(박선자 1996:75~76)

그리고 같은 의미를 나타내는 음성 상징어도 자음과 모음의 교체에 따라서 어감이 달라질 수도 있다.

(16) ㄱ. 깡충깡충, 껑충껑충
    ㄴ. 방실방실, 빵실빵실

'깡충깡충' 뛰어가는 토끼의 모습에는 경쾌하고 보폭이 짧은 느낌이 있는 반면에, '껑충껑충' 뛰어가는 토끼의 모습에는 무겁고 보폭이 긴 느낌이 난다. 그리고 '방실방실' 웃은 아이와 '빵실빵실' 웃은 아이의 모습에는 '입을 예쁘게 살짝 벌리고 소리 없이 밝고 보드랍게 자꾸 웃는 모양'이라는 기본적인 뜻은 같지만, '방실방실'보다는 '빵실빵실'이 더 센 느낌이 난다.

3.2.3. 감각어

'감각어'는 시각, 청각, 후각, 미각, 촉각 등 감각에 의해서 느낀 결과로서 상태를 나타내는 어휘를 이른다. 국어에는 이러한 감각 어휘가 매우 발달한 것이 특징이다.

(17) ㄱ. 노랗다, 누렇다, 노르스름하다, 누르스름하다, 노리끼리하다

ㄴ. 발강다, 벌겋다, 빨갛다, 뻘겋다, 벌그스름하다, 벌그스레하다, 발그레하다

ㄷ. 흐리다, 흐리하다, 흐릿하다, 흐릿흐릿하다, 흐리터분하다, 흐리마리하다

ㄹ. 뚜렷하다, 또렷하다, 또릿또릿하다, 뚜렷하다, 뚜렷뚜렷하다

(18) ㄱ. 시끄럽다, 떠들썩하다, 시끌벅적하다

ㄴ. 조용하다, 고요하다

(19) 고리다, 노리다, 매캐하다, 비리다, 향긋하다

(20) ㄱ. 달다, 달착지근하다, 달디달다, 달콤하다

ㄴ. 쓰다, 씁쓰름하다, 쓰디쓰다, 쌉싸래하다

ㄷ. 맵다, 매콤하다, 맵싸하다, 맵디맵다

ㄹ. 시다, 시큼하다, 새큼하다, 새콤하다, 시금털털하다, 시디시다

(21) ㄱ. 서늘하다, 싸늘하다, 쌀쌀하다, 써늘하다, 썰렁하다, 싸느랗다

ㄴ. 따뜻하다, 따스하다, 따사롭다, 뜨뜻하다

ㄷ. 뜨겁다, 따끈하다, 뜨끈뜨끈하다, 따끈따끈하다

ㄹ. 간지럽다, 근질근질하다, 간질간질하다, 근지럽다, 근질거리다

(17)은 시각, (18)은 청각, (19)는 후각, (20)은 미각, (21)는 촉각의 감각을 표현한 어휘이다. 국어는 이들 감각어 가운데에서도 특히 '시각, 미각, 촉각'의 감각어가 매우 발달해 있지만, 청각과 후각의 감각어는 그리 발달하지 못하였다. 특히 후각을 표현하는 말은 '비릿하다'처럼 미각을 표현하는 말을 빌어서 사용하거나, '오징어 냄새, 과일 냄새, 피 냄새, 비릿한 냄새, 달콤한 냄새'처럼 후각의 원인이 되는 어휘를 '냄새'라는 어휘에 결합하여서 표현한다. 이처럼 한국어에는 감각 어휘가 매우 발달하여, 현실 세계에서 나타나는 다양한 감각을 자유자재로 표현할 수 있다.

3.2.4. 친족어

국어에는 친족(親族)의 관계를 나타내는 어휘가 대단히 발달해 있다. 친족의 관계 자체는 어느 나라나 동일하지만 그 관계를 표현하는 어휘는 언어마다 다르다. 예를 들어서 국어에서 형제자매를 나타내는 어휘는 다른 언어에 비하여 발달하였다.

말레이말	영어	헝가리 말	한국말
sudarā	brother	bátya	형
			오빠
		öcs	아우
			동생
	sister	néne	누나
			언니
		hug	누이
			아우

〈표 2〉 형제자매 어휘의 비교

형제자매를 일컫는 말로서 말레이(Malay) 말에는 sudarā 하나만 있으며, 영어에는 지시 대상의 성(性)에 따라 분화를 일으켜서 brother와 sister의 두 단어가 있다. 헝가리 말에서는 다시 bátya, öcs, néne, hug의 네 단어가 있다. 이에 반해서 국어에는 형제자매를 일컫는 말로서, '형, 오빠, 아우, 동생, 누나, 언니, 누이' 등 많은 어휘가 발달해 있다.(허웅 1981:220 참조.)

영 어	한 국 어				
uncle	큰아버지	작은아버지	고모부	외삼촌	이모부
aunt	큰어머니	작은어머니	고모	외숙모	이모

〈표 3〉 한국어와 영어의 친족 어휘 비교

그리고 영어의 'uncle'로 표현되는 단어는 국어에서는 '큰아버지, 작은아버지, 고모부; 외삼촌, 이모부' 등의 어휘로 표현될 수 있으며, 'aunt'로 표현되는 단어는 국어에서는 '큰어머니, 작은어머니, 고모; 외숙모, 이모' 등의 어휘로 표현될 수 있다.

이처럼 영어에 비하여 한국어는 친족 관계를 나타내는 어휘가 훨씬 다양하게 발달해 있음을 알 수 있다.

3.3. 문법의 특징

국어에 나타나는 문법적 특징을 형태적 특징과 통사적 특징으로 나누어서 살펴본다. 형태적 특징은 단어 혹은 어절 내부의 문법적 현상에 관한 특징이며, 통사적 특징은 단어 혹은 어절들이 모여서 문장을 짜 이룰 때 생기는 문법적 현상에 관한 특징이다.

3.3.1. 형태적 특징

국어의 형태적 특징으로는 문법 형태소인 조사와 어미가 발달, 단어 형성법이 발달하여 합성어와 파생어가 많다는 점을 들 수 있다.

(가) 조사와 어미의 발달

국어는 사전적이고 어휘적인 뜻을 나타내는 실질 형태소(체언, 용언의 어간)에 문법 형태소(조사와 용언의 어미)를 실현시켜서 문장을 짜 이룬다. 이러한 특징 때문에 국어를 언어 유형상으로 '첨가어(添加語, 膠着語)'로 분류하기도 한다.

(22) 아버지, 유리창, 깨(다)

(23) ㄱ. -께서, -을
     ㄴ. -시-, -었-, -다

(24) 아버지께서 유리창을 깨셨다.

(22)에서 '아버지, 유리창'은 체언이며 '깨-'는 용언의 어간인데, 이들 단어는 모두 실질 형태소로서 어휘적인 뜻을 나타낸다. 그런데 이러한 실질 형태소만으로는 문장이 성립되지 않으므로, (23)에서 (ㄱ)의 조사와 (ㄴ)의 어미를 각각 체언과 용언의 어간 뒤에 실현시켜야만 (24)처럼 하나의 문장을 이룰 수가 있다.

그런데 국어에서 조사와 어미는 그 수효가 대단히 많다. 조사의 하위 유형만 하더라도

'격조사, 접속 조사, 보조사'의 범주가 있으며, 어미의 하위 범주로는 '어말 어미(종결 어미, 연결 어미, 전성 어미)'와 '선어말 어미(주체 높임, 시제 등)'가 있다. 이렇게 다양한 조사와 어미가 국어의 문법적인 기능을 발휘하는 데에 기여하고 있다.

(나) 단어 형성법의 발달

단어를 형성 방법에 따라서 분류하면, '단일어'와 '복합어'로 나눌 수 있다.

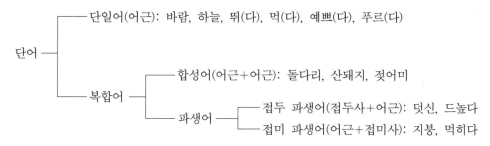

〈그림 1〉 짜임새에 따른 단어의 유형

'단일어'는 하나의 어근(실질 형태소)만으로 이루어진 말이다. 이에 반해서 '복합어'는 두 개 이상의 어근으로 짜인 단어나, 어근에 파생 접사(형식 형태소)가 붙어서 된 단어이다. 복합어 가운데 어근과 어근이 결합하여 한 단어가 된 것을 '합성어'라고 하고, 어근에 파생 접사가 붙어서 된 말을 '파생어'라고 한다.

    (25) 바람, 하늘, 뛰(다), 먹(다), 예쁘(다), 푸르(다)

    (26) ㄱ. 돌다리, 산돼지, 젖어미
         ㄴ. 애벌레, 짓밟다; 먹이(다), 깊이

(25)의 단어는 하나의 어근만으로 된 단어, 즉 단일어이다. 이에 반하여 (26)의 단어는 복합어들인데, (ㄱ)의 '돌다리, 산돼지, 젖어미'는 합성어이고, (ㄴ)의 '애벌레, 짓밟다; 먹이(다), 깊이'는 파생어이다. 그리고 합성어나 파생어를 만드는 문법적인 절차를 '단어 형성법(조어법)'이라고 한다.

한 언어에 들어 있는 단일어와 복합어의 상대적인 비율을 따져 볼 때에, 단일어의 비율이 극도로 높은 언어를 '어휘적 언어'라고 하고 복합어의 비율이 극도로 높은 언어를 '문법적 언어'라고 한다. 중국어는 어휘적 언어의 전형적인 예이요, 산스크리트 어는 문법적 언어의 전형적인 예이다. 그리고 대부분의 언어는 이 양극 사이에 들게 되는데, 예를 들어서 영어는 어휘적 언어에 가깝고 한국어와 독일어는 문법적 언어에 가깝다.[2]

국어는 '어휘적 언어'와 '문법적 언어'의 유형 중에서 문법적인 언어에 가깝다.

   (27) ㄱ. 눈물, 콧물, 밥물, 빗물, 시냇물, 먹물

       ㄴ. 손목, 손등, 손바닥, 손가락, 손모가지

       ㄷ. 발목, 발등, 발바닥, 발가락, 발모가지

(27)은 합성어의 예인데 (ㄱ)처럼 눈에서 흐르는 물은 '눈물', 코에서 흐르는 물은 '콧물', 밥이 넘치면서 흐르는 물은 '밥물'이다. (ㄴ)처럼 '손'에서 유연화한 '손목, 손등, 손바닥, 손가락, 손모가지'의 단어 형성 방법은 (ㄷ)처럼 '발'에도 마찬가지로 적용되어서 '발목, 발등, 발바닥, 발가락, 발모가지' 등의 단어를 형성한다.

   (28) ㄱ. 기쁨, 슬픔, 울음, 웃음, 느낌

       ㄴ. 덮개, 마개, 지우개

       ㄷ. 대장장이, 유기장이, 갓장이; 심술쟁이, 욕심쟁이, 욕쟁이, 담쟁이, 빚쟁이

(28)은 파생어의 예인데, (ㄱ)처럼 접미사 '-음'을 붙여서 '기쁨, 슬픔, 울음, 웃음, 느낌'이 파생되며, (ㄴ)처럼 '-개'로써 '덮개, 마개, 지우개'가 파생된다. 그리고 (ㄷ)처럼 '-장이/-쟁이'로써 '대장장이, 유기장이, 갓장이; 심술쟁이, 욕심쟁이, 욕쟁이, 담쟁이, 빚쟁이' 등의 단어가 파생된다.

이처럼 단어 형성법을 통하여 어휘를 만들어 내면 복합어와 어근 사이에 나타나는 의미적인 관련성이 형태적으로 분명하게 드러나므로, 어휘 체계에 나타나는 문법적인 규칙성이 높아진다.(박선자 1996:75) 그 결과 언어를 사용하는 사람들이 어휘를 쉽게 학습할 수 있는 장점이 있다.

---

2) 만일 국어의 어휘에 단일어만 존재한다면 의사소통에 필요한 수많은 개념을 표현하기 위해서는 그만큼의 각기 다른 음성 기호가 있어야 한다. 이렇게 되면 모든 개념에 대응하는 전혀 다른 종류의 언어 기호를 기억해야 하기 때문에 언어 사용자들에게 큰 부담을 주게 된다. 이에 비하여 단어 형성법에 의해서 복합어를 만드는 것은 기존의 언어 자료를 이용하여 새로운 단어를 만들어 내는 것이므로, 수많은 언어 기호를 일일이 기억해야 하는 데에 따르는 부담을 크게 줄여 준다.

3.3.2. 통사적 특징

국어에서는 〈주어＋목적어＋서술어〉의 어순, 〈수식어＋중심어〉의 어순, 문장 성분의 이동에 제약이 적음, 이중 주어와 이중 목적어의 짜임 등과 같은 통사적인 특징이 나타난다.

(가) 〈주어＋목적어＋서술어〉의 어순으로 실현된다

세계의 주요 언어들의 어순을 살펴보면, 대부분이 〈주어＋목적어＋서술어〉(43.3%)의 유형, 〈주어＋서술어＋목적어〉(40.3%)의 유형, 〈서술어＋주어＋목적어〉(9.5%), 〈서술어＋목적어＋주어〉(3.5%)의 유형으로 실현된다.(이혜경 2023, Greenberg 1963:77 참조)

(29) ㄱ. 아이가 강아지를 잡았다.   (SOV 형) 한국어, 일본어, 알타이계 언어

    ㄴ. The man saw a woman.   (SVO 형) 영어, 중국어, 프랑스어, 타이어

    ㄷ. Lladdodd y ddraig y dyn. (VSO 형) 웨일즈어, 겔트어, 아랍어

           Killed the dragon the man

국어는 기본 어순이 (ㄱ)처럼 〈주어＋목적어＋서술어〉의 구조로 실현되는데, 이러한 어순은 국어에 나타나는 가장 중요한 통사적인 특징이다.

정보 전달의 측면에서 보면 주어와 서술어가 가장 중요한 역할을 한다. 곧 주어는 문장이 '무엇'에 대하여 이야기하는가를 제시하고, 서술어는 주어의 동작, 상태, 환언 등을 풀이하는 말이다. 이렇게 볼 때에 영어 문장의 기본 구조는 문장에서 가장 중요한 요소인 주어와 서술어를 먼저 실현하고 그 다음에 목적어를 실현하는 구조이다. 이에 반하여 국어는 정보 전달에서 가장 중요한 성분인 서술어가 문장의 맨 뒤에 실현된다. 따라서 국어를 사용하는 화자는 다른 사람이 표현하는 문장을 끝까지 들어 보아야만 전체 문장의 중심 의미를 파악할 수 있다. 이러한 점을 감안하면 국어에서 나타나는 〈주어＋목적어＋서술어〉의 어순은 〈주어＋서술어＋목적어〉로 실현되는 영어의 어순과 비교할 때, 정보의 전달 측면에서 효율성이 떨어진다고 할 수 있다.

(나) 〈수식어＋중심어〉의 어순으로 실현된다

언어 형식 가운데 '구(句)'는 중심적인 역할을 하는 말(중심어, head)과 그 중심어에 딸리는 말(수식어, 부가어)로 짜여 있다. 명사구에서 중심어는 명사이며 명사에 딸리는 말은 관형어이다. 그리고 용언구에서 중심어는 용언(동사, 형용사)이며 용언에 딸려 있는 말은

부사어이다.

그런데 언어 유형론적인 측면에서 보면 중심어에 딸린 말이 중심어의 앞에 놓이느냐 중심어의 뒤에 놓이느냐로 〈수식어+중심어〉의 언어와 〈중심어+수식어〉의 언어로 구분할 수 있다.

먼저 국어의 문장은 대체로 〈수식어+중심어〉의 어순으로 실현된다.

(30) ㄱ. <u>내가 사랑했던</u> 여자
    ㄴ. <u>특별한</u> 것
    ㄷ. <u>철수의</u> 책

(31) ㄱ. 인수는 과일을 <u>빨리</u> 먹었다.
    ㄴ. 인수는 과일을 <u>아주</u> 빨리 먹었다.

(30)에서 명사인 '여자, 것, 책'이 중심어(피수식어)가 되며, '내가 사랑했던, 특별한, 철수의'는 관형어로서 수식어가 된다. 그리고 (31)의 (ㄱ)에서 중심어인 '먹었다'에 대하여 '빨리'는 수식어가 되며, (ㄴ)에서 '아주'는 중심어인 '빨리'에 대하여 수식어가 된다. 이처럼 국어에서 수식어는 중심어의 왼쪽으로 덧붙는데, 이렇게 중심어의 왼편으로 수식어를 실현시켜 나가는 통사적인 특징을 가진 언어를 '좌분지 언어(left branching language)'라고 한다.

이에 반하여 영어는 〈중심어+수식어〉의 짜임으로도 실현될 수 있고, 〈수식어+중심어〉의 짜임으로도 실현될 수 있다.

(32) ㄱ. The woman <u>whom I loved</u> was dead.
    ㄴ. something <u>special</u>
    ㄷ. the book <u>on th table</u>

(33) ㄱ. <u>the beautiful</u> girl
    ㄴ. <u>special</u> promise
    ㄷ. <u>his</u> hand

(32)에서 수식어인 'whom I loved, special, on the table'은 중심어의 오른편에 실현되었으며, (33)에서 수식어인 'the beautiful, special, his'는 중심어의 왼편에 실현되었다. 이 점을

보면 영어는 좌분지와 우분지의 특징을 겸한 언어라고 할 수 있다.

국어는 수식어가 중심어의 왼쪽에서만 실현되는 전형적인 좌분지 언어인 것을 확인하였다. 수식어와 피수식어가 배열되는 어순도 덜 중요한 요소(=부가어)가 먼저 실현되고 중요한 요소(=중심어)가 그 다음에 실현되기 때문에 정보 전달의 효율성이 낮다.

(다) 문장 성분의 이동에 제약이 적다

국어의 문장 성분은 기본적으로 〈주어+목적어+서술어〉의 순서로 실현되며, 〈수식어+중심어〉의 어순으로 '구'를 형성한다. 이렇게 기본적인 어순이 정해져 있기는 하지만 실제로 문장에서 실현될 때에는 문장 성분이 자유롭게 이동될 수 있다. 이렇게 어순이 비교적 자유롭게 바뀔 수 있다는 것은, 문장 성분의 차례가 바뀌더라도 문장이 문법적으로 어그러짐이 없거나 기본적인 의미에 변화가 일어나지 않는다는 것을 의미한다.

(34) ㄱ. 영이가 사과를 철수에게 주었다.
     ㄴ. <u>사과를</u> 영이가　　Ø　　철수에게 주었다.
     ㄷ. <u>철수에게</u> 영이가 사과를　　Ø　　주었다.

(ㄱ)의 문장과 어순이 바뀐 (ㄴ)과 (ㄷ)의 문장을 비교하면, 정보 전달상의 미묘한 차이는 있지만 문장의 문법성에 영향을 주지 않으며, 기본적인 의미도 바뀌지 않는다. 다만, (ㄱ)의 문장에 비해서 (ㄴ)의 문장은 목적어로 쓰인 '사과를'이 강조되며, (ㄴ)에서는 부사어로 쓰인 '철수에게'가 강조된다.

국어에서 어순이 자유롭게 실현될 수 있는 것은 문장 성분을 결정해 주는 격조사가 있기 때문이다. 예를 들어서 주어는 주격 조사를 취하며 목적어는 목적격 조사를 취한다. 그리고 부사어도 각각의 의미에 대응하는 격조사를 취한다. 곧 (13)에서 문장 성분의 어순이 어떻게 변하든 간에 체언에 주격 조사 '-가'가 붙으면 주어가 되고, '-를'이 붙으면 목적어가 되며, 부사격 조사 '-에게'가 붙으면 부사어가 된다. 이렇게 격조사가 실현되면 문장 성분의 위치가 바뀌더라도 격 관계가 명확하게 드러나기 때문에, 문장 성분의 어순이 바뀌더라도 문장의 기본적인 의미는 바뀌지 않는다.

국어와는 달리 영어는 어순이 바뀌면 문장이 비문법적으로 되거나 혹은 문법적인 문장이라도 원래의 문장과 의미적인 차이가 난다.[3]

---

3) 특히 고립어(孤立語)인 중국어는 문법 형태소가 없고 어순이 고정되어 있어서, 문장 성분의 이동에 제약을 많이 받는다. 곧, 중국어에서 '我打彼(내가 그를 때린다.)'를 '彼打我(그가 나를 때린다.)'로 어순을 바꾸면 문장의 의미가 완전히 달라져 버리기 때문에, 문장의 기본적인 의미를 바꾸지 않고

(35) ㄱ. <u>John</u> hit Sujan.

　　 ㄴ. <u>Sujan</u> hit John.

(36) ㄱ. Tom gave <u>Mary</u> an apple.

　　 ㄴ. *Tom gave an apple <u>Mary</u>.

곧 (35)에서 (ㄱ)의 문장에 대하여, 주어와 목적어의 위치를 바꾼 (ㄴ)의 문장은 문법적이
기는 하지만 의미가 완전히 다르다. 그리고 (36)에서 (ㄱ)의 문장에 실현된 문장 성분들
의 순서를 바꾸어서 표현한 (ㄴ)의 문장은 비문법적이다.

　영어에서는 명사의 주격과 목적격은 문법적인 형태소가 실현되지 않고 단지 어순에
의해서 격 관계를 나타낸다. 곧 (35)처럼 명사가 타동사(=hit)의 앞에 실현되면 주어가
되고, 타동사의 뒤에 실현되면 목적어가 된다. 그리고 (36)처럼 타동사(=gave)의 바로 뒤에
실현되는 것이 간접 목적어(=Mary)이며, 간접 목적어 뒤에 직접 목적어(=an apple)가 실현
된다. 이러한 특징 때문에 영어는 국어와는 달리 어순의 이동에 제약을 많이 받는다.

(라) 이중 주어와 이중 목적어가 나타난다

　홑문장은 하나의 서술어에 대하여 하나의 주어가 대응되는 것이 일반적인 원칙이다.
그런데 동작성이 분명하게 드러나지 않은 비행동성 용언(형용사 혹은 움직임의 의미가 아
주 약한 동사)이 서술어로 쓰이는 경우에는, 하나의 홑문장 속에서 주어의 형식을 가지는
문장 성분이 2개 이상 나타나는 경우가 있다.

(37) ㄱ. <u>토끼가</u> <u>귀가</u> 크다.

　　 ㄴ. <u>구두는</u> <u>남포동이</u> <u>3000원이</u> 싸다.

　　 ㄷ. <u>철수가</u> <u>얼굴이</u> <u>야위었다</u>.

위의 문장은 모두 홑문장인데 이들 문장 속에는 주어의 형식을 취한 문장 성분이 둘
이상 쓰였다. 이와 같은 이중 주어의 문장을 문법적으로 해석하는 방식은 다양하지만,
하나의 문장 속에 주어의 형식을 갖춘 문장 성분이 둘 이상 쓰인 것은 사실이다.

　그리고 국어에서는 하나의 홑문장 속에 목적어가 둘 이상 나타나는 경우도 있다.

서 어순을 옮기기가 어렵다.

(38) ㄱ. 철수는 <u>사과를</u> <u>두 개를</u> 먹었다.

　　　ㄴ. 호랑이는 <u>토끼를</u> <u>발을</u> 물었다.

　　　ㄷ. 이순신 장군은 화살로 <u>과녁을</u> <u>한가운데를</u> 맞혔다.

위의 문장에서는 하나의 두 개의 목적어가 쓰였다. (ㄱ)에는 '사과를'과 '두 개를'이, (ㄴ)에는 '토끼를'과 '발을'이, (ㄷ)에는 '과녁을'과 '한가운데를'이 각각 목적어로 쓰였다.

　이중 주어와 이중 목적어가 실현된 문장은 국어처럼 〈주어＋목적어＋서술어〉의 어순으로 실현되는 언어에만 나타나고, 영어처럼 〈주어＋서술어＋목적어〉의 어순으로 실현되는 언어에서는 나타나지 않는다.

3.4 화용의 특징

　일반적으로 문법론에서는 기호를 사용하여 메시지를 만드는 방법과 메시지를 분석하여 특정한 언어 형식의 형식과 의미를 연구하는 데에 관심을 둔다. 그런데 '화용론(話用論, pragmatics)'이라는 분야에서는 구체적인 발화 장면(situation) 속에서 쓰인 언어의 모습을 연구한다. 곧 화용론은 메시지 자체만 연구하는 것이 아니라, 메시지에 관련된 여러 가지 요소(화자의 의도와 청자의 처지, 발화 상황, 문맥 전체의 내용, 사회 문화적인 특징)를 고려하여서, 구체적인 발화 상황 속에서 실제로 쓰인 언어를 연구하는 분야이다. 국어에서는 '생략 현상'과 '보조사의 쓰임' 그리고 '높임법' 등에서 화용론적인 특징이 나타난다.

(가) 생략이 잘 일어난다

　국어에서는 생략 현상이 잘 일어난다. 국어에서는 앞선 문맥이나 발화 현장을 통해서 화자와 청자가 이미 알고 있는 요소는 대체로 발화하지 않는 경향이 많다.

　첫째, '문맥 생략(되풀이 생략)'으로서 앞선 문장에서 이미 실현되어서 이미 알려진 요소는 다음 문장에서는 실현하지 않을 수 있다.

(39) 갑 : 철수는 어제 시험에서 몇 점 받았니?

(40) 을$_1$: 철수는 어제 시험에서 30점 받았어.

　　　을$_2$: 30점.

(39)와 (40)은 '갑'과 '을'의 대화인데, '갑'의 질문에 대하여 '을$_2$'는 문장의 다른 요소는 모두 생략하고 '30점'이라는 명사구만 발화했다. 이렇게 문장에서 다른 모든 요소를 다 생략하고 '30점'이라는 말만 발화해도 '갑'과 '을$_2$'의 대화가 자연스러운 이유는, 앞선 문맥('갑'이 발화한 말)을 통해서 생략된 언어 요소에 대한 내용을 알 수 있기 때문이다. 곧 앞선 문맥이 없으면 반드시 '을$_1$'처럼 발화해야 하지만, '갑'의 발화가 있었기 때문에 '을$_2$'처럼 생략된 문장으로 발화할 수 있다.

둘째, '현장 생략'으로서 화자와 청자가 발화 현장에서 제시되어 있는 대상을 직접 인지하여서, 이들을 직접적으로 언급하는 경우에도 생략이 일어난다.

(41) ㄱ. 철수(영이에게 사과를 보이며): 가질래?
　　 ㄴ. 영이(철수에게 손을 내밀며) : 그래, 줘.

(42) ㄱ. 철수: 너 이것을 가질래?
　　 ㄴ. 영이: 그래, 너 그것을 나에게 줘.

(41)과 같은 생략 표현은 구체적인 발화 장면 속에서 화자와 청자, 그리고 '사과'가 드러나 있기 때문에 가능하다. 만일 구체적인 발화 장면이 제시되지 않았다면 (42)처럼 온전한 문장의 형식으로 발화해야 한다.

셋째, '개념 생략'으로서 앞선 문맥이나 발화 현장에서 제시되지 않았더라도, 화자와 청자가 이미 알고 있는 일에 대한 표현은 생략할 수 있다.

(43) 갑: 언제 가?
　　 을: 응, 내일

(44) 갑: 너 언제 일본에 가?
　　 을: 응, 나는 내일 일본에 가.

'갑'과 '을'이 (43)처럼 대화할 수 있는 것은 '을'이 일본에 간다는 사실을 '갑'이 이미 알고 있고, '을' 또한 자기가 일본에 간다는 사실을 '갑'이 알고 있다고 인식하고 있기 때문이다. 만일 '갑'과 '을' 사이에 이러한 인식이 전제되지 않으면 반드시 (44)처럼 발화해야 의사소통이 가능할 것이다.

이와 같이 국어에서는 어떠한 언어 요소를 알 수 있을 때에는, 그 알려진 요소를 발화하지 않고 표현하는 것이 더 일반적이다. 이러한 생략 현상은 입말의 회화체에서 더욱 두드러지게 나타난다.

(나) 보조사의 쓰임이 잘 발달하였다

국어에서는 조사가 발달하였는데, 조사는 '격조사', '접속 조사', '보조사'로 나뉜다. 이들 조사 중에서 '보조사'는 문법적인 관계보다는 화용론적인 특별한 뜻을 보태어 주는 조사이다.

곧, 보조사는 어떠한 문장 속에 등장하는 요소가, 그 문장의 서술어로 표현되는 동작이나 상태에 어떠한 방식으로 포함되는가를 표현한다.

(45) 장희빈이 숙종을 찼다.　　　　　　　　　〈주어〉

(46) ㄱ. 장희빈은 숙종을 찼다.　　　　　　　〈주어: 주제, 대조〉
　　　ㄴ. 장희빈만 숙종을 찼다.　　　　　　　〈주어: 한정〉
　　　ㄷ. 장희빈도 숙종을 찼다.　　　　　　　〈주어: 포함〉
　　　ㄹ. 장희빈부터 숙종을 찼다.　　　　　　〈주어: 비롯함〉
　　　ㅁ. 장희빈까지 숙종을 찼다.　　　　　　〈주어: 미침〉

(45)과 (46)에서 '장희빈'은 '찼다'에 대하여 행위의 주체가 되고 또 주어를 나타내는 격조사 '-이'를 붙일 수 있으므로 문장 속에서 주어로 기능한다. 그러므로 보조사인 '-은, -만, -도, -부터, -까지' 등은 통사적인 특징과는 관계없고, 서술어인 '차다'가 표현하는 동작의 범위에 '장희빈'이 작용하는 방식을 표현한다.

(46)에서 보조사가 나타내는 의미적 관계를 그림으로 다시 보이면 다음과 같다.

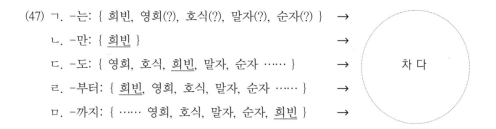

(47) ㄱ. -는: { 희빈, 영희(?), 호식(?), 말자(?), 순자(?) }　→
　　　ㄴ. -만: { 희빈 }　　　　　　　　　　　　　　　　　→
　　　ㄷ. -도: { 영희, 호식, 희빈, 말자, 순자 …… }　　　　→　　　차 다
　　　ㄹ. -부터: { 희빈, 영희, 호식, 말자, 순자 …… }　　　→
　　　ㅁ. -까지: { …… 영희, 호식, 말자, 순자, 희빈 }　　　→

(47)에서 (ㄱ)처럼 체언에 '-은'이 쓰이면, '장희빈'에 대해서만 언급하자면 '장희빈'이 '숙종'을 찬 사람의 범위에 들어간다는 것을 나타낸다. (ㄴ)처럼 '-만'이 붙으면 다른

사람은 차지 않았고 단지 '장희빈' 혼자서 '숙종'을 찬 사람의 범위에 포함됨을 나타낸다. (ㄷ)처럼 체언 다음에 '-도'가 실현되면 다른 사람과 더불어 '장희빈'이 '숙종'을 찬 사람의 범위에 포함됨을 나타낸다. 그리고 (ㄹ)처럼 '-부터'가 붙으면 '숙종'을 찬 사람이 여럿이 있는데 그 가운데 '장희빈'이 첫 번째로 찼다는 뜻을 나타내며, (ㅁ)처럼 '-까지'가 붙으면 여러 사람이 '숙종'을 찼는데 '장희빈'이 찬 사람의 범위에 마지막으로 포함됨을 나타낸다.

이와 같이 국어에는 '주제, 대조, 한정, 포함, 비롯함, 미침' 등과 같은 화용론적인 의미를 나타내는 보조사가 대단히 발달되어 있다.

(다) 높임법이 정교하게 발달했다

'높임법(존대법, 경어법, 대우법)'은 말을 듣는 청자나 문장 속에서 표현된 어떤 대상을, 그의 지위가 높고 낮은 정도에 따라서 언어적으로 대우하여 표현하는 방식이다. 그리고 이러한 높임법이 실현된 문장을 '높임 표현'이라고 한다.

(48) [A가 B에게 책을 주다]

(49) ㄱ. 철수<u>가</u> 동생<u>에게</u> 책을 <u>주었다</u>.   [낮춤]
    ㄴ. 아버님<u>께서</u> 선생님<u>께</u> 책을 <u>드리셨습니다</u>.   [높임]

(48)의 문장은 실제의 일을 객관적으로 표현한 문장인데, 이 문장에서는 높임법이 반영되어 있지 않다. 반면에 (49)의 문장은 화자가 발화 상황을 고려하여 자신의 말을 듣는 청자나 문장에 등장하는 인물(주체와 객체)과의 관계를 고려하여 높임법을 실현한 문장이다.[4] 곧 (49ㄱ)에서는 문장 속에서 주어로 표현된 주체(=철수)와 부사어로 표현된 객체(=동생), 그리고 말을 듣는 청자(=상대)를 모두 낮추어서 표현하였다. 반면에 (49ㄴ)에서는 '-께서'와 '-시-'를 통하여 주체인 '아버님'을 높여서 표현하였으며, 동시에 '드리다'와 '-께'를 통해서 객체인 '선생님'을 높여서 표현하였다. 그리고 서술어에 '-습니다'를 실현하여 발화 장면 속에서 말을 듣는 청자(=상대)를 높여서 표현하였다.

한국어의 높임법은 발화 현장에서 화자가 청자를 직접 높이는 '상대 높임법'과 문장에서 표현된 대상을 높이는 '주체 높임법'과 '객체 높임법'으로 구분된다. 여기서 '주체

---

4) 화자가 발화한 문장을 직접 듣는 사람을 '상대'라고 한다. 그리고 문장 속에서 주어로 표현되는 사람을 '주체'라고 하고, 부사어로 표현되는 사람을 객체라고 한다. 곧 (10)의 문장에서 'A'는 '주다'라는 행위의 '주체'가 되며, 'B'는 행위의 '객체'가 된다.

높임법'은 문장에서 주어로 표현된 대상(주체)을 높이는 문법적 방법이며, '객체 높임법'은 문장에서 목적어나 부사어로 표현된 대상(객체)을 높이는 문법적인 방법이다.

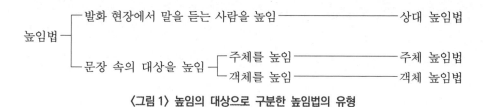

〈그림 1〉 높임의 대상으로 구분한 높임법의 유형

그런데 어떠한 대상을 높이거나 낮추는 요인은 언어적인 현상이라기보다는 사회·문화적인 현상이다. 곧 동일한 사건에 대하여 화자, 청자, 그리고 문장의 주어로 표현되는 인물(주체) 상호 간의 신분적 질서에 따라서, 높임 표현이 다양하게 실현되는 것이다.

    (50) ㄱ. 김구는 그 길로 임시 정부를 찾아갔다.
        ㄴ. 김구 <u>선생님께서는</u> 그 길로 임시 정부를 찾아가<u>셨</u>다.

(50)에서 화자는 동일한 인물을 (ㄱ)처럼 낮추어서 표현할 수도 있고 (ㄴ)처럼 높여서 표현할 수도 있다. 여기서 (ㄱ)의 문장은 '김구'에 대하여 객관적으로 진술한 표현이며, (ㄴ)의 문장은 '김구'에 대한 개인적인 존경심이 드러나 있는 표현이다.

    (51) ㄱ. 무슨 말씀이세요? 선생님의 애가 저희 애를 먼저 때렸잖습니까?
        ㄴ. 무슨 말이야. 당신의 애가 우리 애를 먼저 때렸잖아?

(51)은 두 집안의 아이들끼리 싸운 일에 대하여 그들의 부모들이 서로 잘잘못을 따지는 대화문이다. 동일한 대상에 대하여 처음에는 (ㄱ)처럼 상대를 높여서 표현할 수도 있지만, 감정이 격해지면, (ㄴ)처럼 낮추어서 표현할 수도 있다. 따라서 어떠한 대상을 높여서 표현하는 것과 낮추어서 표현하는 것은 화자의 태도나 마음가짐에 달려 있는 것이다.
    따라서 높임 표현은 단순한 문법적인 현상이 아니다. 대화에 참여하는 사람들의 '나이, 신분, 친소 관계, 심적인 상태' 등과 같은 사회·문화·심리적인 현상이 언어에 반영된 결과로 보아야 한다.

음 운 론 2부

제1장 음성의 개념과 분류

인간은 말소리를 통해서 의사를 전달하는데, 제한된 수의 말소리로써 수많은 언어적 표현을 한다. 이러한 일은 말소리의 기본적인 단위인 음운이 일정한 체계를 이루고 있기 때문에 가능하다.

1.1. 음성

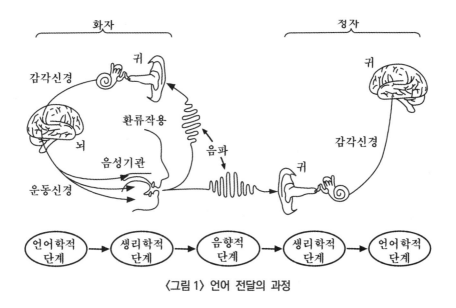

〈그림 1〉 언어 전달의 과정

〈 언어의 전달 과정 〉인간의 언어가 전달되는 과정은 앞에서 제시한 〈그림 1〉과 같다. 언어 전달의 출발점은 화자(화자)의 머릿속이다. 언어 전달의 첫 번째 단계는 '언어학적 단계'로서, 화자의 머릿속에서 '개념(槪念)'이라고 하는 의식 속의 사실이 언어 기호의 표상인 '청각 영상(시니피앙)'과 맺어진다. 두 번째 단계는 '생리학적인 단계'로서, 뇌수(腦髓)가 음성 기관에 대하여 이러한 영상에 맞는 자극을 전달하여 음성을 생성한다. 세 번째 단계는 '음향적 단계'로서, 음성이 일으키는 음파가 화자의 입으로부터 청자(청자)의 귀로 전해진다. 이와 같은 순환이 반대되는 방향으로 차례로 계속된다.(구현정·전영옥 2005:34, 허웅 1981:30 참조)

[화자]   [청자]

[개념 → 청각 영상 → 음성 발화]··· 음파 ······ 음파···[음성 청취 → 청각 영상 → 개념]

언어의 전달은 인간의 머릿속에서 일어나는 과정을 제외하면, 화자가 음성을 발화하는 데에서 시작하여 음파를 통해서 청자에게 전달된 음성을 청취하기까지의 과정이다. 이처럼 인간의 언어 전달은 말소리(음성)를 통해서 이루어지는 것이다.

〈 음성의 개념 〉이 세상에는 수많은 소리가 있는데, 이들 소리 가운데서 인간의 발음 기관을 통하여 생성되어서 인간의 언어를 구성하는 소리를 '음성(音聲, phone)'이라고 한다. 음성은 자음과 모음으로 나누어지는 특징이 있는데, 이러한 특징을 음성 언어의 분절성(分節性)이라고 한다. 그리고 인간의 언어를 구성하는 음성 이외의 자연계의 모든 소리를 '음향(音響, sound)'이라고 하여 '음성'과 구분하는데, 이러한 음향은 자음과 모음으로 구분되지 않는 '비분절적 소리'이다.

1.2. 발음 기관

〈 발음 기관의 종류와 기능 〉사람의 말소리(음성)는 다음과 같은 세 가지 단계를 거쳐서 만들어진다.

첫째 단계는 '발동(發動, initiation)'의 단계로서, 음파의 생성에 필요한 기류를 일으키는 작용을 한다. 이러한 작용은 허파(肺)가 담당하므로 허파를 '발동부(發動部, initiator)'라고 한다.[1]

---

1) 발동부는 언어를 생성하기 위하여 허파(폐)에서 공기를 공급해 주는 기능을 하지만, '흐느끼는

둘째 단계는 '발성(發聲, phonation)'의 단계로서, 허파에서 나온 소리를 1차적으로 변형하여 말소리의 기본 성격(유성음, 무성음)을 형성하는 과정이다.

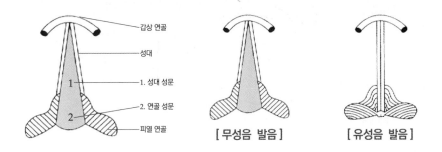

[무성음 발음]   [유성음 발음]

허파에서 생성된 공기는 기관(氣管)을 통하여 후두(喉頭) 안에 있는 성문(聲門)2)를 지나면서 성대(목청, 聲帶)을 떨어 울리거나 울리지 않게 되는데, 성문의 이러한 작용에 따라서 유성음(voice)과 무성음(voiceless)이 생성된다. 이처럼 목청의 울림을 통하여 유성음과 무성음을 만들어내는 목청을 '발성부(發聲部, organs of voice)'라고 한다.3)

성문의 상태	성대의 움직임	소리의 유형	발음 방법에 따른 소리의 종류
성문의 개방	성대의 진동 없음	무성음	파열음, 마찰음, 파찰음
성문의 좁힘	성대의 진동 있음	유성음	모음, 반모음, 비음, 유음

〈표 1〉 발성부의 기능

셋째 단계는 '조음(調音, articulation)'의 단계로서, 성문을 통과한 공기가 '인두강(咽頭腔, 목안, pharyngeal), 구강(口腔, 입안), 비강(鼻腔, 코안), 순강(脣腔)'을 통하여 입 밖으로 나오면서 개개의 음성이 만들어진다. 이처럼 구체적인 소리를 만들어 내는 입안이나 코안의 기관들을 '조음부(調音部, articulator)'라고 한다. 조음부에 속하는 기관으로는 '혀'를 비롯하여 '입술, 이, 잇몸, 입천장, 코안, 인두' 등이 있다. 조음부에 속하는 발음 기관의 모양과 명칭을 대략적으로 보이면 다음의 〈그림 2〉와 같다.

소리, 코고는 소리, 놀랄 때에 내는 소리' 등의 말소리를 내는 데에 작용하기도 한다.
 2) 성대가 열려 있는 틈을 '성문(聲門)'이라고 하는데, 성문을 통하여 허파에서 나온 공기가 조음부인 입안으로 들어간다.
 3) 후두의 주된 역할은 유성음과 무성음을 만드는 것이다. 그러나 자음 중에서 [h]는 성대 사이에서 소리가 만들어지므로, [h]를 만들 때에는 후두가 조음부의 역할을 한다.

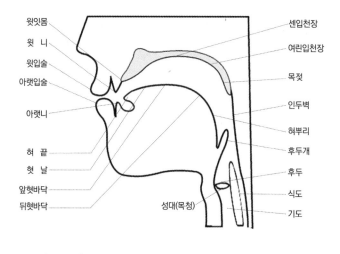

〈 고정부 〉	〈 능동부 〉

- 윗입술
- 윗니
- 윗잇몸(치조, alveolar ridge)

- 센입천장(경구개, hard palate)
- 여린입천장(연구개, soft palate)
- 목젖(구개수, uvula)

- 아랫입술
- 아랫니
- 혀끝(설단, tip of tongue)
- 혀날(blade of tongue)
- 앞혓바닥(전설, front of tongue)
- 뒤혓바닥(후설, back of tongue)
- 혀뿌리(설근, root of tongue)

〈그림 2〉 조음부의 얼개

조음부의 기관 중에서 공깃길을 기준으로 위쪽에 있는 '윗입술, 윗니, 윗잇몸, 센입천
장(경구개), 여린입천장(연구개)' 등은 조음할 때에 움직이지 않으므로 '고정부(固定部,
point of articulation)'라고 한다. 반면에 공깃길의 아랫쪽에 있는 '혀, 아랫입술, 아랫니'
등은 조음할 때에 적극적으로 움직이므로 이들 기관을 '능동부(能動部, articulator)'라고
한다. 개별 음성은 주로 능동부가 고정부로 향하는 상하 운동에 의해서 조음된다.

1.3. 음성의 분류

대부분의 말소리(음성)는 '발성부'와 '조음부'의 작용에 따라서 분류되는데, 특히 조음
부의 작용에 따라서 음성을 크게 '자음'과 '모음'으로 나눈다.4)

---

4) 발동부인 폐(허파)에서 나는 소리는 날숨과 들숨으로 구분할 수 있는데, 대부분의 정상적인 말소리

〈 조음부의 작용에 따른 분류 〉 음성은 조음 기관의 능동부가 고정부에 작용하는 방식을 기준으로 하여 '자음'과 '모음'으로 분류한다.

첫째, '자음(子音, 닿소리, consonant)'은 조음 기관의 어떤 능동부가 고정부에 가서 닿거나 아주 가까이 다가가서 나는 소리이다.

(1) [ㅂ], [ㄷ], [ㄱ], [ㅃ], [ㄸ], [ㄲ], [ㅍ], [ㅌ], [ㅋ]; [ㅅ], [ㅆ], [ㅎ]; [ㅈ], [ㅉ], [ㅊ]; [ㅁ], [ㄴ], [ㅇ]; [ㄹ]

(1)에 제시된 음성은 모두 자음으로, 능동부가 고정부에 가서 닿거나 아주 다가가서 나는 소리이다. 예를 들어서 [ㅂ]의 음성은 두 입술을 닿아서 공깃길을 완전히 막았다가 공기를 터뜨려서 내는 소리이다. 그리고 [ㅅ]의 음성은 능동부가 고정부에 아주 가까이 다가가서 내는 접근음이다. 곧 [ㅅ]은 능동부인 혀끝을 윗잇몸에 아주 가까이 접근시켜서 그 틈으로 공기를 마찰시켜서 내는 소리이다.

둘째, '모음(母音, 홀소리, vowel)'은 조음 기관의 장애가 없이, 오로지 성대의 울림이 입안에서 공명(共鳴)을 얻어서 나는 소리이다.

(2) ㄱ. [ㅣ], [ㅔ], [ㅐ], [ㅟ], [ㅚ]; [ㅡ], [ㅓ], [ㅏ], [ㅜ], [ㅗ]
　　ㄴ. [ㅖ], [ㅒ], [ㅕ], [ㅑ], [ㅠ], [ㅛ]; [ㅞ], [ㅙ], [ㅝ], [ㅘ], [ㅞ], [ㅖ]; [ㅢ]

(2)에서 (ㄱ)과 (ㄴ)의 모음은 모두 발음이 일어나는 동안에 공깃길이 막히거나 마찰되는 일이 없다. 오직 입이 벌어지는 정도(혀의 최고점의 높낮이)와 혀의 최고점의 전후 위치, 그리고 입술의 모양에 따라서 각각 다른 소리가 생긴다.

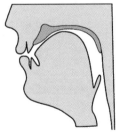

〈그림 3〉 [ㅣ]의 입 모양

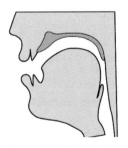

〈그림 4〉 [ㅏ]의 입 모양

는 '날숨 폐소리(pulmonic egressive sound)'로 발음된다. 반면에 '들숨 폐소리(pulmonic ingressive sound)'로는 놀라 때에 내는 소리나 딸꾹질 소리와 같은 특수한 소리가 있다.

예를 들어서 〈그림 3〉은 전설 고모음인 [ㅣ]를 발음할 때의 입 모양이고, 〈그림 4〉는 중설 저모음인 [ㅏ]를 발음할 때의 입 모양이다. 〈그림 3〉과 〈그림 4〉의 입 모양의 차이로 말미암아서 [ㅣ]와 [ㅏ]의 소리가 구분되는 것이다.

〈 **공깃길의 차이에 따른 소리의 분류** 〉 조음부를 통과해서 나오는 소리가 통과하는 공깃길에 따라서 '구강음'과 '비강음'으로 구분하기도 한다.

(3) ㄱ. 모음; [ㅂ], [ㄷ], [ㄱ], [ㅃ], [ㄸ], [ㄲ], [ㅍ], [ㅌ], [ㅋ]; [ㅅ], [ㅆ], [ㅎ]; [ㅈ], [ㅉ], [ㅊ]; [ㄹ]

ㄴ. [ㅁ], [ㄴ], [ㅇ]; (비모음)

'구강음(口腔音, oral sound)'은 발음할 때에 능동부인 목젖(구개수, 口蓋垂)이 고정부인 인두벽을 막아서 소리가 입을 통하여 나오는 소리이다. (ㄱ)의 파열음, 마찰음, 파찰음, 유음 등의 자음과 모든 모음은 구강음이다. 반면에 '비강음(鼻腔音, nasal sound)'은 발음할 때에 목젖이 비강 통로를 막지 않아서 공기가 코로 나는 소리다. (ㄴ)에 제시된 비음인 [ㅁ], [ㄴ], [ㅇ]이나, 불어의 비모음인 [ã], [ɛ̃], [œ̃] 등이 비강음에 해당된다.

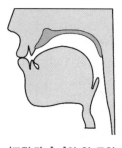
〈그림 5〉 [ㅂ]의 입 모양

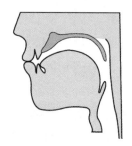
〈그림 6〉 [ㅁ]의 입 모양

예를 들어서 구강음인 [ㅂ]은 발음을 할 때에 〈그림 5〉처럼 목젖이 비강으로 통하는 공깃길(인두벽)을 막아서 입안으로 공기가 빠져나간다. 반면에 비강음인 [ㅁ]은 〈그림 6〉처럼 비강으로 통하는 공깃길이 열려서 코안으로 공기가 빠져나간다.

1.4. 국어 음성의 분류

국어에서 실현되는 자음과 모음의 음성은 다음과 같이 분류될 수 있다.

1.4.1. 자음의 분류

'자음(닿소리)'은 발음할 때에 목 안이나 입안의 어느 부분이 막히거나 좁혀지거나 함으로써, 밖으로 나가는 공기의 흐름이 장애를 받아서 나는 소리이다. 자음은 발음할 때에 능동부가 고정부에 작용하는 위치와 발음하는 방법에 따라서 분류된다.

(가) 조음 방법에 따른 자음의 분류

공깃길의 특정한 위치에서 장애를 일으키는 방법을 '조음 방법'이라고 한다. 자음은 기본적 조음 방법에 따라서 '파열음, 마찰음, 파찰음, 비음, 유음' 등으로 나뉜다. 그리고 이 중에서 '파열음, 마찰음, 파찰음'은 부차적으로 '소리의 세기'에 따라서 각각 '예사소리, 된소리, 거센소리'로 다시 구분된다.

〈조음 방법에 따른 분류〉 자음은 기본적인 조음의 방법에 따라서 '파열음, 마찰음, 파찰음, 비음, 유음' 등으로 분류할 수 있다.

(4) ㄱ. 파열음: [ㅂ], [ㅃ], [ㅍ]; [ㄷ], [ㄸ], [ㅌ]; [ㄱ], [ㄲ], [ㅋ]
　　ㄴ. 마찰음: [ㅅ], [ㅆ]; [ㅎ]
　　ㄷ. 파찰음: [ㅈ], [ㅉ], [ㅊ]
　　ㄹ. 비　음: [ㅁ], [ㄴ], [ㅇ]
　　ㅁ. 유　음: [ㄹ]

첫째, '파열음(破裂音, plosive)'은 허파에서 나오는 공기의 흐름을 일단 막았다가 그 막은 자리를 터트리면서 내는 소리이다. 국어의 파열음으로는 (ㄱ)의 [ㅂ, ㅃ, ㅍ; ㄷ, ㄸ, ㅌ; ㄱ, ㄲ, ㅋ]이 있다. 둘째, '마찰음(摩擦音, fricative)'은 입안이나 성대 사이의 통로를 좁히고 공기를 그 좁은 틈 사이로 내보내어 마찰을 일으키면서 내는 소리이다. 마찰음으로는 (ㄴ)의 [ㅅ, ㅆ; ㅎ]이 있다. 셋째, '파찰음(破擦音, affricative)'은 허파에서 나오는 공기를 막았다가 서서히 터트리면서 마찰을 일으켜서 내는 소리이다. 파찰음으로는 (ㄷ)의 [ㅈ, ㅉ, ㅊ]이 있다. 넷째, '비음(鼻音, nasal)'은 여린입천장에 붙어 있는 목젖을 내려서 콧길을 열어 놓은 상태에서, 입안의 통로를 막아서 코로 공기를 내보내면서 내는 소리이다. 비음으로는 (ㄹ)의 [ㅁ, ㄴ, ㅇ]이 있다. 다섯째, '유음(流音, liquid)'은 '우리'의 [ㄹ]처럼 혀끝을 잇몸에 가볍게 대었다가 떼어서 탄설음인 [ɾ]로 발음하거나, '달'의 [ㄹ]처럼 혀끝을 윗잇몸에 댄 채 공기를 그 양 옆으로 흘려 보내어서 설측음인 [l]로 발음하는 소리이다.

{ 파열음의 형성 과정 }

'파열음(터짐소리, plosive, stop)은 길을 목젖으로 막고, 입길의 어떤 자리를 막거나 또는 막은 자리를 나오는 숨으로 터뜨리는 방법으로 내는 소리이다. 국어의 [ㅂ, ㄷ, ㄱ; ㅃ, ㄸ, ㄲ; ㅍ, ㅌ, ㅋ] 소리와 영어의 [p, t, k; b, d, g] 소리 등은 모두 파열음이다.

〈 **파열의 3단계** 〉 이러한 파열음이 생성되는 과정으로서 '파열(터짐)의 3단계'가 있는데, 이는 '막음'의 단계, '지속'의 단계, '개방'의 단계이다.

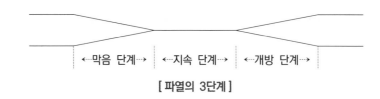

[파열의 3단계]

첫째로 '막음(approach)'의 단계는 공깃길을 막아서 공기의 흐름을 중단시키는 단계이며, 둘째로 '지속(hold)'의 단계는 막았던 공기를 일정 시간 동안 머금어서 입안에서 공기의 압력을 높이는 단계이다. 마지막으로 '개방(release)'의 단계는 지속의 단계를 통해서 압력이 올라간 공기를 터뜨려서 발음을 하는 단계이다.

〈 **외파음과 내파음** 〉 파열의 3단계가 실현되는 양상에 따라서, 파열음을 외파음과 내파음으로 구분하기도 한다. '외파음(外破音, explosive)'은 개방의 단계가 있는 소리이며 '내파음(內破音, implosive)'은 개방의 단계가 없는 파열음이다.

    (1) 외파음
       ㄱ. '지속-개방' 형　　　: '바다[pada]'의 [p]
       ㄴ. '막음-지속-개방' 형 : '바다[pada]'의 [d]

    (2) 내파음
       '막음-지속' 형 : '박#, 입#, 뜯#'의 끝소리 [k⌐, p⌐, t⌐]

(1)에서 '바다'의 [p]는 '지속-개방'의 두 단계로 발음되는 외파음이며, '바다'의 [d]는 '막음-지속-개방'의 세 단계로 발음되는 외파음이다. 이에 반해서 (2)에서 '박, 입, 뜯'의 끝소리인 [k⌐, p⌐, t⌐]는 '막음-지속'의 두 단계로만 발음되면서 '개방'의 단계가 없는 내파음이다.

〈 **'밥보'의 발음** 〉 참고로 국어의 '밥보'는 [밥뽀]로 소리나는데, 이 [밥뽀]에서 실현되는 세 가지 양순 파열음은 각각 파열의 방식에서 차이가 있다.

    (3) 밥보 [밥뽀]

ㄱ. 첫음절의 초성　　[ㅂ] : 지속 – 개방
ㄴ. 첫음절의 종성　　[ㅂ] : 막음 – 지속
ㄷ. 둘째 음절의 초성 [ㅃ] : 지속 – 개방

[밥뽀]에서 첫음절의 초성 [ㅂ]은 '막음'의 과정이 없이 두 입술의 '지속－개방'의 두 단계를 거쳐서 발음된다. 이에 반해서 첫음절의 종성 [ㅂ]은 그 뒤에 잇따라서 발음되는 둘째 음절의 초성 때문에 두 입술 '개방'의 단계가 없는 내파음으로 발음된다. 그리고 둘째 음절의 초성 [ㅃ]은 앞서서 발음된 첫음절의 종성 [ㅂ] 때문에, 첫음절의 초성과 마찬가지로 두 입술 '막음'의 단계가 없이 발음된다.

　　여기서 (3ㄴ)처럼 파열음에서 개방 단계가 나타내지 않는 현상을 '불파음화(不破音化)' 혹은 '미파음화(未破音化)'라고 한다. 이러한 불파음화 현상은 파열음의 가장 큰 특징인 개방의 단계가 없다는 점에서 국어의 자음에서 일어나는 음운 변동 현상에 큰 영향을 미친다. 예를 들어서 '평파열음화(平破裂音化)'나 '비음화(鼻音化)', 그리고 '된소리되기' 등은 모두 앞 형태소가 불파음화하기 때문에 생기는 변동 현상이다.(이문규 2013:35 참조)

〈소리의 세기에 따른 분류〉 자음 중에서 '파열음, 마찰음, 파찰음'은 다시 소리의 세기에 따라서 '예사소리, 된소리, 거센소리'로 구분된다.

　　(5) ㄱ. 예사소리(평음): [ㅂ], [ㄷ], [ㄱ]; [ㅅ]; [ㅈ]
　　　　ㄴ. 된 소 리(경음): [ㅃ], [ㄸ], [ㄲ]; [ㅆ]; [ㅉ]
　　　　ㄷ. 거센소리(격음): [ㅍ], [ㅌ], [ㅋ]; [ㅊ]

첫째로 '예사소리(平音, lax)'는 (ㄱ)의 [ㅂ, ㄷ, ㄱ; ㅅ; ㅈ]처럼 발음할 때에 입속의 기압이나 발음 기관의 긴장도가 가장 낮아서 약하게 발음되는 소리이다. 둘째로 '된소리(硬音, fortis)'는 (ㄴ)의 [ㅃ, ㄸ, ㄲ; ㅆ; ㅉ]처럼 파열음, 마찰음, 파찰음을 낼 때에, 막혔거나 좁혀졌던 공깃길을 여는 순간에 성문에 힘을 주어서 내는 소리이다. 된소리로 발음하면 성대의 근육이 긴장되면서 밖으로 나가는 공기의 양이 매우 적은 상태로 나가게 되는 것이 특징이다. 셋째로 '거센소리(激音, 有氣音, aspirated)'는 (ㄷ)의 [ㅍ, ㅌ, ㅋ; ㅊ]처럼, 파열음이나 파찰음을 발음할 때에 막혔던 공깃길을 개방하는 순간 성문이 넓게 열리고, 그 사이로 강한 기류가 빠져나가면서 [ㅎ]과 비슷하게 나는 소리이다.[5]

---

5) 국어의 무성 파열음인 '된소리, 예사소리, 거센소리'는 '개방 후 무성의 기간(VOT)'의 차이로 결정된다. 된소리인 [p'a]는 개방 후 무성의 기간이 제일 짧으며(공기량이 적음), 예사소리인 [pa]가 그 중간이고(공기량이 중간), 거센소리인 [pʰ]는 무성의 기간이 제일 길다.(공기량이 많음)

{ '예사소리, 된소리, 거센소리'의 특징 }

국어에서 '파열음, 마찰음, 파찰음'은 다시 소리의 세기에 따라서 '예사소리, 된소리, 거센소리'로 구분되는데, 이 세 가지 소리를 발음할 때 입 밖으로 나오는 공기의 양이 다르다. 입 밖으로 나오는 공기는 '거센소리 〉 예사소리 〉 된소리'의 순서로 많이 나온다. 이는 발음할 때 손바닥을 입 가까이 대고 [가], [까], [카]의 소리를 발음해 보면, 손바닥에 직접 닿는 공기의 세기가 다르다는 사실을 확인할 수 있다. 이러한 실험을 통해서 공기의 유출량을 측정하면, 거센소리인 [카]가 가장 많고, 예사소리인 [가]가 그 다음이고, 된소리인 [까]가 가장 적다.

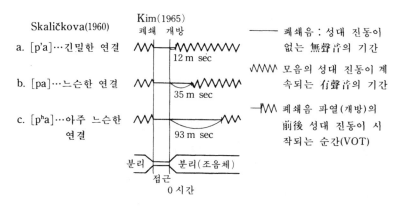

['된소리', '예사소리', '거센소리'의 대비]

예사소리, 된소리, 거센소리'에 나타나는 공기량의 차이는 '개방 후 무성 시간(VOT, voice onset time)'을 측정한 결과와 동일하다. '개방 후 무성의 시간(VOT)'은 막혔던 공깃길을 여는 때에서 그 뒤에 실현되는 모음(유성음)을 발음하기 위해서 성대(목청)가 떨리기 시작하는 때까지 경과하는 시간을 말한다. 곧 성대의 떨림은 공깃길이 열리는 순간부터 바로 시작되지 않고, 잠시 동안 무성의 시간을 거치게 된다. 이 기간의 길이는 공기를 터트리는 순간에 입 밖으로 나오는 공기의 양과 비례한다.

예를 들어서 국어의 [빠], [바], [파]의 음파를 다음과 같이 분석한 실험 결과가 있다. 위의 분석 결과를 보면 된소리인 [p'a]는 개방 후 무성의 기간이 제일 짧으며, 예사소리인 [pa]가 그 중간이고, 거센소리인 [ph]는 무성의 기간이 제일 길다. 이러한 실험 결과를 보면 국어의 무성 파열음인 된소리, 예사소리, 거센소리는 '개방후 무성의 기간(VOT)'의 차이로 결정되는 것을 알 수 있다. 이와 같은 결과로 같은 조음 자리에서 발음되는 예사소리, 된소리, 거센소리의 '개방 후 무성의 시간'은 '거센소리 〉 예사소리 〉 된소리'의 순서가 된다.

결과적으로 동일한 조음 위치에서 실현되는 '예사소리, 된소리, 거센소리'의 조음 시간은 '거센소리'가 가장 길고 그 다음이 예사소리이며 된소리가 가장 짧다. 그런데 이러한 조음 시간의 차이는 이들 자음을 조음할 때 나오는 공기의 양과 비례한다.

〈 **성대의 울림에 따른 분류** 〉 자음을 발음할 때에 성대의 울림이 있느냐 없느냐에 따라서, '유성 자음'과 '무성 자음'으로도 구분할 수 있다.

(6) ㄱ. 유성 자음: 비음, 유음

ㄴ. 무성 자음: 파열음, 마찰음, 파찰음

자음 중에서 비음인 [ㅁ, ㄴ, ㅇ]과 유음인 [ㄹ]은 발음할 때에, 성대가 떨어 울려서 입안이나 코안에서 공명을 얻어서 나는 소리이므로, 이들은 '유성 자음(有聲子音, voiced consonant)'에 속한다. 반면에 비음과 유음을 제외한 나머지의 소리인 파열음, 마찰음, 파찰음 등은 성대가 떨어 울리지 않으면서 발음되므로, 이들은 '무성 자음(無聲子音, voiceless consonant)'에 속한다.

(나) 조음 위치에 따른 자음의 분류

자음을 발음을 할 때에는 성대를 통과하는 공기의 흐름이 막히거나 공깃길이 좁아져서 장애를 입게 된다. 이때 장애가 일어나는 자리를 '조음 위치'라고 하는데, 이러한 조음 위치는 '아랫입술'이나 '혀'와 같은 능동부가 '윗입술, 윗니, 윗잇몸, 센입천장, 여린입천장'과 같은 특정한 고정부에 작용하는 자리이다.

자음은 능동부가 고정부에 작용하는 조음 위치에 따라서, '입술소리, 잇몸소리, 센입천장소리, 여린입천장소리, 목청소리' 등으로 나눌 수 있다.

자음의 분류		입술소리 (양순음)	잇몸소리 (치조음)	센입천장소리 (경구개음)	여린입천장소리 (연구개음)	목청소리 (후음)
조음 위치	고정부	윗입술	윗잇몸	센입천장	여린입천장	목청(성대)
	능동부	아랫입술	혀끝	혓바닥(전설)	뒤혀(후설)	목청(성대)

〈표 2〉 조음 위치에 따른 자음의 분류

〈 **입술소리** 〉 '입술소리(兩脣音, bilabial)'는 아랫입술이 윗입술에 닿아서 나는 소리이다. 이러한 입술소리는 조음 방법에 따라서 파열음, 마찰음, 비음으로 나뉜다.

(7) ㄱ. 파열음: 예사소리 [p, b, pˀ], 된소리 [p'], 거센소리 [pʰ]

ㄴ. 마찰음: 무성음 [ɸ], 유성음 [β]

ㄷ. 비 음: [m]

ⓐ **파열음** : 파열음으로 발음되는 입술소리로는 예사소리인 [p, b, p˥]와 된소리인 [p']와 거센소리인 [pʰ]가 있다. 첫째로 '불, 비, <u>바</u>람'의 첫소리 'ㅂ'은 무성 자음인 [p]로 소리 난다. '강<u>보</u>, 냄<u>비</u>, 간<u>밤</u>'의 두 번째 음절의 첫소리 'ㅂ'은 유성음과 유성음 사이에서 실현되었는데, 이는 유성 자음인 [b]로 소리 난다. '갑#, 입#'과 '<u>곱</u>다, 덥<u>다</u>'처럼 단어의 끝이나 자음 앞에서 실현되는 'ㅂ'은 내파음인 [p˥]로 소리 난다. 둘째로 '뿔, 고<u>삐</u>'의 'ㅃ'은 된소리인 [p']로 소리 나며, 셋째로 '풀, 팔'의 'ㅍ'은 거센소리인 [pʰ]로 소리 난다.

ⓑ **마찰음** : 마찰음으로 발음하는 입술소리로는 유성음인 [β]와 무성음인 [ɸ]이 있다. 첫째로 '우<u>비</u>, 두<u>부</u>, 부<u>부</u>, 갈<u>비</u>, 울<u>보</u>'처럼 유성음과 유성음 사이에 실현되는 'ㅂ'은, 화자의 개인적 습관에 따라서 두 입술을 아주 닫지 않고 마찰음이 들릴 정도로 접근시켜서 내는 울림소리로 발음할 수도 있다. 이렇게 두 입술 사이에서 나는 유성 마찰음은 [β]로 소리 난다. 그리고 '<u>회</u>의, 휘파람'의 'ㅎ'을 분명하게 소리를 내면, 두 입술을 가까이 접근시켜서 무성의 마찰음인 [ɸ]로 소리 난다.

ⓒ **비음** : 비음으로 발음하는 입술소리로는 [m]이 있다. '문, 물, 몸, 마음, 가뭄' 등에서 'ㅁ'은 입술을 닫고 성대의 울림이 있는 유성(有聲)의 공기를 코안으로 내는 [m]로 소리 난다.

〈 **잇몸소리** 〉'잇몸소리(齒槽音, alveolar)'는 혀끝이 윗잇몸에 닿거나 접근하여서 나는 소리인데, 조음 방법에 따라서 파열음, 마찰음, 비음으로 나뉜다.

(8) ㄱ. 파열음: 예사소리 [t, d, t˥], 된소리 [t'], 거센소리 [tʰ]

ㄴ. 마찰음: 예사소리 [s], 된소리 [s']

ㄷ. 비 음: [n]

ㄹ. 유 음: 탄설음 [ɾ], 설측음 [l]

ⓐ **파열음** : 파열음으로 발음되는 잇몸소리로는 예사소리인 [t, d, t˥], 된소리인 [t'], 거센소리인 [tʰ]가 있다. 첫째로 '달, 돌, 들'의 첫소리 'ㄷ'은 무성 자음인 [t]로 소리 난다. '바<u>다</u>, 반<u>달</u>, 옹<u>달</u>샘, 남<u>도</u>, 잘<u>다</u>'의 두 번째 음절의 첫소리인 'ㄷ'은 유성음과 유성음 사이에 실현되었는데, 이와 같은 'ㄷ'은 유성 자음인 [d]로 소리 난다. 그리고 '닫#, 돋#, 낟#'과 '돋보기, 닫다, 돋다'처럼 단어의 끝이나 자음 앞에서 실현되는 'ㄷ'은 내파음인 [t˥]로 소리 난다. 둘째로 '딸, 또, 굴뚝, 껄떡거리다'의 'ㄸ'은 된소리인 [t']로 소리 나며, 셋째로 '탈, 한톨'의 'ㅌ'은 거센소리인 [tʰ]로 소리 난다.

ⓑ **마찰음** : 마찰음으로 발음되는 잇몸소리로는 [s], [s']가 있다. 먼저 '사람, 소, 새'의 'ㅅ'은 예사소리의 무성 마찰음인 [s]로 소리 난다. 그리고 '쌀, 쏘다, 쑥'의 'ㅆ'은 된소리

의 마찰음인 [s']로 소리 난다.

ⓒ **비음**: 비음으로 발음되는 잇몸소리는 혀끝을 윗잇몸에 댄 채로 성대의 울림을 띤 공기를 코안으로 내는 소리이다. 곧 '날, 눈, 하나, 손, 만'에 실현된 'ㄴ'은 [n]으로 소리 난다.

ⓓ **유음**: 유음으로 발음되는 잇몸소리로는 탄설음의 [ɾ], 그리고 설측음의 [l]과 [ll]이 있다. 첫째, '하루, 다리, 가루, 노래'의 'ㄹ'은 모음과 모음 사이에서 단독으로 실현되었다. 이때의 'ㄹ'은 혀끝을 윗잇몸에 가볍게 한 번 두들기는 '탄설음(彈舌音, flap)'으로서 [ɾ]로 소리 난다. 둘째, '달, 물'과 '불고기, 살구'의 'ㄹ'은 단어의 끝소리나 자음 앞에서 실현되었다. 이때의 'ㄹ'은 혀끝을 윗잇몸에 대고 혀의 옆으로 성대의 울림을 띤 공기를 흘려서 내는 '설측음(舌側音)'으로서, [l]로 소리 난다. 그리고 '달라, 흘러'처럼 모음과 모음 사이에서 겹쳐서 실현되는 설측음 'ㄹ'은 [ll]로 소리 난다.

〈 **센입천장소리** 〉 '센입천장소리(硬口蓋音, palatal)'는 능동부인 앞혓바닥(前舌)이 고정부인 센입천장(硬口蓋)에 닿아서 나는 소리이다. 센입천장소리는 조음 방법에 따라서 파찰음, 마찰음, 비음, 유음의 음성으로 나뉜다.

(9) ㄱ. 마찰음: 예사소리 [ɕ], 된소리 [ɕ'], 거센소리 [ç]

ㄴ. 파찰음: 예사소리 [tɕ, dʑ], 된소리 [tɕ'], 거센소리 [tɕʰ]

ㄷ. 비 음: [ɲ]

ㅁ. 유 음: 설측음 [ʎ]

ⓐ **마찰음**: 마찰음으로 발음되는 센입천장소리로는 [ɕ]과 [ɕ'], [ç]이 있다. 첫째, '사람, 소, 새, 가수' 등에 실현된 'ㅅ'은 잇몸소리로 발음된다. 그런데 '실, 신'에서처럼 'ㅅ'이 모음인 [ㅣ]의 앞에 실현될 때에는, [ㅣ]가 조음되는 자리(=센입천장)에 이끌려서 센입장소리인 [ɕ]로 소리 난다. 둘째, '씨름, 날씨'의 'ㅆ'은 센입천장소리의 마찰음인 [ɕ']로 소리 난다. 셋째, '혀, 효도, 휴식, 향토, 현상'의 'ㅎ'은 그 뒤에 이어서 발음되는 [ㅣ]나 반모음 [j]의 조음 자리에 이끌려서, '실, 신'보다는 약간 뒤쪽에서 마찰음인 [ç]로 소리 난다.

ⓑ **파찰음**: 파찰음으로 발음되는 센입천장소리로는 예사소리인 무성의 [tɕ]와 유성의 [dʑ], 된소리인 [tɕ'], 거센소리인 [tɕʰ]가 있다. 첫째, '자다, 주다, 잠, 좀'처럼 'ㅈ'이 단어의 첫머리에서 실현될 때에는 무성음인 [tɕ]로 소리 나며, '감자, 공주, 가지, 구조'처럼 'ㅈ'이 유성음과 유성음 사이에서 실현될 때에는 유성음인 [dʑ]로 소리 난다. 둘째, '짜다, 가짜, 한쪽'에 실현된 'ㅉ'은 된소리인 [tɕ']로 소리 난다. 셋째, '차다, 기차, 밤차'에 실현

된 'ㅊ'은 거센소리인 [tɕʰ]로 소리 난다.

ⓒ **비음** : 비음으로 발음되는 센입천장소리로는 [ɲ]이 있다. 'ㄴ'은 '나, 너무, 노루, 누리'에 실현될 때에는 잇몸소리인 [n]로 소리 난다. 이에 반해서 '돈냥, 남녀, 공룡, 갑류'의 둘째 음절의 'ㄴ'은 그 뒤에 실현되는 [ㅣ]와 반모음 [j]의 조음 자리에 이끌려서 발음된다. 곧, 이런 환경에서 실현되는 'ㄴ'은 앞혓바닥과 센입천장을 막고, 유성(有聲)의 공기를 코로 내게 되는데, 센입천장소리로 바뀌어서 [ɲ]로 소리 난다.

ⓓ **유음** : 유음으로 발음되는 센입천장소리로는 설측음인 [ʎ]이 있다. '흘려, 달력, 개잘량, 달려라'의 'ㄹㄹ'은 그 뒤의 [ㅣ]와 반모음 [j]의 조음 자리(=경구개)에 이끌려서 발음된다. 곧, 이 소리는 센입천장과 앞혓바닥의 가운데를 막고 유성의 공기를 혀옆(舌側)으로 흘려서 [ʎʎ]로 소리 난다.

〈 **여린입천장소리** 〉 '여린입천장소리(軟口蓋音, soft palatal)'는 능동부인 뒤혀가 고정부인 여린입천장에 닿아서 나는 소리이다. 여린입천장소리는 조음 방법에 따라서, 파열음과 마찰음, 비음으로 구분된다.

(10) ㄱ. 파열음: 예사소리 [k, g, k̚], 된소리 [k'], 거센소리 [kʰ]

ㄴ. 마찰음: 예사소리 [ɣ], 거센소리 [x]

ㄷ. 비 음: [ŋ]

ⓐ **파열음** : 파열음으로 발음되는 여린입천장소리로는 예사소리인 [k], [g], [k̚]와 된소리인 [k'], 거센소리인 [kʰ] 등이 있다. 첫째, '갈대, 김, 감' 등과 같이 단어의 첫머리에 실현되는 'ㄱ'은 무성음인 [k]로 소리 난다. 그리고 '아기, 감기, 인가, 공기'처럼 유성음과 유성음의 사이에 실현된 'ㄱ'은 [g]로 소리 나며, '물독#, 수박#'처럼 단어의 끝에 실현되는 'ㄱ'은 내파음인 [k̚]로 소리 난다. 둘째, '까다, 꿈, 일깨우다, 일꾼'에 실현된 'ㄲ'은 된소리인 [k']로 소리 난다. 셋째, '콩, 칼, 일컫다, 칼칼하다'에 실현된 'ㅋ'은 거센소리인 [kʰ]로 소리 난다.

ⓑ **마찰음** : 마찰음으로 발음되는 여린입천장소리로는 [ɣ]와 [x]가 있다. '먹어, 바가지'처럼 모음 사이에 실현되는 'ㄱ'은 '용기, 친구'의 'ㄱ'처럼 [g]로 소리 나기도 한다. 그러나 때로는 화자의 발음 습관에 따라서는, 이와 같은 음운론적인 환경에서 'ㄱ'이 유성의 마찰음인 [ɣ]로 소리 나기도 한다. 그리고 '흑흑, 흙, 흘러'처럼 단어의 첫소리이면서 모음 [ㅡ]의 앞에 실현되는 'ㅎ'은 여린입천장에서 무성의 마찰음인 [x]로 소리 난다.

ⓒ **비음** : 비음으로 발음되는 여린입천장소리로는 [ㅇ]이 있다. 곧 '콩, 종이, 성에'의 'ㅇ'은 뒤혀를 올려서 여린입천장을 막고 유성의 공기를 코로 흘려서 내는 비음인 [ŋ]으

로 소리 난다.

〈 **목청소리** 〉 '목청소리(喉音, glottal)'는 성대(목청)의 사이에서 나는 마찰음인데, 이와 같은 목청소리로는 [h], [ɦ]가 있다.

    (11) 마찰음: 무성음 [h], 유성음[ɦ]

먼저 '하나, 허파, 호박'처럼 단어의 첫소리에서 실현되는 'ㅎ'은 무성의 목청소리인 [h]로 소리 난다. 반면에 '여행, 영향, 좋은'처럼 'ㅎ'이 유성음과 유성음 사이에 실현될 때에는 유성의 목청소리(＝유성 후두 마찰음)인 [ɦ]로 소리 난다.

  국어의 표준 발음을 기준으로 하여서, '조음 위치'와 '조음 방법'에 따라서 자음의 음성 체계를 정리하면 다음의 〈표 3〉과 같다.

조음 방법 \ 조음 위치			입술소리	잇몸소리	센입천장소리 앞	센입천장소리 뒤	여린입천장소리	목청소리
파열음	예사소리	무성	p, pˈ	t, tˈ			k, kˈ	
		유성	b	d			g	
	된 소 리		p'	t'			k'	
	거센소리		pʰ	tʰ			kʰ	
마찰음	예사소리	무성	ɸ	s	ɕ	ç	x	
		유성	β				ɣ	ɦ
	된 소 리			s'	ɕ'			
파찰음	예사소리	무성			tɕ			
		유성			dʑ			
	된 소 리				tɕ'			
	거센소리				tɕʰ			
비 음			m	n	ɲ		ŋ	
유 음	설측음			l	ʎ			
	탄설음			ɾ				

〈표 3〉 현대 국어의 자음 음성

  학자에 따라서는 〈표 3〉에 제시된 음성 외에도 국어에서 발음될 수 있는 자음을 몇 가지 더 추가하는 경우가 있다. 예를 들어서 여린입천장소리의 파열음으로 소리 나는

[q], [G], [q'], [qʰ]과 비음으로 소리 나는 [N], 그리고 목청소리의 된소리로 소리 나는 [ʔ]을 국어의 자음 음성으로 설정할 수도 있다. 그러나 이러한 음성은 개인의 발음 습관에 따라서 수의적으로 발음되거나, 아주 특수한 음운론적인 환경에서 실현된다. 따라서 여기서는 이들을 제외하고 국어의 자음 음성 목록을 〈표 3〉과 같이 설정한다.

1.4.2. 모음의 분류

허파에서 나는 날숨이 입안에서 장애를 받지 않고 성대(목청) 사이를 지나면서, 목청이 떨어 울리면서 나는 유성음(有聲音)을 '모음(母音, 홀소리)'6)이라고 한다.
이러한 모음은 발음하는 과정에서 입의 모양이 변하지 않는 '단모음'과 발음하는 과정에서 입의 모양이 변하는 '이중 모음'으로 구분된다.

(가) 단모음

〈 단모음의 종류와 음가 〉 '단모음(單母音)'은 발음하는 도중에, 입술이나 혀가 고정되어서 움직이지 않으면서 발음되는 모음이다.7)

(12) ㄱ. [ㅣ], [ㅟ], [ㅡ], [ㅜ]
    ㄴ. [ㅔ], [ㅚ], [ㅓ:], [ㅗ]
    ㄷ. [ㅐ], [ㅏ], [ㅓ]8)

(13) ㄱ. 일 [il], 쥐 [tɕy], 글 [kɯl], 우리 [uɾi]
    ㄴ. 게 [ke], 꾀 [k'ø], 멀다 [mə:lda], 오리 [oɾi]
    ㄷ. 애꾸 [ɛk'u], 아버지 [abədʑi], 허리 [hʌɾi]

첫째로 '일, 길'의 '이'는 [i]로 발음하며, '쥐, 취나물'의 [위]는 [y]로 발음한다. '글, 그것, 흐르다'의 '으'는 [ɯ]로 발음하며, '우리, 이웃, 굴'의 '우'는 [u]로 발음한다. 둘째로 '게,

---

6) 모음은 자음과는 달리 홀로 발음될 수 있기 때문에 단독으로 음절을 구성할 수 있다. 이렇게 음절을 구성하는 소리를 '성절음(成節音)'이라고 하는데, '모음(母音)'의 딴이름인 '홀소리'라는 용어에 이러한 '성절성'의 뜻이 들어 있다.

7) 국어의 단모음과 이중 모음에 대한 〈표준 발음법〉의 설명은 〈학교 문법의 이해 2〉의 내용을 참조하고, 표준 발음법의 멀티미디어 자료는 벼리한국어학당(http://byeori.net) 참조하기 바란다.

8) 국어의 〈표준 발음법〉의 규정에 따르면 'ㅓ'는 음성 차원에서는 긴 소리인 [ㅓ:]와 짧은 소리인 [ㅓ]로 다르게 발음된다.

넷, 셋'의 '에'는 [e]로 발음하며, '꾀, 되, 쇠'의 '외'는 [ø]로 발음한다. 그리고 '멀다, 없다, 거리'에 실현된 긴 소리 '어'는 [ə:]로 발음하며, '오리, 고리, 돌'의 '오'는 [o]로 발음한다. 셋째로 '애꾸, 애기, 개'의 '애'는 [ɛ]로 발음하며, '아버지, 오빠'의 '아'는 [a]로 발음한다. 그리고 '허리, 머리, 어머니'에 실현된 짧은 소리 '어'는 [ʌ]로 발음한다.

〈 단모음의 종류와 음가 〉 단모음은 발음할 때의 '혀의 최고점의 높이, 혀의 최고점의 앞뒤 위치, 입술의 모양'의 세 가지 조건에 따라 소리가 결정된다. 음성의 단계에서 모음의 조음 위치를 '모음 사각도'로 나타내면 다음과 같다.

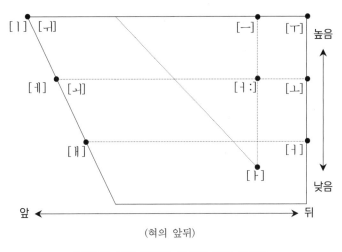

(혀의 앞뒤)

〈그림 7〉 국어 단모음 음성의 모음 사각도

첫 번째 조건은 '혀의 최고점의 높이'인데, 이는 모음을 발음할 때에 입을 벌리는 정도인 개구도(開口度)를 말한다. 입을 거의 닫고 발음하는 소리를 '고모음(高母音, 폐모음)'이라고 하며, 입을 완전히 벌리고 발음하는 소리를 '저모음(低母音, 개모음)'이라고 한다. 입을 거의 닫고 발음하는 고모음에는 [ㅣ], [ㅟ], [ㅡ], [ㅜ]가 있으며, 입을 완전히 벌리고 발음하는 저모음에는 [ㅐ], [ㅏ], [ㅓ]가 있다. 고모음과 저모음의 중간에 드는 소리가 '중모음(中母音)'인데, [ㅔ], [ㅚ], [ㅓ:], [ㅗ]가 중모음에 속한다.

두 번째 조건은 '혀의 최고점의 앞뒤 위치'이다. 이는 발음을 할 때에 입천장과 혀 사이의 거리가 가장 좁혀지는 점을 기준으로 전후의 위치를 정한 것이다. 곧 혀의 앞쪽을 가장 좁혀서 발음하는 모음을 '전설 모음(前舌 母音)'이라고 하고, 혀의 뒤쪽을 가장 좁혀서 발음하는 모음을 '후설 모음(後舌 母音)'이라고 한다. 그리고 전설 모음과 후설 모음의 사이를 가장 좁혀서 발음하는 모음을 '중설 모음(中舌 母音)'이라고 한다. 전설 모음에는 [ㅣ], [ㅔ], [ㅐ], [ㅟ], [ㅚ]가 있고, 중설 모음에는 [ㅡ], [ㅓ:], [ㅏ]가 있으며,

후설 모음에는 [ㅜ], [ㅗ], [ㅓ]가 있다.

세 번째 조건은 모음을 발음할 때에 형성되는 '입술의 모양'이다. 즉 입술이 자연스럽게 펴진 모양으로 발음하는 모음을 '평순 모음(平脣 母音)'이라고 하고, 입술이 동그랗게 모아져서 앞으로 튀어나온 모양으로 발음하는 모음을 '원순 모음(圓脣 母音)'이라고 한다. 평순 모음에는 [ㅣ], [ㅔ], [ㅐ], [ㅡ], [ㅓ:], [ㅏ], [ㅓ]가 있고, 원순 모음에는 [ㅟ, ㅚ, ㅜ, ㅗ]가 있다.

(나) 이중 모음

〈**이중 모음의 개념**〉 모음 중에는 혀가 일정한 자리에서 다른 자리로 옮겨 가면서 발음되는 소리가 있는데, 이를 '이중 모음(二重 母音)'이라고 한다.

> (14) ㄱ. [ㅑ], [ㅕ], [ㅕ:], [ㅛ], [ㅠ], [ㅒ], [ㅖ]
>   ㄴ. [ㅘ], [ㅝ], [ㅝ:], [ㅙ], [ㅞ]
>   ㄷ. [ㅢ]

(14)의 모음은 처음에는 [j], [w], [ɰ]의 '반모음'으로 소리를 내다가 나중에는 단모음으로 내는 이중 모음이다.

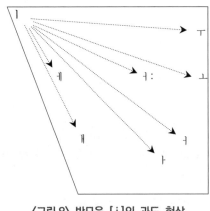

〈그림 8〉 반모음 [j]의 과도 현상

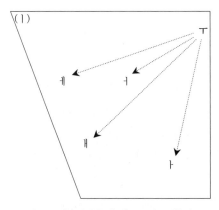

〈그림 9〉 반모음 [w]의 과도 현상

이중 모음의 예로서 [ㅑ]는 극히 짧은 순간 동안에 [ㅣ]를 발음하고 곧이어 단모음인 [ㅏ]를 발음하는 이중 모음인데, 이때에 혀가 [ㅣ]의 자리에서 [ㅏ]의 자리로 이동하면서 나는 과도음이 반모음인 [j]이다. 그리고 [ㅘ]는 혀가 [ㅜ]의 자리에서 [ㅏ]의 자리로 이동하면서 내는 이중 모음인데, 이 과정에서 혀가 [ㅜ]의 자리에서 [ㅏ]의 자리로 이동하면서 나는 과도음이 반모음인 [w]이다.9)

국어에 쓰이는 이중 모음의 종류와 이들이 쓰인 단어를 보기로 들면 다음과 같다.

    (15) ㄱ. <u>얌</u>체 [jamʨʰe], <u>여</u>자 [jʌdza], <u>연</u>구 [jə: ngu], <u>요</u>리 [jori], <u>유</u>리 [juɾi], <u>얘</u>기 [jɛː gi], <u>예</u>닐
        곱 [jeɲilgop̚],
      ㄴ. <u>완</u>장 [wandzaŋ], <u>워</u>낙 [wʌnak̚], <u>원</u>망 [wə: nmaŋ], <u>왜</u>[wɛ], <u>웬</u>일 [wenɲil]
      ㄷ. <u>의</u>사 [ɰisa] / [ijsa]

(15)에서 (ㄱ)의 단어는 'ㅣ' 계 이중 모음의 예이다. '<u>얌</u>체, 이<u>야</u>기'의 'ㅑ'는 [ja]로, '<u>여</u>자, 남<u>녀</u>'의 'ㅕ'는 [jʌ]로, '<u>연</u>구(硏究), 영원(永遠)'의 'ㅕ'는 [jə:]로, '<u>유</u>리, 종<u>류</u>'의 'ㅠ'는 [ju]로, '<u>요</u>리, 비<u>료</u>, 목<u>욕</u>탕'의 'ㅛ'는 [jo]로 발음된다. 그리고 '<u>얘</u>기'의 'ㅒ'는 [jɛ]로, '<u>예</u>닐곱, <u>예</u>순'의 'ㅖ'는 [je]로 발음된다. (ㄴ)의 단어는 'ㅜ' 계 이중 모음의 예이다. '<u>완</u>장, 장<u>화</u>'의 'ㅘ'는 [wa]로, '<u>워</u>낙, 소<u>원</u>'의 'ㅝ'는 [wʌ]로, '<u>원</u>망, 망<u>원</u>경'의 'ㅝ'는 [wə:]로, '<u>왜</u>, 쾌속'의 'ㅙ'는 [wɛ]로, '<u>웬</u>일, <u>웽</u>웽'의 'ㅞ'는 [we]로 발음된다. 끝으로 (ㄷ)에서 '<u>의</u>사, <u>의</u>논'에서 'ㅢ'는 각각 [ɰi]나 [ij]로 발음된다.

〈 이중 모음의 유형 〉 국어의 이중 모음은 반모음의 종류에 따라서 다음의 세 가지 유형으로 나뉜다.

첫째, 'ㅣ계 이중 모음'인 [ㅑ], [ㅕ], [ㅕ:], [ㅛ], [ㅠ], [ㅒ], [ㅖ]는 처음에는 [ㅣ]의 입 모양을 하고 있다가, 나중에는 각각 [ㅏ], [ㅓ], [ㅓ:], [ㅗ], [ㅜ], [ㅐ], [ㅔ]의 입 모양으로 옮겨 가면서 내는 소리이다. 이들 'ㅣ'계 이중 모음은 각각 [ja], [jʌ], [jə:], [jo], [ju], [jɛ], [je]로 발음된다.

둘째, 'ㅜ계 이중 모음'인 [ㅘ], [ㅝ], [ㅝ:], [ㅙ], [ㅞ]는 처음에는 [ㅜ]의 입 모양을 하고 있다가, 나중에는 각각 [ㅏ], [ㅓ], [ㅓ:], [ㅐ], [ㅔ]의 입 모양으로 옮겨 가면서 내는 소리이다. 이들 'ㅜ'계 이중 모음은 각각 [wa], [wʌ], [wə:], [wɛ], [we]로 발음된다.

셋째, [ㅢ]도 이중 모음으로 발음되는데, [ㅢ]의 음가에 대하여는 두 가지 견해가 있다.

---

9) 반모음인 [j]와 [w], [ɰ]는 조음 기관이 주모음을 발음하기 위한 자세로 옮아가는 도중에 나는 소리라는 뜻으로 '과도음(過渡音)'이라고도 한다. 혹은 순간적으로 주모음을 향해 나는 미끄러지듯이 짧게 나는 소리라는 뜻에서 '활음(滑音)'이라고 부르기도 한다.(임지룡 외 2015:91) 반모음은 반드시 다른 모음(단모음)에 붙어서만 발음되고, 스스로 음절을 구성하지 못한다는 점에서는 자음과 비슷하다. 그러나 이들 소리는 조음할 때에 막음이나 마찰이 일어나지 않는다는 점에서는 모음과 비슷하다. 그리고 반모음인 [j], [w], [ɰ]를 한글로 표기할 때에는 [ㅣ], [ㅜ], [ㅡ]로 적는다.

첫 번째 견해는 [ㅢ]는 반모음인 [ɰ]으로 시작하여 단모음인 [ㅣ]로 발음되는 상향적 이중 모음인 [ɰi]로 발음되는 것으로 본다. 두 번째 견해는 단모음인 [ɨ]로 발음한 뒤에 반모음인 [j]로 발음하는 하향적 이중 모음인 [ɨj]로 발음되는 것으로 본다.

〈국어 이중 모음의 특징〉 '이중 모음'은 음절의 주모음(主母音)과 부모음(副母音)이 결합하는 선후 관계에 따라서 '상향적 이중 모음'과 '하향적 이중 모음'으로 나누어진다. '상향적(식) 이중 모음(上向的 二重母音)'은 반모음이 단모음의 앞에 있는 이중 모음이다. 그리고 '하향적(식) 이중 모음(下向的 二重母音)'은 반모음이 단모음의 뒤에 있는 이중 모음이다.

그런데 현대 국어의 이중 모음은 거의 대부분이 '상향적 이중 모음'이라는 특징이 있다.

(16) ㄱ. [j] +[a] → [ㅑ], [ja]   (17) ㄱ. [w]+[a] → [ㅘ], [wa]
　　 ㄴ. [j] +[ʌ] → [ㅕ], [jʌ]   　　 ㄴ. [w]+[ʌ] → [ㅝ], [wʌ]
　　 ㄷ. [j] +[o] → [ㅛ], [jo]   　　 ㄷ. [w]+[ɛ] → [ㅙ], [wɛ]
　　 ㄹ. [j] +[u] → [ㅠ], [ju]   　　 ㄹ. [w]+[e] → [ㅞ], [we]
　　 ㅁ. [j] +[ɛ] → [ㅒ], [jɛ]
　　 ㅂ. [j] +[e] → [ㅖ], [je]

(18) ㄱ. [ɰ]+[i] →　[ㅢ], [ɰi]
　　 ㄴ. [ɨ] +[j] →　[ㅢ], [ɨj]

(16)과 (17)의 이중 모음들은 모두 '반모음＋단모음'의 순서로 연결되는 '상향적 이중 모음'이다. 다만 (18)의 'ㅢ'만 유일하게 (ㄴ)처럼 'ㅡ'를 단모음인 [ɨ]로 발음하고 반모음 [j]가 뒤따르는 하향적 이중 모음([ɨj])으로 발음되는 경우가 있다. 그러나 (18)의 'ㅢ'는 음가 자체가 불안정하여 '민주주의의 의의'는 [민주주<u>의의</u> <u>의의</u>], [민주주<u>이</u>의 의의], [민주주의<u>에</u> 의의], [민주주의의 의<u>이</u>] 등으로 다양하게 발음될 수 있다. 따라서 'ㅢ'도 완전한 하향적 이중 모음으로는 간주할 수 없다.10)

참고로 영어에서는 국어와는 달리 상향적·하향적 이중 모음이 모두 나타난다.

(19) ㄱ. came [kejm], how [haw]
　　 ㄴ. yes [jes], wash [waʃ]

---

10) 만일 'ㅢ'를 상향적 이중 모음으로 보면 (18ㄱ)처럼 반모음 [ɰ]의 뒤에 단모음인 [i]가 뒤따르는 [ɰi]로 발음되는 것으로 처리할 수도 있다.

영어에서는 (19)에서 (ㄱ)의 [kejm]과 [haw]처럼 하향적 이중 모음으로도 실현되고, (ㄴ)의 [jes], [waʃ]처럼 상향적 이중 모음으로도 실현된다.[11)

〈 'ㅟ'와 'ㅚ'의 발음 〉 전설의 원순 모음인 'ㅟ'와 'ㅚ'는 원칙적으로는 단모음으로 규정한다. 즉 이들 모음은 각각 입술을 둥글게 한 채로 [ㅣ]와 [ㅔ]의 소리로 발음한다. 그러나 입술을 둥글게 한 뒤에 입술 모양을 평평하게 풀면서 [ㅣ], [ㅔ]로 발음하는 것도 허용한다. 이렇게 발음하면 'ㅟ'와 'ㅚ'는 이중 모음으로 발음하는 셈이 된다.(〈표준 발음법〉 제4항 붙임)[12)

{ 기본 모음 }

자음은 능동부가 고정부에 닿거나 다가가는 것을 쉽게 알 수 있기 때문에 음가를 기술해 내기가 쉽다. 반면에 모음은 능동부와 고정부가 분명하지 않아서, 자음과는 다른 방식으로 소리를 기술한다. 곧, 모음은 '혀의 최고점의 위치'와 '입술의 모양'에 따라서 발음이 달라지기 때문에, 특정한 모음의 음가는 이 두 가지 기준으로 기술한다.

〈 기본 모음 사각도 〉 영국의 음성학자인 '다니엘 존스(Daniel Jones)'는 모음을 측정하고 기술(記述)하는 데에 기준이 되는 여덟 개의 '1차적 기본 모음'을 설정했다.

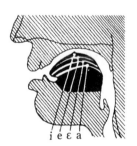 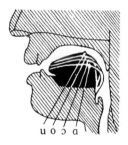

〈그림 1〉 혀의 최고점의 위치

---

11) 15세기 국어의 [ㅐ, ㅔ]나 [ㅚ, ㅟ] 등은 현대 국어와는 달리 [aj, əj]와 [oj, uj]처럼 하향적 이중 모음으로 발음되었다. 따라서 15세기 국어에서는 [ㅑ, ㅕ, ㅛ, ㅠ] 등의 상향적 이중 모음과 [ㅐ, ㅔ; ㅚ, ㅟ] 등의 하향적 이중 모음이 모두 쓰였다. 그러나 이들 하향적 이중 모음은 18세기 중엽 이후에 모두 단모음으로 바뀐 결과, 현대 국어에는 상향적 이중 모음만 남게 되었다.

12) 'ㅟ'와 'ㅚ'를 단모음인 [y]와 [ø]로 발음하는 사람은 경기도나 충청도의 토박이 화자 중에서 70세 이상의 사람에 한정된다. 이들 이외의 화자들은 'ㅟ'와 'ㅚ'를 이중 모음인 [wi]와 [we]로 발음한다. 다만, 현재의 〈표준 발음법〉의 제4항에서는 'ㅟ'와 'ㅚ'의 원칙적인 발음을 단모음으로 처리하고, 이중 모음으로 발음하는 것을 허용하고 있다.

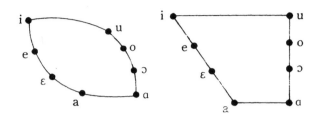

〈그림 2〉 기본 모음 사각도

기본 모음인 [i, e, ɛ, a, ɑ, ɔ, o, u]를 조음(調音)할 때 X선으로 혀의 모양을 촬영하여 확인해 보면 혀의 위치가 〈그림 1〉과 같다. 〈그림 1〉을 단순화하여 표현한 것이 〈그림 2〉이다.(Daniel Jones 1918:32, 36 참조) 먼저 기본 모음 중에서 첫 번째 소리인 [i]는 개구도(開口度)가 가장 작은 '전설 고모음(前舌高母音)'이며, 다섯 번째 소리인 [ɑ]는 개구도가 가장 큰 '후설 저모음 (後舌低母音)'이다. 그리고 [e, ɛ, a]는 [i]와 [ɑ]의 중간에 위치한 전설 모음으로서 [i]-[e], [e]-[ɛ], [ɛ]-[ɑ]의 음향적 간격이 거의 같도록 정한 것이며, [ɔ, o, u]는 후설 모음으로서 전설 모음과 같은 방법으로 정한 것이다. 여기서 [i, e, ɛ, a, ɑ]는 입술을 펴고 발음하는 평순 모음이며, [ɔ, o, u]는 입술을 둥글게 하고 발음하는 원순 모음이다. 그리고 1차적 기본 모음과 입술의 모양이 대립되는 모음으로 2차적 기본 모음인 [y, ø, œ, Œ, ɒ, ɤ, ʌ, ɯ]를 설정하였다.

〈기본 모음의 유형〉 일반 음성학에서는 모음의 음성이 발음될 때에 나타나는 '혀의 최고점의 위치'와 '입술의 모양'을 기준으로 하여 기본 모음을 분류한다.

첫째, 혀의 최고점의 위치는 최고점의 '높이'와 최고점의 '앞뒤'의 위치로 나뉜다. 먼저 '최고점의 높이'에 따라 '고모음, 중고모음, 중저모음, 저모음'이 분류된다. '고모음(폐모음, close)으로는 [i, y, ɨ, u, ɯ]가 있고, 중고모음(반폐모음, half close)으로는 [e, ø, ə, o, ɤ]가 있으며, 중저모음(반개모음, half open)으로는 [ɛ, œ, ɔ, ʌ]가 있고, 저모음(개모음, open)'으로는 [a, œ, ɑ, ɒ]가 있다. 다음으로 '최고점의 앞뒤 위치'에 따라 '전설 모음, 중설 모음, 후설 모음'으로 구분할 수 있다. '전설 모음(front)'은 앞혀가 센입천장으로 올라가면서 내는 모음으로서 [i, e, ɛ, a ; y, ø, œ, Æ]가 있으며, '중설 모음(mid)'은 혀의 가운데 부분을 입천장의 중간으로 올려서 내는 모음으로서 [ɨ, ə]가 있으며, '후설 모음(back)'으로는 뒤혀를 여린입천장으로 올려서 내는 모음으로서 [u, o, ɔ, ɑ ; ɯ, ɤ, ʌ, ɒ]가 있다.

둘째, 입술의 모양에 따른 유형으로서는 '평순 모음(비원순 모음, unrounded, vowel)'인 [i, e, ɛ, a, ɯ, ɤ, ʌ, ɑ]와 '원순 모음(rounded vowel)'인 [y, ø, œ, Œ ; u, o, ɔ, ɒ]이 있다.

{ 초분절음 }

자음과 모음은 도막도막으로 끊어서 발음할 수 있으므로 이를 '분절음(分節音, segmental)' 이라고 한다. 반면에 단독으로는 실현되지 못하고 반드시 모음과 함께 실현되어서 단어나 문장의 뜻에 영향을 주는 소리가 있는데, 이러한 소리를 '초분절음(suprasegmental)'이라고 한다.

초분절음인 소리의 '장단, 강약, 고저, 억양 등은 절대적인 소릿값을 가지지 않고 모음에 얹혀서 실현되는 것이 특징이다. 따라서 '초분절음'을 '자립 분절적 요소(autosegmental feature)', '운율적 자질(prosodic feature)', '얹힘 자질(suprasegmental features)', '뜨내기 소리 바탕' 등으로 부르기도 한다.

첫째, 국어의 표준 발음에서는 '소리의 길이(長短, length)'가 긴 것과 짧은 것이 있다.

> (1) ㄱ. (目) [눈] ― [눈ː] (雪)
>   ㄴ. (馬) [말] ― [말ː] (言)
>   ㄷ. (夜) [밤] ― [밤ː] (栗)

(1)의 단어는 각각 자음과 모음의 음소는 동일하지만 모음의 장단에 따라서 단어의 뜻이 구분된다.

둘째, 영어나 프랑스어, 독일어 등의 언어에서는 '소리의 세기(强弱, stress)'가 강한 것과 약한 것이 있다.

> (2) ㄱ. export [ˈekspɔːt] ― export [ekˈpɔːt]
>   ㄴ. billow [ˈbilou] ― below [biˈlou]

(2)에서 세기의 실현 양상에 따라서 영어 'export [ˈekspɔːt]'와 'billow[ˈbilou]'는 명사로 쓰이고, 'export [eksˈpɔːt]'와 'below[biˈlou]'는 동사로 쓰인다.

셋째, '소리의 높이(高低, pitch)'는 한 단어 안에서 나타나는 소리의 높낮이(高低)를 이르는데, 이러한 소리의 높낮이가 낮은 것과 높은 것이 있다. 이러한 높낮이를 '성조(聲調, toneme)'라고 하는데, 대표적인 성조 언어로는 중국어를 들 수 있다.

> (3) 媽 [mā] : 제1성   麻 [má] : 제2성   馬 [mǎ] : 제3성   罵 [mà] : 제4성

중국어에서는 동일한 [ma]의 소리로 표현되는 단어도 媽 [mā], 麻 [má], 馬 [mǎ], 罵 [mà]의 네 가지 성조로 구분되어서 쓰인다. 국어에서는 함경 방언과 경상 방언에서 성조가 나타난다.

이처럼 초분절음은 분절음(음소)에 함께 실현되어서 단어나 문장의 뜻을 구분하는 데에 관여하기도 하고, 단순히 정서적인 의미를 나타내거나 잉여적으로 쓰이기도 한다. 예를 들어서 '잘한다'를 '자알한다'와 같이 발음하여서 반어적인 뜻을 표현하거나, '좋지'를 '조오치'로 발음하여서 상대방의 의견에 매우 동의한다는 정서인 의미를 나타내기도 한다.

음운론에서는 특히 운소가 어휘적인 대립에 이용되어서 단어의 뜻을 분화하거나, 운소가 통사적인 대립에 이용되어서 문법적인 뜻을 분화화는 데에 관여하는 현상에 관심을 둔다.

제2장 음운과 음절의 체계

사람은 머릿속에 들어 있는 추상적인 소리를 발음 기관을 이용하여 실제의 물리적인 소리로 입 밖으로 발화함으로써 의사를 전달한다. 이때에 실제로 쓰이는 물리적인 소리를 '음성(音聲)'이라고 하고, 사람의 머릿속에 들어 있는 추상적인 소리를 '음운(音韻)'이라고 한다. 모국어 화자의 머릿속에는 음운의 목록이 조직적으로 저장되어 있는데, 이를 '음운 체계'라고 한다.

2.1. 음운의 체계

음운의 개념과 특징, 그리고 음운의 하위 요소로서 음소와 운소에 대해 알아본다.

2.1.1. 음운의 개념

(가) 물리적인 소리와 인식의 소리

사람이 만들어 내는 음성은 사람마다 다르며, 같은 사람이라고 하여도 특정한 음성을 발화할 때마다 각각 다르게 발음한다.

(1) '가곡' — [kagok˺]

예를 들어서 (1)의 '가곡'이라는 단어 속에는 'ㄱ'의 소리가 세 번 쓰였는데, 각각의 소리들은 그것이 쓰이는 음성적 환경에 따라서 [k]와 [g]와 [k˺]로 각각 다르게 실현된다. 곧 우리나라 사람들이 머릿속에서 인식하는 소리는 모두 /ㄱ/이지만 실제로 실현되는 물리적인 소리는 [k], [g], [k˺]의 세 가지 소리인 것이다.

그런데 특정 언어를 모국어로 쓰는 사람에 따라서는 이러한 물리적인 소리를 인식하는 방법이 다를 수가 있다.

    (2) ㄱ. 불 [pul] — 뿔 [p'ul] — 풀 [pʰul]
        ㄴ. peel [piːl] — feel [fiːl]

우리나라 사람들은 (2ㄱ)의 [ㅂ], [ㅃ], [ㅍ] 소리가 다르다는 것을 분명하게 인식하지만, 영어를 모국어로 쓰는 사람들은 이들 세 소리의 차이를 인식하지 못한다. 반면에 우리나라 사람들은 영어를 모국어로 쓰는 사람들이 분명하게 차이를 인식하는 (2ㄴ)의 [p]와 [f]의 차이를 인식하지 못한다. 이처럼 실제로 실현되는 물리적인 소리와 사람의 머릿속에서 인식되는 소리는 다를 수가 있다.

(나) 음운의 개념과 특징

〈음운의 개념〉 말소리는 실제 세계에서 실현되는 물리적인 소리인 '음성'과 사람의 머릿속에서 인식되는 소리인 '음운'으로 구분할 수 있다. 여기서 '음성'은 개인이 부려쓰는 물리적인 소리인 '빠롤(parole)'로서의 소리이며, '음운'은 언중의 머릿속에서 형성된 소리인 '랑그(langue)'로서의 소리이다.(나찬연 2013ㄱ:12 이하 참조) 곧, '음운(音韻, phoneme)'은 사람들이 머릿속에서 같은 소리로 인식하는 추상적인 말소리로서, 단어의 의미적인 차이를 가져오는 '소리의 최소 단위'이다.

〈음성과 음운의 차이〉 음성과 음운은 언중들이 소리를 인식하는 능력과, 단어의 뜻을 분화하는 기능, 그리고 그것이 실현되는 분포에서 차이가 있다.

첫째, 사람들은 음운의 차이는 인식하지만, 한 음운에 포함되는 음성의 차이는 인식하지 못한다.

    (3) ㄱ. 도토리 — [totʰori]   고기 — [kogi]
        ㄴ. 우리   — [uri]   달   — [tal]

(ㄱ)에서 '도토리'는 [totʰori]의 음성으로 발음되는데, 이때 우리나라 사람은 '도'의 [t]와

'토'의 [tʰ]에서 나타나는 차이를 분명하게 인식한다. 반면에 '고기'는 [koɡi]의 음성으로 발음되는데, 우리나라 사람은 '고'의 [k]와 '기'의 [ɡ]가 다르다는 것을 인식하지 못한다. 그리고 우리나라 사람은 (ㄴ)의 '우리 [uɾi]'에서 [ɾ]의 음성과 '달 [tal]'에서 [l]의 음성을 구분하지 못하지만, 미국 사람은 [ɾ]과 [l]의 음성이 다르다는 것을 분명하게 인식한다.[1] 이처럼 특정한 언어를 쓰는 사람들은 그 언어에서 나타나는 음운적인 차이는 분명하게 인식하지만 한 음운에 속하는 음성의 차이는 인식하지 못한다.

둘째, 낱낱의 음운은 단어의 뜻을 구분하는 힘이 있지만, 한 음운에 속하는 음성은 단어의 뜻을 구분하는 힘이 없다.

(4) ㄱ. '물' : '불'
　　ㄴ. '물' : '말'

(ㄱ)에서 '물(水)'과 '불(火)'은 자음인 /ㅁ/과 /ㅂ/의 차이로써 단어의 뜻이 분화되었으며, (ㄴ)에서 '물(水)'과 '말(言)'은 모음인 /ㅜ/와 /ㅏ/의 차이로써 단어의 뜻이 분화되었다.[2] 이처럼 각각의 음운은 단어의 뜻을 분화시키는 힘이 있지만, 한 음소에 속하는 음성들은 단어의 뜻을 분화시키는 힘이 없다.

(5) ㄱ. 바보 ： [pabo]　 － 　[babo]
　　ㄴ. 도다리: [todaɾi]　 － 　[dodaɾi]

(ㄱ)에서 '바보'를 [pabo] 대신에 [babo]로 발음하거나 '도다리'를 [todaɾi] 대신에 [dodaɾi]로 발음하여도, 우리나라 사람은 이들을 다른 단어로 인식하지는 않는다.

셋째, 한 음소에 속하는 음성들은 그것이 나타날 수 있는 음성적인 위치(분포)가 다르지만, 개개의 음소들은 동일한 위치에 나타날 수 있다.

(6) ㄱ. 바둑 [paduk˺], 안부[anbu], 장갑[tɕaŋkap˺]
　　ㄴ. 다리 [taɾi], 달 [tal]

---

1) 우리나라 사람은 [t]와 [tʰ]의 소리를 각각 별개의 음소로 인식하는 반면에, 미국 사람은 이 두 소리를 같은 소리(변이음)로 인식하는 것이다. 이와는 달리 미국 사람은 [ɾ]과 [l]을 각각 별개의 음소로 인식하지만 우리나라 사람은 이 두 소리를 같은 소리로 인식하고 있다.
2) '물'과 '불'이나 '물'과 '말'처럼 동일한 위치에 나타나는 하나의 음소로써 말의 뜻이 달라진 단어의 쌍을 '준동음어(準同音語, quasi-homonyme)'나 '최소 대립어(minimal pair)'라고 한다.

(ㄱ)에서 [p]와 [b]와 [p˺]는 그것이 실현되는 음성적인 위치가 각각 다르다. 곧 무성의 외파음인 [p]는 '바둑'의 'ㅂ'처럼 단어의 첫머리에 실현되며, 유성의 외파음인 [b]는 '안부'의 'ㅂ'처럼 유성음과 유성음 사이에서만 실현되며, 무성의 내파음인 [p˺]는 '장갑'의 종성 'ㅂ'처럼 음절의 끝에서만 실현된다. [p]와 [b]와 [p˺]는 그것이 실현되는 위치가 각각 정해져 있어서 같은 자리에서 실현되는 일이 없다.3) 그리고 '다리[taɾi]'와 '달[tal]'에서 'ㄹ'은 탄설음(彈舌音)인 [ɾ]과 설측음(舌側音)인 [l]로 발음된다.4) 이들 중 [ɾ]의 음성은 모음과 모음 사이에서 실현되고 [l]은 음절의 끝에서 발음된다.

하나의 음소에 속하는 음성들이 서로 다른 위치에서만 나타나는 데에 반하여, 개개의 음소는 동일한 위치에서 나타날 수 있다.

  (7) ㄱ. 불(火) : 뿔(角) : 풀(草)

    ㄴ. 물(水) : 말(馬)

    ㄷ. 감(柿) : 간(肝) : 각(各) : 강(江)

(ㄱ)의 '불, 뿔, 풀'에서 /ㅂ/, /ㅃ/, /ㅍ/의 음소는 모두 음절의 첫자리에 실현되었으며, (ㄴ)의 '물'과 '말'에서 /ㅜ/와 /ㅏ/의 음소는 모두 음절의 가운뎃자리에 실현되었다. 그리고 (ㄷ)의 '감, 간, 각, 강'에서 /ㅁ/, /ㄴ/, /ㄱ/, /ㅇ/의 음소들은 모두 음절의 끝자리에 실현되었다.

'차이의 인식', '뜻의 분화', '분포'의 세 가지 현상은 서로 밀접하게 관련되어 있다.

	차 이	뜻 분화	분 포
개별 음소	차이를 인식	단어의 뜻 분화	동일한 분포
한 음소에 속한 음성	차이를 인식하지 못함	단어의 뜻 미분화	상보적 분포

〈표 1〉 음소와 음성의 차이

곧, 언중들이 바로 구분해 내지 못하는 소리(음성)들은 그 분포가 상보적이며, 단어의 뜻을 분화하지 못한다. 반면에 언중들이 구분할 수 있는 소리(음운)들은 그 분포가 동일

---

3) 이처럼 각 음성이 나타나는 자리가 배타적인 것을 가리켜서 서로 '배타적 분포(排他的 分布)', 또는 '상보적 분포(相補的 分布, complementary distribution)'라고 한다.

4) 탄설음(彈舌音)인 [ɾ]은 혀끝으로 윗잇몸을 가볍게 한 번 쳐서 내는 소리이다. 반면에 설측음(舌側音, Lateral)인 [l]은 혀끝을 윗잇몸에 아주 붙이고, 혀 양쪽의 트인 데로 날숨을 흘려 내는 소리이다.

하며, 단어 속의 특정한 자리에서 실현되어서 단어의 뜻을 분화할 수 있다.

〈음운의 종류〉 단어의 뜻을 구별해 주는 최소의 단위인 '음운(音韻)'은 소리의 성질에 따라서 음소와 운소로 나눈다. 여기서 '음소(音素, phoneme)'는 자음과 모음과 같은 분절적(分節的)인 음운이며, '운소(韻素, prosodeme)'는 장단(길이, 長短), 고저(높낮이, 高低), 강세(세기, 强勢), 억양(抑揚) 등의 초분절적인 음운이다.

(8) 음운 ─┬─ 음소(분절적 음운): 자음, 모음

└─ 운소(비분절적 음운): 장단, 고저, 강세, 억양

이들 음운 중에서 현대 국어에서는 자음과 모음 등의 음소와 장단의 운소가 단어의 뜻을 구분하는 기능을 한다.

(다) 음소와 변이음

하나의 음운은 그것이 나타나는 음운론적 환경에 따라서 여러 가지 음성으로 실현될 수 있다.

앞에서 살펴본 바와 같이 국어에서 /ㄱ/의 음소는 그것이 실현되는 환경에 따라서 세 가지 종류의 음성으로 실현된다.

(9) '가곡' ― [kagokˀ]

곧 /ㄱ/의 음소는 단어의 첫머리에서는 [k]로, 유성음 사이에서는 [g]로, 단어의 끝에서는 [kˀ]로 실현된다. 곧 국어의 음성 [k]와 [g]와 [kˀ]는 서로 배타적인 분포를 하면서 단어의 뜻을 분화하는 데에 기여하지 못하므로, [k]와 [g]와 [kˀ]는 독립된 음운이 아니라 하나의 음운인 /k/의 변이음(變異音, allophone)이 된다. 이와 같은 현상을 역으로 말하면, 특정한 음운은 그것을 구성하고 있는 변이음의 집합으로 볼 수 있다.

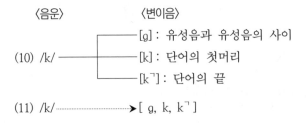

〈음운〉   〈변이음〉

(10) /k/ ─┬─ [g] : 유성음과 유성음의 사이

├─ [k] : 단어의 첫머리

└─ [kˀ] : 단어의 끝

(11) /k/ ┈┈┈┈┈➤ [g, k, kˀ]

하나의 음소인 /k/는 그것이 쓰이는 환경에 따라서 [g], [k], [kㄱ]의 음성으로 실현되는데, 이들 음성을 음소 /k/의 변이음이라고 한다.5) 곧 변이음은 언중의 머릿속에 존재하는 추상적인 단위인 음소가 실제로 쓰이는 환경에 따라서 다르게 실현된 음성으로 생각할 수 있다.

음운은 변이음의 묶음이므로 음운을 표기할 때에는 (10)처럼 변이음(음성)을 묶어서 [k, g, kㄱ]과 같은 방법으로 표기한다. 그런데 이러한 방식으로 음소를 표시하면 [ ] 안에 들어갈 변이음의 수가 많아서, 음소를 기술할 때에 번거로워질 수가 있다. 이러한 번거로움을 피하기 위해서 여러 변이음 중에서 하나의 '대표음'을 선정하여 / / 안에 넣어서 음소를 표기하는 방법을 취한다. 이때 대표음은 여러 변이음들 가운데에서 쓰이는 빈도가 가장 높은 것을 선택하게 되는데, 'ㄱ'의 음소로는 [g, k, kㄱ] 중에서는 그것이 쓰이는 환경이 덜 제한된 [k]로 정한다.

2.1.2. 자음의 음소 체계

'자음(닿소리)'은 발음할 때에 목 안이나 입안의 어느 부분이 막히거나 좁혀지거나 하여, 밖으로 나가는 공기의 흐름이 장애를 받아서 나는 소리이다.

(12) /ㅂ/, /ㄷ/, /ㄱ/, /ㅅ/, /ㅈ/, /ㅎ/; /ㅃ/, /ㄸ/, /ㄲ/, /ㅆ/, /ㅉ/; /ㅍ/, /ㅌ/, /ㅋ/, /ㅊ/; /ㅁ/, /ㄴ/, /ㅇ/; /ㄹ/

〈표준 발음법〉의 제2항에서는 표준어에서 나타나는 자음의 음소를 (12)처럼 모두 19개로 정했다.

국어의 자음 음소 19개는 각각 여러 가지의 변이음으로 실현될 수 있다. 자음의 음소는 소리를 내는 방법(조음 방법)과 소리를 내는 자리(조음 위치), 그리고 소리의 세기에 따라서 분류할 수 있다. 여기서는 조음 방법을 중심으로 하여, 자음 음소들의 변이음들과 그것이 실현되는 음운적 환경을 살펴보면 다음과 같다.(허웅 1984:71 참조)

〈 예사소리 〉 예사소리로 나는 자음 음소로는 /ㅂ, ㄷ, ㄱ, ㅅ, ㅈ/ 등이 있다.

ⓐ /ㅂ/ : /ㅂ/은 그것이 실현되는 음운론적인 환경에 따라서 [p], [b], [β], [pㄱ]의 변이음으로 실현되는데, /ㅂ/의 대표음은 파열음으로 나는 입술소리 [p]이다.

---

5) [k], [g], [kㄱ]의 세 가지 음성이 나타나는 분포를 '상보적 분포(相補的 分布)' 혹은 '배타적 분포(排他的 分包)'라고 한다.

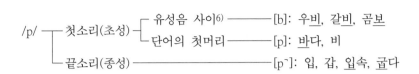

ⓑ **/ㄷ/** : /ㄷ/은 그것이 실현되는 음운론적인 환경에 따라서 [t], [d], [tˀ]의 변이음으로 실현되는데, /ㄷ/의 대표음은 파열음으로 나는 잇몸소리 [t]이다.

ⓒ **/ㄱ/** : /ㄱ/은 그것이 실현되는 음운론적인 환경에 따라서 [k], [g], [ɣ], [kˀ]의 변이음으로 실현되는데, /ㄱ/의 대표음은 파열음으로 나는 여린입천장소리 [k]이다.

```
/k/ ┬─ 첫소리 ┬─ 유성음 사이7) ───── [g]: 아기, 당구, 살구
    │          └─ 단어의 첫머리───── [k]: 가다, 고리, 구슬
    └─ 끝소리 ─────────────── [kˀ]: 박, 먹다
```

ⓓ **/ㅅ/** : /ㅅ/은 첫소리에서만 나타나며, 그것이 실현되는 음운론적인 환경에 따라서 [s], [ɕ]의 변이음으로 실현된다. /ㅅ/의 대표음은 마찰음으로 나는 잇몸소리 [s]이다.

```
/s/ ┬─ /ㅣ/의 앞 ─────────────── [ɕ] : 신, 실, 시름, 잠시
    └─ 그 밖의 자리 ───────────── [s] : 술, 사람, 서리, 스승, 잔소리, 쉽다
```

ⓔ **/ㅎ/** : /ㅎ/은 마찰이 일어나는 조음 위치가 분명하지 않는 것이 특징이다. 곧, 음운론적 환경에 따라서 [h], [ɦ], [ç], [ɸ], [x]의 변이음으로 실현되는데 대표음은 [h]이다. 보통의 발음으로는 단어의 첫머리에서는 [h]으로 실현되며, 유성음과 유성음의 사이에서는 [ɦ]으로 실현된다. 그리고 말을 분명하게 발음하려고 할 때에는, 공깃길이 좁은

---

6) '유성음 사이'는 '모음, 비음, /ㄹ/'과 '모음 사이'의 음운론적인 환경이다. 이 환경에서 /ㅂ/은 '우비, 갈비, 곰보'처럼 두 입술 사이에서 마찰음인 [β]로 발음될 수도 있다.

7) '아기'와 '살구'처럼 유성음과 유성음의 사이라는 환경에서는, /ㄱ/은 여린입천장에서 마찰음으로 나는 [ɣ]로 수의적으로 발음될 수도 있다.

모음 /ㅣ/나 반모음 /j/ 앞에서는 [ɕ]로 실현되며, 두 입술 사이에서 공기길이 좁은 모음 [u, w, y, ø]의 앞에서는 [ɸ]로 실현되기도 한다.

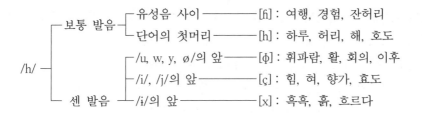

① **/ㅈ/** : /ㅈ/은 첫소리에서만 나타나지고, 그것이 실현되는 음운론적인 환경에 따라서 [tɕ], [dz]의 변이음으로 실현된다. /ㅈ/의 대표음은 파찰음으로 나는 센입천장소리 [tɕ]이다.[8]

/tɕ/ ┬ 유성음 사이 ──────────────── [dz] : 가지, 비지, 아주, 반지, 감자
　　 └ 단어의 첫머리 ──────────────── [tɕ]: 자다, 주다

〈된소리〉 된소리로 발음되는 자음 음소로는 /ㅃ, ㄸ, ㄲ, ㅆ, ㅉ/ 등이 있다. 이들 된소리는 모두 음절의 첫소리(초성)로만 실현되고, 끝소리(종성)로는 실현되지 않는 것이 특징이다. 된소리는 /ㅆ/을 제외하면 특별한 변이음이 나타나지 않는다.

(13) ㄱ. /ㅃ/ → [p']: 뿔, 빨래, 빼다, 이빨, 예쁘다, 바쁘다
　　 ㄴ. /ㄸ/ → [t']: 또래, 땅, 떫다, 이따금, 빠뜨리다
　　 ㄷ. /ㄲ/ → [k']: 까다, 꿈, 깨다, 가깝다, 어깨, 토끼

(14) ㄱ. /ㅆ/ → [s']: 싸리, 싸움, 댑싸리, 부썩　　[일반적 환경]
　　 ㄴ. /ㅆ/ → [ɕ']: 씨름, 씨, 솜씨, 씹다, 아씨　[/ㅣ/의 앞]

(15) 　　/ㅉ/ → [tɕ']: 가짜, 쭈꾸미, 쪽, 반쪽

---

8) /ㅈ/의 변이음인 [tɕ], [dz]은 센입천장(prepalatal)에서 소리나는 파찰음이다. 그런데 /ㅈ/를 수의적으로 잇몸의 뒤(postalveolar)에서 발음하는 수도 있는데, 이때에는 유성음 사이에서는 유성음인 [ʤ]으로 발음되고, 그 밖의 자리에서는 무성음인 [ʧ]로 발음된다.

(13)의 /ㅃ/, /ㄸ/, /ㄲ/는 된소리로 발음되는 파열음이다. 먼저 /ㅃ/은 (ㄱ)처럼 입술소리인 [p']로 실현되며, /ㄸ/은 (ㄴ)처럼 잇몸소리인 [t']로 실현된다. 그리고 /ㄲ/은 (ㄷ)처럼 여린입천장소리인 [k']로 실현된다. (14)의 /ㅆ/은 잇몸소리의 마찰음이다. /ㅆ/은 모음 /ㅣ/의 앞에서는 [ɕ']로 실현되고, 그 밖의 음운론적 환경에서는 [s']로 실현된다. (15)의 /ㅉ/는 파찰음으로 나는 센입천장소리 [tɕ']로만 실현된다.

〈 거센소리 〉 거센소리로 발음되는 자음 음소로는 /ㅍ, ㅌ, ㅋ, ㅊ/이 있다. 이들 거센소리는 모두 음절의 첫소리(초성)로만 실현되고 끝소리(종성)로는 실현되지 않는다. 이들 거센소리의 자음 음소는 특별한 변이음으로 실현되지도 않는다.

(16) ㄱ. /ㅍ/ → [pʰ] : 팔, 퍼렇다, 콩팥, 왼팔, 원판

　　　ㄴ. /ㅌ/ → [tʰ] : 탈, 통, 배탈, 손톱, 무영탑, 사투리

　　　ㄷ. /ㅋ/ → [kʰ] : 칼, 콩, 캐다, 비키다, 케케묵다

　　　ㄹ. /ㅊ/ → [tɕʰ] : 철, 차다, 채다, 춤추다, 까치

(16)에서 /ㅍ/, /ㅌ/, /ㅋ/, /ㅊ/는 파열음이다. 먼저 /ㅍ/는 (ㄱ)처럼 입술소리인 [pʰ]로 실현되며, /ㅌ/은 (ㄴ)처럼 잇몸소리인 [tʰ]로 실현된다. 그리고 /ㅋ/은 (ㄷ)처럼 여린입천장소리인 [kʰ]로 실현되며, /ㅊ/은 센입천장의 파찰음인 [tɕʰ]로 실현된다.

〈 비음 〉 비음으로 발음되는 자음의 음소로는 /ㅁ/, /ㄴ/, /ㅇ/이 있다.

ⓐ /ㅁ/ : /ㅁ/은 입술에서 발음되는 비음인데, 다른 변이음으로는 실현되지 않고 [m]으로만 실현된다.

(17) /ㅁ/ → [m] : 마음, 문, 밀다, 당면, 앞문

ⓑ /ㄴ/ : /ㄴ/은 잇몸에서 발음되는 비음으로 /ㅣ/와 /j/ 앞에서는 [ɲ]로 실현되며, 그 밖의 환경에서는 [n]으로 실현된다. /ㄴ/의 대표음은 /n/이다.

/n/ ┬ /ㅣ/와 /j/의 앞 ──────── [ɲ] : 크냐, 오니, 작년, 얌냠하다, 방뇨
　　└ 그 밖의 환경 ──────── [n] : 나, 너, 노, 누구, 잔, 신문, 바늘

ⓒ /ㅇ/ : /ㅇ/은 음절의 첫머리(초성)에는 나타나지 않고, 음절의 끝자리(종성)에서서만 [ŋ]으로 실현된다. 음소 /ㅇ/은 별도의 변이음이 없다.

(18) /ㅇ/ → [ŋ] : 강, 당구, 콩, 뽕, 장마

〈유음〉 유음으로 발음되는 자음의 음소는 /ㄹ/이 있다. /ㄹ/은 서양의 외래어에서 나타나는 것을 제외하면 국어에서는 단어의 첫머리에서 나타나지 않는다. /ㄹ/ 음소는 그것이 나타나는 음운론적 환경에 따라서 [ɾ], [l], [ʎ]으로 실현되는데, /ㄹ/의 대표음은 [l]이다.

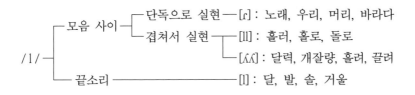

첫째, /ㄹ/은 모음 사이에서 음절의 첫소리로서 [ɾ]로 실현되며, 둘째, 모음 사이에서 'ㄹㄹ'로 겹쳐서 [l]로 실현되거나 음절의 끝소리로서 [l]로 실현된다. 셋째, /ㄹ/이 모음과 /ㅣ, j/의 사이에서, /ㄹㄹ/로 겹쳐서 나타나면 [ʎ]로 실현된다.

지금까지 살펴본 바와 같이 '조음 위치'와 '조음 방법'에 따라서 구분한 자음의 음소 체계는 〈표 2〉와 같다.(총 19개)

조음 방법		조음 위치	입술소리	잇몸소리	센입천장소리	여린입천장소리	목청소리
			윗입술 아랫입술	윗잇몸 혀끝	센입천장 혓바닥	여린입천장 혀뒤	목청 사이
장애음	파열음	예사소리	ㅂ /p/	ㄷ /t/		ㄱ /k/	
		된 소 리	ㅃ /p'/	ㄸ /t'/		ㄲ /k'/	
		거센소리	ㅍ /pʰ/	ㅌ /tʰ/		ㅋ /kʰ/	
	파찰음	예사소리			ㅈ /tɕ/		
		된 소 리			ㅉ /tɕ'/		
		거센소리			ㅊ /tɕʰ/		
	마찰음	예사소리		ㅅ /s/			ㅎ /h/
		된 소 리		ㅆ /s'/			
공명음	비 음		ㅁ /m/	ㄴ /n/		ㅇ /ŋ/	
	유 음			ㄹ /l/			

〈표 2〉 자음의 음소 체계

2.1.3. 모음의 음소 체계

허파에서 나는 날숨이 입안에서 아무런 장애를 받지 않고 목청(성대) 사이를 지나면서, 목청이 떨어 울리면서 나는 소리를 '모음(母音, vowel)'이라고 한다.

(가) 모음의 분류

모음은 공기가 혀의 위치나 입술의 모양에 따라서 각각 다르게 형성된 모양의 입안을 통과하면서 공명이 일어나서 여러 가지의 모음으로 분화된다. 곧, 모음에는 발음하는 도중에 입술이나 혀가 고정되어서 움직이지 않는 '단모음(單母音, monophthong)'과, 발음하는 도중에 혀가 일정한 자리에서 시작하여 다른 자리로 옮겨 가는 '이중 모음(二重母音, diphthong)'이 있다. 국어의 모음 중에서 단모음과 이중 모음의 예를 보이면 다음과 같다.

(19) ㄱ. 단 모 음 (10개) : /ㅣ/, /ㅔ/, /ㅐ/, /ㅟ/, /ㅚ/; /ㅡ/, /ㅓ/, /ㅏ/; /ㅜ/, /ㅗ/
　　 ㄴ. 이중 모음(11개) : /ㅑ/, /ㅕ/, /ㅛ/, /ㅠ/, /ㅒ/, /ㅖ/; /ㅘ/, /ㅝ/, /ㅙ/, /ㅞ/; /ㅢ/[9]

(19)에서 (ㄱ)의 모음은 모두 발음할 때에 발음 기관의 움직임이 처음이나 나중에도 그대로 유지되는 단모음이다. 반면에 (ㄴ)의 모음은 처음에는 반모음인 /j/나 /w/, /ɯ/의 모양으로 소리를 내다가 나중에는 단모음으로 내는 이중 모음이다.

(나) 단모음의 체계

〈 단모음의 체계 〉 사람이 인식하는 소리인 음소 단계에서 국어의 단모음은 서로 대립하는 체계를 이룬다. 곧 국어의 단모음은 '혀의 최고점의 높이'를 기준으로 삼으면 '고모음, 중모음, 저모음'의 3단계로 대립하며, '혀의 최고점의 앞뒤'를 기준으로 삼으면 '전설 모음'과 '후설 모음'의 2단계로 대립한다. 그리고 전설 모음과 후설 모음은 입술의 모양에 따라서 각각 '평순 모음'과 '원순 모음'으로 대립한다. 이러한 단모음의 체계를 반영하여 음소 단계에서 모음이 대립하는 양상을 제시하면 다음 쪽의 〈표 3〉과 같다.

〈표 3〉을 통해서 단모음의 음소가 대립하는 모습을 확인할 수 있다. 예를 들어서 /ㅣ/는 전설 고모음이면서 평순 모음이므로, 혀의 최고점의 높이를 기준으로 중모음인 /ㅔ/나 저모음인 /ㅐ/와 대립한다. 또한 /ㅣ/는 혀의 최고점의 앞뒤를 기준으로 후설 모음인

---

9) 단, 〈표준 발음법〉에 따라서 'ㅟ'를 단모음인 /ø/로 처리하여 이중 모음의 목록에서 제외했다. 'ㅟ'를 이중 모음으로 처리하면 /wi/로 발음되며, 이중 모음의 수는 12개가 된다.

/ㅡ/와 대립하며, 입술 모양으로는 원순 모음인 /ㅟ/와 대립한다. 다음으로 /ㅗ/는 후설 중모음이면서 원순 모음이므로, 최고점의 높이를 기준으로 고모음인 /ㅜ/와 대립한다. /ㅗ/는 또한 최고점의 앞뒤를 기준으로는 /ㅚ/와 대립하며, 입술 모양으로는 평순 모음인 /ㅓ/와 대립한다.

혀의 위치 / 혀의 높이	전 설 모 음		후 설 모 음	
	평 순	원 순	평 순	원 순
고 모 음	ㅣ /i/	ㅟ /y/	ㅡ /ɨ/	ㅜ /u/
중 모 음	ㅔ /e/	ㅚ /ø/	ㅓ /ə/	ㅗ /o/
저 모 음	ㅐ /ɛ/		ㅏ /a/	

〈표 3〉 국어 단모음 음소의 대립 관계

〈 /ㅓ/의 변이음 〉 국어의 모음의 음소는 일반적으로 변이음이 실현되지 않는다. 그러나 모음의 중에 /ㅓ/에는 두 가지의 변이음이 있다. 곧 짧게 발음되는 /ㅓ/는 [ʌ]로 실현되며 길게 발음되는 /ㅓ/는 [ə:]로 실현되는데, /ㅓ/의 대표음은 [ə:]이다.

    (20) ㄱ. [ʌ] : 거리, 어머니, 먹어, 너, 머리, 더욱
        ㄴ. [ə:] : 멀다, 넘다, 널, 덥다

(20)에서 (ㄱ)의 단어에서 /ㅓ/는 짧게 발음되는 [ʌ]로 실현되며, (ㄴ)의 단어에서 /ㅓ/는 길게 발음되는 [ə:]로 실현된다.

(다) 이중 모음의 체계

    모음 중에는 혀가 일정한 자리에서 다른 자리로 옮겨 가면서 발음되는 소리가 있는데, 이를 '이중 모음(二重母音, diphthong)'이라고 한다.

    (21) ㄱ. /ㅑ/, /ㅕ/, /ㅛ/, /ㅠ/, /ㅒ/, /ㅖ/
        ㄴ. /ㅘ/, /ㅝ/, /ㅙ/, /ㅞ/
        ㄷ. /ㅢ/

(21)의 소리들은 처음에는 /j/나 /w/, /ɯ/의 '반모음'의 모양으로 소리를 내다가 나중에는 단모음으로 내는 이중 모음이다. 현대 국어의 이중 모음은 단모음에 덧붙은 반모음에

따라서 세 가지 유형으로 나뉜다.

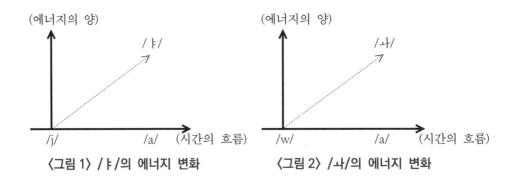

<그림 1> /ㅑ/의 에너지 변화   <그림 2> /ㅘ/의 에너지 변화

이중 모음은 모두 11개인데, 반모음의 종류에 따라서 세 가지 유형으로 나뉜다. 첫째, 'ㅣ계 이중 모음'인 /ㅑ/, /ㅕ/, /ㅛ/, /ㅠ/, /ㅒ/, /ㅖ/는 처음에는 /ㅣ/의 입 모양을 하고 있다가 나중에는 각각 /ㅏ/, /ㅓ/, /ㅗ/, /ㅜ/, /ㅐ/, /ㅔ/의 입 모양으로 옮겨 가면서 내는 '상향적 이중 모음'이다. 둘째, 'ㅜ계 이중 모음'인 /ㅘ/, /ㅝ/, /ㅙ/, /ㅞ/는 처음에는 /ㅜ/의 입 모양을 하고 있다가 나중에는 /ㅏ/, /ㅓ/, /ㅐ/, /ㅔ/의 입 모양으로 옮겨 가면서 내는 '상향적 이중 모음'이다. 셋째, /ㅢ/도 이중 모음으로 발음된다. /ㅢ/를 반모음인 /ɰ/으로 시작하여 단모음인 /ㅣ/로 발음되는 '상향적 이중 모음'인 /ɰi/로 보기도 하고, 단모음인 /ɨ/로 발음한 뒤에 반모음인 /j/로 발음하는 '하향적 이중 모음'인 /ɨj/로 보기도 한다.

2.1.4. 운소

(가) 운소의 개념

자음과 모음과 같은 분절적인 요소뿐만 아니라, 비분절적인 소리도 단어의 뜻을 분화할 수 있다. 이러한 소리를 '운소(韻素, suprasegmental features)'라고 하는데, 운소의 종류로는 소리의 장단, 고저, 억양 등이 있다. 곧, 자음과 모음은 도막도막으로 끊어서 발음할 수 있으므로 이를 '분절음(分節音, segmental)'이라고 한다. 이에 반해서 운소는 단독으로는 실현되지 않으며 반드시 모음과 함께 실현되어야 하는 특징이 있다.

(22) ㄱ. (目) /눈/ ― /눈ː/ (雪)
　　ㄴ. (馬) /말/ ― /말ː/ (言)
　　ㄷ. (夜) /밤/ ― /밤ː/ (栗)

(22)의 단어는 자음과 모음은 모두 동일하지만 모음의 길이를 기준으로 '최소 대립쌍(最小 對立雙, minimal pair)'을 형성하여 단어의 의미가 분화되었다. 이처럼 운소는 비록 단어나 문장의 뜻을 분화하는 데에 관여하기도 하고 단순히 정서적인 의미를 나타내거나 잉여적으로 쓰이기도 한다.10) 음운론에서는 특히 운소가 어휘적인 대립에 이용되어서 단어의 뜻을 분화하거나, 운소가 통사적인 대립에 이용되어서 문법적인 뜻을 분화하는 데에 관여하는 현상에 관심을 둔다.

(나) 운소의 종류

단어의 뜻이나 문법적인 뜻을 분화하는 데에 관여하는 운소의 종류로는 소리의 '길이(장단, 長短)', '높이(고저, 高低)', '억양(抑揚)' 등이 있다.

〈 길이 〉 국어에서 '소리의 길이(長短, length)'는 하나의 모음을 소리 내는 데에 걸리는 시간인데, 음소와 마찬가지로 말의 뜻을 분화하는 데에 중요한 구실을 할 수 있다.

예를 들어 국어의 〈표준 발음법〉의 제6항에 따르면, "모음의 장단을 구별하여 발음하되, 단어의 첫음절에서만 긴소리가 나타나는 것을 원칙으로 한다."라고 규정했다.

(23) ㄱ. (馬, 斗) [말]　⇔　[말:] （言）

　　ㄴ. (罰)　　[벌]　⇔　[벌:] （蜂）

　　ㄷ. (松)　　[솔]　⇔　[솔:] （刷）

　　ㄹ. (成人) [성인]　⇔　[성:인] （聖人）

　　ㅁ. (父子) [부자]　⇔　[부:자] （富者）

(23)의 단어는 첫음절의 모음이 긴소리와 짧은소리로 대립하면서 의미가 분화되었는데, 〈표준 발음법〉의 제6항에 따르면, 둘째 음절 이하에서는 긴소리로 발음하지 않는다.

(24) ㄱ. 눈보라[눈 : 보라], 말씨[말 : 씨], 밤나무[밤 : 나무]

　　ㄴ. 많다[만 : 타], 멀리[멀 : 리], 벌리다[벌 : 리다]

(25) ㄱ. 첫눈[천눈], 참말[참말], 쌍동밤[쌍동밤]

　　ㄴ. 수많이[수 : 마니], 눈멀다[눈멀다], 떠벌리다[떠벌리다]

---

10) '잘한다'를 '자알한다'와 같이 발음하여서 반어적인 뜻을 표현하거나, '좋지'를 '조오치'로 발음하여서 상대방의 의견에 매우 동의한다는 정서인 의미를 나타내기도 한다.

곧 (24)에서 '눈보라, 말씨, 밤나무; 많다, 멀리, 벌리다'와 같이 첫음절에서는 긴소리로 발음되는 단어들이, (25)의 '첫눈, 참말, 쌍동밤, 수많이, 눈멀다, 떠벌리다'처럼 둘째 음절 이하에 위치하면 짧은소리로 바뀌는 것이 특징이다.

〈 높이 〉 '소리의 높이(高低, pitch)'는 한 단어 안에서 나타나는 소리의 높낮이(高低)를 이르는데, 이러한 소리의 높낮이도 단어의 뜻을 분화할 수 있다. 현재 '소리의 높이'가 운소로써 남아 있는 방언은 경상 방언과 함경 방언인데, 이 중에서 경상 방언에서 나타난 소리의 높이를 예를 들어서 보이면 다음과 같다.(허웅 1986:248 참조)

첫째, 단음절로 이루어진 단어에서 실현된 '소리의 높이'의 예는 다음과 같다.

단어	낮음 [L]	가운데 [M]	높음 [H]
말	말(言)	말(斗)	말(馬)
손	손(孫)	손(手)	손(客)
배	배(倍)	배(腹, 船)	배(梨)
기	게(蟹)	귀(耳)	―
밤	밤(栗)	밤(夜)	―
발	발(簾)	발(足)	―
눈	눈(雪)	눈(目)	―

〈표 4〉 단음절의 단어의 소리 높이

〈표 4〉에서 '말, 손, 배' 등은 '낮은 소리', '가운뎃소리', '높은 소리'로 실현되며, '기(게), 밤, 발' 등은 '낮은 소리'와 '가운뎃소리' 소리로 실현된다.

둘째, 다음절의 단어에서 실현된 '소리의 높이'의 예는 다음과 같다.

(26) ㄱ. [MH] : 바람, 눈썹, 나물, 가을, 다리

ㄴ. [HM] : 하늘, 이름, 얼음, 아들, 머리

ㄷ. [HH] : 피리, 그물, 구름, 가지

ㄹ. [LM] : 사람, 지집(女), 임자, 안개, 서울

(27) ㄱ. [MHM] : 까마구(까마귀), 미나리, 꼬사리

ㄴ. [HMM] : 버부리(벙어리), 가무치(가물치), 여드레

ㄷ. [HHM] : 하래비(할아비), 무지개, 코끼리

ㄹ. [LMM] : 굼빙이(굼벵이), 거무리(거머리), 사마구(사마귀)

(26)의 예는 두 음절로 된 단어에서 실현되는 소리의 높이이며, (27)의 예는 세 음절로 된 단어에서 실현되는 소리의 높이이다.

〈 억양 〉 '소리의 억양(抑揚, intonation)'은 소리의 높이가 문장에 실현되어서 통사적인 표현에 이용되는 것을 이른다. 억양은 대체로 문장의 끝에서 서술어로 표현되는 단어에 얹혀서 나타나는데, 문장의 종결 형식을 나타내는 구실을 한다.

(28) ㄱ. 문을 열어↓   (평서문, 명령문)
     ㄴ. 문을 열어↑   (의문문)
     ㄷ. 문을 열어 →   (이어진 문장의 앞절)

대체로 평서문과 명령문에서는 (ㄱ)처럼 문장의 끝이 하강조로 실현되며, 의문문에서는 (ㄴ)처럼 상승조로 실현되며, 이어진 문장의 앞절은 수평조로 실현된다.

(29) ㄱ. 그렇지. ↓↑
     ㄴ. 예. ↓↑

(29)처럼 문맥 속에서 하나의 문장이 하나의 단어로 실현되는 경우가 있는데, 이때에도 문장의 끝에 실현된 억양에 따라서 문장의 기능이 달라진다. 곧 (ㄱ)에서 '그렇지'는 하강조로 실현되면 평서문이 되고, 상승조로 실현되면 의문문이 된다. 그리고 (ㄴ)에서 '예'도 하강조로 실현되면 상대방의 질문을 긍정적으로 확인하는 데에 반하여, 상승조로 실현되면 상대방의 말에 대하여 '반문(反問)'이나 '놀람'을 표현한다.

2.2. 음절의 체계

2.2.1. 음절의 개념

'음절(音節, syllable)'은 발음할 때에 한 번에 소리를 낼 수 있는 소리의 단위, 혹은 한 뭉치로 이루어진 소리의 낱덩이이다. 곧, 음운이 모여서 이루는 소리의 덩어리 중에서 단독으로 자연스럽게 발음할 수 있는 최소의 소리 단위이다.

(30) ㄱ. 이 도서관에는 책을 읽는 사람이 많다.

ㄴ. /이/도/서/과/네/는/채/글/잉/는/사/라/미/만/타/

(31) 이(/ㅣ/), 도(/ㄷ/+/ㅗ/), 잉(/ㅣ/+/ㅇ/), 글(/ㄱ/+/ㅡ/+/ㄹ/)

(30)에서 (ㄱ)의 문장은 (ㄴ)처럼 15개의 음절 단위로 분석된다. 이러한 음절의 단위는 의미가 고려되지 않은 단위로서, 자음과 모음, 운소가 모여서 형성된다. 예를 들어서 국어의 음절은 (31)에서 '이'처럼 모음이 단독으로 이루어지거나, '도'처럼 자음과 모음, '잉'처럼 모음과 자음, '글'처럼 자음과 모음과 자음의 형식으로 이루어진다.

2.2.2. 음절의 구조

음절은 자음과 모음의 결합으로 이루어지는데, 이 중에서 모음은 음절을 이루는 핵심적인 요소이다. 하나의 음절은 음소가 나타나는 위치에 따라서 '초성(初聲, initial), 중성(中聲, medial), 종성(終聲, final)'으로 나누어진다. 여기서 초성과 종성을 이루는 음소는 자음(consonant)이며 중성을 이루는 음소는 모음(vowel)이다.

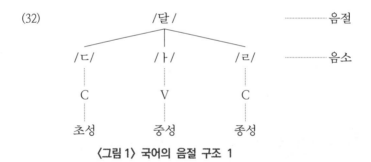

〈그림 1〉 국어의 음절 구조 1

국어의 음절 구조는 (C)-V-(C)의 구조를 하고 있는데, 이때 C는 자음이며, V는 단모음과 이중 모음을 포함한 모음이다.[11] 여기서 중성인 모음은 음절을 이루는 핵심적인 요소이므로 모음이 없으면 음절이 이루어지지 않는다. 모음에 나타나는 이러한 특성 때문에 중성을 단독으로 음절을 구성할 수 있는 소리로 보아서, 모음을 '성절음(成節音, syllabic sound)'이라고 한다.

---

11) 이중 모음에서 반모음(semi-vowel, SV)을 분리하여, 국어의 음절의 구조를 (C)-(SV)-V-(C)로 설정하는 경우도 있다.(임지룡 외 2005:97)

〈**음절의 종류**〉 음절은 초성과 중성과 종성이 결합하여서 만들어지는데, 이들 세 가지 소리가 결합하는 방식에 따라서 'V형, CV형, VC형, CVC형'의 네 가지 유형의 음절이 형성된다.(『고등학교 문법』 2010:63)

음절의 유형	단모음	이중 모음	음절의 수
V형	아, 어; 오, 우	야, 여; 와, 워	21개
CV형	가, 거; 고, 구	갸, 겨; 과, 귀	18×21개
VC형	알, 얼; 올, 울	얄, 열; 왈, 월	21×7개
CVC형	갈, 걸; 골, 굴	걀, 결; 꽐, 궐	18×21×7개

〈표 5〉 음절의 유형과 수

먼저, V형은 '아, 어, 오, 우'와 같은 단모음과 '야, 여, 와, 워'와 같은 이중 모음으로 구성되었으며, CV형은 '가, 거, 고, 구; 갸, 겨; 과, 귀'처럼 자음과 모음으로 구성되었다. 그리고 VC형은 '알, 얼, 올, 울; 얄, 열, 왈, 월'처럼 모음과 자음으로 구성되었으며, CVC형은 '갈, 걸, 골, 굴; 걀, 결, 꽐, 궐'처럼 자음과 모음과 자음으로 구성되었다.[12]

현행의 〈표준 발음법〉에 따르면 모음은 단모음(10개)과 이중 모음(11개)을 합해서 모두 21개이며, 자음은 19개(초성 자음은 18개)이고 종성의 자음은 7개이다. 이를 바탕으로 하여 허웅(1984:98)에서는 현대 국어의 입말에서 이론적으로 나타날 수 있는 음절의 종류를 3,520개로 계산했다.[13] 그러나 '음절의 구조 제약'에 따라서 실제로 현실 국어에서 쓰일 수 없는 음절의 종류를 제외하면, 국어에서 발음될 수 있는 음절의 종류는 모두 3,056개인 것으로 추정한다.(이문규 2013:106) 그러나 이러한 '음절 구조 제약'을 고려하더라도 언어 생활에서 실제로 쓰이는 음절의 종류는 더 적다. 예를 들어서 '볘, 뱨, 뵤, 뷔'나 '뎨, 댸, 뎌' 등은 음절 구조의 제약을 준수하고 있지만, 현대 국어에서는 사용되지 않는다. 정철(1962:111)에서는 국어에서 실제로 쓰이는 음절 종류를 1,096개로 잡았다.

---

12) 이진호(2012:89)에서는 국어의 음절 유형을 자음(C), 모음(V), 활음(반모음, G)의 결합 방식에 따라서, 다음과 같은 9가지의 유형을 설정했다. 곧, 국어 음절의 유형을 V형(아, 오), CV형(무, 초), GV형(야, 와), VC형(욱, 올), VG형(의), CGV형(혀, 며), CVC형(각, 몸), GVC형(약, 염), CGVC형(향, 별)으로 나누었다. 이렇게 되면 국어의 음절 구조는 '(C)-(G)-V-(C)'로 표기할 수 있다.(단, '의'는 제외)

13) 단, 허웅(1984:98)에서는 중성으로 쓰이는 모음의 수를 22개로 보았다.(단모음 10개 와 이중 모음12개) 그리고 허웅(1984)에서는 초성의 자리에 쓰이는 자음을 19개로 보았으나, 실제로는 초성의 자리에서는 'ㅇ'이 나타나지 않으므로 초성에 실현될 수 있는 자음은 18개가 된다.

{ 소노리티와 음절 }

　각각의 음성은 듣는 사람의 귀에 이르는 에너지의 양이 다른데, 이처럼 소리가 나타내는 에너지의 양을 '소노리티(sonority)'라고 한다. '에스페르센(Otto Jespersen)'은 소노리티의 도수를 다음과 같이 측정했다. 곧 무성음의 파열음과 마찰음은 1도, 유성음의 파열음은 2도, 유성음의 마찰음은 3도, 유성음의 비음과 유음은 4도, 유성음의 [r]은 5도, 유성음의 고모음은 6도, 유성음의 중고모음과 중저모음은 7노, 유성음의 저모음은 8도로 설정했다. 여기서 1도의 소리는 에너지가 가장 작은 소리이고 8도의 소리는 에너지가 가장 큰 소리이다.

　국어의 '사람이'와 영어의 'animal'을 대상으로 하여, 각 음소의 상대적인 소노리티의 지수를 표기하면 다음과 같다.(허웅 1986:110 참조.)

(1) ㄱ. 사람이　　　　　　　(2) ㄱ. animal
　　ㄴ. /s/, /a/, /r/, /a/, /m/, /i/　　　ㄴ. /æ/, /n/, /i/, /m/, /ə/, /l/

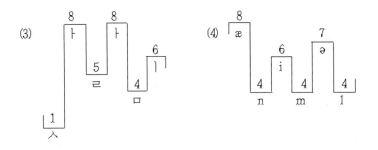

　(3)의 /사라미/에서 무성의 마찰음인 /ㅅ/은 1도이며, 유성의 저모음인 /ㅏ/는 8도, 유성의 탄설음인 /ㄹ/은 5도, 유성의 비음인 /ㅁ/은 4도이며, 유성의 저모음인 /ㅣ/는 6도이다. 따라서 /사라미/는 '1도-8도-5도-8도-4도-6도'의 소노리티를 나타낸다. 그리고 (4)에서 /æ, n, i, m, ə, l/의 음소들은 각각 '8도-4도-6도-4도-7도-4도'의 소노리티를 나타낸다. 여기서 하나의 꼭대기를 중심으로 하여 그 앞이나 뒤, 또는 앞뒤에 골짜기가 이를 에워싸고 있다. 한 꼭대기는 단독으로 또한 몇 개의 골짜기를 더불어서 한 음절을 만들게 된다. (3)에서 국어의 /사라미/는 /사/-/라/-/미/처럼 세 개의 음절을 이루며 영어의 'animal'도 /æ/-/ni/-/məl/처럼 세 개의 음절을 이룬다.

　이처럼 '소노리티'의 상대적인 차이로서 음절의 개념을 정의하는 것은 객관이고 간명하기는 하지만, 이러한 설명만으로 모든 언어의 음절의 구조를 설명할 수 있는 것은 아니다. 언어마다 음절을 구성하는 데에 고유한 부차적인 요인이 있어서, 소노리티 이론과 같은 단일한 이론으로써 모든 언어의 음절 구조를 설명하는 데에는 한계가 있다.(허웅 1986:112 참조.)

　〈 성절음과 비성절음 〉음절 속에서 꼭대기의 소리는 음절을 만드는 중심이 되므로 '성절음

(成節音, syllabic sound)'이라고 부르고, 골짜기의 소리를 '비성절음(non-syllabic sound)'이라고 부른다. 대체로 보면 모음은 성절음이 되며 자음은 비성절음이 되는데, (3)과 (4)에서 /ㅏ, ㅏ, ㅣ/와 /æ, i, ə/는 성절음이며 /ㅅ, ㄹ, ㅁ/와 /n, m, l/은 각각 비성절음이 된다.

그러나 국어의 /ㅑ, ㅕ ; ㅘ, ㅝ/나 영어의 'high, boy, hay ; how, go' 등의 이중 모음을 형성하는 반모음 [j]와 [w]는 반드시 그 앞이나 뒤에 그것보다 소노리티가 더 큰 단모음이 실현되기 때문에 성절음이 되지 못한다.

〈 **국어 음절의 구조 분석** 〉 국어의 음절 구조를 일반적으로는 '(C)-V-(C)'의 구조를 하고 있는 것으로 보는데, 이는 모음 V에 단모음과 이중 모음을 포괄하여 표현하는 것이다.

그런데 이중 모음의 짜임새를 반모음인 /j, w/와 단모음이 결합된 것으로 볼 수도 있다. 이에 따라서 /ㅑ, ㅕ, ㅛ, ㅠ/의 짜임새를 반모음인 /j/와 단모음인 /ㅏ, ㅓ, ㅗ, ㅜ/가 결합된 것으로, /ㅘ, ㅝ, ㅐ, ㅔ, ㅟ/를 반모음인 /w/와 단모음인 /ㅏ, ㅓ, ㅐ, ㅔ, ㅣ/가 결합된 것으로, 끝으로 /ㅢ/를 반모음인 /ɰ/에 단모음인 /i/가 결합한 것으로 볼 수 있다. 이에 따르면 국어의 기본 음절 구조를 '(C)-(SV)-V-(C)'로 설정할 수 있다.[14]

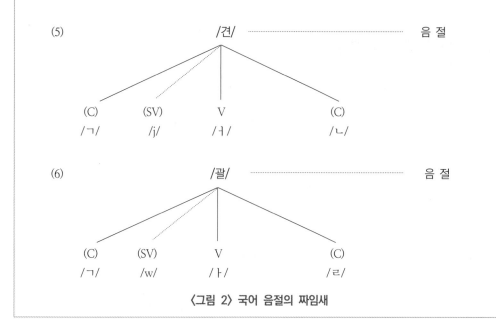

〈그림 2〉 국어 음절의 짜임새

---

14) C는 자음(consonant)을, V는 모음(vowel)을, SV는 '반모음(semi-vowel)'을 나타낸다.

제3장 음운의 변동

3.1. 음운 변동의 개념

〈**형태소와 변이 형태**〉'형태소(形態素, morpheme)'는 일정한 소리에 일정한 의미가 맞붙어서 된 말의 단위 중에서 가장 작은 단위를 이른다.

(1) ㄱ. 나는 흰밥을 먹었다.
　　ㄴ. 나-는 희-ㄴ 밥-을 먹-었-다

(1)에서 '나', '-는', '희-', '-ㄴ', '밥', '-을', '먹-', '-었-', '-다' 등은 각각 의미를 가진 최소의 언어적 단위인데, 이러한 언어 단위를 '형태소'라고 한다.
　하나의 형태소가 구체적인 언어 환경에서 실현되는 각각의 꼴을 '형태(形態, morph)'라고 하고, 한 형태소의 모든 형태의 묶음(집합)을 '변이 형태(變異形態, allomorph)'라고 한다.

(2) ㄱ. 밭 : 밭+ -을　　→　[바틀]
　　ㄴ. 밫 : 밭+ -이　　→　[바치]
　　ㄷ. 받 : 밭+ -도　　→　[받또],　　밭#[1]　→ [받]
　　ㄹ. 반 : 밭+ -만　　→　[반만]

---

1) '#'의 기호는 어말(단어의 끝)의 위치를 나타낸다.

예를 들어서 형태소 '밭'은 그것이 쓰이는 음성적인 환경에 따라서 {밭, 밫, 받, 반}과 같이 네 가지의 형태가 포함된 변이 형태로 실현된다.곧, 형태소 '밭' 뒤에 /i/ 이외의 모음이 실현되면 '밭'으로, 뒤에 /i/의 모음이 실현되면 '밫'으로 실현된다. 그리고 뒤에 비음(콧소리)을 제외한 자음이 실현되거나 단독으로 발화되면 '받'으로, 뒤에 비음이 실현되면 '반'으로 실현된다. 따라서 '밭'의 변이 형태는 음운론적인 조건에 따라서 {밭, 밫, 받, 반}으로 실현된 것이다.

〈 기본 형태와 변동 〉 한 형태소의 변이 형태가 여러 개 있을 때에 그 형태소의 모든 변이 형태를 다 적으면서 형태소의 문법적 현상을 기술하면 번거로울 수 있다. 예를 들어서 '값'과 '밭'이라는 형태소를 문법적으로 다룰 때에, 이들 형태소의 변이 형태인 {값, 갑, 감}과 {밭, 밫, 받, 반}을 모두 언급하면서 설명한다면 문법적인 기술이 복잡하고 번거롭다. 그러므로 문법 기술을 간편하게 하기 위하여, 여러 가지 변이 형태 중의 한 형태를 '기본 형태(대표 형태, basic allomorph)'로 정하여 이것으로 형태소를 대신하게 한다.

이처럼 변이 형태 중에서 특정한 형태를 기본 형태로 정하고 나면 그것이 형태소를 대표하게 된다. 이렇게 되면 형태소의 원래 모습은 기본 형태인데, 그것이 실현되는 음운적인 조건에 따라서 그 형태가 바뀐다고 설명할 수 있다.

```
        ┌─ ㄱ. 밭      /(/ㅣ/ 이외의 모음)      (보기) 밭+-을
(2) {밭}─┼─ ㄴ. 받      /(비음 이외의 자음, #)    (보기) 밭+-과, 밭#
        ├─ ㄷ. 밫      /(/ㅣ/ 모음)            (보기) 밭+-이
        └─ ㄹ. 반      /(비음)                (보기) 밭+-만
```

예를 들어서 '밭(田)'이라는 형태소(기본 형태)가 음운적인 환경에 따라서 /밭/, /받/, /밫/, /반/으로 그 형태가 실현된다고 설명할 수 있다. 곧, (ㄱ)의 '밭'은 /ㅣ/를 제외한 모음 앞에서는 형태 변화가 없이 /밭/으로 실현된다. 반면에 '밭'은 (ㄴ)처럼 그 뒤에 비음을 제외한 자음이 오거나 혹은 단독으로 쓰이면 /받/으로 실현되며, (ㄷ)처럼 그 뒤에 /ㅣ/ 모음이 오면 /밫/으로 실현되며, (ㄹ)처럼 그 뒤에 비음의 자음이 이어서 나타나면 /반/으로 실현된다. 곧, 형태소와 형태소가 결합하는 과정에서 형태소 '밭'의 종성 /ㅌ/이 그것이 놓인 환경에 따라서 /ㄷ/, /ㅊ/, /ㄴ/ 등의 다른 음운으로 바뀐 것이다.

〈 변동의 개념 〉 이처럼 형태소가 그것이 놓이는 음운론적 환경에 따라서, 그 형태소의 특정한 음소가 교체(交替)·탈락(脫落)·축약(縮約)·첨가(添加)되어서 형태소의 꼴이 기본 형태에서 비기본 형태로 바뀌는 현상을 '음운의 변동(音韻變動, phonological alternation)'이라고 한다.

3.2. 음운 변동의 종류

〈 **변동의 분류 기준** 〉 '2015 개정 교육 과정'의 〈언어와 매체〉에서는 국어에서 나타나는 음운의 변동의 종류로서 '교체, 탈락, 축약, 첨가' 등을 들고 있다. 이는 음운 변동이 일어나기 전의 형태와 일어난 후의 형태를 비교하여 음운 변동을 분류한 것이다.

  (3) ㄱ. 밖[#]   → /박/

  (3) ㄱ. 밖#   → /박/
      ㄴ. 울-+-는 → /우는/
      ㄷ. 좋-+-고 → /조코/
      ㄹ. 이+몸   → /인몸/

첫째, '교체(交替)'는 어떤 음운이 다른 음운으로 바뀌는 변동이다. 예를 들어서 (3ㄱ)에서 형태소 '밖'이 [박]으로 소리날 때에 /ㄲ/이 /ㄱ/으로 교체된 것이다. '교체'에 해당하는 변동은 '평파열음화, 비음화, 유음화, 구개음화, 된소리되기(경음화), 'ㄹ' 두음 법칙, 모음 조화, 반모음화, 모음 동화, 자음의 위치 동화'가 있다. 이 중에서 '모음 동화'와 '자음의 위치 동화'는 표준 발음으로 인정하지 않는다.

둘째, '탈락(脫落)'은 두 음운 중에서 어느 하나가 없어지는 변동이다. (3ㄴ)에서 어간인 '울(鳴)-'과 어미인 '-는'이 결합할 때에 어간의 끝 소리인 /ㄹ/이 탈락한 것이다. '탈락'에 속하는 변동으로는 '자음군 단순화(겹받침 줄이기), 'ㅎ' 탈락, 'ㄹ' 탈락, 'ㄴ' 두음 법칙, 모음 탈락' 등이 있다.

셋째, '축약(縮約)'은 두 음운이 합쳐져서 한 음운으로 바뀌는 변동이다. (3ㄷ)에서 어간인 '좋-'과 어미인 '-고'가 결합할 때에, /ㅎ/과 /ㄱ/의 두 음운이 합쳐서 /ㅋ/으로 축약되었다. '축약'에 속하는 음운 변동으로는 '자음 축약(=거센소리 되기)'와 '모음 축약'이 있다.

넷째, '첨가(添加)'는 형태소가 이어지는 과정에서 새로운 음운이 덧나는 변동이다. (3ㄹ)에서 '이'와 '몸'이 결합하여 합성 명사인 '잇몸'이 되면서 [인몸]으로 발음되어서, /ㄴ/이 첨가되었다. '첨가'에 속하는 변동으로는 '사잇소리 현상'과 '반모음의 첨가'가 있다.

이와 같은 변동은 표준어의 발음에서 모두 허용되는 것은 아닌데, 변동 현상 중에서 국어에서 허용되는 발음과 그렇지 않은 발음을 규범화한 것이 〈표준 발음법〉이다.[2]

---

2) 〈표준 발음법〉에 대한 자세한 내용은 나찬연 저, 『국어 어문 규정의 이해』(2019)와 『길라잡이 국어 어문 규정』(2021)의 내용을 참조하기 바란다.

현대 국어에서 일어나는 음운 변동의 정리하여 표로 보이면 다음의 〈표 1〉과 같다.

변동의 결과	유형	변동의 종류
교체 (대치)	동화 교체	비음화
		유음화
		자음의 위치 동화
		구개음화
		모음 조화
		모음 동화(움라우트, 'ㅣ' 모음 역행 동화, 전설 모음화)
	비동화 교체	평파열음화(음절 끝소리 규칙, 일곱 끝소리 되기)
		'ㄹ' 두음 법칙
		된소리되기(경음화)
탈락	자음의 탈락	자음군 단순화(겹받침 줄이기)
		'ㄴ' 두음 법칙
		'ㄹ'의 탈락
		'ㅎ'의 탈락
	모음의 탈락	'ㅡ'의 탈락
		'ㅏ/ㅓ'의 탈락
축약	—	자음의 축약(거센소리되기)
		모음의 축약
첨가	—	사잇소리 현상
	—	반모음 첨가

〈표 1〉 국어의 음운 변동 현상 일람표

3.2.1. 음운의 교체(대치)

'교체(대치)'에 해당하는 변동은 '평파열음화, 비음화, 유음화, 구개음화, 된소리되기, 'ㄹ' 두음 법칙, 모음 조화, 반모음화, 모음 동화, 자음의 위치 동화'가 있다. 현행의 〈표준 발음법〉에서는 이들 음운 변동 중에서 '모음 동화'와 '자음의 위치 동화'는 비표준 발음 으로 처리하고 있다.

3.2.1.1. 동화에 따른 교체

〈동화 현상〉 발음을 편하게 하기 위하여 앞의 형태소와 뒤의 형태소가 음운이 서로 닮아서 같아지거나 비슷해지기도 한다. '동화(同化, assimilation)'는 발음을 편하게 하기 위하여 인접한 두 음운이 서로 닮는 현상을 이르는데, 주로 앞이나 뒤의 소리의 조음 위치나 조음 방법이 같아지거나 비슷해지는 현상이다. 동화 작용에 의한 음운의 '교체' 현상으로는 '비음화, 유음화, 자음의 위치 동화, 구개음화, 모음 조화, 모음 동화(='ㅣ' 모음 역행 동화)' 등이 있다.

동화가 일어날 때에는 동화에 참여하는 역할로 보아서, 동화를 일으키는 조건이 된 음소인 '동화주(同化主)'와 동화가 일어난 음소인 '피동화주(被同化主)'가 있다.

(4) ㄱ. 칼_{동화주}＋날_{피동화주}　　→[칼-랄]　　　（완전 동화, 순행 동화, 인접 동화）

　　 ㄴ. 밥_{피동화주}＋물_{동화주}　　→[밤-물]　　　（완전 동화, 역행 동화, 인접 동화）

(5) ㄱ. 남_{동화주}＋루_{피동화주}　　→[남-누]　　　（부분 동화, 순행 동화, 인접 동화）

　　 ㄴ. 국_{피동화주}＋물_{동화주}　　→[궁-물]　　　（부분 동화, 역행 동화, 인접 동화）

(6) ㄱ. 먹-_{피동화주}＋-이_{동화주}　　→[메-기]　　　（부분 동화, 역행 동화, 원격 동화）

　　 ㄴ. 남-_{피동화주}＋-기-_{동화주}-다→[냄-기-다]　（부분 동화, 역행 동화, 원격 동화）

(4)의 (ㄱ)에서 '칼'의 /ㄹ/은 동화주이고 '날'의 /ㄴ/은 피동화주이며, (ㄴ)에서 '밥'의 /ㅂ/은 피동화주이고 '물'의 /ㅁ/은 동화주이다. (5)의 (ㄱ)에서 '남'의 /ㅁ/은 동화주이고 '루'의 /ㄹ/은 피동화주이며, (ㄴ)에서 '국'의 /ㄱ/은 피동화주이며 '물'의 /ㅁ/은 동화주이다. 그리고 (6)에서 '먹-'과 '남-'의 /ㅓ/와 /ㅏ/은 피동화주이며, '-이'와 '-기-'는 동화주이다.

동화의 방식에는 다음과 같은 유형이 있다. 첫째, 동화가 일어나는 정도로 보면 피동화주가 동화주에 완전히 일치하는 '완전 동화(完全同化)'와 부분적으로만 일치하는 '부분 동화(部分同化)'로 구분된다. 둘째, 동화주와 피동화주가 실현되는 위치에 따라서, '동화주－피동화주'의 순서로 실현되는 '순행 동화(順行同化)'와 '피동화주－동화주'의 순서로 실현되는 '역행 동화(逆行同化)'로 구분된다. 셋째, 동화는 동화주와 피동화주가 맞닿아 있느냐 떨어져 있느냐에 따라서 '인접 동화(隣接同化)'와 '원격 동화(遠隔同化)'로 구분된다.

이처럼 동화 현상에 따라서 일어나는 음운 변동으로는 ① 특정한 자음이 다른 자음의 조음 방법에 동화되는 '비음화'와 '유음화', ② 특정한 자음이 다른 자음의 조음 위치에 동화되는 '자음의 위치 동화', ③ 자음이 모음의 위치에 동화되는 '구개음화', ④ 특정한 모음이 다른 모음에 동화된 '모음 조화'와 '모음 동화'가 있다.

(가) 비음화

'비음화(鼻音化, 콧소리되기)'는 비음(鼻音, 콧소리)이 아닌 소리가 그 뒤에 실현되는 비음에 동화되어 비음으로 바뀌는 현상을 아울러서 이른다. 이러한 비음화에는 첫째로 유음인 /ㄹ/이 /ㄴ/으로 비음화되는 것과, 둘째로 파열음인 /ㅂ, ㄷ, ㄱ/이 각각 /ㅁ, ㄴ, ㅇ/으로 비음화되는 것으로 나뉜다.

〈 유음의 비음화 〉 '유음의 비음화'는 /ㄴ, ㅁ, ㅇ; ㅂ, ㄷ, ㄱ/의 뒤에 유음인 /ㄹ/이 이어서 날 때에, 유음인 /ㄹ/이 비음인 /ㄴ/으로 조음 방법이 바뀌는 현상이다.(순행 동화)

첫째, 비음인 /ㄴ, ㅁ, ㅇ/의 뒤에 유음인 /ㄹ/이 이어서 날 때에, 유음인 /ㄹ/이 비음인 /ㄴ/으로 바뀐다.

> (7) ㄱ. /ㄴ-ㄹ/ → /ㄴ-ㄴ/ : 결단력[결딴녁], 공권력[공꿘녁], 생산량[생산냥],
> 　　　　　　　　　　　 임진란[임진난], 횡단로[횡단노]; 인라인(in-line)[인나인]
> 　 ㄴ. /ㅁ-ㄹ/ → /ㅁ-ㄴ/ : 늠름[늠늠], 담력[담녁], 침략[침냑], 음료수[음뇨수];
> 　　　　　　　　　　　 홈런(home-run)[홈넌]
> 　 ㄷ. /ㅇ-ㄹ/ → /ㅇ-ㄴ/ : 강력[강녁], 공로[공노], 대통령[대통녕], 종로[종노], 중력[중녁];
> 　　　　　　　　　　　 롱런(long-run)[롱넌]

(ㄱ)의 '결단력'에서는 /ㄴ/에 이어 나는 /ㄹ/이, (ㄴ)의 '늠름'에서는 /ㅁ/에 이어 나는 /ㄹ/이, (ㄷ)에서는 /ㅇ/에 이어 나는 /ㄹ/이 /ㄴ/으로 바뀌었다. 여기서 (ㄱ)의 예는 '결단, 공권, 횡단, 임진, 생산'과 같은 앞의 요소가 자립적인 형태소인 데에 반해서, (ㄴ)과 (ㄷ)의 예는 앞의 요소가 비자립적인 요소라는 점에서 차이가 난다.

둘째, 예사소리의 파열음인 /ㅂ, ㄷ, ㄱ/의 뒤에 유음 /ㄹ/이 이어서 날 때에도, /ㄹ/이 비음화하여 /ㄴ/으로 바뀐다.

> (8) ㄱ. /ㅂ-ㄹ/ →/ ㅂ-ㄴ/ : 섭리[→ 섭니 → 섬니], 협력[→ 협녁 → 혐녁]; 업로드(up-load)
> 　　　　　　　　　　　 [업노드 → 엄노드]
> 　 ㄴ. /ㄷ-ㄹ/ → /ㄷ-ㄴ/ : 몇 리[→ 멷리 → 멷니 → 면니]; 핫라인(hot-line)[핟라인 → 한나
> 　　　　　　　　　　　 인 → 한나인]

ㄷ. /ㄱ-ㄹ/ → /ㄱ-ㄴ/ : 백리[→ 백니 → 뱅니], 백로[→ 백노 → 뱅노]; 백룸(back-room)
[백눔 → 뱅눔]

(8)에서 (ㄱ)의 '섭리'는 /ㅂ/의 뒤에 이어 나는 /ㄹ/이 /ㄴ/으로, (ㄴ)의 '몇 리'는 /ㄷ/의
뒤에 이어서 나는 /ㄹ/이 /ㄴ/으로, (ㄷ)의 '백리'는 /ㄱ/의 뒤에 이어 나는 /ㄹ/이 /ㄴ/으
로 바뀐 예이다. 결국 이들 단어에는 '유음의 비음화'가 완료된 뒤에 다시 '파열음의 비음
화'가 적용되었다.

〈파열음의 비음화〉 '파열음의 비음화'는 예사소리의 파열음인 /ㅂ, ㄷ, ㄱ/의 뒤에 비음
인 /ㅁ, ㄴ/이 이어서 날 때에, /ㅂ, ㄷ, ㄱ/이 각각 동일한 위치에서 발음되는 비음인
/ㅁ, ㄴ, ㅇ/으로 조음 방법이 바뀌는 동화 현상이다.(역행 동화)

(9) ㄱ. /ㅂ-ㅁ/ → /ㅁ-ㅁ/ : 밥물[밤물], 법문[범문], 밥먹다[밤먹다]
　　/ㅂ-ㄴ/ → /ㅁ-ㄴ/ : 잡느냐[잠느냐], 접는다[점는다]
ㄴ. /ㄷ-ㅁ/ → /ㄴ-ㅁ/ : 맏며느리[만며느리]
　　/ㄷ-ㄴ/ → /ㄴ-ㄴ/ : 닫는[단는], 받는다[반는다]
ㄷ. /ㄱ-ㅁ/ → /ㅇ-ㅁ/ : 국물[궁물], 박는다[방는다]
　　/ㄱ-ㄴ/ → /ㅇ-ㄴ/ : 막내[망내], 먹는다[멍는다]

(ㄱ)의 '밥물'에서는 입술소리의 /ㅂ/이 /ㅁ/에 동화되어서 같은 자리에서 발음되는 /ㅁ/
으로 바뀌었고, (ㄴ)의 '맏며느리'에서는 혀끝소리의 /ㄷ/이 /ㅁ/에 동화되어서 /ㄴ/으로
바뀌었다. (ㄷ)의 '국물'에서는 여린입천장소리의 /ㄱ/이 /ㅁ/에 동화되어서 /ㅇ/으로 바
뀌었다. 이들 변동은 모두 조음 위치는 변하지 않고 조음의 방법만 파열음에서 비음으로
바뀌었는데, 동화의 방향으로 볼 때에는 역행 동화에 해당된다.

이러한 파열음의 비음화는 단독으로 일어날 수도 있지만, 두 가지 이상의 동화 현상이
연속으로 일어날 수도 있다.

첫째, '자음군 단순화'나 '평파열음화'가 적용된 이후에, '파열음의 비음화'가 이어서
일어날 수 있다.

(10) ㄱ. 값나가다[갑나가다 → 감나가다], 삯만[삭만 → 상만]
ㄴ. 읊는다[읖는다 → 읍는다 → 음는다], 잎만[입만 → 임만]
ㄷ. 낳느냐[낟느냐 → 난느냐], 놓는다[녿는다 → 논는다]
ㄹ. 부엌문[부억문 → 부엉문], 흙내[흑내 → 흥내]

먼저 (ㄱ)의 '값나가다'는 먼저 자음군 단순화에 따라서 [갑나가다]로 변동한 다음에, 다시 파열음의 비음화에 따라서 [감나가다]로 실현되었다. (ㄴ)의 '읊는다'는 자음군 단순화와 평파열음화가 적용되어서 [읖는다]와 [읍는다]로 변동한 다음에, 다시 파열음의 비음화에 따라서 [음는다]로 실현되었다. (ㄷ)의 '낳느냐'는 평파열음화에 따라서 [낟느냐]로 변동한 다음에, 파열음의 비음화에 따라서 [난느냐]로 실현되었다. 마지막으로 (ㄹ)의 '부엌문'은 평파열음화에 따라서 [부억문]으로 변동한 다음에, 파열음의 비음화에 따라서 [부엉문]으로 실현되었다.

둘째, '유음의 비음화'가 일어난 뒤에, '파열음의 비음화'가 이어서 일어나는 수가 있다.

(11) ㄱ. 섭리[섭니→섬니], 십리[십니→심니], 압력[압녁→암녁], 협력[협녁→혐녁)]

　　ㄴ. 몇 리[멷리→멷니→면니]

　　ㄷ. 막론[막논→망논], 박람회[박남회→방남회], 백로[백노→뱅노], 백리[백니→뱅니]

(ㄱ)의 '섭리'는 유음의 비음화에 따라서 [섭니]로 바뀐 뒤에, 이어서 파열음의 비음화에 따라서 [섬니]로 바뀌었다. (ㄴ)의 '몇 리'는 먼저 평파열음화에 따라서 [멷리]로 바뀌고 나서, 다음으로 유음의 비음화에 따라서 [멷니]로 바뀌었으며, 끝으로 파열음의 비음화가 일어나서 [면니]로 바뀌었다. (ㄷ)의 '막론'은 유음의 비음화에 따라서 [막논]으로 바뀐 다음에, 이어서 파열음의 비음화에 따라서 [망논]으로 바뀌었다.

(나) 유음화

'유음화(流音化)'는 /ㄹ/에 이어서 /ㄴ/이 실현되거나 반대로 /ㄴ/에 이어서 /ㄹ/이 실현될 때에, 비음인 /ㄴ/이 유음인 /ㄹ/에 동화되어서 /ㄹ/로 조음 방법이 변하는 현상이다.

첫째, 뒤 음절의 /ㄴ/이 앞 음절의 /ㄹ/에 동화되어서 /ㄹ/로 바뀐다.(순행적 유음화)

(12) ㄱ. 길눈[길룬], 달나라[달라라], 달님[달림], 물난리[물랄리], 설날[설랄], 줄넘기[줄럼끼], 칼날[칼랄], 할는지 [할른지]

　　ㄴ. 끓는[끌는→끌른], 않는[알는→알른], 닳네[달네→달레]; 핥네[할네→할레], 훑는 [훌는→훌른]

(ㄱ)의 '길눈'에서는 앞 음절의 끝소리인 /ㄹ/에 동화되어서 뒤 음절의 첫소리인 /ㄴ/이 /ㄹ/로 바뀌었다. 그리고 (ㄴ)의 '끓는'은 자음군 단순화에 따라서 [끌는]으로 바뀐 다음에, 뒤 음절의 /ㄴ/이 앞 음절의 /ㄹ/에 동화되어서 /ㄹ/로 바뀌었다.

둘째, 앞 음절의 /ㄴ/이 뒤 음절의 /ㄹ/에 동화되어서 /ㄹ/로 바뀐다.(역행적 유음화)

(13) 광한루[광할루], 권력[궐력], 대관령[대괄령], 만리[말리], 산림[살림], 신라[실라], 천리[철리]

(13)의 '광한루'에서는 뒤 음절의 첫소리인 /ㄹ/에 동화되어서, 앞 음절의 끝소리인 /ㄴ/이 /ㄹ/로 바뀌어서 [광할루]로 실현되었다. (13)에 제시된 단어는 대부분 한자어로 형성된 복합어인데, 모두 의존 형태소와 의존 형태소가 결합되었다는 점이 특징이다.

그런데 /ㄴ/과 /ㄹ/이 이어지더라도 모든 단어에서 앞의 /ㄴ/이 /ㄹ/로 바뀌는 것은 아니다. 곧, 비음인 /ㄴ/과 /ㄹ/이 이어지더라도, (13)의 예와는 달리 뒤의 /ㄹ/이 앞의 /ㄴ/에 동화되어서(비음화) /ㄴ-ㄴ/으로 실현되는 경우가 있다.

(14) 결단-력[결딴녁], 공권-력[공꿘녁], 동원-령[동원녕], 보존-료[보존뇨], 상견-례[상견네], 생산-량[생산냥], 신문-로[신문노], 음운-론[으문논], 임진-란[임진난], 입원-료[이붠뇨]

예를 들어서 '결단-력'은 자립적으로 쓰이는 '결단'에 접미사인 '-력'이 붙어서 형성된 파생어인데, 이때에는 앞 어근의 /ㄴ/에 동화되어서 접미사의 /ㄹ/이 /ㄴ/으로 바뀐다. 반면에 (13)에서 '광한루'나 '권력' 등의 예는 앞 말인 '광한'이나 '권'이 자립성을 띠지 않아서, 뒤의 '루'나 '력'과 쉽게 분리되지 않는다는 특징이 있다.

(다) 자음의 위치 동화

앞 음절의 종성과 뒤 음절의 초성이 이어질 때에, 종성의 조음 위치가 초성의 위치로 옮아서 발음되는 변동 현상을 '자음의 위치 동화'라고 한다.[3]

(15) ㄱ. 듣보다[듣뽀다/듭뽀다], 신발[신발/심발], 신문[신문/심문] (잇몸 → 입술)
    ㄴ. 벗기다[벋끼다/벅끼다], 손가락[손까락/송까락] (잇몸 → 여린입천장)
    ㄷ. 밥그릇[밥끄릇/박끄릇], 감기[감기/강기] (입술 → 여린입천장)

---

3) '윗잇몸(/ㄷ, ㄴ/)-입술(/ㅂ, ㅁ/)-여린입천장(/ㄱ/)'에서 발음되는 자음이 이와 같은 차례로 실현될 때에 자음의 위치 동화가 일어날 수 있다. '자음의 위치 동화'는 조음 위치에 따라서 자음에서 생기는 강도(強度)가 차이나기 때문에 일어나는 음운 변동이다. 곧, 자음의 강도는 [여린입천장(연구개) 〉 입술(양순) 〉 윗잇몸(치조)]의 순서이다. 이때 약한 자음의 종성 뒤에 강한 자음의 초성이 올 때에는, 약한 종성이 강한 초성의 조음 위치에 이끌려서 변동이 일어나는 것이다.

(15)와 같은 음운적 환경에 놓인 형태소가 결합할 때에는, 개인의 발음 습관에 따라 두 가지 형태가 나타날 수 있다. 예를 들어서 (ㄱ)의 '듣보다'는 위치 동화가 없이 [듣뽀다]로 발음되거나, 잇몸소리인 /ㄷ/이 입술소리인 /ㅂ/의 조음 자리에 이끌려서 [듭뽀다]로 발음된다. (ㄴ)의 '벗기다'는 위치 동화가 없이 [벋끼다]로 발음되거나, 잇몸소리인 /ㄷ/이 여린입천장소리인 /ㄲ/의 조음 자리에 이끌려서 [벅끼다]로 발음된다. (ㄷ)의 '밥그릇'은 위치 동화가 없이 [밥끄른]으로 발음되거나, 입술소리인 /ㅂ/이 여린입천장소리인 /ㄱ/의 조음 자리에 이끌려서 [박끄른]으로 발음된다. 곧 (15)의 단어는 화자의 언어 습관에 따라서, 위치 동화가 없이 발음될 수도 있고 위치 동화가 일어난 형태로 발음될 수도 있다. 그러므로 (15)에서 일어나는 자음의 위치 동화는 '임의적 변동'에 해당한다. 〈표준 발음법〉의 제21항에서는 이와 같이 자음의 위치 동화에 따라서 변동된 형태는 표준 발음으로 인정하지 않는다.

(라) 구개음화

구개음화는 현대어에서 이루어지는 '공시적 구개음화'와 17세기 이후에 언어의 역사적인 변화 현상으로 일어난 '통시적 구개음화'가 있다.

〈 공시적 구개음화 〉 '구개음화(口蓋音化)'는 끝소리가 /ㄷ, ㅌ/인 형태소가 모음 /ㅣ/나 이중 모음인 /ㅑ, ㅕ, ㅛ, ㅠ/로 시작되는 형식 형태소[4]와 만날 때에, /ㄷ, ㅌ/이 센입천장소리인 /ㅈ, ㅊ/으로 바뀌는 변동 현상이다. '구개음화'는 잇몸소리인 /ㄷ, ㅌ/이 센입천장의 위치에서 발음되는 /ㅣ/나 /j/의 조음 위치에 끌리어서, 센입천장소리인 /ㅈ, ㅊ/으로 바뀌는 음운 변동 현상이므로, 동화 현상의 일종이다.

(16) ㄱ. 밭이[바치], 끝이[끄치], 솥이다[소치다]
　　 ㄴ. 맏이[마지], 해돋이[해도지], 땀받이[땀바지]; 굳이[구지], 같이[가치], 샅샅이[삳싸치]
　　 ㄷ. 붙이다[부치다]; 닫히다[다티다 → 다치다], 묻히다[무티다 → 무치다],
　　　　걷히다[거티다 → 거치다]

(ㄱ)에서 '밭이, 끝이; 솥이다' 등은 체언에 조사 '-이'나 '-이다'가 붙으면서 체언의 끝소리 /ㅌ/이 /ㅊ/으로 바뀌었다. (ㄴ)에서 '맏이, 해돋이, 굳이, 같이, 샅샅이' 등은 어근에 파생 접미사인 '-이'가 붙어서 파생어를 형성하는 과정에서 어근의 끝소리인 /ㄷ/과 /ㅌ/이 각각 /ㅈ/과 /ㅊ/으로 바뀌었다. (ㄷ)에서 '붙이다, 닫히다, 묻히다' 등은 용언의 어근

---

4) 여기서 말하는 형식 형태소는 조사나 파생 접사, 혹은 서술격 조사인 '-이다'의 어간이다.

에 사동이나 피동의 파생 접미사인 '-이-'나 '-히-'가 붙어서 사동사나 피동사가 형성되는 과정에서 /ㅌ/이 /ㅊ/으로 바뀌었다.[5]

〈 공시적 구개음화의 예외 〉/ㄷ/과 /ㅌ/ 뒤에 /ㅣ/나 /j/가 이어지더라도, 다음과 같은 형태론적 환경에서는 구개음화가 일어나지 않는다.

첫째, 하나의 형태소 내부에서는 /ㄷ, ㅌ/의 뒤에 /ㅣ/나 /j/가 이어지더라도 구개음화 현상이 일어나지 않는다.

  (17) ㄱ. 느티나무[느티나무], 마디[마디], 잔디[잔디], 티끌[티끌]

      ㄴ. 더디다[더디다], 버티다[버티다], 견디다[견디다]

(17)의 '느티나무'와 '더디다' 등에서 [티]와 [디]는 하나의 형태소 안에서 /ㄷ, ㅌ/와 /ㅣ/가 결합하므로 구개음화가 일어나지 않는다.

둘째, 뒤의 형태소가 실질 형태소(어근)일 때에는, /ㄷ, ㅌ/의 뒤에 /ㅣ/나 /j/가 이어지더라도 구개음화가 일어나지 않는다.

  (18) ㄱ. 홑이불[홑니불 → 혼니불], 홑잎[홑닙 → 혼닙], 밭이랑[받니랑 → 반니랑], 맏형[마텽]

      ㄴ. 이 옷 임자[이 오딤자], 밭 있어요[바 디써요]

(ㄱ)의 '홑이불'과 '밭이랑'에서 '이불'과 '이랑'은 실질 형태소이므로, 각각 [혼니불]과 [반니랑]처럼 발음되어서 구개음화가 일어나지 않는다. (ㄴ)의 '이 옷 임자'나 '밭 있어요' 처럼 단어와 단어 사이에서 /ㄷ, ㅌ/의 뒤에 /ㅣ/가 이어서 나는 때에도 구개음화가 일어나지 않는다.

〈 통시적 구개음화 〉『고등학교 문법』(2010:68)에서는 현대 국어의 공시태(共時態)에서 일어나는 구개음화뿐만 아니라, 국어의 역사적인 변화 과정에서 일어나는 통시적인 구개음화도 설명하고 있다. 현대 국어에서 일어나는 구개음화는 앞의 (16)처럼 형태소와 형태소 사이에서만 일어나는 변동 현상이지만, 근대 국어 시기인 17세기부터 18세기까지 진행된 통시적인 구개음화는 한 형태소 안에서도 일어났다.

---

5) 이 중에서 '닫히다, 묻히다, 걷히다' 등은 어근의 끝소리 /ㄷ/ 뒤에 파생 접미사인 '-히-'가 붙었는데, 이 경우는 다음의 변동 과정을 거친다. 먼저 /ㄷ/과 /ㅎ/이 '거센소리되기'에 따라서 한 음소로 축약되어서 /ㅌ/이 된 다음, 이 /ㅌ/이 그 뒤의 /ㅣ/에 이끌리어 구개음인 /ㅊ/으로 바뀌었다.

(19) ㄱ. 티(打)+어　：텨(티+어)〉쳐(치+어)

　　 ㄴ. 디(落)+다　：디다〉지다

　　 ㄷ. 뎌(彼)　　：뎌〉져〉저

　　 ㄹ. 둏(好)+다　：됴타〉죠타〉조타

　　 ㅁ. 텬(天)+디(地)：텬디〉쳔지〉천지

(ㄱ)에서 '티다'의 [티]가 [치]로, (ㄴ)에서 '디다'의 [디]가 [지]로, (ㄷ)에서 '뎌'의 [뎌]가
[져]로, (ㄹ)에서 '됴타'의 [됴]가 [죠]로, (ㅁ)에서 '텬디'의 [텬]과 [디]가 각각 [쳔]과 [지]
로 변화하였다. 근대 국어에서 나타나는 이러한 음운의 변화는 하나의 형태소 내부에서
일어나는 구개음화 현상인데, 현대 국어의 공시태에서는 일어나지 않는 변동이다.

　현대 국어에서는 앞의 (17)처럼 한 형태소 내부에서는 구개음화가 일어나지 않았는데,
이 현상은 통시적인 구개음화 현상에서 그 원인을 찾을 수가 있다. 곧, 구개음화가 진행
되던 18세기에는 (17)의 단어들이 구개음화가 일어날 수 없는 음운적인 환경에 있었던
것으로 추정할 수 있다.

(20) ㄱ. 느틔나모〉느티나무, ᄆᆞ딕〉마디, 잔듸〉잔디, 틧글〉티끌

　　 ㄴ. 더듸다〉더디다, 버틔다〉버티다, 견듸다〉견디다

곧, 현대 국어의 '느티나무'와 '더디다'는 구개음화가 진행되던 근대 국어 시기에는 '느틔
나무'와 '더듸다'의 형태였다. 이들 단어는 이러한 형태적인 특징 때문에, (19)의 단어가
구개음화를 겪는 시기에 구개음화를 겪지 않고 /ㄷ, ㅌ/의 어형이 그대로 유지되었다.
그리고 (20)의 단어는 구개음화가 진행된 시기가 지난 다음에, [ㄷ], [ㅌ]의 뒤에 이어지
는 모음 /ㅡ/와 /ㆍ/가 탈락하여서 현대어처럼 [디], [티]의 형태로 바뀌었다. (17)처럼
현대 국어에서 하나의 형태소 내부에서 실현된 [디], [티]가 구개음화되지 않은 데에는
이와 같은 국어사적인 이유가 있었던 것이다.

(마) 모음 조화

　단어 중에는 모음의 종류에 따라서 어감(語感)이 달라지는 경우가 있다. 곧 /ㅏ, ㅗ/가
쓰인 단어는 밝고 경쾌하고, 작고, 가볍고, 날카로운 느낌을 준다. 반면에 /ㅓ, ㅜ, ㅡ,
ㅣ, ㅐ, ㅔ, ㅚ, ㅟ/ 등은 어둡고, 느리고, 크고, 무겁고, 둔한 느낌을 준다. 모음이 교체됨으
로써 생겨나는 이러한 차이를 '음상(音相)'이라고 한다.

(21) ㄱ. 양성 모음 : /ㅏ, ㅗ/

ㄴ. 음성 모음 : /ㅓ, ㅜ, ㅡ, ㅣ, ㅐ, ㅔ, ㅚ, ㅟ/

이러한 음상에 따라서 국어의 모음을 분류할 수도 있는데, (ㄱ)의 모음을 '양성 모음(陽性母音)'이라고 하고 (ㄴ)의 모음을 '음성 모음(陰性母音)'이라고 한다.6)

국어의 일부 단어에 실현된 모음은 같은 음상을 나타내는 모음끼리 어울리는 경향이 있다. 곧 의성어와 의태어의 내부 형태나 용언의 일부 활용형에서, 양성 모음은 양성 모음과 어울리고 음성 모음은 음성 모음과 어울리는 현상을 '모음 조화(母音調和, vowel harmony)'라고 한다.

현대 국어에서는 모음 조화가 두 가지 환경에서 일어난다. 곧, 의성어와 의태어와 같은 음성 상징어 내부에서 모음 조화가 일어날 수 있고, 용언의 어간과 어미가 결합하는 과정에서 모음 조화가 일어날 수 있다.

(22) ㄱ. 사각사각/서걱서걱, 소곤소곤/수군수군, 종알종알/중얼중얼

ㄴ. 반짝반짝/번쩍번쩍, 달싹달싹/들썩들썩, 꼼지락꼼지락/꿈지럭꿈지럭

(23) ㄱ. 파랗다/퍼렇다, 노랗다/누렇다, 까맣다/꺼멓다, 하얗다/허옇다

ㄴ. 막았다/먹었다, 막아라/먹어라, 막아(서)/먹어(서), 막아도/먹어도, 막아야/먹어야

(22)는 음성 상징어의 내부에서 나타나는 모음 조화의 예이다. (ㄱ)은 의성어(擬聲語)에서 나타나는 모음 조화의 예이며, (ㄴ)은 의태어(擬態語)에서 나타나는 모음 조화의 예이다. 그리고 (23)은 용언에서 일어나는 모음 조화의 예인데, (ㄱ)은 감각 형용사의 어간 내부에서 나타나는 예이며, (ㄴ)는 용언의 어간에 어미가 붙어서 활용할 때에 일어나는 모음 조화의 예이다.

모음 조화는 15세기의 중세 국어에서는 엄격하게 지켜졌다. 그런데 16세기부터 단어의 둘째 음절 이하에서 양성 모음이던 /·/가 대체로 음성 모음인 /ㅡ/로 변하였으며, 중성 모음이던 /ㅣ/도 음성 모음으로 바뀌었다. 이에 따라서 근대 국어나 현대 국어에서

---

6) 모음을 양성과 음성으로 구분하는 것은 15세기의 〈훈민정음 해례본〉에서 시작되었다. 중세 국어에서는 /·, ㅡ, ㅣ, ㅗ, ㅏ, ㅜ, ㅓ/의 7개의 단모음이 있었는데, 〈훈민정음〉에서는 /·, ㅗ, ㅏ/를 양성으로 /ㅡ, ㅜ, ㅓ/를 음성으로 구분하였다. 그런데 19세기 말의 즈음에 이르면 기존의 /·/는 사라지고 그 전에 이중 모음이었던 /ㅔ, ㅐ, ㅟ, ㅚ/가 단모음으로 바뀌었다. 이에 따라서 /ㅏ, ㅗ/만 양성 모음으로 되었고, 나머지 /ㅓ, ㅜ, ㅡ, ㅣ, ㅐ, ㅔ, ㅚ, ㅟ/는 음성 모음으로 되었다.

는 모음 조화가 적용되지 않는 예가 많이 생겼다.

 (24) ㄱ. 보슬보슬, 소근소근, 꼼질꼼질, 몽실몽실, 산들산들
    ㄴ. 반들반들, 남실남실, 자글자글, 대굴대굴, 생글생글

 (25) ㄱ. 고와서(곱다), 도와라(돕다), 더워서(덥다)
    ㄴ. 아름다워(아름답다), 차가워(차갑다), 날카로워(날카롭다), 놀라워(놀랍다)

(24)에서는 의성어와 의태어의 단어 내부에서 모음 조화가 지켜지지 않아서, 양성 모음과 음성 모음이 어울렸다. 그리고 (25)처럼 'ㅂ' 불규칙 용언이 활용할 때에는 모음 조화가 불규칙하게 적용된다. 곧, (25ㄱ)처럼 어간이 단음절인 경우에는 활용할 때에 모음 조화가 지켜졌다. 반면에 (25ㄴ)처럼 어간이 두 음절 이상인 경우에는 양성 모음의 어간에 음성 모음의 어미가 결합하여서 모음 조화가 지켜지지 않았다.

(바) 모음 동화

 '모음 동화(母音同化)'는 앞 음절의 후설 모음인 /ㅏ, ㅓ, ㅗ, ㅜ, ㅡ/가 뒤 음절의 전설 고모음인 /ㅣ/에 동화되어서, 각각 같은 높이의 전설 모음인 /ㅐ, ㅔ, ㅚ, ㅟ, ㅣ/로 바뀌는 동화 현상이다.(역행 동화)

입술 모양	평순 모음			원순 모음		
변동의 방향	전설 모음	⇐	후설 모음	전설 모음	⇐	후설 모음
고모음	/ㅣ/	←	/ㅡ/	/ㅟ/	←	/ㅜ/
중모음	/ㅔ/	←	/ㅓ/	/ㅚ/	←	/ㅗ/
저모음	/ㅐ/	←	/ㅏ/			

⟨표 2⟩ 모음 동화의 양상

⟨표 2⟩에서는 '모음 동화'가 일어나는 양상을 정리였는데, 이러한 '모음 동화'를 전통적으로 '전설 모음화', '' ㅣ' 모음 역행 동화', '움라우트(umlaut)' 등으로 불러 왔다.
 국어에서 모음 동화는 모든 후설 모음에서 일어나는데, 모음 동화의 보기를 제시하면 다음과 같다.

(26) ㄱ. /ㅡ/ → /ㅣ/ : 뜯기다[띧끼다], 듣기다[딛끼다]

　　ㄴ. /ㅓ/ → /ㅔ/ : 어미[에미], 웅덩이[웅뎅이]; 먹이다[메기다]

　　ㄷ. /ㅏ/ → /ㅐ/ : 지팡이[지팽이], 아비[애비]; 잡히다[자피다 → 재피다]

(27) ㄱ. /ㅜ/ → /ㅟ/ : 죽이다[주기다 → 쥐기다]

　　ㄴ. /ㅗ/ → /ㅚ/ : 속이다[소기다 → 쇠기다], 쫓기다[쫃끼다 → 쬗끼다], 보이다[뵈이다]

(26)의 단어는 평순의 후설 모음이 그 뒤의 전설 모음인 /ㅣ/에 동화되어서 전설 모음으로 바뀐 예이다. (ㄱ)의 '뜯기다[띧기다]'는 후설 고모음인 /ㅡ/가 전설 모음인 /ㅣ/로, (ㄴ)의 '어미[에미]'는 후설 중모음인 /ㅓ/가 /ㅔ/로, (ㄷ)의 '지팡이[지팽이]'는 후설 저모음인 /ㅏ/가 /ㅐ/로 바뀌었다. 그리고 (27)의 단어는 원순의 후설 모음이 그 뒤의 전설 모음인 /ㅣ/에 동화되어서 전설 모음으로 바뀐 예이다. (ㄱ)에서 '죽이다[쥐기다]'는 후설 고모음인 /ㅜ/가 전설 모음인 /ㅟ/로, '속이다[쇠기다]'는 후설 중모음인 /ㅗ/가 전설 중모음인 /ㅚ/로 바뀌었다.

　이러한 변동은 필연적이거나 보편적인 변동이 아니므로 이 규칙에 대한 예외가 많다. 곧 (26)과 (27)에서 모음 동화의 예를 살펴보면 모음 동화를 일으킨 동화주인 /ㅣ/와 실제로 동화가 일어나는 피동화주 사이에는 입술소리나 여린입천장소리가 끼어 있는 것이 특징이다. 예를 들어서 (26)에서 (ㄱ)의 '뜯기다[띧기다]'에서는 동화주와 피동화주 사이에 여린입천장소리인 /ㄱ/이 끼어 있으며, (ㄴ)의 '어미[애미]'에서는 입술소리인 /ㅁ/이 끼어 있다. 반면에 /ㅣ/와 피동화주의 모음 사이에 잇몸소리나 센입천장소리가 끼어 있으면 모음 동화의 변동은 잘 일어나지 않는다.

(28) ㄱ. 밟히다[발피다], 알리다[알리다], 날리다[날리다], 달리다[달리다], 땀받이[땀바지], 맞이[마지], 같이[가치], 밭이[바치]

　　ㄴ. 벌리다[벌리다], 없이[업시], 멀리[멀리], 걸리다[걸리다]

　　ㄷ. 해돋이[해도지], 곧이[고지], 몰잇군[모릳꾼], 꽃이[꼬치], 옷이[오시]

(28)에서 (ㄱ)의 '밟히다' 등에서는 'ㅏ/ㅡ/ㅣ/'의 환경에서, (ㄴ)의 '벌리다' 등에서는 'ㅓ/ㅡ/ㅣ/'의 환경에서, (ㄷ)의 '해돋이' 등에서는 'ㅗ/ㅡ/ㅣ/'의 환경에서 모음 동화가 일어나지 않았다. 이들 예를 살펴보면 동화주와 피동화주 사이에 잇몸소리나 센입천장소리가 끼어 있기 때문에 모음 동화가 일어나지 않은 것을 알 수 있다.

　그런데 〈표준어 규정〉에서는 이처럼 모음 동화에 따른 음운의 변동을 일부 노년층이나 지방 언중들이 개별적으로 쓰는 발음으로 간주하여, 원칙적으로 표준 발음으로 인정하지 않는다. 그러나 다음과 같은 단어는 모음 동화에 따른 발음이 현대어에서 완전히 굳어진 것으로 보아서, 예외적으로 표준어로 인정한다.

> (29) ㄱ. 남비[냄비], 서울나기[서울내기], 시골나기[시골내기], 풋나기[풋내기], 신출나기[신출내기]
>
> ㄴ. 멋장이[멋쟁이], 소금장이[소금쟁이], 담장이[담쟁이], 골목장이[골목쟁이], 발목장이[발목쟁이]
>
> ㄷ. (불을) 당기다[댕기다], 동당이치다[동댕이치다]

모음 동화가 적용된 (29)의 '냄비, 멋쟁이, 댕기다' 등은 과거의 어느 때에 모음 동화를 겪어서 현재 널리 쓰이는 반면에, 원래의 '남비, 멋장이, 당기다' 등은 쓰이지 않게 되었다. 이에 따라서 현행의 〈표준어 규정〉의 '표준어 사정 원칙' 제9항에서는 모음 동화가 일어난 '냄비, 멋쟁이, 댕기다'의 단어를 표준어로 인정하고 있다.

3.2.1.2. 동화가 아닌 교체

비동화 교체 현상에는 '평파열음화, 'ㄹ' 두음 법칙, 된소리되기'가 있다.

(가) 평파열음화

국어의 자음은 총 19개인데 이들 자음 중에서 음절의 끝소리(종성)로 발음될 수 있는 자음은 /ㄱ, ㄴ, ㄷ, ㄹ, ㅁ, ㅂ, ㅇ/의 7개로 한정된다. 이러한 제약에 따라서 음절의 끝자리에 이러한 일곱 자음 이외의 자음이 오게 되면 일곱 자음 중의 하나로 바뀌어서 발음되는데, 이 현상을 '평파열음화(음절 끝소리 규칙)'이라고 한다.[7]

	(첫소리)		(끝소리)	
(30) ㄱ.	/ㅍ/	→	/ㅂ/	(입술소리)
ㄴ.	/ㅋ, ㄲ/	→	/ㄱ/	(여린입천장소리)
ㄷ.	/ㅌ, ㅅ, ㅆ; ㅈ, ㅊ/	→	/ㄷ/	(잇몸소리)
ㄹ.	/ㅎ/	→	/ㄷ/	(잇몸소리)

---

7) '평파열음화'는 음절의 종성에서 발음될 수 없는 장애음이 /ㅂ, ㄷ, ㄱ/과 같은 '평파열음(예사소리의 파열음)'으로 바뀌는 현상을 지칭한 것이다.(이문규 2013:162, 이진호 2012:119 참조)

/ㅍ/이 끝소리로 쓰일 때에는 /ㅂ/으로 바뀌어서 발음되고, 여린입천장소리인 /ㄲ, ㅋ/이 끝소리(종성)로 쓰일 때에는 /ㄱ/으로 발음된다. 그리고 잇몸소리와 센입천장 소리인 /ㅌ; ㅅ, ㅆ; ㅈ, ㅊ/과 목청소리인 /ㅎ/이 끝소리로 쓰일 때에는 /ㄷ/으로 발음된다. 이들은 모두 된소리나 거센소리의 파열음이나 마찰, 파찰음 등이 동일한 조음 위치에서 발음되는 예사소리의 파열음(평파열음)인 /ㅂ/, /ㄷ/, /ㄱ/으로 바뀌는 현상이다.

(31) ㄱ. 잎[입], 늪[늡], 앞[압], 무릎[무릅], 깊다[깁따]

ㄴ. 부엌[부억], 동녘[동녁]; 낚시[낙씨], 닭고[닥꼬]

ㄷ. 밭[받], 같고[갇꼬]; 낫[낟], 벗고[벋꼬]; 갔고[갇꼬]; 낮[낟], 늦고[늗꼬]; 낯[낟]

ㄹ. 놓는[(녿는) → 논는], 낳느냐[(낟느냐) → 난느냐], 놓소[(녿소) → 노쏘], 낳습니다[(낟습니다) → 나씀니다]8)

(31)의 예는 모두 홑받침이 종성의 자리에서 7개 자음 중의 하나로 바뀐 예이다. (ㄱ)에서는 끝소리의 자리에서 거센소리의 파열음인 /ㅍ/이 예사소리의 파열음인 /ㅂ/으로 바뀌었다. (ㄴ)에서는 거센소리의 파열음인 /ㅋ/과 된소리 파열음인 /ㄲ/이 예사소리의 파열음인 /ㄱ/으로 바뀌었다. (ㄷ)에서는 거센소리의 파열음인 /ㅌ/이나, 마찰음인 /ㅅ, ㅆ/, 파찰음인 /ㅈ, ㅊ/ 등이 예사소리의 파열음인 /ㄷ/으로 바뀌었으며, (ㄹ)에서는 마찰음인 /ㅎ/이 예사소리의 파열음인 /ㄷ/으로 바뀌었다.9) (31)에서 일어난 변동을 종합적으로 판단해 보면, 모두 평파열음(예사소리의 파열음)이 아닌 자음이 음절의 끝소리의 자리에서 평파열음인 /ㅂ, ㄷ, ㄱ/으로 바뀐 변동이다.

'평파열음화'는 합성어 속에서, 앞 어근의 받침 뒤에 모음으로 시작하는 어근이 실현될 때에도 그대로 적용된다.

(32) ㄱ. 맞있다[맏+읻따 → 마딛따], 멋있다[먿+읻따 → 머딛따]

ㄴ. 젖어미[젇+어미 → 저더미], 팥알[팓+알 → 파달], 옆얼굴[엽+얼굴 → 여벌굴]

---

8) /ㅎ/이 실제로 /ㄷ/으로 변동하는 것인지는 음운론적으로 확인할 수 없다. 다만, '놓는'이 [논는]으로 발음되고 '놓소'가 [노쏘]로 발음되는 과정을 설명할 때에, 음절 말에서 /ㅎ/이 /ㄷ/으로 변동했다고 설명하는 것이 편리하기 때문이다.

9) '평파열음화'는 조음 자리는 그대로 유지되고 조음 방법만 바뀌는 변동이다. 단, /ㅈ, ㅊ/은 센입천장소리이고 /ㅎ/은 목청소리인데, /ㅈ, ㅊ, ㅎ/의 조음 위치에서는 평파열음이 없으므로 음절의 끝자리에서 윗잇몸에서 발음되는 평파열음인 /ㄷ/으로 바뀐다.

(32)에서 '맛있다'는 어근인 '맛'이 평파열음화에 따라서 [맏]으로 변동한 다음에 연음 규칙에 따라서 뒤 어근인 '있다'와 결합하여 [마딛따]로 발음된다. 마찬가지로 '젖어미' 도 '젖'이 [젇]으로 변동한 뒤에 '어미'와 결합하여 [저더미]로 발음된다. 이처럼 뒤 형태 소가 실질 형태소(=어근)이면 앞 형태소와 뒤 형태소 사이에 쉼(휴지, pause)이 있어서 평파열음화를 먼저 적용한 다음에, 연음 규칙에 따라서 앞 형태소의 끝소리가 뒤 음절로 옮겨서 발음되는 것이다.

(나) 'ㄹ' 두음 법칙

'ㄹ' 두음 법칙(頭音法則)'은 /ㄹ/이 단어의 첫머리(어두, 語頭)에서 발음되는 것을 꺼려 서 다른 소리로 바뀌는 현상이다. 곧, 본래 /ㄹ/을 첫소리(초성)로 가졌던 한자음이 어두 에 쓰일 때에, /ㄹ/이 /ㄴ/으로 바뀌는 현상이다.[10]

첫소리가 /ㄹ/인 한자음이 어두에서 /i/나 /j/ 이외의 모음 앞에 쓰일 때에는 /ㄴ/으로 바뀐다. 곧, 원음이 /라, 로, 루, 르, 래, 뢰/인 한자음이 어두에 쓰일 때에, 각각 /나, 노, 누, 느, 내, 뇌/로 바뀌는 현상이다.

(33) ㄱ. 열락(悅樂), 근로(勤勞), 고루(高樓), 태릉(泰陵), 미래(未來), 낙뢰(落雷)

　　　ㄴ. 낙원(樂園), 노동(勞動), 누각(樓閣), 능묘(陵墓), 내일(來日), 뇌성(雷聲)

(33)에서 '樂, 勞, 樓, 陵, 來, 雷'는 본래의 발음이 (ㄱ)처럼 /락, 로, 루, 릉, 래, 뢰/였는데, 이들이 (ㄴ)처럼 어두에 실현될 때에는 /낙, 노, 누, 능, 내, 뇌/로 바뀐다.

그런데 'ㄹ' 두음 법칙은 한자어에만 적용되고, 서양에서 들어온 외래어에는 적용되지 않는 특징이 있다.

(34) ㄱ. 라디오, 라면, 로즈마리, 레이저, 레즈비언, 로봇, 롱런, 리그, 리듬, 릴리프

　　　ㄴ. *나디오, *나면, *노즈마리, *네이저, *네즈비언, *노봇, *농런, *니그, *니듬, *닐리프

---

10) 예전에는 'ㄹ' 두음 법칙과 'ㄴ' 두음 법칙을 묶어서 '두음 법칙'으로 처리해 왔다. 그러나 'ㄹ' 두음 법칙은 음운의 '교체'에 해당하고, 'ㄴ' 두음 법칙은 음운의 '탈락'에 해당한다. 따라서 이 두 음운 변동 사이에는 어두에서 일어나는 변동이라는 점 이외에는 공통점이 없다. 그리고 국어사를 감안하면 이 두 현상은 별개로 일어난 음운 변화 현상이었다. 곧, 'ㄹ' 두음 법칙은 이미 15세기 말부터 한자어에서 일어났으나, 'ㄴ' 두음 법칙은 18세기 후반에 한자어와 고유어에서 모두 일어났 다. 이러한 사실을 감안하여, 이 책에서는 'ㄹ' 두음 법칙은 음운의 '교체'로 처리하고 'ㄴ' 두음 법칙은 음운의 '탈락'으로 구분하여 다룬다.

현대 국어의 외래어 중에서 (ㄱ)에 제시된 단어에서는 어두에서 /ㄹ/이 유지되고 있다. 만일 두음 법칙이 현대 국어의 공시적인 변동 현상이라면, 이들 외래어에서도 (ㄴ)처럼 어두에 실현되는 /ㄹ/이 /ㄴ/으로 바뀌어야 한다. 그러나 외래어를 발음할 때에는 (ㄱ)처럼 어두에서 원래대로 /ㄹ/로 발음되는 점을 감안하면, 'ㄹ' 두음 법칙 현상은 현대 국어의 공시태에서는 적용되지 않는 음운 현상임을 알 수 있다.

(다) 된소리되기

두 형태소가 이어지는 과정에서 앞 형태소의 끝소리의 영향을 받아서 뒤 형태소의 예사소리가 된소리로 바뀌는 현상을 '된소리되기(경음화, 硬音化)'라고 한다. 이러한 '된소리되기'에는 파열음 뒤에서 일어나는 된소리되기와 유성 자음 뒤에서 일어나는 된소리되기로 구분된다.

〈 파열음 뒤의 된소리되기 〉 앞 형태소의 끝소리가 예사소리의 파열음(평파열음)인 /ㅂ, ㄷ, ㄱ/인 때에, 뒤 형태소의 첫소리로 나는 /ㅂ, ㄷ, ㄱ, ㅅ, ㅈ/이 된소리인 /ㅃ, ㄸ, ㄲ, ㅆ, ㅉ/으로 변동한다.

파열음의 뒤에서 일어나는 된소리되기는 그것이 일어나는 음운론적 환경에 따라서, 그 유형을 다음과 같이 정리할 수 있다.

(35) ㄱ. 밥보[밥뽀], 밥솥[밥쏟], 옆집[엽집 → 엽찝]; 넓죽하다[넙주카다 → 넙쭈카다], 읊고[읖고 → 읍고 → 읍꼬], 값도[갑도 → 갑또]

ㄴ. 뻗대다[뻗때다], 밭갈이[받가리 → 받까리], 옷고름[옫고름 → 옫꼬름], 갔소[갇소 → 갇쏘], 잊다[읻다 → 읻따], 꽃다발[꼳다발 → 꼳따발]

ㄷ. 국밥[국빱], 깎다[각다 → 깍따], 삯돈[삭돈 → 삭똔], 닭장[닥장 → 닥짱], 학교[학꾜], 독사[독싸]

(ㄱ)에서는 앞 소리가 /ㅂ/이고 뒤 소리가 예사소리인 /ㅂ, ㄷ, ㄱ, ㅅ, ㅈ/ 등일 때에, 뒤 소리가 된소리인 /ㅃ, ㄸ, ㄲ, ㅆ, ㅉ/로 바뀌었다. '넓죽하다, 읊고, 값도'에서는 자음군 단순화와 평파열음화가 적용된 뒤에 /ㅂ/에 이어나는 예사소리가 된소리로 바뀌었다. (ㄴ)에서는 앞 소리가 /ㄷ/이고 뒤 소리가 예사소리일 때에, 뒤의 예사소리가 된소리로 바뀌었다. (ㄷ)에서는 앞 소리가 /ㄱ/이고 뒤 소리가 예사소리일 때에, 뒤 소리의 예사소리가 된소리 바뀌었다.

그런데 용언의 어간이 /ㄻ/, /ㄼ/, /ㄾ/의 겹받침으로 끝날 때에도, 그 뒤에 실현되는 예사소리가 된소리로 변동한다.

(36) ㄱ. 맑게[맑께 → 말께], 붉고[붉꼬 → 불꼬], 묽거나[묽꺼나 → 물꺼나]

　　 ㄴ. 넓게[넓께 → 널께], 떫지[떫찌 → 떨찌]

　　 ㄷ. 핥다[핥다 → 핥따 → 할따], 훑소[훑소 → 훑쏘 → 홀쏘]

(37) 만들고[만들고], 만들더니[만들더니], 만들지[만들지]

(36)에서 (ㄱ)의 '맑게, 붉고'와 (ㄴ)의 '넓게, 떫지'와 (ㄷ)의 '핥다, 훑소'에서는 겹받침인 /ㄺ/, /ㄼ/, /ㄾ/ 중에서 뒤에 실현되는 /ㄱ/, /ㅂ/, /ㅌ→ㄷ/으로 인해서, 뒤의 예사소리가 된소리로 변동한 것으로 해석한다. 곧, 예사소리의 파열음인 /ㄱ/, /ㅂ/, /ㄷ/의 뒤에서 된소리되기가 먼저 일어난 다음에, 다시 자음군 단순화가 적용되어서 어간의 끝소리가 /ㄹ/로 된 것이다.11) 반면에 어간의 끝 종성이 /ㄼ/과 /ㄾ/이라는 음운론적인 조건에 따라서, (37)처럼 용언의 어간이 일반적인 /ㄹ/일 때에는 된소리되기가 일어나지 않는다.

'파열음 뒤의 된소리되기'에 나타나는 변동의 양상은 다음과 같이 정리할 수 있다.

변동 전		변동 후	
앞 형태소의 끝소리	뒤 형태소의 첫소리	앞 형태소의 끝소리	뒤 형태소의 첫소리
/ㅂ/	/ㅂ, ㄷ, ㄱ, ㅅ, ㅈ/	/ㅂ/	/ㅃ, ㄸ, ㄲ, ㅆ, ㅉ/
/ㄷ/	/ㄷ, ㄱ, ㅅ/	/ㄷ/	/ㄸ, ㄲ, ㅆ/
/ㄱ/	/ㅂ, ㄷ, ㄱ, ㅅ/	/ㄱ/	/ㅃ, ㄸ, ㄲ, ㅆ/

〈표 3〉 파열음 뒤에서 나는 된소리되기의 변동 양상

'파열음 뒤의 된소리되기'는 문법적인 형식에 관계없이 음운론적인 조건만 갖추어지면 예외 없이 반드시 일어나는 보편적이면서 필연적인 변동이다.12)

〈 비음과 유음 뒤의 된소리되기 〉 비음인 /ㄴ, ㅁ/과 유음인 /ㄹ/의 뒤에서 일어나는 된소리되기는 음운론적인 조건뿐만 아니라 문법론적인 조건에도 영향을 받는다. 이 변동은 문법론적인 조건에 따라서, 다음의 세 가지 유형으로 구분된다.

　ⓐ **비음의 뒤에서 일어나는 된소리되기** : 용언이 활용할 때에 비음인 /ㄴ, ㅁ/로 끝나는

---

11) (36)의 예를 자음군 단순화를 먼저 적용해서 /ㄹ/ 뒤에서 예사소리가 된소리로 바뀌었다고 처리하면, 다른 예에서 문제가 생길 수 있다. 곧, 이와 같이 처리한다면, (37)의 '만들고, 만들더니, 만들지'처럼 /ㄹ/ 뒤에서 된소리되기가 적용되지 않는 사실을 설명할 수 없기 때문이다.

12) 다만, 예외적으로 (36ㄴ)의 변동은 용언이 활용할 때에만 일어나며, 체언과 조사가 결합할 때에는 일어나지 않는다. (보기: 여덟도[여덜도], 여덟과[여덜과], 여덟보다[여덜보다])

용언의 어간에 /ㄷ, ㄱ, ㅅ, ㅈ/으로 시작하는 어미가 붙어서 활용하면, 어미의 첫소리인 /ㄷ, ㄱ, ㅅ, ㅈ/이 된소리인 /ㄸ, ㄲ, ㅆ, ㅉ/로 바뀔 수 있다.

(38) ㄱ. 신도록[신또록], 신기[신끼], 안습니다[안씁니다], 껴안지[껴안찌]

ㄴ. 앉더니[안떠니], 앉기[안끼], 없소[언쏘], 얹자[언짜]

(39) ㄱ. 담더니[담떠니], 삼기[삼끼], 감습니다[감씁니다], 더듬지[더듬찌]

ㄴ. 삶도록[삼또록], 굶기[굼끼], 닮소[담쏘], 젊지[점찌]

(38)에서 (ㄱ)의 '신다(履)'와 '안다(抱)' 등과 같이 /ㄴ/으로 끝나는 어간에 /ㄷ, ㄱ, ㅅ, ㅈ/으로 시작하는 어미가 이어질 때에는, 어미의 첫소리가 된소리인 /ㄸ, ㄲ, ㅆ, ㅉ/으로 바뀐다. (ㄴ)의 '앉다(座)'와 '얹다(置)'에서는 자음군 단순화에 따라서 어간의 끝소리인 겹자음 /ㄵ/의 /ㅈ/이 탈락하여 /ㄴ/으로 바뀐 다음에, 어미의 예사소리가 된소리로 바뀐다. (39)에서 (ㄱ)의 '담다'와 (ㄴ)의 '삶다' 등과 같이 /ㅁ/으로 끝나는 어간에 /ㄷ, ㄱ, ㅅ, ㅈ/으로 시작하는 어미가 이어지면, 어미의 첫소리가 예사소리에서 /ㄸ, ㄲ, ㅆ, ㅉ/의 된소리로 바뀐다.

그러나 (38~39)와 동일한 음운론적 환경에 놓여 있어도, 체언과 조사가 결합하거나 어근에 피동이나 사동의 접미사가 결합할 때에는 된소리되기가 일어나지 않는다.

(40) ㄱ. 중간도[중간도], 돈과[돈과]; 담도[담도], 섬과[섬과]

ㄴ. 안기다[안기다]; 감기다[감기다], 담기다[담기다], 굶기다[굼기다], 옮기다[옴기다]

(ㄱ)에서는 체언에 조사가 이어졌고 (ㄴ)에서는 용언의 어근에 피동이나 사동의 파생 접미사인 '-기-'가 이어졌다. 앞뒤 형태소가 이어지는 음운론적인 환경은 앞의 (38~39) 와 동일하지만, (40)에서는 된소리되기가 일어나지 않는다. 이러한 점을 감안하면, 앞의 (38~39)에서 나타나는 된소리되기는 한정적인 변동임을 알 수 있다.

ⓑ **유음의 뒤에서 일어나는 된소리되기** : 한자어 복합어에서 유음인 /ㄹ/로 끝나는 앞 어근에 /ㄷ, ㅅ, ㅈ/으로 시작하는 뒤 어근이 이어질 때에, 뒤 어근의 첫소리가 /ㄸ, ㅆ, ㅉ/으로 변동하는 수가 있다.

(41) ㄱ. 갈등[갈뜽], 발달[발딸], 절도[절또]

ㄴ. 말살[말쌀], 발성[발썽], 불소[불쏘], 일시[일씨]

ㄷ. 갈증[갈쯩], 물질[물찔], 열정[열쩡]

(42) ㄱ. 발각[발각], 물건[물건], 발견[발견], 팔경[팔경], 설계[설계], 출고[출고], 결과[결과], 열
기[열기], 절기[절기]

ㄴ. 출발[출발], 불복[불복], 발병[발병], 활보[활보]

(41)에서는 앞 어근의 끝소리가 /ㄹ/일 때에 뒤 어근의 첫소리인 /ㄷ, ㅅ, ㅈ/이 각각
된소리인 /ㄸ, ㅆ, ㅉ/으로 변동했다. 반면에 (42)처럼 앞 어근의 끝소리가 /ㄹ/일지라도,
뒤 어근의 첫소리가 /ㄱ/이나 /ㅂ/일 때에는 된소리되기 현상이 일어나지 않는다. 이처
럼 한자어 복합어에서 /ㄹ/ 뒤에서 일어나는 된소리되기는 모든 경우에 보편적으로 일
어나는 것은 아니다.[13]

ⓒ **'-을'의 뒤에서 일어나는 된소리되기** : 관형사형 전성 어미인 '-을'에 이어서 실현되는
체언의 예사소리인 /ㅂ, ㄷ, ㄱ, ㅅ, ㅈ/도 된소리로 변동한다.

(43) ㄱ. 할 바를[할빠를], 할 법하다[할뻐파다]

ㄴ. 갈 데가[갈떼가], 할 도리[할또리]

ㄷ. 할 것을[할꺼슬], 할 곳[할꼳]

ㄹ. 할 수는[할쑤는], 할 사람[할싸람]

ㅁ. 할 적에[할쩌게], 할 자세[할짜세]

(43)에서는 관형사형 어미인 '-ㄹ'에 이어서 실현된 체언의 예사소리인 /ㅂ, ㄷ, ㄱ, ㅅ,
ㅈ/이 각각 /ㅃ, ㄸ, ㄲ, ㅆ, ㅉ/의 된소리로 바뀌었다.[14]

앞의 〈표 3〉처럼 파열음의 뒤에서 일어나는 된소리되기는 보편적인 음운 변동이다.
반면에 비음인 /ㄴ, ㅁ/과 유음인 /ㄹ/의 뒤에서 일어나는 된소리되기는 용언의 활용이
나 한자어의 복합어, 그리고 관형사형 전성 어미인 '-을'과 명사라는 문법론적인 조건에
영향을 받는다. 따라서 된소리되기에는 보편적인 음운 변동과 한정적인 음운 변동의
두 가지 특성이 모두 나타난다.

---

13) '몰상식[몰쌍식]'과는 달리 '몰지각(沒知覺)'은 'ㄹ'의 뒤에서 [ㅈ]이 예사소리로 발음된다.

14) 현대 국어에서 쓰이고 있는 활용 어미 중에는 중세나 근대 국어의 시기에 관형사형 어미인 '-을'과
체언이 융합되어서 형성된 것이 있다. 〈표준 발음법〉의 제27항에서는 이들 어미의 내부에서도
(43)과 마찬가지로 된소리되기가 일어나는 것으로 규정하고 있다. (보기: 할밖에[할빠께], 할걸[할
걸], 할세라 [할쎄라], 할수록[할쑤록], 할지라도[할찌라도], 할지언정[할찌언정], 할진대[할찐대])

3.2.2. 음운의 탈락

형태소의 경계에서 두 음운이 이어질 때에, 한 음운이 완전히 탈락(脫落)하여 없어지거나 어두에서 'ㄴ'이 탈락하는 수도 있다. 음운의 탈락에 자음이 탈락하는 경우와 모음이 탈락하는 경우가 있다.

3.2.2.1. 자음의 탈락

자음의 탈락에는 '자음군 단순화, 'ㄴ' 두음 법칙, 'ㄹ'의 탈락, 'ㅎ'의 탈락'의 음운 변동 규칙이 있다.

(가) 자음군 단순화

국어에서 종성의 자리에 실현될 수 있는 겹받침은 /ㄳ, ㄵ, ㄶ, ㄼ, ㄺ, ㄾ, ㅀ, ㅄ, ㄺ, ㄻ, ㄿ/의 11개가 있다. 이들 겹받침은 자음 앞이나 휴지 앞에서 한쪽의 자음이 탈락하는데, 이를 '자음군 단순화(겹받침 줄이기)'라고 한다. 이러한 현상은 국어의 음절 구조상 첫소리나 끝소리의 위치에 자음이 하나만 올 수 있는 제약 때문에 일어나는 현상이다.

먼저 겹받침 중에서 'ㄳ; ㄵ, ㄶ; ㄺ, ㄻ, ㄼ, ㄽ, ㄿ, ㄾ, ㅀ; ㅄ'은 자음의 강도에 따른 차이에 따라서 겹받침 중에서 강도가 약한 자음이 탈락한다.[15]

(44) ㄱ. /ㄳ/ → /ㄱ/ : 몫[목], 삯[삭]

　　ㄴ. /ㄵ/ → /ㄴ/ : 앉고[안꼬], 얹지[언찌]

　　ㄷ. /ㄶ/ → /ㄴ/ : 많네[만네], 않느냐[안느냐]

　　ㄹ. /ㄺ/ → /ㄱ/ : 맑다[막따], 늙지[늑찌], 닭[닥], 흙과[흑꽈]

　　ㅁ. /ㄻ/ → /ㅁ/ : 젊다[점따], 닮다[담 : 따], 삶[삼]

　　ㅂ. /ㄼ/ → /ㅂ/ : 밟게[밥께], 넓죽하다[넙쭈카다])　　(예외 : 여덟[여덜], 넓다[널따])

　　ㅅ. /ㄽ/ → /ㄹ/ : 외곬[외골], 물곬[물꼴]

---

15) '자음군 단순화 현상'은 기본적으로 자음의 강도에 관련한 원칙에 따른다. 곧, 자음의 소리는 조음 위치에 따라서 '여린입천장소리 〉 입술소리 〉 잇몸소리'의 순서로 강도가 정해져 있다. 이에 따라서 끝소리에 실현되는 겹자음에서는 두 소리 중에서 강도가 센 쪽이 남고 강도가 약한 쪽이 탈락한다. 그리고 만일 두 소리의 조음 위치가 동일하여 강도가 같을 경우에는, 유성 자음이 남고 무성 자음이 탈락한다. 예를 들어서 (44)에서 (ㄴ)의 /ㄵ/과 (ㄷ)의 /ㄶ/에 실현되는 /ㅈ/과 /ㅎ/에 음절 끝소리 규칙을 적용하면, /ㅈ/과 /ㅎ/이 /ㄷ/으로 바뀐다. 결과적으로 /ㄵ/과 /ㄶ/의 겹자음들은 앞 소리와 뒤 소리가 /ㄷ/으로 둘 다 잇몸소리여서 자음의 강도가 같다. 따라서 /ㄵ/과 /ㄶ/의 겹자음에서는 유성 자음인 /ㄴ/이 남고 무성 자음인 /ㅈ/과 /ㅎ/이 탈락한다.(양순임 2011:194 참조)

ㅇ. /ㄿ/ → /ㅂ/ : 읊다[읍따], 읊고[읍꼬]

ㅈ. /ㄾ/ → /ㄹ/ : 핥다[할따], 훑고[훌꼬]

ㅊ. /ㅀ/ → /ㄹ/ : 끓는[끌는], 잃소[일쏘]

ㅋ. /ㅄ/ → /ㅂ/ : 없고[업꼬], 값[갑]

(44)에서 'ㄳ; ㄵ, ㄶ; ㄻ, ㄿ, ㄼ, ㄽ, ㄿ, ㄾ, ㅀ; ㅄ'의 겹받침은 자음의 강도에 따라서, 강도가 약한 자음이 탈락하여 홑받침으로 발음된다.

그런데 'ㄹ'로 시작하는 겹받침은 자음의 강도에 따른 탈락 규칙을 지키지 않는 예외가 있다.

(45) ㄱ. 여덟[여덜], 넓다[널따]

ㄴ. 맑게[말께], 묽고 [물꼬], 얽거나 [얼꺼나]

(ㄱ)에서 'ㄼ'은 '여덟[여덜]'과 '넓다[널따]'처럼 /ㄹ/보다 강도가 센 자음인 /ㅂ/이 탈락하여 예외적으로 /ㄹ/로만 발음될 수도 있다. 그리고 〈표준 발음법〉의 제11항에서는 "다만, 용언의 어간 말음인 'ㄺ'은 'ㄱ' 앞에서 [ㄹ]로 발음한다."라고 규정하여 예외를 인정하고 있다. 이에 따라서 (ㄴ)에서 'ㄺ'은 '맑게[말께], 묽고[물꼬], 얽거나[얼꺼나]'처럼 강도가 센 자음인 /ㄱ/이 탈락한다.

그리고 '만들다, 둥글다, 울다, 알다, 멀다, 길다'처럼 /ㄹ/로 끝나는 용언의 어간에 관형사형 어미인 '-ㄴ'이나 '-ㄹ', 그리고 종결 어미인 '-ㅂ니다, -ㅂ니까' 등이 붙어서 활용할 때에도 자음군 단순화가 적용된다.16)

(46) ㄱ. 만들+ㄴ : [*만듢 → 만든]

ㄴ. 둥글+ㄹ : [*둥긇 → 둥글]

ㄷ. 울+ㅂ니다 : [*욻니다 → 웁니다]

곧, '만들다, 둥글다, 울다'의 어간인 '만들-, 둥글-, 울-'에 어미인 '-ㄴ, -ㄹ, -ㅂ니다'가 결합하여 활용할 때에는, '*만듢, *둥긇, *욻니다'와 같은 형태가 유도된다. 그러나 /듢/,

---

16) '만든, 둥글, 웁니다'에서 일어나는 변동을 'ㄹ'의 탈락으로 처리하지 않고 자음군 단순화로 처리하는 이유는, '만들-, 둥글-, 울-' 등이 '-ㄴ, -ㄹ, -ㅂ니다'와 결합할 때에 매개 모음을 취하지 않기 때문이다.(cf. 만들면, 둥글면, 울면) 그러나 현행의 〈언어와 매체〉 교과서에서는 '만든, 둥글, 웁니다'를 'ㄹ' 탈락으로 처리하고 있다.

/긂/, /옲/에서 나타나는 겹받침은 국어의 음절 구조에 맞지 않으므로, 겹받침 중에서 어간의 자음인 /ㄹ/을 탈락시켜서 '만든, 둥글, 옵니다'의 형태로 실현된다.

(나) 'ㄴ' 두음 법칙

국어에서 /ㄴ/은 보통의 조음 위치에서는 /n/으로 발음되는데, /i/나 /j/의 앞에서 센입 천장소리인 [ɲ]으로 바뀐다.(이호영 1996:96 참조)

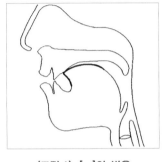

〈그림 1〉 [n]의 발음

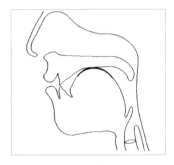

〈그림 2〉 [ɲ]의 발음

그런데 국어에서 [ɲ]은 단어의 첫머리에서는 나타나지 못하는 제약이 있다. 그 결과로 한자음의 /니, 냐, 녀, 뇨, 뉴/는 어두에서 /ㄴ/이 탈락하여 /이, 야, 여, 요, 유/로 발음된다.

(47) ㄱ. 은닉(隱匿), 남녀(男女), 당뇨(糖尿), 결뉴(結紐)
    ㄴ. 익명(匿名), 여자(女子), 요소(尿素), 유대(紐帶)

예를 들어 '匿, 女, 尿, 紐'가 단어의 첫머리가 아닌 위치에서는 (ㄱ)의 [닉], [녀], [뇨], [뉴]처럼 원래대로 소리 나지만, 이들이 단어의 첫머리에서 나타날 때에는 (ㄴ)처럼 [익], [여], [요], [유]로 발음이 바뀌는 현상이다.

그리고 초성이 /ㄹ/인 한자음이 단어의 첫머리에서 모음 /i/나 /j/와 결합할 때에는 /ㄹ/이 탈락한다.

(48) ㄱ. 도리(道理), 괴력(怪力), 하류(下流), 사례(謝禮)
    ㄴ. 이유(理由), 역도(力道), 유수(流水), 예의(禮儀)

(48)에서 '理, 力, 流, 禮' 등은 본래의 발음이 [리, 력, 류, 례]인데, (ㄴ)처럼 단어의 첫머리

에서는 /ㄹ/이 탈락한다. 그런데 (48ㄴ)에서 일어난 탈락 현상은 다음과 같은 두 가지의 두음 법칙 현상이 이어서 실현된 것으로 해석할 수도 있다. 곧, 'ㄹ' 두음 법칙'에 따라서 /ㄹ/이 단어의 첫머리에서 /ㄴ/으로 바뀐 다음에, 다시 'ㄴ' 두음 법칙에 따라서 /ㄴ/이 /i/나 /j/로 시작하는 형태소 앞에서 탈락한 것으로 볼 수 있다.

'ㄴ' 두음 법칙도 'ㄹ' 두음 법칙과 마찬가지로 한자음에만 적용되고, 서양의 외래어나 고유어의 의존 명사에는 적용되지 않는다.

(49) ㄱ. 뉴스, 뉴질랜드, 니켈, 니코틴

ㄴ. 저 <u>녀</u>석, 그 <u>년</u>, 바느질 실 두 <u>님</u>, 동전 세 <u>닢</u>

(ㄱ)에서는 외래어에서 어두의 /ㄴ/이 그대로 유지되고 있고, (ㄴ)에서는 국어의 의존 명사에서 어두의 /ㄴ/이 유지되고 있다.

(다) 'ㄹ'의 탈락

"'ㄹ'의 탈락'은 용언 어간의 끝소리인 /ㄹ/이 /ㄴ/이나 /ㅅ/으로 시작하는 어미의 앞에서 탈락하는 음운 변동이다.

(50) ㄱ. 울+는→[우는], 만들+는→[만드는], 둥글+니→[둥그니]

ㄴ. 매달+소→[매다소], 만들+세→[만드세], 살+시+다→[사시다]

(ㄱ)의 '우는'과 '만드는'은 '울(鳴)-'과 '만들(作)-'의 끝소리인 /ㄹ/이 어미의 첫소리인 /ㄴ/ 앞에서 탈락했다. (ㄴ)의 '매다소'와 '만드세'는 '매달(縣)-'과 '만들(作)-'의 끝소리인 /ㄹ/이 어미의 첫소리인 /ㅅ/ 앞에서 탈락했다.

'ㄹ'의 탈락은 주로 (50)처럼 용언이 활용할 때에 어간의 끝소리인 /ㄹ/이 탈락하는 것이 일반적이다. 그런데 합성어나 파생어가 형성되는 과정에서도 앞 어근의 끝소리 /ㄹ/이 뒤 어근의 첫소리 /ㄴ, ㄷ, ㅅ, ㅈ/ 앞에서 탈락하는 경우가 있다.

(51) ㄱ. 불+나비[부나비], 솔+나무[소나무]

ㄴ. 달+달이[다달이], 말+되[마되], 열+닫이[여닫이]

ㄷ. 말+소[마소], 불+삽[부삽], 불+손[부손], 활+살[화살]

ㄹ. 물+자위[무자위], 쌀+전[싸전], 울+짖다[우짖다]

(52) ㄱ. 딸+님[따님], 하늘+님[하느님]

　　ㄴ. 바늘+질[바느질]

(51)의 예에서는 어근과 어근이 결합하여 합성어가 되는 과정에서 앞 어근의 끝 자음인 /ㄹ/이 탈락하였다. (ㄱ)의 '부나비'에서 '부(←불)'는 /ㄴ/ 앞에서, (ㄴ)의 '다달이'에서 '다(←달)'는 /ㄷ/ 앞에서, (ㄷ)의 '마소'에서 '마(←말)'는 /ㅅ/ 앞에서, (ㄹ)의 '무자위'에서 '무(←물)'는 /ㅈ/ 앞에서 어근의 끝소리인 /ㄹ/이 탈락하였다. 그리고 (52)에서 '따님'과 '바느질'은 어근에 접미사가 붙어서 된 파생어인데, 각각 접미사의 첫소리인 /ㄴ/과 /ㅈ/ 앞에서 어근의 끝소리인 /ㄹ/이 탈락하였다.

그런데 (51)과 (52)처럼 복합어에서 일어나는 'ㄹ'의 탈락의 현상은 보편적으로 일어나는 현상이 아니다. 동일한 음운론적 환경에서도 앞 어근의 끝 소리인 /ㄹ/이 그대로 유지되거나, /ㄹ/이 /ㄷ/으로 변동하는 경우도 있기 때문이다.

(53) ㄱ. 물+난리[물랄리], 물+동이[물똥이], 철+새[철쌔], 물+지게[물찌게]

　　ㄴ. 이틀+날[이튿날], 설+달[섣달], 풀+소[푿소], 잘+주름[잗쭈름]

(ㄱ)의 '물난리'에서는 앞 어근의 끝소리인 /ㄹ/이 그대로 유지되었으며, (ㄴ)의 '이튿날'에서는 앞 어근의 끝소리인 /ㄹ/이 /ㄷ/으로 바뀌었다. 따라서 합성어나 파생어에서 나타나는 'ㄹ'의 탈락의 현상은 단어마다 개별적으로 일어나는 '한정적인 변동'이다.

(라) 'ㅎ'의 탈락

"ㅎ'의 탈락'은 /ㅎ/으로 끝나는 용언의 어간에 모음으로 시작하는 어미나 파생 접미사가 붙으면, 어간의 /ㅎ/이 탈락하는 음운 변동이다.

(54) ㄱ. 좋+아[조아], 낳+아도[나아도], 놓+아야[노아야], 넣+어라[너어라]

　　ㄴ. 좋+은[조은], 낳+으며[나으며], 놓+으면[노으면], 넣+으니[너으니]

　　ㄷ. 쌓+이다[싸이다], 끓+이다[끄리다], 놓+이다[노이다]

(ㄱ)에서는 '좋다, 낳다, 놓다, 넣다'의 어간에 모음으로 시작하는 어미인 '-아, -아도, -아야, -어라' 등이 붙어서 활용할 때에, 어간의 끝소리인 /ㅎ/이 탈락하였다. 그리고 (ㄴ)에서는 /ㅎ/으로 끝나는 어간에 매개 모음인 /ㅡ/를 앞세우는 어미와 결합하여 활용하는 과정에서 어간의 끝소리 /ㅎ/이 탈락하였다. (ㄷ)은 /ㅎ/으로 끝나는 어근인 '쌓-,

끓-, 놓-'에 모음으로 시작하는 파생 접미사인 '-이-'가 붙는 과정에서 어근의 끝소리 /ㅎ/이 탈락하였다.[17]

3.2.2.2. 모음의 탈락

앞의 형태소와 뒤의 형태소가 결합하는 과정에서, 모음과 모음이 이어지면 발음하기가 불편해진다. 이와 같은 불편을 해소하여 발음을 편하게 하기 위하여 앞 모음이나 뒤 모음이 탈락하는 경우가 있다. 이와 같은 모음 탈락의 종류로는 "ㅡ'의 탈락'과 "ㅏ/ㅓ'의 탈락'이 있다.

(가) 'ㅡ'의 탈락

"ㅡ'의 탈락'은 /ㅡ/로 끝나는 어간과 /ㅓ/로 시작하는 어미가 붙어서 활용할 때에, 어간의 끝 모음인 /ㅡ/가 탈락하는 현상이다.

(55) ㄱ. 끄+어라[꺼라], 모으+어라[모아라], 담그+어도[담가도]
ㄴ. 쓰+었다[썼따], 예쁘+었다[예뻤따], 담그+었다[담갔따]

(ㄱ)에서 '끄다'의 어간인 '끄-'에 어미인 '-어라'가 결합하여 활용할 때에, 어간의 끝소리인 /ㅡ/가 탈락하였다. (ㄴ)에서 '쓰다'의 어간인 '쓰-'에 어미인 '-었-'이 붙어서 활용할 때에, 어간의 끝소리인 /ㅡ/가 탈락하였다. 이렇게 모음과 모음이 이어질 때 어간의 끝소리인 /ㅡ/가 탈락하는 것은 /ㅡ/가 가장 약한 모음이기 때문으로 보인다.(임지룡 외 2005:123 참조)

(나) 'ㅏ'와 'ㅓ'의 탈락

"ㅏ'와 'ㅓ'의 탈락'은 모음으로 끝나는 어간과 /ㅏ/나 /ㅓ/로 시작하는 어미가 이어질 때에, 뒤의 모음인 /ㅏ/나 /ㅓ/가 탈락하는 변동이다.

---

17) 이러한 현상은 /ㅎ/이 모음과 모음 사이에서 유성음화하여 약화됨으로써 일어나는 현상이다. 곧, /ㅎ/이 (54)처럼 유성음과 유성음의 사이에 실현될 때에는, 원래의 '무성의 후두 마찰음(/h/)'의 음가를 유지하지 못하고 유성의 후두 마찰음인 [ɦ]으로 바뀐다. 언중들은 약화된 [ɦ]의 소리를 하나의 음소로 인식하지 못하므로, /ㅎ/이 탈락한 것으로 생각하는 것이다. 이에 반해서 'ㅎ' 불규칙 용언인 '노랗다, 하얗다, 그렇다'가 '노란, 하얀, 그런'이나 '노래서, 하얘서, 그래서' 등으로 활용하는 것은 /ㅎ/의 음소가 완전히 탈락한 것이다.

(56) ㄱ. 가+아서[가서], 타+아라[타라]; 서+어서[서서], 펴+어라[펴라]

ㄴ. 가+았다[갇따], 타+았다[탇따]; 서+었다[섣따], 펴+었다[펻따]

(57) ㄱ. 깨+어서 → 깨어서/깨서[깨어서/깨 : 서], 베+어라 → 베어라/베라[베어라/베 : 라]

ㄴ. 내+었다 → 내었다/냈다[내얻따/낻 : 따], 새+었다 → 새었다/샜다[새얻따/샏 : 따]

(56)의 (ㄱ)에서 '가다'의 어간인 '가-'에 어미인 '-아서'가 붙어서 활용할 때에, 어미의 첫소리인 /ㅏ/가 탈락하였다. (ㄴ)에서 '가다'의 어간인 '가-'에 어미 '-았-'이 붙어서 활용할 때에, 어미의 첫소리인 /ㅏ/가 탈락하였다. 이와 같은 변동은 반드시 일어나야 하는 필연적인 변동이다.[18] 그리고 (57)에서 (ㄱ)의 '깨다'의 어간인 '깨-'에 어미인 '-어서'가 붙어서 활용할 때에는 뒤 모음이 탈락되지 않은 형태인 '깨어서'와 탈락된 형태인 '깨서'가 수의적으로 쓰인다. 이처럼 뒤의 모음이 탈락되면 남은 앞 모음은 긴 소리로 바뀌는 특징이 있다.

3.2.3. 음운의 축약

두 형태소가 이어질 때에 두 음운이 합쳐져서 제3의 음운이 되는 것을 '음운의 축약(縮約)'이라고 한다. 이렇게 축약된 제3의 음운에는 원래의 두 음운의 성질이 반영되는 것이 특징이다. 축약 현상에는 '자음의 축약'과 '모음의 축약'이 있다.

(가) 자음의 축약

두 형태소가 결합하는 과정에서 예사소리인 /ㅂ, ㄷ, ㅈ, ㄱ/과 /ㅎ/이 이어지면, 거센 소리인 /ㅍ, ㅌ, ㅊ, ㅋ/으로 축약된다.(거센소리되기, 유기음화)

(58) ㄱ. 잡+히다[자피다], 입+학[이팍]

ㄴ. 닫+히다[다티다 → 다치다], 굳+히다[구티다 → 구치다]

ㄷ. 앉+히다[안치다]

ㄹ. 먹+히다[머키다], 낙+하산[나카산]

---

18) (56)처럼 용언이 활용하는 과정에서 어간의 모음과 어미의 모음이 이어져서 축약될 때에는 어미의 모음이 탈락하는 것으로 본다. 이는 (55)의 '/ㅡ/ 탈락'을 제외하면, 일반적으로 어간과 어미가 결합할 때에는 대부분 (57)처럼 어미의 모음이 탈락하기 때문이다.

(59) ㄱ. 좋+고[조ㅎㄱㅗ → 조ㄱㅎㅗ → 조코]

　　 ㄴ. 많+다[만ㅎㄷㅏ → 만ㄷㅎㅏ → 만타]

　　 ㄷ. 옳+지[올ㅎㅈㅣ → 올ㅈㅎㅣ → 올치]

(60) ㄱ. 앓+브다 → *알프다 → 아프다

　　 ㄴ. 곯+브다 → *골프다 → 고프다

(58)의 '잡히다, 닫히다, 앉히다, 먹히다'에서 앞 형태소의 끝소리인 /ㅂ, ㄷ, ㅈ, ㄱ/과 뒤 형태소의 끝소리인 /ㅎ/이 합쳐져서 각각 하나의 자음인 /ㅍ, ㅌ, ㅊ, ㅋ/으로 축약되었다. 그리고 (59)에서 '좋고, 많다, 옳지'에서는 앞 형태소의 /ㅎ/과 뒤 형태소의 /ㄱ, ㄷ, ㅈ/이 /ㅋ, ㅌ, ㅊ/로 축약되었다.[19] (60)에서 '아프다'와 '고프다'는 어근인 '앓-'과 '곯-'에 형용사 파생 접미사인 '-브-'가 붙어서 파생어가 되는 과정에서 /ㅎ/과 /ㅂ/이 /ㅍ/으로 축약되었다.

(나) 모음의 축약

두 형태소가 결합하는 과정에서 앞 형태소의 끝 모음인 /ㅗ, ㅜ, ㅣ/와 뒤 형태소의 첫 모음인 /ㅏ, ㅓ/가 축약되어서 이중 모음으로 바뀐다.

첫째, 어간에 어미가 붙어서 활용하는 과정에서, 어간의 끝 모음과 어미의 첫 모음이 이중 모음으로 축약될 수 있다.

(61) ㄱ. 기어서[겨서], 뜨이어[뜨여], 쓰이어[쓰여], 트이어[트여]

　　 ㄴ. 보아서[봐ː서], 오아서[와ː서], 쏘았다[쏻ː다]

　　 ㄷ. 두어서[둬ː서], 주었다[줬ː다], 가꾸어라[가꿔ː라]

(62) ㄱ. 기어서 [kiəsə] → 겨서 [kjəsə]　　(/ㅣ/ → /j/)

　　 ㄴ. 보아서 [poasə] → 봐서 [pwasə]　　(/ㅗ/ → /w/)

　　 ㄷ. 두어서 [tuəsə] → 둬서 [twəsə]　　(/ㅜ/ → /w/)

(61)에서 (ㄱ)의 '겨서'는 어간의 끝소리인 /ㅣ/가 반모음인 /j/로 바뀐 뒤에 어미의 첫소

---

19) (59)에서 축약이 일어나기 전에 먼저 /ㅎ/ 끝소리와 /ㄱ, ㄷ, ㅈ/이 서로 위치를 바꾼다. 곧, '/ㅎ/+/ㄱ, ㄷ, ㅈ/'에서 '/ㄱ, ㄷ, ㅈ/+/ㅎ/'으로 실현되는 위치가 바뀌게 된다.

리인 /ㅓ/와 축약되어서 /ㅕ/로 바뀌었다. (ㄴ)의 '와서'는 어간의 끝소리인 /ㅗ/가 반모음인 /w/로 바뀐 뒤에 어미의 첫소리인 /ㅏ/와 축약되어서 /ㅘ/로 바뀌었다. (ㄷ)의 '됬다'는 어간의 끝소리인 /ㅜ/가 반모음인 /w/로 바뀐 뒤에 어미의 첫소리 /ㅓ/와 축약되어서 /ㅝ/로 바뀌었다.[20]

둘째, /ㅚ/로 끝나는 어간에 /ㅓ/로 시작하는 어미가 결합될 때에, /ㅚ/와 /ㅓ/가 /ㅙ/로 축약될 수 있다.

(63) 괴어 → 괘 [괘 :], 되어 → 돼 [돼 :], 뵈어 → 봬 [봬 :]

(63)에서 '괴어, 되어, 뵈어'는 어간의 끝 모음인 /ㅚ/와 어미의 첫 모음인 /ㅓ/가 /ㅙ/로 축약되는 동시에, 축약된 모음은 긴 소리인 /ㅙ : /로 바뀐다.

셋째, 어근에 파생 접미사가 붙어서 파생어가 되는 과정에서, 어근의 끝소리와 접미사의 모음이 축약될 수 있다.(〈한글 맞춤법〉의 제38항 참조)

(64) ㄱ. 까이다[깨 : 다], 싸이다[쌔 : 다]

　　ㄴ. 꼬이다[꾀 : 다], 보이다[뵈 : 다], 쏘이다[쐬 : 다]

　　ㄷ. 누이다[뉘 : 다]

　　ㄹ. 뜨이다[띄 : 다→띠다], 트이다[틔 : 다→티다], 쓰이다[씌 : 다→씨다]

(ㄱ)의 '까이어'에서는 /ㅏ/와 /ㅣ/가 /ㅐ/로 축약되었으며, (ㄴ)의 '꼬이어'에서는 /ㅗ/와 /ㅣ/가 /ㅚ/로 축약되었다. 그리고 (ㄷ)의 '누이어'는 /ㅜ/와 /ㅣ/가 /ㅟ/로 축약되었으며, (ㄹ)의 '띠이어'에서는 /ㅡ/와 /ㅣ/가 /ㅢ/로 축약되었다.[21] (64)에서는 나타나는 축약 현상은 수의적으로 일어난다.

---

20) (61)의 예는 '단모음＋단모음'의 음운 연결체인 /이어/, /오아/, /우어/가 각각 이중 모음인 /ㅕ/, /ㅘ/, /ㅝ/로 바뀌었는데, 결과적으로 두 개의 단모음이 하나의 이중 모음으로 된 것이다. 이때에 이중 모음이 한 음운으로서의 자격을 갖춘 것인지가 문제가 된다. 만일 이중 모음을 하나의 음운으로 판단하면, (61)의 예는 두 음운이 한 음운으로 '축약'된 현상으로 처리된다. 반면에 이중 모음 자체를 (62)처럼 '반모음＋단모음'의 결합체로 보면, 단모음인 /ㅣ/, /ㅗ/, /ㅜ/가 각각 반모음인 /j/와 /w/로 '교체'된 현상으로 처리된다. 여기서는 이중 모음을 단일한 음운으로 보고 (61)에서 나타나는 음운 변동 현상을 축약으로 처리한다.

21) 이중 모음인 /ㅢ/가 자음 뒤에 쓰이면 /ㅢ/의 반모음인 /ɰ/가 반드시 탈락한다. 따라서 '띄다, 틔다, 씌다'는 실제로는 [띠 : 다], [티 : 다], [씨 : 다]로 발음된다.

3.2.4. 음운의 첨가

형태소와 형태소가 결합하는 과정에서 특정한 음운이 덧붙는 현상을 '첨가'라고 한다. 국어에서 나타나는 첨가 현상으로는 자음이 첨가되는 '사잇소리 현상'이 있으며, 모음이 첨가되는 현상으로는 '반모음의 첨가'가 있다.

(가) 사잇소리 현상

〈 사잇소리 현상의 개념 〉 명사 어근과 명사 어근이 결합하여 종속적인 합성 명사를 이룰 때에, 뒤 어근의 예사소리가 된소리로 바뀌거나 두 어근 사이에 /ㄴ/이 첨가될 수 있다. 이러한 음운 변동을 '사잇소리 현상'이라고 한다.

(65) ㄱ. 나루+배   → [나루빼]   cf. 나무배   [나무배]
     ㄴ. 회(回)+수(數) → [회쑤]   cf. 회수(回收) [회수]

(66) ㄱ. 코+물   → [콘물]   cf. 머리말   [머리말]
     ㄴ. 공(空)+일(事) → [공닐]   cf. 공일(空日) [공일]

(65)의 (ㄱ)에서는 '나루'와 '배'가 결합하여 합성 명사가 되면서 '배'의 예사소리인 /ㅂ/이 된소리인 /ㅃ/으로 바뀌었으며, (ㄴ)에서는 '회(回)'와 '수(數)'가 결합하면서 /ㅅ/이 /ㅆ/으로 바뀌었다. 그리고 (66)의 (ㄱ)에서는 '코'와 '물'이 결합되면서 두 어근 사이에 /ㄴ/이 첨가되었으며, (ㄴ)에서는 '공(空)'과 '일(事)'이 결합하면서 /ㄴ/이 첨가되었다.

그런데 (65~66)과 동일한 음운 환경에 놓여 있는 단어인데도, 사잇소리 현상이 일어나지 않는 예가 있다. 곧 (65)의 '나무배(木船), 회수(回收)'와 (66)의 '머리말, 공일(空日)'에서는 사잇소리 현상이 일어나지 않는데, 이러한 예를 보면 사잇소리 현상이 개별적 변동이라는 사실을 확인할 수 있다.[22]

사잇소리는 합성어 또는 이에 준하는 구조에서 앞 어근(단어)의 끝을 폐쇄하여 기류를 정지시킴으로써, 두 단어 사이에 휴지(pause)를 성립시켜서 형태소의 경계를 표시하는 기능을 한다.[23]

---

22) '고무줄[고무줄]/빨랫줄[빨랟쭐], 김밥[김 : 밥]/아침밥[아침밥], 머리말[머리말]/시쳇말[시쳳말], 인사말[인사말]/요샛말[요샌말]' 등도 사잇소리 현상이 개별적인 변동임을 나타낸다.
23) 사잇소리는 종속적 합성 명사에서만 일어난다. 곧 어근과 어근이 결합하여 합성 명사를 이룰 때에, 그 앞 어근과 뒤 어근의 의미적인 관계가 종속적이어야만 사잇소리가 일어난다. 따라서 대등적

〈**사잇소리 현상의 유형**〉'사잇소리 현상'은 단일한 음운 변동 현상으로 설명할 수 있는 음운 변동 현상이 아니다. 곧 '사잇소리 현상'이 일어나는 음운론적인 환경과 변동의 결과를 살펴보면, 다음과 같은 몇 가지의 유형으로 나누어진다.

ⓐ **첫째 유형** : 앞 어근의 끝소리가 울림소리(유성음)이고, 뒷말의 첫소리가 안울림(무성음)의 예사소리이면, 뒤의 예사소리가 된소리로 변할 수가 있다.

(67) ㄱ. 초＋불 → [초뿔], 배＋사공 → [배싸공]

ㄴ. 촌＋사람 → [촌싸람], 밤＋길 → [밤낄], 물＋독 → [물똑], 등＋불 → [등뿔]

(67)의 예는 끝소리가 모음이나 유성 자음인 어근이 예사소리로 시작하는 어근과 결합하는 과정에서, 뒤 어근의 예사소리인 /ㅂ, ㅅ, ㄱ, ㄷ/이 된소리인 /ㅃ, ㅆ, ㄲ, ㄸ/으로 바뀌었다.

이러한 사잇소리 현상에 대하여, 어근과 어근이 결합하여 합성 명사가 되는 과정에서 두 어근 사이에 /ㅅ/이나 /ㄷ/이 첨가되는 현상으로 설명한다.(이문규 2013:253 참조) 예를 들어서 (ㄱ)에서 '촛불'의 어근인 '초'와 '불'이 결합하는 과정에서, 기저(基底) 형태에서 /ㅅ/이 첨가된 다음에 /ㅅ/이 음절의 끝자리에서 평파열음화에 따라서 /ㄷ/으로 바뀌었다. 여기에 다시 '된소리되기'가 적용되어서, 앞 어근의 끝소리 /ㄷ/에 이어지는 뒤 어근의 첫소리인 /ㅂ/이 된소리인 /ㅃ/으로 바뀌었다.

이상에서 설명한 사잇소리 현상의 적용 과정을 정리하면, 다음의 〈표 4〉와 같다.

어근의 결합	기저 형태			표면 형태	표기 형태
	기저 형태 1	⇨	기저 형태 2		
초 ＋ 불	초ㅅ＋ 불	→	초ㄷ＋불	[초뿔]	촛불
촌＋ 사람	촌ㅅ＋사람	→	촌ㄷ ＋사람	[촌싸람]	촌사람
밤 ＋ 길	밤ㅅ＋ 길	→	밤ㄷ ＋길	[밤낄]	밤길
물 ＋ 독	물ㅅ＋ 독	→	물ㄷ ＋독	[물똑]	물독
등 ＋ 불	등ㅅ＋ 불	→	등ㄷ ＋불	[등뿔]	등불
어근＋어근	/ㅅ/ 첨가	→	평파열음화	된소리되기	사이시옷

〈표 4〉 사잇소리 현상의 적용 과정

합성 명사나 융합적 합성 명사에서는 사잇소리 현상이 일어나지 않는다.

ⓑ **둘째 유형** : 앞의 어근이 모음으로 끝나고 뒤의 어근이 /ㄴ, ㅁ/으로 시작되면, /ㄴ/ 소리가 첨가될 수가 있다.(『고등학교 문법』 2010:74, 한글 맞춤법 제30항 참조)

  (68) ㄱ. 코+날 : [*콧날] → [콛날] → [콘날] ⇨ '콧날'
      ㄴ. 이+몸 : [*잇몸] → [읻몸] → [인몸] ⇨ '잇몸'

(68)의 (ㄱ)에서는 '코'와 '날'과, '이'와 '몸'이 결합하여 합성 명사가 되었다. 이때에는 앞의 (67)의 예와 마찬가지로 기저에서 두 어근 사이에 먼저 /ㅅ/이 첨가되어서 [콧날]과 [잇몸]이 된다. 이어서 '평파열음화'에 따라서 각각 [콛날]과 [읻몸]으로 변동한 다음에, 비음화에 따라서 [콘날]과 [인몸]의 표면 형태로 된다.

  (68)의 변동은 결과적으로는 'ㄴ'의 첨가처럼 보이지만, 그 과정을 살펴보면 다음의 (69ㄴ)와 같이 'ㅅ'의 첨가에 따른 변동 현상에 해당한다.

  (69) ㄱ. 초+불 : → [촛불] → [촏불] → [초뿔]   (ㅅ 첨가 → 평파열음화 → 된소리되기)
      ㄴ. 코+날 : → [콧날] → [콛날] → [콘날]   (ㅅ 첨가 → 평파열음화 → 비음화)

(ㄱ)과 (ㄴ)의 예들은 기저에서 'ㅅ' 첨가와 '평파열음화'의 변동 규칙을 적용받은 것은 동일하다. 다만 최종 표면 형태가 될 때에 (67)의 예에서는 (69ㄱ)처럼 '된소리되기'가 적용되었고, (68)의 예에서는 (69ㄴ)처럼 '비음화'가 적용된 차이가 있을 뿐이다.

ⓒ **셋째 유형** : 앞의 어근의 음운의 종류와 관계없이, 뒤의 어근이 모음 / ㅣ /나 반모음 /j/로 시작될 때에는 /ㄴ/이 하나 혹은 둘이 첨가될 수가 있다.[24]

  (70) ㄱ. 금+이 : [*그미]   → [금니]   (71) ㄱ. 콩+엿 : [*콩열] → [콩녇]
      ㄴ. 논+일 : [*노닐]   → [논닐]   ㄴ. 좀+약 : [*조먁] → [좀냑]
      ㄷ. 솜+이불 : [*소미불] → [솜니불]   ㄷ. 맹장+염 : [*맹장염] → [맹장념]

(70)의 '금니, 논닐, 솜니불' 등은 합성 명사에서 뒤 어근의 모음이 / ㅣ /인 환경에서 /ㄴ/ 이 첨가되었으며, (71)의 '콩엿[콩녇], 좀약[좀냑], 맹장염[맹장념]' 등은 뒤 어근이 반모음인 /j/인 환경에서 /ㄴ/이 첨가되었다.

---

24) 일부는 접두사에 어근이 붙거나 명사 어근에 한자어 접미사가 붙어서 형성된 파생 명사에도 (70)과 같은 규칙이 적용될 수 있다.(보기: 맨-입[맨닙], 한-여름[한녀름], 막-일[망닐]; 식용-유[시굥뉴], 학생-용[학생뇽])

그런데 (70~71)처럼 'ㄴ'의 첨가만 일어나는 경우도 있지만, 다른 음운 변동 현상이 뒤따르는 경우가 있다.

첫째, 'ㄴ'의 첨가가 일어난 뒤에 '비음화'나 유음화'가 다시 적용된 예가 있다.

(72) ㄱ. 집+일 : [집닐]　→　[짐닐]　('ㄴ 첨가 → 비음화)
　　　ㄴ. 물+약 : [물냑]　→　[물략]　('ㄴ 첨가 → 유음화)

곧 (ㄱ)에서 '집일[짐닐]'은 /ㄴ/이 첨가되어서 /집닐/로 변동된 뒤에, 다시 비음화가 일어나서 [짐닐]로 바뀌었다. 그리고 (ㄴ)에서 '물약[물략]'은 /ㄴ/이 첨가되어서 [물냑]으로 변동된 뒤에 다시 유음화가 일어나서 [물략]으로 바뀌었다.

둘째, /ㄴ/이 첨가된 뒤에 '평파열음화'와 '비음화'가 다시 적용된 예가 있다.

(73) ㄱ. 앞+이마 :　　[앞니마]　→　　[압니마]　　→　　[암니마]
　　　ㄴ. 홑+이불 :　　[홑니불]　→　　[혿니불]　　→　　[혼니불]

　　　　　　　　　　'ㄴ 첨가'　　　'평파열음화'　　　　'비음화'

'앞이마'와 '홑이불'은 'ㄴ'의 첨가가 일어나서 [앞니마]와 [홑니불]로 바뀐 뒤에, 앞 어근의 끝음절에 '평파열음화'가 적용되어서 [압니마]와 [혿니불]이 되었다. 그리고 이들 어형에 다시 비음화가 적용되어서 [암니마]와 [혼니불]로 바뀌었다.

셋째, 'ㅅ'의 첨가와 'ㄴ'의 첨가가 일어난 뒤에, 다시 평파열음화와 비음화가 적용된 예도 있다.

(74) ㄱ. 대+잎　:　[댓잎]　→　[댓닢]　→　[댇닙]　→　[댄닙]
　　　ㄴ. 뒤+일　:　[뒷일]　→　[뒷닐]　→　[뒫닐]　→　[뒨닐]
　　　ㄷ. 깨+잎　:　[깻잎]　→　[깻닢]　→　[깯닙]　→　[깬닙]
　　　ㄹ. 나무+잎 :　[나뭇잎]　→　[나뭇닢]　→　[나묻닙]　→　[나문닙]

　　　　　　　　　　'ㅅ 첨가'　　　'ㄴ 첨가'　　　'평파열음화'　　　'비음화'

예를 들어서 (ㄱ)과 (ㄴ)에서 '댓잎'과 '뒷일'은 앞 어근과 뒤 어근이 결합하는 과정에서, 먼저 /ㅅ/이 첨가되어서 [댓잎]과 [뒷일]로 변동된 뒤에 다시 /ㄴ/이 첨가되어서 [댓닢]과 [뒷닐]로 바뀌었다. 그리고 이들 형태에 다시 평파열음화가 적용되어서 [댇닙]과 [뒫닐]

이 되었고, 마지막으로 비음화가 일어나서 [댄닙]과 [뒨닐]로 바뀌었다.

ⓓ **넷째 유형**: 한자가 모여서 단어를 이룰 때에도 사잇소리 현상이 일어나는 수가 있다.

(75) ㄱ. 고(高)+가(價) → [고까]　　　　cf. 고가(高架)[고가/ *고까]

　　 ㄴ. 회(回)+수(數) → [회쑤]　　　　cf. 회수(回收)[회수/ *회쑤]

　　 ㄷ. 문(文)+법(法) → [문뻡]　　　　cf. 간단(簡單)[간단/ *간딴]

　　 ㄹ. 물(物)+가(價) → [물까]　　　　cf. 발견(發見)[발견/ *발껸]

(75)에서 '고가[고까], 횟수[회쑤], 문법[문뻡], 물가[물까]'처럼 한자어로 형성된 합성어 (복합어)가 이루어지는 과정에서 뒤 어근의 첫소리가 된소리로 바뀌었다. 이와 같은 한자 어의 사잇소리 현상도 순우리말에서의 경우와 마찬가지로, 동일한 음운론적 환경에 있 는 합성어에서도 일어나지 않는 경우가 있다.(한정적 변동)

ⓔ **다섯째 유형**: 두 단어를 하나의 마디(句)로 이어서 발음할 때에도, 사잇소리 현상이 일어날 수가 있다.

(76) ㄱ. 옷 입다 : [옫 닙다] → [온닙따]

　　 ㄴ. 잘 입다 : [잘 닙다] → [잘립따]

　　 ㄷ. 한 일　 : [한 닐]

　　 ㄹ. 할 일　 : [할 닐] → [할 릴]

　　 ㅁ. 먹은 엿 : [머근 녇]

(76)에서 (ㄱ)의 '옷 입다'와 (ㄷ)의 '한 일'은 두 단어로 짜여 있는 구(句)의 구성이다. 이러한 구 구성은 두 단어가 구를 이루는 과정에서 /ㄴ/이 첨가되어서 각각 [옫 닙다]와 [한 닐]처럼 사잇소리 현상이 나타났다.

{ 사잇소리의 적기 }

'사이시옷'은 사잇소리를 표기에 반영하는 글자인 '시옷'을 말하는데, 이 사이시옷을 표기 하는 데에는 다음과 같은 원칙이 있다.

첫째, 고유어를 포함하는 합성 명사에서 사잇소리가 날 때, 합성 명사의 앞말(어근)이 모음 으로 끝날 때에는 앞 어근의 끝에 사이시옷을 받쳐서 적는다.

---

(1) ㄱ. 나무+가지 → 나뭇가지[나무까지]　(2) ㄱ. 귀+병(病) → 귓병[귀뼝]
　　 ㄴ. 모기+불 → 모깃불[모기뿔]　　　　 ㄴ. 후(後)+날 → 훗날[훈날]
　　 ㄷ. 뒤+일 → 뒷일[뒨닐]　　　　　　　 ㄷ. 예사(例事)+일 → 예삿일[예산닐]

　둘째, 한자어와 한자어로 된 합성 명사에서는, 사잇소리가 나더라도 원칙적으로 '사이시옷'
을 적지 않는다.

(3) 초점(焦點)[초쩜], 내과(內科)[내꽈], 외과(外科)[외꽈], 이과(理科)[이꽈]

　결국 현행 맞춤법에서는 한자어와 한자어로 짜인 합성 명사에서는 사이시옷을 최소화한다
는 것이다. 이렇게 사이시옷의 표기를 최소화하는 데에는 이유가 있다. 우선 사잇소리가 나
는 한자어 합성 명사가 너무 많아서, 이들 단어에 모두 사이시옷을 쓴다면 글자 생활에 무리
가 따른다. 다음으로 한자어 합성 명사는 어떤 단어에는 사잇소리가 나고, 어떤 단어에는
사잇소리가 나지 않는지를 결정하기가 힘들다. 특히 일반 언중들이 한자어로 된 수많은 합성
명사의 발음 형태를 인식하고서 이를 글자로 정확하게 적는다는 것은 무리다. 이러한 문제점
때문에 한자어로 된 합성 명사에서는 원칙적으로 사잇소리가 나더라도 사이시옷을 적지 아
니한다.
　셋째, 두 음절로 된 한자어 6개만 예외로 사이시옷을 적는다.

(4) 곳간(庫間), 셋방(貰房), 숫자(數字), 찻간(車間), 툇간(退間), 횟수(回數)

다른 한자어 합성어에는 사잇소리가 나더라도 사이시옷을 적지 아니하지만, (4)에 제시된
한자어 여섯 개만 사이시옷을 적는다. 이는 (4)에서 제시한 단어에서 사잇소리가 분명하게
나고 있고, 오랫동안 사이시옷을 붙여서 적던 관습을 인정한 것이다.

(나) 반모음의 첨가

　형태소와 형태소가 결합될 때에, 모음과 모음이 이어지는 과정에서 반모음인 /j/가
첨가되는 경우가 있다.
　첫째, /ㅣ/나 /ㅐ, ㅔ, ㅚ, ㅟ, ㅢ/로 끝나는 용언의 어간에 어미인 '-어'가 결합할 때에,
'-어'는 /ㅓ/로 발음하는 것이 원칙이다. 하지만 화자에 따라서는 수의적으로 /ㅓ/에 반
모음 /j/를 첨가하여서 /ㅕ/로 발음하는 경우도 있다.

(77) ㄱ. 피어[피어/피여], 피어서[피어서/피여서], 피었다[피얻따/피엳따]
　　 ㄴ. 되어[되어/되여], 되어서[되어서/되여서], 되었다[되얻따/되엳따]

(78) ㄱ. 개어[개어/개여], 개어서[개어서/개여서], 개었다[개얻따/개엳따]

ㄴ. 베어[베어/베여], 베어서[베어서/베여서], 베었다[개얻따/베엳따]

ㄷ. 뀌어[뀌어/뀌여], 뀌어서[뀌어서/뀌여서], 뀌었다[뀌얻따/뀌엳따]

ㄹ. 띄어[띠어/띠여], 띄어서[띠어서/띠여서], 띄었다[띠얻따/띠엳따]

(77)과 (78)처럼 어간과 어미 사이에서 모음이 충돌할 때에는 어미인 '-어'는 /ㅓ/로 발음하는 것이 원칙이다. 그러나 어간에 어미가 붙어서 활용할 때에, (77)의 '되어'나 '피어'처럼 모음이 이어지면 발음하기가 거북하다. 이러한 이유로 현실 언어에서는 모음 충돌을 피하여 편하게 발음하기 위하여, 어미의 '-어'에 반모음 /j/를 첨가하여서 [되여]나 [피여]로 발음하는 것이 일반적이다. 〈표준 발음법〉의 제22항에서는 (78)의 [피여]와 [되여]처럼 현실 언어 생활에서 일어나는 발음을 허용한 것이다.[25]

둘째, 〈표준 발음법〉에서는 제22항의 '붙임'의 사항으로서, '이오'와 '아니오'도 [이오]와 [아니오]로 발음하는 것을 원칙으로 하되, [이요]와 [아니요]로 발음하는 것도 허용하였다.

(79) ㄱ. 이것은 책이오.   [채기오/채기요]

ㄴ. 저것은 책이 아니오.   [아니오/아니요]

(80) ㄱ. 아기가 기오.   [기오/ *기요]

ㄴ. 반지를 끼오.   [끼오/ *끼요]

ㄷ. 맛이 시오.   [시오/ *시요]

ㄹ. 꽃이 피오.   [피오/ *피요]

(79)처럼 /ㅣ/로 끝나는 어간의 뒤에 결합하는 어미 '-오'를 [요]로 발음하는 것을 허용한 것은, 서술격 조사의 활용 형태인 '이오'와 형용사의 활용형인 '아니오'에 한정된 규정이다. 곧 (80)처럼 /ㅣ/로 끝나는 어간인 '기-, 끼-, 시-, 피-'의 뒤에 어미 '-오'가 붙어서 활용할 때에는, 반모음이 첨가되어서 어미 '-오'가 [요]로 발음될 수도 있다. 그러나 (80)에서 /ㅣ/ 뒤에서 반모음이 첨가되는 현상은 표준 발음으로 인정되지 않는다.

셋째, 어간이 /ㅗ/나 /ㅜ/로 끝나는 용언에 /ㅏ/나 /ㅓ/로 시작하는 어미가 결합되어

---

25) 단, (78)처럼 /ㅐ, ㅔ, ㅚ, ㅟ, ㅢ/의 뒤에 /ㅓ/가 이어질 때에 반모음 /j/가 첨가된 발음에 대해서는 표준 발음으로 허용하는지가 분명하지 않다.

활용할 때에는, 반모음 /w/가 첨가되어서 이중 모음인 /ᅪ/나 /ᅯ/로 발음될 수도 있다.

(81) ㄱ. 보아라[보아라/봐라/*보와라]　　(/a/ → /wa/)

　　ㄴ. 쏘아서[쏘아서/쏴서/*쏘와서]

(82) ㄱ. 두어라[두어라/둬라/*두워라]　　(/ə/ → /wə/)

　　ㄴ. 주어서[주어서/줘서/*주워서]

(81)과 (82)에서 '보아라'와 '두어라'는 화자에 따라서 수의적으로 [*보와라]와 [*두워라]로 발음하는 경우가 있다. 이렇게 발음할 경우에는 /ㅏ/와 /ㅓ/가 각각 /ᅪ/와 /ᅯ/로 발음됨으로써 반모음 /w/가 첨가되었다. 이처럼 반모음인 /w/가 첨가되는 발음은 표준 발음으로 인정되지 않는다.

{ 형태소의 '자동적 교체'와 '비자동적 교체' }

특정한 형태소가 그것이 실현되는 환경에 따라서 형태(꼴)가 달라지는 것을 '교체(交替, 변동, alternation)'라고 한다. 이렇게 한 형태소에 속하는 변이 형태들이 교체되는 양상을 '자동적 교체'와 '비자동적 교체'로 나누기도 한다.

첫째, '자동적 교체(automatic alternation)'는 특정한 언어의 음운 체계에 바탕을 둔 교체로서, 음운 체계상 예외 없이 반드시 일어나는 교체이다.

곧, 각 언어에는 음절의 구조에 대한 제약26)이 있고, 음운과 음운이 이어질 때에도 제약을 받는다. 그런데 특정한 형태소는 그것이 실현되는 과정에서 마땅히 지켜야 할 제약을 어기는 경우가 있다. 이때에는 특정한 형태소의 형태를 바꿈으로써 음운론적인 제약을 지킬 수가 있는데, 이러한 이유로 일어나는 교체가 자동적 교체이다.

(1) ㄱ. 꽃#, 꽃도 : [꼳]　　(2) ㄱ. 국밥 : [국빱]　　(3) ㄱ. 놓고　 : [노코]

　　ㄴ. 꽃만　 : [꼰]　　　　ㄴ. 값도 : [갑또]　　　　ㄴ. 달나라 : [달라라]

만일 (1)에서 교체가 일어나지 않으면 (ㄱ)은 [꼬ㅊ], [꼬ㅊ도]로 발음해야 하며, (ㄴ)은 [꼬ㅊ만]으로 발음해야 하는데, 이와 같은 음운의 실현 방식은 음절 구조에 대한 제약과 음운이 결합하는 방식에 대한 제약을 어기게 된다. 따라서 (1)에서 형태소 '꽃'은 세 가지의 형태가 교체되는데, 그 뒤에 모음이 실현되면 [꽃]의 형태로, 그 뒤에 비음을 제외한 자음이 오거나 단독으로 쓰이면 [꼳]의 형태로, 그 뒤에 비음의 자음이 오면 [꼰]의 형태로 실현된다. 여기서 [꽃]이 [꼳]으로 바뀌는 교체는 평파열음화에 따른 교체이며, [꼳]이 [꼰]으로 바뀌는 교체는 비음화에 따른 교체이다. 그리고 (2)에서 (ㄱ)의 '국밥'이 [국빱]으로 교체되는 것은 된소리되기에 따른 교체이며, (ㄴ)의 '값도'가 [갑또]로 교체되는 것은 자음군 단순화와 된소리되기에 따른 교체이다. (3)에서 (ㄱ)의 '놓고'가 [노코]로 교체되는 것은 거센소리되기에 따른 교체이며, (ㄴ)의 '달나라'가 [달라라]로 바뀐 것은 유음화에 따른 교체이다.

자동적 교체는 국어의 음운 체계에 바탕을 둔 교체이기 때문에, 예외 없이 반드시 일어나야 한다. 국어의 음운 변동 현상 중에서 '비음화, 유음화, 평파열음화, 자음군 단순화, 평파열음 뒤의 된소리되기, 자음 축약'에 따른 교체는 자동적 교체에 해당한다.

둘째, '비자동적 교체(nonautomatic alternaticon)'는 특정 언어의 음운 체계와는 관련이 없이 일어나는 교체 현상이다. 곧, 비자동적인 교체는 그 교체가 반드시 일어나야 하는 필연적인 이유가 없는 교체이다. 국어에서 일어나는 비자동적 교체의 예를 보이면 다음과 같다.

(4) ㄱ. 수박+-이/가 　　　　　(5) ㄱ. 신문 [심문/신문]
　　ㄴ. 국수+-가/이 　　　　　　　ㄴ. 감기 [강기/감기]

(6) ㄱ. 안(抱)-+-기   [안끼] 　(7) ㄱ. 담(舍)-+-도록 [담또록]
　　ㄴ. 안(抱)-+-기다 [안기다] 　　ㄴ. 담(墻)+-도   [담도]

(8) ㄱ. 곱-+-아   [고와] 　　　(9) ㄱ. 물(問)-+-어 [무러]
　　ㄴ. 꼽-+-아   [꼬바] 　　　　　ㄴ. 묻(埋)-+-어 [무더]

(4)에서 주격 조사의 변이 형태인 '-이'와 '-가'는 자음으로 끝난 체언 뒤에서는 '-이'로, 모음으로 끝난 체언 뒤에서는 '-가'로 교체된다. 그러나 이러한 교체는 음운 체계에 바탕을 둔 것이 아니다. 따라서 음운론적으로는 '수박가'나 '국수이'로 교체되어도 무방하다. 그리고 (5)에서 '신문'이 [심문]으로 교체되거나 '감기'가 [강기]로 교체되는 것도 음운론적인 제약 때문에 일어나는 것은 아니다. '신문'을 [신문]으로 발음하거나 '감기'를 [감기]로 발음해도 음운론적으로는 제약을 받지 않는다. 오직 화자의 발음 습관에 따라서 수의적으로 교체될 뿐이다. 그리고 (5)와 (6)에서 '안기'가 [안끼]로 교체되고 '담도록'이 [담또록]으로 교체되는 것도 비자동적인 교체이다. 동일한 음운론적인 환경에 놓인 '안기다[안기다]'와 '담도[담도]'에서는 된소리되기가 일어나지 않기 때문이다. (7)과 (8)에서 (ㄱ)의 '곱아[고와]'와 '물어[무러]'에서 생기는 교체도 (ㄴ)의 [꼬바]와 [무더]의 예를 보면 비자동적 교체임을 알 수 있다.

---

26) 국어에서 나타나는 '음절의 구조 제약'의 예는 다음과 같다. 첫째, 자음 /ㅇ/을 제외한 18개의 자음만 첫자리에 올 수 있다. 둘째, 종성의 자리에는 /ㄱ, ㄴ, ㄷ, ㄹ, ㅁ, ㅂ, ㅇ/의 일곱 자음만 나타날 수 있다. 셋째, 자음이 초성의 자리에 나타날 때에는 이중 모음인 /ㅢ/는 그 뒤에 올 수 없다. 넷째, 센입천장 소리인 /ㅈ, ㅉ, ㅊ/ 뒤에는 /ㅖ, ㅒ, ㅕ, ㅑ, ㅠ, ㅛ/가 올 수 없다.(허웅 1984:99 참조)

형 태 론 ③부

제1장 언어 형식

'언어 형식'은 뜻과 소리를 갖춘 모든 언어적 단위를 이르는데, 이러한 언어 형식에는 '형태소, 단어, 어절, 구, 절, 문장' 등이 있다.

1.1. 언어 형식의 개념

〈 언어 형식의 정의 〉 기호는 반드시 두 가지 요소, 즉 전달 형식과 전달 내용을 갖추어야 한다. 인간의 언어도 기호의 일종이므로 언어의 단위들은 모두 일정한 소리에 일정한 의미가 서로 맞붙어 있어야 한다. 이와 같이 소리와 의미가 맞붙어 있는 언어의 단위를 총칭하여 '언어 형식(linguistic form)'이라고 한다.

그런데 언어 형식은 그 전체가 하나의 덩어리로 되어 있는 것이 아니라 도막도막으로 쪼개지는 성질(분절성, 分節性, articulation)이 있다.

(1) 범이 토끼를 물었다.

(2) ㄱ. '범이 토끼를 물었다'   [문장]
     ㄴ. '토끼를 물었다'   [구]
     ㄷ. '범이', '토끼를', '물었다'   [어절]
     ㄹ. '범', '-이', '토끼', '-를', '물-', '-었-', '-다'   [형태소]

언어 형식의 단위 중에서 제일 큰 것을 '문장'이라고 할 때에, 문장은 '절, 구, 어절(단어), 형태소'와 같은 하위 단위의 언어 형식으로 쪼갤 수 있다. 예를 들어서 (1)의 문장 속에 들어 있는 언어 형식의 종류를 제시하면 (2)와 같이 문장, 구, 어절, 형태소 단위로 나눌 수 있다.

의미를 고려할 때는 문장의 하위 단위를 (2)처럼 쪼갤 수 있다. 하지만 의미를 고려하지 않는다면 (2)의 언어 형식을 더 작은 단위로 쪼갤 수 있다.

　　(3) ㄱ. /버/, /미/, /토/, /끼/, /를/, /무/, /런/, /따/
　　　　ㄴ. /ㅂ/, /ㅓ/, /ㅁ/, /ㅣ/, /ㅌ/, /ㅗ/, /ㄲ/, /ㅣ/, /ㄹ/, /ㅡ/, /ㄹ/, /ㅁ/, /ㅜ/, /ㄹ/, /ㅓ/, /ㄷ/, /ㄸ/, /ㅏ/

(3)의 (ㄱ)은 음절을 단위로 하여 분절한 것이며 (ㄴ)은 음소를 단위로 하여 분절한 것이다. 이들 음절과 음소는 의미를 고려하지 않은 단위라는 점에서 (2)의 단위와 차이가 난다.

〈 자립 형식, 의존 형식, 최소 자립 형식 〉 앞에서 제시한 '범이 토끼를 물었다.'라는 문장을 '직접 성분(直接 性分, immediate constituent)'으로 분석하면 다음의 (4)와 같다.

　　(4)

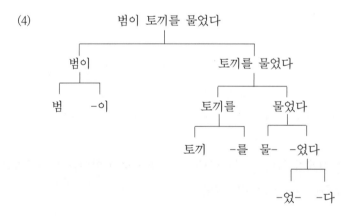

그런데 언어 형식은 그것이 홀로 서는 힘이 있느냐 없느냐에 따라서, '자립 형식'과 '의존 형식'으로 나눌 수 있다.

　　(5) ㄱ. '범이 토끼를 물었다', '토끼를 물었다', '범이', '토끼를', '물었다', '범', '토끼'
　　　　ㄴ. '-이', '-를', '물-', '-었다', '-었-', '-다'

언어 형식 중에서 그것만으로 따로 서는 힘이 있는 언어 형식을 '자립 형식(自立 形式, free form)'이라고 한다. 이에 반하여 언어 형식 가운데는 그 자체로는 홀로 서는 힘이 없어서 반드시 다른 언어 형식에 결합해야만 쓰일 수 있는 언어 형식을 '의존 형식(依存 形式, bound form)'이라고 한다. (5)에서 (ㄱ)은 (4)의 문장에 들어 있는 자립 형식을 모아 놓은 것이며, (ㄴ)은 의존 형식을 모아 놓은 것이다.

그런데 어떠한 자립 형식으로서 그것을 직접 성분으로 쪼개기만 하면, 그 어느 한 쪽이나 또는 두 쪽 다가 의존 형식이 되는 언어 형식이 있다. 이러한 언어 형식을 '최소 자립 형식(最小 自立 形式, minimal free form, 어절)'이라고 한다.

(6) '범이', '토끼를', '물었다'

(1)에 실현된 언어 형식 중에서 '범이', '토끼를', '물었다'는 자립 형식이다. 그런데 이들 자립 형식을 직접 성분으로 분석하면 '범이'는 '범'과 '-이'로 분석되며 '토끼를'은 '토끼' 와 '-를'로 분석된다. 그리고 '물었다'는 '물-'과 '-었다'로 분석된다. 곧 '범이', '토끼를', '물었다'는 그 자체로는 자립 형식이면서 이를 직접 성분으로 분석하면 '-이', '-를', '-었 다'와 같은 의존 형식이 나타나므로, 이들은 최소 자립 형식(어절)이다.

1.2. 언어 형식의 종류

언어적 단위인 언어 형식에는 '형태소, 단어, 어절, 구, 절, 문장' 등이 있는데, 이들 언어 형식에 대하여 자세히 알아본다.

1.2.1. 형태소

언어 형식의 최소의 단위인 형태소를 이해하는 것은 문법 현상을 이해하는 출발점이 다. 여기서는 형태소의 개념과 유형, 그리고 형태소의 변이 형태에 대해서 알아본다.

1.2.1.1. 형태소의 개념

언어 형식은 문장을 구성하는 재료가 되는데, 이러한 언어 형식의 단위로는 '문장, 절, 구, 어절(단어), 형태소' 등이 있다. 이 중에서 '형태소(形態素, morpheme)'는 언어 형식의 최소 단위, 곧 음성과 의미가 결합된 말의 낱덩이로서는 가장 작은 단위이다. 이러한 형태소도 다른 언어 형식과 마찬가지로 내용과 형식의 양면으로 짜여 있다.

$$(7)\ 형태소 = \frac{형태}{의미소}$$

여기서 형태소의 형식적인 측면, 곧 형태소를 나타내는 음성 연결체(strings of sound)를 '형태(形態, morph)'라고 한다. 그리고 형태소의 내용적인 측면, 곧 의미의 최소 단위를 '의미소(意味素, sememe)'라고 한다.

$$(8)\ 늦- = \frac{/늦/}{[정해진 시간보다 지나다]}$$

$$(9)\ 자- = \frac{/자/}{[눈이 감기면서 한동안 의식 활동이 쉬는 상태가 되다]}$$

$$(10)\ -ㅁ = \frac{/ㅁ/}{[명사를 파생하는 기능]}$$

'늦잠'이라는 말은 '늦-'과 '자-(-다)'와 '-ㅁ'의 형태소로 분석되는데, 이들 형태소들의 '형태'와 '의미소'는 위의 (8~10)과 같다.

여기서 예를 들어 아래의 문장 (11)을 형태소의 단위로 분석하면 (12)처럼 된다.

(11) 형님은 외아들에게 죽을 먹이셨다.

(12) 형, -님, -은, 외-, 아들, -에게, 죽, -을, 먹-, -이-, -시-, -었-, -다

(11)의 형태소들은 의미나 기능을 가진 최소의 언어 단위가 되는데, 이들은 자립성이나 실질적 의미 유무에 따라서 여러 가지의 유형으로 분류할 수 있다.

1.2.1.2. 변이 형태

어떠한 형태소는 그것이 쓰이는 환경에 따라서 꼴이 바뀌어서 여러 가지 형태로 실현되는 경우가 있다. 이때 하나의 형태소가 다른 모습으로 실현된 꼴 하나하나를 '형태(形態, 꼴, morph)'라고 하고, 하나의 형태소에 속하는 형태들의 집합을 '변이 형태(이형태,

allomorph)'라고 한다.

한 형태소의 변이 형태들은 그것이 실현되는 조건에 따라서 '음운론적 변이 형태'와 '형태론적 변이 형태'로 나누어진다.

〈 음운론적 변이 형태 〉 '음운론적 변이 형태(phonologically conditioned allomorph)'는 음운론적인 조건에 따라서 형태가 다르게 나타나는 변이 형태이다.

(13) ㄱ. 곰 + -이　　(14) ㄱ. 사슴+ -을　　(15) ㄱ. 물-+ -었-+ -다
　　 ㄴ. 영희+ -가　　　　 ㄴ. 인수+ -를　　　　 ㄴ. 잡-+ -았-+ -다

(13)과 (14)는 각각 주격 조사와 목적격 조사의 형태가 교체되는 것을 보인 것인데, 주격 조사와 목적격 조사는 앞 체언의 음운적인 조건에 따라서 서로 교체된다. 곧 '-이'와 '-을'은 자음으로 끝나는 체언 뒤에서 실현되지만 '-가'와 '-를'은 모음으로 끝나는 체언 뒤에서 실현된다. 그리고 (15)에서 과거 시제 선어말 어미인 '-았-'과 '-었-'은 그 앞에 실현되는 어간의 끝음절에서 나타나는 음운론적인 조건에 따라서 교체된다. 곧 어간의 끝음절이 음성 모음일 때에는 음성 모음을 포함하고 있는 '-었-'이 실현되며, 반대로 어간의 끝음절이 양성 모음일 때에는 양성 모음을 포함하고 있는 '-았-'이 실현된다. {-이, -가}, {-을, -를}, {-었-, -았-}처럼 하나의 형태소가 음운론적인 조건 때문에 다르게 실현되는 변이 형태를 '음운론적 변이 형태'라고 한다.

〈 형태론적 변이 형태 〉 '형태론적 변이 형태(morphologically conditioned allomorph)'는 음운론적인 환경과는 관계없이, 특정한 개별 형태 다음에만 실현되는 형태이다.

국어의 명령형 어미는 일반적으로 '-아라'와 '-어라'가 널리 쓰이는데, 이러한 '-아라'와 '-어라'는 음운론적인 변이 형태이다.

(16) ㄱ. -아라 : 잡-+ -아라
　　 ㄴ. -어라 : 먹-+ -어라

'-아라'는 어간의 끝음절의 모음이 양성 모음일 때에 실현되며, '-어라'는 음성 모음일 때에 실현되기 때문이다. 그러므로 {-아라, -어라}는 명령형의 종결 어미로 실현되는 형태소의 음운론적인 변이 형태들이다.

그런데 어간이 '오(다)'일 때에는 명령형 어미가 '-너라'로 실현되며, 어간이 '하(다)' 혹은 '체언+-하(다)'인 경우에는 '-여라'로 실현된다.

(17) ㄱ. 오-+-아라 → *오아라 → *와라

　　ㄴ. 하-+-아라 → *하라

(18) ㄱ. -너라 : 오-+-너라

　　ㄴ. -여라 : 하-+-여라, 공부하-+-여라

만일 앞의 (16)처럼 음운론적 변이 형태의 일반적인 규칙에 따라서 명령형 어미가 실현되다면 (17)처럼 '*오아라(*와라)'와 '*하라'의 형태가 되어야 한다. 하지만 실제로는 (18)처럼 '오너라'와 '하여라'의 형태로 실현된다. 이러한 점을 감안하면, '-너라'는 '오(다)'라는 특수한 어간 다음에만 실현되는 명령형 어미의 변이 형태이며, '-여라'는 '하다'와 '체언+-하다'의 형식으로 된 동사의 어간 다음에만 실현되는 변이 형태라는 사실을 확인할 수 있다. 따라서 {-너라, -여라}는 명령형의 종결 어미로 실현되는 형태소의 '형태론적 변이 형태'들이다.

　다음은 과거 시제 선어말 어미의 형태소가 실현되는 모습을 통해서 형태론적 변이 형태가 실현되는 양상을 알아본다.

(19) ㄱ. -았- : 잡-+ -았-+ -다

　　ㄴ. -었- : 물-+ -었-+ -다

　　ㄷ. -였- : 하-+ -였-+ -다

(19)에서 {-았-, -었-, -였-}은 과거 시제를 나타내는 형태소의 변이 형태이다. 여기서 '-았-'과 '-었-'은 어간의 끝음절의 모음의 음운적 조건에 따라서 선택되는 음운론적 변이 형태이다. 이에 반해서 '-였-'은 '하다'와 '체언+-하다'의 형식으로 된 동사의 어간 다음에만 실현되는 형태론적 변이 형태이다. 이러한 형태론적 변이 형태는 특정한 형태소 뒤에만 쓰이는 예외적인 변이 형태이다.

{ 기본 형태 }

〈 기본 형태의 개념 〉 한 형태소의 변이 형태가 여러 개 있을 때에 그 형태소의 모든 변이 형태를 다 적으면 해당 형태소의 문법적 현상을 기술하기가 매우 번거로울 수 있다. 예를 들어서 '값'과 '밭'이라는 형태소를 문법적으로 다룰 때에, 이들 형태소의 변이 형태인 {값,

갑, 감}과 {밭, 밫, 받, 반}을 모두 언급하면서 설명한다면 문법적인 기술이 복잡하고 번거롭다. 그러므로 문법 기술을 간편하게 하기 위하여, 여러 가지 변이 형태 중의 한 형태를 '기본 형태(대표 형태, 基本 形態, basic allomorph)'로 정하여 이것으로 형태소를 대신하게 한다.

〈 기본 형태를 선택하는 방법 〉 여러 가지 변이 형태 중에서 어떤 것을 기본 형태로 뽑아야 할까? 기본 형태는 그것이 실현되는 음운적 환경에 제약이 적어야 하고, 기본 형태로 정한 형태에서 다른 형태로 실현되는 문법적인 과정을 보편적이고 합리적인 규칙으로 이끌어 낼 수 있어야만 한다.

'밭'의 변이 형태인 {밭, 밫, 받, 반} 중에서 기본 형태를 가리는 방법을 알아보자.

(1) ㄱ. 밭 → 밭 /＿＿＿＿(/i, j/ 밖의 모음)   (보기) 밭에, 밭을
    ㄴ. 밭 → 밫 /＿＿＿＿(/i, j/)   (보기) 밭이, 밭이다
    ㄷ. 밭 → 받 /＿＿＿＿(비음 이외의 자음, #) (보기) 밭도, 밭#
    ㄹ. 밭 → 반 /＿＿＿＿(비음의 자음)   (보기) 밭만

(2) ㄱ. 밭 → (구개음화) → 밫
    ㄴ. 밭 → (평파열음화) → 받
    ㄷ. 밭 → (평파열음화) → 받 → (비음화) → 반

{밭, 밫, 받, 반} 가운데서 음운적인 환경에 제약이 가장 적은 것은 '밭'이므로 우선 '밭'을 기본 형태로 잡는다. 그러고 나면, '밭'에서 '밫'으로 바뀌는 과정은 '구개음화'로 설명할 수 있으며, '밭'에서 '받'으로 바뀌는 것은 '평파열음화'로 설명할 수 있다. 마지막으로 '밭'에서 '반'으로 바뀌는 것은 '평파열음화'를 먼저 적용한 뒤에 '비음화'의 음운 변동 규칙을 적용하면 적절하게 설명할 수 있다. 결국 '밭'의 변이 형태 {밭, 밫, 받, 반} 가운데서 형태 '밭'은 음운적 환경에 제약이 가장 적고 그것에서 다른 형태로 바뀌는 과정을 합리적으로 설명할 수 있다. 반면에 '밭'을 제외한 나머지 형태를 기본 형태로 잡으면 그것에서 다른 형태로 바뀌는 과정을 합리적으로 설명할 수 없다. 그러므로 {밭, 밫, 받, 반} 중에서 '밭'을 기본 형태로 정한다.

변이 형태 중에서 특정한 형태를 기본 형태로 정하고 나면, 기본 형태인 '밭'에서 (2)처럼 비기본 형태인 '밫', '받', '반'으로 형태가 바뀐다고 설명할 수 있다. 이처럼 기본 형태가 특정한 음운론적인 환경에서 바뀌는 현상을 '변동(變動, alternation)'이라고 한다. 곧, (ㄱ)의 '밫'은 구개음화, (ㄴ)의 '받'은 평파열음화, (ㄷ)은 평파열음화에 이어서 비음화의 변동이 일어났다.

1.2.1.3. 형태소의 유형

형태소는 자립성의 유무에 따라서 자립 형태소와 의존 형태소로 나뉘고, 실질적인 뜻의 유무에 따라서 실질 형태소와 형식 형태소로 나뉜다.

〈 **자립 형태소와 의존 형태소** 〉 형태소는 자립성을 기준으로 '자립 형태소'와 '의존 형태소'로 나눌 수 있다.

(20) 형님은 외아들에게 죽을 먹이셨다.

(21) ㄱ. 형, 아들, 죽(粥)
　　 ㄴ. -님, -은, 외-, -에게, -을, 먹-, -이-, -시-, -었-, -다

'자립 형태소(自立 形態素, free morpheme)'는 홀로 설 수 있는 형태소인데, 대체로 '명사, 대명사, 수사, 부사, 관형사, 감탄사'의 단어가 자립 형태소에 속한다. (20)의 문장에 쓰인 자립 형태소는 '형, 아들, 죽(粥)'이다. 반면에 '의존 형태소(依存 形態素, bound morpheme)'는 홀로 서는 힘이 없어서 다른 형태소에 붙어서만 쓰일 수 있는 형태소인데, 대체로 용언의 어간이나 어미, 조사, 파생 접사 등이 의존 형태소에 속한다. (20)의 문장에 쓰인 의존 형태소는 '-님, -은, 외-, -에게, -을, 먹-, -이-, -시-, -었-, -다'이다.

〈 **실질 형태소와 형식 형태소** 〉 형태소는 구체적이고 실질적인 뜻을 가졌느냐 가지지 못했느냐에 따라서, '실질 형태소'와 '형식 형태소'로 나눌 수 있다.

먼저 '실질 형태소(實質 形態素, full morpheme)'는 그것 자체로서 실질적이면서 어휘적인 의미를 뚜렷이 드러내는 형태소이다. (20)의 문장에서 실질 형태소인 것을 가려서 정리하면 다음의 (22)와 같다.

(22) 형, 아들, 죽, 먹(다)

예를 들어서 '형'은 '같은 부모에게서 태어난 사이거나 일가친척 중에서 항렬이 같은 남자들 사이에서 나이가 많은 사람'의 실질적인 의미를, '아들'은 '남자로 태어난 자식'이라는 실질적인 의미를 나타낸다. 그리고 '죽(粥)'은 '곡식을 오래 끓여 알갱이가 흠씬 무르게 만든 음식'이라는 실질적 의미를 나타내며, '먹(다)'는 '음식 따위를 입을 통하여 배 속에 들여보내다.'라는 동작의 실질적인 의미를 나타낸다.

이에 반해서 '형식 형태소(形式 形態素, empty morpheme)'는 실질적이며 어휘적인 의미를 나타내지 않고, 실질 형태소에 붙어서 새로운 단어를 형성하거나 실질 형태소 사이의 문법적 관계를 나타내는 형태소이다.

(23) -님, -은, 외-, -에게, -을, -이-, -시-, -었-, -다

예를 들어 (23)의 형태소들은 (22)의 형태소와는 달리, 구체적이면서 분명한 뜻을 나타내지는 못한다. 예를 들어 '-님'은 원래의 단어에 '높임'이라는 추상적인 뜻을 더해 주는 형태소이다. 반면에 '-은'은 실질 형태소 '형'에 붙어서 '형'이 문장에서 '말거리(화제)'가 됨을 나타내는 추상적인 뜻을 더해 준다. 그리고 '-이-'는 실질 형태소인 '먹-'에 붙어서 그 단어에 '사동(남으로 하여금 어떠한 일을 하도록 하는 뜻)'이라는 형식적인 의미를 더해 주면서 동시에 새로운 단어를 형성한다.

1.2.2. 단어와 어절

어떠한 자립 형식으로서 그것을 직접 성분으로 쪼개기만 하면, 그 어느 한 쪽이나 또는 두 쪽 다가 의존 형식이 되는 언어 형식이 있다. 이러한 언어 형식을 '최소 자립 형식(最小 自立 形式, minimal free form)' 혹은 '어절(語節)'이라고 한다.[1]

(24) ㄱ. 범이 토끼를 물었다.
     ㄴ. 범이, 토끼를, 물었다

(24)에 실현된 언어 형식 중에서 '범이', '토끼를', '물었다'는 자립 형식이다. 그런데 이들 자립 형식을 직접 성분으로 분석하면 '범이'는 '범'과 '-이'로 분석되며 '토끼를'은 '토끼'와 '-를'로 분석된다. 그리고 '물었다'는 '물-'과 '-었다'로 분석된다. 곧 '범이', '토끼를', '물었다'는 그 자체로는 자립 형식이면서 이를 직접 성분으로 분석하면 '-이', '-를', '-었다'와 같은 의존 형식이 나타나므로, 이들은 최소 자립 형식(어절)이다.

국어 문법에서 '단어(單語, word)'를 정의하는 것은 매우 어렵다. 전통적인 관점에서는 단어는 자립할 수 있는 말 중에서 가장 작은 단위(= 어절)로 본다. 이에 따라서 현행의 학교 문법에서도 자립할 수 있으면서 실질적인 뜻을 나타내는 형태소를 단어로 처리한다. 다만, 학교 문법에서는 어미나 조사와 같은 의존적이면서 형식적인 형태소 중에서 조사에만 독립된 단어의 자격을 준다.

문장을 구성하는 기본적인 단위인 '어절(=최소 자립 형식)'은 어휘적인 요소와 문법적인 요소로 분석할 수가 있다.

---

1) 국어 문법에서는 '최소 자립 형식'을 일반적으로 '어절(語節)'이라고 부른다. 어절은 문장 성분을 이루는 가장 기본적인 단위가 되며, 〈한글 맞춤법〉에서 띄어 쓰기의 단위가 된다.

(25) 심청은 푸른 물에 몸을 던졌다.

(26) ㄱ. 어휘적인 요소 : 심청, 푸르-, 물, 몸, 던지-
ㄴ. 문법적인 요소 : -은, -ㄴ, -에, -을, -었다

예를 들어서 (25)의 문장에서 실현된 어절을 어휘적인 요소와 문법적인 요소로 나누어 보면 (26)과 같이 된다. 곧 (26)에서 (ㄱ)의 '심청, 푸르-, 물, 몸, 던지-' 등은 어휘적인 요소이며 (ㄴ)의 '-은, -ㄴ, -에, -을, -었다'는 문법적인 요소이다.

최현배(1980), 허웅(2000) 등에서는 '절충주의 단어관'에 따라서 단어를 정의하되, 용언의 경우와 체언의 경우를 다르게 처리한다.

(27) 심청, -은, 푸른, 물, -에, 몸, -을, 던졌다

곧 (27)처럼 용언의 경우에는 어휘적 요소와 문법적 요소를 묶어서 '푸른, 던졌다'를 한 단어로 처리한 반면에, 체언의 경우에는 어휘적 요소와 문법적 요소를 분리하여 '심청, -은, 물, -에, 몸, -을' 등을 각각 한 단어로 처리했다. 『고등학교 문법』(2010)에서도 마찬가지로 절충주의 단어관에 따라서 체언과 조사를 각각 독립된 단어로 인정하고 있다. 곧 『고등학교 문법』(2010:82)에서는 단어를 "자립할 수 있는 말이나, 자립할 수 있는 형태소에 붙어서 쉽게 분리할 수 있는 말"이라고 규정하고 있는데, 여기서 '자립할 수 있는 형태소에 붙어서 쉽게 분리할 수 있는 말'이란 바로 조사를 지칭한다. 결국 현행의 학교 문법에서는 어미나 조사와 같은 문법 요소 가운데서, 조사에만 독립된 단어의 자격을 주는 셈이다.[2]

1.2.3. 구와 절

문법적인 단위로 쓰이는 언어 형식에는 형태소와 단어 이외에도, '문장', '절', '구' 등이 있다.

---

[2] 어떠한 언어 형식이 단어가 되기 위하여서는, 대략 다음과 같은 조건을 갖추어야 한다고 알려져 있다. 첫째, 일반적으로 볼 때에 단어는 하나 이상의 형태소로 구성되어 있는 자립 형식이다.(Bloomfield 1962:178) 둘째, 단어는 내부에 다른 말을 끼워 넣을 수 없다. 곧 단어는 하나의 문법적인 단위로 굳어 있기 때문에 단어의 내부가 쪼개어지는 성질(분리성)이 없다. 셋째, 단어는 음성적으로 발화를 할 때에, 그 내부에 휴지(pause, 쉼)를 둘 수 없다.

〈**구**〉'구(句, 이은말, phrase)'는 두 개 이상의 어절이 모여서 하나의 문법적인 단위를 이루는 언어 형식으로서, '주어-서술어'의 짜임을 갖추지 못한 단위이다.

(28) ㄱ. <u>선생님의 자가용</u>이 방금 견인되었어요.　　　　　[명사구]

ㄴ. 어머니께서는 밥을 <u>정말로 빨리 드신다</u>.　　　　　[동사구]

ㄷ. 할머니께서 싸 주신 김치는 <u>대단히 싱거웠다</u>.　　　　[형용사구]

ㄹ. 김 씨는 <u>아주 헌</u> 가방을 들고 다닌다.　　　　　　[관형사구]

ㅁ. 작년에는 북한 지방에 비가 <u>아주 많이</u> 내렸다.　　　[부사구]

(ㄱ~ㅁ)에서 밑줄 그은 문법적인 단위는 두 단어 이상으로 짜여 있으면서 각각 '명사, 동사, 형용사, 관형사, 부사'의 역할을 수행한다. (ㄱ)에서 '선생님의 자가용'은 비록 두 단어로 짜여 있지만 하나의 명사와 같은 기능을 하므로 명사구이며, (ㄴ)에서 '정말로 빨리 드신다'는 전체적인 구성이 하나의 동사와 같은 기능을 하므로 동사구이다. 그리고 (ㄷ)에서 '대단히 싱거웠다'는 형용사구이며, (ㄹ)에서 '아주 헌'은 관형사구이며, (ㅁ)의 '아주 많이'는 부사구이다.

〈**절**〉절(節, 마디, clause)'은 주어와 서술어를 갖추고 있으나 종결 어미가 실현되지 않은 언어 형식이다.

(29) ㄱ. <u>이 책이 많이 팔리기</u>는 거의 불가능하다.　　　　[명사절]

ㄴ. <u>철수가 만난</u> 사람이 반기문 씨이다.　　　　　　[관형절]

ㄷ. 철수 씨는 <u>마른 땅에 먼지가 나도록</u> 달렸다.　　　　[부사절]

ㄹ. 김삼순 씨는 <u>고집이 세다</u>.　　　　　　　　　　[서술절]

ㅁ. 명박 씨가 "<u>나는 선거에 출마한다</u>."라고 말했어요.　[인용절]

(29)의 문장에서 절의 쓰임을 살펴보면 다음과 같다. (ㄱ)에서 '이 책이 많이 팔리기'는 서술어의 어간에 명사형 어미인 '-기'가 붙어서 전체 구성이 명사처럼 쓰였다. (ㄴ)에서 '철수가 만난'은 서술어의 어간에 관형사형 어미인 '-ㄴ'이 붙어서 전체 구성이 관형사처럼 쓰였다. (ㄷ)에서 '마른 땅에 먼지가 나도록'은 서술어로 쓰인 '나다'의 어간에 부사형 어미인 '-도록'이 붙어서 부사처럼 쓰였다. 그리고 (ㄹ)에서 '고집이 세다'는 주어로 쓰인 '김삼순 씨는'에 대하여 서술어로 쓰였으며, (ㅁ)에서 '나는 대통령 선거에 출마한다'는 하나의 완전한 문장의 형식으로서 인용하는 말로 쓰였다. 이처럼 절은 주어와 서술어를 갖추고 있으면서도 문장 속에서 특정한 품사나 문장 성분처럼 쓰이는 언어 형식이다.

1.2.4. 문장

'문장(文章, 월, sentence)'은 주어와 서술어를 갖추고 있고, 서술어에 종결 어미가 실현되어 있으며, 의미적인 면에서 통일되고 완결된 내용을 갖추고 있는 언어 형식이다.

(30) ㄱ. <u>철수가</u> 어제 새 자동차를 <u>샀다</u>.
ㄴ. <u>선생님께서</u> 언제 미국에 <u>가십니까</u>?

(ㄱ)과 (ㄴ)의 문장에는 '철수가'와 '선생님께서'가 주어로 쓰였으며, '샀다, 가십니까'가 서술어로 쓰였다. 그리고 서술어로 쓰인 '사다'와 '가다'에 종결 어미인 '-다'와 '-(으)ㅂ니까'를 실현하고 있고, 의미적인 면에서도 하나의 완결된 사건을 표현하고 있다. 따라서 (30)의 (ㄱ)과 (ㄴ)은 문장의 형식을 온전하게 갖추고 있다고 할 수 있다.

1.3. 언어 형식의 기능

'단어, 어절, 구, 절' 등의 언어 형식은 문장 속에서 일정한 기능을 하게 된다. 이처럼 특정한 문법적인 단위가 문장 속에서 담당하는 기능을 '문장 성분(文章成分, 월성분)'이라고 한다.

첫째, 단어나 어절이 문장 속에서 기능하는 예를 살펴본다.

(31) ㄱ. 아이코, 철수가 새 자전거를 완전히 부수었네.
ㄴ. 철수가 <u>진범이</u> 아니다.

(ㄱ)의 문장에서 '철수'와 '자전거'의 품사는 둘 다 체언(명사)인데, '철수'는 주격 조사인 '-가'와 결합하여 주어로 쓰였으며, '자전거'는 목적격 조사인 '-을'과 결합하여 목적어로 쓰였다. 그리고 '부수었네'는 동사가 서술어로 쓰였으며, '아이코'는 감탄사가 독립어로 쓰였다. 마지막으로 '새'는 관형사가 관형어로 쓰였으며, '완전히'는 부사가 부사어로 쓰였다. 그리고 (ㄴ)의 문장에서 '철수'와 '진범'은 둘 다 체언(명사)인데, '철수'는 주격 조사인 '-가'와 결합하여 주어로 쓰였으며, '진범'은 보격 조사인 '-이'와 결합하여 보어로 쓰였다. 그리고 형용사인 '아니다'는 서술어로 쓰였다.

	아이코	철수가	새	자전거를	완전히	부수었네	진범이	아니다
품사	감탄사	명사＋조사	관형사	명사＋조사	부사	동사	명사＋조사	형용사
문장 성분	독립어	주어	관형어	목적어	부사어	서술어	보어	서술어

<표 1> 품사와 문장 성분

둘째, 단어가 모여서 이루어진 '구'나 '절' 등도 문장 속에서 특정한 성분으로 기능할
수 있다.

(32) ㄱ. <u>용의자의 차량</u>이 방금 발견되었어요.   [명사구 ― 주어]
ㄴ. 어머니께서는 글을 <u>정말로 빨리 읽으신다</u>.   [동사구 ― 서술어]
ㄷ. 할머니께서 보여 주신 사진은 <u>매우 낡았다</u>.   [형용사구 ― 서술어]
ㄹ. 김 씨는 <u>아주 새</u> 가방을 들고 나타났다.   [관형사구 ― 관형어]
ㅁ. 작년에 부산에는 비가 <u>아주 많이</u> 내렸다.   [부사구 ― 부사어]

(ㄱ)에서 '용의자의 차량'은 명사구가 주어로 쓰였다. (ㄴ)에서 '정말로 빨리 읽으신다'는
동사구가 주어로 쓰였으며, (ㄷ)에서 '매우 낡았다'는 형용사구가 서술어로 쓰였다. (ㄹ)
에서 '아주 새'는 관형사구가 관형어로 쓰였으며, (ㅁ)에서 '아주 많이'는 부사구가 부사
어로 쓰였다.

(33) ㄱ. <u>그들이 섬에서 벗어나기</u>는 거의 불가능하다.   [명사절 ― 주어]
ㄴ. <u>우리가 대학 시절에 읽은</u> 소설이 '즐거운 사라'이다.   [관형절 ― 관형어]
ㄷ. 적토마는 <u>입에서 거품이 나도록</u> 힘껏 달렸다.   [부사절 ― 부사어]
ㄹ. 박복자 씨는 <u>성질이 고약하다</u>.   [서술절 ― 서술절]
ㅁ. 창명 씨는 "<u>나는 술을 마시지 않았다.</u>"라고 말했어요.   [인용절 ― 부사어]

(ㄱ)에서 '그들이 섬에서 벗어나기'는 명사절이 주어로 쓰였다. (ㄴ)에서 '우리가 대학
시절에 읽은'은 관형절이 관형어로 쓰였다. (ㄷ)에서 '입에서 거품이 나도록'은 부사절이
부사어로 쓰였다. (ㄹ)에서 '성질이 고약하다'는 서술절이 서술어로 쓰였으며, (ㅁ)에서
'나는 술을 마시지 않았다.'는 인용절이 부사어로 쓰였다.
이처럼 자립할 수 있는 언어 형식인 '단어, 어절, 구, 절' 등이 문장을 짜 이룰 때에
발휘하는 기능에 대한 명칭을 문장 성분이라고 한다.

제2장 품사

2.1. 품사의 분류

한 언어에는 수많은 단어가 있는데, 이들 단어는 문법적인 성질이 모두 동일한 것은 아니다. 한 언어 속에 속한 수많은 단어를 그 문법적 특성에 따라 갈래지어서 그 범주를 설정하는 것이 품사의 분류이다.

〈 **품사 분류의 기준** 〉 국어에는 최대 약 50만 개의 단어가 존재하며, 실제로 우리가 사용하는 단어만 해도 5만여 개가 넘는다고 한다.(『고등학교 문법』 2010:90) '품사(品詞, parts of speech)'는 한 언어에 존재하는 수많은 단어를 문법적 성질의 공통성에 따라 몇 갈래로 묶어 놓은 것이다.

(1) ㄱ. 철수는 서점에서 책을 샀다.

ㄴ. 아버지는 밥을 많이 먹-+ { -으시-, -었-, -겠-, -다 }

예를 들어서 (ㄱ)의 '철수, 서점, 책'과 '먹다'는 형태·기능·의미적인 특성이 꽤 다르다. 첫째로 형태적인 특징으로서 '철수, 서점, 책' 등은 그 자체로서 형태의 변화가 일어나지 않는다. 반면에 '먹다'의 어간 뒤에는 {-으시-, -었-, -겠-, -다} 등의 어미가 붙어서 단어 자체에 형태의 변화가 생긴다. 둘째로 기능적인 특징으로서 '책'은 그 뒤에 다양한 격조사가 붙어서 여러 가지 문장 성분으로 쓰일 수 있는 반면에, '먹다'는 문장 속에 서술어로 쓰이는 것이 원칙이다. 셋째로 의미적인 특징으로서 '책'은 어떠한 대상의 이름을 나타내는 말이지만 '먹다'는 대상의 '움직임'을 표현하는 말이다. '책'과 '먹다'에서 나타나는 이러한 형태·기능·의미적인 특징을 감안하면 '책'과 '먹다'는 성질이 많이 다른 말임을 알 수 있다.

이처럼 단어에 나타나는 형태, 기능, 의미적인 특징을 고려하여 결정한 단어의 갈래를 '품사'라고 한다. 그런데 단어의 의미에 나타나는 모호성 때문에 주로 기능과 형태를 기준으로 품사를 분류하게 되며, 의미는 보조적인 기준으로 적용하는 경우가 많다.

〈 **품사 분류의 대강** 〉『고등학교 교육과정 해설—국어』(2009:156)에서는 국어의 9품사를 형태를 중심으로 다음과 같이 분류하였다.

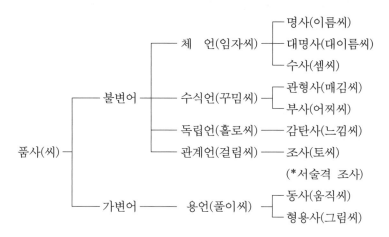

〈그림 1〉 형태 중심의 품사 분류

먼저, 국어의 품사를 단어의 형태에 따라서 불변어인 '체언, 수식언, 독립언, 관계언'과 가변어인 '용언'으로 나누었다. 그리고 불변어는 기능에 따라서 '체언(명사·대명사·수사), 수식언(관형사와 부사), 독립언, 관계언'으로 다시 분류하였고, 가변어인 용언은 그 형태적 특징에 따라서 동사와 형용사로 나누었다. 다만, 서술격 조사인 '-이다'는 조사의 하위 품사라는 점에서 불변어로 처리할 수도 있고, 활용을 한다는 점에서 가변어에 속하기도 한다는 점이 현행의 학교 문법에서 따르는 품사 분류 체계의 특징이다.

{ 단어의 자립성 }

단어를 규정하는 중요한 조건 중의 하나가 자립성이지만, 각각의 단어에 나타나는 자립성이 모두 같은 것은 아니다. 곧 국어의 단어들 가운데는 자립성이 강한 것도 있고 자립성이 약하거나 없는 것도 있다.

〈 **의존어** 〉 단어 중에서 조사는 학교 문법에서 독립된 단어로서의 자격을 부여하고 있지만 자립성이 없는 의존 형식이다.

> (1) -이/-가, -을/-를 ; -은/-는, -만, -도 ; -와/-과, -하고, -에

(1)의 조사들은 모두 실질적인 의미를 나타내지 못하고 문법적인 기능만 나타낸다. 그뿐만 아니라 조사는 홀로 서지 못 하고 반드시 체언에 붙어서만 쓰이므로 '의존어'이다.

〈 **자립어** 〉 조사를 제외한 나머지 단어인 체언, 용언, 수식언, 감탄사 등은 기본적으로는 자립성이 있지만, 이들 품사의 자립성에는 정도의 차이가 있다.

첫째, 감탄사는 자립성이 매우 강하여, 불완전하지만 단어 자체가 독립된 문장과 같은 구실을 한다.

> (2) ㄱ. 아이고, 철수가 판사가 되었네.
> ㄴ. 어머나, 그 총각 인물이 보통이 아니네.

(2)에서 '아이고'와 '어머나'는 말하는 이의 감정을 직접적으로 한 단어로 표현한 말이다. 이들 감탄사는 뒤의 문장과 독립적으로 쓰이면서 하나의 작은 문장의 구실을 하므로, 감탄사를 '소형문(못 갖춘 월, minor sentence)'이라고도 한다. 곧 감탄사는 정상적인 문장이나 절의 구조를 갖추지 않았지만, 기능이나 의미적으로는 온전한 문장에 버금갈 정도로 자립성이 강하다.

둘째, 감탄사 다음으로 자립성이 강한 단어는 체언과 용언이다.

> (3) ㄱ. 집, 밥, 고구마, 햇살 ; 이것, 그, 이곳 ; 하나, 둘, 셋, 넷, 첫째, 둘째, 셋째
> ㄴ. 먹다, 가다, 자다, 죽다; 푸르다, 달다, 짜다, 사납다

(3ㄱ)의 명사, 대명사, 수사는 그 자체로 실질적인 의미를 나타내고, 다른 말에 기대지 않고 홀로 쓰일 수 있으므로 자립성이 강한 단어이다. (3ㄴ)의 용언은 체언과 비슷한 정도로 실질적인 의미를 나타내고 자립적이다. 다만, 체언은 단독으로 발화되는 경우가 많지만 용언은 단독으로 발화되는 경우가 적으므로, 용언은 체언보다 자립성이 떨어진다.

셋째, 수식언(부사, 관형사)은 원래부터 그 뒤에 체언이나 용언 따위의 말을 꾸며 주는 것이 특징이기 때문에, 자립성의 정도가 비교적 약한 말이다.

> (4) ㄱ. 빨리, 많이, 조금, 언제나, 천천히, 자주, 조금
> ㄴ. 새, 헌, 첫, 한, 두

(4ㄱ)의 부사들은 중심어인 용언 따위의 말들 앞에 실현되어서 그 용언들을 수식하며, (4

ㄴ)의 관형사들도 중심어인 체언 앞에서 그 체언들을 수식한다. 이처럼 부사와 관형사는 단독적으로 발화되지 않는 것이 일반적이므로 자립어 중에서는 자립성이 가장 약하다.

그런데 부사와 관형사를 비교하면 부사는 관형사에 비해서 상대적으로 자립성이 강한 편이다.

(5) ㄱ. "천천히 (달려라!)"
ㄴ. "빨리빨리 (움직여!)"

(6) 너는 <u>이</u> 신발이 좋니, <u>저</u> 신발이 좋니?

(7) ㄱ. 이 신발요.
ㄴ. *이 ∅

곧 부사는 발화 상황만 주어지면 (5)처럼 그 뒤에 서술어를 실현하지 않고 부사만으로 단독 발화가 가능하다. 이에 반해서 (6)과 같은 물음에 대한 대답으로서, (7ㄱ)과 같이 관형사와 체언을 함께 쓰면 문법적인 표현이 되지만, (7ㄴ)처럼 관형사만 표현하면 비문법적인 표현이 된다. 따라서 부사와 관형사는 둘 다 자립성이 약한 말이기는 하지만, 부사는 관형사에 비하여 자립성이 강하다고 할 수 있다.

단어의 품사별 자립성에 대하여 지금까지 논의한 내용을 정리하면 다음 표와 같다.

자립어	감탄사 〉 체언 〉 용언 〉 부사 〉 관형사
의존어	조사

〈 표 1〉 단어의 자립성

2.2. 체언

'체언(體言, 임자씨)'은 문장 속에서 다양한 문장 성분으로 기능하면서, 어떤 대상이나 일의 이름이나 수량(순서)을 나타내거나 명사를 대신하는 단어의 갈래이다. 이들 체언은 다시 '명사, 대명사, 수사'로 나뉜다.

(1) ㄱ. <u>철수</u>는 <u>국수</u>를 먹는다.
ㄴ. <u>나</u>는 <u>그녀</u>를 사랑한다.
ㄷ. 젊은 여자 <u>셋</u>이 공원에서 놀고 있다.

(1)에서 밑줄 친 말은 모두 체언인데, (ㄱ)의 '철수'와 '국수'는 명사, (ㄴ)의 '나'와 '그녀'는 대명사, (ㄷ)의 '셋'은 수사이다. 체언에는 다음과 같은 특징이 나타난다.

첫째, 체언은 문장에서 조사와 결합하여 여러 가지 문장 성분으로 쓰인다. 곧, 체언은 문장 속에서 격조사와 결합하여, 서술어, 주어, 목적어, 관형어, 부사어, 독립어 등 여러 가지 문장 성분으로 두루 쓰이는 특징이 있다.

(2) ㄱ. 벚나무가 바람에 쓰러졌다. 그녀가 벚나무를 자기의 손으로 직접 일으켰다.
　　ㄴ. 그이는 범인이 아니다.

(ㄱ)에서 '벚나무가'와 '그녀가'는 주어로 쓰였으며, '바람에'와 '손으로'는 부사어, '벚나무를'은 목적어, '자기의'는 관형어로 쓰였다. 그리고 (2)의 (ㄴ)에서 '그이는'은 주어로 쓰였으며, '범인이'는 보어로 쓰였다.

둘째, 체언은 형태의 변화(꼴바뀜)가 일어나지 않는다. 용언은 문장 속에서 문법적인 기능을 실현하기 위하여 어간에 다양한 어미가 붙어서 꼴바뀜이 일어난다. 하지만 체언에는 그러한 형태 변화가 일어나지 않는다.

2.2.1. 명사

(가) 명사의 개념

'명사(名詞, noun)'는 어떠한 대상이나 일의 이름을 나타내는 단어의 갈래이다. 명사에는 다음과 같은 특징이 있다.(허웅 2000:235)

첫째, (자립) 명사는 일반적으로 실질적이면서 객관적인 의미를 나타낸다. 곧 '철수, 사자, 개미; 책, 연필, 자동차; 희망, 기쁨, 공부' 등의 의미는 실질적이고 객관적인 의미를 나타낸다.

둘째, 명사는 관형어의 수식을 받아서 명사(체언)구를 형성할 수 있으며, 명사구에서 중심어(中心語, head)로 쓰인다.

(3) ㄱ. 새 건물이 헌 건물보다 비싸다.
　　ㄴ. 어제 우연히 철수의 누나를 만났다.
　　ㄷ. 그는 아버지가 남긴 유산을 1년 만에 탕진했다.

(ㄱ)에서 '건물'은 형사인 '새'와 '헌'의 수식을 받고, (ㄴ)에서 '누나'는 '체언＋관형격 조

사'의 구성인 '철수의'의 수식을 받으며, (ㄷ)에서 '유산'은 관형절인 '아버지가 남긴'의 수식을 받고 있다. 명사는 이와 같이 관형어로 쓰이는 말, 곧 '관형사', '체언+관형격조사', '관형절' 등의 수식을 받아서 중심어로 기능할 수 있다.

(나) 명사의 유형

명사는 그 분류 기준에 따라서 '보통 명사'와 '고유 명사', '자립 명사'와 '의존 명사', '유정 명사'와 '무정 명사', '실체성 명사'와 '동태성 명사'로 구분할 수 있다.

(나)-1. 보통 명사와 고유 명사

명사는 그것이 지시하는 범위에 따라서 '보통 명사'와 '고유 명사'로 나눌 수 있다. 〈 보통 명사 〉 '보통 명사(普通名詞, common noun)'는 같은 속성을 가진 대상에 대하여 두루 쓸 수 있는 명사이다.

(4) 사람, 책, 꽃, 도시, 강, 산, 바다, 별, ……

(4)의 '사람, 책, 꽃, …' 등은 그것이 지시하는 대상이 여러 가지이므로 보통 명사이다. 〈 고유 명사 〉 '고유 명사(固有名詞, proper noun)'는 같은 성질의 대상 가운데서 어느 하나를 다른 것과 특별히 구별할 필요가 있을 때에 사용하는 명사이다. 고유 명사는 일반적으로 유일한 것으로 여기는 대상에 쓰는 명사이다.

(5) 김삼순, 이순신, 세종대왕, 주시경, 최현배; 신라, 고구려, 백제, 중국, 일본, 미국; 경주, 한강, 금강산, 동해; 삼국유사, 논어, 맹자; 살수대첩, 임진왜란, 한국전쟁, ……

(5)의 예는 각각 사람의 이름, 국가의 이름, 땅의 이름, 책의 이름, 사건의 이름 등을 나타내는 단어이다. 이들 명사들은 모두 고유 명사로서 유일한 실체로 인식되는 것들이다. 예를 들어서 '김삼순'은 역사상 존재했던 수많은 사람 가운데서 특정한 사람을 다른 사람들과 구분해서 사용하는 명사이다.

고유 명사는 유일한 대상을 가리키는 명사로 인식되기 때문에, 다음과 같은 문법적인 특징이 나타난다. 첫째, 고유 명사는 복수 표현이 없고 수량사와 결합할 수 없다.

(6) ㄱ. 사람들이 운동장에 모였다.
　　ㄴ.*삼순이들이 운동장에 모였다.

(7) *한 미국, *한 경주, *한 철수; *미국 셋, *경주 셋, *철수 셋

국어에서 일반적으로 사용되는 복수 표현은 체언에 복수 접미사인 '-들'을 첨가함으로써 이루어진다. '사람'이라는 보통 명사는 (6ㄱ)처럼 복수 표현이 가능하지만, 유일한 개체로 인식되는 '삼순이'는 (6ㄴ)처럼 복수 표현이 불가능하다. 그리고 고유 명사는 그 자체로 유일한 대상을 나타내기 때문에, (7)에서처럼 수량과 관련된 표현과 함께 쓰일 수가 없다.

둘째, 고유 명사는 관형사의 수식을 받을 수 없다.

(8) ㄱ. 나는 지난달부터 *<u>헌</u> 삼국유사를 버리고 *<u>새</u> 삼국유사를 읽는다.
    ㄴ. *<u>이</u> 인순이와 *<u>저</u> 인순이가 서로 싸운다.
    ㄷ. 형사는 가게에서 도둑질을 하던 *<u>두</u> 철수를 붙잡았다.

관형사는 그 뒤에 오는 체언의 의미를 제한하는 기능이 있으므로, 관형사가 쓰인다는 것은 중심어인 체언이 복수로 된 개체임을 전제로 한다. 그런데 고유 명사는 유일한 개체로 인식되므로, (8)처럼 그 앞에 관형사를 실현하면 비문법적인 표현이 된다.

(나)-2. 자립 명사와 의존 명사

명사는 문장 속에서 홀로 설 수 있느냐 없느냐에 따라서 '자립 명사'와 '의존 명사'로 나눌 수 있다.

〈 자립 명사 〉 '자립 명사(自立名詞, free noun)'는 문장에서 관형어가 없어도 홀로 쓰일 수 있는 명사이다.

(9) 사람, 어른, 물건, 일, 장소, 산수유, 꽃, 과일, ……

(9)의 명사들은 모두 '자립 명사'인데, 자립 명사는 문장 안에서 관형어의 도움 없이 홀로 쓰일 수 있는 명사이며, 대부분 실질적인 의미를 나타낸다. 국어에서 쓰이고 있는 대부분의 명사는 자립 명사이다.

〈 의존 명사 〉 '의존 명사(依存名詞, free noun)'는 자립성이 없을 뿐만 아니라, 그것이 표현하는 의미도 형식적인 의미이다.

(10) 것, 나름, 나위, 녘, 노릇, 놈, 덧, 데, 등(等), 등등(等等), 등속(等屬), 등지(等地), 따름,

때문, 무렵, 바, 밖, 분, 뻔, 뿐, 세(歲), 손, 수, 이, 자(者), 적, 줄, 즈음, 지, 짝, 쪽, 참, 축, 치, 터, 품, 겸, 김, 대로, 둥, 듯, 딴, 만, 만큼, 바람, 빨, 성, 양(樣), 족족, 즉(卽), 적, 차(次), 채, 체, 척, 통, ……

(11) 헌 <u>것</u>이 많다. / *<u>것</u>이 많다.

(10)의 명사는 '의존 명사'인데, 의존 명사는 문장 내에서 홀로 설 수가 없어서 반드시 관형어와 함께 쓰이는 명사이다. (11)에서 의존 명사인 '것'은 관형어가 없이는 단독으로 쓰일 수 없다. 뿐만 아니라 '것'은 실질적인 의미를 나타내지 못하고 사물, 일, 현상 따위를 추상적·형식적으로 이르는 말이다. 곧 (11)에 쓰인 '것'은 '책, 옷, 가구, 자동차, 집'과 같은 구체적인 명사를 형식적으로 대신하는 말이다.

의존 명사는 문장 속에서 사용되는 기능에 따라서 '보편성 의존 명사'와 '주어성 의존 명사, 서술어성 의존 명사, 부사어성 의존 명사, 단위성 의존 명사'로 나누어진다.

첫째 '보편성 의존 명사'는 자립성이 없다는 성질 이외에는 자립 명사와 동일하게 기능하는 의존 명사이다. 곧, 그 앞의 관형어와 보편성 의존 명사가 결합한 전체 구성이 여러 가지 문장 성분으로 쓰이는데, '것, 데, 바, 이' 등이 보편성 의존 명사이다.

(12) ㄱ. 가진 <u>것</u>이 없다.
　　 ㄴ. 가진 <u>것</u>이, 가진 <u>것</u>을, 가진 <u>것</u>이다, 가진 <u>것</u>의, 가진 <u>것</u>에, 가진 <u>것</u>으로…
　　 ㄷ. 옛 <u>것</u>, 다른 <u>것</u>; 가진 <u>것</u>, 먹은 <u>것</u>; 철수의 <u>것</u>, 우리의 <u>것</u>; 철수 <u>것</u>, 우리 <u>것</u>

(12)에서 '것'은 자립 명사와 마찬가지로 여러 가지 격조사와 자유롭게 결합할 수 있고, 관형어와의 제약도 거의 없다.

둘째, '주어성 의존 명사'는 주어로 쓰이는 의존 명사로서, '지, 나위, 리, 수, 턱' 등이 있다.

(13) ㄱ. 우리 가족이 여기에서 산 <u>지</u>가 꽤 오래되었다.
　　 ㄴ. 새 집이 더할 <u>나위</u>가 없이 좋다.

이들 주어성 의존 명사는 모두 주어로만 쓰이는데, '지'를 제외한 다른 주어성 의존 명사는 서술어로 '없다'와 '있다'만 허용하는 제약이 있다.

셋째, '서술어성 의존 명사'는 서술어로 쓰이는 의존 명사로서, '따름, 때문, 뿐, 마련,

망정, 셈, 터' 등이 있다.[1]

(14) ㄱ. 저는 그저 당신을 만나러 왔을 <u>따름</u>입니다.
　　ㄴ. 아버님께서 화를 내시는 것은 철수가 때린(때렸기) <u>때문</u>이다.

서술어성 의존 명사인 '따름, 때문, 뿐, 마련, 망정, 셈, 터' 등은 서술격 조사인 '-이다'와 결합하여 전체 구성이 서술어로만 쓰인다.

　넷째, '부사어성 의존 명사'는 부사어로 쓰이는 의존 명사로서, '김, 대로, 만큼, 줄, 채; 만, 번, 양, 체, 척' 등이 있다.

(15) ㄱ. 일을 하기로 한 <u>김</u>에 당장 일을 시작합시다.
　　ㄴ. 그가 화를 낼 <u>만</u>도 하다.

(15ㄱ)에서 '일을 하기로 한'은 관형절인데, 이 관형절과 그것의 수식을 받는 의존 명사 '김'이 합쳐져서 하나의 명사구인 '일을 하기로 한 김'을 이룬다. 그리고 이 명사구에 부사격 조사인 '-에'가 실현되어서 부사어로 기능한 것이다.

　다섯째, '단위성 의존 명사'는 앞 명사의 수량의 단위를 표현하는 의존 명사이다.

(16) ㄱ. 지우개 한 <u>개</u>, 천 한 <u>겹</u>, 높이 한 <u>길</u>, 엽전 한 <u>닢</u>, 동전 두 <u>닢</u>, 자동차 두 <u>대</u>
　　ㄴ. 술 세 <u>병</u>, 나무 열 <u>그루</u>, 담배 한 <u>대</u>, 바느질 세 <u>땀</u>, 닷 말 <u>들이</u>, 쌀 너 <u>되</u>

(16)에서 밑줄 친 말은 모두 수량의 단위를 나타내는 의존 명사이다. 이들 의존 명사 앞에는 반드시 수량을 나타내는 관형사가 앞서며, 또한 보편성 의존 명사처럼 조사와 결합하는 데에 제약이 없다는 특징이 있다. 단위성 의존 명사 중에서 (ㄱ)의 예들은 원래부터 수 단위 의존 명사여서, 이들이 자립 명사로 쓰이지는 않는다. 반면에 (ㄴ)의 예들은 원래는 자립 명사였는데, 단위성 의존 명사로 전용되어서 쓰이는 것들이다.

　〈 유정 명사와 무정 명사 〉 명사는 그것이 지시하는 대상에 감정이 있느냐 없느냐에 따라서 '유정 명사(有情名詞, animate noun)'와 '무정 명사(無情名詞, inanimate noun)'로 구분된다.

---

1) 의존 명사인 '때문'은 그 뒤에 부사격 조사인 '-에'와 결합하여 부사어로도 쓰일 수 있다.(보기 : 철수는 집이 너무 가난했기 때문<u>에</u> 미국 유학을 포기했다.)

(17) ㄱ. 사람, 어린이, 어른, 어머니, 아버지, 철수, 영희; 개, 말, 고양이, 호랑이, 사슴

    ㄴ. 꽃, 나무; 바위, 돌; 아침, 낮; 노을, 구름; 민족주의, 희망, 자유, 헌법

'유정 명사'는 (ㄱ)의 예처럼 감정이 있는 대상을 가리키는 명사이고, '무정 명사'는 (ㄴ)의 예처럼 감정이 없는 대상을 가리키는 명사이다. 유정 명사와 무정 명사는 문법적으로 큰 차이는 나지 않지만, 다음과 같은 몇 가지 점에서 차이가 난다.

첫째, 유정 명사에는 상대를 나타내는 부사격 조사로서 '-에게'나 '-한테'가 붙는 데에 반해서, 무정 명사에는 상대를 나타내는 부사격 조사로서 '-에'가 붙는다.

(18) ㄱ. 영수는 철수<u>에게(한테)</u> 개를 넘겨주었다.

    ㄴ. 아이가 꽃<u>에</u> 물을 주었다.

둘째, 유정 명사는 문장 속에서 행동 동사와 함께 쓰여서 행위자(agent)로 기능하는 문장 성분으로 쓰일 수 있다. 반면에 무정 명사는 일반적으로 행위자로 기능하는 문장 성분이 될 수 없다.

(19) ㄱ. <u>주인</u>이 손님을 마구 때린다.

    ㄴ.*<u>바위</u>가 손님을 마구 때린다.

    ㄷ. <u>나무</u>는 꽃을 보고 활짝 웃었습니다.

    ㄹ. <u>비행기</u>는 하늘로 힘차게 날았다.

(ㄱ)에서 '주인'은 유정 명사이기 때문에 행동성 서술어인 '때리다'와 함께 실현되면서 행위자의 역할을 할 수 있다. 반면에 (ㄴ)에서 '바위'는 무정 명사이기 때문에 행동 동사와 어울리지 못하므로, 행위자로의 역할을 하지 못한다. 다만 (ㄷ)에서 무정 명사인 '나무'가 의인화되면 문장에서 행위자의 역할을 할 수가 있으며, (ㄹ)에서 '비행기'와 같은 기계도 행동 동사와 어울려서 행위자의 역할을 할 수 있다.

〈 실체성 명사와 동태성 명사 〉 명사는 '동작' 혹은 '상태'의 성질이 있느냐 없느냐에 따라서, '실체성 명사'와 '동태성 명사'로 구분할 수 있다.

첫째, '실체성 명사(substantial nominal)'는 동작성이나 상태성의 의미가 나타나지 않는 명사이다.

(20) 철수, 동물; 산, 바다, 구름; 앞, 뒤, 위, 아래; 아침, 낮, 삼월, 다음달, 일요일

(20)의 예들은 실체성 명사인데, 이들 실체성 명사는 동작성이나 상태성이 없기 때문에, 이들 명사에는 파생 접사 '-하다'가 결합하여 동사나 형용사로 파생되지 않는다.

둘째, '동태성 명사(비실체성 명사, nonsubstantial nominal)'는 동작성이나 상태성의 의미를 나타내는 명사이다.

(21) ㄱ. 동작, 건설; 변화, 사망, 부패, 부상; 생각, 소망, 사랑; 일출, 일몰, 월출, 월몰
ㄴ. 평온, 소란, 평탄; 불만, 불완전, 부정; 무관심, 무능력, 무상; 몰지각, 몰상식

이들 동태성 명사는 형태로는 명사이지만 의미적으로는 동사나 형용사와 공통성을 보인다. (ㄱ)의 예들은 모두 명사이기는 하지만 움직임을 나타내므로, 이러한 같은 명사를 '동작성 명사'라고 한다. 그리고 (ㄴ)의 명사들은 상태성 명사들인데, 모두 긍정적이거나 부정적인 상태 나 속성을 나타낸다. 이러한 동태성 명사는 대부분 한자말이며, 파생 접미사 '-하다'와 결합하여 동사나 형용사로 파생되는 경우가 많다.

2.2.2. 대명사

(가) 대명사의 개념

〈 개념 〉 '대명사(代名詞, pronoun)'는 발화 현장에서 어떤 대상을 직접 가리키거나, 앞선 문맥에 표현된 명사를 대신하는 단어의 갈래이다.

(22) ㄱ. 어제 그녀는 여기에서 그것을 먹었다.
ㄴ. 어제 순희는 학교에서 김밥을 먹었다.

(23) ㄱ. 아버님은 나에게 장갑을 주었다. 나는 그것을 받아서 주머니에 넣었다.
ㄴ. 우리들은 동백섬에 놀러 갔는데, 거기에서 큰 사고를 당했다. .

(22)에서 (ㄱ)과 (ㄴ)의 문장을 비교하면 (ㄱ)에서 '그녀'는 '순희'를 가리키며, '여기'는 '학교'를 가리키며, '그것'은 '김밥'을 직접 가리킨다. 곧 (22ㄱ)의 문장에서 '그녀, 여기, 그것'은 발화 현장에서 명사인 '순희, 학교, 김밥'이라는 말을 대신하는 말이다. 반면에 (23)에서 (ㄱ)의 '그것'과 (ㄴ)의 '거기'는 앞선 문맥에 실현된 명사 '장갑'과 '누리마루'를 대신하고 있다. 이처럼 발화 현장에서 어떤 대상을 직접적으로 가리키거나 문맥에서 특정한 명사를 대신하는 말을 '대명사'라고 한다.

대명사는 '직시(지시)'와 '대용'의 기능이 있다. 여기서 '직시(直示, deixis)'는 (22)에 쓰인 대명사처럼 화자가 자기가 위치한 시간과 공간적 입장을 기준으로 하여 발화 현장에서 대상을 직접 가리키는 기능이다. 이때에 직시하는 기능이 있는 말을 '직시어(지시어, deictic words)'라고 한다. 반면에 (23)처럼 담화 속에서 앞선 문맥에서 이미 언급한 말을 되돌아 가리키는 기능을 '대용(代用, anaphora)'이라고 하고 '그것, 거기'처럼 대용하는 기능이 있는 말을 '대용어(代用語, anaphor)'라고 한다.

〈특징〉 대명사에는 명사에 나타나는 공통성도 있지만 명사에는 없는 특성도 있다.

첫째, '나, 그것, 여기'와 같은 대명사는 형식적이며 상황 의존적인 의미를 나타낸다.

> (24) ㄱ. '나' : 지시 기능 / 대용 기능
> ㄴ. '김밥' → '이것', '저것', '그것'
> '장갑', '연필', '필통' → '그것'

곧, 대명사인 '나'는 지시나 대용의 기능만 할 뿐 '나' 자체로는 실질적인 의미를 나타내지 않는다. 그리고 화자와 청자의 상대적인 위치에 따라서 동일한 사물인 '김밥'을 '이것, 저것, 그것'으로 표현할 수 있고, 반대로 '장갑'이나 '볼펜' 등을 동일한 대명사인 '그것'으로 표현할 수도 있다. 이러한 점에서 대명사는 상황 의존적인 의미를 나타낸다.

둘째, 대명사는 명사에 비하여 선행하는 관형어와의 구성에 제약을 더 받는다.

> (25) ㄱ. {아름다운, 달려가는} + 그녀
> ㄴ. {이, 그, 저, 새, 헌, 어느, 어떤}+*그녀
> ㄷ. *최민수의 그것

명사는 '관형절, 관형사, 체언+관형격 조사'로 된 관형어의 수식을 받을 수 있다. 하지만 대명사는 (ㄱ)처럼 관형절의 수식은 받을 수 있으나, (ㄴ)의 관형사로 된 관형어나 (ㄷ)의 '체언+관형격 조사'로 된 관형어의 수식을 받지 못하는 제약이 있다.

(나) 대명사의 유형

대명사는 사람을 가리키는 '인칭 대명사'와 사람 이외의 대상을 가리키는 '지시 대명사'로 나뉜다. 인칭 대명사는 가리킴의 기능에 따라서 정칭, 미지칭, 부정칭, 재귀칭 대명사로 나뉘며, 지시 대명사는 '사물 지시 대명사'와 '처소 지시 대명사'로 나뉜다.

인칭 대명사						지시 대명사	
정칭 대명사			미지칭 대명사	부정칭 대명사	재귀칭 대명사	사 물 대명사	처 소 대명사
1인칭	2인칭	3인칭					

〈표 2〉 대명사의 유형

(나)-1. 인칭 대명사

'인칭 대명사(人稱代名詞)'는 사람을 직시하거나 대용하는 대명사인데, 가리킴의 기능에 따라서 정칭·미지칭·부정칭·재귀칭의 인칭 대명사'로 나뉜다.

〈 정칭의 인칭 대명사 〉 '정칭(定稱)의 인칭 대명사'는 '나·너·그'처럼 정해진 대상을 가리키거나 대용하는 대명사이다.

첫째, '1인칭의 대명사'는 화자가 자기 자신을 가리키는 대명사이다.

(26) ㄱ. 나, 우리(들), 본인(本人), 짐(朕)
　　　ㄴ. 저, 저희(들), 소자(小子), 소생(小生), 과인(寡人)

(ㄱ)의 '나, 우리(들), 본인(本人), 짐(朕)'은 화자가 자신을 가리키되 높임과 낮춤의 뜻이 없이 쓰이는 대명사이다. 반면에 (ㄴ)의 '저, 저희(들), 소자(小子), 소생(小生), 과인(寡人)'은 화자가 청자에 대하여 자신을 낮추어서 표현하는 말이다.

둘째, '2인칭 대명사'는 화자가 청자를 가리키는 대명사이다.

(27) 너, 너희(들); 자네

(27)은 화자가 청자를 높이지 않은 대명사이다. '너'는 가장 일반적으로 쓰이는 말이고, '너희'는 '너'에 복수 접미사가 붙어서 쓰인 말이다. '너'와 '너희'는 듣는 사람을 아주 낮추어서 '해라체'로 표현하는 말이다. 그리고 '자네'는 듣는 사람을 예사로 낮추어서 '하게체'로 표현하는 말이다.

(28) ㄱ. 그대, 당신, 임자, 여러분, 댁(宅), 귀형(貴兄), 귀하(貴下), 노형(老兄)
　　　ㄴ. 어르신, 선생님

(28)의 예는 화자가 청자를 높이면서 가리키는 대명사이다. (ㄱ)의 '그대, 당신, 임자,

여러분, 댁(宅), 귀형(貴兄), 귀하(貴下), 노형(老兄)'은 예사 높임인 '하오체'에 해당하고, (ㄴ)의 '어르신, 선생님'은 아주 높임인 '하십시오체'에 해당한다.

셋째, '3인칭 대명사'는 화자와 청자를 제외한 제3의 인물을 가리키는 대명사로서, 화자가 특정한 제3자를 발화 현장이나 문맥에서 직접 가리키는 대명사이다

　　(29) 이들, 그(들), 저들

(29)에서 '이, 그, 저'는 입말에서는 잘 쓰이지 않고 글말에서만 자주 쓰이는 말이다. '이, 그, 저' 중에서 '이'와 '저'는 단독으로는 거의 쓰이지 않고 복수 접미사인 '-들'과 함께 쓰여서 '이들, 저들'의 형태로만 쓰이는 것이 보통이다.

　　(30) 이자, 그자, 저자; 이애(얘), 그애(걔), 저애(쟤); 이이, 그이, 저이; 이분, 그분, 저분

(30)의 예는 모두 지시 관형사와 의존 명사가 합성된 3인칭 대명사이다. 이들 대명사는 모두 지시 관형사인 '이, 그, 저'와 의존 명사인 '자, 애, 이, 분' 등이 결합하여 이루어진 합성 대명사이다.[2]

〈 **미지칭의 인칭 대명사** 〉 '미지칭(未知稱)의 인칭 대명사'는 가리킴을 받는 사람의 이름이나 신분을 몰라서 물을 때에 쓰는 대명사로서, 의문의 대상을 가리키는 기능을 한다. 이러한 미지칭의 인칭 대명사로는 '누구'가 있으며, '누구'가 주격으로 쓰일 때에는 변이 형태인 '누'로 변동한다.[3]

　　(31) ㄱ. 이번 총회에서는 <u>누구</u>를 회장으로 뽑아야 할까?
　　　　ㄴ. <u>누</u>가 시합에 이겼지?

(ㄱ)의 '누구'는 '이번 총회에서 회장으로 뽑아야 할 사람'을 묻는 대명사이며, (ㄴ)의 '누'는 '누구'의 변이 형태로서 '시합에 이긴 사람'을 묻는 대명사이다.

---

2) 어근인 '이, 그, 저'는 화자가 청자에 대하여 느끼는 심리적인 거리를 기준으로 하여 사용된다. 곧, 화자가 자신에게 가까운 대상을 가리켜서 말할 때에는 '이'를 쓰고, 청자에게 가까운 대상을 가리킬 때에는 '그'를 쓴다. 그리고 '저'는 화자와 청자가 비슷한 거리에 있으면서, 둘 다에게 멀다고 생각되는 대상을 가리켜서 표현할 때에 사용된다.

3) 미지칭의 대명사인 '누구'는 '설명 의문문'에 쓰였을 때에 성립되며, '누구'가 '판정 의문문'에 쓰이면 부정칭으로 기능한다. 예를 들어서 '밖에 누가 왔니?'라는 문장이 설명 의문문일 때에는 미지칭으로 기능하며, 판정 의문문일 때에는 부정칭으로 기능한다.(이 책 268쪽 내용을 참조할 것.)

〈 부정칭의 인칭 대명사 〉 '부정칭(不定稱)의 인칭 대명사'는 어떤 사람을 특별히 정하지 않고 두루 가리키는 인칭 대명사이다. 부정칭의 인칭 대명사로서는 '아무'와 '누구'가 있다.

(32) ㄱ. <u>아무</u>나 와서 밥을 먹어라.
　　 ㄴ. 이번 경기 결과는 <u>아무</u>도 모른다.

(33) ㄱ. 철수는 <u>누구</u>를 만나더라도 반갑게 대한다.
　　 ㄴ. <u>누</u>가 와도 이 일은 해결하지 못한다.

(32)에서 '아무(某)'는 '특정한 사람을 가리지 않고 어떠한 사람이라도'의 뜻을 나타낸다. 그리고 미지칭의 인칭 대명사로 쓰였던 '누구'도 부정칭의 인칭 대명사로 쓰일 수가 있다. 곧 (33)의 '누구(＝누)'는 '아무'의 뜻을 나타내면서 부정칭으로 쓰였다.

〈 재귀칭의 인칭 대명사 〉 '재귀칭(再歸稱)의 인칭 대명사'는 문장 속에서 주어로 표현된 3인칭의 명사나 명사구를 그 문장 속에서 다시 대용할 때에 쓰는 대명사이다. 재귀칭의 인칭 대명사로 쓰이는 단어로는 '자기, 자신; 저, 저희; 당신' 등이 있다.

첫째, '자기'와 '자신'은 가장 널리 쓰이는 재귀칭 대명사이다.

(34) ㄱ. 고슴도치도 <u>자기</u>의 자식은 귀여워한다.
　　 ㄴ. 사람은 모름지기 <u>자신</u>을 잘 알아야 한다.

(ㄱ)의 '자기'와 (ㄴ)의 '자신'은 각각 주어로 쓰인 '고슴도치'와 '사람'을 대용하는 재귀칭 대명사이다. 만일 '고슴도치'와 '사람'을 재귀칭 대명사로 바꾸지 않고 명사를 그대로 사용하면 비문법적인 문장이 된다.

둘째, '저'와 '저희(들)'는 그것이 대용하는 명사가 낮춤의 대상일 때에 쓰인다.

(35) ㄱ. 하급생들은 <u>저희</u>를 때린 상급생을 처벌해 달라고 학교에 요청했다.
　　 ㄴ. 중이 <u>제</u> 머리 못 깎는다.
　　 ㄷ. 아이들은 <u>저희</u>에게 할당된 과제를 해 내었다.

(ㄱ)에서 '저희'는 '하급생들'을 가리키며, (ㄴ)에서 '제'는 '저'가 관형격으로 쓰였을 때에 나타나는 변이 형태로서 '저의'와 동일하다. 그리고 (ㄷ)에서 '저희(들)'은 '아이들'을 대용하는데, '저'에 복수 접미사인 '-희(들)'가 결합하여 형성된 복수 형태이다.

셋째, '당신'은 그것이 대용하는 명사가 높임의 대상일 때에 쓰인다.

(36) ㄱ. 아버님께서는 당신의 자식들을 늘 끔찍이 아끼셨다.
　　ㄴ. 그 당시에 선생님께서는 당신께 주어진 일은 반드시 해내셨다.

(36)에서 '당신'은 각각 주어로 쓰이면서 동시에 높임의 뜻을 가진 명사인 '아버님'과 '선생님'을 대용한다. '당신'도 원래는 '저'와 '저희'와 마찬가지로 재귀칭 대명사로만 쓰였는데 지금은 재귀칭 대명사로도 쓰이고 2인칭 대명사로도 쓰인다.(서정수 1996:518)

넷째, 대명사 '자신'이 강조의 기능으로 쓰이는 특수한 경우가 있는데, 이때에는 대명사가 그 앞의 명사와 동일한 문장 성분으로 되풀이된다. 강조 기능의 '자신'은 주어로 쓰이는 명사뿐만 아니라 목적어나 관형어로 쓰이는 명사를 대용하여 표현할 수도 있다.

(37) ㄱ. 철수 자신이 회장에서 물러나야 한다.
　　ㄴ. 너 자신을 알라.
　　ㄷ. 선생님은 수학 문제를 학생 자신의 힘으로 풀게 하였다.
　　ㄹ. 이 일은 철수 자신에게도 아무런 도움이 되지 않는다.

(37)에서 '자신'은 바로 앞에서 제시된 명사를 되풀이하여 표현하였다. 곧 (ㄱ)에서는 주어, (ㄴ)에서는 목적어, (ㄷ)에서는 관형어, (ㄹ)에서는 부사어로 쓰이는 명사를 '자신'으로 대용하였다. 이때의 '자신'은 동일한 문장 성분으로 쓰인 말을 되풀이하면서 강조의 기능을 수행하고 있는데, '자신'을 생략하고 표현할 수 있는 것이 특징이다.

(나)-2. 지시 대명사

'지시 대명사(指示代名詞)'는 사물이나 장소 등의 명사를 직접 가리키거나 대용하는 말이다. 이러한 지시 대명사에는 '이것, 저것, 아무것; 이곳, 그곳, 저곳' 등이 있는데, 관형사인 '이, 그, 저'와 의존 명사인 '것, 곳'이 합성된 말이 대부분이다. 지시 대명사에는 사물을 지시(대용)하는 대명사와, 장소를 지시(대용)하는 대명사가 있다.

〈 사물 지시 대명사 〉 '사물 지시 대명사'는 특정한 사물을 직시하거나 대용하는 지시 대명사이다. 사물 지시 대명사에는 '이것, 그것, 저것(정칭); 무엇(미지칭); 아무것, 무엇(부정칭)' 등이 있다. 이들 중에서 단일어인 '무엇'을 제외한 나머지 '이것(이 + 것), 그것(그 + 것), 저것(저 + 것), 어무것(아무 + 것)' 등의 사물 지시 대명사는 지시 관형사인 '이, 그, 저'와 의존 명사가 결합된 합성 대명사이다.

(38) <u>이것(그것, 저것)</u>을 보세요.

(39) 철수가 방금 가져간 것이 <u>무엇</u>이냐?

(40) ㄱ. <u>아무것</u>이나 집어서 가져오너라.
     ㄴ. 배가 고프니 <u>무엇</u>을 좀 먹어야겠다.

(38)의 '이것, 그것, 저것'은 대상을 확정하여 가리키는 정칭(定稱)의 지시 대명사이다. 정칭의 사물 지시 대명사는 화자가 청자에 대하여 느끼는 심리적인 거리를 기준으로 하여 '이, 그, 저'를 사용하게 된다. 그리고 (39)의 '무엇'은 미지칭(未知稱)의 지시 대명사로서 물음의 대상이 되는 사물을 가리키는 대명사이며, (40)에서 (ㄱ)의 '아무것'과 (ㄴ)의 '무엇'은 부정칭(不定稱)의 지시 대명사로서 정해지지 않은 대상을 두루 가리키는 대명사이다.

　〈 처소 지시 대명사 〉 '처소 지시 대명사'는 장소를 직시하거나 대용하는 지시 대명사이다. 처소 지시 대명사로는 '여기, 거기, 저기(정칭) ; 이곳, 그곳, 저곳(정칭); 어디(미지칭); 아무데, 어디(부정칭)'가 있다. 이 중에서 '이곳, 그곳, 저곳'과 '아무데'는 관형사인 '이, 그, 저, 아무'와 의존 명사인 '곳, 데'가 합하여 형성된 대명사이다.

(41) ㄱ. 우리 <u>여기(거기, 저기)</u>에서 놀자.
     ㄴ. 지난해 <u>이곳(그곳, 저곳)</u>에서 큰 사고가 발생했다.

(42) ㄱ. 아이를 잃어버린 데가 <u>어디</u>예요?
     ㄴ. 아이를 <u>어디</u>에서 찾았니?

(43) ㄱ. <u>아무데</u>나 앉으세요.
     ㄴ. 노숙자들이 갈 곳은 <u>어디</u>에도 없었다.

(41)에서 (ㄱ)의 '여기, 거기, 저기'와 (ㄴ)의 '이곳, 그곳, 저곳'은 처소를 확정하여 가리키거나 대용하는 대명사이다. (42)의 '어디'는 특정한 처소를 몰라서 물을 때에 쓰는 미지칭의 처소 지시 대명사이다. 그리고 (43)에서 (ㄱ)의 '아무데'와 (ㄴ)의 '어디'는 특별히 정해지지 아니한 장소 따위를 가리키는 부정칭의 처소 지시 대명사이다.

2.2.3. 수사

체언 가운데는 어떠한 대상의 수량이나 순서를 표현하는 말이 있는데, 이와 같은 부류의 단어를 '수사'라고 한다.

(가) 수사의 개념

〈개념〉'수사(數詞, numeral)'는 어떤 대상의 수량이나 순서를 표현하는 단어의 갈래이다.

(44) ㄱ. <u>하나</u>에 <u>둘</u>을 보태면 <u>셋</u>이 된다.
ㄴ. <u>첫째</u>는 길동이고 <u>둘째</u>는 순희입니다.

(ㄱ)의 '하나, 둘, 셋'은 수량을 나타내는 말이며, (ㄴ)의 '첫째, 둘째'는 순서를 나타내는 말이다. 이처럼 수사는 사물의 실질적인 개념이나 성질 따위와는 관계없이 어떠한 대상의 수량과 순서만 표현하는 단어의 동아리이다.

〈특징〉수사에는 체언으로서의 공통성뿐만 아니라, 수사에만 있는 고유한 특징도 나타난다.

첫째, 수사는 실질적인 개념을 나타내지 않고 수량이나 순서를 나타낼 뿐이다. 따라서 수사는 형식적이며 객관적인 의미를 나타낸다.

(45) ㄱ. 사람, 철수, 학교, 사랑, 희망
ㄴ. 나, 너, 그, 누구, 아무, 자기, 이것, 저곳
ㄷ. 하나, 둘, 셋; 첫째, 둘째, 셋째

(ㄱ)의 명사는 실질적인 의미를 나타내는 데에 반해서, (ㄷ)의 수사는 특정한 명사의 '수량'이나 순서만을 가리킨다는 점에서 형식적인 의미를 나타낸다. 그리고 (ㄴ)과 같은 대명사의 의미는 주관적인 의미이지만, (ㄷ)의 수사의 의미는 문맥이나 발화 상황과는 관계없이 특정한 명사의 수량을 나타낸다는 점에서 객관적인 의미이다.

둘째, 수사는 일반적으로 관형어의 수식을 전혀 받을 수 없다.

(46) ㄱ. *새 <u>하나</u>, *헌 <u>둘</u>
ㄴ. *달려가는 <u>하나</u>, *아름다운 <u>둘째</u>
ㄷ. *철수의 <u>하나</u>, *우리나라의 <u>둘째</u>

(ㄱ)에서 '새, 헌'은 관형사, (ㄴ)에서 '달려가는, 아름다운'은 용언의 관형사형, (ㄷ)에서 '철수의, 우리나라의'는 체언에 관형격 조사가 붙어서 된 관형어이다. 이처럼 수사는 관형어의 수식을 전혀 받을 수 없다는 특징이 있다.

(나) 수사의 유형

수사는 '양수사(量數詞)'와 '서수사(序數詞)', '정수(定數)'와 '부정수(不定數)', '고유어'로 된 수사'와 '한자어로 된 수사' 등으로 분류할 수 있다.

〈 양수사 〉 '양수사(量數詞)'는 수량을 나타내는 수사인데, 이는 고유어로 된 것과 한자어로 된 것이 있다.

> (47) ㄱ. 하나, 둘, 셋, 넷, 다섯, 여섯, 일곱, 여덟, 아홉, 열, 스물, 서른, 마흔, 쉰, 예순, 일흔, 여든, 아흔
>
> ㄴ. 한둘(1, 2), 두엇(둘쯤), 두셋(2, 3), 두서넛(2, 3, 4), 서넛(3, 4), 네다섯(4, 5), 너덧(4, 5), 네댓(4, 5), 너더댓(4, 5), 댓(5, 6), 대여섯(5, 6), 예닐곱(6, 7), 일여덟(7, 8), 열아홉(8, 9), 여남은(10여), 열두셋(12, 13), 여럿, 몇

> (48) ㄱ. 영(零), 일(一), 이(二), 삼(三), ……, 백(百), 천(千), 만(萬), 억(億), 조(兆), ……
>
> ㄴ. 일이, 이삼, 삼사, 사오, 오륙, 육칠, ……

(47)의 수사는 고유어로 된 수사이며 (48)의 수사는 한자어로 된 수사이다. 그리고 (47)과 (48)에서 (ㄱ)의 수사는 수량이 확정된 '정수(定數)'를 나타내는 데에 반해서, (ㄴ)의 수사는 대략적인 수량을 어림한 '부정수(不定數, 어림수)'를 나타낸다. 수사 중에서 고유어의 수사는 '아흔아홉'까지이며 그 이상은 '백이십일'과 같은 한자어이나, '백스물하나'처럼 고유어와 한자어를 섞어서 표현한다.

〈 서수사 〉 '서수사(序數詞)'는 순서를 나타내는 수사인데, '서수사'도 고유어로 된 것과 한자어로 된 것이 있다.

> (49) ㄱ. 첫째, 둘째, 셋째, 넷째, 다섯째, … , 열째, 열한째, 열두째, 열셋째, …, 스무째, 서른째, 마흔째, 쉰째, 예순째, 일흔째, 여든째, 아흔째, 백째
>
> ㄴ. 한두째, 두어째, 두세째, 두서너째, 서너째, 너덧째, 너더댓째, 댓째, 대여섯째, 예닐곱째, 일여덟째, 열아홉째, 여남은째, ……, 여러째, 몇째

(50) ㄱ. 제일(第一), 제이(第二), 제삼(第三), 제사(第四), ……

ㄴ. 제일의 품질, 제이의 명소, 제삼의 인물, ……

(49)의 고유어 수사는 양수사에 접미사인 '-째'가 붙어서 성립하는데, (ㄱ)은 정수를 나타내고 (ㄴ)은 부정수를 나타낸다. 그리고 (50)의 예는 한자어로 된 서수사인데 이들은 양수사의 형태에 접두사인 '제(第)-'가 붙어서 된 파생어이다.

2.2.4. 체언의 복수 표현

〈 단수 표현과 복수 표현 〉 체언이 지시하는 대상의 수효가 하나인 것을 '단수(單數)'라고 하고, 체언이 지시하는 대상의 수효가 둘 이상인 것을 '복수(複數)'라고 한다.

(51) ㄱ. 사람, 학생, 개, …

ㄴ. 사람들, 학생들, 개들, …

국어에서 복수 표현은 일반적으로 파생 접사인 '-들'을 붙여서 나타낸다.[4] 예를 들어서 (ㄱ)의 '사람, 학생, 개' 등은 대상의 수효가 하나이므로 '단수 표현'이고, (ㄴ)의 '사람들, 학생들, 개들' 등은 대상의 수효가 둘 이상이므로 '복수 표현'이다.

그런데 국어에서 '수(數, number)'에 대한 표현은 규칙적으로 실현되지는 않는다.

(52) ㄱ. 많은 사람들이 회의장에 몰려왔다.

ㄴ. 많은 사람이 회의장에 몰려왔다.

(53) ㄱ.*사과나무들에 사과들이 많이 열렸다.

ㄴ. 사과나무에 사과가 많이 열렸다.

(52)에서 (ㄱ)처럼 복수로 표현한 것과 (ㄴ)처럼 단수로 표현한 것의 의미적인 차이가 거의 없다. 그리고 (53)에서 사물의 수량을 논리적으로 생각하면 (ㄱ)과 같이 복수로 표현해야 함에도 불구하고, (ㄴ)처럼 단수로 표현하는 것이 자연스러운 경우가 많다.

〈 '-들'의 문법적인 특징 〉 대상의 수량이 복수임을 나타내는 파생 접미사인 '-들'은 다

---

4) 인칭 대명사인 '너, 저'에는 복수 접미사인 '-희'가 결합하여 '너희, 저희'로 복수 표현이 실현된다.

음과 같은 문법적인 특징이 있다.

첫째, '-들'은 명사와 대명사에는 붙을 수 있지만 수사에는 붙지 않는다.

(54) ㄱ. *둘들, *셋들, *넷들……
ㄴ. *둘째들, *셋째들, *넷째들……

(54)에서 '둘, 셋, 넷; 둘째, 셋째, 넷째' 등은 복수 표현의 수사인데, 이들 수사에는 '-들'이 붙을 수가 없다. 수사는 원래부터 수량이나 순서를 나타내어서 수사 자체가 단수와 복수의 뜻을 나타내기 때문에 '-들'이 붙지 않는 것이다.

둘째, '-들'은 대체로 유정 명사에는 자연스럽게 결합하지만, 무정 명사에 결합하면 자연스럽지 못한 표현이 된다.

(55) ㄱ. 사람들, 남자들, 아이들, 개들, 사자들
ㄴ. ?사과들, ?연필들 ; *물들, *설탕들, *공기들; *희망들, *꿈들, *슬픔들

(56) ㄱ. 사과 세 개를 가져왔다.
ㄴ. 탁자 위에 있는 연필을 가져 오너라. (※ 연필이 세 자루인 경우)

(55)에서 (ㄱ)의 '사람, 개'와 같은 유정 명사에는 '-들'이 자연스럽게 결합할 수 있다. 하지만 (ㄴ)처럼 무정 명사에 '-들'이 붙은 표현은 비문법적인 표현이거나, 혹은 자연스럽지 못한 표현이다. 비록 무정 명사로 표현할 대상이 복수일지라도 (56)처럼 '-들'을 붙이지 않고 표현하는 것이 일반적이다.

셋째, 명령문에서는 '-들'이 불가산 명사나 체언이 아닌 단어에 실현될 수가 있다.

(57) ㄱ. 저리로 가서 빨리 물들 길어 오너라.
ㄴ. 무슨 소리를 하는 거냐? 제발 꿈들 깨시게.
ㄷ. 시장할 텐데, 많이들 드십시오.
ㄹ. 약간이라도 먹어들 보아라.

(58) ㄱ. (너희들) 저리로 가서 빨리 물을 길어 오너라.
ㄴ. (너희들) 무슨 소리를 하는 거냐? 제발 꿈을 깨시게.
ㄷ. (여러분) 시장할 텐데, 많이 드십시오.

ㄹ. (얘들아) 조금이라도 <u>먹어</u> 보아라.

곧 (57)의 (ㄱ)과 (ㄴ)에서는 불가산 명사인 '물'과 '꿈'에 '-들'이 실현되었으며, (ㄷ)에는 부사인 '많이'에, (ㄹ)에는 동사 '먹다'의 연결형인 '먹어'에 '-들'이 실현되었다. 이런 현상은 명령문에서 생략된 2인칭 주어가 복수임을 나타내기 위한 것이다. 곧 (58)의 명령문처럼 2인칭의 복수형 체언으로 된 주어가 생략되는 과정에서, '-들'이 그 뒤에 실현되는 '물, 꿈, 많이, 먹어' 등의 문장 성분에 옮아서 실현된 결과이다.

2.3. 관계언

조사는 단어들 사이의 문법적인 관계를 나타내므로 '관계언(關係言)'이라고도 한다.

2.3.1. 조사의 개념

〈개념〉'조사(助詞)'는 주로 체언에 붙어서, 그 체언이 문장 속의 다른 단어와 맺는 문법적인 관계를 나타내거나 특별한 뜻을 덧보태어 주는 단어의 갈래이다.

(1) ㄱ. 영수<u>가</u> 책을 읽는다.
    ㄴ. 선희<u>와</u> 진주는 사과<u>하고</u> 배하고 많이 먹었다.
    ㄷ. 철수<u>는</u> 아버지가 주는 약<u>만</u> 먹지 않았다.

(ㄱ)에서 '-가'는 '영수'에 붙어서 그 체언이 문장에서 주어로 쓰이는 것을 나타내며, '-을'은 '책'에 붙어서 그것이 문장 속에서 목적어로 쓰이는 것을 나타낸다. (ㄴ)에서 '-와'는 체언인 '선희'와 '진주'를 이었으며, '-하고'는 '사과'와 '배'를 이었다. (ㄷ)에서 '-는'은 '철수'에 붙어서 그것이 문장 속에서 '말거리(주제, 화제)'가 됨을 나타내며, '-만'은 '약'에 붙어서 '한정(限定)'의 뜻을 나타낸다. 이처럼 주로 체언에 붙어서 문법적인 관계나 특별한 의미를 더해 주는 단어를 조사라고 한다.

〈특징〉조사는 일반적인 단어와는 달리 다음과 같은 특징이 있다.

첫째, 조사는 자립성이 없으며, 형식적이고 문법적인 의미를 나타낸다. 곧 (1)에서 (ㄱ)의 '-가, -을' 등은 문장 성분으로서의 자격을 나타내고, (ㄴ)의 '-와, -하고' 등은 체언과 체언을 잇는 기능을 하고, (ㄷ)의 '-는, -만'은 그것이 결합하는 체언에 '주제(화제), 대조,

단독, 포함' 등의 형식적인 의미를 덧붙인다.

둘째, 조사는 대체로 체언이나 체언의 역할을 하는 말에 붙는 것이 일반적이지만, 경우에 따라서는 체언 이외의 언어 단위에도 붙을 수 있다.

먼저, 조사는 다른 조사나 부사, 그리고 용언의 활용형의 뒤에도 붙을 수가 있다.

(2) ㄱ. 제가 먼저 책을 읽겠습니다.

ㄴ. 너에게만 선물을 준다.

ㄷ. 아이고! 일을 참 많이도 했구나.

ㄹ. 견훤은 왕건의 얼굴을 바라보고만 있었다.

(2)에서 (ㄱ)의 '-가, -을'은 체언에 붙었으며, (ㄴ)의 '-만'은 조사인 '-에게'에 붙었다. 그리고 (ㄷ)에서 '-도'는 부사인 '많이'에 붙었으며, (ㄹ)에서 '-만'은 동사의 연결형인 '바라보고'에 붙었다.

그리고 조사는 '구, 절, 문장' 전체에 붙어서 어떠한 의미나 기능을 더할 수도 있다.

(3) ㄱ. 우리는 [철수의 책]을 많이 읽었다.

ㄴ. [이순신 장군이 노량해전에서 전사하였음]이 확실하다.

ㄷ. [우리가 감옥에서 어떻게 탈출하는가]가 문제이다.

(ㄱ)에서 조사 '-을'은 명사구인 '철수의 책'에 붙어서 목적어임을 나타내었다. (ㄴ)에서 조사 '-이'는 명사절인 '이순신 장군이 노량해전에서 전사하였음'에 붙어서, (ㄷ)에서 조사 '-가'는 문장인 '우리가 감옥에서 어떻게 탈출하는가'에 붙어서 앞말이 주어임을 나타내고 있다.

2.3.2. 조사의 유형

조사는 기능과 의미에 따라서, '격조사, 접속 조사, '보조사'로 하위 분류된다.

(가) 격조사

(가)-1. 격조사의 개념

〈격〉 '격(格, case)'은 명사가 문장 속에서 다른 말과 맺는 통사적·의미적인 관계를 이르는데, 국어에서는 체언에 격조사를 덧붙여서 격을 표현한다.

(4) 철수가 식당에서 남의 숟가락으로 밥을 먹었다

(4)에서 '철수, 식당, 남, 숟가락, 밥'은 모두 체언인데, 이러한 체언에 격조사가 첨가되어서 격을 실현한다. 즉 '철수가'는 주격(행위자), '식당에서'는 부사격(위치), '남의'는 관형격(소유자), '숟가락으로'는 부사격(도구), '밥을'은 목적격(대상)을 나타낸다.
〈 **격조사** 〉'격조사(格助詞)'는 체언이나, 명사구나 명사절 등의 앞말에 붙어서 그것이 문장 속에서 특정한 문장 성분으로 쓰임을 나타내는 조사이다.

(5) 어머니가 집에서 철수의 옷을 다렸다.

(5)에서 '-가'는 '어머니'가 문장에서 주어로, '-에서'는 '집'이 부사어로 쓰임을 나타내었다. 그리고 '-의'는 '철수'가 관형어로 쓰이며, '-을'은 '옷'이 목적어로 쓰임을 나타내었다.

(가)-2. 격조사의 유형

'격조사'의 유형으로는 '주격 조사, 목적격 조사, 보격 조사, 관형격 조사, 부사격 조사, 호격 조사, 서술격 조사'가 있다.
〈 **주격 조사** 〉'주격 조사(主格助詞)'는 그 앞말이 문장에서 주어로 쓰임을 나타내는 조사인데, 주격 조사에는 '-이/-가, -께서/-께옵서, -에서' 등이 있다.

(6) ㄱ. 나무가 매우 크다.

ㄴ. 사람이 짐승보다 더 추악하다.

ㄷ. 아버지께서/-께옵서 진지를 드십니다.

ㄹ. 교육부에서 2016학년도부터 수능시험을 폐지했다.

(ㄱ)과 (ㄴ)의 '-이'와 '-가'는 가장 일반적인 주격 조사인데, 이들은 주격 조사의 음운론적인 변이 형태이다. 곧 (ㄱ)처럼 앞 체언이 모음으로 끝나면 '-가'가 선택되고 (ㄴ)처럼 앞 체언이 자음으로 끝나면 '-이'가 선택된다. (ㄷ)의 '-께서/-께옵서'는 높임의 대상인 체언에 붙어서 '주체 높임'의 뜻을 나타내는 주격 조사이다. (ㄹ)의 '-에서'는 앞 체언이 [+단체성,+무정성]의 의미 자질을 가지는 체언이면서 동시에 서술어가 동작성이 분명한 동사일 때에 주격 조사로 쓰인다. 곧 '교육부'는 단체성과 무정성이 있는 명사이며, 서술어로 쓰인 '폐지하다'는 동작성이 있는 동사이다. 이때 '교육부'는 '수능시험을 폐지하는 주체'의 역할을 하므로, '교육부에서'는 주어이며 '-에서'는 주격 조사이다.

〈목적격 조사〉 '목적격 조사(目的格助詞)'는 그 앞말이 문장에서 목적어로 쓰임을 나타내는 조사인데, 목적격 조사로는 '-을/-를'이 있다.

(7) ㄱ. 철수가 밥을 먹는다.
   ㄴ. 영희가 나뭇가지를 꺾는다.

(7)에서 서술어로 쓰인 '먹다'와 '꺾다'가 타동사이므로 목적어를 취하는데, '-을/-를'은 체언 뒤에 붙어서 그것이 목적어임을 나타낸다. '-을'은 '밥'처럼 앞말이 자음으로 끝날 때 선택되며, '-를'은 '나뭇가지'처럼 앞말이 모음으로 끝날 때에 선택되므로 이들은 음운론적인 변이 형태이다.

〈보격 조사〉 '보격 조사(補格助詞)'는 그 앞말이 문장에서 보어로 쓰임을 나타내는 조사인데, 보격 조사에는 '-이/-가'가 있다. 여기서 보어는 서술어인 '아니다' 혹은 '되다'가 주어 이외에 반드시 필요로 하는 문장 성분이다.

(8) ㄱ. N₁이 N₂가 아니다.   (9) ㄱ. 철수가 제정신이 아니다.
   ㄴ. N₁이 N₂가 되다.   ㄴ. 밀가루가 국수가 되었다.

(8)처럼 '아니다'와 '되다'가 문장에서 서술어로 쓰이면, 그 문장은 'N₁이 N₂가 되다/아니다'의 구조가 된다. 이때 앞의 'N₁이'를 주어라고 하고 뒤의 'N₂가'를 보어라고 한다. 예를 들어서 (9)에서 '제정신이'와 '국수가'를 보어라고 하며 이들 보어에 실현되는 조사 '-이/-가'를 보격 조사라고 한다. 따라서 보격 조사 '-이/-가'는 앞말인 '제정신'과 '국수'에 보어로서의 자격을 부여하는 조사이다.

{ 격조사의 보조사적인 용법 }

체언에 '-을/-를'이 붙는다고 해서 모두 목적격 조사로 처리되는 것은 아니다. 이는 '-을/-를'이 목적어로 처리될 수 없는 말에도 붙는 경우가 있기 때문이다.

(1) ㄱ. 나는 생선을 먹지를 못한다.
   ㄴ. 우리는 지금 교회를 간다.

(2) ㄱ. 나는 생선을 먹<u>지</u> 못한다.

　　ㄴ. 우리는 지금 교회<u>에</u> 간다.

(3) ㄱ. 나는 생선을 먹지<u>를</u>{먹지<u>는</u>, 먹지<u>도</u>, 먹지<u>만</u>} 못한다.

　　ㄴ. 우리는 지금 교회<u>를</u>{교회<u>는</u>, 교회<u>도</u>, 교회<u>만</u>} 간다.

(1)의 문장들에는 일반적으로 목적격 조사가 쓰이지 않을 환경에서 목적격 조사가 쓰였다. 즉 목적격 조사는 원칙적으로 서술어가 타동사일 때에 한해서 체언에 붙기 때문에, (1)에서 쓰인 '-을/-를'을 목적격 조사로 보기에는 문제가 있다. (1ㄱ)의 문장은 '-을/-를'이 실현되지 않은 (2ㄱ)의 문장으로 쓰이는 것이 자연스러운 문장이며, (1ㄴ)의 문장은 자동사인 '가다'에 호응하는 조사 '-에'를 실현하여 (2ㄴ)처럼 표현하는 것이 일반적이다. 그리고 (1)의 '-를'을 목적격 조사로 본다면 '먹지를'과 '교회를'을 목적어로 보아야 하지만, 통사·의미적인 특성으로 볼 때에 '먹지를'은 분명히 서술어이고 '교회를'은 부사어에 가깝다.

만일 (2)와 같은 표현을 일반적인 표현이라고 할 때, (1ㄱ)에서는 서술어인 '먹지'를 강조하기 위하여, (1ㄴ)에서는 부사어로 쓰인 '교회'를 강조하기 위하여 '-을/-를'을 실현한 것으로 처리한다. 이처럼 (1)에서 쓰인 '-을/-를'을 '강조'의 뜻을 나타내는 표현으로 처리하면, 이때의 '-을/-를'은 체언에 강조의 뜻을 덧보태는 보조사로 다루어야 한다. 그리고 목적격의 기능이 없는 '-을/-를'이 (3)에서처럼 다른 보조사 '-은/-는, -도, -만' 등으로 자연스럽게 교체될 수 있다는 사실도 (1)의 '-을/-를'이 보조사임을 뒷받침한다.[5]

현행의 『고등학교 문법』에서는 '-을/-를'이 붙은 말을 모두 목적어로 다루기 때문에 결과적으로 '-을/-를'은 모두 목적격 조사가 된다.(『고등학교 문법』(2010:153)) 다만 『고등학교 교사용 지도서 문법』(2010:130)에서는 강조의 의미를 나타내는 '-이/-가'나 '-을/-를'을 격조사의 보조사적인 용법으로 처리하고 있다.

〈 관형격 조사 〉 '관형격 조사(冠形格助詞)'는 그 앞말이 문장에서 관형어로 쓰임을 나타내는 조사인데, 관형격 조사로는 '-의'가 있다.

(10) ㄱ. 한국<u>의</u> 산수는 가장 아름답다.

　　ㄴ. 가을은 독서<u>의</u> 계절이다.

(ㄱ)에서는 체언인 '한국'에 관형격 조사 '-의'가 붙었는데 이때 '한국의'는 그 뒤에 오는

---

5) 주격 조사인 '-가'도 강조의 기능을 나타내는 보조사적인 용법으로 쓰일 수 있다. 예를 들어서 '형제가 싸우는 모양은 결코 아름답지<u>가</u> 않습니다.'의 문장에서 '아름답지가'는 용언의 연결형에 '-가'가 붙은 형태이다. 이들 '-가'도 주어의 기능은 나타나지 않으며, 서술어로 쓰인 '아름답다'와 '싫다'를 강조하기 위하여 보조사적인 용법으로 쓰였다.

체언인 '산수'를 꾸며서 관형어로 쓰인다. 그리고 (ㄴ)에서는 체언인 '독서'에 '-의'가
붙었는데 '독서의'는 '계절'을 수식하여 관형어로 기능한다. 이처럼 관형격 조사는 앞말
을 관형어로 기능케 하면서, '관형어＋체언'의 단위를 명사구로 만들어 준다.

〈 부사격 조사 〉 '부사격 조사(副詞格助詞)'는 그 앞말이 문장에서 부사어로 쓰임을 나타
내는 조사인데, 종류가 대단히 많으며 의미가 다의적이다.

첫째, '-에, -에서, -에게(-한테, -더러), -에게서, -으로' 등은 '위치, 상대, 원인, 방향'
등 다양한 뜻을 나타낸다.

(11) ㄱ. 어머님께서는 지금 미국에 계신다.   [공간적 위치]
    ㄴ. 동생이 꽃에 물을 주었다.   [도달점]
    ㄷ. 우리는 내일 네 시에 시민회관 앞에서 모이자.   [시간적 위치]
    ㄹ. 담장이 바람에 무너졌다.   [원인]

(12) ㄱ. 그들은 권총을 대장간에서 만들었다.   [공간적 위치]
    ㄴ. 원정대는 요코하마에서 출발했다.   [공간적 시작점]
    ㄷ. 우리들은 아침 9시에서 오후 다섯 시까지 일을 했다. [시간적 시작점]

(13) ㄱ. 누가 학생에게(-한테, -더러) 그런 일을 시켰느냐?   [도달 상대, 낮춤]
    ㄴ. 인영아, 이 옷을 할머니께 전해 드려라.   [도달 상대, 높임]
    ㄷ. 이것은 외국 친구에게서(-한테서) 받은 반지다.   [비롯하는 상대]

(14) 선생님께서는 지금 어디로 가십니까?   [방향]

(11)에서 (ㄱ)의 '-에'는 대상이 존재하는 공간적인 위치를, (ㄴ)의 '-에'는 동작이 도달하
는 공간적인 위치(무정 명사)를 나타낸다. 그리고 (ㄷ)의 '-에'는 동작이 일어나는 시간적
인 위치를 나타내며, (ㄹ)의 '-에'는 동작의 원인을 나타낸다. (12)의 '-에서'도 시간이나
공간의 위치를 나타낸다. (ㄱ)의 '-에서'는 동작이 일어나는 공간적인 위치를, (ㄴ)과 (ㄷ)
의 '-에서'는 동작이 일어나는 공간적·시간적인 시작점을 나타낸다. (13)에서 '-에게,
-한테, -더러, -께'는 모두 어떤 행동이 미치는 상대(유정 명사)를 나타낸다. (ㄱ)의 '-에
게'는 주로 글말에서 쓰이고, '-한테'와 '-더러'는 주로 입말에서 쓰이는 차이가 있다.
(ㄴ)의 '-께'는 입말과 글말에 관계없이 행동이 미치는 상대를 높이는 데에 쓰인다. (ㄷ)
의 '-에게서'와 '-한테서'는 동작의 시작점이 되는 상대를 나타내는데, '-에게서'는 글말

에 사용되고 '-한테서'는 입말에 사용된다. (14)에서 '-으로'는 동작이 일어나는 방향을 나타낸다.

둘째, '-과/-와, -처럼, -만큼, -보다'는 문장에서 주어로 표현되는 말에 대하여, 어떤 대상이 '비교의 대상'임을 나타낸다.

(15) ㄱ. 백설공주의 피부는 눈과 같이 희다. 그녀는 어머니와 너무 달랐다.
　　 ㄴ. 나도 철수처럼 키가 컸으면 좋겠다.
　　 ㄷ. 철수는 벼리만큼 착하다.
　　 ㄹ. 호랑이는 집채보다 더 컸다.

(ㄱ)의 '-와/-과'는 유사성과 차이성을 나타내는 비교 표현에 두루 쓰인다. 반면에 (ㄴ)의 '-처럼'과 (ㄷ)의 '-만큼'은 유사성을 나타내는 비교에만 쓰이며, (ㄹ)의 '-보다'는 차이성을 나타내는 비교에만 쓰인다.

셋째, '-으로써, -으로서, -으로; -과/-와, -하고; -라고, -고' 등은 '도구, 수단, 방법, 자격, 변성; 공동; 인용' 등의 뜻을 나타낸다.

(16) ㄱ. 할머니는 부엌칼로써 사과를 깎았다.
　　 ㄴ. 저는 이 자리에서 회장으로서 말씀드리겠습니다.
　　 ㄷ. 뽕밭이 바다로 바뀌었군!
　　 ㄹ. 나와 함께 해병대에 입대하지 않겠니? / 나는 공장에서 철수하고 일을 한다.
　　 ㅁ. 어머님께서 "이리 오너라."라고 말씀하신다. / 진지를 향하여 달려가는 병사들의 바로 앞에 포탄이 "쿵!"하고 떨어졌다. / 어머니께서는 시골에 간다고 말씀하셨다.

(ㄱ)에서 '-으로써'는 '도구, 수단, 방법' 등을 나타내고, (ㄴ)에서 '-으로서'는 '자격'을 나타내며, (ㄷ)에서 '-으로'는 '변성(성질의 바뀜)'을 나타낸다. (ㄹ)에서 '-와/-과'와 '-하고'는 '공동(함께)'을 나타내는데, '-와/-과'는 글말에 사용되고 '-하고'는 입말에 사용된다. 끝으로 (ㅁ)에서 '-라고'와 '-하고'는 남의 말을 직접적으로 인용하는 데에 쓰이는데, '-하고'는 남의 말이나 사물의 소리를 아주 생생하게 인용할 때에 쓰인다. 그리고 '-고'는 남의 말을 간접적으로 인용하는 데에 쓰인다.

〈 호격 조사 〉'호격 조사(呼格助詞)'는 부름의 기능을 더하면서, 그 앞말이 문장에서 독립어로 쓰임을 나타내는 조사이다. 호격 조사로는 '-아/-야, -이여, -이시여'가 있다.

(17) ㄱ. 인숙<u>아</u>, 저기 가서 물을 좀 떠 오렴.

　　ㄴ. 영희<u>야</u>, 이리 오너라.

　　ㄷ. 대왕<u>이여</u>, 어서 일어나소서.

　　ㄹ. 신<u>이시여</u>, 우리 조국을 지켜 주소서.

(ㄱ)과 (ㄴ)에서 '-야'와 '-아'는 음운론적인 변이 형태로서, '-아'는 '인숙'처럼 자음으로 끝나는 선행 체언에, '-야'는 '영희'처럼 모음으로 끝나는 선행 체언에 붙을 때에 선택된다. (ㄷ)과 (ㄹ)에서 '-이여'와 '-이시여'는 선행 체언이 '대왕'이나 '신'과 같이 높임의 대상일 때에 그를 높여서 부를 때 사용하는 호격 조사이다. '-이여'는 그것이 붙는 체언에 예사 높임의 뜻을, '-이시여'는 아주 높임의 뜻을 덧보탠다.

〈 서술격 조사 〉 '서술격 조사(敍述格助詞)'는 그 앞말이 서술어로 쓰임을 나타내는 조사이다. 서술격 조사로는 '-이다'가 있는데, '-이다'는 주어의 내용을 지정·서술하는 기능을 한다.

(18) ㄱ. 이것은 책상<u>이다</u>.

　　ㄴ. 김성수 씨는 의사<u>이다</u>.

(18)에서 '-이다'는 체언에 붙어서 주어인 '이것'과 '김성수 씨'의 내용이나 신분을 직접적으로 가리켜서 서술하는 역할을 한다.

서술격 조사인 '-이다'는 다른 조사와는 달리, 어간에 여러 가지 어미가 붙어서 활용함으로써, 다양한 문법적인 기능을 나타낸다.

(19) 저 아이는 학생<u>이다</u>.(-이었다, -이겠다, -일까, -이더라, -일지라도, …)

(19)에서 '-이다'가 붙은 말인 '학생이다'는 문장에서 서술어로 쓰인다. 그리고 '-이다' 자체는 '-이었다, -이겠다, -일까, -이더라, -일지라도' 등과 같이 활용함으로써 다양한 문법적인 기능을 나타낸다.

(가)-3. 격조사의 생략

격조사는 문장에 실현된 다른 말과의 관계를 통해서 그것이 무엇인지 알 수 있을 때는 문맥에 표현되지 않을 수 있는데, 이러한 현상을 '격조사의 생략'이라고 한다.

(20) ㄱ. 철수∅ 언제 학교∅ 갔니?

ㄴ. 그 사람∅ 아침에 밥∅ 먹었어.

ㄷ. 이것∅ 할아버지∅ 가방이야.

(21) ㄱ. 철수<u>가</u> 언제 학교<u>에</u> 갔니?

ㄴ. 그 사람<u>이</u> 아침에 밥<u>을</u> 먹었어.

ㄷ. 이것<u>이</u> 할아버지<u>의</u> 가방이야.

(20)의 문장에서 '∅'는 실현되어야 할 격조사가 실현되지 않은 것을 나타낸다. 이렇게 격조사가 문맥에 실현되지 않아도 되는 것은 주어, 목적어, 관형어, 부사어로 쓰이는 체언과, 서술어로 쓰이는 용언이 맺는 의미적인 관계를 통해서, 격 관계를 알 수 있기 때문이다.

예를 들어서 (20)의 (ㄱ)에서 서술어로 쓰인 '가다'는 기본적으로 'X가 Y에 가다'라는 문장 구조를 취한다. 그러므로 '철수' 다음에는 주격 조사 '-가'가 생략되었고, '학교' 다음에는 부사격 조사인 '-에'나 '-로'가 생략되었다는 사실을 알 수 있다. (ㄴ)에서는 서술어가 타동사인 '먹다'인데, '먹다'는 기본적으로 'X가 Y를 먹다'라는 문장의 구조를 취한다. 따라서 주어로 쓰인 '사람' 다음에는 주격 조사 '-이'가, '밥' 뒤에는 목적격 조사인 '-을'이 생략되었음을 알 수 있다. (ㄷ)에서 서술격 조사 '-이다'는 기본적으로 'X가 Y이다'라는 문장 구조를 형성하므로, 주어인 '이것' 다음에는 주격 조사인 '-이'가 생략되었음을 알 수 있다. 그리고 (ㄷ)에서 체언인 '할아버지'와 '가방'은 사이에는 [소유자-소유물]의 관계가 성립하므로 '할아버지' 다음에는 관형격 조사인 '-의'가 생략되었다는 것을 알 수 있다. 이러한 격조사의 생략 현상은 글말보다는 입말에서 더 잘 일어나는데, 이는 생략이 발화 상황이나 문맥과 밀접하게 관련되어 있는 화용론적인 현상이기 때문이다.6)

(나) 접속 조사

〈 접속 조사의 개념 〉 '접속 조사(接續助詞)'는 둘 이상의 체언을 같은 자격으로 이어서

---

6) 체언에 보조사가 결합되면 원래 있어야 할 격조사가 드러나지 않을 수가 있는데, 이러한 현상도 격조사의 생략으로 볼 수 있다.

(보기) ㄱ. 철수<u>는</u> 빵<u>도</u> 먹었다.(← 철수<u>가</u> 빵을 먹었다.)

ㄴ. 선생님<u>은</u> 영희<u>까지</u> 돈을 주었다.(← 선생님<u>께서</u> 영희<u>에게</u> 돈을 주었다.)

(ㄱ)에서 '철수는'에는 주격 조사인 '-가'가, '빵도'에는 목적격 조사인 '-을'이 생략되었다. 그리고 (ㄴ)에서 '선생님은'에는 주격 조사인 '-께서'가, '영희까지'에는 부사격 조사인 '-에게'가 생략되었다.

하나의 명사구를 형성하는 조사이다.

    (22) ㄱ. [철수와 영수]는 어깨동무를 하고 뛰어놀곤 하였다.
        ㄴ. 나는 [떡이랑 밥]을 많이 먹었다.

(ㄱ)에서 '-와'는 '철수'와 '영수'의 두 체언을 주어의 자격으로 이었으며, (ㄴ)에서 '-이
랑'은 '떡'과 '밥'을 목적어의 자격으로 이었다. 이처럼 체언과 체언을 동일한 문장으로
이어서 명사구를 형성하는 조사를 '접속 조사'라고 한다.
    〈 접속 조사의 종류 〉 접속 조사의 종류로는 '-와/-과, -하고, -에, -이랑, -이나, -이며'
등이 있다.

    (23) ㄱ. 나는 [개와 고양이]를 좋아한다.
        ㄴ. [나하고 너하고] 결혼을 맹세하자.
        ㄷ. [술에 떡에 찰밥에] 차린 음식이 대단하구나.
        ㄹ. [돈이랑 여자랑] 다 부질없는 것임을 너는 몰랐더냐?
        ㅁ. [나나 당신이나] 이제 죽을 날이 얼마 남지 않았네.
        ㅂ. 이제부터는 [술이며 담배며] 모조리 끊고 살겠노라.

(ㄱ)에서 (ㅂ)까지 밑줄 그은 '-과/-와', '-하고~-하고', '-에~-에', '-이랑~-이랑', '-이
나~-이나', '-이며~-이며' 등은 모두 접속 조사로서, 체언과 체언을 특정한 문장 성분으
로 이어 준다. 그런데 이들 접속 조사 가운데에서 '-과/-와'는 앞 체언에만 붙을 수 있는
반면에, 나머지 접속 조사들은 앞 체언과 뒤 체언 모두에 붙을 수 있다. 그리고 글말에서
는 접속 조사로 '-과/-와'가 많이 쓰이지만, 입말에서는 주로 '-하고, -에, -이랑, -이나'
등의 접속 조사가 많이 쓰인다.

{ 접속 조사의 '-과/-와'와 부사격 조사의 '-과/-와' }

    접속 조사의 '-과/-와'와 동반을 나타내는 부사격 조사 '-과/-와'가 의미와 형태가 비슷하
여 혼동하는 경우가 있다. 하지만 이들 조사가 실현될 때의 통사적인 구조를 살펴보면, 두
조사의 문법적인 성격이 다르다는 것을 알 수 있다. 곧 접속 조사인 '-과/-와'는 동반을 나타
내는 부사격 조사인 '-과/-와'와는 기능이나 형태면에서 차이가 난다.

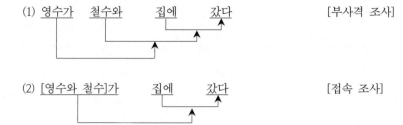

(1) 영수가   철수와   집에   갔다   [부사격 조사]

(2) [영수와 철수]가   집에   갔다   [접속 조사]

(1)에서 '-과/-와'는 '동반(함께)'을 의미하는 부사격 조사인데, 이때의 '-과/-와'는 체언인 '철수'에 붙어서 부사어로 기능하면서 동사구인 '집에 가다'를 수식한다. 이에 반하여 (2)에서 '-과/-와'는 '영수와 철수'를 이어서 하나의 명사구로 쓰이게 할 뿐이며 특정한 격과는 관련 이 없다.

(3) ㄱ. 아버지와 아들이 닮았다.   (← 아들이 아버지와 닮았다.
    ㄴ. 몽골인과 영희가 결혼했다. (← 영희가 몽골인과 결혼했다.)

(3)에서는 '닮다'와 '결혼했다'와 같은 대칭성 용언[7]이 서술어로 쓰였다. 이때에 (ㄱ)의 '아버지와' 와 (ㄴ)의 '몽골인가'에 쓰인 '-와'는 비교와 공동의 뜻을 나타내는 부사격 조사이다. 이들은 모두 앞 체언을 부사어로 쓰이게 할 뿐이지 앞뒤의 체언을 이어 주는 접속 기능은 없다.

(다) 보조사

(다)-1. 보조사의 개념

〈개념〉 '보조사(補助詞)'는 앞말에 화용론적인 특별한 뜻을 더해 주는 조사이다. 곧, 보조사는 어떠한 문장 속에 등장하는 요소가, 그 문장의 서술어로 표현되는 동작이나 상태에 어떠한 방식으로 포함되는가를 표현한다.

(24) 장록수가 연산의 뺨을 때렸다.   〈주어〉

(25) ㄱ. 장록수는 연산의 뺨을 때렸다.   〈주어 : 주제, 대조〉
    ㄴ. 장록수만 연산의 뺨을 때렸다.   〈주어 : 한정〉
    ㄷ. 장록수도 연산의 뺨을 때렸다.   〈주어 : 포함〉
    ㄹ. 장록수부터 연산의 뺨을 때렸다.   〈주어 : 비롯함〉

---

7) '대칭성 용언(對稱性 用言)'은 주어의 동작이나 상태를 서술할 때에 주어와 짝이 되는 부사어를 필요로 하는 용언을 이른다. 대칭성 용언의 예로는 '만나다, 헤어지다, 의논하다, 싸우다, 다투다, 결혼하다, 이혼하다' 등의 동사와 '같다, 다르다, 비슷하다, 닮다' 등의 형용사가 있다.

ㅁ. 장록수<u>까지</u> 연산의 뺨을 때렸다.　　　　　　〈주어 : 미침〉

(24)와 (25)에서 '장록수'는 '찼다'에 대하여 행위의 주체가 되고 또 주어를 나타내는 격조사 '-가'를 붙일 수 있으므로 문장 속에서 주어로 기능한다. 그러므로 보조사인 '-는, -만, -도, -부터, -까지' 등은 통사적인 특징과는 관계없고, 서술어인 '차다'가 표현하는 동작의 범위에 '장록수'가 작용하는 방식을 표현한다.

(25)에서 보조사가 나타내는 의미적 관계를 그림으로 다시 보이면 다음과 같다.

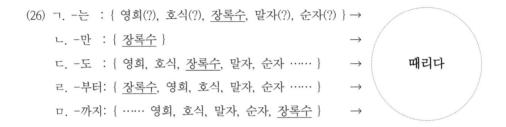

(26) ㄱ. -는　: { 영희(?), 호식(?), <u>장록수</u>, 말자(?), 순자(?) } →
　　　ㄴ. -만　: { <u>장록수</u> }　　　　　　　　　　　　　　→
　　　ㄷ. -도　: { 영희, 호식, <u>장록수</u>, 말자, 순자 …… }　→　　　　**때리다**
　　　ㄹ. -부터: { <u>장록수</u>, 영희, 호식, 말자, 순자 …… }　→
　　　ㅁ. -까지: { …… 영희, 호식, 말자, 순자, <u>장록수</u> }　→

(ㄱ)처럼 체언에 '-는'이 쓰이면 다른 사람에 대하여는 언급하지 않고 '장록수'에 대해서만 언급하자면 '장록수'가 '연산'을 찬 사람의 범위에 들어간다는 것을 나타낸다. (ㄴ)처럼 '-만'이 붙으면 다른 사람은 차지 않았고 단지 '장록수'가 혼자서 '연산'을 찬 사람의 범위에 포함됨을 나타낸다. (ㄷ)처럼 체언 다음에 '-도'가 실현되면 다른 사람과 더불어 '장록수'가 '연산'을 찬 사람의 범위에 포함됨을 나타낸다. 그리고 (ㄹ)처럼 '-부터'가 붙으면 '연산'을 찬 사람이 여럿이 있는데 그 가운데 '장록수'가 첫 번째로 찼다는 뜻을 나타내며, (ㅁ)처럼 '-까지'가 붙으면 여러 사람이 '연산'을 찼는데 '장록수'가 찬 사람의 범위에 마지막으로 포함됨을 나타낸다.

이와 같이 국어에는 '주제, 대조, 한정, 포함, 비롯함, 미침' 등과 같은 화용론적인 의미를 나타내는 보조사가 대단히 발달되어 있다.

〈특징〉 보조사는 문법적인 관계를 나타내는 격조사나, 체언과 체언을 이어서 명사구를 형성하는 접속 조사와는 문법적인 기능과 특징이 다르다.

첫째, 보조사는 격과는 관계가 없기 때문에, 여러 문장 성분에 두루 실현될 수 있다.

(27) ㄱ. 철수<u>는</u> 내일 서울로 떠난다.
　　　ㄴ. 할머님께서 철수<u>는</u> 사랑하신다.
　　　ㄷ. 선생님이 철수<u>는</u> 선물을 주셨다.

(ㄱ)의 '철수'는 서술어인 '떠나다'가 표현되는 행위에 대하여 주체의 역할을 하므로 주어로 쓰였고, (ㄴ)의 '철수'는 서술어 '사랑하다'의 대상이므로 목적어로 쓰였다. 그리고 (ㄷ)의 '철수'는 서술어 '주다'의 행위의 도착점이므로 부사어로 쓰였다. 이들 체언에는 동일한 보조사 '-는'이 붙어 있는데도, '철수는'은 각각 '주어, 목적어, 부사어'로 다른 문장 성분으로 쓰이고 있다. 이러한 사실을 감안하면, 보조사 '-는'이 특정한 격과는 관련이 없다는 것을 알 수 있다.

둘째, 접속 조사와 격조사는 대체로 체언이나 그와 유사한 언어 단위에만 실현될 수 있지만, 보조사는 다양한 언어 형식에 실현될 수 있다.

(28) ㄱ. 박지성은 아인트호벤 팀에서 맨체스터 유나이티드 팀으로 이적했다.

ㄴ. 이 식당에서는 담배를 피울 수가 있습니다.

ㄷ. 이 군이 일을 열심히는 합니다만 도통 실력이 늘지 않아요.

ㄹ. 우리 팀이 어찌어찌하여 결승전까지 올라는 갔습니다.

(29) ㄱ. 이제부터는 내가 자네에게 배워야겠네그려.

ㄴ. 내가 이번 학기에는 공부를 좀 안 했어요.

(28)에서 보조사 '-는'은 여러 가지의 문법적인 단위에 붙어 있다. 곧 (ㄱ)에서는 '-는'이 체언인 '박지성' 다음에 붙었고, (ㄴ)에서는 격조사인 '-에서' 다음에, (ㄷ)에서는 부사인 '열심히' 다음에, (ㄹ)에서는 동사 '오르다'의 연결형인 '올라'에 붙었다. 그리고 보조사 중에는 문장의 끝에 실현되어서 문장의 내용에 특별한 뜻을 더하는 특수한 것들도 있다. 곧 (29)에서 '-그려'와 '-요'는 문장의 끝에 실현되었는데, (ㄱ)의 '-그려'는 앞의 문장의 내용에 '느낌'이나 '강조'의 뜻을 더하며, (ㄴ)의 '-요'는 '청자를 높이는 뜻'을 더하였다.

(다)-2. 보조사의 유형

보조사는 그것이 붙는 앞말의 종류(=분포)에 따라서 '통용 보조사'와 '종결 보조사'로 나눌 수 있다. 앞의 (28)의 보조사 '-은/-는'처럼 여러 가지의 문법적인 단위에 두루 실현되는 보조사를 '통용 보조사'라고 한다. 반면에 (29)의 보조사 '-그려'와 '-요'처럼 완결된 문장의 끝에 실현되는 보조사를 '종결 보조사'라고 한다.

〈 통용 보조사 〉 '통용 보조사(通用 補助詞)'는 체언, 조사, 부사, 용언의 활용형 등 여러 가지의 문법적인 단위에 두루 실현되어서, 그것에 특별한 뜻을 더하는 보조사다.

(30) ㄱ. 할아버지께서는 신문을 보셨다. / 나는 밥은 안 먹었다.　　[주제, 대조]

　　　ㄴ. 산도 좋고 물도 좋다.　　　　　　　　　　　　　　　　[첨가]

　　　ㄷ. 닭 우는 소리만이 마을 공기를 흔든다.　　　　　　　　[한정]

　　　ㄹ. 사람마다 비를 기다리나 오늘도 볕이 난다.　　　　　　[각자, 개별]

(ㄱ)의 '-은/-는'은 '주제(화제, 말거리)'를 나타내거나 다른 것과의 '대조'의 뜻을 나타내는 보조사이다. 여기서 '-은'은 '밥은'처럼 마지막 음절이 자음으로 끝나는 체언 다음에 실현되며, '-는'은 '학교는'과 같이 모음으로 끝나는 체언 다음에 실현된다. (ㄴ)의 '-도'는 이미 어떤 것이 포함되고 그 위에 더함의 뜻을 더하고, (ㄷ)의 '-만'은 다른 것으로부터 제한하여 어느 것을 '한정'하는 뜻을 더한다. 끝으로 (ㄹ)의 '-마다'는 '낱낱이 모두'의 뜻을 더한다.

(31) ㄱ. 여기서부터 경상남도입니다.　　　　　　　　　　　　　[시작]

　　　ㄴ. 올해는 고구마까지 대풍이다.　　　　　　　　　　　　[마지막]

　　　ㄷ. 비가 오는데 바람조차 부는구나.　　　　　　　　　　　[의외의 마지막]

　　　ㄹ. 그와는 통신마저 끊기고 말았다.　　　　　　　　　　　[하나 남은 마지막]

(ㄱ)의 '-부터'는 어떤 일이나 상태 따위에 관련된 범위의 시작임을 나타낸다. 반면에 (ㄴ~ㄹ)의 '-까지, -조차, -마저'는 공통적으로 '이미 어떤 것이 포함되고 그 위에 더함의 뜻'을 나타낸다. 다만, 이러한 공통적인 뜻에 더하여서 (ㄴ)의 '-까지'는 그것이 극단적인 경우임을 나타내며, (ㄷ)의 '-조차'는 일반적으로 예상하지 어려운 극단의 경우까지 양보하여서 포함함을 나타내며, (ㄹ)의 '-마저'는 하나 남은 마지막임을 나타낸다.

(32) ㄱ. 우리는 이틀 동안 한 끼밖에 못 먹었다.　　　　　　　　[제외]

　　　ㄴ. 거기까지는 십 리나 된다.　　　　　　　　　　　　　　[강조]

　　　ㄷ. 굿이나 보고 떡이나 먹어라.　　　　　　　　　　　　　[부정적 선택]

　　　ㄹ. 학생들이 김 선생서껀 다 왔습니다.　　　　　　　　　　[함께]

(ㄱ)의 '-밖에'는 '그것 말고는'이나 '그것 이외에는'의 뜻을 나타내는 보조사로서, 반드시 뒤에 부정을 나타내는 말이 따르는 특징이 있다. (ㄴ)의 '-이나'는 '수량이 크거나 많음', 혹은 '정도가 높음'을 강조하는 보조사로서 흔히 놀람의 뜻이 수반된다. 그리고 (ㄷ)의 '-이나'는 '마음에 차지 않는 선택', 또는 '최소한 허용되어야 할 선택'이라는 뜻을

나타낸다. 끝으로 (ㄹ)의 '-서껀'은 '-와 함께'의 뜻을 나타낸다.

    (33) ㄱ. 철수<u>인들</u> 그 일을 좋아서 하겠습니까?   [양보]

         ㄴ. 밥이 없으면 라면<u>이라도</u> 주세요.   [양보]

         ㄷ. 무엇<u>이든지</u> 구하면 얻으리라.   [선택 나열]

(31)에서 '-인들, -이라도, -이든지' 등은 모두 서술격 조사인 '-이다'의 연결형이 보조
사로 굳은 것이다. (ㄱ)의 '-인들/-ㄴ들'은 어떤 조건을 양보하여 인정한다고 하여도 그
결과로서 기대되는 내용이 부정됨을 나타낸다. (ㄴ)의 '-이라도/-라도'는 그것이 썩 좋
은 것은 아니나 그런대로 괜찮음을 나타낸다. (ㄷ)의 '-이든지/든지'와 '-이든/-든'은
어느 것이 선택되어도 차이가 없는 둘 이상의 일을 나열함을 나타낸다. 이러한 보조사에
서 /이/는 자음으로 끝나는 체언 뒤에서 매개 모음으로 구실하는 것이 특징이다.
    〈 종결 보조사 〉 '종결 보조사(終結 補助詞)'는 문장의 맨 뒤에 실현되어서, 그 문장 전체
에 특별한 뜻을 더하는 보조사이다.

    (34) ㄱ. 이제 나는 고향에 돌아가야겠네<u>그려</u>.   [강조]

         ㄴ. 이젠 모든 것을 포기하지<u>그래</u>.   [강조]

         ㄷ. 비가 옵니다<u>마는</u> 지금 당장 떠나야 합니다.   [대조]

         ㄹ. 내가 이번 학기에는 공부를 좀 안 했어<u>요</u>.   [예사 높임]

(ㄱ)과 (ㄴ)에서 '-그려'와 '-그래'는 화자가 청자에게 문장의 내용을 강조함을 나타내는
보조사이다. 여기서 (ㄱ)의 '-그려'는 청자를 예사로 낮추어서 대우할 때에 쓰고, (ㄴ)의
'-그래'는 아주 낮추어서 대우할 때에 쓴다. (ㄷ)에서 '-마는'은 앞의 사실을 인정을 하면
서도 그에 대한 의문이나 그와 어긋나는 상황 따위를 덧붙여서 제시한다. (ㄹ)에서 '-요'는
비격식적인 발화 상황에서 화자가 청자를 예사로 높이는 뜻을 더해 주는 보조사이다.[8]
이러한 보조사는 문장의 끝에 실현되어서 특별한 뜻을 더하는 기능을 하므로 '종결 보조
사'라고 한다.

---

8) '-요'가 문장의 가운데에 실현될 수도 있는데, 이때의 '-요'는 문장의 끝에 실현되는 종결 보조사
  '-요'와는 문법적 성격이나 기능이 다르다. (보기: 나는<u>요</u> 어제<u>요</u> 숙제를<u>요</u> 못해서<u>요</u> 선생님께<u>요</u>
  혼이 났어<u>요</u>.) 보기의 문장에서 실현된 '-요' 중에서 서술어인 '났어요'에 붙은 '-요'를 제외한 나머
  지는 종결 보조사로 보기가 어렵다. 곧, 문장의 가운데에 실현된 '-요'는 화자가 발화를 유창하게
  수행하지 못하여서 발화 시간을 벌기 위하여 말버릇처럼 사용하는 '군더더기 말(잉여 표현)'이다.

2.4. 용언

2.4.1. 용언의 개념

'용언(用言)'은 문장에서 서술어로 쓰이면서 주어로 표현되는 대상(주체)의 움직임이나 상태를 서술(풀이)하는 단어의 갈래이다. 이러한 용언에는 다음과 같은 일반적인 특징이 나타난다.

첫째, 용언은 주어로 표현되는 대상(주체)의 움직임, 속성, 상태, 존재의 유무(有無)를 풀이한다.

    (1) ㄱ. 개가 <u>짖는다</u>.

        ㄴ. 영자는 <u>슬기롭다</u>.

        ㄷ. 하늘이 <u>흐리다</u>.

        ㄹ. 우리 집에는 고양이가 <u>있다/없다</u>.

(ㄱ)에서 '짖는다'는 주어로 표현되는 대상인 '개'의 움직임을 풀이한다. (ㄴ)에서 '슬기롭다'는 '영자'의 속성을 풀이하며, (ㄷ)에서 '흐리다'는 '하늘'의 상태를 풀이한다. 그리고 (ㄹ)에서 '있다'와 '없다'는 '고양이'의 존재 여부를 풀이한다.

둘째, 용언은 문장 속에서 서술어로 쓰인다.

    (2) ㄱ. 팔월 보름에는 달이 매우 <u>밝다</u>.

        ㄴ. 봄이 <u>오면</u> 꽃이 핀다.

        ㄷ. 아버지께서 작년에 일본에서 <u>구입한</u> 자동차가 벌써 고장이 났다.

(2)에서 (ㄱ)의 '밝다', (ㄴ)의 '오면', (ㄷ)의 '구입한' 등은 모두 용언인데 각각의 문장에서 서술어로 쓰였다. 곧 (ㄱ)의 '밝다'는 홑문장의 주어인 '달이'에 대하여, (ㄴ)의 '오면'은 이어진 문장의 앞절의 주어인 '봄이'에 대하여, (ㄷ)의 '구입한'은 관형절의 주어인 '아버지께서'에 대하여 서술어로 쓰였다.

셋째, 용언의 어간에 어미가 붙어서 활용함으로써, 다양한 문법적인 기능을 나타낸다.

    (3) ㄱ. 먹-다, 먹-니, 먹-자; 먹-으니, 먹-으면, 먹-도록; 먹-기, 먹-은, 먹-게

        ㄴ. 그때 생각해 보니 철수가 밥을 다 먹-었-겠-더-라.

(ㄱ)에서 '먹다, 먹으니, 먹기' 등은 실질적인 뜻을 나타내는 어간 '먹-'과 문법적인 기능을 나타내는 어미 '-다, -으니, -기' 등으로 짜여 있다. 그리고 (ㄴ)에서도 어간인 '먹-'이 뒤에 어미인 '-었-, -겠-, -더-, -라'가 붙어서 문법적인 기능을 나타내고 있다. 이처럼 어간에 다양한 어미가 붙어서 여러 가지 문법적인 기능을 나타내는 것을 '활용(活用, 끝바꿈)'이라고 한다.

2.4.2. 용언의 종류

일반적으로 용언은 의미와 형태적인 특질에 따라서 '동사'와 '형용사'로 나뉘며, 실질적인 의미나 자립성의 유무에 따라서 '본용언'과 '보조 용언'으로 나뉜다. 그리고 활용 방식의 제약성에 따라서 '완전 용언'과 '불완전 용언'으로 나뉜다.

(가) 동사와 형용사

용언은 활용의 모습과 의미적인 특징을 고려해서 '동사'와 '형용사'로 구분할 수 있다.

(가)-1. 동사와 형용사의 구분

용언의 갈래인 동사와 형용사는 의미와 형태적으로 볼 때에 다음과 같이 차이가 난다.
〈 의미에 따른 차이 〉 동사는 주어로 쓰인 대상의 움직임을 나타내고, 형용사는 성질이나 상태를 나타낸다.

(4) ㄱ. 철수가 자리에서 <u>일어난다</u>.
　　ㄴ. 과일은 대부분 맛이 <u>달다</u>.

곧 (ㄱ)의 '일어난다'는 '철수'의 움직임을 풀이하는 말이므로 '동사'이다. 이에 반해서 (ㄴ)의 '달다'는 '과일'의 성질 혹은 속성을 풀이하고 있으므로 '형용사'이다.
〈 형태에 따른 차이 〉 동사와 형용사는 활용하는 방식에 따라서도 구분된다.
첫째, 동사에는 명령형 어미인 '-어라'와 청유형 어미인 '-자' 등이 실현될 수 있지만, 형용사에는 이러한 어미가 실현될 수 없다.

(5) ㄱ. 철수야 일어나<u>라</u>.
　　ㄴ. 우리 심심한데 만화책이나 <u>보자</u>.

(6) ㄱ. *영자야 오늘부터 착해라.

ㄴ. *말자야 우리 오늘부터 성실하자.

명령문과 청유문은 말을 듣는 사람이 서술어로 표현되는 행동을 수행할 수 있어야 한다. (5)에서 청자는 '일어나다'와 '보다'와 같이 동사로 표현되는 행동을 수행할 수 있다. 반면에 (6)에서 '착하다'와 '성실하다'는 한 개인의 품성 자체를 나타내는 말인데, 인간의 품성은 화자가 명령이나 청유의 형식으로 요구한다고 해서 쉽게 변화할 수 있는 것이 아니다. 따라서 동사에는 명령형 어미와 청유형 어미가 실현될 수 있지만 형용사에는 이러한 어미가 실현될 수 없다.

둘째, 동사에는 '의도'를 나타내는 연결 어미인 '-려'나 '목적'을 나타내는 연결 어미 '-러'가 실현될 수 있지만, 형용사에는 이러한 연결 어미가 실현될 수 없다.

(7) ㄱ. 철수는 영희를 때리려 한다.

ㄴ. 김창수 씨는 라디오를 사러 자갈치 시장에 나갔다.

(8) ㄱ. *영자는 아름다우려 화장을 한다.

ㄴ. *영자는 예쁘러 화장을 한다.

(7)의 '때리다'나 '사다'와 같은 대부분의 동사는 주체의 의지대로 행할 수 있으므로 연결 어미 '-려'와 '-러'를 실현할 수 있다. 하지만 (8)의 '아름답다'와 '예쁘다'와 같은 형용사는 주체의 의지에 따라서 이루어질 수 있는 일이 아니므로, 연결 어미 '-려'나 '-러' 등을 실현할 수 없다.

셋째, 동사는 '진행(進行)'을 나타내는 문법 요소와 결합할 수 있지만, 형용사는 진행을 나타내는 문법 요소와 결합할 수 없다.

(9) ㄱ. 감독은 자리에서 천천히 일어난다.

ㄴ. 감독은 자리에서 천천히 일어나고 있었다.

ㄷ. 자리에서 일어나는 영수의 표정이 비장했다.

(10) ㄱ. 꽃이 매우 { 붉다 / *붉는다 / *붉고 있다 }

ㄴ. { 붉은 / *붉는 } 꽃이 피었다.

동사는 원래 사물의 움직임을 과정적으로 표현하므로 움직임의 모습을 진행형으로 표현할 수 있다. 동사 '일어나다'는 어간에 진행을 나타내는 문법 요소로서 (9)의 (ㄱ)에서는 '-는-/-ㄴ-'이, (ㄴ)에서는 '-고 있다'가 실현되어서 동작이 진행됨을 표현할 수 있다. 그리고 (ㄷ)에서도 관형사형 어미인 '-는'이 실현되어서 '일어나다'의 움직임이 계속됨을 표현할 수 있다. 이와는 달리 형용사는 움직임을 나타내지 않고 '성질'이나 '상태'만을 나타내므로, 형용사에는 진행을 나타내는 어미를 실현할 수 없다. 곧, (10)에서 형용사 '붉다'는 (ㄱ)처럼 어간에 진행의 뜻을 나타내는 문법 요소인 '-는-'이나 '-고 있다'를 실현하거나, (ㄴ)처럼 관형사형 어미 '-는'을 실현하면 비문법적인 문장이 된다.

결국 어떠한 단어가 동사인지 형용사인지를 구분하기 위해서는, 위의 네 가지 기준을 두루 적용하여 종합적으로 판단해야 한다.

(가)-2. 동사의 개념과 유형

〈 개념 〉 '동사(動詞, verb)'는 문장에서 주어로 쓰인 대상(=주체)의 움직임을 표현하는 단어의 갈래이다.

(11) ㄱ. 이번 모임에서 영수가 돈을 많이 <u>썼다</u>.
　　　ㄴ. 산골짜기에서 시냇물이 <u>흐른다</u>.

(ㄱ)의 '쓰다'는 주어로 쓰인 '영수'의 움직임을 표현하고 있으며 (ㄴ)의 '흐르다'는 시냇물의 움직임을 표현한다. 흔히들 동사가 나타내는 '움직임'을 주어의 성격에 따라서 구분하기도 하는데, (ㄱ)의 '쓰다'와 같은 유정 명사의 움직임을 '동작(動作)'이라고 하고, (ㄴ)의 '흐르다'와 같은 무정 명사의 움직임을 '작용(作用)'이라고 한다.

〈 유형 〉 동사는 의미나 문법적인 특징에 따라서 하위 분류할 수 있다.

ⓐ **의미적인 특질에 따른 유형:** 동사는 의미적인 특질에 따라서 '행동 동사, 과정 동사, 심리 동사'로 분류할 수 있다.

(12) ㄱ. 먹다, 읽다, 차다, 때리다, 달리다, 기다, 주다, 막다
　　　ㄴ. 마르다, 시들다, 썩다, 상하다, 다치다, 앓다, 줄다, 붇다, 익다, 자라다, 죽다
　　　ㄷ. 알다, 모르다, 이해하다, 오해하다, 기억하다, 잊다, 느끼다, 놀라다, 깨닫다

먼저 (ㄱ)의 동사는 주체의 능동적인 동작을 나타내는 '행동 동사'로서, 주체가 의도적이며 적극적으로 수행하는 움직임을 나타낸다. 그리고 (ㄴ)의 동사는 주체가 특정한 상태

에서 다른 상태로 바뀜을 나타내는 '과정 동사'이다. 과정 동사가 나타내는 움직임은 주체가 능동적으로 수행하는 움직임이 아니라는 특징이 있다. 끝으로 (ㄷ)의 동사는 주체의 심리적인 지각을 나타내는 '심리 동사'인데, 이들 심리 동사가 나타내는 그 움직임은 외부에서 관찰할 수 없다는 특징이 있다.

　ⓑ **문법적인 특질에 따른 유형:** 동사는 문장에서 쓰일 때에 나타나는 통사론적인 특징에 따라서 '자동사, 타동사, 능격 동사'로 구분할 수 있다.

> (13) ㄱ. 가다, 구르다, 나다, 녹다, 다니다, 달리다, 닳다, 되다, 생기다, 슬다, 썩다, 오다
> 　　ㄴ. 가꾸다, 깨다, 깨뜨리다, 끼다, 느끼다, 던지다, 듣다, 때리다, 마시다, 만들다
> 　　ㄷ. 그치다, 깜박거리다, 다치다, 다하다, 마치다, 멈추다, 시작하다, 움직이다

(13)에서 (ㄱ)의 동사는 자동사이며, (ㄴ)의 동사는 타동사, (ㄷ)의 동사는 능격 동사이다.
　첫째, '자동사(自動詞, intransitive verb)'는 목적어를 취하지 않는 동사로서, 그 움직임이 주어에만 관련된다.

> (14) ㄱ. 물이 강으로 <u>흐른다</u>.
> 　　ㄴ. 개가 사람에게 <u>짖는다</u>.

> (15) ㄱ. *물이 강을 <u>흐른다</u>.
> 　　ㄴ. *개가 사람을 <u>짖는다</u>.

(14)에서 '흐르다'와 '짖다'는 자동사로서 목적어를 취하지 않기 때문에 그 움직임이 주어에만 영향을 끼친다. 이들 동사들이 서술어로 쓰이는 문장에 (15)처럼 목적어를 억지로 실현한다면, 비문법적인 문장이 된다.
　둘째, '타동사(他動詞, transitive verb)'는 목적어를 취하는 동사로서, 그 움직임이 주어뿐만 아니라 목적어에도 관련된다.

> (16) ㄱ. 그 여자가 책을 <u>읽는다</u>.
> 　　ㄴ. 철수가 연필을 <u>버렸다</u>.

> (17) ㄱ. *그 여자가 <u>읽는다</u>.
> 　　ㄴ. *철수가 버렸다.

(16)에서는 타동사인 '읽다'와 '버리다'가 서술어로 쓰였다. 이들 문장에서 '그 여자'와 '철수'는 움직임의 주체이며, 목적어인 '책'과 '연필'은 움직임의 객체이다. 따라서 '읽다'와 '버리다'는 주어와 목적어로 쓰이는 대상 모두에 그 움직임이 미치게 된다. 타동사가 서술어로 실현된 (17)의 문장에 목적어를 실현하지 않으면 비문법적인 문장이 된다.

셋째, '능격 동사(能格動詞, ergative verb)'는 동일한 체언을 주어나 목적어로 취할 수 있어서, 자동사와 타동사의 양쪽으로 쓰이는 동사이다.

(18) ㄱ. 지혈대를 사용하니 흐르던 피가 <u>멈추었다</u>.
　　 ㄴ. 의사가 지혈대를 사용하여 흐르던 피를 <u>멈추었다</u>.

(19) ㄱ. 철학 강의가 이제 막 <u>마쳤다</u>.
　　 ㄴ. 김 교수는 철학 강의를 이제 막 <u>마쳤다</u>.

(20) ㄱ. 어머니의 설득에 아들의 마음이 <u>움직였다</u>.
　　 ㄴ. 어머니의 설득이 아들의 마음을 <u>움직였다</u>.

(18~20)에서 '멈추다, 마치다, 움직이다'는 모두 동일한 의미를 나타내고 있다. 하지만 이들 동사는 (ㄱ)에서는 목적어를 취하지 않아서 자동사로 쓰인 반면에, (ㄴ)에서는 목적어를 취하여서 타동사로 쓰였다.

(가)-3. 형용사의 개념과 유형

〈 개념 〉 '형용사(形容詞, adjective)'는 문장에서 주어로 표현되는 대상(= 주체)의 '성질'이나 '상태'를 표현하는 단어의 갈래이다.

(21) ㄱ. 사냥꾼이 잡은 사자는 매우 <u>사나웠다</u>.
　　 ㄴ. 저 사람이 돈이 <u>많겠다</u>.

(ㄱ)의 '사납다'는 주어로 쓰인 '사자'의 성질이나 속성을 나타내며, (ㄴ)의 '많다'는 주어로 쓰인 '돈'의 상태를 표현한다.

그런데, 형용사를 서술어로 취하는 문장에는 주어가 두 개 이상 나타날 수도 있다. 곧, (ㄴ)의 문장에는 '저 사람이'와 '돈이'가 주어로 쓰여서, 하나의 문장 속에 주어가 두 개 실현된 '이중 주어'의 문장인 것이 특징이다.

〈유형〉 '형용사'는 실질적인 뜻의 유무에 따라서 '성상 형용사'와 '지시 형용사'로 구분할 수 있다.

첫째, '성상 형용사(性狀形容詞)'는 어떠한 대상의 성질이나 상태에 대한 실질적인 의미를 나타낸다. 성상 형용사는 의미에 따라서 다음과 같이 세분할 수 있다.

(22) ㄱ. 괴롭다, 그립다, 기쁘다, 슬프다, 싫다, 아프다, 언짢다, 우울하다, 좋다, 흥겹다

　　ㄴ. 가깝다, 검다, 낮다; 고요하다, 소란스럽다, 시끄럽다; 고리다, 노리다, 매캐하다; 거칠다, 미끄럽다, 따뜻하다, 차다; 달다, 맵다, 새콤하다, 쓰다, 짜다

　　ㄷ. 똑똑하다, 모질다, 바보스럽다, 멍청하다, 성실하다, 슬기롭다, 아름답다

　　ㄹ. 같다, 비슷하다, 닮다, 다르다, 낫다, 못하다

(23) 이제 나에게는 남은 돈이 있다/없다.

(22)에서 (ㄱ)의 단어는 '심리 형용사'로서 화자의 주관적인 감정이나 심리 상태를 나타낸다. (ㄴ)은 '감각 형용사'로서 눈, 귀, 코, 피부, 혀 등의 기관을 통해서 느낀 감각(시각·청각·후각·촉각·미각)을 나타낸다. (ㄷ)은 '평가 형용사'인데 어떠한 대상의 성질이나 속성에 대한 주관적인 평가를 나타낸다. 마지막으로 (ㄹ)은 '비교 형용사'이다. 이들은 '같다, 비슷하다, 닮다, 다르다'처럼 어떤 두 개의 사물이 서로 같거나 다름을 나타내거나, '낫다'와 '못하다'처럼 두 사물 간의 우열 관계를 표현한다. 그런데 성상 형용사에는 (23)의 '있다(계시다), 없다'처럼 주어로 표현되는 대상의 존재 유무를 표현하는 것도 있는데, 이들 형용사를 '존재 형용사'라고 한다.

둘째, '지시 형용사(指示形容詞)'는 실질적인 의미를 나타내지 않고, 어떤 대상의 성질이나 상태를 직시(直示)하거나 대용(代用)하는 형용사이다.

(24) ㄱ. 이러하다(이렇다), 그러하다(그렇다), 저러하다(저렇다)

　　ㄴ. 어떠하다(어떻다), 아무러하다(아무렇다)

(ㄱ)의 '이러하다, 그러하다, 저러하다'는 대명사인 '이, 그, 저'에서 파생된 형용사이므로, 이들 지시 형용사에는 '정칭(定稱)'의 기능이 있다. 반면에 (ㄴ)의 '어떠하다'에는 '미지칭(未知稱)'의 기능이 있고, '아무러하다'에는 '부정칭(不定稱)'의 기능이 있다.

'이러하다, 그러하다, 저러하다'는 대명사와 마찬가지로 직시 기능으로 쓰일 뿐만 아니라 대용 기능으로도 쓰일 수 있다.

(25) ㄱ. 인성이 <u>저런</u> 사람과는 절대로 상종해서는 안 된다.

　　ㄴ. 인영이는 매우 예쁘다. 말자도 <u>그러하다</u>.

(ㄱ)의 '저런(저렇다)'은 발화 현장에 있는 특정한 사람의 상태를 직접 가리키므로 직시 기능의 형용사이다. 이에 반해서 (ㄴ)의 '그러하다'는 앞선 문맥에 실현된 성상 형용사인 '예쁘다'를 가리키므로 대용 기능의 형용사이다.

(나) 보조 용언

(나)-1. 보조 용언의 개념

〈개념〉 일반적으로 용언은 자립성이 있으므로 문장 속에서 홀로 쓰일 수가 있다. 그런데 용언 중에는 문장 속에서 홀로 설 수 없어서 반드시 그 앞의 다른 용언에 붙어서 문법적인 의미를 더해 주는 것이 있다. 이러한 용언을 '보조 용언(補助用言)'라고 한다. 그리고 보조 용언의 앞에서 실현되는 자립적인 용언을 '본용언(本用言)'이라고 한다.

(26) ㄱ. 의사는 환자의 손을 <u>잡아</u> <u>보았다</u>.

　　ㄴ. 원숭이는 바나나를 다 <u>먹어</u> <u>버렸다</u>.

(26)의 문장에 실현된 '잡다'와 '먹다'는 자립할 수도 있으며 실질적인 의미를 나타내고 있다. 이에 반해서 '잡다'와 '먹다' 뒤에 실현된 '보다'와 '버리다'는 실질적인 의미는 나타내지 않고 문법적인 의미만 나타낸다. 곧 (ㄱ)의 '보다'는 '잡다'가 나타내는 일을 '경험했음'을 뜻하는 문법적인 의미를 나타내고, (ㄴ)의 '버리다'는 '먹다'가 나타내는 일이 '이미 끝났음'을 뜻하는 문법적 의미를 나타낸다. 이처럼 보조 용언은 본용언에 매여서 쓰이면서 본용언에 특정한 문법적인 의미를 더하는 용언이다.

〈특징〉 본용언 뒤에서 매어서 쓰이는 보조 용언에는 다음과 같은 특징이 있다.

첫째, 보조 용언은 실질적인 의미를 나타내지 않고 문법적인 의미만 나타낸다.

(27) ㄱ. 아이는 새 신발을 신어 <u>보았다</u>.　　['신는 일'을 경험했다]

　　ㄴ. 인부들은 헌집을 부수어 <u>버렸다</u>.　　['부수는 동작'을 이미 끝냈다]

(27)에서 본용언인 '신다'와 '부수다'는 실질적인 의미를 유지하고 있다. 반면에 보조 용언인 '보다'와 '버리다'는 원래의 실질적인 의미는 잃어버리고 각각 본용언인 '신다'와

'부수다'에 '경험하다'와 '이미 끝났음'의 문법적인 의미를 덧붙인다.

둘째, 보조 용언은 자립성이 없기 때문에 반드시 앞의 본용언에 매여서만 쓰인다.

(28) ㄱ. 아이는 새 신발을 <u>신었다</u>.　　(29) ㄱ. [?]아이는 새 신발을 <u>보았다</u>.

　　　ㄴ. 인부들은 헌집을 <u>부수었다</u>.　　　　ㄴ. [?]인부들은 헌집을 <u>버렸다</u>.

앞의 (27)에서 보조 용언인 '보다'와 '버리다'를 생략하여 (28)처럼 표현할 경우에는 본용언인 '신다'와 '부수다'의 의미가 그대로 유지된다. 반면에 (27)에서 본용언인 '신다'와 '부수다'를 생략하고 (29)처럼 보조 용언만을 표현할 경우에는, '보다'와 '버리다'는 문법적인 의미를 잃고 실질적인 의미를 나타내게 된다. 따라서 보조 용언은 단독으로 쓰이지 못하며 반드시 그 앞의 본용언에 매여서만 쓰인다는 것을 알 수 있다.

셋째, 본용언과 보조 용언은 두 단어이지만 문장에서 하나의 문법적 단위로 기능한다. 이에 따라서 문장에 실현된 본용언과 보조 용언은 하나의 서술어로 처리된다.

(30) ㄱ. 그들도 밥을 <u>먹고 갔다</u>.　　(31) ㄱ. 그들도 <u>늙어 갔다</u>.

　　　ㄴ. 그들도 밥을 <u>먹고</u> 집으로 <u>갔다</u>.　ㄴ. [?]그들도 <u>늙어</u> **집으로** <u>갔다</u>.

(30)의 (ㄱ)에서 '먹고 갔다'는 본용언과 본용언으로 구성된 말이다. 본용언과 본용언은 독립적으로 기능하기 때문에, (ㄴ)처럼 두 단어 사이에 다른 성분인 '학교로'가 끼어들어도 문법적인 문장이 된다. 반면에 (31)에서 본용언인 '늙어'와 보조 용언인 '갔다'가 결합된 구성은 하나의 문법적인 단위로 기능하므로, (ㄴ)처럼 다른 성분이 끼어들면 비문법적인 문장이 되거나 원래의 문장과는 다른 의미로 쓰인다. 따라서 본용언과 보조 용언이 문장에 쓰일 때에는 그 사이에 다른 성분이 끼어들 수 없다.

넷째, 보조 용언이 본용언에 결합될 때에는, 본용언의 어간에 특정한 보조적 연결 어미만 실현되는 제약이 있다.

(32) ㄱ. 어머니가 바구니를 들-고 <u>가셨다</u>.

　　　ㄴ. 철수는 차차 배가 꺼져(꺼지-어) <u>갔다</u>.

(33) ㄱ. 나는 동생에게 앨범을 보-고 <u>주었다</u>.

　　　ㄴ. 이번 판에서는 내가 죽-어 <u>주겠다</u>.

(32)의 (ㄱ)에서 '들고 가다'는 [본용언+본용언]의 구성인데 이때는 연결 어미로서 '-고'를 취한다. 이에 반해서 (ㄴ)에서 '꺼져 가다'는 [본용언+보조 용언]의 구성으로, 본용언 뒤에 실현되는 연결 어미로서 '-어'만을 취한다. (33)의 (ㄱ)의 [본용언+본용언]의 구성에서는 연결 어미로 '-고'를 취하는 반면에, (ㄴ)의 [본용언+보조 용언]의 구성에서는 연결 어미로 '-어'를 취한다. 이러한 점을 감안하여 (32)나 (33)에 실현된 '-어'처럼 본용언에 특정한 보조 용언을 연결하는 연결 어미를 '보조적 연결 어미'로 처리하여, 대등적 연결 어미나 종속적 연결 어미와 구분한다.

(나)-2. 보조 용언의 종류

'보조 용언'은 문법적인 특징에 따라서 '보조 동사(補助動詞)'와 '보조 형용사(補助形容詞)'로 구분한다. 보조 동사와 보조 형용사를 구분하는 기준은 동사와 형용사를 구분하는 일반적인 기준과 동일하다.

보조 용언인 '-지 않다'로써 보조 동사와 보조 형용사를 구분하는 방법을 알아본다.

(34) ㄱ. 철수는 사과를 먹지 <u>않는다.</u>   (35) ㄱ. 이 사과는 싱싱하지 <u>않다.</u>
    ㄴ.*철수는 사과를 먹지 <u>않다.</u>   ㄴ.*이 사과는 싱싱하지 <u>않는다.</u>

현재 시제를 표현할 때에는 동사에는 현재 시제의 선어말 어미 '-는-/-ㄴ-'이 붙는 데에 반해서 형용사에는 아무런 시제 형태소가 붙지 않는 것이 일반적이다. (34)에서 (ㄱ)처럼 '먹지 않는다'로 표현하면 문법적이지만 (ㄴ)처럼 '*먹지 않다'로 표현하면 비문법적이다. 그리고 (35)에서 (ㄱ)처럼 '싱싱하지 않다'로 표현하면 문법적인 데에 반해서 (ㄴ)처럼 '*싱싱하지 않는다'로 표현하면 비문법적이다. 이러한 점을 고려하면 '먹지 않는다'의 '않다'는 보조 동사이고, '싱싱하지 않다'의 '않다'는 보조 형용사인 것을 확인할 수 있다.

최현배(1980:397)에서는 보조 용언을 품사와 형태에 따라서 다음과 같이 분류하였다.

범주	의미	형태	보기
보조 동사	부정	-지 아니하다(않다)	온 누리 사람들이 남의 형편은 돌보지 <u>아니한다.</u>
		-지 못하다	새는 날개 없이는 날지 <u>못한다.</u>
		-지 말다	새야 새야 파랑새야, 녹두밭에 앉지 <u>마라.</u>
	사동	-게 하다	학생들에게 하루에 두 시간씩 공부하게 <u>한다.</u>
		-게 만들다	인호가 그 일을 잘 되게 <u>만들었어요.</u>

	피동	-아/어 지다	이런 덫에도 범이 잡아지느냐?
		-게 되다	그 날부터 그 영악한 범도 자유를 잃게 되었다.
	진행	-아/어 오다	그 사람이 여태껏 그 고생을 겪어 왔다.
		-아/어 가다	어제까지 멀쩡했던 사람이 이제 다 죽어 간다.
		-고 있다	아이가 나팔을 불고 있다.
	종결	-아/어 내다	네가 어찌 그 고초(苦楚)를 견뎌 내겠니?
		-아/어 버리다	여행객들은 기차를 놓쳐 버렸다.
보조 동사	봉사	-아/어 주다	철수는 영수에게 공을 던져 주었다.
		-아/어 드리다	아버님의 방에 매일 불을 때어 드린다.
	시행	-아/어 보다	사과를 좀 먹어 보아라.
	강세	-아/어 쌓다	아이들이 와 쌓는다.
		-아/어 대다	참 짬 없이 웃어 대네.
	당위	-아/어야 하다	너도 이 약을 먹어야 한다.
	시인	-기는 하다	내가 여행을 좋아하기는 한다.
	완결 지속	-아/어 놓다	너무 더워서 방문을 열어 놓았다.
		-아/어 두다	자네도 이 말을 들어 두게.
		-아/어 가지다	나는 기계학을 배워 가지고 고국으로 돌아가겠다.
	희망	-고 싶다	너는 장래에 무엇이 되고 싶으냐?
	부정	-지 아니하다	동해에 떠오르는 달, 거룩하지 아니한가?
		-지 못하다	그 사람이 별로 넉넉하지 못하다.
	시인	-기는 하다	집이 크기는 하네.
보조 형용사	추측	{-나, -ㄴ가, -ㄹ까} 보다	꽃이 떨어지나 보다.
			이것이 저것보다 무거운가 보다.
			내가 그런 시시한 영화를 볼까 보냐?
		{-나, -ㄴ가, -ㄹ까} 싶다	밖에 비가 오나 싶다.
			열둘은 너무 많은가 싶다.
			어쩌면 일이 잘될까 싶다.
	상태	-아/어 있다	하루 종일 이곳에 앉아 있습니다.

〈표 3〉 보조 형용사의 종류와 의미

(다) 불완전 용언

용언 중에는 어간에 붙을 수 있는 어미가 매우 한정되어 있어서 극소수의 활용형만 성립하는 것이 있는데, 이러한 용언을 '불완전 용언(不完全用言)'이라고 한다.

어미 어간	-아/어	-되	-고	-았다/었다	-을까	-아라/어라	-자
먹-	먹어	먹되	먹고	먹었다	먹을까	먹어라	먹자
자-	자	자되	자고	잤다	잘까	자라	자자
가로-	*가로아	가로되	*가로고	*가로았다	*가롤까	*가로라	*가로자
더불-	더불어(서)	*더불되	*더불고	*더불었다	*더불까	*더불어라	*더불자
데리-	데려	*데리되	데리고	*데렸다	*데릴까	*데려라	*데리자

〈표 4〉 불완전 용언의 활용 모습

〈표 4〉에서 '먹다'와 '자다'와 같은 일반 용언은 대부분의 활용형이 다 나타나지만, '가로다, 더불다, 데리다' 등은 활용형에 빈칸이 많이 생긴다. 이처럼 활용이 완전하지 못하여 활용표에 빈칸이 많이 생기는 용언을 '불완전 용언'이라고 한다.

(36) ㄱ. 오늘은 자치회에 <u>대한</u> 안건을 토론한다.(대하여)

　　ㄴ. 우리에게는 거북선을 <u>비롯한</u> 자랑거리가 많다.(비롯하여)

　　ㄷ. 본보는 창간 오십 돌에 <u>즈음하여</u> 지면을 배로 늘렸다.(즈음한)

　　ㄹ. 김 교수는 최근에 실업 대책에 <u>관한</u> 논문을 여러 편 썼다.(관하여)

불완전 용언의 예로는 '가로다, 더불다, 데리다, 대하다, 비롯하다, 관하다, 위하다, 의하다, 말미암다, 즈음하다, …' 등이 있다. '불완전 용언'에 나타나는 이러한 특징은 동사에만 나타나므로, '불완전 용언'을 '불완전 동사'라고도 한다.

2.4.3. 활용

국어는 실질 형태소에 문법 형태소가 붙어서 문장을 짜 이루는 것이 특징인데, 용언은 실질 형태소인 어간에 다양한 어미가 실현되어서 문법적인 기능을 나타낸다.

(가) 활용의 개념

용언은 문장 속에서 어간에 어미가 붙어서 활용하여서 문법적인 기능을 나타낸다.

(37) ㄱ. 저 어른이 혼자서 도둑들을 막는다.

　　ㄴ. 저 어른이 도둑을 막으니 도둑들이 물러갔다.

　　ㄷ. 저 어른이 도둑들을 막기가 어려웠다.

　　ㄹ. 저 어른이 막는 도둑들은 물러갈 것이다.

　　ㅁ. 저 어른이 도둑들을 막으셨다.

(38) ㄱ. { 막- }+ { -는다, -으니, -기, -는, -으셨다 }

　　ㄴ. { 희- }+ { -다, -니, -기, -ㄴ, -으셨다 }

(37)에서 용언인 '막다'는 문장 속에서 '막는다, 막으니, 막기, 막는, 막으셨다' 등으로 활용한다. 이때 '막-'처럼 용언에서 실질적인 의미를 나타내면서 변하지 않는 부분을 '어간(語幹, stem)'이라고 한다. 반면에 '-는다, -으니, -기, -는, -으셨다'는 문법적인 기능을 나타내면서 변화하는 부분인데, 이렇게 어간에 붙어서 여러 가지 문법적 기능을 나타내는 부분을 '어미(語尾, ending)'라고 한다. 그리고 (38)에서 '막-'과 '희-'에 '-는다, -으니, -기, -는/-ㄴ, -으셨다'가 붙는 것처럼, 어간에 어미가 실현되어서 여러 가지의 문법적인 기능을 나타내는 현상을 '활용(活用, inflection)'이라고 한다.

활용하는 단어를 '활용어'라고 하는데, 이러한 활용어에는 동사와 형용사, 그리고 서술격 조사인 '-이다'가 있다. 그리고 활용어의 어간에 어미 '-다'를 붙인 활용형을 '기본형(으뜸꼴)'이라고 한다. 기본형은 용언의 활용형 중에서 기본(대표) 형태로 삼으며 국어 사전에서 표제어(標題語)의 형태로 삼기도 한다.

(나) 어미의 유형

용언과 서술격 조사의 어간에는 어미가 붙어서 문법적인 기능을 나타내는데, 어미는 그것이 실현되는 위치에 따라서 '어말 어미'와 '선어말 어미'로 나눌 수 있다.

(나)-1. 어말 어미와 선어말 어미의 구분

'어말 어미(語末語尾)'는 어미 중에서 단어의 끝에서 실현되는 어미이다. 반면에 '선어말 어미(先語末語尾)'는 단어의 끝에서는 나타나지 못하고 어간과 어말 어미 사이에서 실현되는 어미이다.

(39) 활용어＝어간＋[(선어말 어미)＋어말 어미]어미

(40) ㄱ. 호랑이는 죽어서 가죽을 <u>남기고</u> 사람은 죽어서 이름을 남긴다.

ㄴ. 아버님께서 도둑을 <u>때리시었겠더라</u>.

ㄷ. 이것은 선생님께서 <u>만드셨던</u> 책상이다.

ㄹ. 우리는 형님께서 이미 감옥에서 <u>탈출하셨음</u>을 확신한다.

용언이 활용을 할 때에 어미가 실현되는 모습은 (39)와 같다. 곧 용언의 어간에는 어말 어미는 반드시 실현되지만, 특정한 선어말 어미는 실현되지 않을 수도 있으며 때로는 둘 이상의 선어말 어미가 함께 실현될 수도 있다. (40)의 문장에서 밑줄 그은 용언에 실현된 어미의 구조를 분석해 보면 다음과 같다.

(ㄱ)	남기-	-고			
	어간	어말 어미			

(ㄴ)	때리-	-시-	-었-	-겠-	-더-	-라
	어간	선어말 어미	선어말 어미	선어말 어미	선어말 어미	어말 어미

(ㄷ)	만들-	-시-	-었-	-던
	어간	선어말 어미	선어말 어미	어말 어미

(ㄹ)	탈출하-	-시-	-었-	-음
	어간	선어말 어미	선어말 어미	어말 어미

국어에 실현되는 어말 어미와 선어말 어미의 체계를 정리하여 보이면 다음과 같다.

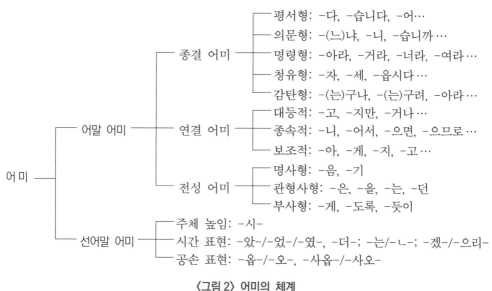

〈그림 2〉 어미의 체계

(나)-2. 어말 어미의 유형

어말 어미는 용언의 끝 자리에서 실현되는 어미인데, 어말 어미는 그 기능에 따라서 '종결 어미, 연결 어미, 전성 어미'로 나누어진다.

〈 종결 어미 〉 '종결 어미(終結語尾)'는 문장을 끝맺도록 기능하는 어말 어미이다. 종결 어미는 문장을 끝맺는 방식에 따라서 '평서형 어미, 의문형 어미, 명령형 어미, 청유형 어미, 감탄형 어미'로 구분할 수 있다.

(41) 밥을 { ㄱ. 먹는다. ㄴ. 먹느냐? ㄷ. 먹어라. ㄹ. 먹자. ㅁ. 먹는구나. }

(ㄱ)의 '평서형 어미(平敍形 語尾)'는 화자가 자신의 생각을 청자에게 단순하게 진술하면 서 문장을 끝맺는데, 평서형 어미로는 '-다, -습니다, -어/-아' 등이 있다. (ㄴ)의 '의문형 어미(疑問形 語尾)'는 화자가 청자에게 질문하여 대답을 요구하면서 문장을 끝맺는데, 의 문형 어미로는 '-(느)냐, -니, -습니까' 등이 있다. (ㄷ)의 '명령형 어미(命令形 語尾)'는 화자가 청자에게 어떠한 행동을 하도록 요구하면서 문장을 끝맺는데, 명령형 어미로는 '-아라/-어라, -거라, -너라, -여라' 등이 있다. (ㄹ)의 '청유형 어미(請誘形 語尾)'는 화자 가 청자에게 어떠한 행동을 함께 하도록 요구하면서 문장을 끝맺는데, 청유형 어미로는 '-자, -세, -읍시다' 등이 있다. (ㅁ)의 '감탄형 어미(感歎形 語尾)'는 화자가 처음으로 안 일에 대하여 자신의 감정을 직접적으로 표출하면서 문장을 끝맺는데, 감탄형 어미로는 '-(는)구나, -(는)구려, -아라/-어라' 등이 있다.

〈 연결 어미 〉 '연결 어미(連結語尾)'는 절과 절을 잇거나, 본용언과 보조 용언을 잇는 어미이다. 연결 어미는 의미와 기능에 따라서 '대등적 연결 어미, 종속적 연결 어미, 보조 적 연결 어미'로 나누어진다.

첫째, '대등적 연결 어미(對等的 連結語尾)'는 이어진 문장 속에서 앞절과 뒷절을 독립적 인 의미 관계로 잇는 연결 어미다.

(42) ㄱ. 철수는 **빵**을 먹었고 영수는 국수를 먹었다.

　　 ㄴ. 아버지는 파마머리를 싫어했지만 어머니는 파마머리를 좋아했다.

　　 ㄷ. 어른 앞에서 술을 마시거나 담배를 피울 수는 없다.

'대등적 연결 어미'로는 '-고, -으며; -지만, -으나; -거나, -든지' 등이 있다. 이들 중에 서 '-고'와 '-으며'는 '나열'의 뜻을, '-지만'과 '-으나'는 '대조'의 뜻을, '-거나'와 '-든지'

는 '선택'의 뜻을 나타내면서 앞절과 뒷절을 이어 준다.

둘째, '종속적 연결 어미(從屬的 連結語尾)'는 이어진 문장 속에서 앞절이 뒷절에 의미적으로 이끌리는 관계로 잇는 연결 어미이다.

(43) ㄱ. 흰 눈이 오면 강아지가 마당을 뛰어 다녔다.
ㄴ. 겨울이 되니까 날씨가 추워진다.

종속적 연결 어미로는 '-으면, -을진대, -지언정, -을수록, -더라도, -어도, -아야, -려면, -아서, -으므로, -니까' 등이 있는데 그 종류가 매우 다양하다. 예를 들어서 (43)에서 '-면'과 '-니까'는 각각 앞절을 뒷절에 '조건'과 '원인'의 의미 관계로 잇고 있는데, 앞절의 내용이 뒷절의 내용에 이끌리는 것이 특징이다.

셋째, '보조적 연결 어미(補助的 連結語尾)'는 본용언과 보조 용언을 이어서 하나의 문법적인 단위(서술어)로 쓰이게 한다.

(44) ㄱ. 철수 씨는 영희가 준 과자를 혼자서 다 먹어 버렸다.
ㄴ. 사냥꾼은 열심히 멧돼지를 찾고 있다.

'-어'와 '-고'는 보조적 연결 어미인데, (ㄱ)에서 '-어'는 본용언인 '먹다'와 보조 용언인 '버렸다'를 이어 주며, (ㄴ)에서 '-고'는 본용언인 '찾다'와 보조 용언인 '있다'를 이어 준다. 이와 같은 보조적 연결 어미의 예로는 '-아/-어, -게, -지, -고' 등이 있다.

〈 전성 어미 〉 '전성 어미(轉成語尾)'는 용언이 서술 기능을 그대로 유지하면서, 동시에 명사, 관형사, 부사 등의 다른 품사처럼 기능하도록 용언의 문법적인 기능을 바꾸는 어미이다. 곧 특정한 성분 절 속에서 서술어로 쓰이는 용언에 전성 어미가 실현되면, 그 절이 명사, 관형사, 부사 등과 동일하게 기능하게 된다. 이러한 전성 어미로는 '명사형 전성 어미, 관형사형 전성 어미, 부사형 전성 어미'가 있다.

첫째, '명사형 전성 어미(名詞形 轉成語尾)'는 특정한 절(명사절) 속에서 서술어로 쓰이는 용언에 실현되어서, 그 절을 명사처럼 쓰이게 하는 어미이다.

(45) ㄱ. 우리는 [그 건물이 조선시대에 지어졌음]을 확인했다.
ㄴ. 어머니는 [아들의 병이 낫기]를 빌었다.

(45)에는 '짓다'와 '낫다'에 명사형 어미 '-음'과 '-기'가 실현되었다. '-음'과 '-기'는 각

각 그 앞에 실현된 절인 '그 건물이 조선시대에 지어졌(다)'와 '아들의 병이 낫(다)'에 명사와 같은 기능을 부여하여 명사절이 되게 하였다. 명사형 어미 가운데 '-음'은 주로 '완료된 일'을 표현할 때에 쓰이고, '-기'는 '완료되지 않은 일'을 표현할 때에 쓰인다. 곧 (ㄱ)에서 '건물이 지어진 것'은 화자가 그것을 인식하기 전에 이미 완료된 일이므로 명사형 어미로서 '-음'이 실현되었다. 반면에 (ㄴ)에서 '아들의 병이 낫는 것'은 어머니가 비는 행위를 하기까지는 아직 완료되지 않은 일이므로, 명사형 어미로서 '-기'가 실현된 것이다.

둘째, '관형사형 전성 어미(冠形詞形 轉成語尾)'는 특정한 절(관형절) 속에서 서술어로 쓰이는 용언에 실현되어서, 그 절을 관형사처럼 쓰이게 하는 어미이다.

> (46) ㄱ. 그것은 [내가 사용하{-는, -(으)ㄴ, -(으)ㄹ, -던}] 연필이다.
>
> ㄴ. 나는 [눈이 맑{-(으)ㄴ, -던}] 소녀를 잊을 수 없다.

(46)에 쓰인 '-는, -은, -을, -던'은 모두 관형사형 어미인데, 그 앞에 실현된 '내가 사용하(다)'와 '눈이 맑(다)'에 관형사와 같은 기능을 더하여서 관형절이 되게 하였다. 그런데 관형사형 어미는 시간에 대한 표현을 겸하고 있다. 먼저 (ㄱ)의 '사용하다'처럼 관형절의 서술어가 동사인 경우에는 '-는'이 현재 시제를 나타내며, '-은'은 과거 시제를 나타낸다. 그리고 '-을'은 미래 시제를 나타내고, '-던'은 과거의 일을 회상함을 나타낸다. 다음으로 (ㄴ)의 '맑다'처럼 관형절의 서술어가 형용사의 경우에는 '-은'은 현재 시제를 나타내고, '-던'은 과거의 일을 회상함을 나타낸다.

셋째, '부사형 전성 어미(副詞形 轉成語尾)'는 특정한 절(부사절) 속에서 서술어로 쓰이는 용언에 실현되어서, 그 절을 부사처럼 쓰이게 하는 어미이다.

> (47) ㄱ. 장미꽃이 아름답게 피었다.
>
> ㄴ. 영희는 헬스장에서 운동을 땀이 나도록 열심히 했다.
>
> ㄷ. 하늘에서 돈이 비가 오듯이 떨어졌다.

'-게, -도록, -듯이' 등은 부사형 어미인데, 각각 성분절인 '(장미꽃이) 아름답-', '땀이 나-', '비가 오-'에 붙어서 부사와 같은 기능을 더하여서 부사절이 되게 하였다.

(나)-3. 선어말 어미의 유형

'선어말 어미(先語末語尾)'는 어간과 어말 어미 사이에서 실현되므로, 용언의 끝(=어말)

에서는 실현되지 않는 어미이다.

〈 주체 높임의 선어말 어미 〉 문장에서 주어로 표현되는 대상을 '주체(主體)'라고 하는데, '주체 높임의 선어말 어미'인 '-(으)시-'는 주체를 높이는 기능을 한다.

(48) ㄱ. 큰아버님께서 내일 저녁에 시골에서 올라오<u>신</u>다.

ㄴ. 선생님께서 도둑을 잡<u>으셨</u>다.

(48)의 (ㄱ)에서 서술어로 쓰인 '올라오다'에 선어말 어미인 '-시-'가 실현되었는데, 이때 '-시-'는 주체인 '큰아버님'을 높였다. 또한 (ㄴ)에서 '잡았다'에 실현된 '-으시-' 또한 주체인 '선생님'을 높였다.

〈 시간 표현의 선어말 어미 〉 시간을 표현하는 선어말 어미로는 '-았-, -더-, -는-, -겠-, -으리-' 등이 있다.

ⓐ 과거 시제 표현의 선어말 어미 : 과거 시제의 선어말 어미'인 '-았-'과 '-더-'는 발화시 이전에 일어난 사건을 표현할 때에 실현된다.

첫째, '과거 시제 선어말 어미'인 '-았-/-었-/-였-'은 문장을 발화하는 때(발화시, 發話時)를 기준으로 하여, 그 이전에 일어난 사건을 표현할 때에 실현된다.

(49) ㄱ. 철수가 방금 방문을 닫<u>았</u>다.

ㄴ. 우리는 어제 수박을 많이 먹<u>었</u>다.

ㄷ. 김구는 젊은 시절에 독립 운동을 열심히 하<u>였</u>다.

(49)의 '-았-/-었-/-였-'은 '과거 시제 선어말 어미'인데, 이는 문장으로 표현되는 사건이 발화시보다 앞서서 일어났음을 나타낸다. 과거 시제 선어말 어미는 (ㄱ)의 '닫다'처럼 어간 끝음절의 모음이 양성 모음일 때에는 '-았-'의 형태로 실현되고, (ㄴ)의 '먹다'처럼 어간의 끝음절의 모음이 음성 모음이면 '-었-'의 형태로 실현된다. 그리고 (ㄷ)의 '하다'처럼 '하다' 형 용언 다음에는 '-였-'의 형태로 실현된다.

그리고 과거 시제 선어말 어미가 겹쳐서 '-았었-/-었었-'으로 실현될 수도 있다.

(50) ㄱ. 나벼리 씨는 대학생일 때에 농구 선수<u>였었</u>다.

ㄴ. 지난해 이곳에는 홍수가 <u>났었</u>다.

'-았었-/-었었-'은 사건이 발화시보다 훨씬 전에 발생하여 현재와는 확연하게 다른 사건을 표현한다. 곧 문장으로 표현되는 일이 과거에 일어나기는 했지만, 지금은 그러한 상황이 달라졌다는 뜻을 더해 준다.

둘째, '회상(回想)의 선어말 어미'인 '-더-'는 발화시 이전의 어떤 때(과거의 때)로 생각을 돌이켜서, 그때를 기준으로 일이 일어난 시간을 표현한다.

(51) ㄱ. (어제 점심때에 내가 보니까) 철수가 학교에서 운동을 하더라.   [회상 현재]
ㄴ. (어제 점심때에 내가 보니까) 철수가 학교에서 운동을 했더라.   [회상 과거]
ㄷ. (어제 점심때에 내가 보니까) 철수가 학교에서 운동을 하겠더라. [회상 미래]

(51)의 문장은 과거의 시간인 '어제 점심 때'로 생각을 돌이켜서(回想), 그때를 기준으로 해서 화자가 직접 경험한 일이 일어난 시간을 표현한다. 곧 (ㄱ)의 '하더라'는 회상 당시의 일을, (ㄴ)의 '했더라'는 회상 당시 이전에 일어난 일을, (ㄷ)의 '하겠더라'는 회상 당시 이후에 일어날 것으로 예상되는 일을 표현한다.

ⓑ **현재 시제 표현의 선어말 어미** : '현재 시제 선어말 어미'인 '-는-/-ㄴ-'은 발화시에 일어나고 있는 사건을 표현할 때에 실현된다.

(52) ㄱ. 나는 지금 김밥을 먹는다.
ㄴ. 철수는 지금 미국에서 공부한다.

(52)에서 '-는-/-ㄴ-'은 '먹다'와 '공부하다'로 표현되는 일이 발화하는 당시에 일어남을 나타낸다. '-는-'과 '-ㄴ-'은 동사에만 실현되는 것이 특징인데, '먹-'처럼 자음 뒤에서는 '-는-'의 형태로 실현되고, '공부하-'처럼 모음 뒤에서는 '-ㄴ-'의 형태로 실현된다.

ⓒ **미래 시제 표현의 선어말 어미** : '미래 시제 선어말 어미'인 '-겠-'과 '-으리-'는 발화시 이후에 일어날 것으로 예상되는 사건을 표현할 때에 실현된다.

(53) ㄱ. 나는 내일 부산에 가겠다.
ㄴ. 나는 내일까지는 숙제를 끝내리라.

(53)의 '-겠-'과 '-리-'는 발화시 이후에 일어날 것으로 예상되는 사건에 대하여, '추측, 의도, 가능성' 등과 같은 화자의 '심적인 태도'를 나타낸다.

〈 공손 표현의 선어말 어미 〉 '공손 표현의 선어말 어미'는 '-오-/-옵-'과 '-사오-/-사옵-'의 형태로 실현되는데, 화자가 청자에게 공손의 뜻을 표현한다.

(54) ㄱ. 19일에 결승전이 열리오니 많이들 참석해 주십시오.

ㄴ. 부처님께서는 아난이를 칭찬하시옵고, 다시 설산으로 떠나셨습니다.

ㄷ. 어쩔 수 없이 당신을 붙잡사오니, 여기서 당신을 받들겠사옵니다.

ㄹ. 당신을 믿사옵고 따르옵니다.

공손 표현의 선어말 어미가 (ㄱ)에서는 '-오-'의 형태로, (ㄴ)에서는 '-옵-'의 형태로 실현되었으며, (ㄷ)에서는 '-사오-'로, (ㄹ)에서는 '-사옵-'과 '-오'의 형태로 실현되었다.9)

앞 환경	형태	뒤 환경	보 기
모음, /ㄹ/	-오-	(매개)모음	가오니, 가오리다, 만드오면, 만드옵니다
	-옵-	일반 자음	가옵고, 가옵더니, 만드옵고, 만드옵소서
자음	-사오-	(매개)모음	믿사오니, 믿사오리다, 믿사오면, 믿사옵니다
	-사옵-	일반 자음	믿사옵고, 믿사옵더니, 믿사옵지만, 믿사옵소서

〈 표 5〉 공손 표현의 선어말 어미의 변이 형태

'공손 표현 선어말 어미'는 현대어의 일반적인 구어체에서는 잘 쓰이지 않으며, 대부분 예스러운 문체로 쓰인 편지 글이나 종교 행사에 쓰이는 기도문 등에서 쓰인다는 특징이 있다.

〈 선어말 어미의 실현 순서 〉 선어말 어미를 대략적으로 구분하면 다음과 같은데, 이러한 선어말 어미는 실현되는 순서가 정해져 있다.

(55) ㄱ. 주체 높임의 선어말 어미: -시-

ㄴ. 시간 표현의 선어말 어미: -었- 〉 -겠- 〉 -더-   cf. -는/-ㄴ

ㄷ. 공손 표현의 선어말 어미: -사옵- / -사오- / -옵- / -오-

(56) ㄱ. 아버님께서도 책을 읽으셨겠더라 (읽-+-으시-+-었-+-겠-+-더-+-라)

ㄴ. 할아버님께서 범을 잡으셨사옵니다 (잡-+-으시-+-었-+-사오-+-ㅂ니다)

ㄷ. 큰아버님께서 돈을 주신다 (주-+-시-+-ㄴ-+-다)

---

9) '받들겠사옵니다'에서는 '-사오-'의 뒤에 '-옵니다'가 실현된 형태로 처리하는데, '-옵니다'에서 /으/는 매개 모음이다. 그리고 명령형 어미인 '-으소서'는 매개 모음을 취하지만, 예외적으로 공손 표현의 선어말 어미가 '-옵-, -사옵-'의 형태로 실현되어서 '가옵소서, 믿사옵소서'로 된다.

선어말 어미는 대략 '주체 높임의 선어말 어미−시간 표현의 선어말 어미−공손 표현의 선어말 어미'의 순서로 실현된다. 선어말 어미의 실현 순서는 반드시 지켜서 표현해야 하며, 순서를 지키지 않고 선어말 어미를 실현하면 비문법적인 문장이 된다.

(다) 규칙 활용과 불규칙 활용

〈 규칙 활용 〉 대부분의 언은 활용할 때에 어간이나 어미의 기본 형태가 그대로 유지되거나, 혹은 다른 형태로 바뀌어도 그 현상을 규칙으로 설명할 수 있다. 이러한 활용 형태를 '규칙 활용(規則 活用)'이라고 하고, 규칙적으로 활용하는 용언을 '규칙 용언(規則 用言)'이라고 한다.

(57) ㄱ. 자−+ {−다, −니, −더라, −고, −니까, ……}
　　 ㄴ. 뛰−+ {−다, −니, −더라, −고, −니까, ……}

(ㄱ)의 '자다'는 어간 '자−'에 어미인 '−다, −니, −더라, −고, −니까'가 붙어서 활용할 때에 어간과 어미의 꼴이 변하지 않는다. (ㄴ)에서 '뛰다'도 '자다'와 마찬가지로 활용할 때에 어간과 어미의 꼴이 변하지 않는다. 이처럼 활용할 때에 어간과 어미의 형태가 변하지 않는 활용을 '규칙 활용'이라고 한다.

한편, 활용할 때에 어간이나 어미의 형태가 바뀌더라도 일정한 환경 아래에서는 예외 없이 자동적으로 바뀌는 것이 있다. 이러한 경우에는 비록 어간이나 어미의 꼴이 바뀌더라도 규칙 활용으로 처리한다.

(58) 먹−+−는다 → /멍는다/　　　　(59) 높−+−고 　→ /놉꼬/

(58)에서 '먹다'의 어간인 '먹−'에 어미인 '−는다'가 붙어서 활용할 때에, 어간의 끝소리인 /ㄱ/이 같은 자리에서 나는 비음인 /ㅇ/으로 바뀌게 된다.(비음화) 그리고 (59)에서 '높다'의 어간인 '높−'에 어미인 '−고'가 결합할 때에는 어간의 끝소리인 /ㅍ/이 /ㅂ/으로 바뀐다.(평파열음화) 이러한 변동은 동일한 음운적인 환경에 있는 형태소의 결합에서는 예외 없이 모두 일어나는 '보편적인 변동'인 동시에, 화자의 개별적인 언어 습관과는 관계없이 반드시 일어나는 '필연적인 변동'이다. (58)이나 (59)처럼 보편적이며 필연적인 변동을 하는 활용에서는 어간이나 어미의 변동이 자동적으로 일어난다. 따라서 이에 대한 변동 규칙만 알고 있으면 변동의 양상을 예측할 수 있으므로 어간이나 어미의 꼴이 변하였음에도 불구하고 규칙 활용으로 간주한다.

〈불규칙 활용〉 일부의 용언 가운데는 활용할 때에 어간과 어미의 기본 형태가 유지되지 않을 뿐만 아니라, 그 현상을 일반적인 변동 규칙으로 설명할 수 없는 것이 있다.

(60) ㄱ. 백설 공주는 피부가 너무 <u>고와서</u> 남들이 늘 부러워했다.

ㄴ. 농부는 무를 <u>뽑아서</u> 한 입 베어 물었다.

(61) ㄱ. 아직 10리를 더 <u>걸어야</u> 정동진 바닷가가 나온다.

ㄴ. 비가 오면 재빨리 빨래를 <u>걷어야</u> 빨래가 비에 젖지 않지.

(60)에서 (ㄱ)의 '고와서'는 '곱다(麗)'의 어간 '곱-'에 어미 '-아서'가 붙어 활용하면서 어간의 끝소리 /ㅂ/이 /ㅗ/로 변했는데, 이 변동은 일반적인 변동 규칙으로 설명할 수 없다. 왜냐하면 (ㄴ)에서 '뽑다(拔)'의 활용형인 '뽑아서'는 '고와서'와 동일한 음운론적 환경에 있지만 어간의 /ㅂ/이 /ㅗ/로 변하지 않기 때문이다. 그리고 (61)에서 (ㄱ)의 '걸어야'는 '걷다(步)'의 어간 '걷-'이 활용하면서 끝소리 /ㄷ/이 /ㄹ/로 변했는데, 이 현상도 일반적인 변동 규칙으로 설명할 수 없다. (ㄴ)의 '걷다(收)'는 동일한 음운론적 환경에 놓여 있는 (ㄱ)의 '걸어야'와는 달리 어간의 끝소리 /ㄷ/이 /ㄹ/로 변하지 않기 때문이다.

이처럼 어간과 어미가 결합하여 활용할 때에 일어나는 변동 중에서, 일반적인 변동 규칙으로 설명할 수 없는 방식으로 변동하는 활용을 '불규칙 활용(不規則 活用)'이라고 한다. 그리고 불규칙하게 활용하는 용언을 '불규칙 용언(不規則 用言)'이라고 한다.

활용 부분	갈래	불규칙 활용의 양상	불규칙 활용의 예	규칙 활용의 예
어간이 바뀜	'ㅅ' 불규칙	어간의 끝소리 /ㅅ/이 모음의 어미 앞에서 탈락한다.	잇+어 → 이어 짓+었+다 → 지었다	벗+어 → 벗어 씻+었+다 → 씻었다
	'ㄷ' 불규칙	어간의 끝소리 /ㄷ/이 모음의 어미 앞에서 /ㄹ/로 바뀐다.	묻(問)+어 → 물어 걷(步)+었+다 → 걸었다	묻(埋)+어 → 묻어 얻+었+다 → 얻었다
	'ㅂ' 불규칙	어간의 끝소리 /ㅂ/이 모음 어미 앞에서 /ㅗ/나 /ㅜ/로 바뀐다.	눕+어 → 누워 돕+았+다 → 도왔다	잡+아 → 잡아 뽑+았+다 → 뽑았다
	'르' 불규칙	어간의 끝소리 /르/가 /ㅏ/, /ㅓ/로 시작하는 어미 앞에서 /ㄹㄹ/로 바뀐다.	흐르+어 → 흘러 빠르+았+다 → 빨랐다	따르+아 → 따라 치르+었+다 → 치렀다
	'우' 불규칙	'푸다'의 어간의 끝소리인 /ㅜ/가 /ㅓ/로 시작하는 어미 앞에서 탈락한다.	푸+어 → 퍼 푸+었+다 → 펐다	주+어 → 주어 누+었+다 → 누었다

어미가 바뀜	'여' 불규칙	'하다'의 어간 뒤에 붙는 어미 '-아'가 '-여'로 바뀐다.	하+아 → 하여 일하+았+다 → 일하였다	파+아 → 파 가+았+다 → 갔다
	'러' 불규칙	끝소리가 /르/인 어간에 /ㅓ/로 시작하는 어미에 붙을 때에, 어미의 /ㅓ/가 /러/로 바뀐다.	이르(至)+어 → 이르러 누르(黃)+어 → 누르러 푸르+었+다 → 푸르렀다	따르+어 → 따라 치르+어 → 치러 뜨+었+다 → 떴다
	'너라' 불규칙	'오다'의 어간 뒤에 붙는 명령형 어미인 '-아라, -거라'가 '-너라'로 바뀐다.	오+아라 → 오너라 오+거라 → 오너라	가+아라 → 가라 있+거라 → 있거라
	'오' 불규칙	'달다'의 어간 뒤에 붙는 '하라'체의 명령형 어미인 '-아라, -거라'가 '-오'로 바뀐다.	달+아라 → 다오 달+거라 → 다오	주+어라 → 주어라 주+거라 → 주거라
어간과 어미가 바뀜	'ㅎ' 불규칙	/ㅎ/으로 끝나는 어간에 /ㅏ/, /ㅓ/로 시작하는 어미가 붙으면, 어간의 /ㅎ/이 탈락하고 어미의 형태도 /ㅐ/로 바뀐다. 단, 매개 모음이나 '-네'가 붙으면 어간의 /ㅎ/만 탈락한다.	노랗+아서 → 노래서 노랗+았+다 → 노랬다 노랗+으니 → 노라니 노랗+네 → 노라네	좋+아서 → 좋아서 좋+았+다 → 좋았다 놓+으니 → 좋으니 좋+네 → 좋네

〈 표 6 〉 공손 표현의 선어말 어미의 변이 형태

{ '어근 - 접사'와 '어간 - 어미'의 차이 }

〈 어근과 접사 〉 일반적으로 '어근'과 '(파생)접사'는 단어 형성법에서 단어의 짜임새를 설명할 때에 쓰는 용어이다. 곧 어근은 한 단어의 중심 의미를 나타내는 실질 형태소이며, (파생)접사는 어근에 붙어서 새로운 단어를 만들어 주는 형식 형태소이다.

    (1) ㄱ. 헛소리＝헛-(파생 접사)＋소리(어근)
        ㄴ. 먹이다＝먹-(어근)＋-이-(파생 접사)-＋-다

(ㄱ)에서 '헛소리'는 어근인 '소리'에 파생 접사인 '헛-'이 붙어서 새로운 단어가 파생되었으며, (ㄴ)에서 '먹이(다)'는 어근인 '먹(다)'에 파생 접사인 '-이-'가 붙어서 파생되었다. 곧 어근은 새로운 단어가 파생될 때의 밑말이 되는 요소이며, 파생 접사는 어근에 붙어서 새로운 단어를 파생시키는 요소이다.
    〈 어간과 어미 〉 '어간'과 '어미'는 용언에서 나타나는 굴곡(활용)의 양상을 설명할 때에 쓰는 용어이다.

(2) 용언＝어간[(접두사) 어근 (접미사)] ＋어미

(3) ㄱ. 짓밟혔다　　　→ [짓-접두+밟-어근+-히-접미]어간+-었다어미
　　ㄴ. 치받았다　　　→ [치-접두+받-어근]어간+-았다어미
　　ㄷ. 깨뜨리시겠다　→ [깨-어근+-뜨리-접미]어간+-시겠다어미
　　ㄹ. 싸웠다　　　　→ [싸우-어근]어간+-었다어미

용언이나 서술격 조사와 같은 활용어는 어간 부분과 어미 부분으로 구분할 수 있다. 여기서 '어간'은 용언을 구성하는 형태소 중에서 어휘적 의미를 나타내는 형태소 전체를 일컫는다. 그리고 '어미'는 어간 뒤에서 실현되며 문법적 의미를 나타내는 형태소로 구성되어 있는데, 다른 품사에서는 실현되지 않고 용언의 어간 뒤에서만 실현된다. 곧 어간은 용언이 활용할 때에 쓰이는 어휘적인 뜻을 나타내는 불변 요소이며, 어미는 용언의 문법적인 기능을 나타내는 가변 요소이다.

{ 명사형 전성 어미 '-음', '-기'와 명사 파생 접미사 '-음/-기'의 구분 }

용언의 명사형 어미인 '-음', '-기'와 명사 파생 접미사인 '-음', '-기'는 형태가 같아서, 이 둘을 잘 구분하지 못하는 경우가 있다.
첫째, 명사 파생 접미사인 '-음'과 명사형 어미인 '-음'이 실현되는 모습은 다음과 같다.

(1) ㄱ. 우리가 도착한 날 밤에 원주민들은 격렬한 춤을 우리에게 선보였다.
　　ㄴ. 아가씨들은 벨리댄스를 흥겹게 춤으로써 잔치의 분위기를 띄웠다.

(2) ㄱ. 백설 공주는 깊은 잠에서 깨어나자마자 왕자에게 사랑을 고백했다.
　　ㄴ. 선수들은 일찍 잠으로써 내일의 시합에 대비했다.

용언의 어근에 명사 파생 접미사 '-음'이 붙으면 원래의 용언은 명사로 파생된다. 이렇게 용언에서 파생된 명사는 용언이 가진 원래의 문법적인 성질을 잃어버리고 명사로 바뀌게 된다. 예를 들어서 (1~2)의 (ㄱ)에서 '춤'과 '잠'은 각각 동사인 '추다'와 '자다'의 어근에 명사 파생 접미사 '-음'이 붙어서 완전히 명사로 파생된 말이다. 이렇게 명사로 파생된 말은 '격렬한'이나, '깊은'과 같은 관형어의 수식을 받을 수 있다. 이에 반해서 용언의 어간에 명사형 어미 '-음'이 붙으면 용언이 본래의 성질이 변하지 않아서 서술어로 쓰일 수 있는 기능을 그대로 유지하고 있다. 따라서 (1~2)의 (ㄴ)에서 '춤'과 '잠'은 '아가씨들은 흥겹게 벨리댄스를 추다.'와 '선수들은 일찍 자다.'와 같이 문장에서 서술어로 쓰이고 있을 뿐만 아니라, '흥겹게'와 '일찍'과 같은 부사어의 수식을 받을 수 있다.
둘째, 명사 파생 접미사인 '-기'와 명사형 어미인 '-기'가 실현되는 모습은 다음과 같다.

(3) ㄱ. 철수와 영희는 어제 열린 달리기 시합에서 1등과 2등을 했다.

ㄴ. 아이들은 금정산 꼭대기까지 일제히 달리기 시작했다.

(4) ㄱ. 동네 아이들과 하는 술래잡기에서는 언제나 내가 술래가 되었다.

ㄴ. 철수는 달아나는 술래를 혼자서 잡기가 쉽지 않았다.

(3~4)에서 (ㄱ)의 '달리기'와 '술래잡기'는 동사인 '달리다'와 '술래잡다'의 어근에 명사 파생 접미사인 '-기'가 붙어서 된 파생 명사이다. 반면에 (ㄴ)의 '달리기'와 '잡기'는 명사절 속에서 서술어로 쓰이므로, 동사인 '달리다'와 '잡다'의 어간에 명사형 어미인 '-기'가 붙어서 활용한 형태이다.

2.5. 수식언

문장 속에서 체언이나 용언 등을 수식하면서 그 의미를 한정하는 단어의 갈래를 '수식 언'이라고 한다. 수식언으로는 '관형사'와 '부사'가 있다.

2.5.1. 관형사

(가) 관형사의 개념

〈 개념 〉관형사(冠形詞, determiner)는 체언을 수식하면서 그 의미를 한정(限定)하는 단어 의 갈래이다.

(1) ㄱ. 아이들은 문방구에서 새 공책을 샀다.

ㄴ. 선생님께서는 두 제자에게 편지를 썼다.

(1)에서 관형사인 '새'와 '두'는 각각 그 뒤의 체언인 '공책'과 '제자'를 수식하고 있다. 그런데 (1)에서 '새 공책'과 '두 제자'가 지시하는 대상의 범위는 '공책'과 '제자'가 지시 하는 대상의 범위에 비해서 훨씬 제한적이다. 이처럼 관형사는 통사적인 면에서는 체언 을 수식하며, 의미적인 측면에서는 체언이 지시하는 대상의 범위를 한정한다.

〈 특징 〉관형사는 불변어이므로 꼴 바뀜이 없다는 점에서 용언과 다르며, 그 뒤에 조 사가 붙지 않는다는 점에서 체언과도 구분된다. 또한 관형사는 체언만을 수식한다는 점에서 용언이나 문장을 수식하는 부사와 차이가 나며, 관형사의 수식을 받는 체언과 함께 체언 구(명사구)를 형성한다는 점에서는 독립어로 쓰이는 감탄사와도 구분된다.

(나) 관형사의 유형

관형사는 그 기능에 따라서, '성상 관형사, 수 관형사, 지시 관형사'로 구분된다.

〈 **성상 관형사** 〉 '성상 관형사(性狀 冠形詞)'는 성질이나 상태의 의미를 나타내면서, 그 뒤에 실현되는 체언을 실질적인 의미로 수식하는 관형사이다. 성상 관형사로는 다음과 같은 것이 있다.

(2) ㄱ. <u>지지난</u>(날, 시절, 때, 달, 해), <u>옛</u>(사람, 생각, 집, 동산); <u>오른</u>(손목, 다리, 무릎), <u>왼</u>(손목, 다리, 무릎)

　　ㄴ. <u>맨</u>(꼭대기, 먼저, 구석, 가장자리), <u>몹쓸</u>(것, 사람, 병, 일), <u>새</u>(사람, 희망, 탁자, 대통령), <u>애먼</u>(사람, 징역, 짓), <u>외딴</u>(섬, 집, 절, 곳), <u>한</u>(20만 원, 30분쯤), <u>한다하는</u>(사람, 가문, 학자), <u>허튼</u>(일, 말, 놈, 약속), <u>헌</u>(학교, 대문, 호미, 자동차)

(2)의 예들은 모두 순우리말로 된 '성상 관형사'이다. (ㄱ)에서 '지지난, 옛, 오른, 왼' 등의 관형사는 시간이나 공간적인 위치의 의미를 나타내면서 체언을 수식하며, (ㄴ)의 '몹쓸, 새, 애먼, 외딴, 한, 한다하는, 허튼, 헌' 등은 성질이나 상태의 의미를 나타내면서 체언을 수식한다.

〈 **수 관형사** 〉 '수 관형사(數 冠形詞)'는 수량 혹은 순서의 의미를 나타내면서, 그 뒤에 실현되는 체언을 수식하는 관형사이다.

(3) ㄱ. 한, 두, 세(석, 서), 네(넉, 너), 다섯(닷), 여섯(엿), 일곱, 여덟, 아홉, 열, 열한, 열두, 열세(석, 서), 열네(넉, 너), … 스무, 서른, 마흔, 쉰, 예순, 일흔, 여든, 아흔, 백, 천, 만, 억

　　ㄴ. 한두, 두세, 서너, 두서너, 댓(다섯쯤), 너더댓(4, 5), 네댓(4, 5), 대여섯(5, 6), 예닐곱(6, 7), 일여덟(7, 8), 열아홉(8, 9), ……, 몇, 몇몇, 여러, 모든, 온, 온갖, 뭇, 갖은

(4) ㄱ. 첫, 첫째, 둘째, 셋째, 넷째, 다섯째, ……

　　ㄴ. 한두째, 두어째, 두세째, 서너째, ……

(3)의 예는 수량을 나타내는 양수(量數)의 관형사이다. (ㄱ)은 수량이 확정된 정수(定數)를

나타내는 관형사이며, (ㄴ)은 수량이 확정되지 않은 부정수(不定數)를 나타내는 관형사이다. 그리고 (4)의 예는 순서를 나타내는 서수(序數)의 관형사인데, (ㄱ)은 정수를 나타내며 (ㄴ)은 부정수를 나타낸다.

〈지시 관형사〉 '지시 관형사(指示 冠形詞)'는 발화 현장에 실제로 존재하거나 문맥 속에 실현된 대상을 가리키거나 대용하면서 체언을 수식하는 관형사이다.

(5) ㄱ. 이, 그, 저; 요, 고, 조; 이런, 그런, 저런
　　ㄴ. 이까짓(돈, 물건), 요까짓, 그까짓; 고까짓, 조까짓, 네까짓(놈, 녀석)
　　ㄷ. 딴, 여느, 다른(他)

(6) ㄱ. 어느(집, 가게), 무슨(일, 과일), 웬(사람, 여자, 노인), 어떤(일, 문제, 사람)
　　ㄴ. 아무(집, 책)

(5)의 관형사는 확정된 대상을 가리키거나 대용하는 '정칭의 지시 관형사'이다. (ㄱ)의 '이, 그, 저'에서 '이'는 화자에 가까운 대상을 가리킬 때에, '그'는 청자에게 가까운 대상을 가리킬 때에, '저'는 화자와 청자 모두에게 먼 대상을 가리킬 때에 사용한다. 그리고 '요, 고, 조'는 각각 '이, 그, 저'로 표현되는 체언을 낮잡아서 부르거나 귀엽게 부르는 말이며, '이런, 그런, 저런'은 각각 형용사 '이렇다, 저렇다, 그렇다'의 관형사형이 관형사로 굳어진 말이다. (ㄴ)의 '이까짓, 요까짓, 그까짓; 고까짓, 조까짓, 네까짓' 등은 모두 '이(요), 그(고), 저(조), 네'에 접미사 '-까짓'이 붙어서 파생된 관형사인데, 이들도 뒤의 체언을 낮잡아서 부르는 말이다. (ㄷ)에서 '딴, 여느, 다른'은 '이것이 아닌 것, 곧 그밖의 것(他)'이라는 뜻을 나타내면서 체언의 의미를 한정한다. 그리고 (6)에서 (ㄱ)의 '어느, 무슨, 웬, 어떤'은 미지칭(未知稱)의 기능으로, (ㄴ)의 '아무'는 부정칭(不定稱)의 기능으로 쓰여서 뒤의 체언의 의미를 한정한다.

2.5.2. 부사

'부사'는 용언이나 문장을 비롯하여 다양한 문법적인 단위를 수식하면서, 그 의미를 한정하는 단어의 갈래이다.

(가) 부사의 개념

〈개념〉 '부사(副詞, adverb)'는 여러 가지의 문법적인 단위를 수식하여 그 의미를 한정

하거나, 단어나 문장을 이어주는 단어의 갈래이다.

    (7) ㄱ. 아이들은 눈이 <u>펑펑</u> 내리는 겨울 들판에서 <u>힘껏</u> 내달렸다.
        ㄴ. 순신은 과거 시험에 불합격했다. <u>그러나</u> 순신은 다시 한번 과거에 도전했다.

(ㄱ)의 '펑펑'과 '힘껏'은 서술어로 쓰이는 용언을 수식하며, (ㄴ)의 '그러나'는 앞과 뒤의 문장을 이어 준다. 부사는 다양한 형식의 말을 수식하기는 하지만, 부사의 가장 기본적인 기능은 용언이나 문장을 수식하거나 단어나 문장을 이어 주는 기능이다.

　〈특징〉 부사는 다음과 같은 점에서 다른 품사와 구분이 되는 특징이 있다.

　첫째, 부사는 문장에서 부사어로만 기능하며 꼴바꿈이 없는 불변어이다. 예를 들어서 (7)에 쓰인 '펑펑, 힘껏, 그러나'는 모두 부사어로 쓰였으며, 그 자체로 형태 변화가 없다.

　둘째, 부사는 형태의 변화가 없으며, 보조사를 제외하고 격조사나 접속 조사와는 결합하지 않는다.

    (8) 기차는 자동차보다 *<u>빨리를</u> 달린다.

    (9) ㄱ. 그 사람이 우리 가게에 <u>자주는</u> 안 와도 가끔은 온다.
        ㄴ. 배가 아프다더니 밥을 <u>많이도</u> 먹네.
        ㄷ. 밖에서 <u>잠깐만</u> 기다려 줘.

부사는 용언과는 달리 형태의 변화가 일어나지 않는다. 그리고 부사에는 (8)처럼 '-가'나 '-보다'와 같은 격조사나 '-과'나 '-이랑'과 같은 접속 조사가 붙지 않는다. 다만 (9)처럼 부사 뒤에는 '-는, -도, -만'과 같은 보조사는 예외적으로 실현될 수가 있다.

　셋째, 부사는 '용언, 부사, 체언, 관형사, 절, 문장' 등의 다양한 언어 단위를 수식하여서, 그 의미를 한정한다.

    (10) ㄱ. 아기가 <u>조용히</u> 잔다.
        ㄴ. 철수야 <u>더</u> 빨리 달려라.
        ㄷ. 건물의 <u>바로</u> 앞에 우리가 찾고 있던 노인이 서 있었다.
        ㄹ. 그녀가 한 말은 <u>정말</u> 허튼 소리에 지나지 않는다.
        ㅁ. <u>만일</u> 대통령이 사직하면 이 나라의 운명은 어찌 될까?
        ㅂ. <u>과연</u> 브라질 축구 팀이 경기를 잘하는구나.

(ㄱ)에서 '조용히'는 용언인 '잔다'를, (ㄴ)에서 '더'는 부사인 '빨리'를 수식한다. (ㄷ)에서 '바로'는 명사인 '앞'을, (ㄹ)에서 '정말'은 관형사인 '허튼'을 수식한다. (ㅁ)과 (ㅂ)에서 '만일'과 '과연'은 각각 그 뒤에 실현되는 절과 문장을 수식한다. 관형사는 체언만을 수식하지만, 부사는 여러 가지 문법적 단위를 수식할 수 있는 것이 특징이다.

(나) 부사의 유형

부사는 그것이 수식하는 언어적 단위에 따라서 '성분 부사'와 '문장 부사'로 구분한다.

(11) 부사 ┬ 성분 부사·········· 성상 부사, 지시 부사, 부정 부사
　　　　　 └ 문장 부사·········· 양태 부사, 접속 부사

성분 부사는 의미에 따라서 '성상 부사, 지시 부사, 부정 부사'로 구분되며, 문장 부사는 문장에서 담당하는 기능(역할)에 따라서 '양태 부사'와 '접속 부사'로 나누어진다.

(나)-1. 성분 부사

'성분 부사'는 문장 속에서 특정한 문장 성분을 수식하는 부사이다. 성분 부사는 의미에 따라서 '성상 부사'와 '지시 부사', 그리고 '부정 부사'로 구분된다.

〈성상 부사〉 '성상 부사(性狀 副詞)'는 주로 성질이나 상태의 뜻을 나타내면서 그 뒤에 실현되는 용언을 실질적 의미로 수식하는 부사이다.

(12) ㄱ. 아이가 밥을 <u>많이</u> 먹는다.
　　　ㄴ. <u>귀뚤귀뚤</u> 우는 귀뚜라미 소리에 가을의 고적함을 느낀다.

(12)의 부사는 특정한 용언을 실질적인 뜻으로 수식하는 부사들이다. (ㄱ)의 '많이'는 용언인 '먹는다'를 수식하고 있으며, (ㄴ)의 '귀뚤귀뚤'은 '울다'를 수식하고 있다.

성질이나 상태의 의미로 용언을 수식하는 성상 부사로는 다음과 같은 것이 있다.

(13) ㄱ. 일찍, 이미, 하마, 벌써, 방금, 늘, 항상, 잠시, 오래, 곧, 영영, 먼저, 가끔, 자주, 비로소, 아직, 드디어, 번번이
　　　ㄴ. 멀리, 가까이, 곳곳이, 집집이, 샅샅이
　　　ㄷ. 매우, 훨씬, 퍽, 끔찍이, 대단히, 심히, 극히, 너무, 하도, 가장, 자못, 꽤, 조금, 좀, 약간, 거의

ㄹ. 함께, 같이

ㅁ. **빨리**, 깊이, 높이, 길이, 천천히, 삼가, 가만히, 잘

ㅂ. 붕붕, 멍멍, 덜커덩, 매끈매끈, 뭉게뭉게, 솔솔, 줄줄, 쿵덩쿵덩, 촐랑촐랑, 출렁출렁

성상 부사는 (13)처럼 의미적으로 분류할 수 있는데, (ㄱ)은 시간, (ㄴ)은 장소, (ㄷ)은 정도(비교), (ㄹ)은 공동, (ㅁ)은 수단의 뜻을 나타내며, (ㅂ)은 상징 부사로서 어떠한 대상의 소리나 모양을 흉내낸다.10)

성상 부사는 용언뿐만 아니라, 관형사나 부사를 수식할 수도 있다.

(14) ㄱ. <u>꼭</u> 저 사람이 범인이라고는 말을 안 했다.

ㄴ. 책장 안에는 <u>단</u> 한 권의 책도 없었다.

ㄷ. 운동장에는 청중들이 <u>겨우</u> 세 명이 모였다.

ㄹ. 이 책이 <u>가장</u> 새 것이오.

ㅁ. 인호 씨는 <u>아주</u> 새 컴퓨터를 들고 왔다.

(15) ㄱ. 비행기가 <u>매우</u> 빨리 날아간다.

ㄴ. 오늘은 <u>조금</u> 일찍 일어났다.

(14)에서 '꼭, 단, 겨우, 가장, 아주'는 관형사를 수식하고 있으며, (15)에서 '매우'와 '조금'은 부사를 수식하고 있다.

성상 부사 중에서 '겨우, 바로, 특히, 곧, 오직, 다만, 단지' 등은 용언을 수식할 뿐만 아니라 특별히 체언을 수식하기도 한다.

(16) ㄱ. 병사들이 <u>겨우</u> 하루를 못 견디고 달아나 버렸다.

ㄴ. 우리 집 <u>바로</u> 이웃에 그가 삽니다.

ㄷ. 우리나라에서는 <u>특히</u> 학생들이 부지런하다.

ㄹ. 사랑이 있는 나라, <u>곧</u> 천국에서 우리 다시 만나자.

ㅁ. 지금 김 선비가 가진 것은 <u>오직(다만, 단지)</u> 동전 한 닢뿐이다.

---

10) 상징 부사는 사물의 소리와 모양을 흉내내는 특징이 있는데, 소리를 흉내내는 '의성 부사'와 모양을 흉내내는 '의태 부사'로 구분된다.

(16)에서 밑줄 친 부사들은 그 뒤의 체언을 수식하기도 하는데, 이와 같이 체언을 수식하는 것은 관형사의 고유한 기능이다. 〈『고등학교 교사용 지도서 문법』〉(2010:142)에서는 '겨우, 바로, 특히, 곧, 오직, 다만, 단지' 등을 부사로 처리하고 (16)의 부사들이 모두 체언 수식의 기능을 겸하고 있다고 설명한다.

  〈 지시 부사 〉 '지시 부사(指示副詞)'는 발화 현장에서 특정한 장소나 시간을 직접 가리키거나, 앞선 문맥에서 이미 표현된 말을 대용하는 부사이다.

  (17) ㄱ. 너희들은 <u>이리(그리)</u> 오너라.
       ㄴ. 연수생들은 미국으로 <u>내일</u> 떠난다.

(17)에서 '이리'와 '내일'은 지시 부사이다. 이들 부사는 부사격 조사 없이 단독으로 쓰여서, 특정한 장소나 시간을 가리키면서 용언인 '오너라'와 '떠난다'를 수식하고 있다.
  '지시 부사'는 그것이 지시하는 대상이나 기능에 따라서 '정칭의 지시 부사', '미지칭의 지시 부사', '부정칭의 지시 부사'로 나눌 수 있다.
  첫째, 정칭의 지시 부사 중에는 장소를 가리키는 '장소 지시 부사'와 시간을 가리키는 '시간 지시 부사'가 있다.

  (18) ㄱ. 여기(요기), 거기(고기), 저기(조기) ; 이리(요리), 그리(고리), 저리(조리)
       ㄴ. 어제, 오늘, 내일, 모레, ……

(ㄱ)의 '여기, 거기, 저기'와 '이리, 그리, 저리'는 각각 장소와 방향을 가리키는 부사이다. '여기(이리)'는 말하는 이에게 가까운 위치를, '거기(그리)'는 청자에 가까운 위치를, '저기(저리)'는 말하는 이와 청자 양자에게 먼 위치를 가리킨다. 그리고 '요기(요리), 거기(고리), 조기(조리)'는 각각 '여기(이리), 거기(그리), 저기(저리)'를 얕잡아서 가리키는 말이다. (ㄴ)의 '오늘, 어제, 내일, 모레' 등은 특정한 발화 장면이 일어나는 '때(時)'를 기준으로 해서 앞이나 뒤의 시간을 가리키는 지시 부사이다. (18)의 지시 부사는 격조사 없이 단독으로 실현되는 것이 특징이다.
  둘째, 지시 부사 중에는 '미지칭의 지시 부사'와 '부정칭의 지시 부사'도 있다.

  (19) 어찌, 어디, 언제; 아무리

'어찌, 어디, 언제'는 화자가 어떠한 일에 대한 '방법, 장소, 시간'을 모르기 때문에, 그에 대한 정보를 청자에게 요구하는 '미지칭'의 지시 부사이다. 그리고 '아무리'는 '어떠한 방법을 가리지 않음'의 뜻을 나타내는 '부정칭'의 지시 부사이다.

〈 **부정 부사** 〉 '부정 부사(否定副詞)'는 긍정문을 부정문으로 바꾸는 부사인데, 부정 부사의 종류로는 '안'과 '못'이 있다.

먼저 '아니/안'은 문장으로 표현된 내용을 단순하게 부정하거나 혹은 주체의 의지를 부정한다.

(20) ㄱ. 오늘은 기분이 정말 안 좋다.　　　　　[단순 부정]
　　　ㄴ. 나는 아이스크림은 아니 먹는다.　　　[단순 부정, 의지 부정]

(ㄱ)에서는 '안'을 통하여 주체의 '의지'와는 관련 없이 문장의 내용을 단순하게 부정하였고, (ㄴ)에서는 '아니'를 통하여 아이스크림을 먹으려는 화자의 '의지'를 부정하였다. '아니'와 '안'은 서술어로서 동사와 형용사를 모두를 취할 수 있지만, 대체로 동사 앞에는 자연스럽게 쓰고 형용사 앞에는 잘 쓰이지 않는 특징이 있다.

이에 반해서 '못'은 '할 수 없음(불가능성)'의 의미를 덧붙이면서 문장의 내용을 부정한다.(능력 부정)

(21) ㄱ. 어제는 태풍이 불어서 비행기가 못 떠났다.　　　[능력 부정]
　　　ㄴ. 배가 아파서 점심을 못 먹었다.　　　　　　　[능력 부정]

위의 문장에는 부정 부사 '못'이 실현됨으로써 서술어로 표현되는 행위에 대하여 '할 수 없음(불가능성)'의 의미를 덧붙인다. 이처럼 '못'에는 불가능성의 의미 특질이 있기 때문에 '못'은 동사만 수식하고 형용사는 수식하지 않는다.

(나)-2. 문장 부사

'문장 부사'는 문장이나 절을 수식하거나, 문장과 문장을 잇거나 단어와 단어를 이어 주는 부사이다. 문장 부사는 그 기능에 따라서 '양태 부사'와 '접속 부사'로 나뉜다.

〈 **양태 부사** 〉 '양태 부사(樣態副詞)'는 문장이나 절의 전체 내용에 대하여, '추측, 필연, 가정, 양보, 기원, 부정, 의혹, 당위'와 같은 화자의 태도나 주관적인 판단을 표현하는 부사이다.(최현배 1980:600 참조)

(22) ㄱ. <u>아마</u> 지금쯤은 선수들이 서울에 도착했겠다.　　　　　　[추측]

　　　ㄴ. 이번에는 김자옥 씨가 <u>반드시</u> 회장이 되어야 한다.　　　[필연]

　　　ㄷ. <u>아무쪼록</u> 건강하게 지내소서.　　　　　　　　　　　　　[기원]

　　　ㄹ. 이순신은 <u>결코</u> 정치판에 뛰어들지 않는다.　　　　　　　[부정]

　　　ㅁ. <u>설마</u> 한강에 괴물이 나타나겠는가?　　　　　　　　　　[의혹]

　　　ㅂ. 아이들은 <u>마땅히</u> 공부를 열심히 해야 한다.　　　　　　[당위]

(23) ㄱ. <u>만일</u> 김태호 선수가 우승한다면 돈을 많이 벌 수 있을 텐데.　[가정]

　　　ㄴ. <u>비록</u> 우리가 게임에 지더라도 희망을 버려서는 안 된다.　　[양보]

(22)의 (ㄱ)에서 '아마'는 그 뒤의 문장의 내용인 '지금쯤은 선수들이 서울에 도착하다'에 대한 화자의 '추측'을 표현하고, (ㄴ)에서 '반드시'는 그 뒤의 문장인 '이번에는 김자옥 씨가 회장이 되다'가 '필연적'인 사실임을 표현한다. 그리고 (23)에서 (ㄱ)의 '만일'은 선행절인 '김태호 선수가 우승하다'에 대하여 '가정'의 판단을 표현하고, (ㄴ)의 '비록'은 선행절의 '우리가 게임에 지다'에 대하여 '양보'의 판단을 표현한다.

　이처럼 문장이나 절의 전체를 수식하는 양태 부사에는 다음의 특징이 나타난다.

　첫째, 양태 부사는 문장 속의 특정한 문법 요소와 의미적으로 서로 호응한다. 예를 들어서 (22)의 (ㄱ)에서 '아마'는 추측의 선어말 어미인 '-겠-'과 의미적으로 호응하며, (ㄴ)의 '반드시'는 필연성을 나타내는 '-어야 한다'와 호응한다. 그리고 (23)의 (ㄱ)에서 '만일'은 '가정'의 뜻을 나타내는 연결 어미인 '-면'과 호응하며, (ㄴ)의 '비록'은 양보의 뜻을 나타내는 '-더라도'와 호응한다.

　둘째, 양태 부사는 성분 부사에 비하여 문장에서 실현되는 위치가 비교적 자유롭다는 특징이 있다.

(24) ㄱ. <u>아마도</u> 아버님께서는 중동에서 돈을 많이 버셨을 거야.

　　　ㄴ. 아버님께서는 <u>아마도</u> 중동에서 돈을 많이 버셨을 거야.

　　　ㄷ. 아버님께서는 중동에서 돈을 <u>아마도</u> 많이 버셨을 거야.

　　　ㄹ. 아버님께서는 중동에서 돈을 많이 버셨을 거야. <u>아마도</u>.

양태 부사는 문장 전체를 수식하는 문장 부사의 일종이기 때문에 (ㄱ)처럼 문장의 맨 앞에서 실현되는 것이 원칙이다. 하지만 화자의 의도에 따라서는 (ㄴ~ㄹ)과 같이 부사가 문장 속에서 이동할 수 있다.

〈 접속 부사 〉 '접속 부사(接續副詞)'는 단어와 단어를 이어 주거나, 앞의 문장과 뒤의 문장을 이어 주는 부사이다.

첫째, '단어 접속 부사'는 단어와 단어를 이어서 하나의 명사구를 만들어 준다.

(25) ㄱ. 대한민국의 영토는 한반도 및 부속 도서로 한다.
ㄴ. 하루 내지 이틀만 더 기다려 보아라.
ㄷ. 철수 또는 영수가 그 일을 맡아서 하기로 했습니다.
ㄹ. 호텔 혹은 민박을 빌려서 자야겠소.

위의 문장에서 '및, 내지(乃至), 또는, 혹은'은 접속 조사와 마찬가지로 체언과 체언을 이어서 하나의 체언 구를 형성한다. 단어를 이어주는 이러한 접속 부사의 기능은 다른 성분을 수식하는 일반적인 부사의 기능과는 다르다.[11]

둘째, '문장 접속 부사'는 특정한 문장의 첫머리에서 실현되어서 그 문장을 앞 문장에 이어 준다.

(26) ㄱ. 숙희 양은 매우 착하다. 그리고 그녀는 공부도 열심히 한다.
ㄴ. 김 형사는 여관의 구석구석을 뒤져 보고 싶었다. 하지만 성급하게 굴다가는 오히려 일을 망쳐 버릴 것 같았다.

(26)에서 '그리고'와 '하지만'은 앞의 문장과 뒤의 문장을 일정한 의미적인 관계로 이어 주고 있다. (ㄱ)의 '그리고'는 '첨가'의 의미적인 관계를 나타내면서, (ㄴ)의 '하지만'은 '대립'의 의미 관계를 나타내면서 앞의 문장과 뒤의 문장을 이어 준다.

그런데 문장을 이어 주는 접속 부사 중에는 '접속 기능'과 함께 앞선 문장의 내용을 가리키는 '대용 기능'을 겸하는 것이 있다.

(27) ㄱ. 그래서, 그러나, 그러면, 그러므로, 그렇지마는, 그리고, …
ㄴ. 곧, 더구나, 도리어, 따라서, 또, 또한, 오히려, 즉(卽), 하물며, 하지만, …

(ㄱ)의 '그래서, 그러나, 그리고' 등은 접속 기능과 함께 앞의 문장을 가리키는 대용 기능

---

11) 현행의 학교 문법에서는 '단어 접속 부사'를 문장 부사 속에 포함시키는 데, 이는 (25)의 문장이 속 구조에서 두 문장이 결합된 것으로 보기 때문이다. 곧, (2ㄱ)의 문장은 속 구조에서 '대한민국의 영토는 한반도로 한다.'와 '대한민국의 영토는 부속 도서로 한다.'의 두 문장이 결합된 것으로 본다.

을 겸하고 있다. '그래서, 그러나, 그리고' 등의 접속 부사는 그 내부에 지시 대명사인 '그'가 어근으로 실현되어 있기 때문에, 접속 기능과 함께 대용 기능이 있다. 이와는 달리 (ㄴ)의 '곧, 더구나, 하지만' 등과 같이 그 내부에 '그'를 포함하지 않는 접속 부사는 대용 기능은 없고 접속 기능만 있다.

2.6. 독립언

'독립언(獨立言)'은 자립성이 매우 강하여, 문장 속에서 다른 말과 관련이 없이 홀로 쓰이는 단어이다. 독립언에 속하는 단어로는 '감탄사'가 있다.

2.6.1. 감탄사의 개념

〈개념〉'감탄사(感歎詞, interjection)'는 화자의 감정이나 의지를 직접적으로 표출하는 단어의 갈래이다.

(1) ㄱ. <u>아이고</u>! 내 인생이 이렇게 허무하게 끝날 줄이야.
　　ㄴ. 철수는 집에 갔지. <u>그지</u>?
　　ㄷ. 그 사람이 끝까지 말리는데, 집을 뛰쳐나와 버렸지, <u>뭐</u>.

(2) ㄱ. <u>예</u>, 다섯 시까지 가기로 했어요.
　　ㄴ. <u>워리</u>, 이리 와.
　　ㄷ. <u>쉿</u>, 조용히 해.

(3) ㄱ. 나는 <u>말이야</u> 그 여자를 <u>말이야</u> 절대로 용서 못 해.
　　ㄴ. <u>에</u>, 저로 말할 것 같으면…….
　　ㄷ. <u>저어</u>, 그게 글쎄.

(1)의 '아이고, 그지, 뭐' 등은 '슬픔, 다짐, 불만' 등의 감정을 직접적으로 표현하는 말이다. 이에 반하여 (2)의 '예, 워리, 쉿' 등은 화자가 '대답, 부름, 시킴' 등 자기의 의지를 청자에게 직접적으로 전달하는 말이다. 마지막으로 (3)의 '말이야, 에, 저어' 등은 실질적 의미나 문법적 기능이 없이 쓰이는 버릇말이다. 이처럼 화자의 감정이나 의지 등을 직접

적으로 전달하는 단어를 '감탄사'라고 한다.

〈특징〉 감탄사는 자립성이 강한 독립언으로서 다음과 같은 특징이 있다.

첫째, 감탄사는 형태의 변화가 없으며 조사와도 결합하지 않는다. 형태의 변화가 없다는 점에서 용언과 구분되며, 조사와 결합하지 않는다는 점에서 체언과 구분된다.

둘째, 감탄사는 품사 가운데서 자립성이 제일 강하다. 곧 문장 속에서 다른 요소와 어떠한 통사적인 관계를 맺지 못하여서 독립어로 기능하고, 어떠한 경우에는 한 문장이 감탄사만으로 성립하기도 한다.

(4) ㄱ. <u>아이고</u>, 억울해 죽겠구먼.
　　ㄴ. <u>네</u>, 그렇습니다.

(5) ㄱ. <u>아이고</u>.
　　ㄴ. <u>네</u>.

(4)의 '아이고'와 '네'는 뒤의 문장 속의 다른 성분과 통사적인 관계를 맺지 못하므로 독립어로 기능한다. 감탄사는 이처럼 자립성이 강하기 때문에 (5)에서처럼 단독적으로 발화되어서 쓰이기도 한다. 감탄사에서 나타나는 뚜렷한 자립성을 고려하여서 감탄사를 '소형문(小形文, minor sentence)'으로 다루기도 한다.

셋째, 감탄사는 발화 상황에 대한 의존성이 강하다. 감탄사는 글말 언어보다는 입말 언어에서 더 활발하게 쓰이고, 어조나 표정, 손짓과 같은 언어 외적인 요소와 함께 실현된다. 그리고 감탄사는 그 자체로 특정한 의미를 나타내는 것이 아니므로, 감탄사가 나타내는 구체적인 의미는 발화 상황이나 문맥에 따라서 다양하게 해석될 수 있다.

(6) ㄱ. <u>아</u>, 광복이라니.
　　ㄴ. <u>아</u>, 세월이 유수와 같군.
　　ㄷ. <u>아</u>, 기막힌 경관이로다.
　　ㄹ. <u>아</u>, 내가 틀렸군.
　　ㅁ. <u>아</u>, 등록금이 올랐군.
　　ㅂ. <u>아</u>, 덥구나.

(7) ㄱ. <u>예</u>, 그렇습니다.
　　ㄴ. <u>아니요</u>, 그렇지 않습니다.
　　ㄷ. <u>글쎄요</u>, 잘 모르겠습니다.

(6)에서 감탄사 '아'는 화자의 감정을 표출하기는 하지만 '아'가 어떠한 감정을 표출하였는지는 '아' 자체만으로는 이해할 수 없다. 곧 '아'는 '기쁨, 허무함, 경탄, 자책, 거부,

짜증' 등으로 다양하게 해석할 수 있는데, 여기서 '아'가 구체적으로 어떠한 감정을 표출하는지는 화자의 의도나 발화 상황에 따라서 달라진다. 그리고 (7)에서 '예, 아니요, 글쎄요'는 앞서 발화된 상대말의 말에 대하여, '긍정, 부정, 판단의 유보' 등의 태도를 나타낼 뿐이다. 따라서 감탄사로 표현된 판단에 대한 구체적인 내용은 앞선 문맥의 내용을 확인해 보아야만 알 수 있다.

2.6.2. 감탄사의 유형

감탄사는 기능에 따라서 '감정 감탄사'와 '의지 감탄사' 그리고 '말버릇 감탄사'로 나눌 수 있다.

(가) 감정 감탄사

'감정 감탄사'는 화자가 자신의 감정을 표출하는 데에 그치는 감탄사이다.

> (8) ㄱ. <u>아이고</u>, 할아버지께서 돌아가셨구나!
> ㄴ. <u>아</u>, 시험에 또 떨어졌구나!
> ㄷ. <u>오</u>, 아름다운 자연이여!
> ㄹ. <u>어머(나)</u>, 벌써 꽃이 피었네!
> ㅁ. <u>애걔</u>, 그릇을 깨뜨렸네!
> ㅂ. <u>아차</u>, 우산을 놓고 왔구나!
> ㅅ. <u>이런</u>, 방이 얼음장이군.

(8)의 '아이고, 아, 오, 어머(나), 애걔, 아차, 이런' 등의 감탄사는 주로 화자가 청자를 고려하지 않는 발화 상황에서 자기의 감정을 표현하는 데에 그치는 말이다.

이러한 '감정 감탄사'에는 다른 유형의 감탄사에 비하여 다음과 같은 특징이 있다.

첫째, 감정 감탄사는 실질적인 의미를 나타내지 않는다.

> (9) ㄱ. <u>아이고</u>, 이게 웬 돈이냐!
> ㄴ. <u>아</u>, 드디어 합격했구나!

'아이고'와 '아'는 실질적인 뜻을 나타내지 못하기 때문에 (8)과 (9)처럼 정반대의 감정을 표현하는 문장에서 실현되어도 자연스러운 문장이 된다. 곧 (8)과 (9)에서 '아이고'나

'아'가 자체적으로 슬픔이나 반가움 등의 의미를 나타내는 것이 아니라, 그 뒤에 실현되는 문장의 내용에 따라서 슬픔이나 반가움의 뜻을 유추해 낼 수 있을 뿐이다.

둘째, 감정 감탄사는 대체로 '-구나, -구먼, -군, -구료' 등의 감탄형 종결 어미가 실현된 문장(감탄문)과 함께 쓰인다. 곧, (8)과 (9)에서 감탄사 '아이고, 아' 등은 화자의 내적 감정의 표출 기능과 밀접한 관계가 있다. 따라서 감정 감탄사는 감탄문의 첫머리에 실현되어서 그 감탄문을 도입하는 구실을 하는 말이라고 할 수 있다.

셋째, 감정 감탄사의 기본적인 의미는 '처음 앎'의 의미이다.(장경희 1985:95~108, 신진연 1988) 곧, 감정 감탄사는 실질적인 의미를 나타내는 것이 아니라 문장의 명제적인 내용을 '처음 알았다'는 의미를 나타낸다. (8)과 (9)처럼 감정 감탄사가 대체로 감탄문과 함께 실현된다는 사실에서도 감정 감탄사의 기본적인 의미가 '처음 앎'이라는 것을 알 수 있다. 이렇게 보면 감정 감탄사는 감탄문의 첫머리에 실현되어서 그 감탄문을 도입하는 구실을 하는 말이라고 할 수 있다.

(나) 의지 감탄사

'의지 감탄사'는 화자가 발화 현장에서 청자에게 자기의 요구나 판단을 적극적으로 표현하여 전달하는 감탄사이다.

(10) ㄱ. <u>아서라</u>, 이 사람아.　　　　(11) ㄱ. *<u>아서라</u>, 임금님이 오시는구나!

ㄴ. <u>에비</u>, 물건에 손대지 마라.　　　　ㄴ. *<u>에비</u>, 뜨겁구나!

ㄷ. <u>아무렴</u>, 그렇구 말구.　　　　ㄷ. *<u>아무렴</u>, 그렇구나!

ㄹ. <u>천만에</u>, 나는 모르는 일이다.　　　　ㄹ. *<u>천만에</u>, 나는 모르는 일이구나!

(10)에 쓰인 '아서라, 에비, 아무렴, 천만에' 등의 의지 감탄사는 '위협' 혹은 '금지', 그리고 '동의', '부정', '거부' 등의 구체적인 의미를 나타낸다.

이러한 의지 감탄사는 감정을 표출하는 기능보다는 의사를 전달하는 기능이 더 강하므로, 이들 감탄사는 표출 기능과 관련이 있는 감탄문과 함께 나타날 수 없다. 곧, (11)처럼 감탄문의 첫머리에 이와 같은 감탄사를 실현하면 비문법적인 문장이 된다. 이러한 현상은 의지 감탄사의 의사 전달 기능과 감탄문의 감정 표출 기능이 서로 충돌하기 때문에 일어난 것으로 추측된다.

의지 감탄사의 하위 유형으로는 '시킴 기능'의 감탄사와, '대답 기능'의 감탄사, 그리고 '부름 기능'의 감탄사 등이 있다.

첫째, '시킴 기능'의 감탄사는 청자에게 어떠한 행위를 시킬 때에 쓰는 단어이다.

(12) ㄱ. 아서라, 에비

　　ㄴ. 쉿

　　ㄷ. 도리도리, 죄암죄암, 곤지곤지

　　ㄹ. 우워(워), 이러(끼랴); 이개, 요개

(ㄱ)의 '아서라'는 그렇게 하지 말라고 금지할 때에 하는 말이며, (ㄴ)의 '쉿'은 소리를 내지 말라는 뜻으로 급하게 내는 말이다. 그리고 (ㄷ)의 '도리도리, 죄암죄암, 곤지곤지'는 어린 아이에게 특정한 몸 동작을 시키는 말이며, (ㄹ)의 '우워, 이러, 이개, 요개'는 말이나 소와 같은 가축을 부리거나 내쫓을 때에 쓰는 말이다.

　둘째, '대답 기능'의 감탄사는 상대방의 말에 대하여 반응을 보이거나, 물음에 대답을 할 때에 쓰는 단어이다.

(13) ㄱ. 그래, 아무렴, 암, 예, 오냐, 옳소, 응

　　ㄴ. 아니요, 아니, 천만에

　　ㄷ. 글쎄

(ㄱ)의 '그래, 아무렴, 암, 예, 오냐, 옳소, 응' 등은 상대말의 말에 반응을 보이거나 긍정 (肯定)의 판단을 표현하는 말이다. 그리고 (ㄴ)의 '아니요, 아니, 천만에'는 부정의 의사를 나타내는 말이며, (ㄷ)의 '글쎄'는 남의 물음이나 요구에 대하여 분명하지 않은 태도를 나타낼 때에 쓰는 말이다.

　셋째, '부름 기능'의 감탄사는 화자가 상대방을 부를 때에 쓰는 단어이다.

(14) ㄱ. 여보, 여보세요, 이애(애), 이봐

　　ㄴ. 워리, 구구, 오래오래, 아나나비야

(ㄱ)의 '여보, 여보세요, 이애, 이봐'는 사람을 부르는 말이며, (ㄴ)의 '워리, 구구, 오래오래, 아나나비야'는 짐승을 부르는 말이다.

(다) 말버릇 감탄사

　문장 속에서 음성으로 발화되기는 하지만 구체적인 뜻 없이 쓰이는 감탄사를 '말버릇 감탄사'라고 한다.

(15) ㄱ. <u>에</u>, <u>에</u>, 저로 말할 것 같으면 신전리의 이장(里長)이올시다.

　　ㄴ. 아버지, <u>있잖아요</u>, 우리 학교에서 불우 이웃 돕기를 한대요.

　　ㄷ. 철수가 <u>말이야</u>, 그 돈을 <u>말이야</u>, 이미 다 써 버렸어.

　　ㄹ. <u>저어</u>, 지난번에 말씀드린 일 말인데요.

　　ㅁ. <u>에 또</u>, 이번 인사 문제 말이야.

(15)에서 밑줄 친 말은 발화해야 할 말이 언뜻 떠오르지 않아서 발화 준비를 위한 시간을 벌어야 할 때 사용하는 첨가어이거나, 화자가 의도하지는 않았지만 전달 내용에 관계없이 습관적으로 발화하는 군말이다. 이들 말버릇 감탄사는 문맥에 표현하지 않는 것이 원래의 문장보다 더 자연스러운 문장이 되는 것이 특징이다. 곧 말버릇 감탄사는 음성으로 발화되기는 했지만 청자의 입장에서 보면 의사소통에 도움이 되지 않으므로 '잉여 표현(剩餘表現, 군더더기 표현)'으로 처리한다.(나찬연 2004:44)

{ 품사의 통용 }

　어떤 단어는 두 가지 이상의 문법적 성질이 있어서, 그것이 문장 속에서 쓰이는 양상에 따라서 품사가 다를 수가 있다.

　　(1) ㄱ. 그릇에 담긴 소금을 <u>모두</u> 쏟았다.
　　　　ㄴ. 그 일은 <u>모두</u>에게 책임이 있다.

　　(2) ㄱ. <u>그</u> 사람은 이제 다시는 고향에 돌아오지 못할 것이다.
　　　　ㄴ. 나는 <u>그</u>의 편지를 읽고 많이도 울었다.

　　(3) ㄱ. 사과가 참 <u>크네</u>.
　　　　ㄴ. 이 아이는 참 잘 <u>큰다</u>.

(1)에서 '모두'는 부사와 명사의 두 가지 성질이 있다. 마찬가지로 (2)에서 '그'는 관형사와 대명사의 성질이 있고, (3)에서 '크다'는 형용사와 동사의 성질이 있다. 『고등학교 교사용 지도서 문법』(2010:142)에서는 이러한 현상을 '품사의 통용'으로 설명한다. 여기서 '품사의 통용(通用)'이란 동일한 단어에 원래부터 두 가지의 문법적 성질이 있어서, 한 단어가 문장 속에서 두 가지 이상의 품사로 두루 쓰이는 현상을 말한다. 곧, (1)에서 '모두'는 (ㄱ)에서는 단독으로 용언인 '쏟았다'를 수식하므로 부사로 처리하고, (ㄴ)에서는 부사격 조사와 결합하므로 명사로 쓰인 것으로 처리한다. (2)에서 '그'는 (ㄱ)에서는 단독으로 체언인 '사람'을 수식

하므로 관형사로 처리하고, (ㄴ)에서는 관형격 조사인 '-의'와 결합하므로 대명사로 처리한다. (3)에서 (ㄱ)의 '크다'는 현재 시제 선어말 어미와 결합하지 않았으므로 형용사로 처리하고, (ㄴ)의 '큰다'는 현재 시제 선어말 어미인 '-ㄴ-'과 결합하였으므로 동사로 처리한다.

```
모두 ┬─ 부사        그 ┬─ 관형사        크다 ┬─ 형용사
    └─ 명사           └─ 대명사             └─ 동 사
```

형태	품사	예 문
만큼, 대로, 뿐	명 사	아는 <u>만큼</u> 보인다.
	조 사	철수<u>만큼</u> 공부하면 누구나 교사가 될 수 있다.
명사+ 的	명 사	김홍도의 그림은 <u>한국적</u>이다.
	관형사	이 그림은 <u>한국적</u> 정취가 물씬 풍긴다.
	부 사	<u>가급적</u> 빨리 물건을 보내 주세요.
평생, 서로, 모두, 다	명 사	그 천재는 시골에서 <u>평생</u>을 보내었다.
	부 사	형님은 <u>평생</u> 모은 돈을 노름으로 날렸다.
여기, 거기, 저기	대명사	<u>여기</u>가 바로 내 고향이다
	부 사	우리도 <u>거기</u> 갑니다.
어제, 오늘, 내일	명 사	<u>오늘</u>이 아버님의 생신입니다.
	부 사	<u>오늘</u> 해야 할 일을 다음 날로 미루어서는 안 된다.
한/하나, 두/둘, 세/셋, 네/넷, 다섯…	관형사	이 일은 <u>한</u> 사람이 하기에는 너무 양이 많다.
	수 사	주몽은 돌멩이 <u>하나</u>를 들고 적과 대적했다.
붉다, 밝다, 설다, 늦다, 굳다, 크다	형용사	사무실 안이 너무 <u>밝다</u>.
	동 사	이제 조금만 있으면 날이 <u>밝는다</u>.
보다, 같이, 더러	조 사	다이아몬드<u>보다</u> 단단한 물질은 없을까?
	부 사	프로 기사가 되려면 바둑판을 <u>보다</u> 넓게 볼 줄 알아야 한다.
이, 그, 저	대명사	<u>그</u>는 이제 우리 편이 아니다.
	관형사	<u>그</u> 가방은 어제 백화점에서 사온 것이다.
아니	부 사	아직까지 수업료를 <u>아니</u> 낸 학생이 있는가?
	감탄사	<u>아니</u>, 벌써 날이 밝았나?
만세	명 사	고지를 점령한 후에 병사들은 일제히 <u>만세</u>를 불렀다.
	감탄사	대한민국 <u>만세</u>!

〈표 7〉 품사 통용의 단어

제3장 단어의 형성

3.1. 단어의 짜임새

〈 어근과 접사 〉 단어는 하나의 형태소로 이루어질 수도 있지만, 여러 형태소가 결합하여 이루어질 수도 있다.

(1) 고구마, 논, 그, 하나; 새(新), 아무(某), 다(全, 完), 아주; 어머나

(2) ㄱ. 헛손질 　　　 : 헛-＋손＋-질
　　 ㄴ. 깨뜨리시었다 : 깨-＋-뜨리-＋-시-＋-었-＋-다

(1)의 단어들은 모두 하나의 형태소로 되어 있는데 이들 단어를 짜 이루는 형태소는 모두 실질 형태소이다. 그리고 (2)에서 '헛손질'과 '깨뜨리시었다'에서 '손'과 '깨-'는 실질적인 의미를 나타낸다. 이와 같이 단어 속에서 의미의 중심이 되면서 실질적인 의미를 나타내는 형태소를 '어근(語根, root)'이라고 한다. 이에 반해서 (2)에서 '헛-, -질, -뜨리-, -시-, -었-, -다'는 실질적인 의미를 나타내지 못하는 형식 형태소이다. 이와 같이 어근에 붙어서 단어를 짜 이루는 요소로 작용하되, 실질적인 뜻을 나타내지 못하는 형식 형태소를 '접사(接辭, affix)'라고 한다. 접사 중에서 '헛-, -질, -뜨리-'처럼 어근에 새로운 의미를 더하거나 단어의 품사를 바꿈으로써 새로운 단어를 만들어 주는 것을 '파생 접사 (派生接辭, derivative affix)'라고 한다. 그리고 '-시-, -었-, -다'처럼 문법적인 기능을 나타

내는 것을 '굴절 접사(屈折 接辭, inflectional affix)'라고 하는데, 국어에서는 어미와 조사가 굴절 접사에 해당한다. 그리고 파생 접사를 그것이 실현되는 위치에 따라서 접두사와 접미사로 구분하기도 한다. (2)에서 (ㄱ)의 '헛-'처럼 어근의 앞에 실현되는 파생 접사를 '접두사(接頭辭, prefix)'라고 하고, (ㄱ)의 '-질'과 (ㄴ)의 '-뜨리-'처럼 어근의 뒤에 실현되는 파생 접사를 '접미사(接尾辭, suffix)'라고 한다.

〈 단일어와 복합어 〉 단어는 짜임새에 따라서 '단일어'와 '복합어'로 나뉘고, '복합어'는 다시 '합성어'와 '파생어'로 나뉜다.

(3) ㄱ. 마을, 해(日), 아주, 퍽, 아이쿠; 높다, 검다
　　 ㄴ. 집안, 짚신; 높푸르다, 뛰놀다
　　 ㄷ. 지붕, 먹히다; 덧신, 드높다, 치밀다

(ㄱ)의 단어는 하나의 어근만으로 이루어진 단어인데, 이와 같은 단어를 '단일어(單一語, simple word)'라고 한다. 이에 반해서 (ㄴ)의 '집안(집＋안), 짚신(짚＋신), 높푸르다(높-＋푸르다), 뛰높다(뛰-＋놀다)'는 어근과 어근이 결합하여서 형성된 단어이다. 이처럼 둘 이상의 어근이 결합하여서 된 단어를 '합성어(合成語, compound word)'라고 한다. (ㄷ)의 '지붕(집＋-웅-), 먹히다(먹-＋-히-＋-다)'는 어근에 접미사가 결합하여서, '덧신(덧-＋신), 드높다(드-＋높-＋다), 치밀다(치-＋밀-＋다)'는 어근에 접두사가 붙어서 형성되었다. 이렇게 어근에 파생 접사가 붙어서 된 단어를 '파생어(派生語, derived word)'라고 한다. 그리고 (ㄴ)이나 (ㄷ)의 단어처럼 둘 이상의 어근이 결합하거나 어근에 파생 접사가 붙어서 된 단어를 '복합어(複合語, complex word)'라고 한다.

〈 파생법과 합성법 〉 파생어나 합성어는 형태소와 형태소가 결합하여 생겨난 말이다. 이처럼 어근과 어근이 결합하여 합성어를 만드는 문법적인 방법을 '합성법(合成法, compounding)'이라고 하고, 어근에 파생 접사가 결합하여 파생어를 만들어 내는 문법적인 방법을 '파생법(派生法, derivation)'이라고 한다. 그리고 합성법과 파생법을 아울러서 '단어 형성법(單語 形成法, 造語法, word-formation)'이라고 한다.

```
단어 형성법 ┬─ 합성법(어근＋어근): 돌고래, 높푸르다
            │            ┌─ 접두 파생법(접두사＋어근): 헛소리, 드높다
            └─ 파생법 ─┤
                         └─ 접미 파생법(어근＋접미사): 마개, 먹이
```

〈그림 1〉 단어 형성법의 하위 범주

3.2. 합성어

어근과 어근이 합쳐져서 새로운 단어를 형성하는 문법적인 절차를 '합성법'이라고 한다. 여기서는 합성법으로 형성된 단어(합성어)의 유형에 대하여 알아본다.

3.2.1. 합성어의 분류

합성법은 '합성어의 품사, 어근의 의미적 관계, 어근의 배열 방식'에 따라서 여러 가지 유형으로 나누어진다.

(가) 품사에 따른 분류

합성어를 분류하는 일반적인 방식은 합성어의 품사를 기준으로 분류하는 것이다.

> (1) ㄱ. 밤-낮(밤과 낮), 칼-날, 첫-눈, 날-짐승, 늦-벼, 꺾-쇠
> ㄴ. 빛-나다, 잡아-매다, 들어-가다, 오르-내리다, 듣-보다
> ㄷ. 맛-나다, 맛-있다, 입-바르다, 한결-같다, 높-푸르다, 굳-세다
> ㄹ. 밤-낮(늘), 곧-잘, 그-대로, 주룩-주룩, 흔들-흔들

위의 예들은 모두 어근과 어근이 합쳐져서 된 합성어인데, 이들 합성어의 품사를 살펴보면 (ㄱ)은 명사이며, (ㄴ)은 동사, (ㄷ)은 형용사, (ㄹ)은 부사이다.

(나) 어근의 의미 관계에 따른 분류

합성어는 어근 사이의 의미적인 관계에 따라서, '대등적 합성어, 종속적 합성어, 융합적 합성어'로 분류하기도 한다.

〈 대등적 합성어 〉 '대등적 합성어(對等的 合成語)'는 합성어 속의 어근이 독립된 뜻을 나타내면서, 서로 같은 자격으로 어울려서 이루어진 합성어이다.

> (2) 마-소, 앞-뒤, 안-팎(← 안ㅎ +밖), 논-밭, 물-불; 오-가다, 오르-내리다, 검-붉다

'마소'는 '말과 소'의 뜻을 나타내므로, '마소'를 짜 이루는 어근인 '말'과 '소'는 의미적으로 대등한 관계를 이룬다. '오가다'도 '오고 가다'의 뜻을 나타내므로 '오가다'를 이루는 어근인 '오다'와 '가다'는 대등한 관계로 짜였다. 대등적 합성어의 어근이 '마소'처럼 체

언인 때에는 속뜻으로 조사 '-와/-과'를 통해서 이어질 수 있는 관계이며, 어근이 '오가다'처럼 용언인 때에는 어미 '-고'를 통해서 이어질 수 있는 관계이다.

〈 **종속적 합성어** 〉'종속적 합성어(從屬的 合成語)'는 합성어 속의 어근이 각각 독립된 뜻을 나타내기는 하지만, 앞 어근의 의미가 뒤 어근의 의미를 한정하는 합성어이다.

(3) 칼-날, 시골-집, 겨울-비, 술-집, 늦-벼, 누비-이불, 새-집, 이-것, 늙은-이, 잔-소리; 긁어
-모으다, 들어-가다, 얻어-먹다, 얕-보다, 붙-잡다, 늦-되다

'칼날'은 '칼의 날'이라는 뜻으로, '긁어모으다'는 '긁어서 모으다'의 뜻으로 쓰이면서, 앞의 어근이 뒤의 어근의 의미를 수식하는 관계로 짜였다. 종속적 합성어를 짜 이룬 어근이 '칼날'처럼 체언일 때에는 '-의'로 이어질 수 있는 관계이며, '긁어모으다'처럼 어근이 용언일 때에는 '-어서'나 '-게'로 이어질 수 있는 관계이다.

〈 **융합적 합성어** 〉'융합적 합성어(融合的 合成語)'는 앞의 어근과 뒤의 어근의 의미가 서로 녹아 붙어서, 각 어근의 본래의 뜻이 유지되지 않고 새로운 의미를 나타내는 합성어이다.

(4) 밤-낮(항상), 춘-추(春秋), 강-산(江山), 삼-촌(三寸); 캐-내다, 날-뛰다, 돌-보다, 감-돌다

(4)의 합성어는 개별 어근의 기본적인 뜻이 유지되어서 '대등적 합성어'나 '종속적 합성어'로 쓰일 수도 있지만, 개별 어근의 뜻과는 다른 제3의 새로운 뜻으로 바뀔 수도 있다. 곧 '밤낮'이 '항상'의 뜻으로, '춘추'가 '나이'의 뜻으로, '강산'이 '자연'의 뜻으로, '삼촌'이 '아버지의 형제'의 뜻으로 쓰이면 융합적 합성어이다. 그리고 '캐내다'가 '자세히 따져서 속 내용을 알아내다'의 뜻으로, '날뛰다'가 '함부로 덤비거나 거칠게 행동하다'의 뜻으로, '돌보다'가 '보살피다'의 뜻으로, '감돌다'가 '어떤 기체나 기운이 가득 차서 떠돌다'의 뜻으로 쓰일 때에는 융합적 합성어이다.

(다) 어근의 배열 방식에 따른 분류

합성어는 합성어를 구성하는 어근의 배열 방식이 국어의 통사적인 특징에 맞게 되었느냐 아니냐에 따라서, '통사적 합성어'와 '비통사적 합성어'로 구분할 수 있다.

(다)-1. 통사적 합성어

'통사적 합성어(統辭的 合成語, syntactic compound)'는 그것을 구성하는 어근들이 결합되

는 방식이 국어의 통사적인 짜임새와 같은 합성어이다. 달리 말해서 통사적 합성어는 문장 속에서 문장 성분들이 결합하는 방식(통사적 짜임새)과 동일한 방식으로 어근이 결합된 합성어이다.

(5) 땅-콩, 이것-저것, 한-둘; 첫-눈, 길-짐승, 늙은-이; 빛-나다, 힘-쓰다; 짊어-지다, 돌아-오다; 지진(地震), 일몰(日沒), 예방(豫防), 몰살(沒殺), 명산(名山), 양서(良書)

(5)는 어근과 어근이 결합하여 하나의 단어로 굳은 '통사적인 합성어'의 예인데, 이들 '통사적 합성어' 속에서 어근이 결합하는 방식은 구가 구성되는 방식과 동일하다. 곧, '땅콩'에서 어근을 구성하는 방식은 〈체언＋체언〉의 구성이다. '첫눈'은 〈관형사＋체언〉으로 구성되어 있고, '길짐승'과 '늙은이'는 〈용언의 관형사형＋체언〉으로 구성되어 있다. 그리고 '빛나다'는 〈체언＋용언〉으로 구성되어 있는 합성어이며, '짊어지다'는 〈용언의 연결형＋용언〉의 짜임으로 된 합성어이다. 끝으로 '지진(地震), 일몰(日沒), 예방(豫防), 몰살(沒殺), 명산(名山), 양서(良書)' 등의 한자어는 '땅이 떨다, 해가 지다, 미리 막다, 모조리 죽이다, 이름난 산, 좋은 책'과 같이 국어의 어순에 맞게 합성어가 구성되었으므로 통사적 합성어에 해당한다.

(다)-2. 비통사적 합성어

'비통사적 합성어(非統辭的 合成語, asyntactic compound)'는 그것을 구성하는 어근이 결합되는 방식이 국어의 통사적인 짜임새와 다른 합성어이다. 곧, 비통사적 합성어는 어근의 결합 방식이 문장 속에서 문장 성분이 결합하는 방식과는 다른 합성어이다.

(6) 늦-벼, 꺾-쇠, 싫-증; 뻐꾹-새, 부슬-비, 선들-바람; 오르-내리다, 보-살피다; 높-푸르다, 굳-세다; 살충(殺蟲), 독서(讀書); 하산(下山), 승선(乘船)

(6)의 합성어는 비통사적 합성어의 예이다. 먼저 '늦벼'는 용언의 어간 뒤에 어미가 실현되지 않은 채로 체언을 수식하고 있다. 이 단어들이 국어의 통사적인 구조에 맞는 표현되려면 '*늦은벼'와 같은 형태가 되어야 한다. '뻐꾹새'는 부사인 '뻐꾹(뻐국)'의 뒤에 체언이 바로 결합된 합성어인데, 부사가 체언을 수식하는 것은 국어의 일반적인 통사 규칙에 어긋난다. '오르내리다'는 용언의 어근끼리 결합한 합성어이다. 만일 이들 용언의 어근들이 통사적 구조에 맞게 연결되려면, 앞 용언의 어간 뒤에 연결 어미가 실현되어서 '*오르고내리다'와 같은 형태로 합성어를 이루어야 한다. 끝으로 한자어 합성어 가운데

'살충(殺蟲)' 등은 한문의 구조의 영향으로 만들어진 합성어로서, 국어의 어순에 맞으려면 '충살(蟲殺)'과 같은 짜임새가 되어야 한다. 국어에서 실현되는 어순과는 어긋나므로 비통사적 합성어이다.

3.2.2. 품사에 따른 합성어의 유형

합성어의 유형은 합성어의 품사에 따라서 정해진다. 합성어의 하위 유형으로는 '체언 합성어', '용언 합성어', '수식언 합성어', '독립언 합성어' 등이 있다.

(가) 체언 합성어

〈 명사 합성어 〉 명사 합성어는 어근과 어근이 결합하여 형성된 명사이다.
첫째, 통사적 합성법으로 형성된 합성 명사로는 다음과 같은 것이 있다.

(7) 고추-잠자리, 밤-낮, 물-불, 칼-날, 좁-쌀, 윗-입술, 곳-곳, 집-집, 구석-구석, 마디-마디, 사이-사이; 첫-눈, 새-집, 옛-날, 헌-책; 날-숨, 들-것, 먹을-거리, 쥘-손, 늙은-이, 궂은-비; 구름-판, 구움-판, 버팀-목, 비빔-밥

고추잠자리는 〈명사＋명사〉로 된 합성 명사이다. '첫눈'은 〈관형사＋명사〉로 합성된 단어이며, '구름판'은 〈용언의 활용형＋명사〉의 짜임으로 된 합성어이다.
둘째, 비통사적 합성법으로 형성된 명사 합성어로는 다음과 같은 것이 있다.

(8) 꺾-쇠, 늦-벼, 먹-거리, 묵-밭, 싫-증; 뻐꾹-새, 부슬-비, 뭉게-구름, 선들-바람

'늦벼'는 〈용언＋명사〉의 구성으로 된 합성 명사인데, 용언의 어간이 체언에 바로 결합하였다. 그리고 '뻐꾹새'는 〈부사＋명사〉의 구성으로 된 합성 명사로서 부사가 체언을 수식하고 있다. 따라서 (8)의 합성어는 어근이 결합하는 방식이 국어의 통사 구조에 맞지 않으므로 비통사적 합성어이다.
〈 대명사와 수사 합성어 〉 대명사와 수사의 합성어는 어근이 결합하여 형성된 대명사와 수사이다. 합성 대명사와 합성 수사는 합성 명사에 비하여 그 수가 극히 적다.

(9) 여러-분, 이-분, 그-분, 저-분; 이-것, 그-것, 저-것

(10) 한둘, 두셋, 서넛, 너덧, 예닐곱, 일여덟, 열아홉; 하나하나

(9)는 관형사인 '여러, 이, 그, 저'와 의존 명사인 '분, 것'이 합쳐져서 형성된 대명사이다. 그리고 (10)의 '한둘'과 '하나하나' 등은 수사와 수사가 결합하여 형성된 수사 합성어이다. 이들 합성 대명사와 합성 수사는 통사적 합성어에 속한다.

(나) 용언 합성어

〈 동사 합성어 〉 동사 합성어는 어근과 어근이 결합하여 형성된 동사이다.
첫째, 〈명사＋동사〉의 구조로 된 통사적 합성 동사가 있다.

(11) 값-나가다, 때-묻다, 바람-나다; 결정-짓다, 끝-맺다, 등-지다, 숨-쉬다, 애-쓰다, 욕-보다, 흉-보다; 깃-들다, 겉-묻다, 끝-닿다, 다음-가다, 뒤-서다, 앞-서다; 거울-삼다, 겉-늙다, 벗-삼다, 일-삼다

(11)의 합성어를 구성하는 '명사'와 '동사'는 각각 〈주어-서술어〉, 〈목적어-서술어〉, 〈부사어-서술어〉의 통사적 관계로 결합되어 있다. 먼저 '값나가다'는 '값이 나가다'로 해석되므로 〈주어-서술어〉의 관계로, '결정짓다'는 '결정을 짓다'로 해석되므로 〈목적어-서술어〉의 관계로, '깃들다'와 '거울삼다'는 각각 '깃에 들다'와 '거울로 삼다'로 해석되므로 〈부사어-서술어〉의 관계로 결합되었다.
둘째, 〈용언의 연결형＋용언〉의 구조로 된 통사적 동사 합성어가 있다.

(12) 싸고-돌다, 겯고-틀다, 타고-나다; 굽어-보다, 날아-가다, 들어-가다, 쓸어-버리다; 넘어다-보다, 내려다-보다, 바라다-보다

먼저 '싸고돌다'는 앞 용언의 어간인 '싸-'에 연결 어미 '-고'가 결합되고 그 뒤에 '돌다'가 결합되어서 이루어진 합성어이다. '굽어보다'는 앞 용언의 어간인 '굽-'에 연결 어미 '-어'가 결합되고 여기에 '보다'가 붙어서 형성된 합성 동사이다. 그런데 '넘어다보다'는 '넘다'의 어간에 연결 어미 '-어다'가 붙고 여기에 '보다'가 결합하여서 된 합성어이다.
셋째, 〈부사＋용언〉의 구조로 된 통사적 동사 합성어가 있다.

(13) 가로-막다, 갓-나다, 가만-두다, 가만-있다, 그만-두다, 잘-되다, 곧이-듣다

'가로막다'와 '갓-나다'는 각각 부사인 '가로'와 '갓'에 동사인 '막다'와 '나다'가 결합하여 형성된 동사 합성어이다.

넷째, 〈용언의 어간＋용언〉의 구조로 된 비통사적 동사 합성어가 있다.

(14) 굶-주리다, 나-가다, 나-들다, 날-뛰다, 낮-보다, 늦-되다, 돌-보다, 들-보다, 들-놓다, 들-오다, 보-살피다, 붙-잡다, 빌-붙다, 얕-보다, 엎-지르다, 오-가다, 오르-내리다, 우-짖다, 지-새다

(14)의 합성 동사는 앞 어근(용언)의 어간에 연결 어미가 실현되지 않고 뒤 어근(용언)에 직접 연결된 합성어이므로 비통사적 합성어이다.

〈 형용사 합성어 〉 형용사 합성어는 어근과 어근이 결합하여 형성된 형용사이다.

첫째, 통사적 합성법으로 형성된 형용사 합성어가 있다.

(15) ㄱ. 맛-나다, 터무니-없다, 입-싸다, 배-부르다, 값-싸다, 값-없다, 재미-있다, 재미-없다, 맛-있다; 남-부끄럽다, 손-쉽다, 홍-겹다, 남-다르다, 꿈-같다, 철통-같다
     ㄴ. 깎아-지르다, 게을러-빠지다
     ㄷ. 다시-없다, 한결-같다; 잘-나다, 못-나다, 막-되다
     ㄹ. 다디-달다, 떫디-떫다, 머나-멀다, 기나-길다, 하고-많다

(ㄱ)의 예는 모두 〈명사＋용언〉의 짜임으로 된 합성 형용사이다. 이 가운데 '맛나다'는 '맛이 나다'와 같이 어근들이 〈주어－서술어〉의 관계로 짜였다. '남부끄럽다'는 '남에게 부끄럽다'와 같은 의미·통사적인 관계이므로, 합성어의 어근들이 〈부사어－서술어〉의 관계로 짜였다. (ㄴ)의 예는 용언과 용언이 결합해서 된 합성 형용사이다. (ㄷ)의 예는 부사와 용언이 결합하여 형성된 합성 형용사이다. 이 가운데에서 '다시없다'는 〈부사＋형용사〉의 짜임으로, '잘나다'는 〈부사＋동사〉의 짜임으로 된 합성 형용사이다. 끝으로 (ㄹ)의 예는 동일한 형용사 어근이 반복적으로 실현된 합성 형용사인데, 개별 어근이 나타내는 의미가 강조된다.

둘째, 비통사적 합성법으로 형성된 형용사 합성어가 있다.

(16) 높-푸르다, 검-푸르다, 검-붉다, 희-멀겋다, 곧-바르다, 넓-둥글다, 맵-차다, 굳-세다, 재-빠르다

(16)의 합성어는 앞 어근(형용사)의 어간이 연결 어미가 실현되지 않고 뒤의 어근(형용사)에 직접적으로 결합된 형용사 합성어이다.

(다) 수식언 합성법

〈 **관형사 합성법** 〉 관형사 합성어는 어근과 어근이 결합하여 형성된 관형사인데, 이처럼 합성법으로 형성된 관형사는 그리 많지 않다.

> (17) ㄱ. 한-두, 서-너, 네-댓, 대-여섯, 예-닐곱, 여-남은; 단-돈, 온-갖; 몹-쓸
> ㄴ. 몇-몇

(ㄱ)에서 '한두, 서너, 대여섯, 예닐곱'은 수 관형사와 수 관형사가 합쳐졌으며, '여남은'은 수사인 '열'과 동사 '남다'의 관형사형인 '남은'이 결합하였다. '단돈'과 '온갖'은 각각 관형사인 '단'과 '온'에 명사인 '돈, 갖(가지)'가 결합하였으며, '몹쓸'은 부사 '못'에 동사 '쓰다'의 관형사형인 '쓸'이 결합하였다. (ㄴ)의 '몇몇'은 관형사인 '몇'이 되풀이된 '반복 합성어'이다.

〈 **부사 합성어** 〉 부사 합성어는 어근이 결합하여 부사를 형성하는 합성법이다.

첫째, 일반적인 합성 부사로서 다른 형태의 어근이 결합해서 형성된 부사 합성어가 있다.

> (18) 밤-낮(늘), 차례-차례, 다음-다음; 만(萬)-날, 만(萬)-판, 백(百)-날, 한-결, 한-바탕, 한
> -참, 한-층, 온-종일, 어느-덧, 어느-새, 요-즈음, 접-때; 이른-바, 이를-테면; 곧-잘,
> 잘-못

'밤낮(=늘)'은 〈명사+명사〉의 짜임으로 된 부사이며, '만날'은 〈관형사+명사〉의 짜임으로 된 부사이다. '접때'는 지시 관형사인 '저'와 명사인 '때'가 결합하였는데, '접'은 '저'의 형태론적 변이 형태이다. '이른바'와 '이를테면'은 〈용언의 관형사형+의존 명사〉의 짜임으로 된 합성 부사인데, 이 중에서 '이를테면'은 '이를 터이면'이 줄어서 형성되었다. '곧잘'은 〈부사+부사〉의 짜임으로 된 합성 부사이다. (18)의 합성 부사들은 모두 통사적인 합성어이다.

둘째, 동일한 형태의 어근이 되풀이되어서 형성된 부사 합성어가 있다.

(19) ㄱ. 가리-가리, 끼리-끼리, 송이-송이, 차례-차례; 가닥-가닥, 군데-군데, 굽이-굽이,
　　도막-도막, 조각-조각

ㄴ. 하나-하나

ㄷ. 가끔-가끔, 고루-고루, 대충-대충, 부디-부디, 어서-어서, 오래-오래, ……

ㄹ. 두고-두고; 가나-오나, 들락-날락, 오다-가다, 오락-가락, 왔다-갔다, 자나-깨나, …

(ㄱ)의 예들은 명사와 명사, (ㄴ)은 수사와 수사, (ㄷ)은 부사와 부사가 되풀이되어서 합성 부사가 되었다. (ㄹ)의 예들은 동사의 어간에 연결 어미인 '-고, -나, -을락, -다'가 결합하여서 합성어가 되었다. 이들 가운데에서 '두고두고'는 동일한 형태의 동사가 되풀이된 합성어인 데에 반해서, '가나오나, 들락날락, 오다가다, 오락가락, 왔다갔다, 자나깨나' 등은 서로 대립되는 뜻을 나타내는 두 동사가 연결 어미에 의해서 합성된 말이다. (19)의 합성 부사들도 어근들이 국어의 통사적 구조와 일치하는 방법으로 합성되었기 때문에 통사적 합성어이다.

　'반복 합성 부사' 중에는 소리를 흉내내는 말인 '의성 부사(擬聲副詞)'와 모양을 흉내내는 말인 '의태 부사(擬態副詞)'가 있다.

(20) ㄱ. 곰실-곰실, 구물-구물, 미끈-미끈, 빙긋-빙긋, 빤질-빤질, 소곤-소곤, 실룩-실룩,
　　움직-움직, 주룩-주룩, 출렁-출렁, 팔랑-팔랑, 펄럭-펄럭, 흔들-흔들, 희뜩-희뜩

ㄴ. 갈팡-질팡, 곤드레-만드레, 다짜-고짜, 뒤죽-박죽, 실룩-샐룩, 알롱-달롱, 알뜰-살
　　뜰, 오순-도순, 우물-쭈물, 왈가닥-달가닥

(ㄱ)의 의성·의태 부사들은 '주룩주룩'처럼 앞의 어근과 뒤의 어근이 완전히 동일한 반복 합성어이고, (ㄴ)의 의성·의태 부사들은 '갈팡질팡'처럼 앞의 어근과 뒤의 어근의 형태가 부분적으로 동일한 합성어이다. 이들 의성 부사와 의태 부사는 '주룩주룩'과 같은 일부 단어들을 제외하고는 어근이 단독으로 쓰이지 않는 특징이 있다.

(라) 독립언 합성어

독립언 합성어는 어근과 어근이 결합하여 형성된 감탄사(독립언)이다.

(21) 이-개, 요-개, 웬-걸; 여-보, 여-봐라, 여-보게; 아이고-머니, 애고-머니

먼저 '이개'와 '요개'는 각각 지시 관형사 '이'와 '요'에 명사 '개'가 합성되었으며, '웬걸'

은 관형사 '웬'에 의존 명사인 '것'과 조사인 '-을'이 합성되었다. '여보'는 지시 대명사인 '여('여기'의 준말)'에 '보다'의 하게체 명령형인 '보오'가 결합하여서 된 감탄사이다. 그리고 '여봐라, 여보게'는 지시 대명사인 '여'에 '보다'의 해라체 명령형인 '봐라'와 하게체 명령형인 '보게'가 결합되었다. '아이고머니'와 '애고머니'는 감탄사인 '아이고'와 '애고'에 '어머니'의 준말인 '머니'가 결합되었다.

감탄사 합성어 중에는 동일한 형태의 어근이 결합하여 형성된 반복 합성어도 있다.

(22) ㄱ. 도리-도리, 쬠-쬠; 구-구, 오래-오래

ㄴ. 얼씨구-절씨구, 얼씨구나-절씨구나, 에야-디야

(ㄱ)은 어근의 형태 전체가 반복되었으며, (ㄴ)은 어근의 형태 일부가 반복되었다.

{ 통사적 합성어와 구의 구분 }

'합성어'는 형태론적인 짜임새로서 어근과 어근이 결합되어 하나의 단어로 굳은 것이다. 이에 반해서 '구(句)'는 통사론적 짜임새로서, 문장 속에서 개별 단어와 단어가 결합하여서 더 큰 짜임새를 이루는 언어 단위이다.

(1) ㄱ. 큰어머니, 산돼지 ; 말아먹다, 손씻다

ㄴ. 큰#어머니, 산#돼지 ; 말아#먹다, 손#씻다

(2) ㄱ. 큰 기와집에는 관리 비용이 많이 들어간다.

ㄴ. 산 작은 돼지가 잡혔다.

ㄷ. 철수는 국수를 물에 말아 맛있게 먹었다.

(ㄱ)의 단어들은 모두 통사적 합성어로서 하나의 단어이다. 그런데 이들 합성어 속에 있는 어근들이 짜여 있는 모습은 (ㄴ)처럼 문장에서 개별 단어들이 배열되는 통사적 짜임새와 동일하다. 따라서 이들 언어 형식이 합성어인지 혹은 (ㄴ)처럼 통사적인 짜임새로 된 구의 구성인지 판별하기가 어렵다. 그러나 '구'는 두 단어로 이루어진 통사론적 짜임새이며 통사적 합성어는 하나의 단어인 형태론적 짜임새이므로, 다음과 같은 점에서 차이가 난다.

첫째, 합성어는 한 단어 내부의 형태론적 짜임새이기 때문에 그 구성 요소(어근과 어근)가 분리될 수 없지만, 구는 단어끼리 맺어진 통사적인 짜임이기 때문에 구성 요소(단어와 단어)가 분리될 수 있다. 따라서, (ㄱ)의 합성어를 이루는 어근 사이에는 음성적 휴지(쉼, pause)를 두어서 발화할 수 없지만, (ㄴ)의 구를 이루는 단어 사이에는 음성적 휴지를 둘 수 있다. 그리

고 합성어는 어근과 어근 사이에 다른 언어 요소가 들어갈 수 없는 반면에, 구를 이루는 단어와 단어 사이에는 (2)처럼 다른 언어 요소가 들어갈 수 있다.

둘째, 구는 독립된 단어의 결합체이기 때문에 구를 구성하는 단어들의 본래 의미가 그대로 유지되지만, 합성어는 어근이 가진 본래의 의미가 다른 의미로 바뀔 수도 있다. 곧, 합성어 중에서 융합적인 의미 관계로 짜여 있는 합성어는 (1)처럼 어근의 의미가 유지되지 않고 다른 의미로 바뀌게 된다. 곧, '큰어머니'는 '몸집이 큰 어머니'가 아니라 '백모(伯母)'의 뜻으로 쓰였다. '산돼지'는 '산에 있는 돼지'가 아니라 '야생의 돼지'라는 뜻으로 쓰였다. 그리고 '말아먹다'는 '국이나 물에 말아서 먹다'가 아니라, '재물 따위를 송두리째 날려 버리다.'의 뜻으로 쓰였다. 끝으로 '손씻다'는 '부정적인 일이나 찜찜한 일에 대하여 관계를 청산하다.'의 뜻로 쓰인다.

셋째, 구를 이루는 성분은 그것들이 결합하는 과정에서 음운의 변동이 일어나지 않지만, 합성어를 구성하는 어근들은 합성어가 이루어지는 과정에서 음운의 변동이 일어날 수도 있다. 곧, 합성어 중에서 '뱃길[배낄], 찻집[차찝], 볍씨[볍씨], 안팎[안팍], 마소[마소], 화살[화살]' 등은 어근과 어근이 결합하는 과정에서 음운의 변동이 일어났다.

3.3. 파생어

파생법은 어근에 파생 접사를 붙여서 새로운 단어를 만드는 단어 형성법이다.

3.3.1. 파생 접사의 기능

파생 접사는 문법적인 기능에 따라서 '한정적 접사'와 '지배적 접사'로 구분한다.
〈 한정적 접사 〉 '한정적 접사(限定的 接辭, restrictive affix)' 혹은 '어휘적 접사(語彙的 接辭, lexical affix)'는 파생어를 형성하는 과정에서 원래의 말(어근)의 문법적인 성질은 바꾸지 않고, 특정한 의미만을 덧붙이는 기능을 하는 접사이다.

> (1) ㄱ. 헛손질, 애호박, 치받다
>
>   ㄴ. 잎사귀, 눈치, 밀치다, 깨뜨리다

(ㄱ)에서 '헛-, 애-, 치-'의 파생 접사는 어근인 '손, 호박, 받다'에 어떠한 의미를 덧붙인다. (ㄴ)에서 '-사귀, -치, -치-, -뜨리-'도 마찬가지로 어근인 '잎, 눈, 밀(다), 깨(다)'에 특정한 의미만을 덧붙인다. 이러한 접사는 단어의 문법적인 성질을 바꾸지는 않고, 어근에 어휘적인 의미만 덧붙인다. 이러한 접사를 '한정적 접사' 혹은 '어휘적인 접사'라고

하고, 한정적 접사가 어근에 특정한 의미를 덧붙이는 기능을 '한정적 기능'이라고 한다.

〈 지배적 접사 〉 '지배적 접사(支配的 接辭, governing affix)' 혹은 '통사적 접사(統辭的 接辭, syntactic affix)'는 어근에 특정한 뜻만 덧붙이는 것이 아니라, 문장의 통사적 구조를 바꾸거나 어근의 품사를 바꾸는 파생 접사이다.

첫째, 지배적 접사가 붙어서 형성된 단어가 쓰이면, 문장의 구조가 바뀔 수 있다.

> (2) ㄱ. 호랑이가 토끼를 <u>먹는다</u>.
>
> ㄴ. 토끼가 호랑이에게 <u>먹힌다</u>.

(2)에서 '먹히다'는 각각 어근 '먹(다)'에 파생 접미사 '-히-'가 결합되어서 된 파생어이다. 그런데 '먹다'가 서술어로 쓰인 문장은 기본적으로 (ㄱ)처럼 '주어+목적어+서술어'의 구조를 취한다. 이에 반해서 '먹히다'가 서술어로 쓰인 문장은 (ㄴ)에서처럼 〈주어+부사어+서술어〉의 구조를 취한다. 이처럼 파생 접사인 '-히-'는 어근에 붙어서 그것이 쓰인 문장의 통사적인 구조를 바꾸는 기능을 한다.

둘째, 어근에 지배적 접사가 붙으면, 어근과는 다른 품사의 파생어가 형성될 수 있다.

> (3) ㄱ. 먹-$_동$+-이 → 먹이$_명$
>
> ㄴ. 잦-$_형$+-우 → 자주$_부$

(3)에서 '먹이'는 동사인 어근 '먹-'에 파생 접사 '-이'가 붙어서 된 명사이며, '자주'는 형용사인 어근 '잦-'에 파생 접사 '-우'가 붙어서 된 부사이다. 곧 파생 접사 '-이'와 '-우'는 어근의 품사를 바꾸는 기능을 한다. 결국 (2~3)의 파생 접사 '-히-, -이-; -이, -우'는 모두 지배적 접사가 되는데, 지배적 접사가 어근의 품사를 바꾸거나 문장의 구조를 바꾸는 기능을 '지배적 기능'이라고 한다.

앞의 (1)에서처럼 어근에 한정적 접사가 붙어서 새로운 파생어를 만드는 방법을 '어휘적 파생법(語彙的 派生法, lexical derivation)'이라고 하고, (2~3)에서처럼 어근에 지배적 접사가 붙어서 파생어를 형성하는 방법을 '통사적 파생법(統辭的 派生法, syntactic derivation)'이라고 한다.

3.3.2. 접두 파생어

어근의 앞에 붙어서 새로운 단어를 만드는 문법적인 절차를 '접두 파생법'이라고 하고, 접두 파생법에 따라서 만들어진 파생어를 '접두 파생어'라고 한다.

(가) 접두 파생어의 특징

접두 파생법은 접미 파생법에 비하여 다음과 같은 세 가지의 특징이 나타난다.

첫째, 접두 파생법은 접미 파생법에 비해서 생산력이 약하다. 곧 접두 파생법으로 형성된 파생어의 종류는 접미 파생법으로 이루어진 파생어의 종류보다 훨씬 적은데, 이는 각각의 접두사와 결합하는 어근이 매우 한정되어 있기 때문이다.

둘째, 접두 파생법에서 접두사에는 일반적으로 어근의 품사를 바꾸거나 통사 구조를 바꾸는 '지배적 기능'은 없고, 어근의 의미를 제한하는 '한정적 기능'만 있다.

(4) ㄱ. 접두사＋명사 → 파생 명사 : 강더위, 개살구, 군소리
     ㄴ. 접두사＋동사 → 파생 동사 : 빗맞다, 되새기다, 헛갈리다
     ㄷ. 접두사＋형용사 → 파생 형용사 : 구슬프다, 새까맣다, 앳젊다

(ㄱ)의 예는 각각 어근인 명사 '더위, 살구, 소리'에 파생 접두사인 '강-, 개-, 군-'이 붙어서 된 말이지만, 품사의 변화는 일어나지 않는다. (ㄴ)의 예는 동사 어근에 접두사인 '빗-, 되-, 헛-'이 붙었고, (ㄷ)의 예는 형용사 어근에 접두사인 '구-, 새-, 애-'가 붙어서 파생어가 되었지만 품사는 바뀌지 않는다. 이렇게 접두사가 붙어도 파생어의 품사가 바뀌지 않는 것은 접두사가 어근에 앞서서 실현되기 때문이다.

이처럼 접두사에는 한정적 기능만 있을 뿐이지 지배적인 기능은 없는 것이 보통이다. 그런데 예외적으로 접두 파생어의 품사가 어근의 품사와 다른 것도 있다.

(5) 메마르다, 강마르다, 숫되다, 암되다, 엇되다, 올되다, 좀되다, 헛되다, 걸맞다, 알맞다

(ㄱ)의 '메마르다'는 동사 어근인 '마르다'에 접두사 '메-'가 붙어서 된 형용사이다. 그리고 (ㄴ)의 '숫되다'는 동사 어근인 '되다'에 접두사인 '숫-'이 붙어서 된 형용사이며, (ㄷ)의 '걸맞다'는 동사 어근인 '맞다'에 접두사인 '걸-'이 붙어서 된 형용사이다. 이들 단어는 모두 동사 어근에 접두사가 붙었는데도 파생어의 품사가 형용사로 바뀌었다.

셋째, 접두사는 체언과 용언의 어근에만 붙는 것이 특징인데, '덧-, 짓-, 치-, 헛-'처럼 동일한 형태의 접두사가 체언이나 용언의 어근에 두루 붙어서 파생어를 형성하는 경우도 있다.

(6) ㄱ. 덧-구두, 덧-날, 덧-널, 덧-문, 덧-버선, 덧-빗, 덧-새벽, 덧-신, 덧-저고리, 덧-장
   판, 덧-줄, 덧-토시, 덧-니, 덧-거리

ㄴ. 덧-나다, 덧-붙다, 덧-깔다, 덧-신다, 덧-바르다, 덧-걸다, 덧-묻다, 덧-걸치다, 덧
   -거칠다

위의 예는 접두사 '덧-'이 붙어서 된 파생어들이다. 이 주에서 (ㄱ)은 '덧-'이 명사로
된 어근에 붙어서 된 파생 명사이고, (ㄴ)은 '덧-'이 용언에 붙어서 된 파생 동사이다.

(나) 접두 파생어의 유형

접두 파생법으로 파생되는 단어는 체언과 용언에 한정되는데, 접두 파생어의 대표적
인 예를 품사별로 정리하면 다음과 같다.

첫째, 체언 앞에 접두사가 붙어서 파생 체언을 형성하는 경우가 있다. 이러한 접두사
는 체언의 의미를 한정한다는 점에서 관형사와 비슷하게 기능한다.

(7) 강-다짐, 개-나리, 군-것, 날-것, 덧-니, 돌-미나리, 들-깨, 막-일, 맏-아들, 맞-담배,
   맨-손, 맨-꼭대기, 메-밀, 뭇-사내, 민-대가리, 선-머슴, 수탉(수-닭), 숫-처녀, 암퇘지
   (암-돼지), 애-송이, 애-당초, 엇-셈, 올-벼, 올-무, 잣-주름, 찰-거머리, 참-기름, 짓-
   고생, 치-사랑, 풋-고추, 핫-바지, 햇-콩, 헛-걸음, 홀-아비

(8) ㄱ. 덧신 :   덧-   신   ㄴ. 헌 가방 :   헌   가방

(7)의 접두 파생어는 체언인 어근에 접두사가 붙어서 된 파생어이므로 파생어의 최종
품사도 체언이 된다. 그리고 (8ㄱ)에서 체언인 어근 앞에 붙는 접두사 '덧-'은 '신'의
의미를 한정한다는 점에서 (8ㄴ)의 관형사 '헌'과 비슷한 역할을 한다. 그러므로 '덧신'의
'덧-'처럼 체언 앞에서 실현되는 접두사를 '관형사성 접두사'라고 한다.

둘째, 용언 앞에 접두사가 붙어서 이루어진 파생 용언이 있다. 이러한 접두사는 용언
의 의미를 한정한다는 점에서 부사와 비슷하게 기능한다.

(9) 강-마르다, 거-세다, 걸-맞다, 곱-씹다, 구-슬프다, 깔-보다, 깡-마르다, 냅-뛰다, 대-
   차다, 덧-나다, 도-맡다, 되-감다, 뒤-엎다, 드-높다, 들-끓다, 들이-닥치다, 몰-밀다,
   번-대다, 뻔-대다, 비-꼬다, 새-까맣다, 샛-노랗다, 시-꺼멓다, 싯-누렇다, 설-익다, 악

-물다, 얼싸-안다, 엿-듣다, 올-곧다, 짓-누르다, 처-박다, 치-받다, 해-맑갛다, 헛-되다, 휘-둥그렇다, 휘-두르다, 휩-싸다

(10) ㄱ. 강마르다 : 강- 　　마르다　　　ㄴ. 많이 먹다 : 많이　　먹다

(9)의 접두 파생어는 용언인 어근에 접두사가 붙어서 된 파생어이므로, 파생어의 최종 품사도 용언이 된다. 그리고 (10ㄱ)에서 용언의 어근 앞에 붙는 접두사 '강-'은 어근인 '마르다'의 의미를 한정한다는 점에서 (10ㄴ)의 부사 '많이'와 비슷한 역할을 한다. 그러므로 '강마르다'의 '강-'처럼 용언 앞에서 실현되는 접두사를 '부사성 접두사'라고 한다.

3.3.3. 접미 파생어

어근의 뒤에 파생 접사가 붙어서 새로운 단어를 만드는 문법적인 절차를 '접미 파생법'이라고 하고, 접미 파생법에 따라서 만들어진 파생어를 '접미 파생어'라고 한다.

(가) 접미 파생어의 특징

어근에 파생 접미사가 붙어서 형성된 접미 파생어에는 다음과 같은 특징이 있다. 첫째, 접미사는 접두사에 비하여 종류도 많으며, 파생되는 품사도 다양하다.

(11) 잎사귀, 물음; 밀치다, 일하다; 높다랗다, 슬기롭다; 다른, 갖은; 정말로, 많이, 비로소; -밖에, -부터, -조차

위의 예는 모두 어근에 접미사가 붙어서 된 파생어들인데, 이들의 최종 품사를 보면 '잎사귀'는 명사, '밀치다'는 동사, '높다랗다'는 형용사, '다른'은 관형사, '정말로'는 부사, '-밖에'는 조사이다. 따라서 접미사는 접두사와는 달리 다양한 품사의 단어를 파생한다는 사실을 알 수 있다.

둘째, 접두사가 한정적인 기능만 나타나는 데에 반하여, 접미사는 한정적 기능뿐만 아니라 지배적 기능도 나타낸다. 곧 어근에 접미사가 붙음으로써 어근의 품사를 바꾸거나 문장의 통사 구조를 바꿀 수도 있다.

(12) ㄱ. 패-거리, 눈-깔, 잠-꾸러기; 밀-치-다, 깨-뜨리-다, 발갛다(밝-앟-다)
　　　ㄴ. 먹-이, 기쁨(기쁘-ㅁ), 밝-히-다; 죽-이-다, 물-리-다

(ㄱ)의 단어들은 각각 체언과 용언의 어근에 접미사가 붙어서 된 단어들인데, 이때의 접미사는 한정적 접사로 기능했다. 곧, (ㄱ)의 단어들은 어근에 접미사가 붙어서 새로운 단어로 파생되었지만 어근의 품사도 바뀌지 않았으며, 문장에서 어근만이 쓰일 경우에 비하여 문장의 구조도 바뀌지 않았다. 이에 반해서 (ㄴ)의 '먹이, 기쁨, 밝히다'는 어근에 접미사가 붙음으로써 어근의 품사와 달라졌다. 그리고 '죽이다, 잡히다, 물리다'는 어근에 접미사가 붙음으로써 사동사나 피동사로 바뀜으로써 어근이 문장에 쓰였을 때에 비하여 문장의 구조가 바뀔 수도 있다. 따라서 (ㄴ)에 쓰인 접미사는 '지배적 접사'로 기능한다.

(나) 접미 파생어의 유형

파생어의 품사를 기준으로 접미 파생어의 유형을 설정해 보면 다음과 같다.

〈 **명사 파생어** 〉 '명사 파생어'는 어근에 접미사가 붙어서 형성된 명사이다.

첫째, 체언(명사나 대명사)인 어근에 한정적 접미사가 붙어서 체언이 파생될 수 있다.

(13) ㄱ. 패-거리, 기름-기, 성-깔, 심술-꾸러기, 구경-꾼, 남정-네, 선생-님, 윗-도리, 꾀-돌이, 시골-뜨기, 머리-맡, 갖-바치, 나이-배기, 꾀-보, 이마-빼기, 모양-새, 모-서리, 길-섶, 뱃-심, 솜-씨, 바가지(박-아지), 벼슬-아치, 꼬락서니(꼴-악서니), 값-어치, 지붕(집-웅), *끄트러기*(끝-으러기), 끝-장, 노인-장, 문-지기, 낚시-질, 만 원-짜리, 인사-차, 그믐-치, 하루-치, 눈-치, 영감-태기, 그루-터기, 자-투리, 먼지-투성이, 미련-퉁이, 가슴-패기, 달-포

ㄴ. 너-희, 너-희-들

(ㄱ)의 파생어는 명사 어근에 접미사가 붙어서 다시 명사가 된 파생어이고, (ㄴ)의 '너희'는 대명사 '너'에 접미사인 '-희'가 붙어서 다시 대명사가 된 파생어이다. 이들 파생어들은 모두 어휘적 파생법으로 만들어진 단어이다.

둘째, 용언이나 부사인 어근에 지배적 접미사가 붙어서 명사가 파생될 수 있다.

(14) ㄱ. 덮-개, 집-게, 쓰-기, 열-매, 낚-시, 먹-성, 무덤(묻-엄), 마감(막-암), 나머지(남-어지), 노래(놀-애), 쓰레기(쓸-에기), 웃-음, 늙-정이

ㄴ. 빠르-기, 검-댕, 검-둥이, 구두쇠(굳-우쇠), 검-정, 파랑(파랗-ㅇ), 높-이, 기쁨(기쁘-ㅁ), 길-이

ㄷ. 막-바지, 마구-잡이; 기러기(기럭-이), 개구리(개굴-이), 뻐꾸기(뻐꾹-이)

(14)에서 (ㄱ)의 '덮개' 등은 동사 어근에 '-개'가, (ㄴ)의 '빠르기' 등은 형용사 어근에 '-기'에, (ㄷ)의 '막바지' 등은 부사 어근에 '-바지'가 붙어서 명사로 파생된 단어이다. 따라서 (14)의 단어는 통사적 파생법으로 형성된 파생 명사이다.

셋째, 어근에 접미사가 붙어서 명사로 파생되기는 했으나, 어근의 문법적 성질이 분명하지 않은 것이 있다.

    (15) 동그라미(동글-아미), 멍텅-구리

(15)에서 파생어의 어근인 '동글, 멍텅'은 단독으로 쓰이는 일이 없고 반드시 파생어의 어근으로만 쓰이기 때문에, 이들 어근의 품사를 파악하기 어렵다. 이러한 특징 때문에 이들 어근을 '불완전 어근(특수 어근)'이라고 부른다.

〈 동사 파생어 〉 '동사 파생어'는 어근에 접미사가 붙어서 형성된 동사이다.

첫째, 동사 어근에 한정적 접미사가 붙어서 다시 동사가 파생될 수 있다.

    (16) 깨-뜨리-다, 밀-치-다, 읊-조리-다, 엎-지르-다

(16)에서 접미사 '-뜨리-, -치-, -조리-, -지르-' 등은 동사 어근에 붙어서 강한 느낌을 주는 강조의 뜻만 덧붙이고 품사나 문장의 구조를 바꾸는 기능은 없다.

둘째, 동사가 아닌 어근에 지배적 접사가 붙어서 동사가 되거나, 어근에 사동이나 피동의 지배적 접사가 붙어서 사동사나 피동사가 형성될 수 있다.

    (17) ㄱ. 밑-지-다, 숨-지-다, 눈물-지-다 ; 일-하-다, 말-하-다, 노래-하-다, 공부-하-다

        ㄴ. 없-애-다, 바루다(바르-우-다), 높-이-다, 낮-추-다 ; 미워하다(밉-어하-다), 좋아하다(좋-아하-다), 싫어하다(싫-어하-다) ; 미워지다(밉-어지-다), 예뻐지다(예쁘-+-어지-다), 싫어지다(싫-어지-다)

        ㄷ. 먹-이-다, 깨-우-다, 울-리-다

        ㄹ. 아니-하-다, 못-하-다, 잘-하-다, 다-하-다, 더-하-다 ; 중얼중얼-하-다, 출렁출렁-하-다, 어물어물-하-다, 펄럭펄럭-하-다, 촐랑촐랑-하-다

    (18) ㄱ. 높-이-다, 낮-추-다, 없-애-다, 바루다(바르-우-다); 먹-이-다, 깨-우-다, 울-리-다, 재우다(자-이우-다), 태우다(타-이우-다)

        ㄴ. 빼앗-기-다, 열-리-다, 쓰-이-다, 먹-히-다

(17)에서 (ㄱ)은 명사, (ㄴ)은 형용사, (ㄷ)은 동사, (ㄹ)은 부사의 어근에 접미사가 붙어서 동사로 파생된 단어이다. 이들 가운데 (ㄴ)의 '미워하다'와 '미워지다' 등은 심리 형용사인 어근 '밉-'에 동사 파생 접미사인 '-어하-'나 '-어지-'가 결합되어서 각각 타동사와 자동사로 파생된 것이다. (18)의 단어들은 어근에 사동과 피동의 접미사가 붙어서 된 파생어이다. 이들 파생어가 서술어로 쓰인 문장의 구조는 어근인 '높다, 낮다; 먹다, 깨다; 빼앗다, 열다, 쓰다, 먹다'가 서술어로 쓰인 문장의 구조와는 다르다.

셋째, 불완전 어근에 동사 파생 접미사가 붙어서 동사가 파생될 수 있다.

(19) 하늘-대-다/하늘-거리-다, 망설-이-다/망설-거리-다/망설-대-다

위의 단어들은 불완전 어근인 '하늘-, 망설-'에 접미사 '-거리-, -대-, -이-'가 붙어서 파생 동사가 되었다.

〈 형용사 파생어 〉 '형용사 파생어'는 어근에 접미사가 붙어서 형성된 형용사이다.

첫째, 형용사 어근에 한정적 접사가 붙어서 다시 형용사가 형성될 수 있다.

(20) ㄱ. 달-갑-다, 차-갑-다

　　　ㄴ. 굵-다랗-다, 높-다랗-다

　　　ㄷ. 바쁘다(밭-브-다)

　　　ㄹ. 거멓다(검-엏-다), 가맣다(감-앟-다), 발갛다(밝-앟-다), 빨갛다(*빩-앟-다)

(ㄱ)은 형용사 어근에 '-갑-'이, (ㄴ)은 형용사 어근에 '-다랗-'이, (ㄷ)은 형용사 어근에 '-브-'가, (ㄹ)은 형용사 어근에 '-엏-/-앟-'이 붙어서 새로운 단어로 파생되었다.

둘째, 명사, 동사, 관형사, 부사 등의 어근에 지배적 접사가 붙어서 형용사가 형성될 수 있다.

(21) ㄱ. 사람-답-다, 살-지-다, 방정-맞-다, 인정-스럽-다, 자유-롭-다, 가난-하-다

　　　ㄴ. 우습다(웃-읍-다), 놀랍다(놀라-ㅂ-다), 그립다(그리-ㅂ-다); 고프다(곯-브-다), 미쁘다(믿-브-다), 아프다(앓-브-다)

　　　ㄷ. 새-롭-다

　　　ㄹ. 아니-하-다, 못-하-다, 가득-하-다

먼저 (ㄱ)에서는 명사 어근인 '사람, 살, 방정, 인정, 자유, 가난'에 각각 접미사 '-답-,

-지-, -맞-, -스럽-, -롭-, -하-'가 붙어서 형용사로 파생되었다. (ㄴ)의 '우습다, 놀랍다, 그립다'는 동사 어근에 접미사 '-읍-/-ㅂ-'이 붙어서 형용사로 파생되었으며, '고프다, 미쁘다, 아프다'는 동사 어근인 '곯(다), 믿(다), 앓(다)'에 접미사 '-브-'가 붙어서 형용사로 파생되었다. (ㄷ)의 '새롭다'는 관형사 '새'에 접미사 '-롭-'이 붙어서 형성된 것으로서 파생 형용사로는 극히 드문 예이다. 끝으로 (ㄹ)에서는 부사 어근인 '아니, 못, 가득'에 접미사 '-하-'가 붙어서 형용사가 파생되었다.

셋째, 불완전 어근에 파생 접미사가 붙어서 형용사가 형성될 수 있다.

(22) ㄱ. 쌀쌀-맞-다, 좀-스럽-다, 상-없-다
ㄴ. 착-하-다, 딱-하-다, 씩씩-하-다, 똑똑-하-다, 뚜렷-하-다

끝으로 위의 예들은 불완전 어근인 '쌀쌀-, 좀-, 상-, 착-, 딱-, 씩씩-, 똑똑-, 뚜렷-'에 접미사 '-맞-, -스럽-, -없-, -하-'가 붙어서 형용사로 파생된 단어이다.

〈 관형사 파생어 〉 '관형사 파생어'는 어떠한 어근에 접미사가 붙어서 형성된 관형사인데, 이처럼 파생법에 의해 생성된 관형사는 매우 드물다.

첫째, 관형사 어근에 한정적 접사가 붙어서 관형사가 형성될 수 있다.

(23) 이-까짓, 그-까짓, 저-까짓

(23)의 단어는 관형사 어근인 '이, 그, 저'에 접미사 '-까짓'이 붙어서 관형사로 파생되었다. 따라서 이들 파생 관형사는 어휘적 파생법으로 형성된 단어이다.

둘째, 용언 어근에 관형사를 파생하는 지배적 접사가 붙어서 관형사가 형성될 수 있다.

(24) ㄱ. 헌(헐-ㄴ), 갖은(갖-은)
ㄴ. 오른(옳-은), 다른(다르-ㄴ), 바른(바르-ㄴ)

(ㄱ)의 '헌'과 '갖은'은 동사 어근인 '헐-, 갖-'에 관형사형 전성 어미에서 나온 파생 접미사 '-은'이 붙어서 관형사로 파생되었다. 그리고 (ㄴ)의 '오른, 다른, 바른'은 형용사 어근인 '옳-, 다르-, 바르-'에 파생 접미사 '-은'이 붙어서 관형사로 파생되었다. 이들은 모두 통사적 파생법에 의한 파생어이다.

〈 부사 파생어 〉 '부사 파생어'는 어근에 접미사가 붙어서 형성된 부사이다.

첫째, 부사 어근에 한정적 접미사가 붙어서 다시 부사가 형성될 수 있다.

(25) 더욱-이, 일찍-이, 방긋-이, 벙긋-이, 곧-장

위의 단어는 부사 어근인 '더욱, 일찍, 방긋, 벙긋, 곧'에 접미사 '-이'와 '-장'이 붙어서
다시 부사가 되었다.
　둘째, 부사가 아닌 어근에 지배적 접미사가 붙어서 부사가 형성될 수 있다.

(26) ㄱ. 마음껏(마음-껏), 힘껏(힘-껏); 봄-내, 겨우-내; 종일-토록, 평생-토록, 이-토록,
　　　　 그-토록, 저-토록; 이-다지, 그-다지; 결단-코, 맹세-코, 무심-코
　　 ㄴ. 몰래(모르-애), 익-히, 너무(넘-우), 마주(맞-우), 도로(돌-오)
　　 ㄷ. 실컷(싫-것), 곧-추, 같-이, 많-이, 밝-히, 작-히, 자주(잦-우), 바로(바르-오)

(ㄱ)의 단어는 체언 어근에 접미사 '-껏, -내, -토록, -다지, -코' 등이 붙었고, (ㄴ)의
단어는 동사 어근에 접미사 '-애, -히, -우, -오'가 붙었으며, (ㄷ)의 단어는 형용사 어근
에 접미사 '-것, -추, -이, -히, -우, -오'가 붙어서 부사로 파생된 단어이다. 이들은
부사가 아닌 어근에 지배적 접미사가 붙어서 부사로 파생된 단어이다.
　셋째, 불완전 어근에 부사를 파생하는 접미사가 붙어서 다시 부사가 형성될 수 있다.

(27) 비로소(비롯-오), 전-혀, 행-여

위의 단어들은 불완전 어근인 '비롯-, 전(全)-, 행(幸)-' 등에 접미사 '-오, -혀, -여' 등이
붙어서 파생된 부사이다.
　〈조사 파생어〉 '조사 파생어'는 어근에 접미사가 붙어서 형성된 조사인데, 파생 조사는
그 수효가 극히 드물다.

(28) 밖-에; -부터(붙-어), -조차(좇-아)

(28)의 '-밖에'처럼 명사 어근인 '밖'에 파생 접미사인 '-에'가 붙어서 된 것과, '-부터,
-조차'처럼 동사 어근인 '붙-, 좇-'에 파생 접미사인 '-어/-아'가 붙어서 된 것이 있다.
이들은 명사나 동사의 어근에 접미사가 붙어서 조사로 파생되었기 때문에, 통사적 파생
법으로 형성된 단어이다.

3.4. 합성어와 파생어의 겹침

합성어에 파생 접사가 붙어서 파생어를 형성하거나, 파생어에 다시 어근이 붙어서 합성어가 되는 경우도 있다.

〈 **합성어의 파생어 되기** 〉 어근과 어근이 결합하여 먼저 합성어를 이룬 다음에, 그 합성어에 파생 접사가 붙어서 파생어를 형성하는 수도 있다.

(ㄱ)에서 '매한가지'는 '한'과 '가지'가 합쳐져서 '한가지'라는 명사 합성어를 이룬 다음에, 다시 접두사 '매-'가 붙어서 '매한가지'가 형성되었다. 이때에 '한가지'는 하나의 어근의 역할을 하므로, 이 어근에 접두사인 '매-'가 붙어서 '매한가지'의 파생어가 형성되었다. (ㄴ)에서 '해돋이'는 '해'와 '돋-'이 결합하여 '해돋-'이라는 합성 어근을 형성한다. 그리고 '해돋-'에 접미사인 '-이'가 붙어서 명사 파생어가 형성되었는데, 이때 '해돋-'은 전체 파생어의 구조 속에서 어근의 역할을 하게 된다. 결국 '매한가지'와 '해돋이'는 그것이 형성된 절차를 감안하면 합성어가 다시 파생어로 형성된 것으로 볼 수 있다. '매한가지'와 '해돋이'의 구조는 간략하게 보이면, [매-[한-가지]]와 [[해-돋]-이]로 나타낼 수 있다.

다음의 예는 접두 파생어로서 모두 [접사-[어근-어근]]의 짜임새로 된 단어이다.

(2) 꽁-보리밥, 날-도둑놈, 양-숟가락, 양-갯물, 어리-굴젓, 차-좁쌀, 한-밑천, 한-밤중, 해-암탉, 허허-벌판; 되-돌아가다, 빗-나가다, 내-팽개치다, 내-동댕이치다

'꽁보리밥'은 [꽁-[보리-밥]]의 짜임으로 된 파생 명사이며, '되돌아가다'는 [되-[돌아-가(다)]]의 짜임새로 된 파생 동사이다.

다음의 예는 접미 파생어로서 모두 [[어근-어근]-접사]의 짜임새로 된 단어이다.

(3) 거짓말-쟁이, 곰배팔-이, 흙손-질, 술래잡-기, 피돌-기, 하루살-이, 가슴앓-이, 모내-기, 맛난-이, 귀밝-이, 발버둥-질, 무자맥-질, 육손-이, 뗄나무-꾼, 꺾꽂-이, 날치-기, 드난-꾼, 나들-이, 맞보-기, 잔손-질, 잔소리-꾼, 높낮-이, 거저먹-기, 마구잡-이, 막벌

-이; 깃들-이(다), 낯익-히(다), 약올-리(다), 발맞-추(다), 구워박-히(다), 돋보-이(다), 둘러싸-이(다), 매달-리(다), 가로막-히(다), 배배꼬-이(다)

'거짓말쟁이'는 [[거짓-말]-쟁이]의 짜임으로 된 파생 명사이며, '낯익히다'는 [[낯-익]-히(다)]의 짜임으로 된 파생 동사이다.

〈 **파생어의 합성어 되기** 〉 어근에 파생 접사가 붙어서 된 파생어에 다시 어근이 결합하여, 합성어를 형성하는 수도 있다.

(4) ㄱ. 웃 음 꽃   ㄴ. 첫 걸 음

(ㄱ)에서 어근 '웃-'에 파생 접사 '-음'이 붙어서 접미 파생어인 '웃음'이 형성되었고 '웃음'에 다시 어근인 '꽃'이 결합되어 최종적으로 합성어인 '웃음꽃'이 형성되었다. (ㄴ)에서는 어근인 '걸-(←걷-)'에 파생 접미사 '-음'이 결합되어 접미 파생어인 '걸음'이 형성되고 나서, 이 '걸음'에 다시 어근인 '첫'이 결합되어 합성어인 '첫걸음'이 만들어졌다. 이들 단어의 짜임새는 [[웃-음]-꽃]과 [첫-[걸-음]]으로 나타낼 수 있다.

다음의 예는 [[어근-접사]-어근]이나 [[접사-어근]-어근]의 짜임으로 된 합성어다.

(5) 곰-국, 구김-살, 구름-판, 군불-솥, 글씨-체, 낚시-터, 눈깔-사탕, 눈칫-밥, 돌감-나무, 디딤-돌, 막장-일, 바깥-옷, 바느질-고리, 얼음-장, 차돌-모래, 한글-날; 한숨-쉬다, 달음질-치다, 끊임-없다, 틀림-없다, 달음박질-치다; 꿈-꾸다, 끝장-나다, 눈치-보다, 몰려-다니다, 본때-있다, 앞장-서다, 올려-놓다

'곰국'은 [[고-ㅁ]-국]과 같이 짜인 명사 합성어이며, '꿈꾸다'는 [[꾸-ㅁ]-꾸다]의 짜임새로 된 동사 합성어이다.

다음의 단어들은 [어근-[어근-접사]]의 짜임으로 형성된 합성어이다.

(6) 가로-글씨, 겉-넓이, 겉-눈썹, 겨우-살이, 나눗-셈, 너털-웃음, 늦-더위, 늦-잠, 마른-갈이, 말-눈치, 맞-바느질, 물-놀이, 밀-개떡, 반-찰떡, 밭-고랑, 뱃-노래, 봄-추위, 산-울타리, 선-걸음, 소꿉-놀이, 손-바느질, 쇠-차돌, 심심-풀이, 아귀-다툼, 아침-잠, 암탕나귀(암-당나귀), 옷-차림, 잦은-걸음, 젖-몸살, 첫-걸음, 첫-더위, 코-웃음, 흙-

빨래, 힘-겨룸; 기-막히다, 입-맞추다, 갈라-붙이다, 덜어-내다, 홑-날리다

'가로글씨'는 [가로-[글-씨]]의 짜임으로 된 명사 합성어이며, '기막히다'는 [기-[막-히-다]]의 짜임으로 된 동사 합성어이다.

3.5. 복합어의 음운 변동

어근에 접사가 붙어서 파생어가 되거나 어근과 어근이 결합하여 합성어가 되는 과정에서, 어근이나 접사의 형태가 바뀔(변동할) 수 있다. 이러한 현상을 '복합어의 음운 변동'이라고 하는데, 이러한 변동은 개별 단어에서 일어나는 한정적 변동이다.

3.5.1. 합성어의 음운 변동

어근과 어근이 합쳐져서 합성어가 되는 과정에서 어근의 형태가 바뀔 수 있다.

첫째, 어근과 어근이 결합하여 하나의 합성 명사를 이룰 때에, 그 사이에 특정한 소리가 첨가되거나 어근의 형태가 교체될 수가 있다.(사잇소리 현상)

> (1) ㄱ. 촛불(초+불 → /초뿔/), 뱃사공(배+사공 → /배싸공/), 밤길(밤+길 → /밤낄/)
>
> ㄴ. 봄비(봄+비 → /봄삐/), 촌사람(촌+사람 → /촌싸람/), 물독(물+독 → /물똑/)

> (2) ㄱ. 잇몸(이+몸 → /인몸/), 콧날(코+날 → /콘날/)
>
> ㄴ. 집일(집+일 → /짐닐/), 솜이불(솜+이불 → /솜니불/), 나뭇잎(나무 + 잎 → /나문닙/)
> 물약(물+약 → /물냑/ → /물략/)

(1)의 예는 뒤 어근의 첫소리가 된소리로 교체된 예이다. 곧 (ㄱ)의 '촛불'과 (ㄴ)의 '봄비'처럼 앞 어근의 끝소리가 울림소리이고 뒤 어근의 첫소리가 안울림의 예사소리이면, 뒤의 예사소리가 된소리로 교체될 수가 있다. (2)의 예는 어근과 어근 사이에 /ㄴ/이 첨가된 예이다. (ㄱ)의 '잇몸, 콧날'처럼 앞 어근이 모음으로 끝나고 뒤 어근이 /ㅁ, ㄴ/으로 시작되면, /ㄴ/ 소리가 첨가될 수 있다. (ㄴ)의 '집일, 솜이불, 물약, 나뭇잎'처럼 뒤의 어근이 /i/나 반모음인 /j/로 시작될 때도, /ㄴ/이 하나 혹은 둘이 겹쳐서 첨가될 수 있다.

둘째, 끝소리가 /ㄹ/인 앞 어근에 뒤 어근이 합쳐져서 합성어가 될 때에, 앞 어근의

끝소리인 /ㄹ/이 /ㄷ/로 교체되거나 탈락될 수 있다.

(3) ㄱ. 반짇고리(바느질+고리), 사흗날(사흘+날), 삼짇날(삼질+날), 섣달(설+달), 숟가락
(술+가락), 이튿날(이틀+날), 푿소(풀+소), 잗주름(잘-+주름); 섣부르다(설-+부
르다), 잗다듬다(잘-+다듬다)

ㄴ. 마소(말+소), 마되(말+되), 무자위(물+자위), 부나비(불+나비), 부삽(불+삽), 부
손(불+손), 소나무(솔+나무), 싸전(쌀+전), 화살(활+살); 우짖다(울-+짖다)

(ㄱ)에서 '반짇고리'는 체언 어근인 '바느질'과 '고리'가 합쳐져서 합성 명사가 되는 과정
에서 앞 어근의 끝소리인 /ㄹ/이 /ㄷ/으로 교체되었다. 그리고 (ㄴ)에서 '마소'는 체언
어근인 '말'과 '소'가 합쳐져서 합성 명사가 되는 과정에서, 앞 어근의 끝소리 /ㄹ/이
탈락하였다. 이처럼 앞 어근의 끝소리인 /ㄹ/이 탈락하는 현상은, 뒤 어근의 첫소리가
잇몸소리(치조음)인 /ㄴ, ㄷ, ㅅ/이나 센입천장소리(경구개음)인 /ㅈ/일 때에 일어난다.
셋째, 어근들이 합쳐져서 합성어가 되는 과정에서 /ㅂ/이나 /ㅎ/이 첨가될 수 있다.

(4) ㄱ. 좁쌀(조+쌀), 댑싸리(대+싸리), 입때(이+때), 볍씨(벼+씨); 내립떠보다(내리-+뜨
-+-어+보다), 칩떠보다(치-+뜨-+-어+보다)

ㄴ. 머리카락(머리+가락), 살코기(살+고기), 안팎(안+밖), 마파람(마+바람)

(ㄱ)의 '좁쌀'은 '조'와 '쌀'이 합쳐지면서 두 어근 사이에 /ㅂ/이 첨가되었으며[1], (ㄴ)의
'머리카락'은 '머리'와 '가락'이 합쳐지면서 /ㅎ/이 첨가되었다.[2]
이처럼 합성어가 되는 과정에서 앞 어근의 /ㄹ/이 /ㄷ/으로 교체되거나 탈락할 수도

---

[1] 이들 합성어에서 /ㅂ/이 덧나는 것은 역사적인 이유가 있다. '찹쌀'을 예로 들어서 설명하면 지금의
'쌀'의 옛말은 '쌀'이었는데, 이 단어의 첫소리의 자음인 'ㅄ'은 겹소리로서 /ps/로 발음되었다. 단어
첫머리의 겹자음 소리로 말미암아 합성어가 되면서 '춥쌀'로 발음되던 것이 현대어에 와서는 '찹
쌀'이 된 것이다. 그런데 이와 같은 설명은 이 단어의 통시적(역사적) 변화 과정에 기대어서 한
것이다. 그러나 공시적으로 볼 때에는 본문의 설명과 같이 어근과 어근이 결합하여 하나의 합성어
가 될 때에는 별다른 이유 없이 /ㅂ/이 첨가된다 설명할 수 있을 뿐이다.

[2] 옛말에는 /ㅎ/으로 끝나는 말이 있었는데, '머리ㅎ(頭), 술ㅎ(膚), 안ㅎ(內), 마ㅎ(南)'과 '수ㅎ(雄), 암ㅎ
(雌)' 등이 그것이다. (1ㄹ)의 '수캐, 암캐' 등의 단어는 /ㅎ/으로 끝나는 접두사가 체언으로 된 어근에
붙어서 파생어가 되면서, 뒤의 어근의 자음이 앞의 어근의 끝소리 /ㅎ/과 축약되어서 거센소리로
바뀐 형태가 현대어로 굳은 것이다. 그러나 공시적으로 볼 때에는 본문의 설명과 같이 어근과 어근
이 결합하여 하나의 합성어가 될 때에는 별다른 이유 없이 /ㅎ/이 첨가된다고 설명할 수 있을
뿐이다.

있고, 어근과 어근 사이에 /ㅎ/이나 /ㅂ/이 첨가될 수도 있는데, 이러한 변동 현상은 파생어가 형성되는 과정에서 일어나는 변동 현상과 동일하다.

3.5.2. 파생어의 음운 변동

파생법의 음운 변동 현상은 '접두 파생어'의 음운 변동과 '접미 파생어'의 음운 변동으로 나누어서 살펴볼 수 있다.

〈 접두 파생어의 음운 변동 〉 접두사가 어근에 붙어서 파생어가 형성될 때에, 접두사나 어근의 형태가 바뀔 수 있는데, 특정한 음운이 교체 · 탈락 · 첨가될 수가 있다.

(5) ㄱ. 할아버지(한-+아버지), 걸터듬다(걸-+더듬다)

ㄴ. 오조(올-+조), 오되다(올-+되다)

ㄷ. 멥쌀(메-+쌀), 찹쌀(차-+쌀), 햅쌀(해-+쌀); 냅뛰다(내-+뛰다), 휩싸다(휘-+싸다), 휩쓸다(휘-+쓸다)

ㄹ. 암캐(암-+개), 수캐(수-+개), 암캉아지(암-+강아지), 수캉아지(수-+강아지), 암탉(암-+닭), 수탉(수-+닭)

(ㄱ)의 '할아버지'에서는 접두사인 '한-'이 어근인 '아버지'에 붙으면서 '한-'의 끝소리 /ㄴ/이 /ㄹ/로 교체되었으며, '걸터듬다'에서는 접두사인 '걸-'이 어근인 '더듬다'에 붙으면서 어근의 형태가 '터듬다'로 교체되었다. (ㄴ)의 '오조'와 '오되다'에서는 '올-'이 '조'와 '되다'에 붙으면서 '올-'의 끝소리인 /ㄹ/이 탈락하였다. 이러한 '/ㄹ/ 탈락'은 접두사의 끝소리인 /ㄹ/이 치조음인 /ㄴ, ㄷ, ㅅ/이나 경구개음인 /ㅈ/으로 시작하는 어근 앞에서 탈락하는 현상이다. (ㄷ)의 '멥쌀, 찹쌀, 햅쌀'에서는 '메-, 차-, 해-'가 '쌀'에 붙으면서 /ㅂ/이 첨가되었다. 그리고 '냅뛰다, 휩싸다, 휩쓸다'에서는 '내-, 휘-'가 '뛰다, 싸다, 쓸다'에 붙으면서 /ㅂ/이 첨가되었다. 끝으로 (ㄹ)의 '암캐, 수캐' 등에서는 접두사 '암-', '수-'가 '개'와 '닭'에 붙으면서 /ㅎ/이 첨가되었다.

그런데 어근에 접두사가 붙어서 파생어가 되는 과정에서 어근과 접두사의 형태가 모두 바뀔 수도 있다.

(6) 할머니(한-+어머니), 할미(한-+어미), 할멈(한-+어멈)

(6)의 '할머니, 할미, 할멈' 등은 파생어가 형성되는 과정에서 접두사 '한-'이 '할-'로

교체되고, 어근 '어머니'도 형태가 줄어져서 '머니, 미, 멈'으로 바뀌었다.

〈 **접미 파생어의 음운 변동** 〉 어근 뒤에 접미사가 붙어서 파생어가 될 때에, 어근의 형태가 바뀌는 수가 있다.

(7) ㄱ. 강아지(개+-아지), 망아지(말+-아지), 송아지(소+-아지)

ㄴ. 잗다랗다(잘-+-다랗-)

ㄷ. 겨우내(겨울+-내), 따님(딸+-님), 뿌다구니(뿔+-다구니), 푸성귀(풀+-성귀), 바
느질(바늘+-질); 가느다랗다(가늘- +-다랗-), 기다랗다(길-+-다랗-)

ㄹ. 모가치(몫+-아치), 기스락(기슭+-악)

(ㄱ)의 '강아지'는 어근인 '개'에 접미사 '-아지'가 붙으면서, 어근의 형태가 '강-'으로 교체되었으며, (ㄴ)의 '잗다랗다'에서는 형용사 어근인 '잘(小)-'에 접미사 '-다랗-'이 붙으면서 어근의 끝소리가 /ㄷ/으로 교체되었다. (ㄷ)의 '겨우내'와 '따님'에서는 명사 어근인 '겨울'과 '딸'에 접미사 '-내'와 '-님'이 붙으면서, 어근의 끝소리인 /ㄹ/이 탈락하였다. 그리고 (ㄹ)의 '모가치'와 '기스락'은 어근인 '몫'과 '기슭'에 접미사 '-아치'와 '-악'이 붙으면서 어근의 끝소리인 /ㅅ/과 /ㄱ/이 각각 탈락하였다.

그리고 어근이 불규칙 용언일 때에는 파생 접사가 붙어서 다른 품사로 파생되는 과정에서, 불규칙 용언의 활용상의 특성 때문에 어근의 형태가 바뀔 수도 있다.

(8) ㄱ. 걸음(걷-+-음), 물음(묻-+-음), 누룽지(눈-+-웅지)

ㄴ. 구이(굽-+-이), 쉬이(쉽-+-이), 어려이(어렵-+-이)

ㄷ. 빨리(빠르-+-이), 달리(다르-+-이); 눌리다(누르-+-이-), 올리다(오르-+-이-),
흘리다(흐르-+-이-)

ㄹ. 파랑(파랗-+-ㅇ), 노랑(노랗-+-ㅇ), 하양(하얗-+-ㅇ)

(ㄱ의 '걸음'은 'ㄷ' 불규칙 용언인 '걷다(步)'의 어근에 접미사 '-음'이 붙으면서, 어근의 끝소리 /ㄷ/이 /ㄹ/로 교체되었다. (ㄴ)의 '구이'는 'ㅂ' 불규칙 용언인 '굽다(炙)'의 어근에 부사 파생 접미사인 '-이'가 붙으면서 어근의 끝소리 /ㅂ/이 탈락하였다. (ㄷ)의 '빨리'는 '르' 불규칙 용언인 '빠르다'에 접미사 '-이'가 붙으면서 어근의 끝 모음인 /ㅡ/가 탈락하면서 동시에 /ㄹ/이 첨가되었다. 그리고 '눌리다'는 '르' 불규칙 용언인 '누르다(押)'에 사동과 피동의 접미사 '-이-'가 붙어서 사동사로 파생되었다. 이러한 파생 과정에서 어근의 끝 모음인 /ㅡ/가 탈락하면 동시 /ㄹ/이 첨가되었다. 끝으로 (ㄹ)의 '노랑'은 'ㅎ'

불규칙 용언인 '노랗다'의 어근에 접미사인 '-ㅇ'이 결합하는 과정에서, 어근의 끝소리인 /ㅎ/이 탈락하였다.

　이처럼 합성어나 파생어가 형성되는 과정에서 일어나는 음운의 변동은 개별 단어에서 일어나는 한정적 변동이다.

> (10)ㄱ. 철새(철 + 새), 물지게(물 + 지게), 발등(발 + 등)
>
> 　ㄴ. 푿소(풀 + 소), 잗주름(잘- + 주름), 섣달(설 + 달)
>
> 　ㄷ. 마소(말 + 소), 무자위(물 + 자위), 다달이(달 + 달 + 이)

(10)의 합성어는 동일한 음운적인 환경에서 합성어가 형성되었다. 그런데 (ㄱ)의 '철새, 물지게, 발등'에서는 변동이 일어나지 않았고, (ㄴ)의 '푿소, 잗주름, 섣달'처럼 /ㄹ/이 /ㄷ/으로 교체되었고, (ㄷ)의 '마소, 무자위, 다달이'처럼 /ㄹ/이 탈락하였다.

　이처럼 파생어와 합성어에서 일어나는 음운의 변동은 개별적으로 일어나는 한정적 변동 현상임을 확인할 수가 있다.

3.6. 새말

3.6.1. 새말의 개념

〈 새말의 개념〉 사회의 문화나 문물이 발전하게 되면 그것을 표현하기 위하여 새로운 말을 만들어서 쓸 수 있다. 이처럼 새롭게 생겨난 사물이나 개념을 표현하기 위해서 새로 지어낸 말을 '새말(신조어, 新造語)'이라고 한다.

> (1) ㄱ. 몸짱(몸-짱), 얼짱(얼굴-짱), 짐승남(짐승-男), 지름신(지름-ㅁ-神), 떡실신(떡-失神)
>
> 　ㄴ. 네티즌(net-izen), 닷컴(dot-com)
>
> 　ㄷ. 개드립(개-dlib), 번개팅(번개-ting), 득템(得-tem)
>
> (2) ㄱ. 김여사, 낚시, 떡밥, 어장 관리, 종결자
>
> 　ㄴ. 쉴드(shield), 클라스(class), 포스(force)

예를 들어서 (1)의 어휘는 새로운 개념을 표현하기 위해서 만든 새로운 형태의 말이다. 반면에 (2)의 어휘는 예전부터 사용하던 어휘의 형태에 새로운 의미만 부여하여 새롭게

사용하는 말이다. 그리고 새말을 짜 이루는 어근을 어종(語種)을 중심으로 보면, (1ㄱ)의 '몸짱(몸-짱), 짐승남(짐승-男)'은 국어와 국어의 어근으로 짜였으며 (1ㄴ)의 '네티즌 (internet-citizen), 닷컴(dot-com)'은 외래어와 외래어로 짜인 새말이다. 그리고 (1ㄷ)의 '개 -드립(개-adlib), 번개팅(번개-meeting)'은 국어와 영어의 어근으로 짜인 새말이다.

〈 새말 생성의 계기 〉 새말이 생기는 데에는 사회·문화적인 원인과 동기가 있는데, 이를 '새말 생성의 계기'라고 한다.

첫째, 새말은 대부분 새로 생긴 사물이나 개념을 언어로 표현하기 위해서 생긴다.

(3) ㄱ. 똑딱이(똑딱선, 통통배), 쌕쌕이

　　ㄴ. 대한민국, 조선인민공화국, 이남, 이북, 남한, 북한

(3)의 어휘는 1945년의 해방을 전후하여 생긴 새말이다. (ㄱ)은 그 전에는 없었던 새로운 문물이 생겨남에 따라서 새말이 생성된 예이다. 곧, 예전에는 노로 젓던 나룻배나 바람의 힘으로 움직이는 돛배가 기계 동력에 의해서 추진되는 배로 바뀌었다. 이처럼 동력으로 추진하는 배가 움직일 때에 나는 소리를 본떠서 '똑딱이, 똑딱선, 통통배' 등의 말이 생겨난 것이다. 그리고 비행기는 예전에는 플로펠러 엔진으로 추진력을 얻어서 날았다. 그런데 해방 후에 제트 엔진을 사용하게 되자 제트 엔진의 소리를 본떠서 '쌕쌕이'라는 새말이 생겼다. (ㄴ)의 '대한민국, 조선인민공화국, 이남(以南), 이북(以北), 남한, 북한' 등의 어휘도 해방 이후에 정치적인 상황이 변화됨에 따라서, 새로운 개념을 표현하기 위해서 만든 새말이다.

둘째, 이전에 이미 존재하던 개념이나 사물을 표현하던 말을 새말로 바꾸어서 사용할 수도 있다. 이는 국어 순화 정책의 일환으로 전개되는 경우가 많았는데, 주로 국어에 쓰이던 일본어, 어려운 한자어, 서양의 외래어 등을 다듬어서 새말로 바꾼 것이다.

(4) ㄱ. 갓길(노견, 路肩), 고추냉이(와사비), 나무젓가락(와라바시), 낱장 광고(찌라시), 단무지(다꾸왕), 어묵(오뎅), 지우개(게시고무), 가락국수(우동)

　　ㄴ. 도우미(봉사자), 먹을거리(음식), 새내기(신입생), 새말(신조어), 새터민(탈북자), 어르신(노인), 해적이(연보, 年譜)

　　ㄷ. 그림말(이코티콘), 내려받기(다운로드), 누리꾼(네티즌), 누리집(← 홈페이지), 다걸기(올인), 댓글(리플), 동아리(서클), 뒷거울(백미러), 뒷이야기(비하인드 스토리), 박음쇠(호치키스), 붙임쪽지(포스트잇), 웃돈(프리미엄), 참살이(웰빙),

(4)에서 (ㄱ)은 일본어, (ㄴ)은 한자말, (ㄷ)은 서양 외래어의 어휘를 국어로 다듬어서 새롭게 만들어서 사용하는 말이다. 이러한 말은 대부분 1970년부터 시작된 국어 순화 운동의 일환으로서 만들어진 새말이라는 특징이 있다.

셋째, '금기어'를 '완곡어'로 바꾸어서 표현하는 과정에서도 새말이 생길 수 있다.[1]

    (5) ㄱ. 변소 → 뒷간 → 화장실

        ㄴ. 봉사 → 맹인 → 시각 장애인

    (6) ㄱ. 천연두(홍역) → 손님(마마)

        ㄴ. 호랑이 → 산신령(산신, 영감, 사또)

(5)와 (6)에 제시된 어휘들은 원래의 말(금기어, 禁忌語)이 부정적으로 인식되는 대상을 직접적으로 표현하므로, 이를 피하기 위해서 완곡어(婉曲語)로써 부드럽게 표현한 말이다. (5)에서 (ㄱ)처럼 '변소(便所)'가 '뒷간(뒤-間)'으로 바뀌었다가 다시 '화장실(化粧室)'로 바뀌었고, (ㄴ)처럼 '봉사'가 '맹인(盲人)'으로 바뀌었다가 다시 '시각 장애인(視覺 障礙人)'으로 바뀌었다. 그리고 (6)에서 (ㄱ)의 '천연두'가 '손님'이나 '마마'로 바뀌었으며, (ㄴ)의 '호랑이'가 '산신령'으로 바뀌었다. (5)와 (6)에 제시된 어휘는 일정한 시기를 거치면서 새말이 연쇄적으로 생겨난 예이다.

3.6.2. 새말의 유형

새말은 형태와 의미의 관련성에 따라서 '형태적 새말'과 '다의적 새말'로 구분할 수 있으며, 단어 형성의 방법에 따라서 '합성어'와 '파생어'의 새말로도 구분할 수 있다.

〈 형태적 새말과 다의적 새말 〉 새말에는 새로운 형태로 형성된 '형태적 새말'과 기존에 쓰이던 어휘 형태에 의미만 새롭게 부여한 '다의적 새말'이 있다.

첫째, '형태적 새말'은 예전에는 없었던 새로운 형태를 만들어서, 새로운 의미를 표현하는 새말이다.

    (7) ㄱ. 개구리 주차, 거품론, 고독사(孤獨死), 홀로족, 물타기, 손전화, 쐬기포, 아나바다(운동), 작업창, 황제주(皇帝株)[2]

---

1) '금기어'는 마음에 꺼려서 하지 않거나 피하는 말인데, 관습, 신앙, 질병, 배설 따위와 관련되는 말이 많다. 반면에 '완곡어'는 듣는 사람의 감정이 상하지 않도록 모나지 않고 부드러운 말이다.

ㄴ. 라이브 카페(live cafe), 블루칩(blue chip), 아바타(avata), 캐시백 서비스(cash-bag service), 네티즌(netizen), 스마트폰(smartphone), CC(campus cuple),

ㄷ. 시월드(媤-world), 베이글녀(baby-얼굴-녀), 짜파게티(짜장면-스파게티), 짜파구리(짜파게티-너구리), 오다리(O형 다리), 멘붕(mental 붕괴), 휴대폰(携帶-phone)

(7)의 어휘는 예전에는 없었던 새로운 형태를 만들어서 새로운 의미를 표현하는 새말이다. 이들 중에서 (ㄱ)의 어휘는 고유어와 고유어가 결합하거나 고유어와 한자어가 결합하여서 형성된 새말이며, (ㄴ)의 어휘는 서양의 외래어가 결합하여서 형성된 새말이다. 그리고 (ㄷ)은 고유어나 한자말에 서양 외래어가 결합하여서 형성된 혼종어의 새말이다.

둘째, '다의적 새말'은 기존에 쓰이던 어휘의 형태를 그대로 이용하되, 그 어휘에 새로운 의미만 부여하여 다시 사용하는 새말이다.

(8) ㄱ. 교통 정리, 군살빼기, 떡값, 번개, 김여사, 낚시, 떡밥

ㄴ. 포털(portal), 리콜(recall), 스펙(spect), 포스(force), 쉴드(shield)

(ㄱ)의 '교통 정리'는 '복잡해진 상황을 정리하여 질서 있게 하다'라는 새로운 의미로 쓰이며, '군살빼기'는 '조직을 효율적으로 운영하기 위하여 자산이나 규모를 줄이다'의 새로운 의미로 쓰인다. (ㄴ)에서 '포털'은 '네티즌들이 인터넷에 접속할 때에 가장 먼저 연결되는 인터넷 사이트'의 새로운 의미로 쓰이며, '리콜'은 '어떤 상품에 결함이 있을 때 생산 기업에서 그 상품을 회수하여 점검·교환·수리하여 주는 제도'라는 새로운 의미로 쓰인다. 이러한 새말은 기존에 쓰이고 있던 단어의 형태를 그대로 유지하면서 새로운 의미를 표현하는 말이다.

〈 합성어의 새말과 파생어의 새말 〉 새말 중에는 단일어가 새롭게 창조되는 일은 그리 흔하지 않으며, 있다고 해도 의성어나 의태어 계통의 것이 대부분이다. 따라서 새말은 하나의 어근으로 된 단일어는 드물고, 대부분 기존에 사용하던 말(어근)을 합쳐서 만든 복합어(합성어나 파생어)이다.

첫째, 어근과 어근이 결합하여서 형성된 '합성어의 새말'이 있다.

---

2) 최근에는 '먹튀, 돌직구, 넘사벽, 품절남, 품절녀, 엄친아, 엄친녀, 얼짱, 몸짱, 먹방, 몸치, 된장녀, 안습' 등의 새말이 많이 쓰이고 있다. 그러나 이들 어휘가 모두 사회적인 공인을 얻어서 지속적으로 쓰이는 것은 아니다. 이들 새말 중에서 대부분은 한때에 크게 유행하다가 언중들의 관심이 잦아들면 일순간에 사라져 버린다.

(9) ㄱ. 꽃-미남), 떡-밥, 누리-집, 웃-돈, 박음-쇠, 떡-실신

　　 ㄴ. 심쿵(심장 + 쿵쿵), 강추(강력 + 추천), 혼밥(혼자 + 밥), 아점(아침 + 점심), 짬짜면(짬
　　　　뽕 + 짜장면), 짜파케티(짜장면 + 스파게티)

　　 ㄷ. 네티켓(네티즌 + 에티켓), 쫄볶이(쫄면 + 떡볶이), 차계부(차 + 가계부)

(ㄱ)이 '꽃미남' 등은 어근의 형태를 온전하게 유지하면서 새말의 합성어가 형성되었다.
반면에 (ㄴ)은 '심쿵'은 본디 단어인 '심장'과 '쿵쿵'의 첫 음절만을 따와서, (ㄷ)의 '네티
켓'은 '네티즌(internet + citizen)'의 첫 음절인 '네'와 '에티켓(étiquette)'의 뒤 음절인 '티
켓'을 따와서 새말의 합성어가 형성되었다.

　둘째, 어근과 파생 접사가 결합하여서 형성된 '파생어의 새말'이 있다.

(10) ㄱ. 엄지-족, 캥거루-족, 야타-족

　　 ㄴ. 몸-치, 길-치, 기계-치, 방향-치

　　 ㄷ. 물타-기, 군살빼-기, 다걸-기, 참살-이

(ㄱ)의 '엄지족'은 어근인 '엄지'에 접미사인 '-족(族)'이 붙어서, (ㄴ)의 '몸치'는 어근이
'몸'에 접미사인 '-치(痴)'가 붙어서, (ㄷ)의 '물타기'는 어근인 '물'과 '타-'에 명사 파생
접미사인 '-기'가 붙어서 형성된 파생어의 새말이다.

　〈 새말 생성의 경향 〉 요즘에는 일상어로 쓰이는 새말도 많이 형성되지만, 특수한 직업
에 종사하는 사람들 사용하는 '전문어(專門語)'에서도 해당 분야의 새말이 많이 생기고
있다. 이들 전문어 중에서도 특히 정보 통신의 기술 분야에서 해마다 수많은 새말이
생겨 나고 있다.

　그리고 청소년 계층에서는 다른 연령의 계층보다도 새말을 더 많이 만들어서 사용하
는 경향이 있다. 이들은 '심쿵, 강추, 혼밥'처럼 이미 쓰이고 있는 둘 이상의 어휘들을
합친 뒤에 그 어휘의 형태를 줄여서 합성어나 파생어의 형태로 사용하고 있다. 이에
따라서 기성 세대들은 청소년들이 생산하는 새말의 뜻을 이해하지 못하여, 젊은 세대와
기성 사이에 의사소통이 어려워지고 있다.

　이처럼 특수한 직업에 종사하는 전문가들이 그들이 활동하는 분야에 쓰이는 새말을
더 많이 생산하고, 청소년 계층이 그들의 욕구에 따라서 새말을 만들어 내는 경향이
갈수록 심화될 것이다. 따라서 우리는 사회를 이루는 구성원 모두가 원활하게 의사소통
을 할 수 있게 하기 위하여, 국어의 문법적인 특성에 맞으면서도 참신한 새말을 만들어
사용할 수 있도록 노력해야 할 것이다.

통 사 론 ④부

제1장 문장 성분

1.1. 문장 성분의 개념

하나의 문장을 구성하는 기본적인 요소를 문장 성분이라고 한다. 이러한 문장 성분으로 쓰일 수 있는 문법적인 단위로는 어절(단어), 구, 절 등이 있다.

1.1.1. 문장의 개념과 성립 조건

'문장(文章, sentence)'은 주어와 서술어를 갖추고 있고, 서술어에 종결 어미가 실현되어 있으며, 의미적인 면에서 통일되고 완결된 내용을 갖추고 있는 언어 형식이다.

> (1) ㄱ. <u>철수가</u> 어제 새 자동차를 <u>샀다</u>.
>
> ㄴ. <u>선생님께서</u> 언제 미국에 <u>가십니까?</u>

(ㄱ)과 (ㄴ)의 문장에는 '철수가'와 '선생님께서'가 주어로 쓰였으며, '샀다, 가십니까'가 서술어로 쓰였다. 그리고 서술어로 쓰인 '사다'와 '가다'에 종결 어미인 '-다'와 '-읍니까'를 실현하고 있고, 의미적인 면에서도 하나의 완결된 사건을 표현하고 있다. 따라서 (1)의 (ㄱ)과 (ㄴ)은 온전한 문장이라고 할 수 있다.

그런데 『고등학교 문법』(2010:148)에서는 다음과 같이 주어와 서술어가 쓰이지 않았거나, 종결 어미가 실현되지 않은 언어 형식도 문장으로 간주하고 있다.

(2) ㄱ. 도둑이야!

　　ㄴ. 정말?

(2)의 '도둑이야!'나 '정말?'은 주어와 서술어의 구조를 갖추지 못하였거나 혹은 종결 어미가 실현되지 않았다. 그러나 의미상으로 완결된 내용을 갖추기만 하면 (2)에 실현된 언어 형식을 문장(소형문, 小形文, minor sentence)으로 인정하는데, 이는 담화 상황이나 문맥을 통하여 생략된 요소(주어, 서술어 등)의 의미를 복원할 수 있기 때문이다.

1.1.2. 문장 성분의 정의

체언, 용언, 수식언, 독립언 등의 '단어'와 이들 단어가 모여서 된 '구'나 '절' 등은 문장 속에서 일정한 기능을 하게 된다. 이처럼 특정한 문법적인 단위가 문장 속에서 담당하는 기능을 '문장 성분(文章成分)'이라고 한다.

(3) 어머나, 철수가 새 옷을 몽땅 내버렸네.

(3)에서 '철수'와 '옷'의 품사는 둘 다 체언인데, '철수'는 주격 조사 '-가'와 결합하여 주어로 쓰였으며, '옷'은 목적격 조사 '-을'과 결합하여 목적어로 쓰였다. 그리고 '내버렸네'는 동사가 서술어로 쓰였으며, '어머나'는 감탄사가 독립어로 쓰였다. 마지막으로 '새'는 관형사가 관형어로 쓰였으며, '몽땅'은 부사가 부사어로 쓰였다. 이처럼 문장 성분은 특정한 언어 형식이 문장 속에서 쓰이는 기능상의 명칭을 일컫는다.

	어머나	철수가	새	옷을	몽땅	내버렸네
품사	감탄사	명사＋조사	관형사	명사＋조사	부사	동사
문장 성분	독립어	주어	관형어	목적어	부사어	서술어

〈표 1〉 품사와 문장 성분

1.1.3. 문장 성분의 재료

하나의 문장은 여러 가지 성분들이 모여서 이루어지는데, 문장 성분으로 쓰일 수 있는 문법적인 단위(언어 형식)로는 '어절(단어), 구, 절' 등이 있다.

〈어절〉 '어절(語節)'은 문장 성분으로 쓰일 수 있는 문법적인 단위 중에서 가장 기본이

되는 것이다.

  (4) ㄱ. <u>철수는</u> <u>훈련소에서</u> <u>훈련을</u> <u>많이</u> <u>받았다.</u>
  　　ㄴ. <u>집에</u> <u>언제</u> <u>가시겠습니까?</u>

(4)의 문장에서 밑줄 그은 말은 모두 어절로서 각각 '주어, 목적어, 부사어, 서술어' 등 여러 가지의 문장 성분으로 쓰이고 있다.

　〈구〉 '구(句, phrase)'는 두 개 이상의 어절이 모여서 하나의 문법적인 단위를 이루는 언어 형식으로서, '주어-서술어'의 짜임을 갖추지 못한 단위이다. 이러한 '구'가 문장 속에서 특정한 문장 성분으로 쓰일 수 있다.

  (5) ㄱ. <u>선생님의 자가용이</u> 방금 견인되었어요.　　　　[명 사 구-주　어]
  　　ㄴ. 어머니께서는 밥을 <u>정말로 빨리 드신다.</u>　　　　[동 사 구-서술어]
  　　ㄷ. 할머니께서 싸 주신 김치는 <u>대단히 싱거웠다.</u>　　[형용사구-서술어]
  　　ㄹ. 김 씨는 <u>아주 헌</u> 가방을 들고 다닌다.　　　　　[관형사구-관형어]
  　　ㅁ. 작년에는 북한 지방에 비가 <u>아주 많이</u> 내렸다.　 [부 사 구-부사어]

(5)의 (ㄱ~ㅁ)에서 밑줄 그은 문법적인 단위는 두 단어 이상으로 짜여 있으면서 각각 '명사, 동사, 형용사, 관형사, 부사'의 역할을 수행하는 구이다. 곧 '선생님의 자가용, 정말로 빨리 드신다, 대단히 싱거웠다, 아주 헌, 아주 많이' 등은 각각 '자가용, 드신다, 싱거웠다, 헌, 많이' 등의 하나의 단어와 동일하게 기능한다. 이와 같이 두 개 이상의 어절로 짜여 있는 구가 문장 속에서 특정한 문장 성분으로 기능할 수도 있다.

　〈절〉 '절(節, clause)'은 주어와 서술어를 갖추고 있으나 종결 어미가 실현되지 않은 언어 형식이다. 이러한 '절'도 문장에서 특정한 문장 성분으로 기능할 수 있다.

  (6) ㄱ. <u>이 책이 많이 팔리기</u>는 거의 불가능하다.　　　　[명사절-주　어]
  　　ㄴ. <u>철수가 만난</u> 사람이 반기문 씨이다.　　　　　　[관형절-관형어]
  　　ㄷ. 철수 씨는 <u>마른 땅에 먼지가 나도록</u> 달렸다.　　　[부사절-부사어]
  　　ㄹ. 김삼순 씨는 <u>고집이</u> 세다.　　　　　　　　　　　[서술절-서술어]
  　　ㅁ. 명박 씨가 <u>"나는 선거에 출마한다."</u>라고 말했어요. [인용절-부사어]

(6)의 문장에서 절의 쓰임을 살펴보면 다음과 같다. (ㄱ)에서 '이 책이 많이 팔리기'는

명사절이며, (ㄴ)에서 '철수가 만난'은 관형절이며, (ㄷ)에서 '마른 땅에 먼지가 나도록'은 부사절이다. 그리고 (ㄹ)에서 '고집이 세다'는 주어로 쓰인 '김삼순 씨는'에 대하여 서술절로 쓰였으며, (ㅁ)에서 '나는 대통령 선거에 출마한다'는 하나의 완전한 문장의 형식으로서 인용하는 절로 쓰였다. 이처럼 주어와 서술어를 갖추고 있는 언어 단위인 절이 문장 속에서 여러 가지의 문장 성분으로 쓰일 수 있다.

1.1.4. 문장 성분의 대략적인 갈래

문장 성분은 문장 속의 기능에 따라서 '주성분, 부속 성분, 독립 성분'으로 나뉜다.

첫째, '주성분(主成分)'은 문장을 이루는 데에 골격이 되는 필수적인 성분인데, 이러한 주성분이 빠지면 문장이 불완전하게 된다. 주성분으로 쓰이는 문장 성분으로는 '서술어, 주어, 목적어, 보어'가 있다.

(7) ㄱ. 철수가 우유를 마신다.   [주어-목적어-서술어]
   ㄴ. 아이가 어른이 되었다.   [주어-보어-서술어]
   ㄷ. 하늘이 맑다.   [주어-서술어]
   ㄹ. 이것은 연필이다.   [주어-서술어]

'서술어(敍述語)'는 '무엇이 어찌하다 / 어떠하다 / 무엇이다'와 같은 문장의 유형에서 '어찌하다, 어떠하다, 무엇이다'의 자리에 설 수 있는 문장 성분이다. 곧 (7)에서 '마시다, 되다, 맑다, 연필이다'가 서술어로 쓰였다. '주어(主語)'는 '무엇이'의 자리에 설 수 있는 문장 성분인데, (7)에서 '철수가, 아이가, 하늘이, 이것은'이 주어로 쓰였다. '목적어(目的語)'는 '무엇이 무엇을 어찌하다'에서 '무엇을'의 자리에 설 수 있는 문장 성분으로서, (ㄱ)의 '우유를'이 목적어로 쓰였다. '보어(補語)'는 문장의 서술어가 '되다' 혹은 '아니다'일 때에 주어 이외에 반드시 문장에 실현되어야 하는 문장 성분으로서, (ㄴ)의 '어른이'가 보어로 쓰였다. 이처럼 주성분은 문장 속에서 반드시 나타나야 하는 문장 성분으로서 임의적으로 생략할 수 없는 문장 성분이다.

둘째, '부속 성분(附屬成分)'은 주성분을 수식하는 문장 성분으로서 '관형어'와 '부사어'가 있다. 이러한 부속 성분은 문장을 짜 이루는 데에 필수적인 성분이 아니므로, 수의적으로 실현된다.

(8) 철수는 새 책을 모조리 불태웠다.

먼저 '관형어(冠形語)'는 체언을 수식하는 문장 성분이다. (8)의 문장에서 '새'는 관형어로서 그 뒤에서 실현되는 체언인 '책'을 수식한다. 그리고 '부사어(副詞語)'는 용언을 비롯한 여러 가지 문법적 단위를 수식하는 문장 성분인데, (8)의 문장에서 '모조리'는 부사어로서 용언인 '불태웠다'를 수식한다.

셋째, '독립 성분(獨立成分)'은 그 뒤에 실현되는 다른 성분과 문법적인 관계를 맺지 아니하고 독립적으로 쓰이는 문장 성분이다.

(9) ㄱ. <u>어머나</u>, 벌써 날이 밝았구나.　　(10) ㄱ. 어머나.
　　ㄴ. <u>철수야</u>, 이 짐을 좀 들어 주렴.　　　　ㄴ. 철수야.

(9)의 (ㄱ)에서 '어머나'는 감탄사이며, (ㄴ)에서 '철수야'는 명사에 호격 조사가 결합된 말이다. 이들은 그 뒤에 나타나는 어떠한 문장 성분과도 문법적인 관계를 맺지 아니하므로 독립 성분(독립어)으로 쓰였다. 독립 성분은 (10)처럼 단독으로 쓰일 수 있다.

1.2. 문장 성분의 종류

문장 성분의 종류에는 주성분으로 '서술어, 주어, 목적어, 보어' 등이 있고, 부속 성분으로 '관형어'와 '부사어'가 있으며, 독립 성분으로는 '독립어'가 있다.

1.2.1. 서술어

(가) 서술어의 개념

'서술어(敍述語, predicate)'는 주어로 표현되는 대상의 동작이나 상태, 성질 등을 풀이하는 문장 성분이다. 문장 속에서 서술어로 쓰일 수 있는 언어 형식은 다음과 같다.

첫째, 동사와 형용사는 직접적으로 서술어로 쓰일 수 있다.

(11) ㄱ. 괴물이 한강에 <u>나타났다</u>.
　　ㄴ. 하늘이 정말로 <u>푸릅니다</u>.
　　ㄷ. 스님은 홀연히 산속으로 <u>사라져 버렸다</u>.

(ㄱ)에서 '나타났다'는 동사로서 문장 속에서 주어로 쓰인 '괴물'의 동작을 풀이하였으

며, (ㄴ)에서 '푸릅니다'는 형용사로서 '하늘'의 상태를 풀이하였다. 그리고 (ㄷ)에 쓰인 보조 용언 '버리다'는 일반적인 용언과는 달리 실질적인 의미도 없고 자립성도 없으므로, 그 앞에 실현된 본용언과 함께 하나의 서술어로 쓰였다. 곧 (ㄷ)에서 '사라져 버렸다'는 [본용언＋보조 용언]의 구성으로서 하나의 서술어로 기능하였다.

둘째, 체언이나 명사구, 그리고 명사절에 '-이다'가 붙어서 서술어로 쓰일 수 있다.

(12) ㄱ. 이 사람이 <u>권상우입니다</u>.
ㄴ. 어제 아버님께서 데리고 온 사람은 <u>아버님의 친구였다</u>.
ㄷ. 동생을 비난하는 것은 <u>누워서 침뱉기이다</u>.

(ㄱ)에서 '권상우입니다'는 체언에 서술격 조사인 '-이다'가 결합하여서 서술어로 쓰였다. 마찬가지로 (ㄴ)에서는 명사구인 '아버님의 친구'에 '-이다'가 연결되어서, (ㄷ)에서는 명사절인 '(X가) 누워서 침뱉기'에 '-이다'가 연결되어서 서술어로 쓰였다.

셋째, 서술절이 서술어로 쓰이는 경우도 있다.

(13) ㄱ. 형은 <u>키가 크다</u>.
ㄴ. 국화가 <u>꽃이 핀다</u>.

(ㄱ)에서 전체 문장의 주어로 쓰인 '형은'에 대하여 '키가 크다'는 서술어로 쓰였으며, (ㄴ)에서 전체 문장의 주어로 쓰인 '국화가'에 대하여 '꽃이 핀다'는 서술어로 쓰였다. 그런데 이들 문장에서 서술어로 기능하는 '키가 크다'와 '꽃이 핀다'는 그 자체로 주어와 서술어의 짜임새를 갖추고 있어서 절의 구조를 취하고 있다. 따라서 (13)에서 '키가 크다'와 '꽃이 핀다'는 서술절이 전체 문장의 서술어로 쓰인 것이다.

(나) 서술어의 자릿수

문장에서 서술어가 반드시 필요로 하는 문장 성분의 수는 정해져 있다. 이처럼 문장에서 서술어가 반드시 필요로 하는 문장 성분의 수를 '서술어의 자릿수'라고 한다.

서술어의 유형을 자릿수에 따라서 분류하면, '한 자리 서술어, 두 자리 서술어, 세 자리 서술어'로 나눌 수 있다.

〈 한 자리 서술어 〉 '한 자리 서술어'는 필수적으로 요구하는 문장 성분이 하나뿐인 서술어로서, 주어만 있으면 완전한 문장을 이루는 서술어이다.

(14) ㄱ. 꽃이 잘 <u>자란다</u>.

　　ㄴ. 온 산이 정말로 <u>푸르다</u>.

　　ㄷ. 이것은 <u>모자다</u>.

한 자리 서술어로 쓰이는 동사로는 (ㄱ)의 '자라다, 놀다, 울다, 쏟아지다, 피다, 타다, 끓다, 짖다'와 같은 자동사가 있다. 그리고 형용사로서는 (ㄴ)의 '푸르다, 짜다, 둥글다, 넓다, 희다' 등이 있다. (ㄷ)에서는 '체언+이다'가 서술어로 쓰였는데, '체언+이다'도 주어만을 필수적으로 요구하므로 한 자리 서술어이다.

　〈 **두 자리 서술어** 〉'두 자리 서술어'는 필수적으로 요구하는 문장 성분이 두 개인 서술어이다.

　첫째, 동사인 경우에 자동사와 타동사가 모두 두 자리 서술어로 쓰일 수 있다.

(15) ㄱ. 뽕밭이 바다가 <u>되었다</u>.

　　ㄴ. 큰 아이가 작은 아이를 <u>때렸다</u>.

(ㄱ)의 '되다, 바뀌다, 잡히다, 다니다, 모이다, 맞다' 등은 자동사인데, 이들이 서술어로 쓰이면 주어 이외에도 보어나 부사어를 반드시 취한다. 그리고 (ㄴ)의 '때리다, 끓이다, 바라보다' 등은 타동사로서, 이들이 문장에서 서술어로 쓰이면 주어 이외에도 목적어를 반드시 취한다.

　둘째, 형용사도 주어 이외에 부사어나 보어를 취하거나, 서술절 속의 주어를 필수적으로 취해서 두 자리 서술어로 쓰일 수 있다.

(16) ㄱ. 아내의 얼굴이 백지장과 <u>같다</u>.

　　ㄴ. 현복 씨는 나쁜 사람이 <u>아니다</u>.

(ㄱ)처럼 '같다, 다르다'가 서술어로 쓰이면 '백지장과'와 같은 부사어를 필수적으로 실현해야 하다. 그리고 (ㄴ)처럼 '아니다'가 서술어로 쓰이면 보어인 '나쁜 사람이'를 반드시 실현해야 한다.

　〈 **세 자리 서술어** 〉'세 자리 서술어'는 필수적으로 요구하는 문장 성분이 세 개인 서술어로서, 주어 이외에도 목적어와 부사어를 필수적으로 요구한다.

(17) ㄱ. 할아버지께서는 철수에게 돈을 <u>주셨다</u>.

ㄴ. 철수는 사과를 주머니에 <u>담았다</u>.

ㄷ. 영희는 자신의 고민을 동생과 <u>의논했다</u>.

(17)의 '주다, 담다, 의논하다, 알리다, 삼다'와 같은 타동사의 서술어는 주어와 목적어뿐만 아니라, '철수에게, 주머니에, 동생과'와 같은 부사어를 필수적으로 요구하기 때문에 '세 자리 서술어'이다.

〈 **서술어의 자릿수와 문장의 구조** 〉 서술어의 자릿수는 서술어로 쓰이는 용언 자체의 통사적 특질과 의미적 특질에 따라서 결정된다. 그러므로 특정한 서술어가 문장에 쓰이면 그것이 필수적으로 요구하는 문장 성분이 자동적으로 결정된다.

(18) ㄱ. X가 <u>예쁘다</u>.　　　　　　　　[예쁘다 : 한 자리 서술어]

ㄴ. X가 Y를 <u>때리다</u>.　　　　　　　[때리다 : 두 자리 서술어]

ㄷ. X가 Y를 Z로 <u>삼다</u>.　　　　　　[삼다　 : 세 자리 서술어]

예를 들어서 어떠한 문장에서 '예쁘다, 때리다, 삼다'가 서술어로 쓰이면, 문장의 기본 구조가 각각 (ㄱ), (ㄴ), (ㄷ)처럼 실현된다. 이처럼 문장의 기본적인 골격은 서술어의 자릿수에 의해서 자동적으로 결정되므로, 문장 성분 중에서 서술어가 가장 중요한 역할을 한다.

(다) 서술어의 선택 제약

서술어로 쓰이는 용언이 다른 문장 성분을 선택할 때에는 특별한 종류의 말을 제한하여 선택하게 된다. 이러한 현상을 '선택 제약(選擇制約, selectional restriction)'이라고 하고, 이처럼 선택 제약을 나타내는 규칙을 '선택 제약 규칙(選擇制約規則, selectional restriction rule)'이라고 한다.

먼저 자동사인 '흐르다'를 서술어로 취하는 문장의 선택 제약은 다음과 같다.

(19) ㄱ. 물이 흐른다.

ㄴ. 흐르다 : [주어(유동체)]

(19)에서 '흐르다'는 문장에서 서술어로 쓰이면 주어를 필수적으로 요구하는데, 이때 주어 자리에 설 수 있는 체언은 '유동체'여야 한다. '흐르다'에서 나타나는 선택 제약을

규칙화하면 '흐르다[주어(유동체)]'와 같이 된다.

타동사인 '마시다'를 서술어로 취하는 문장의 선택 제약을 나타내면 다음과 같다.

(20) ㄱ. <u>사람</u>이 <u>물</u>을 마신다.

ㄴ. 마시다 : [주어(유정물)＋목적어(유동체)]

(20)에서 '마시다'는 두 자리 서술어이기 때문에 주어와 목적어를 취한다. 그런데 '마시다'가 서술어로 쓰이는 문장에서는 주어와 목적어로서 아무 체언이나 쓰일 수 있는 것이 아니다. 곧, 주어의 자리에 올 수 있는 체언은 '유정물'이어야 하고, 목적어의 자리에 올 수 있는 체언은 '물'과 같은 '유동체'여야 한다는 제약이 있다. '마시다'에서 나타나는 선택 제약을 규칙화하면 '마시다[주어(유정물)＋목적어(유동체)]'와 같이 된다.

1.2.2. 주어

(가) 주어의 개념

'주어(主語, subject)'는 문장에서 서술어로 표현되는 동작이나 상태 혹은 성질의 주체를 나타낸다. 주어는 체언이나 체언 구실을 하는 구나 절에 주격 조사가 붙어서 실현되는데, 주격 조사의 형태로는 '-이/-가'와 '-께서', '-에서' 등이 있다.

(21) ㄱ. APEC 정상 회담 이후에 <u>광안대교가</u> 유명해졌다.

ㄴ. 어제 오후에 <u>대통령께서</u> 개헌을 발의하<u>셨</u>다.

ㄷ. 교육부<u>에서</u> 2008학년도부터 수능 시험을 폐지했다.

(22) ㄱ. <u>금자 씨의 친구가</u> 어제 우리 가게에 찾아왔어요.

ㄴ. <u>백두산에 오르기가</u> 정말 힘들었다.

ㄷ. <u>한라산에 눈이 내렸음이</u> 확실하다.

(23) <u>철수가 돈을 얼마나 잃었느냐가</u> 문제다.

(21)의 (ㄱ)에서는 체언에 주격 조사 '-가'가 붙어서, (ㄴ)에서는 높임의 대상인 '대통령'에 주격 조사 '-께서'가 붙어서, (ㄷ)에서는 단체의 뜻을 나타내는 무정 명사인 '교육부'에 주격 조사 '-에서'가 붙어서 주어로 쓰였다. (22)의 (ㄱ)에서는 명사구인 '금자 씨의

친구'에, (ㄴ)과 (ㄷ)에서는 명사절에 '-이/-가'가 붙어서 주어로 쓰였다. 끝으로 (23)에서는 문장인 '철수가 돈을 얼마나 잃었느냐'에 '-가'가 붙어서 주어로 쓰였다.

그런데 주격 조사가 생략되거나 주격 조사 대신에 보조사가 붙어서, 주격 조사가 문맥에 실현되지 않은 상태로 주어가 표현될 수도 있다.

(24) ㄱ. <u>어머님</u> 집에 도착하셨니?
　　 ㄴ. <u>물은</u> 생명을 이루는 원천이다.

(ㄱ)에서는 주어로 쓰인 말에 주격 조사인 '-께서'가 생략되었다. 그리고 (ㄴ)에서는 주어로 쓰인 체언에 보조사인 '-은'과 '-도'가 붙으면서 주격 조사가 표현되지 않은 경우도 있는데, 이때는 주격 조사 '-이/-가'가 숨어 있는 것으로 보아야 한다.

(나) 주어의 특징

주어는 체언이나 체언과 같은 역할을 하는 구나 절에 주격 조사가 붙어서 실현되는데, 주어는 다음과 같은 통사적인 특징이 있다.

첫째, 문장에서 주어로 표현되는 대상(주체)이 화자보다 상위자일 때는 그 주체를 높여서 표현할 수 있는데, 이러한 표현을 '주체 높임 표현'이라고 한다.

(25) ㄱ. <u>선생님께서</u> 내일 우리 집에 오신다.
　　 ㄴ. <u>철수가</u> 내일 우리 집에 <u>온다</u>.

(ㄱ)에서 주체가 화자보다 상위자이기 때문에 주체를 높여서 표현하였다. 곧 주어에 조사 '-께서'나 파생 접사인 '-님'을 붙이고 동시에 용언의 어간에 선어말 어미인 '-시-'를 붙여서 주체 높임의 표현을 실현하였다. 반면에 (ㄴ)에서는 주체인 '철수'가 화자보다 상위자가 아니기 때문에 주체 높임 표현을 실현하지 않았다.

둘째, 국어에서는 하나의 문장 속에서 두 개 이상의 주어가 실현될 수도 있다.

(26) ㄱ. <u>기린이</u> <u>목이</u> 길다. 　　　　　　　　　　　[상태]
　　 ㄴ. <u>국화가</u> <u>꽃이</u> 핀다. 　　　　　　　　　　　[과정]

(27) ㄱ. [<u>기린이</u>주어 [<u>목이</u>주어 길다]서술절]
　　 ㄴ. [<u>국화가</u>주어 [<u>꽃이</u>주어 핀다]서술절]

(26)처럼 '길다'나 '피다'와 같은 상태(state)나 과정(process)을 나타내는 비행동성 용언이 서술어로 쓰이면, 주어의 형식을 갖춘 문장 성분이 두 개가 실현될 수 있다. 만일 (26)의 문장을 홑문장으로 보게 되면 이 문장은 주어가 두 개 실현된 문장(이중 주어문)으로 처리할 수 있다. 다만, 『고등학교 문법』(2010)에서는 (26)의 문장을 (27)의 구조로 된 것으로 보아서 서술절을 안은 문장으로 처리한다.

1.2.3. 목적어

(가) 목적어의 개념

'목적어(目的語, object)'는 타동사로 표현되는 동작의 대상이 되는 문장 성분이다. 목적어는 체언 혹은 체언 구실을 하는 구나 절에 목적격 조사가 붙어서 실현되는데, 목적격 조사의 변이 형태로는 '-을/-를/-ㄹ'이 있다. 여기서 '-을'과 '-를'은 음운론적 변이 형태이며 '-ㄹ'은 '-를'의 준말이다.

(28) ㄱ. 조흥 씨는 한참 거리를 헤맨 뒤에 광안대교를 찾았다.
　　 ㄴ. 이영애 씨는 3년 동안 날 따라다녔다.
　　 ㄷ. 백 선생은 금자 씨의 팔을 잡아당겼다.
　　 ㄹ. 눈이 너무 많이 내려서 등반대는 백두산에 오르기를 포기했다.

(ㄱ)에서는 체언인 '광안대교'에 '-를'이 붙어서 목적어로 쓰였고, (ㄴ)에서는 '나'에 '-ㄹ'이 붙어서 목적어로 쓰였다. 그리고 (ㄷ)에서는 명사구인 '금자 씨의 팔'에 '-을'이 붙어서 목적어로 쓰였으며, (ㄹ)에서는 명사절인 '(등반대가) 백두산에 오르기'에 '-를'이 붙어서 목적어로 쓰였다.

　그런데 체언 뒤에서 실현되는 목적격 조사가 생략되어서, 체언 단독으로 목적어로 쓰이는 경우가 있다.

(29) ㄱ. 철수야 어머님 모시고 왔니?
　　 ㄴ. 나 아직 밥 안 먹었다.

(29)에서 '어머님'과 '밥'은 목적격 조사가 생략된 채로 목적어로 쓰였다. 이들 체언은 서술어인 의미상 '모시다'와 '먹다'가 표현하는 행위의 객체가 되므로, 문장의 목적어임을 확인할 수 있다.

목적어에 '-은, -도, -만, -부터, -까지' 등의 보조사가 실현되면 목적격 조사가 생략
될 수 있다.

(30) ㄱ. 철수 씨가 영자를 끔찍이 사랑했다.
　　 ㄴ. 철수 씨가 영자는/도/만(을)/부터/까지 끔찍이 사랑했다.

(ㄴ)에서 목적어로 쓰인 '영자'에 보조사인 '-는'과 '-도'가 붙으면 목적격 조사가 반드시
생략된다. 그리고 목적어에 보조사 '-만'이 실현될 때에는 목적격 조사는 임의적으로
생략될 수 있다.

(나) 목적격의 기능이 없는 목적어

『고등학교 문법』(2010:152)과 『고등학교 교사용 지도서 문법』(2010:191)에서는 '-을/-
를'이 붙은 체언을 모두 목적어로 처리한다. 이렇게 되면 다음과 같이 '-을/-를'이 실현
되었지만 목적격의 기능이 없는 문장 성분도 목적어로 처리해야 한다.

(31) ㄱ. 강도는 지나가는 <u>행인을</u> 머리를 때렸다.　　[소유자 : 행인<u>의</u>]
　　 ㄴ. 나는 <u>점심을</u> 자장면을 먹었다.　　　　　　[종류 : 점심<u>으로</u>]
　　 ㄷ. 할아버지는 고구마를 <u>두 가마를</u> 팔았다.　　[수량 : 두 가마]

(32) ㄱ. 철수 씨가 이 책을 <u>나를</u> 주었다.　　　　　[도착지 : 나<u>에게</u>]
　　 ㄴ. 사장님은 작년에 <u>일본을</u> 다녀왔다.　　　　[목적지 : 일본<u>에</u>]
　　 ㄷ. 영자 씨가 탄 비행기는 <u>이탈리아를</u> 향했다.　[방향 : 이탈리아<u>로</u>]
　　 ㄹ. 우리는 어제 <u>필리핀을</u> 떠났다.　　　　　　[출발지 : 필리핀<u>에서</u>]
　　 ㅁ. 신도들은 범어사의 <u>큰스님을</u> 만났다.　　　[상대 : 큰스님<u>과</u>]
　　 ㅂ. 철수는 <u>아버지를</u> 닮았다.　　　　　　　　[비교 : 아버지<u>와</u>]

그런데 이들 목적어가 문장의 서술어와 맺는 의미적인 관계를 점검해 보면, 이들은 목적
어가 아니고 다른 문장 성분일 가능성이 높다. 곧 (31)에서 '행인'은 소유자의 뜻으로
쓰이면서 관형어처럼 기능하며, '점심을'은 종류의 뜻으로 쓰이면서 부사어처럼 기능한
다. 그리고 '두 가마를'은 선행 체언인 '고구마'와 동격의 관계를 유지하면서 수량의 뜻으
로 쓰인다. (32)에서 목적어로 표현된 '나를, 일본을, 이탈리아를, 필리핀을, 큰스님을,
아버지를'은 서술어와 관련해서 '도착지, 목적지, 방향, 출발지, 상대, 비교' 등의 의미를

나타내면서 부사어처럼 기능한다.

　이러한 점을 감안하면 (31)과 (32)에서 밑줄 그은 말에 붙은 '-을/-를'을 목적격 조사로 보지 않고 강조의 뜻을 나타내는 보조사로 볼 가능성이 있다. 그러나 이러한 가능성에도 불구하고 『고등학교 문법』(2010:152)에서는 이들을 모두 목적어로 처리하고, 여기에 쓰인 '-을/-를'의 기능을 '목적격 조사의 보조사적 용법(강조 용법)'으로 보았다.

1.2.4. 보어

(가) 보어의 개념

　'보어(補語, complement)'는 '되다'나 '아니다'가 서술어로 쓰일 때에, 주어와 함께 반드시 문장에 실현되어야 하는 문장 성분이다. 보어는 체언이나, 체언과 같은 역할을 하는 구나 절에 보격 조사인 '-이/-가'가 붙어서 성립된다.

　　(33) ㄱ. 저 아이가 벌써 <u>어른이</u> 되었구나.
　　　　 ㄴ. 이 차는 <u>김철수 씨의 자동차가</u> 아닙니다.
　　　　 ㄷ. 이번 일은 <u>누워서 떡 먹기가</u> 되었습니다.

(ㄱ)에서는 체언인 '어른'이 보어로 쓰였고, (ㄴ)에서는 명사구인 '김철수 씨의 자동차'가 보어로 쓰였으며, (ㄷ)에서는 명사절인 '누워서 떡 먹기'가 보어로 쓰였다.

(나) 보어의 설정

　일반적으로 하나의 서술어에는 하나의 주어가 실현된다. 그런데 '되다'나 '아니다'가 서술어로 쓰이면 홑문장에서 '-이/-가'가 붙는 문장 성분이 두 개가 필수적으로 실현된다.

　　(34) ㄱ. 뽕밭이 <u>바다가</u> 되었구나.
　　　　 ㄴ. 저 사람은 <u>인간이</u> 아니다.

국어 문법에서 (34)의 '바다가'와 '인간이'를 처리하는 방법으로는, 이들을 이중 주어로 처리하는 방법, 서술절 속의 주어로 처리하는 방법, 그리고 보어로 처리하는 방법 등이 있다. 『고등학교 문법』(2010:152)에서는 '보어'라는 별도의 문장 성분을 설정하고 (34)에 실현된 '바다가'와 '인간이'처럼, '되다'와 '아니다'가 주어와 더불어서 필수적으로 요구하는 문장 성분을 보어로 처리한다.

1.2.5. 관형어

(가) 관형어의 개념

'관형어(冠形語, adnominal phrase)'는 체언을 수식하는 문장 성분이다. 관형어는 '관형사', '관형절', '체언＋관형격 조사', '체언' 등 다양한 형식으로 실현된다.

(35) ㄱ. <u>새</u> 가방은 <u>헌</u> 가방과 무엇이 달라요?
　　 ㄴ. 향숙 씨는 <u>향기가 좋은</u> 커피를 마시면서 추억에 잠겼다.
　　 ㄷ. 우리는 1970년대에 <u>한강의</u> 기적을 이루었다.
　　 ㄹ. 저것이 <u>금강산</u> 그림이냐?

(ㄱ)에는 '새, 헌' 등의 관형사가 직접 관형어로 쓰였다. (ㄴ)에는 관형절인 '향기가 좋은'이 관형어로 쓰였는데, 관형절 속의 서술어로 쓰인 '좋다'는 관형사형으로 실현된다. (ㄷ)에는 체언에 관형격 조사 '-의'가 결합하여 관형어로 쓰였으며, (ㄹ)에는 체언이 다른 체언 앞에서 관형어로 쓰였다.

(나) 관형어의 특징

〈 관형어의 의존성 〉 관형어와 부사어는 둘 다 부속 성분으로서 의존성이 강하다. 그리고 관형어와 부사어 중에서도 관형어는 의존성이 매우 강해서 중심어 없이 단독으로 쓰일 수가 없다. 곧, 부사어는 어떠한 발화 장면이나 문맥이 주어지면 단독으로 발화되는 경우가 있으나, 관형어는 어떠한 경우에도 단독으로 실현되지는 않는다.

(36) <u>새</u> 도끼를 줄까, <u>헌</u> 도끼를 줄까?

(37) ㄱ. 새 도끼요.
　　 ㄴ. *<u>새</u>　∅

(36)의 질문에 대하여 (37ㄱ)처럼 관형어와 체언을 함께 발화하면 문법적인 표현이 되지만, (37ㄴ)처럼 관형어만 단독으로 발화하면 비문법적인 표현이 되었다.
〈 관형어의 제한 기능 〉 관형어가 특정한 체언을 수식하면 그 체언의 의미가 제한(한정)

되는 것이 일반적이다. 예를 들어서 '도끼'가 지시하는 대상은 '세상에 존재는 모든 도끼'
이다. 이에 반해서 (36ㄱ)에서 '새 도끼'는 세상에 존재하는 모든 도끼 중에서 '새로 만든
도끼'나 '새로 구입한 도끼'만을 제한하여 지시한다.

1.2.6. 부사어

부사어는 관형어처럼 다른 문장 성분을 수식하는 부속 성분이다. 다만 관형어는 체언
을 수식하는 데에 반해서, 부사어는 용언을 비롯한 여러 가지 언어적인 단위를 수식하거
나 문장이나 단어를 이어 주는 등 그 기능이 매우 다양한 것이 특징이다.

(가) 부사어의 개념

〈 부사어의 개념 〉 '부사어(副詞語, adverbial phrase)'는 '서술어(용언), 관형어, 부사어, 문장'
등을 수식하거나, 문장이나 단어를 잇는 문장 성분이다.

(38) ㄱ. 우리는 아침부터 저녁까지 <u>공장에서</u> 작업했다.
　　　ㄴ. <u>다행히</u> 새터민들은 모두 한국 영사관에 들어갈 수 있었다.
　　　ㄷ. 등반대는 정상에 도착했다. <u>그러나</u> 거기에는 아무것도 없었다.

부사어는 그 뒤에 실현되는 특정한 문장 성분이나 문장 전체를 수식할 수 있다. 곧 (ㄱ)
의 '공장에서'는 서술어인 '작업했다'를 수식하며 (ㄴ)의 '다행히'는 그 뒤에 실현된 문장
전체를 수식한다. 이와는 달리 부사어가 단어나 문장을 이어 주기도 하는데, (ㄷ)의 '그
러나'는 앞의 문장과 뒤의 문장을 이었다. 이처럼 부사어는 문법적인 성격과 기능이 매
우 다양한 것이 특징이다.

〈 부사어의 재료 〉 부사어로 쓰일 수 있는 언어 단위로는 '부사', '체언(구)＋부사격 조
사', '관형절＋부사어성 의존 명사', '부사절' 등이 있다.

첫째, 부사가 단독으로 부사어로 쓰일 수 있다.

(39) ㄱ. 시간이 늦었으니 <u>어서</u> 떠납시다.
　　　ㄴ. 오늘은 날씨가 <u>매우</u> 차다.

(39)에서 '어서'와 '매우'는 부사인데, 다른 언어 형식에 기대지 않고 서술어인 '떠납시다'
와 '차다'를 단독으로 수식하면서 부사어로 쓰였다.

둘째, 체언(구)에 부사격 조사가 실현되어서 부사어로 쓰일 수 있다.

(40) ㄱ. 철수가 지금 <u>집에</u> 있다.   [존재의 위치]

    ㄴ. 영호가 <u>의자에</u> 앉았다.   [귀착점]

    ㄷ. 선생님은 <u>미라에게</u> 성적표를 주었다.   [상대자]

    ㄹ. 홍삼은 <u>몸에</u> 좋다.   [목적 대상]

    ㅁ. 민수는 지금 <u>안방에서</u> 잔다.   [행위의 장소]

    ㅂ. 이 차는 <u>서울에서</u> 부산까지 간다.   [시발점]

    ㅅ. 대통령은 다음 주에 <u>중국으로</u> 떠난다.   [방향]

    ㅇ. 그 일은 <u>나중에</u> 생각하자.   [시간]

    ㅈ. 어머니는 종이를 <u>칼로써</u> 잘랐다.   [수단, 도구]

    ㅊ. 할아버지는 <u>병으로</u> 입원했다.   [원인]

    ㅋ. 김 교수는 김영애 씨와 <u>친구로</u> 사귄다.   [자격]

    ㅌ. 나는 <u>순희와</u> 싸웠다.   [상대]

    ㅍ. 우리는 <u>어머니와</u> 시장에 간다.   [동반]

    ㅎ. 영희는 <u>철수보다</u> 힘이 세다.   [비교]

(40)에서는 '체언＋부사격 조사'의 형식으로 짜인 부사어가 서술어를 수식한다. 이처럼
'체언＋부사격 조사'의 형식으로 실현된 부사어는 부사격 조사나 서술어로 쓰이는 용언
의 종류에 따라서, '존재의 장소, 귀착점, 상대자, 목적 대상, 행위의 장소, 시발점, 방향,
시간, 수단 및 도구, 원인, 자격, 상대, 동반, 비교' 등의 다양한 의미를 나타낸다.
  셋째, 관형절의 뒤에 '부사어성 의존 명사'가 실현되어서, 관형절과 의존 명사를 포함
한 전체 구성이 부사어로 쓰일 수 있다.

(41) 방 안은 <u>숨소리가 들릴 만큼</u> 조용했다.

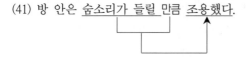

(42) ㄱ. 사냥꾼은 노루를 <u>숨이 붙어 있는 채(로)</u> 잡았다.

    ㄴ. 너는 <u>내가 시키는 대로</u> 하여라.

    ㄷ. 그는 <u>사건의 내막을 전혀 모르는 척</u> 딴전을 부렸다.

부사어성 의존 명사는 그 앞의 관형절을 포함한 전체 구성이 서술어를 수식하여 부사어

로 기능하게 하는 의존 명사이다. 곧 (41)에서 관형절인 '숨소리가 들릴'에 뒤에 부사어성 의존 명사인 '만큼'이 실현되어서 짜인 '숨소리가 들릴 만큼'이 서술어로 쓰인 '조용했다'를 수식하고 있다. 마찬가지로 (42)에서도 관형절과 부사어성 의존 명사로 짜인 전체 구성이 부사어로 쓰였다.

넷째, 부사절이 부사어로 쓰일 수 있다. 곧, 용언의 어간에 부사형 어미인 '-게'나 '-도록'이 붙거나 부사 파생 접미사인 '-이'가 붙어서 부사어로 쓰일 수가 있다.

(43) ㄱ. 영자는 키스를 거부하는 철수를 <u>죽도록</u> 때렸다.

ㄴ. 국화가 <u>아름답게</u> 피었다.

ㄷ. <u>안타깝게도</u> 한국 축구 팀이 브라질 축구 팀에 3 대 1로 졌다.

(44) ㄱ. 가을비가 <u>소리 없이</u> 내렸다.

ㄴ. 철수는 고스톱을 <u>돈도 없이</u> 쳤다.

(43)의 문장에서는 부사절을 형성하는 용언의 부사형이 부사어로 쓰였다. 곧 (ㄱ)의 '(철수가) 죽도록'과 (ㄴ)의 '(국화가) 아름답게', (ㄷ)의 '(내가) 안타깝게'는 각각 용언인 '죽다'와 '아름답다', '안타깝다'의 어간에 부사형 전성 어미인 '-도록'과 '-게'가 붙어서 된 부사어이다. 그리고 (44)에서 (ㄱ)의 '소리 없이'와 (ㄴ)의 '돈도 없이'에서 '없이'는 '없다'의 어간에 부사 파생 접미사인 '-이'가 붙어서 절 전체를 부사어로 쓰이게 하였다.[1]

〈 **수의적 부사어와 필수적 부사어** 〉부사어는 부속 성분이므로 수의적(임의적)으로 문장에 실현되는 것이 일반적이다. 하지만 서술어의 종류에 따라서는 특정한 부사어가 필수적으로 실현되어야 하는 경우도 있다.

ⓐ **수의적 부사어** : 부사어는 원칙적으로 문장에서 수의적으로 실현된다. '체언+부사격 조사'의 형식으로 된 부사어도 수의적으로 쓰일 수가 있다.

(45) ㄱ. 영철 씨는 <u>순희 씨와</u> 영화를 보았다.

ㄴ. 나는 <u>세 시쯤에</u> 집으로 가겠다.

ㄷ. 유비는 장비를 <u>한강에서</u> 붙잡았다.

ㄹ. 할아버지는 어제 <u>관절염으로</u> 입원했다.

---

1) (43)에서 '(철수가) 죽도록'과 (ㄴ)의 '(국화가) 아름답게', (ㄷ)의 '(내가) 안타깝게'는 주어가 생략된 부사절이다. 그리고 (44)에서 '소리 없이'와 '돈도 없이'는 부사 파생 접미사인 '-이'로써 부사절이 형성되었다.

(45)에서 밑줄 그은 부사어는 모두 수의적인 성분인데, 이러한 수의적 부사어는 문장에서 실현되지 않아도 문장의 문법성에는 영향을 주지 않는다.

ⓑ **필수적 부사어** : '체언＋부사격 조사'의 형식으로 된 부사어 중에는, 서술어로 쓰이는 용언의 자릿수의 특성에 따라서 필수적으로 실현되어야 하는 것들이 있다.

> (46) ㄱ. 이것은 <u>저것과</u> 다르다.
>
> ㄴ. 병사들은 전리품을 <u>가방에</u> 넣었다.
>
> ㄷ. 삼촌은 <u>한국대학교에</u> 다닌다.
>
> ㄹ. 그는 어제 <u>애인에게서</u> 초콜릿을 받았다.
>
> ㅁ. 홍길동 씨는 <u>아버지와</u> 닮았다.
>
> ㅂ. 인호는 <u>동생과</u> 싸웠다.

(46)의 부사어는 문맥에 실현되지 않으면 비문법적인 문장이 된다. 이처럼 (46)의 문장에서 부사어를 생략하면 비문법적으로 되는 것은 서술어로 쓰인 '다르다, 넣다, 다니다, 받다, 닮다, 싸우다'가 자릿수의 특성상 부사어를 필수적으로 요구하기 때문이다. 이러한 점을 감안하면 (46)에서 밑줄 그은 부사어들은 앞의 (45)에서 쓰인 일반적인 부사어처럼 수의적 성분이라 하기 어렵다. 『고등학교 문법』(2010:154)에서는 (46)에 쓰인 부사어에 나타나는 이러한 특성에 따라서, 이들 부사어를 '필수적 부사어'로 처리한다.

1.2.7. 독립어

(가) 독립어의 개념

'독립어(獨立語)'는 문장 중의 다른 성분과 직접적인 관계를 맺지 않고, 홀로 쓰이는 문장 성분이다. 일반적으로 감탄사는 모두 독립어로 쓰이며, 체언에 호격 조사가 결합한 형태도 독립어로 쓰인다.

> (47) ㄱ. <u>야</u>, 눈이 펑펑 내린다.
>
> ㄴ. <u>순영아</u>, 빨리 일어나.

> (48) ㄱ. 눈이 펑펑 내린다.   (49) ㄱ. 야!
>
> ㄴ. 빨리 일어나.   ㄴ. 순영아!

(47)의 (ㄱ)에서 '야'는 감탄사가 독립어로 쓰였으며, (ㄴ)에서 '순영아'는 체언에 호격 조사가 실현되어서 독립어로 쓰였다. 이들 독립어는 문장 속의 다른 성분과 통사적인 관계를 맺지 않고 홀로 쓰이는 것이 특징이다. 이러한 특징 때문에 (48)처럼 독립어를 생략하여도 전체 문장이 문법적일 뿐만 아니라 문장의 의미도 바뀌지 않는다. 그리고 (49)처럼 뒤의 문장이 없이 독립어를 단독으로 발화할 수도 있다.

(나) 독립어의 유형

감탄사가 단독으로 쓰이거나, 체언에 호격 조사가 결합하여 독립어로 쓰일 수 있다. 첫째, 감탄사가 단독으로 독립어로 쓰이면서 다양한 의미를 나타낼 수 있다.

(50) ㄱ. <u>아이고</u>, 다리가 떠내려가 버렸네.　　　　　　　　　[느낌]

　　　ㄴ. <u>쉿</u>, 조용히 해.　　　　　　　　　　　　　　　　[시킴]

　　　ㄷ. <u>그래</u>, 알겠다.　　　　　　　　　　　　　　　　[대답]

　　　ㄹ. 철수는 죽었다, <u>그지</u>?　　　　　　　　　　　　　[확인]

　　　ㅁ. 그때부터 학교를 그만둬 버렸지, <u>뭐</u>.　　　　　　　[체념]

(ㄱ)에서 '아이고'는 느낌을 표현하는 말인데, 이는 말하는 사람의 개인적인 감정을 직접적으로 표현하는 말이다. (ㄴ)의 '쉿'은 화자가 청자에게 특정한 행동을 금지 시키는 말로 쓰였다. 그리고 (ㄷ)의 '그래'는 대답말로서 상대방의 언어적 표현에 대하여 긍정의 반응을 표현한다. (ㄹ)의 '그지'는 확인하는 말인데, 화자가 자기가 한 말에 대하여 상대방에게 동의를 구함으로써, 자신이 발화한 문장의 내용에 대하여 확실한 믿음을 표현한다. 끝으로 (ㅁ)의 '뭐'는 어떤 사실을 체념하면서 받아들여서 더 이상 여러 말을 할 것 없다는 뜻을 나타내는 말이다.

둘째, 체언에 호격 조사가 실현되어서 '부름'의 기능을 나타낼 수 있다.

(51) ㄱ. <u>철수야</u>, 나와 함께 떠나자.

　　　ㄴ. <u>신이여</u>, 우리를 굽어 살피소서.

　　　ㄷ. <u>대왕이시여</u>, 어서 오랑캐 땅을 치소서.

(51)에서 '철수야, 신이여, 대왕이시여'는 체언에 호격 조사가 실현되어서 독립어로 쓰였는데, 이들은 모두 청자를 부르는 말로 쓰였다. 이들 부름말에 붙은 호격 조사 중에서 -야'는 화자가 청자를 낮추어서 표현하였다. 반면에 '-이여'는 청자를 예사로 높여서

표현하였으며, '-이시여'는 청자를 아주 높여서 표현하였다.[2]

1.3. 문장 성분의 실현 순서

국어에서는 대체로 문장 성분이 자유롭게 실현될 수 있지만 '기본적인 어순' 자체가 없는 것은 아니다. 곧 특정한 서술어에 대하여 필수적으로 실현되는 문장 성분들은 일정한 순서로 실현되며, 수식어와 피수식어도 실현되는 순서가 정해져 있다.

1.3.1. 기본 어순

국어의 문장 성분은 기본적으로 〈주어+목적어+서술어〉, 〈주어+보어+서술어〉, 〈수식어+피수식어〉의 어순으로 실현된다.

1.3.1.1. 주성분의 위치

주어는 문장의 처음에 위치하고 서술어는 문장의 끝에 위치한다. 그리고 목적어와 보어는 주어와 서술어의 사이에 실현되는 것이 일반적인 어순이다.

〈서술어의 위치〉 서술어는 일반적으로 문장의 맨 마지막에 실현되어서, 주어·목적어·보어와 같은 다른 주성분들의 움직임이나 상태나 속성 등을 풀이한다.

(1) ㄱ. 하늘이 <u>맑다</u>.
   ㄴ. 토끼가 풀을 <u>먹는다</u>.
   ㄷ. 토끼풀이 이 산에 많이 <u>피어 있다</u>.

(2) ㄱ. *<u>맑다</u> 하늘이.
   ㄴ. *토끼가 <u>먹는다</u> 풀을.
   ㄷ. *토끼풀이 <u>피어 있다</u> 이 산에서 많이.

(1)에서 서술어인 '맑다, 먹다, 피어 있다'는 문장의 맨 뒤에서 실현되어서 주어를 풀이하

---

2) "청춘, 그것은 영원한 희망이다."의 문장에 쓰인 '청춘'을 제시어(=보임말)의 기능을 하는 독립어로 설정하는 경우도 있다.(최현배 1980:784) 제시어는 명사가 문장에서 독립어로 쓰인 것이다.

고 있다. 만일 서술어가 (2)에서처럼 문장의 맨 뒤가 아닌 다른 위치에서 실현되면 비문법적인 문장이 된다.

〈 주어의 위치 〉주어는 일반적으로 문장의 맨 앞에서 실현되어서, 주로 말거리(화제)의 역할을 담당한다.

(3) ㄱ. <u>철수가</u> 국을 다 마셨다.
ㄴ. <u>어머니께서</u> 집에서 곶감을 만드셨다.

(4) ㄱ. 국을 <u>철수가</u> 다 마셨다.
ㄴ. 곶감을 <u>어머니께서</u> 집에서 만드셨다.

주어는 (3)에서처럼 문장의 맨 앞에서 실현되는 것이 가장 자연스럽다. 물론 (4)에서처럼 문장의 첫머리에 목적어나 부사어가 실현되는 경우도 있으나, 이는 화자의 특별한 전달 의도에 따라서 문장 성분의 위치를 바꾸어서 표현한 것이다.

〈 목적어의 위치 〉목적어는 일반적으로 주어와 서술어의 사이에 실현되어서, 서술어가 표현하는 행위의 대상이 된다.

(5) ㄱ. 박찬호가 <u>야구공을</u> 힘껏 던졌다.
ㄴ. 우리가 <u>그 연필을</u> 모두 버렸다.

(6) ㄱ. <u>야구공을</u> 박찬호가 힘껏 던졌다.
ㄴ. <u>그 연필을</u> 우리가 모두 버렸다.

주어가 문장의 첫머리에 실현되고 서술어가 문장의 끝에 실현되므로, 목적어는 (5)처럼 주어와 서술어의 사이에서 실현된다.

다만 (6)처럼 목적어가 문장의 첫머리에 실현되는 것은, 화자가 목적어를 강조하기 위하여 문장의 첫머리로 옮긴 것이다.

〈 보어의 위치 〉문장 속에서 서술어가 '되다' 혹은 '아니다'일 때에는 주어와 보어가 실현되는데, 이때 주어는 반드시 보어에 앞서서 실현된다.

(7) ㄱ. 철수는 범인이 아니다.
ㄴ. 뽕밭이 아파트 단지가 되었다.

(8) ㄱ. ?범인은 철수가 아니다.

　　ㄴ. ?아파트 단지가 뽕밭이 되었다.

(7)에서 '철수는'과 '뽕밭이'는 주어이고, '범인이'와 '아파트 단지가'는 보어이다.

이 경우에 주어와 보어의 위치를 서로 바꾸게 되면, (8)에서처럼 '범인은'과 '아파트 단지가'가 주어가 되고 '철수가'와 '뽕밭이'는 보어가 된다. 따라서 주어는 항상 보어에 앞서서 실현됨을 알 수 있다. 주성분의 기본 어순을 정리하면 다음과 같다.

주성분	주어＋서술어
	주어＋목적어＋서술어
	주어＋보어＋서술어

〈표 2〉 주성분이 실현되는 위치

1.3.1.2. 부속 성분의 위치

국어에서 수식어는 피수식어(중심어)에 앞서서 실현된다. 국어에서 나타나는 수식어와 중심어의 짜임새는 다음과 같다.

(9) ㄱ. 내가 사랑했던 여자

　　ㄴ. 특별한 것

　　ㄷ. 철수의 책

(10) ㄱ. 인수는 찬물을 빨리 마셨다.

　　ㄴ. 환자는 호박죽을 아주 천천히 먹었다.

　　ㄷ. 다행히 소방대원이 불길에서 아이를 구해 내었다.

(9)에서 명사인 '여자, 것, 책'은 피수식어이며, '내가 사랑했던, 특별한, 철수의'는 관형어로서 수식어이다. 그리고 (10)에서 '빨리, 아주, 다행히'는 부사어인데, 이들 부사어는 '마셨다, 천천히, 소방대원이 불길에서 아이를 구해 내었다'와 같은 피수식어의 앞에서만 실현된다.[3]

---

3) 국어에서 수식어는 피수식어의 앞에 실현되므로 피수식어의 왼쪽에 덧붙게 되는데, 이렇게 피수식

부속 성분이 실현되는 기본적인 위치를 다음과 같이 정리할 수 있다.

부속 성분	관형어+피수식어(체언)
	부사어+피수식어(용언, 부사, 문장)

〈표 3〉 부속 성분이 실현되는 위치

〈 관형어의 위치 〉 관형어는 반드시 체언 앞에서 실현되고, 이 순서를 지키지 않으면 비문법적인 문장이 된다.

그런데 하나의 체언에 대하여 그것을 수식하는 관형어가 겹쳐서 실현되는 경우도 있다. 이렇게 관형어가 겹쳐서 실현될 경우에는 '지시 관형어－수 관형어－성상 관형어'의 순서로 배열된다.

(11) 체언구: 관형어(지시 관형어－수 관형어－성상 관형어)＋체언

(12) ㄱ. 저 온갖 새 책, 이 모든 헌 책
ㄴ. 이 두 큰 보석, 저 세 작은 불상

(13) ㄱ. *온갖 저 새 책, *모든 헌 이 책
ㄴ. *큰 이 두 보석, *작은 저 세 불상

(12)에서 '저, 이'는 지시 관형어이고, '온갖, 모든, 두, 세'는 수 관형어이며, '새, 헌, 큰, 작은'은 성상 관형어이다. 이렇게 관형어가 겹쳐서 실현될 때에는 지시 관형어가 맨 앞에서 나타나며, 수 관형어가 그 다음에 나타나고, 맨 마지막에 성상 관형어가 실현된다. 그런데 실제의 언어 생활에서는 (12)처럼 세 개의 관형어가 겹쳐서 실현되는 경우는 아주 드물며, 대부분은 특정한 체언에 대하여 두 개 이하의 관형어가 실현된다.

〈 부사어의 위치 〉 부사어는 그것이 한정하는 말 바로 앞에 오는 것이 원칙이다. 따라서 성분 부사어는 특정한 문장 성분의 바로 앞에서 실현되며, 양태 부사어는 문장의 첫머리에서 실현된다. 그리고 접속 부사어는 그것이 잇는 말 사이에 위치한다.

첫째, 성분 부사어는 그것이 수식하는 특정한 문장 성분의 앞에서 실현된다.

어의 왼편으로 수식어를 덧붙여 나가는 통사적인 특징을 가진 언어를 '좌분지 언어(left branching language)'라고 한다.

(14) ㄱ. 오늘은 하늘이 <u>아주</u> 푸르다.

ㄴ. 치타는 사자보다 **훨씬** 빨리 달릴 수 있다.

ㄷ. 책장 안에는 <u>아주</u> 새 책이 들어 있었다.

ㄹ. 병사들이 <u>겨우</u> 하루를 못 견디고 달아나 버렸다.

(14)에서 밑줄 그은 성분 부사어들은 특정한 성분을 수식하기 때문에 각각 피수식어인 '푸르다(서술어), 빨리(부사어), 새(관형어), 하루(체언)'의 앞에 실현되었다.

둘째, 양태 부사어는 문장 전체를 수식하기 때문에 문장의 맨 앞에 위치한다.

(15) ㄱ. <u>아무쪼록</u> 건강하게 지내소서.

ㄴ. <u>다행히</u> 아버님께서 폐렴에서 회복되셨다.

(16) ㄱ. 건강하게 지내소서, <u>아무쪼록</u>.

ㄴ. 아버님께서 <u>다행히</u> 폐렴에서 회복되셨다.

(15)에서 '아무쪼록'과 '다행히'는 양태 부사어이다. 이러한 양태 부사어는 문장의 전체 내용에 대하여 화자의 태도나 주관적인 판단을 표현하므로 문장의 맨 앞에 실현되는 것이 일반적이다. 다만, 양태 부사어의 일반적인 위치는 문장의 맨 앞이다. 그러나 다른 부사어와는 달리 화자의 발화 의도에 따라서는 (16)처럼 문장 속의 특정한 문장 성분 뒤로 이동하여서 실현될 수도 있다.

셋째, 접속 부사어는 그것이 이어 주는 말 사이에 위치한다.

(17) ㄱ. 숙희는 매우 착하다. <u>그리고</u> 그녀는 공부도 열심히 한다.

ㄴ. 형사는 여관의 구석구석을 뒤져 보고 싶었다. <u>하지만</u> 성급하게 굴다가는 오히려 일을 망쳐 버릴 것 같았다.

(18) ㄱ. 대한민국의 영토는 한반도 <u>및</u> 부속 도서로 정한다.

ㄴ. 현금 지급기에서 돈을 찾으려면 현금카드 <u>또는</u> 신용카드가 필요합니다.

접속 부사어 가운데서 문장을 접속하는 부사어는 앞 문장과 뒤 문장의 사이에 위치한다. (17)에서 '그리고'와 '하지만'은 앞 문장과 뒤 문장의 사이에 위치하여 두 문장을 이어 주고 있다. 반면에 단어를 접속하는 부사어는 그것이 연결하는 단어들 사이에 위치한다.

(18)에서 '및, 또는' 등과 같이 단어를 접속하는 부사어는 체언과 체언 사이에 위치하여 두 단어를 이어 주고 있다.

1.3.1.3. 독립 성분의 위치

독립어는 문장 속에서 다른 성분과 관계없이 독립적으로 쓰이는 문장 성분이다. 따라서 독립어는 대체로 특정한 문장의 맨 앞이나 맨 뒤에 쓰여서, 문장 전체의 내용과 관련하여 화자의 감정이나 태도 혹은 의지를 표현한다.

(19) ㄱ. <u>아이고</u>, 다리가 떠내려가 버렸네.   [느낌]

   ㄴ. <u>쉿</u>, 조용히 해.   [시킴]

   ㄷ. <u>그래</u>, 알겠다.   [대답]

   ㄹ. <u>철수야</u>, 나와 함께 떠나자.   [부름]

   ㅁ. <u>충무공</u>, 그는 위대한 인물이다.   [보임]

(20) ㄱ. 철수는 죽었다, <u>그지</u>?   [확인]

   ㄴ. 그 다음부터는 집을 나와 버렸지, <u>뭐</u>.   [체념]

(19)에서 쓰인 '느낌말, 시킴말, 대답말, 부름말, 보임말' 등은 일반적으로 문장의 맨 앞에 실현된다. 이에 반해서 '확인말'과 '체념말'은 (20)처럼 문장의 맨 뒤에 실현된다.

1.3.2. 어순의 바뀜

국어의 문장 성분은 기본적으로 〈주어＋목적어＋서술어〉와 〈주어＋보어＋서술어〉, 〈수식어＋피수식어〉의 어순으로 실현된다. 이러한 어순은 기본적인 어순일 뿐이며, 화자의 의도에 따라서 위치를 바꾸어서 문장 성분을 실현할 수도 있다.

〈 격조사의 실현과 어순의 바뀜 〉 어순이 비교적 자유롭게 바뀔 수 있다는 것은, 문장 성분의 차례가 서로 뒤바뀌더라도 문장이 문법적으로 어그러짐이 없고 기본적인 의미가 바뀌지 않는다는 것을 의미한다.

(21) ㄱ. 영이가 사과를 철수에게 주었다.

   ㄴ. <u>사과를</u> 영이가 철수에게 주었다.

   ㄷ. <u>철수에게</u> 영희가 사과를 주었다.

예를 들어서 (ㄱ)은 기본 어순으로 실현된 문장이며, (ㄴ)과 (ㄷ)은 어순이 달라진 문장이다. 여기서 (ㄴ)과 (ㄷ)의 문장은 (ㄱ)에 비하여 비록 어순은 바뀌었지만 여전히 문법적인 문장이며 기본적인 의미 또한 바뀌지 않았다.

이처럼 국어에서 어순이 자유롭게 실현될 수 있는 근본적인 이유는 문장 성분을 결정해 주는 격조사가 있기 때문이다. 예를 들어서 주어는 주격 조사를 취하고 목적어는 목적격 조사를 취하고, 부사어도 각각의 의미에 대응하는 부사격 조사를 취한다. 곧 (21)에서 문장 성분이 어떠한 위치에 실현되든 간에 '-가'가 붙은 체언은 주어가 되고, '-를'이 붙은 체언은 목적어가 되며, '-에게'가 붙은 체언은 부사어가 된다. 이렇게 국어에서는 격조사를 통해서 격 관계를 분명하게 나타낼 수 있기 때문에 문장 성분의 위치가 비교적 자유롭게 바뀔 수 있다.

〈 주제화에 따른 어순의 바뀜 〉 문장 속에서 말거리를 나타내는 말을 '주제(화제, topic)'라고 한다. 이렇게 주제를 나타내는 말에는 보조사 '-은/-는'이 붙으면서 문장의 맨 앞에 나타나는 것이 일반적이다. 이처럼 어떠한 문장 성분에 보조사 '-은/-는'이 붙으면서 문장의 첫머리로 이동하여 주제로 표현되는 것을 '주제화(topicalization)'라고 한다.(서정수 1996:1338)

(22) ㄱ. 사자가 <u>황소를</u> 잡아먹었다.
　　　ㄴ. 큰불이 <u>금강산에서</u> 났어요.

(23) ㄱ. <u>황소는</u> 사자가 잡아먹었다.
　　　ㄴ. <u>금강산에서는</u> 큰불이 났어요.

(22)에서 (ㄱ)의 '황소를'은 목적어로, (ㄴ)의 '금강산에서'는 부사어로 쓰였는데, 이들은 모두 정상적인 위치에서 실현되었다. 이에 반해서 (23)에서 '황소는'과 '금강산에서는'은 모두 체언에 주제를 나타내는 보조사 '-는'이 실현되면서 문장의 맨 앞으로 이동하였다. 이렇게 문장 성분이 문장의 앞으로 이동한 것은 주제(말거리, 화제)를 표현하기에 가장 적절한 위치가 문장의 첫머리이기 때문이다.

이처럼 국어에서는 특정한 문장 성분을 주제화하여 표현하기 위하여 문장의 맨 앞으로 옮겨서 표현하는 경우가 많다.

제2장 문장의 짜임

〈 **문장의 짜임새의 대강** 〉 문장은 기본적으로 주어와 서술어로 구성된다. 그런데 문장 속에는 주어와 서술어가 한 번만 나타날 수도 있고, 주어와 서술어가 두 번 이상 나타나는 경우도 있다.

첫째, 아래의 문장은 주어와 서술어가 한 번만 실현된 문장이다.

    (1) ㄱ. <u>우리는</u> 황령산에서 광안리 바다를 <u>바라보았다.</u>
         ㄴ. <u>저분은</u> 김철수 씨의 <u>삼촌이시다.</u>

(1)에서 '우리는'과 '저분은'은 주어이며 '바라보았다'와 '삼촌이시다'는 서술어이다. (1) 처럼 한 문장 속에서 주어와 서술어가 한 번만 실현된 문장을 '홑문장'이라고 한다.

둘째, 아래의 문장은 문장 속에 주어와 서술어가 두 번 이상 실현된 문장이다.

    (2) ㄱ. <u>형은 학교에 가고,</u> <u>동생은 놀이터에서 논다.</u>
         ㄴ. 우리는 <u>그가 정당했음</u>을 깨달았다.

(ㄱ)의 문장은 '형은 학교에 간다'와 '동생은 놀이터에서 논다'가 연결 어미인 '-고'에 의해 이어져서 겹문장이 되었다. 이처럼 앞절과 뒷절이 연결 어미로써 이어져서 성립되는 문장을 '이어진 문장'이라고 한다. 반면에 (ㄴ)의 문장은 '우리는 X를 깨달았다'와 같은 짜임으로 된 문장 속에서 '그가 정당했음'이라는 절이 목적어(성분절)로 쓰였다.

이처럼 그 속에 특정한 절을 안고 있는 문장을 '안은 문장'이라고 한다.

이어진 문장과 안은 문장처럼 주어와 서술어가 두 번 이상 나타나는 문장을 '겹문장'이라고 하고, 홑문장이 결합하여 겹문장이 되는 과정을 '문장의 확대'라고 한다.

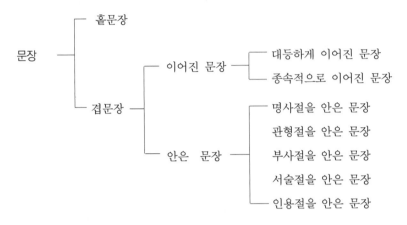

〈그림 1〉 짜임새로 분류한 문장의 유형

2.1. 이어진 문장

'이어진 문장(接續文, 이음월, conjunct sentence)'은 두 개 이상의 절이 연결 어미에 의해서 나란히 이어진 겹문장이다.

(1) [구름이 낀다] + [비가 내린다]

(2) ㄱ. 구름이 끼<u>거나</u> 비가 내린다.   [선택]
    ㄴ. 구름이 끼<u>면서</u> 비가 내린다.   [동시]
    ㄷ. 구름이 끼<u>니까</u> 비가 내린다.   [원인]

(1)에서 '구름이 낀다'와 '비가 내린다'가 이어져서, (2)의 이어진 문장이 되었다. 이렇게 이어진 문장이 될 때는 앞절과 뒷절의 의미적인 관계에 따라서 특정한 연결 어미가 선택된다. 곧 (2)의 (ㄱ)에서 '-거나'는 앞절의 일이나 뒷절의 일이 선택적으로 일어남을 나타내고, (ㄴ)에서 '-면서'는 앞절의 일이 일어남과 동시에 뒷절의 일이 일어나는 것을 나타낸다. 그리고 (ㄷ)에서 '-니까'는 앞절의 일이 원인이 되고 그 결과로서 뒷절의 일이 일어

남을 나타낸다.

이어진 문장은 앞절과 뒷절이 어떠한 의미 관계로 이어지는가에 따라서, '대등하게 이어진 문장'과 '종속적으로 이어진 문장'으로 구분된다.

2.1.1. 대등하게 이어진 문장

〈개념〉'대등하게 이어진 문장'은 앞절과 뒷절이 '나열, 선택, 대조' 등의 의미적인 관계로 이어져서, 앞절과 뒷절의 의미적인 관계가 대등한 문장이다. 그리고 대등하게 이어진 문장에서 앞절과 뒷절을 이어 주는 연결 어미를 '대등적 연결 어미'라고 하는데, 이에는 '-고, -으며; -든지, -거나; -지만, -으나, -는데' 등이 있다.

(3) ㄱ. 바람도 잠잠하고 하늘도 맑다.
 ㄴ. 빵은 밀가루로 만들며, 떡은 쌀가루로 만든다.

(4) ㄱ. 결혼을 하든지 이혼을 하든지 내 마음이지.
 ㄴ. 내가 이 돈으로 쌀을 사거나 술을 사거나 네가 상관할 일이 아니다.

(5) ㄱ. 부산에는 기온이 영상이지만 서울에는 기온이 영하이다.
 ㄴ. 그 사람은 갔으나 예술은 살아 있다.
 ㄷ. 저놈은 잘생겼는데 이놈은 못생겼다.

(3)의 '-고'와 '-으며'는 '나열'의 뜻을 나타내며 (4)의 '-든지'와 '-거나'는 '선택'의 뜻을 나타낸다. 그리고 (5)의 '-지만, -으나, -는데'는 '대조'의 뜻을 나타내면서 앞절과 뒷절을 이어 준다.

〈특징〉앞의 (3~5)의 문장에서 확인할 수 있듯이 대등하게 이어진 문장의 앞절과 뒷절은 구조적으로나 의미적으로 '대칭성(對稱性)'이 있다. 그리고 대등하게 이어진 문장에는 이러한 대칭성과 함께, 앞절과 뒷절의 순서를 바꾸어도 의미에 변화가 생기지 않는 '교호성(交互性)'도 나타난다.

(6) ㄱ. 하늘도 맑고 바람도 잠잠하다.
 ㄴ. 떡은 쌀가루로 만들며, 빵은 밀가루로 만든다.

(7) ㄱ. 이혼을 하<u>든지</u> 결혼을 하<u>든지</u> 내 마음이지.

　　ㄴ. 내가 이 돈으로 술을 사<u>거나</u> 쌀을 사<u>거나</u> 네가 상관할 일이 아니다.

(8) ㄱ. 서울은 기온이 영하이<u>지만</u> 부산은 기온이 영상이다.

　　ㄴ. 예술은 살아 있<u>으나</u> 그 사람은 갔다.

　　ㄷ. 이놈은 못생겼<u>는데</u> 저놈은 잘생겼다.

(3~5)의 대등하게 이어진 문장에서 앞절과 뒷절의 순서를 바꾸면 (6~8)처럼 된다. 이렇게 앞절과 뒷절의 순서를 바꾸어도 (3~5)의 본디 문장과 (6~8)의 문장은 기본적인 의미가 다르지 않다.

2.1.2. 종속적으로 이어진 문장

〈개념〉 '종속적으로 이어진 문장'은 앞절과 뒷절의 의미가 서로 독립적이지 못하고, 앞절의 의미가 뒷절의 의미에 이끌리는 관계로 이어진 문장이다. 종속적으로 이어진 문장의 앞절과 뒷절은 '종속적 연결 어미'에 의해서 이어진다.

종속적으로 이어진 문장은 앞절이 뒷절에 이끌리므로, 앞절과 뒷절 사이에 대칭성과 교호성이 없다.

(9) ㄱ. 첫눈이 내리<u>니까</u> 강아지들이 매우 좋아한다.

　　ㄴ. 봄이 오<u>면</u> 우리는 고향으로 갈 수 있다.

(10) ㄱ. [?]강아지들이 매우 좋아하<u>니까</u> 첫눈이 내린다.

　　ㄴ. [?]우리가 고향으로 갈 수 있<u>으면</u> 봄이 온다.

(9ㄱ)에서 앞절인 '첫눈이 내리다'는 뒷절인 '강아지들이 매우 좋아하다'에 원인의 관계로 이끌린다. 그리고 (9ㄴ)의 앞절인 '봄이 오다'는 뒷절인 '우리는 고향으로 갈 수 있다'에 조건의 관계로 이끌린다. 이러한 점에서 (9)의 문장에서 뒷절의 내용이 중심이 되고 앞절의 내용은 뒷절의 내용에 종속된다고 할 수 있다. 그리고 (9)의 문장에서 앞절과 뒷절의 위치를 바꾸어서 (10)과 같은 문장으로 만들면, (9)의 문장과 (10)의 문장은 의미적인 면에서 차이가 난다. 이처럼 (9)의 문장은 의미적으로나 구조적으로 대칭성이 없을 뿐만 아니라 교호성도 없으므로, 종속적으로 이어진 문장임을 확인할 수 있다.

〈 **종속적 연결 어미의 종류** 〉 '대등적 연결 어미'의 종류는 '-고, -으며; -든지, -거나; -지만, -으나, -는데' 등에 국한되지만, '종속적 연결 어미'는 그 수가 대단히 많다. 종속적 연결 어미가 쓰인 구체적인 예를 보이면 다음과 같다.

(11) ㄱ. 요즈음 학생들은 음악을 들<u>으면서</u> 공부한다.   [동시]

    ㄴ. 농부들은 들일을 마치<u>고(서)</u> 점심을 먹었다.   [계기]

    ㄷ. 실내 공기가 나쁘<u>므로</u> 창문을 좀 열어 둡시다.   [이유]

    ㄹ. 내일 비가 와<u>도</u> 축구 대회는 열립니다.   [양보]

    ㅁ. 날이 밝<u>으면</u> 수색 작업을 다시 시작한다.   [가정]

    ㅂ. 날씨가 추<u>운데</u> 어디에서 자려 하느냐?   [상황]

    ㅅ. 고기를 잡<u>으러</u> 바다로 갈까요?   [목적]

    ㅇ. 진달래가 온 산에 흐드러지<u>게</u> 피었습니다.   [결과]

    ㅈ. 군인들은 무턱대고 돌격하<u>다가</u> 많이 죽습니다.   [전환]

    ㅊ. 나그네가 시골길을 구름에 달 가<u>듯이</u> 걸어간다.   [비유]

    ㅋ. 날이 갈<u>수록</u> 세상은 각박해져 간다.   [점층]

    ㅌ. 하늘을 봐<u>야</u> 별을 따지.   [필연]

국어에는 많은 종류의 종속적 연결 어미가 쓰여서, (11)에서처럼 '계기, 이유, 양보, 가정, 상황, 목적, 결과, 전환, 비유, 점층, 필연' 등 다양한 의미로 앞절과 뒷절을 이어 준다.[1]

{ 명사절이나 관형절이 앞절로 쓰인 '종속적으로 이어진 문장' }

제7차 교육과정에 따른 『고등학교 문법』(2010:168)에서는 명사절이나 관형절로 이루어진 '종속적으로 이어진 문장'을 인정하고 있다.

첫째, 명사절이나 '명사절을 포함하는 명사구'에 부사격 조사인 '-에'가 실현된 형식이 앞

---

[1] 여기서 이익섭·임홍빈(1984:261)에서 분류한 종속적 연결 어미의 종류와 그 의미를 제시하면 다음과 같다. ① 동시 시간 : -으며, -으면서 ② 계기 시간: -고(서), -자, -자마자, -아(서)/-어(서)) ③ 이유·원인: -아/-어(서), -으니까, -으므로, -으매, -이라(서), -다(고), -느라고, -은지라, -(으)ㄹ쎄, -기에, -기로(서니) ④ 양보: -아/-어도, -라도, -더라도, -든지, -으나, -은들, -을지라도, -을망정 ⑤ 가정 조건: -으면, -거든, -더라도, -되 ⑥ 상황 조건: -으니, -는데/-은데, -건만, -은즉, -은바, -을진대, -거니와, -더라니) ⑦ 의도·목적: -으러, -으려(고), -고자) ⑧ 결과: -게, -도록 ⑨ 전환: -다가 ⑩ 비유: -듯, -듯이 ⑪ 점층: -을수록 ⑫ 필연: -아야/-어야

절로 기능해서, 전체 문장이 종속적으로 이어진 문장이 될 수 있다.

(1) ㄱ. <u>가방 속에 돈이 많이 들어 있기에</u> 우리는 깜짝 놀랐다.
　　ㄴ. <u>내일 수업이 있기 때문에</u> 저는 일찍 자야 하겠습니다.
　　ㄷ. <u>본 강의에 들어가기 전에</u> 먼저 제 소개를 하겠습니다.

(ㄱ)에서 '가방 속에 돈이 많이 들어 있기에'는 명사절에 부사격 조사 '-에'가 붙어서 이어진 문장의 앞절로 쓰였다. 그리고 (ㄴ)의 '내일 수업이 있기 때문에'와 (ㄷ)의 '본 강의에 들어가기 전에'는 명사절을 안고 있는 명사구에 부사격 조사 '-에'가 결합하여 종속적으로 이어진 문장의 앞절로 쓰였다.

둘째, '관형절을 안고 있는 명사구'에 부사격 조사인 '-에'가 실현된 형식이, 이어진 문장의 앞절로 기능해서 전체 문장이 종속적으로 이어진 문장이 될 수 있다.

(2) ㄱ. 이 선생님은 <u>공부를 많이 한 까닭에</u> 수업을 아주 잘 하십니다.
　　ㄴ. <u>비가 너무 많이 내린 바람에</u> 강물이 범람하였다.
　　ㄷ. <u>아침을 먹은 다음에</u> 관광객들은 금강산으로 출발하였다.

(2)에서는 관형절과 그것의 수식을 받는 체언이 명사구를 형성하고, 이 명사구에 부사격 조사 '-에'가 결합한 말이 이어진 문장의 앞절로 쓰였다. 곧 (ㄱ)의 '공부를 많이 한 까닭에'와 (ㄴ)의 '비가 너무 많이 내린 바람에', 그리고 (ㄷ)의 '아침을 먹은 다음에'는 관형절을 안은 명사구에 부사격 조사인 '-에'가 실현된 형태이다. (2)에서 밑줄 그은 말은 형식적으로만 보면 이들 명사구에 '-에'가 실현되어서 부사어로 쓰인 것인데,『고등학교 문법』(2010:168)에서는 이러한 언어 형식을 종속적으로 이어진 문장의 앞절로 기능한 것으로 인정하고 있다.

{ '종속적으로 이어진 문장'과 '부사절을 안은 문장' }

종속적으로 이어진 문장의 앞절은 '이유, 조건, 의도, 결과, 전환' 등의 다양한 의미적인 관계로 뒷절에 이끌리므로, 앞절을 부사절의 일종으로 처리할 가능성이 있다.

(1) ㄱ. <u>황사가 불면</u> 눈병 환자가 급증한다.

　　ㄴ. <u>김 선생님이 호통을 치시니까</u> 깡패들이 달아났다.

곧 (ㄱ)에서 앞절인 '황사가 불면'은 뒷절인 '눈병 환자가 급증한다'를 수식하며, (ㄴ)에서 '김 선생님이 호통을 치시니까'는 뒷절인 '깡패들이 달아났다'를 수식하는 것으로 볼 수 있다.

따라서 (1)의 문장을 앞절이 뒷절을 수식하는 것으로 처리할 수도 있다. 이렇게 되면 (1)의 앞절은 부사절이 되며 (1)의 문장은 '부사절을 안은 문장'으로 처리된다.

　　그리고 종속적으로 이어진 문장에서는 앞절이 뒷절 속으로 이동하기도 하는데, 이는 종속적으로 이어진 문장의 앞절을 부사절로 해석할 수 있는 근거가 될 수 있다.

　　(2) ㄱ. 눈병 환자가 <u>황사가 불면</u> 급증한다.
　　　　ㄴ. 깡패들이 <u>김 선생님이 호통을 치시니까</u> 달아났다.

(1)의 앞절을 뒷절 속으로 옮기면 (2)와 같이 되는데, 이 경우에는 밑줄 그은 절은 문장 속의 서술어를 수식한다. 이러한 특징을 감안하면 '황사가 불면'과 '김 선생님이 호통을 치시니까'를 부사절로 보고, (1)과 (2)의 문장을 부사절을 안은 문장으로 처리할 수도 있다.

2.2. 안은 문장

어떠한 문장 속에서 특정한 문장 성분으로 쓰이는 문장을 '안긴 문장(성분절, 마디, clause)'이라고 한다. 안긴 문장의 종류로는 '명사절, 관형절, 부사절, 서술절, 인용절' 등이 있는데, 이러한 안긴 문장(절)을 포함하는 전체 문장을 '안은 문장'이라고 한다.

2.2.1. 명사절을 안은 문장

〈 명사절을 안은 문장의 개념 〉 '명사절(名詞節)'은 문장에서 마치 명사처럼 여러 가지 문장 성분으로 쓰이는 성분절이다. 명사절은 서술어로 쓰이는 용언에 명사형 어미인 '-음'이나 '-기'가 실현되어서 형성되는데, 이러한 명사절을 안고 있는 겹문장을 '명사절을 안은 문장'이라고 한다.

　　(1) ㄱ. <u>그 사람이 범인임</u>이 밝혀졌다.
　　　　ㄴ. 저는 <u>이 두 부부의 앞길에 평화가 깃들기</u>를 기원합니다.

(1)에서 (ㄱ)의 '그 사람이 범인임'은 주어와 서술어의 구조를 갖추고 있으면서 그 전체가 명사처럼 기능한다. 그리고 (ㄴ)의 '이 두 부부의 앞길에 평화가 깃들기'도 마찬가지로 주어와 서술어를 갖추고 있으면서 그 전체가 명사처럼 기능한다.

　　명사절은 명사와 마찬가지로 문장 속에서 격조사와 결합하여 '주어, 서술어, 목적어,

부사어' 등 여러 가지 문장 성분으로 두루 쓰일 수 있다. 예를 들어서 (1)에서 (ㄱ)의 명사절은 주어로 쓰이고 있으며, (ㄴ)의 명사절은 목적어로 쓰이고 있다.

〈 **명사형 어미인 '-음'과 '-기'의 기능** 〉 명사형 어미로는 '-음'과 '-기'가 있는데, 이들은 명사절을 형성한다는 점에서는 동일하게 기능한다. 그러나 '-음'과 '-기'의 기능에는 약간의 차이가 있다. 곧, '-음'은 완료된 일을 표현하는 데에 쓰이고 '-기'는 완료되지 않은 일을 표현하는 데에 쓰인다.

(2) ㄱ. 국민들은 <u>대엽 씨가 사기꾼임</u>을 그제야 깨달았다.

　　ㄴ. 그들은 <u>노력하지 않고 성공하기</u>를 기대했다.

(ㄱ)의 '대엽 씨가 사기꾼임'에서 '-음'은 일이 일어난 결과(완료)의 뜻을 나타낸다. 이에 반해서 (ㄴ)의 '노력하지 않고 성공하기'에서 '-기'는 일이 일어나는 '과정'이나 '미완료'의 뜻을 나타낸다는 점에서 차이가 있다. 이러한 차이 때문에 '-음'은 주로 '깨닫다, 알다, 밝혀지다'처럼 지각이나 인식을 나타내는 서술어와 어울리고, '-기'는 '기대하다, 바라다, 예상하다'와 같은 바람이나 희망을 나타내는 서술어와 잘 어울린다.

2.2.2. 관형절을 안은 문장

〈 **개념** 〉 '관형절(冠形節)'은 문장에서 관형어로 기능하는 성분절이다. 관형절은 서술어로 쓰이는 용언의 어간에 관형사형 어미인 '-은, -는, -을, -던'을 실현하여 성립한다. 이러한 관형절을 안고 있는 겹문장을 '관형절을 안은 문장'이라고 한다.

(3) 그 섬에는 <u>고기를 잡 { -은/-는/-을/-던 }</u> 사람이 없었다.

(3)에서 관형절의 서술어로 쓰인 용언 '잡다'의 어간인 '잡-'에 실현된 '-은, -는, -을, -던'은 각각 '과거, 현재, 미래, 회상'의 시간을 표현한다. 따라서 관형사형 어미는 관형절을 형성하여서 체언을 수식하는 기능과 더불어서, 관형절의 사건이 일어난 시간을 표현하는 시제 기능을 겸하고 있음을 알 수 있다.

〈 **관형절의 유형** 〉 관형절은 '관계 관형절'과 '동격 관형절'로 구분하기도 하고, '짧은 관형절'과 '긴 관형절'로 구분하기도 한다.[2]

---

2) '관계 관형절'은 수식 용언과 중심어의 체언이 어떠한 문법적 <u>관계</u>를 형성하는 관형절이다. 그리고 '동격 관형절'은 수식 용언과 중심어의 체언이 <u>같은 대상을 나타내는(=동격)</u> 관형절이다. 관계 관

ⓐ 관계 관형절과 동격 관형절 : 관형절은 그것이 수식하는 중심어(체언)와의 통사론적인 관계에 따라서 '관계 관형절'과 '동격 관형절'로 구분할 수 있다.

첫째, '관계 관형절(關係冠形節, relative clause)'은 관형절 속의 문장 성분 중에서 중심어(=체언)와 동일한 대상을 표현하는 문장 성분이 삭제되고 형성된 관형절이다.

(4) ㄱ. <u>백두산에서 호랑이를 잡은</u> 사람은 김 포수였다.

　　ㄴ. 저희들은 <u>손님들이 좋아하는</u> 음식을 많이 준비했습니다.

　　ㄷ. <u>우리가 머물렀던</u> 호텔에서 불이 났다.

(5) ㄱ. 사람이 백두산에서 호랑이를 잡(다)　　— 사람(중심어)

　　ㄴ. 손님들이 음식을 좋아하(다)　　— 음식(중심어)

　　ㄷ. 우리가 호텔에서 머무르(다)　　— 호텔(중심어)

(4)의 관형절은 절이 갖추어야 할 문장 성분을 온전하게 갖추고 있지 않다. 곧 (ㄱ)의 '백두산에서 호랑이를 잡은'에는 주어가 빠졌으며, (ㄴ)의 '손님들이 좋아하는'에는 목적어가 빠졌으며, (ㄷ)의 '우리가 머물렀던'에는 부사어가 빠졌다. 이러한 점을 고려해서 (4)의 관형절을 정상적인 절의 형태로 복원시키면 (5)처럼 된다. (4)의 관형절에서 특정한 문장 성분이 빠져 나간 것은, (5)에서 보는 바와 같이 관형절 속에서 특정한 문장 성분으로 쓰인 체언과 관형절의 중심어가 동일하기 때문이다.

둘째, '동격 관형절(同格冠形節, appositive clause)'은 관형절 속의 특정한 문장 성분이 빠져나가지 않은 관형절이다.

(6) ㄱ. 사장은 <u>김 부장이 내일 미국으로 떠날</u> 계획에 반대하였다.

　　ㄴ. <u>찬호가 세리를 야구 방망이로 두들겼다는</u> 헛소문이 돌았다.

특정한 문장 성분이 생략되고서 형성된 관계 관형절과는 달리, (6)에서 밑줄 그은 관형절은 중심어와 관련해서 어떠한 문장 성분도 삭제되지 않았다. 이러한 관형절은 관형절의 내용과 중심어(=체언)의 내용이 동격(同格, appositive)의 관계에 있는 것이 특징이다. 곧 (ㄱ)에서 '계획'의 내용이 곧 '김 부장이 내일 미국으로 떠난다는 것'이며, (ㄴ)에서 '헛소문'의 내용이 '찬호가 세리를 야구 방망이로 두들겼다는 것'이다. 관형절과 중심어

형절은 생략해도 문장이 성립하지만, 동격 관형절은 생략하면 문장의 의미가 불완전해진다.

에서 나타나는 이러한 의미적인 특징 때문에 (6)의 관형절을 '동격 관형절'이라고 한다.

그런데 (4)의 관계 관형절에서는 중심어로 쓰일 수 있는 체언의 종류에 제약이 없으나, (6)의 동격 관형절에서는 중심어로 쓰일 수 있는 체언의 종류가 한정되어 있다.

> (7) ㄱ. 결심, 경우, 경험, 계획, 고백, 기적, 까닭, 독촉, 명령, 목적, 보도, 불상사, 사건, 사실,
>   소문, 소식, 약점, 연락, 욕심, 일, 점, 정보, 죄, 증거, 질문
> ㄴ. 것, 바, 적, 때문, 데, 줄, 수, 법, 리

동격 관형절의 중심어로 쓰일 수 있는 자립 명사로는 (ㄱ)의 '결심, 경우, 경험, 계획' 등이 있으며, 의존 명사로는 (ㄴ)의 '것, 바, 적, 때문, 데, 줄, 수, 법, 리' 등이 있다.

ⓑ **긴 관형절과 짧은 관형절** : 관형절을 관형사형 어미의 문법적인 형태에 따라서 '긴 관형절'과 '짧은 관형절'로 구분하기도 한다.

첫째, '긴 관형절'은 용언의 종결형에 '-(고 하)는'이 붙어서 된 관형절이다.

> (8) ㄱ. <u>한국인들이 탈레반에게 인질로 잡혔다는</u> 사실에 국민들이 놀랐다.
> ㄴ. 잡혔다는 : 잡히-+-었-+-다+(-고+하-)+-는

(8)에서 관형절의 서술어로 쓰인 '잡혔다는'의 형태를 (ㄴ)과 같이 분석할 수 있다. 곧 '잡혔다는'은 '잡혔다고 하는'에서 인용을 나타내는 부사격 조사인 '-고'와 용언인 '하다'의 어간인 '하-'가 생략된 형태이다. 곧 '잡혔다는'은 '잡혔다고 하는'에서 '-고 하-'가 줄어져서 만들어졌는데, 이와 같은 문법적인 절차를 밟아서 형성된 관형절을 '긴 관형절'이라고 한다.

둘째, '짧은 관형절'은 관형절의 서술어로 쓰인 용언의 어간에 종결 어미가 실현되지 않고 형성된 관형절이다.

> (9) <u>철수가 타고 온</u> 자동차가 고장이 났다.   [온 : 오-+-ㄴ]

(9)에서 관형절은 '오다'의 어간인 '오-'에 관형사형 어미인 '-ㄴ'이 바로 붙어서 이루어졌다. 이처럼 인용을 나타내는 말인 '-고 하-'가 개입되지 않고 관형사형 어미가 직접 붙어서 형성된 관형절을 '짧은 관형절'이라고 한다.

{ **주어가 빠져 나간 관계 관형절** }

절은 주어와 서술어를 갖추고 있는 언어 형식이다. 절에서 나타나는 이러한 특징 때문에, 다음과 같이 주어가 실현되지 않은 관형절을 절의 단위로 인식하지 못하는 경우가 있다.

    (1) ㄱ. <u>도서관에서 공부하던</u> 학생들이 모두 뛰쳐 나왔다.
        ㄴ. 김두한은 <u>푸른</u> 하늘을 바라보았다.

    (2) ㄱ. <u>학생들이</u> 도서관에서 공부하(다) — 학생들(중심어)
        ㄴ. <u>하늘이</u> 푸르(다)   — 하늘(중심어)

(1ㄱ)의 '도서관에서 공부하던'도 주어가 실현되지 않았다는 점에서 관형구로 처리하는 수가 있다. 그리고 (1ㄴ)에서 '푸른'이 하나의 문장 성분으로 되어 있고 주어가 실현되지 않았다는 점에서, '푸른'을 관형절로 보지 않고 단순한 관형어 혹은 관형구로 처리하는 경우가 있다.
   그러나 (1)의 관형절은 (2)처럼 속 구조에서는 주어와 서술어의 구조를 갖추고 있다. 곧 (1)의 문장에서는 관형절 속의 주어와 그 중심어가 동일하기 때문에, 관계 관형절 속의 주어인 '학생들이'과 '하늘이'를 생략한 결과이다. 이러한 점에서 (1)에서 (ㄱ)의 '도서관에서 공부하던'과 (ㄴ)의 '푸른'도 관형절로 처리해야 한다.

2.2.3. 부사절을 안은 문장

〈 **개념** 〉 '부사절(副詞節)'은 문장에서 부사어로 기능하는 성분절이다. '부사절'은 용언의 어간에 부사 파생 접미사인 '-이'나 부사형 어미인 '-게, -도록', 그리고 종속적 연결 어미인 '-아서/-어서, -으면' 등이 붙어서 성립한다. 그리고 이러한 부사절을 안고 있는 겹문장을 '부사절을 안은 문장'이라고 한다.

    (10) ㄱ. 인수 씨는 <u>돈이 없이</u> 고스톱을 친다.
         ㄴ. 하루에 한 번씩 <u>땀이 나게</u> 운동을 하여라.
         ㄷ. 저 사람은 <u>내가 죽으면</u> 아주 좋아하겠지.

(10)에서 밑줄 친 말은 주어와 서술어의 구조를 갖추고 있으면서 그 뒤에 실현되는 서술어(용언구)를 수식하고 있는데, 이러한 절을 부사절이라고 한다. 이렇게 부사절을 형성하는 문법 형태소로는 파생 접사, 부사형 어미, 종속적 연결 어미가 있다.
   〈 **부사절을 형성하는 문법 요소** 〉 제7차 교육과정의 『고등학교 문법』(2010:164)에서는 부사절을 형성하는 문법적인 요소를 다양하게 제시하고 있다.

(11) ㄱ. 가을비가 <u>소리도 없이</u> 내렸다.

ㄴ. 그는 <u>형과 달리</u> 공부를 잘 한다.

ㄷ. <u>전문가들이 예상한 바와 같이</u> 주가가 크게 떨어졌다.

(12) ㄱ. 모두들 <u>기분이 좋게</u> 일을 시작하였다.

ㄴ. 이순신은 <u>왜군들이 모조리 물에 빠지도록</u> 작전을 짰다.

(13) ㄱ. 날씨는 <u>비가 올수록</u> 추워질 것이다.

ㄴ. 우리는 <u>잠이 쏟아져도</u> 숙제를 다 해 내었다.

ㄷ. 사장님은 <u>돈이 많으니까</u> 좋으시겠습니다.

곧, (11)처럼 용언에 부사 파생 접미사인 '-이'가 붙어서 부사절이 형성되는 경우와, (12) 처럼 부사형 어미인 '-게'와 '-도록'이 붙어서 부사절이 형성되는 경우를 인정하고 있다. 그리고 (13)처럼 종속적 연결 어미로 형성된 절들도 부사절로 볼 수 있는 면이 있다고 설명하고 있다.(『고등학교 교사용 지도서 문법』 2010:201 참조)

2.2.4. 서술절을 안은 문장

〈개념〉 '서술절(敍述節)'은 문장에서 서술어로 기능하는 성분절이다. 그리고 이렇게 서술절을 안고 있는 겹문장을 '서술절을 안은 문장'이라고 한다.

(14) ㄱ. 코끼리가 <u>코가 길다</u>.

ㄴ. 자갈치가 <u>회가 싱싱하다</u>.

ㄷ. 나는 <u>설거지가 싫다</u>.

(14)에서 (ㄱ)의 '코가 길다'와, (ㄴ)의 '회가 싱싱하다', (ㄷ)의 '설거지가 싫다'는 모두 주어와 서술어의 구조를 갖추고 있으면서, 주어인 '코끼리가, 자갈치가, 나는'에 대하여 서술어로 쓰이고 있다. 따라서 『고등학교 문법』(2010:164)에서는 (16)에서 밑줄 친 말을 서술절로 보고 (14)의 전체 문장을 '서술절을 안은 문장'으로 처리한다.

〈서술절의 특징〉 서술절에는 다음과 같은 형태·통사론적인 특징이 나타난다.

첫째, 서술절은 서술어가 비행동성(non-action)의 의미 특질이 있는 용언, 곧 '상태성(state)'과 '과정성(process)'을 나타내는 용언일 때만 나타날 수 있다.

(15) ㄱ. 저 개가 <u>꼬리가 길다</u>.　　　　　　　　　　[상태성]
　　　ㄴ. 이 아이가 <u>재주가 있다</u>.

(16) ㄱ. 이 나무가 <u>꽃이 핀다</u>.　　　　　　　　　　[과정성]
　　　ㄴ. 그이가 <u>얼굴이 야위었다</u>.

(17) ㄱ. *그이가 <u>책이 읽는다</u>.　　　　　　　　　　[동작성]
　　　ㄴ. *그가 <u>학교가 간다</u>.

(15)에서 '길다, 있다'는 상태(state)를 나타낸다. 그리고 (16)에서 '피다, 야위다'는 움직임을 나타내기는 하지만, 주체의 적극적인 행동(action)을 나타내지 않고 과정(process)만을 나타낸다. 이처럼 상태나 과정의 의미적인 특성이 있는 용언을 '비행동성(non-action) 용언'이라고 하는데, 문장 속에서 비행동성 용언이 서술어로 쓰일 때에는 서술절을 안은 문장으로 표현될 수 있다. 반면에 (17)의 '읽다'와 '가다'처럼 행동성의 의미 특질을 나타내는 용언이 서술어로 쓰이는 문장에서는 서술절이 성립하지 않는다.

둘째, 서술절에는 그것을 성립시키는 문법적인 형태가 없다. 서술절을 제외한 다른 절은 그것이 절임을 나타내는 표지(문법적인 형태소)가 실현되는 데에 반해서, 서술절에는 그러한 절을 형성시키는 문법적인 표지가 없는 것이 특징이다.

셋째, 서술절의 서술어에는 종결 어미가 실현되어 있어서, 서술절이 완전한 문장의 형식을 취하는 것이 특징이다. 곧 (15)와 (16)의 문장에서 서술절의 서술어인 '길다, 있다, 핀다, 야위었다'에는 평서형 종결 어미인 '-다'가 실현되어서, 서술절이 완전한 문장의 형식을 갖추고 있다.

2.2.5. 인용절을 안은 문장

'인용절(引用節)'은 다른 사람의 말이나 생각을 직접 혹은 간접적으로 따온 성분절이다. '인용절'은 인용하는 절(문장)에 부사격 조사 '-라고'와 '-고'가 붙어서 이루어진다. 이와 같이 인용절을 안고 있는 겹문장을 '인용절을 (가진) 안은 문장'이라고 한다.

(16) ㄱ. 길동 씨는 "나는 박 회장한테서 10억 원을 받았다."라고 말했습니다.

　　　ㄴ. 길동 씨는 (자기는) 박 회장한테서 10억 원을 받았다고 말했습니다.

(11)의 문장은 다른 사람의 말을 따온 '인용절을 안은 문장'이다. (ㄱ)은 '길동 씨'가 한 말을 그대로 따온 직접 인용문인데, 직접 인용절인 '나는 박 회장한테서 10억을 받았다.'에 부사격 조사인 '-라고'가 실현되었다. 그리고 (ㄴ)은 말을 전달하는 사람이 '길동 씨'의 말을 자신의 입장으로 바꾸어서 따온 간접 인용문이다. 간접 인용절인 '박 회장한테서 10억 원을 받았다'에는 부사격 조사인 '-고'가 실현되었다.

　　그런데 인용절을 안은 문장은 생각·판단·주장 등을 따올 때에도 성립한다.

(17) ㄱ. 나는 "내일은 집에서 쉬어야지."라고 **생각했다**.

　　　ㄴ. 김우석 박사는 자기는 결백하다고 **주장했다**.

생각이나 판단, 주장을 인용하는 표현도 남의 말을 인용하는 것과 동일한 형식의 문장으로 표현된다. 따라서 (12)처럼 문장의 서술어가 '생각하다, 믿다, 주장하다, 약속하다, 명령하다, 제의하다……' 등일 때에도 인용절의 문법적인 형식만 갖추면 인용절을 안은 문장의 서술어로 쓰일 수 있다.

제3장 문법 요소

문법적인 형태소인 어말 어미와 선어말 의미를 비롯하여 몇몇의 문법적인 기능을 나타내는 어휘와 파생 접사를 문법 요소라고 한다. 여기서는 이러한 문법 요소의 종류와 기능, 그리고 문법 요소가 실현된 표현(문장)에 대하여 알아본다.

3.1. 종결 표현

문장은 서술어로 쓰이는 용언에 다양한 종결 어미를 실현함으로써 문장을 끝맺는다. 곧 국어의 문장은 종결 어미의 종류에 따라서 '평서문, 의문문, 명령문, 청유문, 감탄문' 등으로 실현되면서, 화자가 자신의 의향을 청자에게 표현한다.

3.1.1. 종결 표현의 개념과 유형

〈 종결 표현의 개념과 유형 〉 '종결 표현'은 문장에서 서술어로 쓰이는 용언에 '종결 어미'를 실현함으로써, 화자가 자신의 의향을 나타내면서 문장을 끝맺는 표현이다.

국어의 종결 표현에는 '평서문, 의문문, 명령문, 청유문, 감탄문' 등이 있다.

(1) ㄱ. 우리나라는 사계절이 뚜렷<u>하다</u>.   [평서문]

    ㄴ. 아버님께서 오셨<u>느냐</u>?   [의문문]

ㄷ. 음식을 골고루 먹<u>어라</u>.　　　　　　　　　　　　　　　[명령문]

ㄹ. 우리 함께 해결책을 생각해 <u>보자</u>.　　　　　　　　　　[청유문]

ㅁ. 아, 벌써 새 아침이 밝았<u>구나</u>.　　　　　　　　　　　[감탄문]

‘평서문, 의문문, 명령문, 청유문, 감탄문’ 등의 종결 표현은 문장을 끝맺는 동시에 화자는 청자에게 다음과 같은 태도를 나타낸다.

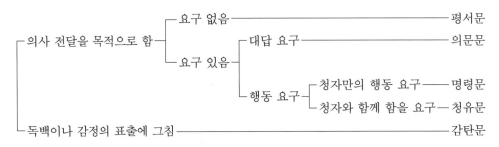

〈그림 1〉 종결 방식에 따른 문장의 유형

먼저 ‘평서문, 의문문, 명령문, 청유문’은 화자가 청자에게 어떠한 의사를 전달하는 문장이다. 첫째, (ㄱ)의 ‘평서문’은 ‘-다’와 같은 평서형 어미가 실현되어서 이루어지는데, 청자에게 의사를 전달하되 아무런 요구를 하지 않는다. 반면에 ‘의문문, 명령문, 청유문’은 청자에게 어떠한 요구를 하면서 의사를 전달하는 문장이다. 둘째, (ㄴ)의 ‘의문문’은 ‘-느냐’와 같은 의문형 어미가 실현되어서 이루어지는데, 청자에게 대답을 요구한다. 이에 반해서 ‘명령문’과 ‘청유문’은 청자에게 어떠한 행동을 요구한다. 셋째, (ㄷ)의 ‘명령문’은 ‘-아라’와 같은 명령형 어미가 실현되어서 이루어지는데, 청자만의 행동을 요구한다. 넷째, (ㄹ)의 ‘청유문’은 ‘-자’와 같은 청유형 어미가 실현되어서 이루어지는데, 청자에게 어떠한 행동을 함께 할 것을 요구한다. 다섯째, (ㅁ)의 ‘감탄문’은 ‘-구나’와 같은 감탄형 어미를 실현하여 이루어지는데, 화자는 감탄문을 통하여 처음으로 인식한 일의 내용에 대하여 독백하거나 자신의 감정을 표출하는 데에 그친다.

〈 종결 표현의 상대 높임 기능 〉 종결 어미에는 문장을 끝맺는 기능뿐만 아니라 말을 듣는 상대를 높이거나 낮추어서 표현하는 기능이 있다. 문장의 유형 중에서 특히 명령문은 상대 높임법이 가장 분명하게 드러나는데, 여기서는 명령문에 실현되는 상대 높임법의 양상을 소개한다.

첫째, 명령형 종결 어미인 ‘-아라, -게, -으오, -으십시오’가 실현되면 명령문이 형성되면서, 화자가 격식을 차려서 청자를 높이거나 낮추어서 표현한다.

(2) ㄱ. 장비야, 어서 달려가서 저놈을 잡<u>아라</u>.

　　ㄴ. 자네, 이 떡 좀 먹어 보<u>게</u>.

　　ㄷ. 김 선생, 이 그림 좀 보<u>오</u>.

　　ㄹ. 할아버님, 어서 자리에 앉<u>으십시오</u>.

(ㄱ)의 '-아라/-어라'는 아주 낮춤의 '해라체'이며, (ㄴ)의 '-게'는 예사 낮춤의 '하게체'이다. 그리고 (ㄷ)의 '-오'는 예사 높임의 '하오체'이며 (ㄹ)의 '-으십시오'는 아주 높임의 '하십시오체'의 상대 높임 표현이다.

　둘째, 다음과 같은 비격식체의 상대 높임 표현도 종결 어미로써 실현된다.

(3) ㄱ. 영철아, 빨리 뛰<u>어</u>.

　　ㄴ. 추석에는 가족과 함께 차례를 지내고 송편을 먹<u>어요</u>.

(ㄱ)의 종결 어미 '-어/-아'는 반말의 '해체'로서 말을 듣는 상대를 두루 낮추는 표현이다. 그리고 (ㄴ)의 '-아요/-어요'는 반말의 종결 어미인 '-아/-어'에 상대 높임의 뜻을 나타내는 보조사인 '-요'를 결합하여 두루 높이는 표현이다.

3.1.2. 종결 표현의 유형

　종결 표현은 종결 어미로 표현되는 종결의 방식에 따라서 '평서문, 의문문, 명령문, 청유문, 감탄문'으로 나뉜다.

(가) 평서문

〈 **평서문의 개념** 〉 '평서문(平敍文, declarative sentence)'은 화자가 청자에 대하여 특별히 요구하는 바가 없이, 자기의 생각을 단순하게 전달하는 문장이다. 평서문은 서술어에 평서형 종결 어미를 실현함으로써 성립된다.

(4) ㄱ. 오늘 우리 집에서 모내기를 한<u>다</u>.

　　ㄴ. 이 금반지는 금의 순도가 99.9%이<u>다</u>.

(ㄱ)과 (ㄴ)의 평서문은 청자에게 특별한 요구 사항이 없이 주어로 쓰인 '우리 집'과 '이 금반지'의 동작이나 상태에 대한 판단을 단순하게 서술하면서 전달하고 있다.

〈 '-다'의 형태 변동 〉 평서형 종결 어미 중에서 '-다'는 그 앞이나 뒤에 특정한 어미가 실현되면 그 형태가 '-라'로 바뀔 수 있다.

첫째, '-다'가 선어말 어미인 '-더-, -리-, -니-' 뒤에 실현될 때에는, 그 형태가 '-라'로 바뀐다.

    (5) ㄱ. 점심때에 보니까 철수가 집에 가-+-더-+-<u>라</u>

        ㄴ. 나도 곧 집에 가-+-리-+-<u>라</u>

        ㄷ. 사람은 모름지기 부지런해야 하-+-느-+-니-+-<u>라</u>

평서형의 종결 어미인 '-다'는 (ㄱ)에서는 '-더-' 뒤에, (ㄴ)에서는 '-리-' 뒤에, (ㄷ)에서는 '-니-' 뒤에 실현되었는데, 이 경우에는 '-다'는 '-라'로 바뀐다.

둘째, 서술격 조사 '-이다'의 어미 '-다'는 그 뒤에 인용을 나타내는 부사격 조사인 '-고'가 실현되면 형태가 '-라'로 바뀐다.

    (6) 중국 사람들은 백두산을 장백산+-이-+-라+-고 한다.

곧 (ㄱ)에서 서술격 조사 '-이다'는 부사격 조사 '-고' 앞에서 '-이라'로 실현되었는데, 이때의 '-라'도 '-다'의 형태론적 변이 형태이다.

〈 평서문의 유형 〉 평서문의 하위 유형으로 '단순 평서문', '확인 평서문', '약속 평서문'을 설정하기도 한다.

ⓐ **단순 평서문** : '-다, -네, -으오, -ㅂ니다/-습니다' 등으로 실현되는 평서문은 화자가 문장으로 표현되는 내용을 단순하게 서술하면서 청자에게 전달한다.

    (7) ㄱ. 황령산에는 벚꽃이 가득 피어 있<u>다</u>.

        ㄴ. 나도 내년에는 고향에 내려가<u>네</u>.

        ㄷ. 지금 밖에는 비가 많이 내리<u>오</u>.

        ㄹ. 몽골에는 9월에도 눈이 내<u>립니다</u>.

(7)의 문장에는 상대 높임법의 등분에 따라서 평서형 종결 어미인 '-다, -네, -오, -ㅂ니다'가 실현되어서 문장의 내용을 단순하게 서술하면서 문장을 끝맺고 있다.

ⓑ **확인 평서문** : '-지; -것다, -렷다' 등으로 실현되는 평서문은 '확인'이라는 특별한 뜻을 나타내면서 문장을 끝맺는다.

첫째, '-지'는 문장으로 서술되는 내용에 대하여 '이미 앎'의 뜻을 나타냄으로써 그 내용을 다지고 확인하는 기능을 한다.(장경희 1986:112)

    (8) 울릉도에서는 겨울에 눈이 많이 내리<u>지</u>.

(8)의 문장을 통하여 화자는 자신이 이미 알고 있는 사실을 청자에게 전달하면서 그것을 확인하고 있다. 곧 화자는 자신이 이미 알고 있는 '울릉도에서 겨울에 눈이 많이 내린다는 사실'을 청자에게 전달하면서 그 사실을 확인하고 있다.

둘째, '-렷다'와 '-것다'로서 실현되는 평서문은 서술되는 내용을 '강조'하거나 '확인'하면서 문장을 끝맺는다.

    (9) ㄱ. 내일은 틀림없이 이곳에 범인이 나타나<u>렷다</u>.
        ㄴ. 배용준은 돈도 많<u>것다</u>. 인물도 좋<u>것다</u>. 부러울 게 없지.

위의 문장에서 평서형 종결 어미로 실현된 '-렷다'와 '-것다'는 화자가 문장의 내용을 강조하거나 확인하면서 청자에게 전달하고 있다.

   ⓒ **약속 평서문** : '-으마, -음세, -을게' 등으로 실현되는 평서문은 화자가 청자에게 어떠한 행동을 해 주기로 '약속'하면서 문장을 끝맺는다.

    (10) ㄱ. 네가 대학 시험에 합격하면 새 컴퓨터를 사 주<u>마</u>.
        ㄴ. 자네에게 진 빚은 조만간 다 갚<u>음세</u>.
        ㄷ. 내가 중국에 가서 편지를 할<u>게</u>.

(10)의 문장에는 '주다, 갚다, 하다'의 어간에 종결 어미 '-으마, -음세, -ㄹ게'가 실현되어서, 화자가 어떠한 행동을 직접적으로 수행할 것을 청자에게 약속한다.

   (나) 의문문

   〈 **의문문의 개념** 〉 '의문문(疑問文, interrogative sentence)'은 화자가 청자에게 질문을 함으로써 대답을 요구하는 문장이다. 의문문은 서술어로 쓰이는 용언에 의문형 종결 어미인 '-느냐/-으냐, -니, -는가/-은가, -으오, -을까, -ㅂ니까/-습니까' 등을 실현함으로써 성립한다.

(11) ㄱ. 너는 연탄재처럼 남을 위해서 몸을 불살라 본 적이 있느<u>냐</u>?

　　ㄴ. 자네는 몇 시까지 사무실에 올 것<u>인가</u>?

　　ㄷ. 돈도 얼마 없는데 어디로 가야 하<u>오</u>?

　　ㄹ. 선생님께서는 이제 가시면 언제쯤 돌아오<u>십니까</u>?

(ㄱ)은 해라체의 의문형 종결 어미인 '-느냐'가 실현되어서, (ㄴ)은 하게체의 '-은가'가 실현되어, (ㄷ)에서는 하오체의 '-오'가 실현되어, (ㄹ)에는 습니다체의 '-ㅂ니까'가 실현되어서 이루어진 의문문이다.

〈 의문문의 유형 〉 의문문은 화자가 청자에게 요구하는 대답의 성격에 따라서, '설명 의문문, 판정 의문문, 수사 의문문'으로 나뉜다.

ⓐ **설명 의문문** : '설명 의문문(說明 疑問文, Wh-Question)'은 의문문에서 제시된 '물음의 초점'에 대하여 청자가 구체적인 설명을 하도록 요구하는 의문문이다.

(12) ㄱ. 오늘 회의는 어디에서 <u>합니까</u>? ↘

　　ㄴ. 3층 대회의실에서 합니다.

설명 의문문에서는 그 속에 '물음의 초점'을 나타내는 '의문사(疑問詞)[1]'를 반드시 취한다. (12)의 의문문에서 물음의 초점은 '어디'에 있으며, 화자는 '어디'에 관한 정보를 설명해 주도록 청자에게 요구한다. 곧 (ㄱ)의 의문문에 대하여 청자는 (ㄴ)과 같이 발화함으로써, (ㄱ)에 실현된 의문 대명사인 '어디'에 관련된 정보, 곧 '회의가 열리는 구체적인 장소'를 설명해야 한다.

설명 의문문은 문말의 억양이 평서문과 마찬가지로 하강조로 실현된다. 이는 설명 의문문에서는 의문사(疑問詞)가 실현되기 때문에, 억양을 높이지 않아도 의문사를 통하여 의문문임을 알 수 있기 때문이다.

ⓑ **판정 의문문** : '판정 의문문(判定 疑問文, pro or con question)'은 화자가 발화한 의문문의 전체적인 내용에 대하여, 청자가 긍정이나 부정의 대답을 하도록 요구하는 의문문이다. 청자는 판정 의문문에 대하여 '예' 혹은 '아니요'로써 대답하는 것이 일반적이므로, 판정 의문문을 '예-아니요' 의문문이라고도 한다.

---

1) '의문사(疑問詞, interrogative)'는 의문의 초점이 되는 사물이나 사태를 지시하는 대명사나 부사다. 이러한 의문사로는 '누구, 언제, 어디, 무엇; 왜, 어떻게, 얼마' 따위가 있다.

(13) 지금 비가 <u>오니</u>? ↗

(14) ㄱ. <u>예</u>, 지금 비가 옵니다.

ㄴ. <u>아니요</u>, 지금 비가 오지 않습니다.

(13)의 의문문은 청자에게 '지금 비가 오는지 오지 않는지'에 대하여 판정을 내려서 그에 대한 대답을 요구하는 문장이다. (13)의 의문문에 대하여 청자는 실제로 '지금 비가 오는 것'으로 판정하면 (14ㄱ)처럼 긍정문으로 대답한다. 반대로 청자가 '지금 비가 오지 않는 것'으로 판정하면 (14ㄴ)처럼 부정문으로 대답한다. 이처럼 들을이에게 문장의 내용에 대하여 판정을 요구하는 의문문을 '판정 의문문'이라고 한다.

판정 의문문은 문장의 끝의 억양이 상승조로 실현되는 것이 특징이다. 판정 의문문에는 의문사가 실현되지 않기 때문에, 그것이 의문문임을 나타내는 보조적인 수단으로써 상승의 어조를 실현하는 것이다.

ⓒ **수사 의문문** : '수사 의문문(修辭 疑問文, rhetorical question)'은 의문형 어미가 실현되어 있기는 하지만, 청자에게 굳이 대답을 요구하지 않는 의문문이다. 수사 의문문은 의문문으로 기능하지 않고 다른 종결 표현처럼 기능한다.

(15) ㄱ. 내가 이 상자를 못 <u>들겠느냐</u>?

ㄴ. 교사 임용 고사에 합격한다면 얼마나 <u>좋을까</u>?

ㄷ. 빨리 그만두지 못하겠<u>느냐</u>?

(15)의 문장은 모두 의문문의 형식을 갖추고 있으나 일반적인 의문문과 다르게 기능한다. (ㄱ)은 '반어적인 기능'을 하는 의문문으로서 실제의 의미는 '내가 이 상자를 들 수 있다'는 의미로 쓰여서, 평서문과 동일하게 기능한다. (ㄴ)은 소망을 나타내거나 주관적인 감정을 표현하고 있으므로 평서문이나 감탄문처럼 기능한다. 끝으로 (ㄷ)은 청자에게 '그만두는 행동'을 요구하므로 명령문처럼 기능한다. 이처럼 수사 의문문은 의문문의 기능이 없는 대신에, 반어적인 의미를 나타내거나 '평서문, 명령문, 감탄문'이나 '반문(反問)'의 효과를 나타내는 의문문이다.

(다) 명령문

〈 **명령문의 개념** 〉 '명령문(命令文, imperative sentence)'은 화자가 청자에게 자기의 의도대로 행동해 줄 것을 요구하는 문장이다. 명령문은 서술어로 쓰이는 동사의 어간에 '-아라

'/-어라, -거라, -여라, -너라 ; -게(나) ; -으오 ; -으십시오'의 명령형 종결 어미가 실현
되어서 성립된다.

(16) ㄱ. 열심히 일한 당신, 이제 떠나라.   [해라체]

      ㄴ. 영숙아, 학교에 늦겠다. 빨리 일어나거라.

      ㄷ. 교사 임용 시험에 합격하려면, 열심히 공부하여라.

      ㄹ. 철수야, 공부가 끝나면 즉시 집으로 오너라.

      ㅁ. 자네, 빨리 일어나게(나).   [하게체]

      ㅂ. 저 산을 한번 보오.   [하오체]

      ㅅ. 안녕히 가십시오.   [하십시오체]

먼저 (ㄱ~ㄹ)은 아주 낮춤의 '해라체'의 명령형 어미가 쓰였다. (ㄱ)이나 (ㄴ)의 '떠나다,
일어나다'와 같은 일반적인 동사에는 '-아라/-어라'나 '-거라'가 실현되어서 명령문이
된다. 그리고 (ㄷ)의 '하다'나 '하다' 형 동사에는 어간에 '-여라'가 실현되고, (ㄹ)의 '오
다'의 어간에는 '-너라'가 실현되어서 명령문이 성립된다. (ㅁ)과 같은 예사 낮춤의 '하
게체'에서는 명령형 어미로 '-게'와 '-게나'가 쓰이며, (ㅂ)과 같은 예사 높임의 '하오체'
에서는 '-으오/-으소'가 쓰이며, (ㅅ)의 아주 높임의 '하십시오체'에서는 '-으십시오'의
형태가 쓰인다.

〈 명령문의 특징 〉 명령문에는 다음과 같은 문법적인 특징이 나타난다.

첫째, 명령문에서는 화자가 청자에게 항상 특정한 행동을 할 것을 요구하므로, 2인칭
의 대명사만이 주어로 쓰일 수 있다.

(17) ㄱ. 애들아, 너희들은 먼저 떠나거라.

      ㄴ. 민호야, 너는 손을 깨끗하게 씻어라.

명령문의 주어는 (17)의 '너희들'과 '너'처럼 반드시 2인칭의 대명사로 실현된다. 이렇게
명령문에서는 2인칭의 대명사만이 주어로 쓰일 수 있으므로, 주어가 문맥에 실현되지
않아도 생략된 주어를 알 수 있다. 이에 따라서 명령문에서는 주어를 생략하고 표현하는
것이 일반적이다.

둘째, 명령문은 화자가 청자에게 어떠한 행동을 할 것을 요구하는 문장이므로, 서술어
로서 동사만이 쓰일 수 있고 형용사나 서술격 조사는 쓰일 수 없다.

(18) ㄱ. *애들아, 제발 좀 키가 작<u>아라</u>.

　　ㄴ. *이것은 책이<u>어라</u>.

(ㄱ)에서 '작다'와 같은 형용사는 동작성이 없어서 행동의 변화를 일으킬 수가 없으므로, 이들 형용사는 명령문에서 서술어로 쓰일 수 없다. 형용사뿐만 아니라 서술격 조사인 '-이다'도 동작성이 없으므로, (ㄴ)처럼 '체언＋이다'가 명령문에서 서술어로 쓰이면 비문법적인 문장이 된다.

　셋째, 명령문의 서술어로 쓰이는 용언에는 시간을 나타내는 어미가 실현되지 않는다.

(19) ㄱ. 김 서방, 이 짐을 좀 들<u>게</u>.

　　ㄴ.*김 서방, 이 짐을 좀 들<u>었게</u> / *들<u>는게</u> / *들<u>겠게</u> / *들<u>더게</u>.

명령문에서는 (ㄱ)처럼 서술어로 쓰인 '들다'의 어간에 시제 형태소가 실현되지 않고 명령형 어미가 바로 결합한다. 반면에 (ㄴ)처럼 명령문의 서술어에 시제 형태소인 '-었-, -는-, -겠-, -더-' 등이 실현되면 비문법적인 문장이 된다.

　넷째, 평서문, 의문문, 감탄문에서는 부정을 나타내는 보조 용언으로 '아니하다'나 '못하다'가 쓰인다. 반면에 명령문에서는 부정을 나타내는 보조 용언으로서 '말다'가 쓰이는 것이 특징이다.

(20) ㄱ. 철수야, 감기약을 먹지 <u>마라</u>.

　　ㄴ. 선생님, 감기약을 드시지 <u>마십시오</u>.

평서문, 의문문, 감탄문에서는 부정 표현이 '-지 아니하다' 혹은 '-지 못하다'와 같이 표현된다. 이에 반해서 (20)의 명령문에서는 '-지 마라'나 '-지 마십시오'와 같이 보조 용언인 '-지 말다'의 활용형이 부정 표현의 형태로 쓰여서 '금지'의 뜻을 나타낸다.

　〈**명령문의 유형**〉명령문은 그것이 발화되는 장면에 따른 전달의 방식에 따라서 '직접 명령문'과 '간접 명령문'으로 구분할 수 있다.(남기심·고영근 1993:354)

　ⓐ **직접 명령문** : '직접 명령문(直接 命令文)'은 화자와 청자가 직접적으로 대면하는 발화 상황에서 쓰이는 일반적인 명령문이다.

(21) ㄱ. 여기 상자 안에서 마음에 드는 것을 골라<u>라</u>.[2]

　　ㄴ. 출발점에서 결승점까지 힘껏 달리<u>거라</u>.

ㄷ. 너는 여기서 무릎을 꿇고 너의 행동을 반성하여라.

ㄹ. 어서 이리 오너라.

(21)의 문장에서는 동사의 어간에 '-아라/-어라'와 '-거라, -여라, -너라' 등의 명령형 어미가 실현되었다. 이러한 명령문은 화자와 청자가 직접적으로 대면하는 발화 상황에서 쓰이는 일반적인 명령문이다.

ⓑ **간접 명령문** : '간접 명령문(間接 命令文)'은 매체를 통하여 간접적으로 표현되는 발화 상황에서 쓰이는 특수한 명령문이다. 곧, 간접 명령문은 화자와 청자가 직접적으로 대면하지 않고, 주로 신문의 표제어, 시험지, 표어, 현수막, 성명서 등의 매체를 통해서 간접적으로 표현된 명령문이다.

(22) ㄱ. 아래 물음에 알맞은 답의 기호를 고르라.

ㄴ. 젊은이여, 삶의 목표를 향해 힘차게 달리라.

ㄷ. 정부는 북한의 핵무기 개발을 저지하라.

ㄹ. 젊은이들이여 하루 빨리 자유의 품으로 돌아오라.

간접 명령문은 동사의 어간에 '-으라'가 붙어서 실현되는데, (22)에서 '고르라, 달리라, 저지하라, 돌아오라'는 동사의 어간인 '고르-, 달리-, 저지하-, 돌아오-'에 명령형 어미인 '-으라'가 붙어서 활용한 형태이다.

(라) 청유문

〈 **청유문의 개념** 〉 '청유문(請誘文, request sentence)'은 화자가 청자에게 어떠한 행동을 같이할 것을 요청하거나 제안하는 문장이다. 청유문은 동사의 어간에 청유형 종결 어미인 '-자, -으세, -읍시다, -으시지요' 등이 붙어서 실현된다.

(23) ㄱ. 이제는 싸움을 그만두자.

ㄴ. 우리도 한번 잘 살아 보세.

ㄷ. 선생님, 우리도 지금 출발합시다.

ㄹ. 어르신, 차린 음식을 많이 드시지요.

---

2) '골라라'는 '르' 불규칙 용언인 '고르다'의 어간에 명령형 어미인 '-아라'가 실현된 형태이다.

(23)에서는 서술어로 쓰인 '그만두다, 보다, 출발하다'의 어간에 청유형 어미인 '-자, -으세, -읍시다, -으시지요'가 실현되어서 청유문이 성립하였다.[3]

(마) 감탄문

〈 **감탄문의 개념** 〉'감탄문(感歎文, exclamatory sentence)'은 화자가 자신의 느낌을 표현하거나, 자신의 생각을 독백하는 문장이다. 감탄문은 문장에 서술어로 쓰이는 용언에 감탄형 종결 어미인 '-구나, -구먼, -구려, -네'와 '-아라/-어라' 등을 실현함으로써 성립된다.

(24) ㄱ. 아이가 길에서 넘어졌<u>구나</u>.
ㄴ. 앗! 뜨거<u>워라</u>.

(ㄱ)에서는 서술어로 쓰이는 '넘어지다'에 감탄형 어미인 '-구나'를 실현하여서 감탄문이 되었고, (ㄴ)에서는 '뜨겁다'에 감탄형 어미인 '-어라'를 실현하여 감탄문이 되었다.
〈 **감탄문의 특징** 〉 감탄문에서는 다음과 같은 몇 가지 문법적인 특징이 나타난다.
첫째, 감탄문은 화자가 자신이 알게 된 사실을 영탄적으로 진술하는 데에 그치는 문장이다.

(25) ㄱ. 달이 <u>밝다</u>.
ㄴ. 달이 밝<u>구나</u>.

(ㄱ)의 평서문은 화자가 자신이 알고 있는 사실을 청자에게 전달하는 문장이다. 곧 화자는 '달이 밝다는 사실'을 이미 알고 있으면서, 그 사실을 청자에게 전달한다. 이에 반해서 (ㄴ)의 감탄문은 화자가 자신의 생각이나 감정을 표출하는 데에 그치는 문장이다. 이러한 점에서 감탄문은 언어의 기능 가운데서 정서적 기능, 곧 감정을 표출하는 기능과 밀접한 관련이 있다.
둘째, 감탄문은 화자가 어떤 일을 '처음으로 인식한 상황'에서만 발화하는 문장이다.
(장경희 1986:95)

---

3) 청유문에 나타나는 특징은 명령문에 나타나는 특징과 동일하다. 첫째, 청유문에서는 문장의 주어로서 대명사인 '우리'만이 쓰일 수 있어서, 실제의 문장에서는 대체로 주어가 생략된다. 둘째, 동사만이 서술어로 쓰일 수 있다. 셋째, 서술어로 쓰이는 용언에는 시간을 나타내는 어미가 실현되지 않는다. 넷째, 부정을 나타내는 보조 용언으로 '말다'가 쓰인다.

(26) ㄱ. 젠장, 오늘은 참 재수가 없<u>네</u>.

ㄴ. 아, 차가<u>워</u>.

(ㄱ)의 감탄문은 화자가 '재수가 없는 상황'을 인식한 직후에 발화하는 것이 일반적이며, (ㄴ)은 차가운 물체를 감각적으로 느끼자마자 반사적으로 발화한 문장이다. 그리고 감탄 문에서는 '젠장, 아'와 같은 감탄사가 함께 실현되는 경우가 많은데, 이는 감탄사 또한 어떠한 일을 처음 인식했을 때에 발화하는 특징이 있기 때문이다.(나찬연 2004:133) 이러 한 점을 감안하면 감탄문은 화자가 발화하기 직전에 처음으로 인식한 일에 대한 반응을 직접적으로 표출하는 문장이라는 사실을 알 수 있다.

〈 **감탄문의 유형** 〉 감탄문은 감탄형 어미의 형태에 따라서 '구나' 형 감탄문과 '어라' 형 감탄문으로 나뉜다.

ⓐ **'구나' 형 감탄문** : '구나' 형 감탄문은 감탄문의 일반적 유형인데, 용언이나 서술격 조사의 어간에 '-(는)구나, -(는)구먼, -(는)구려; -군, -네' 등이 붙어서 실현된다.

첫째, 격식체의 감탄형 종결 어미로는 '-(는)구나, -(는)구먼, -(는)구려' 등이 쓰인다.

(27) ㄱ. 철수가 개를 잡<u>는구나</u>. / 잡<u>는구먼</u>. / 잡<u>는구려</u>.   [동사]

ㄴ. 영희가 매우 예쁘<u>구나</u>. / 예쁘<u>구먼</u>. / 예쁘<u>구려</u>.   [형용사]

(ㄱ)에는 동사인 '잡다'가 서술어로 쓰였다. 아주 낮춤의 해라체로는 '-는구나'가, 예사 낮춤의 하게체로서는 '-는구먼'이, 예사 높임의 하오체로서는 '-는구려'가 쓰였다. (ㄴ) 에서는 형용사인 '예쁘다'가 서술어로 쓰였는데, 이때에도 상대 높임법의 등분에 따라 서, '-구나, -구먼, -구려'의 감탄형 어미가 실현되었다.

둘째, 비격식체인 '해체'의 감탄형 어미인 '-군'을 실현함으로써 감탄문이 성립할 수 도 있으며, '-군'에 다시 보조사 '-요'가 붙어서 해요체의 '-군요'가 쓰일 수 있다.

(28) ㄱ. 밖에 비가 많이 내리<u>는군</u>.   [해체]

ㄴ. 날씨가 매우 춥<u>군요</u>.   [해요체]

(ㄱ)에서 '-군'은 '해라체'나 '하게체'에 대등될 수 있는 두루 낮춤의 등분인데, 주로 혼잣 말로 쓰인다. 그리고 (ㄴ)의 '-군요'는 '하오체'와 '하십시오체'에 대응되는 두루 높임의 등분인데, 상대방을 의식하는 경우에 쓰인다.

'해체'로 쓰이는 감탄형 어미인 '-네'와 '해요체'로 쓰이는 '-네요'를 실현해도 감탄문

이 성립할 수 있다.4)

(29) ㄱ. 우리 아이 노래도 잘 부르네!   [해체]

    ㄴ. 집이 참 깨끗하네요.   [해요체]

'-네'는 방금 깨달은 일을 영탄의 뜻을 더하면서 표출하는 데에 쓰이는 '해체'의 감탄형 종결 어미이다. 그리고 '-네'의 뒤에 종결 보조사인 '-요'를 실현함으로써, '-네요'의 형태로 '해요체'의 감탄문을 형성할 수 있다.

ⓑ **'어라' 형 감탄문**: '어라' 형 감탄문은 형용사의 어간에 종결 어미인 '-아라/-어라/-여라'가 붙어서 실현된다. '어라' 형 감탄문은 다음과 같은 특징이 나타난다.

첫째, '어라' 형 감탄문은 화자가 느낀 감각이나 감정을 즉각적이고도 아주 강하게 표현할 때에 쓰인다.

(30) ㄱ. 아이고, 추워라!

    ㄴ. 앗, 뜨거워라!

    ㄷ. 아아, 참 곱기도 하여라.

(30)의 '어라' 형 감탄문은 말하는 사람이 추위나 뜨거움의 감각을 느끼자마자, 즉각적으로 반응하면서 강하게 발화하는 감탄문이다. 곧 '어라' 형 감탄문은 '구나' 형 감탄문보다 더 빠르고 강한 느낌을 표현한다. 그리고 '어라' 형 감탄문은 화자가 느낀 감각이나 감정만을 표현할 수 있으며, 문장의 첫머리에 '아이고, 앗, 아아'와 같은 감탄사를 실현하는 것이 일반적이다.

둘째, '어라' 형 감탄문에 쓰이는 감탄형 어미인 '-어라'는 동사에는 실현되지 않고 형용사에만 실현된다.

(31) ㄱ. 아이고, 뜨거워라.

    ㄴ.*앗, 한국 팀이 바레인 팀에 졌어라!

---

4) 감탄형 어미인 '-네'는 '하게체'의 평서형 어미인 '-네'와 형태가 같다. 감탄형 어미의 '-네'로 실현되는 감탄문은 화자가 처음으로 깨달은 일을 영탄적으로 표현할 때에 쓰인다. 반면에 평서형 어미인 '-네'로 실현되는 평서문은 화자가 이미 알고 있는 일을 청자에게 전달한다는 점에서 차이가 있다. (보기: 철수가 벌써 왔네.)

앞의 (27)에서 '-구나' 형 감탄문은 서술어가 동사와 형용사일 때에 모두 쓰일 수 있었다. 이와는 달리 '어라' 형 감탄문은 (31ㄱ)처럼 형용사에만 실현될 수 있고, (31ㄴ)처럼 동사에 실현되면 비문법적인 문장이 된다.

셋째, '어라' 형 감탄문은 화자가 느낀 감각이나 감정을 즉각적으로 표출하므로, 독립어와 서술어만 실현되고 이들 외의 문장 성분은 실현되지 않는다.

    (32) 아이고, <u>물이</u> <u>정말로</u> 시원하구나.

    (33) ㄱ. 아이고, 시원해라.
        ㄴ.*아이고, <u>물이</u> <u>정말로</u> 시원해라.

(32)의 '구나' 형 감탄문에서는 독립어와 서술어뿐만 아니라 주어나 부사어와 같은 다른 문장 성분도 실현된다. 반면에 '어라' 형 감탄문에는 (33ㄱ)처럼 독립어와 서술어만 실현될 수 있고, (33ㄴ)처럼 주어나 부사어가 실현되면 비문법적인 문장이 된다. 이와 같이 '어라' 형 감탄문이 짧게 실현되는 것은, 화자가 외부의 자극에 대하여 즉각적으로 반응하여 문장을 순간적으로 발화하기 때문이다.

3.2. 높임 표현

국어에서는 문장에서 표현되는 일의 주체나 객체, 혹은 말을 청자(상대)를 높이거나 낮추어서 표현할 수 있다. 이처럼 다른 사람을 높이거나 낮추어서 표현함으로써, 그 사람과의 관계나 자신의 사회적인 위치를 확인할 수 있다.

3.2.1. 높임 표현의 개념

〈 높임 표현의 개념 〉 '높임법(공대법, 존대법, 경어법, 대우법)'은 화자가 청자나 문장 속에서 표현된 어떤 대상을, 그의 지위가 높고 낮은 정도에 따라서, 언어적으로 대우하여 표현하는 방식이다. 그리고 이러한 높임법이 실현된 문장을 '높임 표현'이라고 한다.

    (1) ㄱ. 철수<u>가</u> 동생<u>에게</u> 책을 <u>주었다</u>.
        ㄴ. 할아버지<u>께서</u> 선생님<u>께</u> 책을 <u>드리셨습니다</u>.

(ㄱ)에서는 문장 속에서 주어로 표현된 주체(=철수)와 부사어로 표현된 객체(=동생), 그리고 말을 듣는 상대(=청자)를 모두 낮추어서 표현하였다. 이에 반하여 (ㄴ)에서는 '-께서'와 '-시-'를 통하여 주체인 '할아버지'를 높였으며, 서술어 '드리다'와 조사 '-께'를 통해서 객체인 '선생님'을 높여서 표현하였다. 그리고 서술어에 종결 어미인 '-습니다'를 실현하여 발화 장면 속에서 말을 듣는 상대를 높여서 표현하였다.

〈 높임법의 간략한 유형 〉 '높임 표현(공대 표현, 恭待 表現)'의 유형은 높임의 대상에 따른 유형과 높임 표현을 실현하는 문법적인 형식에 따른 유형으로 나누어진다.

첫째, '높임의 대상에 따른 높임 표현'의 유형은 화자가 어떤 사람을 높이느냐로 구분되는 유형인데, 이에는 '상대 높임 표현, 주체 높임 표현, 객체 높임 표현' 등이 있다.

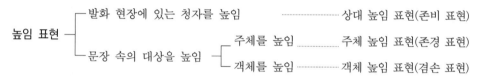

〈그림 2〉 높임의 대상에 따라서 분류한 높임 표현의 유형

둘째, '높임법을 실현하는 문법적인 형식에 따른 유형'으로는 '종결 어미를 통한 높임 표현'과 '조사를 통한 높임 표현', 그리고 '어휘를 통한 높임 표현'이 있다.

어미를 통한 높임	종결 어미를 통한 높임(상대 높임)
	선어말 어미 '-으시-'를 통한 높임(주체 높임)
조사를 통한 높임	조사 '-께서, -께'를 통한 높임(주체/객체 높임)
어휘를 통한 높임	계시다, 드리다, 모시다; 진지, 치아, 약주(주체/객체 높임)

〈표 1〉 높임법을 실현하는 방식에 따른 높임 표현의 유형

3.2.2. 높임 표현의 유형

높임법은 높임의 대상에 따라서 '상대 높임 표현, 주체 높임 표현, 객체 높임 표현'으로 나뉜다.

(가) 상대 높임 표현

〈 상대 높임 표현의 개념 〉 '상대(相對) 높임 표현(존비 표현)'은 화자가 서술어의 용언에

종결 어미를 실현함으로써, 말을 듣는 상대(청자)를 높이거나 낮추어서 대우하는 높임 표현이다.

    (2) 철수가 집에 갔<u>다</u>. / 갔<u>습니다</u>.　　　　　　　　　　　[격식체]

    (3) 철수가 집에 갔<u>어</u>. / 갔어<u>요</u>.　　　　　　　　　　　[비격식체]

(2)에서는 종결 어미인 '-다'를 실현하여 청자를 아주 낮추어서 표현하였고, '-습니다'를 실현하여 청자를 아주 높여서 표현하였다. 그리고 (3)에서 종결 어미인 '-어'를 실현하여 청자를 낮추어서 표현하였으며, '-어'에 종결 보조사인 '-요'를 실현하여 청자를 높여서 표현하였다.

〈 상대 높임 표현의 유형 〉 상대 높임 표현은 문장에서 실현되는 종결 어미의 형태와 보조사 '-요'의 실현 여부에 따라서, '격식체의 상대 높임 표현'과 '비격식체의 상대 높임 표현'으로 나뉜다.(『고등학교 문법』 2010:173)

ⓐ **격식체의 상대 높임 표현** : '격식체의 상대 높임법'은 나이나 직업, 직위 등의 주어진 사회적 규범에 따라 어느 특정한 등급의 종결 어미를 쓰게 되어서, 화자에게 개인적인 선택의 여지가 없을 때 사용하는 상대 높임 표현이다. 격식체의 상대 높임 표현은 직접적이며 단정적이며 객관적이고 <u>의례적인</u> 성격이 있는 높임법이다.

격식체의 상대 높임 표현은 높임의 등분과 문장의 종결 방식에 따라서 실현된다.

    (4) ㄱ. 돼지를 잡- {-습니다 / -습니까? 　/ -으십시오5) 　/ 　— 　/ 　— 　}6)
       ㄴ. 돼지를 잡- {-으오7) / -으오? 　/ -으오 　/ -읍시다 / -(는)구려}
       ㄷ. 돼지를 잡- {-네 　/ -(느)은가? / -게 　/ -으세 　/ -(는)구먼}
       ㄹ. 돼지를 잡- {-(는)다 / -(느)으냐? / -아라 　/ -자 　/ -(는)구나}

격식체 상대 높임 표현은 네 가지 등분으로 분류할 수 있다. 곧 (ㄱ)은 아주 높임의 등분인 '하십시오체', (ㄴ)은 예사 높임의 등분인 '하오체', (ㄷ)은 예사 낮춤의 등분인 '하게체', (ㄹ)은 아주 낮춤의 등분인 '해라체'이다. 그리고 평서문, 의문문, 명령문, 청유문,

---

5) '-십시오'는 주체 높임의 선어말 어미인 '-시-'와 명령형의 종결 어미인 '-ㅂ시오'가 결합된 형태이다.
6) 청유형의 '하십시오체'는 원래는 해당 형태가 없는데, 고영근·구본관(2008:173)에서는 해요체인 '-지요'에 선어말 어미인 '-으시-'가 실현되어 '-으시지요'가 보충법으로 쓰인다고 보았다.
7) '하오체'의 종결 어미인 '-오'는 선어말 어미인 '-겠-, -었-/-았-' 뒤에서는 '-소'로 실현된다.

감탄문 등과 같이 문장이 종결되는 방식에 따라서도 상대 높임 표현을 실현하는 종결 어미의 형태가 달라진다.

ⓑ **비격식체의 상대 높임 표현:** '비격식체 상대 높임 표현'은 청자에게 개인적 감정이나 느낌, 태도를 보이기 위하여 스스로 어떠한 문체를 선택하여 사용하는 상대 높임 표현이다. 이는 부드럽고 비단정적이며 주관적이며, 격식을 덜 차리는 <u>정감적인 성격</u>의 상대 높임 표현이다.

비격식체의 상대 높임 표현은 낮춤의 '해체'와 높임의 '해요체'로 나누어진다.

(5) ㄱ. 어서 고양이를 잡<u>아</u>.   [해체 – 두루 낮춤]
     ㄴ. 이제 모두들 자리에서 일어서<u>지</u>.

(6) ㄱ. 어서 고양이를 잡<u>아요</u>.
     ㄴ. 이제 모두들 자리에서 일어서<u>지요</u>.   [해요체 – 두루 높임]

'해체'는 '반말'이라고도 하는데, (5)처럼 서술어로 쓰인 용언의 끝에 반말체의 종결 어미인 '-아/-어'나 '-지'를 붙여서 표현한다. 이때에 '-아/-어'나 '-지'로 실현되는 '해체'는 아주 낮춤과 예사 낮춤에 두루 쓰이는 '두루 낮춤'의 등급이다. 이에 반해서 '해요체'는 (6)처럼 '해체'에 높임의 뜻이 있는 보조사 '-요'를 붙여서 '-아요/-어요'나 '-지요'의 형태로 실현되는 높임 표현이다. 이러한 '해요체'는 아주 높임과 예사 높임에 두루 쓰이는 '두루 높임'의 등급이다.

(나) 주체 높임 표현

〈 **주체 높임 표현의 개념** 〉 '주체(主體) 높임 표현(존경 표현)'은 문장에서 주어로 표현되는 대상(=서술의 주체)을 높여서 대우하는 방법으로서, 서술의 주체가 화자보다 나이나 사회적 지위 등에서 상위자일 때에 표현된다. 주체 높임 표현은 서술어로 쓰이는 용언에 선어말 어미인 '-으시-'를 붙여서 실현하는 것이 일반적이며, 이와 함께 주격 조사인 '-께서'를 실현하거나 체언에 파생 접사인 '-님'을 붙여서 실현하기도 한다.

(7) ㄱ. 김동운 사장<u>이</u> 금정산 아래에 <u>산다</u>.
     ㄴ. 김동운 사장<u>님께서</u> 금정산 아래에 <u>사신다</u>.

(ㄱ)의 문장에는 주체를 높이는 문법적인 요소가 쓰이지 않았으므로 서술의 주체인 '김

동운 사장'을 낮추어서 표현한 것이다. 이에 반해서 (ㄴ)의 문장에서는 서술어로 쓰인 '살다'에 주체 높임의 선어말 어미인 '-시-'를 실현하였고, 주체인 '김동운 사장'에 높임의 접미사인 '-님'과 주격 조사 '-께서'를 실현하여 주체를 높여서 표현하였다.

〈 간접 높임 표현 〉 일반적으로 주체 높임 표현은 문장 속에서 주어로 쓰이는 말, 곧 서술의 주체를 선어말 어미인 '-으시-'를 통하여 직접적으로 높이는 표현이다.

(7) 김 사장님께서 금정산 아래에서 사신다.
  [+높임]

(7)에서 선어말 어미인 '-시-'는 주어로 표현된 높임의 대상인 '김 사장'을 직접적으로 높였다.

그런데 서술의 주체가 높임의 직접적인 대상이 아닌 때에도 '-으시-'를 실현하여서 표현할 수 있다. 곧 실제로 높여서 표현해야 할 인물과 밀접한 관계에 있는 대상인, '신체의 일부분, 소유물, 병, 생각, 말, 사상' 등을 나타내는 말이 문장의 주어로 쓰일 때에는, 그 대상을 높여서 표현할 수 있다. 이러한 높임법을 '간접 높임 표현'이라고 한다.

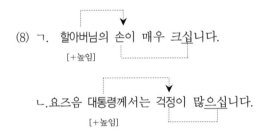

(8) ㄱ. 할아버님의 손이 매우 크십니다.
  [+높임]

ㄴ. 요즈음 대통령께서는 걱정이 많으십니다.
  [+높임]

(8)의 문장에서 서술어인 '크다'와 '많다'에 대한 서술의 주체는 '손'과 '걱정'인데, 이들은 원칙적으로 주체 높임의 대상이 되는 말이 아니다. 그런데 (ㄱ)에서 '손'은 높임의 대상인 '할아버님'의 신체의 일부이고 (ㄴ)에서 '걱정'은 높임의 대상인 '대통령'의 생각이다. 따라서 (8)의 '크십니다'와 '많으십니다'에 표현된 주체 높임의 선어말 어미인 '-으시-'는 문장의 주어로 쓰인 '손'과 '걱정'을 높여서 표현함으로써, 실제로 높여서 표현해야 할 '할아버님'과 '대통령'을 간접적으로 높인 것이다.

주체 높임 표현을 통하여 대상을 간접적으로 높이는 방법으로는 두 가지가 있다.

첫째, 관형어의 수식을 받는 체언이 주어로 쓰일 때에, 그 체언을 높여서 표현함으로써 관형어로 표현되는 대상을 간접적으로 높일 수 있다.

(9) ㄱ. 사장님의 손톱이 빠지<u>셨</u>다.

ㄴ. 선생님의 말씀이 있<u>으시</u>겠습니다.

(9)의 문장에서 주어로 쓰인 '손톱'과 '말씀'은 그 자체로는 높임의 대상이 아니다. 하지만 '손톱'과 '말씀'은 관형어로 쓰인 '사장님'과 '선생님'과 직접적으로 관련이 있는 대상이다. 따라서 (9)에서는 '손톱'과 '말씀'을 높임으로써 관형어로 쓰인 '사장님'과 '선생님'을 간접적으로 높여서 표현하였다.

둘째, 서술절을 안은 문장에서 서술절 속의 주어로 표현되는 대상을 높임으로써, 안은 문장에서 주어로 표현되는 인물을 간접적으로 높일 수 있다.

(10) ㄱ. 선생님께서는 귀가 크<u>시</u>다.

ㄴ. 할머니께서는 돈이 많<u>으시</u>다.

ㄷ. 어머님께서도 다 생각이 있<u>으십</u>니다.

(ㄱ)에서 서술절 속의 주체인 '귀'는 그 자체로는 높임의 대상이 아니다. 하지만 '귀'가 높임의 대상인 '선생님'의 귀이기 때문에 선어말 어미인 '-으시-'를 실현하여 높여서 표현하였다. (ㄴ)과 (ㄷ)에서도 마찬가지로 서술절 속의 주체인 '돈'과 '생각'은 각각 높임의 대상인 '할머니'와 '어머님'의 소유물이나 생각이므로, '-으시-'를 실현하여 '돈'과 '생각'을 높여서 표현하였다.

〈 어휘를 통한 주체 높임 표현 〉 주체 높임법은 선어말 어미인 '-으시-'나 주격 조사 '-께서', 혹은 파생 접사 '-님'으로 실현되는 것이 일반적이다. 하지만 주체 높임 표현은 '계시다, 잡수시다/자시다, 주무시다 ……' 등과 같이 높임의 뜻이 있는 특수한 용언으로써도 실현될 수 있다.

(11) ㄱ. 동생은 지금 학교에 <u>있다</u>.

ㄴ. 아이들이 점심으로 김밥을 <u>먹는다</u>.

ㄷ. 시찰단 일행은 기차 안에서 <u>잤다</u>.

(12) ㄱ. 아버님께서는 지금 거실에 <u>계시다</u>.

ㄴ. 할아버님께서 점심을 <u>잡수신다</u>.

ㄷ. 선생님께서는 어제 부산 호텔에서 <u>주무셨다</u>.

(12)에서 '계시다, 잡수시다, 주무시다'는 각각 (11)의 '있다, 먹다, 자다'에 대한 높임의 어휘이다. 그러므로 (12)와 같이 '계시다, 잡수시다, 주무시다'가 서술어로 쓰이면 자동적으로 문장의 주체가 높여져서 표현된다.

이처럼 주체 높임 표현은 선어말 어미뿐만 아니라 어휘로도 실현될 수 있다. 이와 관련하여 문장의 서술어가 '있다'일 때에는 주체 높임 표현이 '계시다(존재, 在)'와 '있으시다(소유, 持)'의 두 가지 단어로 실현된다. 이 경우 '계시다'는 직접 높임법으로서 높임의 뜻이 있는 어휘로써 실현된 높임 표현이고, '있으시다'는 간접 높임법으로서 선어말 어미인 '-으시-'로써 실현된 높임 표현이다.

> (13) ㄱ. 선생님께서는 댁에 <u>계시다</u>.
>
>   ㄴ. 선생님께서는 따님이 <u>있으시다</u>.

(ㄱ)에서는 '선생님'이 특정한 장소에 존재함을 뜻하는 말인데, 이때에는 '있다'의 높임 표현으로서 '계시다'가 쓰인다. 반면에 (ㄴ)에서는 '선생님'이 특정한 대상을 소유하고 있음을 나타내는데, 이때에는 '있다'의 높임 표현으로 '있으시다'로 표현해야 한다. 이처럼 '계시다'는 주체를 직접적으로 높일 때에 사용하고, '있으시다'는 높여야 할 주체(=선생님)를 다른 대상(=따님)을 통해서 간접적으로 높일 때에 쓴다.

(다) 객체 높임 표현

⟨ 객체 높임 표현의 개념 ⟩ '객체(客體) 높임 표현(겸손 표현)'은 문장의 목적어나 부사어로 표현되는 대상, 곧 서술의 객체를 높여서 대우하는 높임 표현이다. 여기서 객체는 화자나 문장 속의 주체보다 상위자일 경우가 많다.

> (14) ㄱ. 인호는 동생을 <u>데리고</u> 집으로 왔다.
>
>   ㄴ. 한 학생이 수학 책을 철수<u>에게</u> <u>주었다</u>.

> (15) ㄱ. 인호는 아버님을 <u>모시고</u> 집으로 왔다.
>
>   ㄴ. 한 학생이 수학 책을 선생님<u>께</u> <u>드렸다</u>.

(14)는 목적어인 '동생'이나 부사어인 '철수'를 높이지 않은 표현이다. 이에 반하여 (15)의 (ㄱ)에서는 서술어로 쓰인 '모시다'를 통해서 목적어로 표현된 객체(='아버님')를 높여서 표현하였다. 그리고 (15ㄴ)에서는 서술어로 쓰인 '드리다'와 부사격 조사인 '-께'를

통해서, 부사어로 표현된 객체(='선생님')를 높여서 표현하였다. 그런데 이러한 객체 높임 표현은 대체로 객체가 화자나 주체보다 상위자인 때에 실현된다. 곧 (15ㄱ)에서 객체인 '아버님'은 주체인 '인호'보다 상위자이며, (15ㄴ)에서 객체인 '선생님'은 주체인 '학생'보다 상위자이다. 반면에 (14)에서 객체인 '동생'과 '철수'는 주체인 '인호'와 '한 학생'에 에 비해서 상위자가 아니므로, 객체를 낮추어서 표현하였다.

〈 객체 높임 표현의 실현 방법 〉 상대 높임법과 주체 높임법은 주로 용언의 활용을 통해서 실현된다. 이에 반해서 객체 높임 표현은 일반적으로 높임의 뜻이 있는 특수한 동사를 사용하여서 실현되는 것이 특징이다.

(16) ㄱ. 류성룡은 선조 임금님을 <u>모시고</u> 의주까지 갔다.

　　ㄴ. 큰 아들은 어머님께 용돈을 매달 <u>드렸다</u>.

　　ㄷ. 목련존자는 부처님을 <u>뵙고</u> 출가의 뜻을 밝혔다.

　　ㄹ. 저는 부모님께 <u>여쭈어</u> 보고 가부(可否)를 결정하겠습니다.

(16)에서 '모시다, 드리다, 뵙다(뵈다), 여쭈다(여쭙다)' 등이 객체 높임을 실현하는 동사인데, 각각 목적어나 부사어로 표현된 객체를 높였다. 그리고 (ㄴ)과 (ㄹ)처럼 상대를 나타내는 부사어로 쓰인 객체를 높일 때에는, 높임의 뜻을 나타내는 동사인 '드리다, 여쭙다'와 함께 부사격 조사인 '-께'를 실현하였다.

(라) 어휘를 통한 높임 표현

높임의 의미를 나타내는 어휘를 실현하여 다른 사람을 높이는 표현이 있는데, 이를 '어휘를 통한 높임 표현'이라고 한다.

〈 높임의 정도에 따른 높임 어휘의 유형 〉 '높임의 어휘'는 높임의 방식에 따라서 '높임말'과 '낮춤말(겸양말)'로 나눌 수가 있다. '높임말'은 청자나 청자와 관련된 대상을 높여서 표현하는 어휘이다. 반면에 '낮춤말(겸양말)'은 화자가 자신이나 자신에 관련된 대상을 낮추어서 표현함으로써, 다른 사람을 상대적으로 높이는 어휘다.

(17) ㄱ. 아버님, 어머님, 가친(家親), 자친(慈親), 춘부장(椿府丈), 자당(慈堂), 선생님, 귀하(貴下); 계씨(季氏), 함씨(咸氏), 영애(令愛), 영식(令息), 영손(令孫); 진지, 치아(齒牙), 약주(藥酒), 댁(宅), 귀교(貴校), 옥고(玉稿), 연세(年歲)

　　ㄴ. 주무시다, 계시다, 자시다/잡수다, 돌아가시다; 드리다, 바치다, 받들다, 받잡다, 올리다, 아뢰다, 사뢰다, 여쭈다(여쭙다), 모시다, 뵈다(뵙다)

(18) 저, 저희, 소생(小生), 소인(小人), 소자(小子); 말씀, 졸고(拙稿), 졸저(拙著), 비견(鄙見), 상서(上書)

(17)은 화자가 다른 이를 직접 높이거나 혹은 그 사람과 관계되는 사람이나 사물을 높여서 발화하는 높임말이다. 이에 반해서 (18)은 화자가 자신이나 자신과 관계되는 사물을 낮추어서 표현함으로써 상대적으로 다른 사람을 높여서 표현하는 겸양말이다.

〈 품사에 따른 높임 어휘의 유형 〉 높임의 어휘는 품사에 따라서 '체언의 높임 어휘'와 '용언의 높임 어휘'로 나뉜다.

첫째, '체언의 높임 어휘'에는 '직접 높임의 어휘'와 '간접 높임의 어휘'가 있다.

(19) ㄱ. 할아버님, 어머님, 선생님, 사장님, 귀하(貴下), 각하(閣下), 가친(家親), 자친(慈親), 춘부장(椿府丈), 자당(慈堂)

ㄴ. 계씨(季氏), 함씨(咸氏), 영애(令愛), 영식(令息), 영손(令孫), 진지, 치아(齒牙), 귀교(貴校), 옥고(玉稿), 연세(年歲)

(ㄱ)의 어휘는 직접 높임의 체언으로서 화자가 높여야 할 인물을 직접적으로 높이는 말이다. 반면에 (ㄴ)의 어휘는 어떠한 대상을 직접적으로 높이는 것이 아니라, 높여야 할 대상과 관계 있는 인물이나 사물을 높임으로써 간접적으로 높이는 말이다.

(20) ㄱ. 할아버님께서는 아직 진지를 자시지 않으셨다.

ㄴ. 선생님께서는 치아가 상하셔서 며칠 동안 고생하셨습니다.

(20)에서 '할아버님'과 '선생님'은 화자가 높임의 대상을 직접적으로 높인 말이다. 이에 비해서 '진지'와 '치아'는 화자가 직접적으로는 높일 수 있는 대상은 아니다. 하지만 '할아버님'과 '선생님'에게 직접적으로 관련된 대상이기 때문에, 각각 '진지'와 '치아'로 높여서 표현한 것이다. 곧 (ㄱ)에서는 '할아버님이 잡수시는 밥'을 '진지'라고 표현함으로써 '할아버님'을 간접적으로 높였다. 그리고 (ㄴ)에서는 '선생님의 이'를 '치아'라고 표현함으로써 '선생님'을 간접적으로 높인 것이다.

둘째, '용언의 높임 어휘'에는 '주체 높임의 어휘'와 '객체 높임의 어휘'가 있다.

(21) ㄱ. 할아버지께서 <u>주무신다</u>.

ㄴ. 할머니께서 진지를 <u>잡수신다</u>. / <u>자신다</u>.

ㄷ. 작은아버님께서는 지금 강화도에 <u>계시다</u>.

(22) ㄱ. 창호는 백부님을 <u>모시고</u> 다대포에 있는 몰운대에 갔다.

ㄴ. 철수는 어제 할아버님을 <u>뵈러</u> 고향에 내려갔다.

ㄷ. 철수가 사범님께 칼을 <u>드렸다</u>.

(21)의 '주무시다, 잡수시다/자시다, 계시다' 등은 문장 속에서 주어로 표현되는 대상(주체)인 '할아버지, 할머니, 작은아버님'을 높여서 표현하였다. 이에 반해서 (22)의 '모시다, 뵙다, 드리다'는 문장 속의 목적어나 부사어로 표현되는 대상(객체)인 '백부님, 할아버지, 사범님'를 높여서 표현하였다.

3.3. 시간 표현

우리는 과거의 일이나 현재의 일 혹은 미래의 일을 구분해서 표현한다. 이처럼 어떠한 일이 일어난 때를 구분하여 언어적으로 표현하는 방식을 '시제(時制)'라고 한다.

3.3.1. 시간 표현의 개념

원래 물리적인 시간은 먼 과거로부터 현재까지 끊임없이 이어져 있으므로 비분절적이다. 하지만 인간은 어떠한 연속적인 대상을 언어를 통하여 분절해서 이해하려는 경향이 있기 때문에, 연속적인 물리적 시간도 언어를 사용하여 분절적으로 표현한다.

(1) ㄱ. 아버지는 어제 부산으로 떠나셨다.　　　[떠나+시+었+다]　[사건시〉발화시][8]

ㄴ. 어머니는 지금 빨래를 하신다.　　　　　[하+시+ㄴ+다]　　[사건시＝발화시]

ㄷ. 내일 비가 오겠다.　　　　　　　　　　[오+겠+다]　　　　[발화시〉사건시]

(1)에서는 '-었-, -ㄴ-, -겠-'과 같은 언어 기호를 사용하여 '과거, 현재, 미래'의 일을 표현하였다. 곧 물리적인 시간은 연속적이지만, '-었-, -ㄴ-/-는-, -겠-, -더-'와 같은 언어 기호를 통하여 시간을 분절해서 표현한 것이다. 이와 같이 어떠한 일이 일어난

---

8) '사건시〉발화시'는 사건시가 발화시보다 시간적으로 선행함을 나타낸다.

시간을 문법 형태소로 표현하는 방식을 '시제(時制, tense)'라고 한다.

일반적으로 시제는 '발화시'와 '사건시'에 의해서 결정된다. 여기서 '발화시(發話時, utterance time)'는 화자가 특정한 문장을 발화하는 시간으로 항상 현재이다. 이에 반해서 '사건시(事件時, event time)'는 문장으로 표현되는 사건이나 상황이 일어난 시간이다. 국어의 일반적인 시제는 발화시를 기준으로 해서 발화시와 사건시의 선후 관계를 비교함으로써, '과거 시제, 현재 시제, 미래 시제'로 결정된다. 이처럼 발화시를 기준으로 결정되는 시제를 '절대 시제(絶對時制, absolute tense)'라고 한다.

첫째, '과거 시제'는 문장으로 표현되는 사건이 발화시 이전에 일어나는 경우의 시제로서, 사건시가 발화시보다 앞서는 시제이다.

(1ㄱ)에서 '아버지가 부산으로 떠난 사건'은 이 문장을 발화를 한 때(발화시＝현재)보다 그 이전에 일어난 일이다. 그러므로 이 문장의 시제는 과거 시제이며, 서술어에 과거 시제 선어말 어미인 '-었-'이 실현되었다.

둘째, '현재 시제'는 문장으로 표현되는 사건이 발화시에 일어나는 경우의 시제로서, 발화시와 사건시가 일치하는 시제이다.

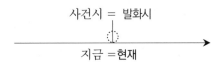

(1ㄴ)에서 '어머니가 빨래를 하는 사건'은 발화시에 일어나고 있다. 곧 발화시와 사건시가 일치하므로 이 문장의 시제는 현재 시제이며, 서술어에 현재 시제 선어말 어미인 '-ㄴ-'이 실현되었다.

셋째, '미래 시제'는 문장으로 표현되는 사건이 발화시 이후에 일어날 것으로 예상되는 경우의 시제로서, 사건시가 발화시보다 나중인 시제이다.

(1ㄷ)에서 '비가 오는 사건'은 발화시 이후에 일어날 일이다. 그러므로 이 문장의 시제는 '미래 시제'이며, 서술어에 미래 시제 선어말 어미인 '-겠-'이 실현되었다.

시제는 '-었-, -는-, -겠-' 등과 같은 선어말 어미뿐만 아니라 시간 부사에 의해서도 표현될 수가 있다. 곧 (1)에 실현된 시간 부사 '어제, 지금, 내일'은 각각 과거 시제, 현재 시제, 미래 시제를 표현한다.

{ 상대 시제 }

'안은 문장'이나 '이어진 문장'의 일부 종속절에 나타나는 시제는 발화시를 기준으로 결정되는 것이 아니라, 주절의 시제를 기준으로 결정되는 상대 시제로 표현된다.

〈상대 시제의 개념〉 '상대 시제(相對 時制, relative tense)'는 '안은 문장'이나 '이어진 문장' 속의 종속절에서 나타나는 시제인데, 이는 주절의 사건시를 기준으로 하여 상대적으로 결정되는 시제이다.

(1) 어머니가 밥을 먹는 아이를 불렀다.

(1)의 '관형절을 안은 문장'에서 관형절 속의 서술어인 '먹는'의 시제는 절대 시제로 해석할 때와 상대 시제로 해석할 때, 각각 다른 시제로 해석된다.

먼저 관형절의 시제를 절대 시제로 해석하면 '아이가 밥을 먹는 것'은 발화시 이전에 일어난 일이므로 '과거 시제'이다. 그런데 안은 문장에서 '어머니가 아이를 부른 사건'과 안긴 문장에서 '아이가 밥을 먹는 사건'은 같은 시간에 일어난 사건이다. 따라서 안은 문장에서 사건이 일어난 시간인 '과거'의 시간선 상에서 안긴 문장의 사건이 일어난 시간인 '과거'를 해석하면, 안긴 문장의 시제를 '현재'로 해석할 수 있다. 곧 '아이가 밥을 먹는 시간'을 절대 시제로 해석하면 과거이지만, '어머니가 아이를 부른 시간(과거)'을 기준으로 상대적으로 해석하면 현재로 해석할 수 있다.

시제의 유형	기준시	종속절의 시제 (아이가 밥을 먹다)	주절의 시제 (어머니가 아이를 부르다)
절대 시제	발화시-(현재)	과거	과거
상대 시제	주절의 사건시-(과거)	현재	-

〈 절대 시제와 상대 시제의 구분 〉

〈상대 시제의 실현 양상〉 상대 시제의 개념을 이해하기 위하여, 관형절과 이어진 문장의 앞절에서 나타나는 상대 시제의 양상을 살펴보기로 한다.

첫째, 관형절을 안은 문장에서 관형절의 시제를 상대 시제로 해석할 수 있다.

(2) ㄱ. 형이 내가 <u>읽는</u> 책을 빼앗는다.　[절대 시제 : 현재 　/ 상대 시제 : 현재]
　　ㄴ. 형이 내가 <u>읽는</u> 책을 빼앗았다.　[절대 시제 : 과거 　/ 상대 시제 : 현재]

(2)에서 발화시(현재)를 기준으로 삼는 절대 시제의 관점에서 보면, 관형절인 '내가 읽는'의 시제는 (ㄱ)에서는 현재 시제이며 (ㄴ)에서는 과거 시제이다. 그런데 상대 시제의 관점에서 보면 (ㄱ)에서는 '내가 읽는'의 사건시도 현재이며 '빼앗는다'의 사건시 역시 현재이므로, '내가 읽는'의 상대 시제는 현재이다. (ㄴ)에서는 '내가 읽는'의 사건시도 과거이며 '빼앗았다'의 사건시도 과거이므로, '내가 읽는'의 상대 시제는 현재이다.

(3) ㄱ. 형이 내가 <u>읽은</u> 책을 빼앗는다.　[절대 시제 : 과거 　/ 상대 시제 : 과거]
　　ㄴ. 형이 내가 <u>읽은</u> 책을 빼앗았다.　[절대 시제 : 대과거 / 상대 시제 : 과거]

(3)에서 발화시를 기준으로 볼 때에 (ㄱ)에서는 관형절인 '내가 읽은'의 절대 시제는 과거이다. 반면에 (ㄴ)에서는 '내가 읽은'의 절대 시제는 '빼앗았다'로 표현되는 과거보다 앞선 시간을 나타내므로 발화시를 기준으로 보면 대과거의 시제가 된다. 그런데 이를 상대 시제의 관점에서 보면 (ㄱ)에서 '내가 읽은'의 사건시는 과거이고 '빼앗는다'의 사건시는 현재이므로, '내가 읽은'의 상대 시제는 과거이다. (ㄴ)에서는 '내가 읽은'의 사건시는 대과거이며 '빼앗았다'의 사건시는 과거이므로, '내가 읽은'의 상대 시제도 마찬가지로 과거이다.

결과적으로 관형절의 상대 시제는 주절의 시제와 상관없이, '-는'으로 표현되면 현재 시제가 되며, '-은'으로 표현되면 과거 시제가 된다.

둘째, 이어진 문장의 앞절에 나타나는 시제도 상대 시제로 해석해야 할 때가 있다.

(4) ㄱ. 영희는 음악을 <u>들으면서</u> 밥을 먹는다.[절대 시제 : 현재 / 상대 시제 : 현재]
　　ㄴ. 영희는 음악을 <u>들으면서</u> 밥을 먹었다.[절대 시제 : 과거 / 상대 시제 : 현재]
　　ㄷ. 영희는 음악을 <u>들으면서</u> 밥을 먹겠지.[절대 시제 : 미래 / 상대 시제 : 현재]

(4)에서 앞절에서의 서술어로 실현된 '들으면서'가 나타내는 시제를 절대 시제로 해석하면, (ㄱ)에서는 현재 시제, (ㄴ)에서는 과거 시제, (ㄷ)에서는 미래 시제가 된다. 그런데 (4)의 문장에서 표현된 앞절과 뒷절의 사건시는 (ㄱ)에서는 '현재 - 현재', (ㄴ)에서는 '과거 - 과거', (ㄷ)에서는 '미래 - 미래'로 모두 동일하다. 따라서 앞절의 사건시를 뒷절의 사건시에 비교해서 상대적으로 해석하면 모두 다 현재 시제가 된다. 따라서 (4)의 이어진 문장에서 '-으면서'로 표현되는 앞절의 상대 시제는 뒷절의 시제와 관계없이 현재가 된다.

〈상대 시제를 설정하는 이유〉 관형절이나 이어진 문장의 앞절 등의 시제를 절대 시제로만 해석하면, 동일한 시제 형태소가 각기 다른 시제를 표현하는 모순이 발생할 수도 있다.

예를 들어서 (2)의 (ㄱ)과 (ㄴ)의 문장에서 관형절의 시제를 절대 시제로 해석하면 각각 현재 시제와 과거 시제가 되고, (3)의 (ㄱ)과 (ㄴ)의 문장에서도 관형절의 시제는 각각 '과거 시제'와 '대과거 시제'로 다르게 해석된다. 그리고 (4)의 (ㄱ~ㄷ)의 문장에서 앞절인 '음악을 들으면서'의 시제는 절대 시제로는 현재, 과거, 미래 시제로 각각 다르게 해석된다. 곧 절대 시제로 해석하면 종속절에서 쓰인 동일한 시제 형태소가 주절의 시제에 따라서 각기 다른 시제로 해석되는 것이다.

반면에 상대 시제로 해석하면 (2)의 '내가 읽는'의 시제는 모두 현재 시제가 되며, (3)의 '내가 읽은'은 모두 과거 시제가 된다. 마찬가지로 (4)의 '들으면서'는 모두 현재 시제로 해석 된다. 따라서 상대 시제로 해석하면 안은 문장이나 이어진 문장에서 종속절에서 실현되는 동일한 시제 형태소를, 주절의 시제와 관계없이 일관되게 해석할 수 있는 장점이 있다.

그리고 일반적으로 관형절을 안은 문장이나 이어진 문장에서 종속절의 시제만 놓고 보면 상대 시제로 해석된다는 사실도 상대 시제를 설정하는 근거가 된다.

(5) ㄱ. 내가 읽는 책 ……　　　　　(6) ㄱ. 영희는 음악을 들으면서, ……
　　ㄴ. 내가 읽은 책 ……　　　　　　　ㄴ. 강도들은 칼을 들고, ……

(5~6)과 같이 관형절과 이어진 문장의 앞절만 문맥에 표현되어 있을 때에는 관형절의 시제나 앞절의 시제는 상대 시제로만 해석된다. 곧 (5)의 관형절에서 (ㄱ)은 현재 시제, (ㄴ)은 과거 시제로 해석되고 (6)의 이어진 문장의 앞절은 모두 현재 시제로 해석되는데, 이러한 시제는 모두 상대 시제로 해석한 것이다.

3.3.2. 시간 표현의 유형

시간 표현은 발화시와 사건시의 관계에 따라서 '과거 시제, 현재 시제, 미래 시제'로 나누어진다. 그뿐만 아니라 시간 표현에는 동사가 표현하는 움직임의 모습을 나타내는 표현도 있는데 이를 '동작상'이라고 한다.

(가) 과거 시제 표현

'과거 시제(過去時制, past tense)'는 사건시가 발화시에 앞서는 시제이다. 과거 시제는 일반적으로 용언의 어간에 선어말 어미인 '-았-, -았었-, -더-'와 관형사형 전성 어미 인 '-은, -던'이 붙어서 실현된다. 그리고 '어제, 옛날, 아까'처럼 시간을 나타내는 부사어 를 통해서도 과거 시제를 표현할 수 있다.

(가)-1. 선어말 어미 '-았-'의 기능

과거 시제를 나타내는 가장 대표적인 방법은 과거 시제 선어말 어미인 '-았-/-었-/-였-'이나 '-았었-/-었었-'을 문장에 실현하는 것이다.

〈 '-았-'의 쓰임 〉 '-았-'은 일반적으로 과거 시제를 표현하는 것이 원칙이나, 간혹 특수하게 현재나 미래의 일을 표현하는 경우도 있다.

ⓐ '-았-'의 일반적인 기능 : 과거 시제 선어말 어미 '-았-/-었-/-였-'은 일반적으로 발화시 이전의 일(사건)을 표현하는데, 종결형에서 가장 보편적으로 나타난다.

(2) ㄱ. 변강쇠는 앞마당에 말뚝을 힘차게 박았다.
ㄴ. 나는 어제 식당에서 김밥을 먹었다.
ㄷ. 그들은 조국을 다시 찾을 생각으로 열심히 공부하였다.

(ㄱ)의 '-았-'은 어간 끝음절의 모음이 양성 모음일 때에 실현되며, (ㄴ)의 '-었-'은 어간의 끝음절의 모음이 음성 모음일 때에 실현된다. 그리고 (ㄷ)의 '-였-'은 '(~)하다'의 어간 '하-' 다음에만 실현되므로 '-았-/-었-'의 형태론적 변이 형태이다.

과거 시제 선어말 어미는 종결형에서뿐만 아니라 연결형에서도 실현될 수 있다.

(3) ㄱ. 올해는 비가 많이 오니까 농작물이 잘 자라겠지.
ㄴ. 이동건은 풍산개를 좋아하고 원빈은 진돗개를 좋아했다.

(4) ㄱ. 올해는 비가 많이 왔으니까 농작물이 잘 자라겠지.
ㄴ. 이동건은 풍산개를 좋아했고 원빈은 진돗개를 좋아했다.

이어진 문장은 앞절의 용언에 과거 시제 선어말 어미가 실현될 수도 있고 실현되지 않을 수도 있다. (3)의 이어진 문장의 앞절에서는 용언의 어간에 시제를 나타내는 선어말 어미가 실현되지 않고 바로 연결 어미가 붙었다. 그런데 (4)에서는 앞절의 서술어로 쓰이는 용언에 (ㄱ)과 (ㄴ)처럼 '-았-'이 쓰여서 과거 시제를 나타내고 있다. 곧 (4)의 (ㄱ)에서는 '-니까' 앞에서 '-았-'이 실현되었고 (ㄴ)에서는 '-고' 앞에 '-았-'이 실현되어서 과거 시제를 표현하고 있다.

그런데 모든 연결형에 과거 시제 선어말 어미가 실현될 수 있는 것은 아니다. 연결 어미의 종류에 따라서는 과거 시제 선어말 어미가 실현될 수 없는 경우도 있다.

(5) ㄱ. 종소리가 크게 <u>울리자</u> 숨어 있던 병사들이 일제히 달려 나왔다.

ㄴ. 하인들은 물을 <u>구하러</u> 깊은 계곡까지 샅샅이 뒤졌다.

(6) ㄱ. *종소리가 크게 <u>울렸자</u> 숨어 있던 병사들이 일제히 달려 나왔다.

ㄴ. *하인들은 물을 <u>구하였으러</u> 깊은 계곡까지 샅샅이 뒤졌다.

곧 (5)에서는 연결 어미인 '-자'와 '-러'의 앞에 '-았-'이 실현되지 않았는데, (6)에서처럼 이들 연결 어미 앞에 '-았-/-였-'을 실현하면 비문법적인 문장이 된다.

ⓑ **'-았-'의 특수한 기능** : '-았-'은 일반적으로는 발화시 이전에 일어난 일을 표현하는 선어말 어미이다. 그런데 '-았-'은 아주 간혹 현재의 일이나 미래의 일을 표현하는 데에도 쓰일 수 있는데, 이 경우의 '-았-'은 현재의 일이 '완결되어 지속됨'이나 '미래에 어떠한 일이 실현될 것임을 인식함'을 나타낸다.

첫째, '-았-'이 현재의 일이 완결됨을 나타내거나, 현재에 완결된 일이 지속됨을 나타내는 경우가 있다.

(7) ㄱ. 철수는 엄마를 정말 많이 <u>닮았다</u>.

ㄴ. 영숙이는 지금 의자에 <u>앉았다</u>.

(7)의 문장은 현재의 일을 표현하면서도 서술어에 과거 시제의 선어말 어미인 '-았-'을 실현하였다. (ㄱ)에서 '닮았다'는 '닮는 움직임'이 완결되었음을 나타내고, (ㄴ)에서 '앉았다'는 '앉는 동작'이 완결되어서 지속되고 있음을 나타낸다. 따라서 (7)에 쓰인 '-았-'은 '현재의 일이 완결됨'이나 '완결된 동작이 지속됨'을 나타내는 특수한 용법으로 쓰였다.

둘째, '-았-'은 미래에 일어날 일이 반드시 실현될 것을 알고 있음을 나타낼 수 있다.

(8) ㄱ. 너 내일 학교에 가면 선생님한테 <u>혼났다</u>.

ㄴ. 나도 아내가 <u>있었으면</u> 좋겠다.

ㄷ. 너 이제부터 장가는 다 <u>갔다</u>.

(8)의 문장은 앞으로 일어날 일을 표현하고 있는데도 불구하고 과거 시제의 선어말 어미인 '-았-'이 쓰였다. 따라서 이들 문장에 쓰인 '-았-'은 과거 시제를 표현한다고 보기는 어렵다. 오히려 (ㄱ)에서 '-았-'은 내일 학교에 가면 혼이 나는 일이 분명히 실현될 것임을 인식한 표현이다. 그리고 (ㄴ)과 (ㄷ)의 문장에서도 '-았-'을 통하여 화자가 그러한

일이 미래에 실현될 것임을 확실하게 인식하고 있음을 나타낸다.

〈 '-았었-'의 기능 〉 '-았었-/-었었-'은 문장으로 표현되는 사건이 발화시보다 훨씬 이전에 일어나서, 과거의 사건 내용이 현재와는 확연하게 달라져 있음을 나타낸다.

> (9) ㄱ. 작년에는 이 나무에 꽃이 많이 피었었다.
>   ㄴ. 나벼리는 초등학교 시절에는 매우 날씬하였었다.

(ㄱ)에서 '꽃이 많이 피었었다'는 '작년에는 이 나무에 꽃이 많이 피었지만 지금은 상황이 변하여 그렇지 않다'는 의미를 나타낸다. (ㄴ)에서 '날씬하였었다'는 '나벼리는 예전에 매우 날씬했지만 상황이 달라져서 지금은 그렇지 않다'는 의미를 나타낸다. 결국 '-았었-'은 과거에 일어난 일을 표현하되, 그 일을 발화시보다 훨씬 이전에 일어난 일로 파악하여 '지금과는 사정이 달라져 있음'을 부차적으로 나타내는 표현이다.

(가)-2. 선어말 어미 '-더-'의 기능

〈 '-더-'의 기능 〉 '-더-'는 과거의 어느 때를 기준으로 그때에 알게 된 일이나 경험을 돌이켜서 표현하는 선어말 어미로서, 흔히 회상의 선어말 어미(回想先語末語尾)라고 부른다. 곧 '-더-'는 기준시를 발화시보다 앞선 과거의 어느 때(경험시, experiential time)로 옮겨서, 화자가 그때에 직접 경험하고 확인한 사건을 표현한다.

> (10) ㄱ. 철수는 어제 집에서 공부하더라.   [공부하-+-더-+-라]
>   ㄴ. 오전에 보니까 어떤 손님이 찾아오셨더군. [오-+-시-+-었-+-더-+-군]
>   ㄷ. 점심때에 보니까 내일 눈이 내리겠더라.   [내리-+-겠-+-더-+-라]

위의 문장들은 모두 화자가 시점을 자기가 직접 경험한 과거의 어느 때(=어제)로 옮겨서, 그때를 기준으로 하여 사건을 표현한 것이다.

> (10'ㄱ) 철수는 어제 집에서 공부하더라. (기준시(R)=경험시(E), 사건시=경험시)

(ㄱ)은 내가 어제 보니까 바로 그때에 '철수가 집에서 공부하는 일'이 일어나고 있었음을 표현한 문장이다. 이 경우에 기준시(R)는 발화시가 아니라 과거의 어느 때(=어제)이며, 기준시(R)와 경험시(E)가 일치한다. 따라서 (ㄱ)은 화자가 자신이 경험한 과거의 어느 시점으로 돌이켜서 생각하되, 경험시에 진행 중인 일을 표현한 문장이다.

(10'ㄴ) 오전에 보니까 어떤 손님이 찾아오셨더군요. (기준시＝경험시, 사건시 〉 경험시)

(ㄴ)에서 화자는 시점을 과거의 어느 때(=오전)로 옮겨서 표현했는데, 그때에 보니까 '어떤 손님이 찾아오는 일'이 이미 일어났음을 표현한 것이다. (ㄴ)에서 기준시는 경험시인 '오전'이며, 사건시는 경험시보다 앞선 시간이다. 따라서 (ㄴ)은 화자가 자신이 경험한 과거 어느 때로 돌이켜서 생각하되, 경험시 이전에 이미 일어난 일을 표현한 문장이다.

(10'ㄷ) 어제 점심때 보니까 내일 눈이 내리<u>겠</u>더라 (기준시＝경험시, 사건시 〈 경험시)

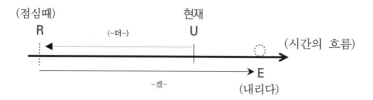

(ㄷ)에서도 화자는 시점을 과거의 어느 때(=어제 점심때)로 옮겨서 표현했는데, 그때 생각해 보니까 '앞으로 눈이 내리겠다'라고 추정하였다. (ㄷ)에서 기준시는 경험시인 '어제 점심때'이며, 사건시는 경험시 이후의 시간이다. 따라서 (ㄷ)은 화자가 과거의 어느 때로 돌이켜서 생각하되, 앞으로 일어날 일을 표현한 문장이다.

결국 회상의 선어말 어미인 '-더-'의 기능은 기준시를 과거의 어느 때로 옮겨서, 그때를 기준으로 화자가 직접 경험한 일을 표현하는 것이다.

〈 '-더-'의 특징 〉 회상 표현에는 다음과 같은 몇 가지 제약이 나타난다.

첫째, 회상 표현은 화자가 직접 경험하고 확인한 일에 대하여서만 성립한다.

(11) ㄱ.*이순신 장군이 정말로 활을 잘 쏘더라.

　　ㄴ. 양궁 대표 선수들은 정말로 활을 잘 쏘더라.

'-더-'의 기본적인 기능은 화자가 주체의 행위에 대하여 직접 경험한 것을 회상하여 청자에게 이르는 것이다. 그런데 (11)에서 (ㄱ)의 문장은 역사적인 현실에 비추어 볼 때 그것이 표현하고 있는 일을 말하는 사람이 직접적으로 경험할 수 없기 때문에 비문법적이다. 이에 반해서 (ㄴ)의 문장에서 표현하는 일은 말하는 사람이 직접적으로 경험할 수 있는 일이므로, (ㄴ)은 문법적인 문장이다.

　둘째, 주어의 인칭에 따라서 '-더-'의 쓰임은 제약을 받을 수 있다. 곧 평서문에서는 화자가 주어로 쓰일 때에 서술어에 '-더-'를 실현하지 못하고, 의문문에서는 청자가 주어로 쓰일 때에 서술어에 '-더-'를 실현할 수 없다.[9]

(12) ㄱ.*나는 어제 독서실에서 공부하더라.　　　　　[1인칭 주어의 평서문]

　　ㄴ. 너는 어제 독서실에서 공부하더라.　　　　　[2인칭 주어의 평서문]

　　ㄷ. 철수는 어제 독서실에서 공부하더라.　　　　 [3인칭 주어의 평서문]

(12)와 같은 평서문에서 (ㄴ)과 (ㄷ)처럼 2인칭이나 3인칭의 주어로 표현되는 평서문에서는 '-더-'를 실현할 수 있다. 반면에 (ㄱ)처럼 화자가 주어로 쓰일 때는 이 문장의 서술어에는 '-더-'를 실현하지 못한다. '-더-'가 실현될 적에는 화자가 직접 경험한 그 당시에 '새롭게 알게 된 사실'을 서술하는 때에만 '-더-'가 쓰이고, 이미 알고 있는 사실을 서술할 때에는 '-더-'가 쓰이지 못하기 때문이다.(김차균 1997:73) 곧 (12ㄱ)에서 화자는 자신이 독서실에서 공부한 사실을 이미 알고 있는 상황이기 때문에, '새롭게 알게 된 사실'을 서술하는 데 쓰이는 '-더-'를 표현할 수 없다.

　반면에 의문문에서는 1인칭과 3인칭의 주어가 실현된 서술어에는 '-더-'가 실현될 수 있지만, 2인칭의 주어가 실현된 서술어에는 '-더'가 실현될 수 없다.

(13) ㄱ. 내가 정말 쓰레기를 아무데나 버리더냐?　　　[1인칭 주어의 의문문]

　　ㄴ.*네가 정말 쓰레기를 아무데나 버리더냐?　　　[2인칭 주어의 의문문]

　　ㄷ. 철수가 정말 쓰레기를 아무데나 버리더냐?　　 [3인칭 주어의 의문문]

---

9) 다만, 화자가 처음으로 깨달은 일을 회상할 때에는 이러한 제약이 없이 '-더-'가 쓰일 수 있다.
　(보기) ㄱ. 잠에서 깨어나 보니, **내**가 침대 밑에 떨어져 있더라.
　　　　ㄴ. **너**도 철수한테 부끄럽더냐?

(ㄱ)의 의문문은 화자가 '자기(=화자 자신)가 쓰레기를 아무데나 버린 일'을 새롭게 알게 되었는지를 청자에게 질문하여 확인하는 문장이다. 따라서 이 문장에서는 1인칭 주어가 오더라도 서술어에 '-더-'를 쓸 수 있다. 반면에 (ㄴ)의 의문문은 화자가 청자 자신이 수행하여서 이미 알고 있는 일을 청자가 새롭게 알게 되었는지를 질문하는 문장이기 때문에, 서술어에 '-더-'가 실현될 수 없다.

(가)-3. 관형사형 어미 '-은'과 '-던'의 기능

관형절에서 나타나는 과거 시제는 관형사형 어미인 '-은'과 '-던'으로 표현된다. 관형사형에서 나타나는 과거 시제는, 동사가 서술어로 쓰일 때와 형용사나 '-이다'가 서술어로 쓰일 때에 각각 다르게 실현된다.

〈 동사의 관형사형에 실현되는 과거 시제 〉 관형절 속의 서술어가 동사인 경우에는 '-은'과 '-던'으로 과거 시제가 표현된다.

(14) ㄱ. 이 환자는 먹은 음식을 다 토했다.
ㄴ. 이 환자는 먹던 음식을 다 토했다.

(ㄱ)과 (ㄴ)에서 '먹은'과 '먹던'은 발화시 이전에 있었던 일을 표현하므로 둘 다 과거 시제를 표현한다. 그러나 (ㄱ)의 '-은'과 (ㄴ)의 '-던'의 의미에는 미묘한 차이가 있다. 곧 (ㄱ)에서 '먹은'은 '먹다'로 표현되는 동작이 완료되었음을 표현하는 데에 반해서, (ㄴ)의 '먹던'은 동작이 완료되지 않고 진행됨을 나타낸다. '-던'에서 나타나는 이러한 의미는 '과거 미완(過去未完)'이나 '동작의 지속'의 뜻으로 추정된다.

〈 형용사와 서술격 조사의 관형사형에 실현되는 과거 시제 〉 관형절의 서술어가 형용사나 서술격 조사일 때에는 과거 시제의 관형사형 어미로 '-던'만이 쓰인다. 그리고 '-던' 앞에 과거 시제의 선어말 어미인 '-았-/-었-'이 실현되어서 '-았던/-었던'의 형태가 실현될 수도 있다.

(15) ㄱ. 예쁘던 그 얼굴이 다 망가졌네.
ㄴ. 젊은 시절에 운동 선수이던 영호 씨는 지금도 건강하다.

(16) ㄱ. 예뻤던 그 얼굴이 다 망가졌네.
ㄴ. 젊은 시절에 운동 선수이었던 영호 씨는 지금도 건강하다.

(15)의 (ㄱ)과 (ㄴ)에서처럼 형용사인 '예쁘다'와 서술격 조사인 '-이다'의 어간에 '-던'이 실현되면 과거 시제를 나타낸다. 그리고 (16)처럼 '-던' 앞에 과거 시제의 선어말 어미인 '-았-/-었-/-였-'이 실현되어서 '-았던/-었던/-였던'의 형태가 실현될 수도 있는데, 이 때에는 과거의 사건 내용이 현재와 대조를 이루거나 사건의 내용이 현재와는 확연하게 달라져 있음을 나타낸다. 곧 (ㄱ)의 '예뻤던 그 얼굴'과 (ㄴ)의 '운동 선수이었던'은 과거에서는 그러했으나 지금은 그렇지 않다는 뜻이 함께 나타난다.

(나) 현재 시제 표현

'현재 시제(現在時制)'는 사건시가 발화시와 일치되는 시제이다. 현재 시제는 종결형에서는 선어말 어미인 '-는-/-느-'나 무형의 선어말 어미를 통해서 실현되며, 관형사형에서는 '-는/-은' 등에 의해서 표현된다. 그리고 경우에 따라서는 '지금, 이제, 요즘, 현재' 등과 같은 시간 부사어를 통해서 현재의 시간을 표현하기도 한다.

(나)-1. 종결형의 현재 시제

종결형의 현재 시제는 서술어로 쓰이는 품사에 따라서 실현되는 방식이 다르다.

〈 동사의 현재 시제 〉 동사는 평서형과 감탄형에서는 선어말 어미로써 현재 시제를 표현한다. 반면에 의문형에서는 선어말 어미를 실현하지 않음으로써 현재 시제를 표현한다.

첫째, 서술어로 쓰인 동사가 평서형이나 감탄형일 때에는, '-는-'이나 '-ㄴ-' 등의 선어말 어미를 실현하여서 현재 시제를 표현한다.

(17) ㄱ. 학생이 칠판에 글을 적는다.　　[적-+-는-+-다]　　cf. 적었다, 적겠다
　　　ㄴ. 강아지는 마당에서 낮잠을 잔다. [자-+-ㄴ-+-다]

(18) ㄱ. 코끼리는 풀을 많이 먹는구나.　　[먹-+-는-+-구나]　cf. 먹었구나, 먹겠구나
　　　ㄴ. 저기서 불빛이 번쩍이는구나.　　[번쩍이-+-는-+-구나]

(17)처럼 동사가 평서형으로 쓰일 때에는, (ㄱ)의 '적다'처럼 용언의 어간이 자음으로 끝날 때에는 현재 시제의 선어말 어미가 '-는-'의 형태로 실현된다. 그리고 (ㄴ)의 '자다'처럼 용언의 어간이 모음으로 끝날 때에는 '-ㄴ-'의 형태로 실현된다. 반면에 (18)처럼 감탄형으로 쓰일 때에는, 어간이 자음으로 끝나든 모음으로 끝나든 그 형태에 관계없이 현재 시제의 선어말 어미가 '-는-'의 형태로 실현된다.

둘째, 서술어로 쓰인 동사가 의문형일 때는, 특정한 시제 선어말 어미를 실현하지 않

음으로써 현재 시제를 표현한다.

(19) ㄱ. 철수는 지금 누구를 찾느냐?   [찾-+-느냐]   cf. 찾았느냐, 찾겠느냐
    ㄴ. 아직 밖에는 비가 많이 오는가? [오-+-는가]   cf. 왔는가, 오겠는가

(19)에서는 서술어로 쓰인 동사가 의문형으로 쓰였는데, 이때는 의문형 어미인 '-느냐'
와 '-는가'에 특정한 시제 형태소가 실현되지 않음으로써 현재 시제를 표현한다.

〈형용사와 서술격 조사의 현재 시제〉 형용사와 서술격 조사에는 특정한 선어말 어미가
붙지 않고 종결 어미가 바로 붙어서 현재 시제가 표현된다.

(20) ㄱ. 저 아가씨는 매우 바쁘다.   [바쁘-+-다]
    ㄴ. 사과해야 할 사람은 저 손님이다.   [손님+-이-+-다]

(21) ㄱ. 부처님의 은덕이 정말로 대단하구나.   [대단하-+-구나]
    ㄴ. 김철수 군은 정말로 착한 학생이구나.   [학생+-이-+-구나]

(22) ㄱ. 이 반에서 누가 키가 제일 크냐?   [크-+-냐]
    ㄴ. 영수 씨가 그렇게 돈이 많은가?   [많-+-은가]

(20)에는 어간에 평서형 종결 어미인 '-다'가, (21)에는 어간에 감탄형의 종결 어미인
'-구나'가, (22)에는 어간에 의문형의 종결 어미인 '-으냐'와 '-은가'가 실현되어서 현재
시제를 표현하였다.

(나)-2. 관형사형의 현재 시제

관형사형의 현재 시제는 동사에서는 '-는'으로 실현되고, 형용사나 서술격 조사에서
는 '-은'으로 실현된다.

(23) ㄱ. 와인을 많이 먹는 프랑스 사람들은 혈색이 좋다.
    ㄴ. 박 선생은 운동장에서 자전거를 타는 학생들을 모두 쫓아낸다.

(24) ㄱ. 마음씨 좋은 마을 사람들은 술도 잘 마셨다.
    ㄴ. 독서의 계절인 가을에 오히려 책이 덜 팔린다.

(23)에서 동사인 '먹다'와 '타다'의 현재 시제 관형사형은 '-는'으로 실현되었다. 반면에 (24)에서 형용사인 '좋다'와 서술격 조사인 '-이다'의 현재 시제 관형사형은 각각 '-은'으로 실현되었다.

(다) 미래 시제 표현

'미래 시제(未來時制)'는 사건시가 발화시보다 나중인 시제이다. 미래 시제는 일반적으로 선어말 어미인 '-겠-'과 '-으리-'나 관형사형 어미인 '-을'로써 표현된다. 그리고 때로는 '내일, 모레, 글피, 곧'처럼 미래를 나타내는 부사어로써 미래를 표현하기도 한다.

(다)-1. 종결형의 미래 시제

종결형에서 표현되는 미래 시제는 선어말 어미 '-겠-'과 '-으리-'로써 실현되는데, 일반적으로는 '-겠-'이 많이 쓰인다.

(25) ㄱ. 내일도 바람이 많이 불겠다.
ㄴ. 내가 예방주사를 먼저 맞겠다.
ㄷ. 나도 그 짐을 들겠다.

'-겠-'은 미래 시제의 선어말 어미로서 발화시(현재) 이후에 일어날 것으로 추정되는 일에 대하여 표현하였다. 곧 (ㄱ)에서는 '내일도 바람이 많이 불다'라는 일을 추측하였으며, (ㄴ)에서는 '내가 예방주사를 먼저 맞다'라는 일에 대한 의지를 나타내었다. 그리고 (ㄷ)에서는 '내가 그 짐을 든다'라는 내용에 대한 가능성을 표현하였다.

종결형의 미래 시제는 '-겠-'뿐만 아니라 선어말 어미 '-으리-'로도 실현된다.

(26) ㄱ. 지금 곧장 다녀오리다.
ㄴ. 내일은 틀림없이 비가 내리리라.
ㄷ. 언제 출발하리까?
ㄹ. 내 반드시 돌아오리니 꼭 기다려 다오.

(ㄱ)에서 '-으리-'는 '지금 곧장 다녀오는 일'에 대한 의도를 나타내며, (ㄴ)에서 '-리-'는 '내일 비가 내리는 일'에 대한 추측을 나타낸다. 선어말 어미 '-으리-'는 (34)처럼 '-다, -라, -까, -니' 등과 같이 몇 종류의 어말 어미와만 결합할 수 있는 제약이 있다.

그런데 '-겠-'과 '-으리-'는 미래를 나타내는 시간 표현으로도 볼 수 있지만, 문장으로 표현되는 내용에 대하여 화자의 '추측, 의도, 가능성(능력)' 등을 표현하는 '서법 표현'으로 다룰 수도 있다.

(다)-2. 관형사형의 미래 시제

관형사형의 미래 시제는 일반적으로 어말 어미인 '-을'로써 실현된다.

(27) ㄱ. 김영애 씨도 내일 부산으로 떠날 예정이다.
　　ㄴ. 이번 휴게소에서 점심을 먹을 사람은 손을 드시오.

(ㄱ)에서 '떠날'과 (ㄴ)의 '먹을'은 각각 '떠나다'와 '먹다'의 어간에 관형사형 어미 '-(으)ㄹ'을 실현한 표현인데, 둘 다 발화시 이후에 일어날 일에 대한 미래 시제의 표현이다. 미래 시제 표현은 '-을 것이다'로도 실현되는데, 이는 미래를 나타내는 관형사형 어미인 '-을'에 의존 명사인 '것'과 서술격 조사인 '-이다'가 결합된 형태이다.

(28) ㄱ. 반드시 수출 목표 100억 달러를 달성해야 <u>할 것입니다</u>.　　　[→ 하겠다]
　　ㄴ. 내일은 비가 <u>올 것입니다</u>.　　　　　　　　　　　　　[→ 오겠다]
　　ㄷ. 나도 그 바위쯤은 <u>들 것이다</u>.　　　　　　　　　　　[→ 들겠다]

(28)의 '-을 것이'도 '-겠-'과 마찬가지로 여러 가지의 서법적인 의미를 나타내는데, (ㄱ)에서는 '의지', (ㄴ)에서는 '추측', (ㄷ)에서는 '가능성'의 의미를 나타낸다. 따라서 (28)에 쓰인 '-을 것이'는 선어말 어미인 '-겠-'으로 바꾸어서 표현할 수 있다.

{ '-겠-'과 '-으리-'의 서법 기능 }

『고등학교 문법』(2010:180)에서는 선어말 어미인 '-겠-'과 '-으리-'를 미래 시제의 선어말 어미로 처리하고 있다. 하지만 이들 어미를 시제를 표현하는 어미가 아니라, 말하는 이가 문장의 내용에 대한 화자의 심리적인 태도를 표현하는 '서법'의 표현으로 보려는 견해가 있다. 여기서 '서법(敍法, 樣態, modality)'은 '추측'이나 '의지, 가능성' 등과 같은, 문장의 객관적인 내용에 대한 화자의 심리적인 태도를 나타내는 표현이다.(나진석 1971:111)

---

(1) ㄱ. 설악산에는 **벌써** 단풍이 들었<u>겠</u>다.　　　　[과거의 일에 대한 추측]

　　ㄴ. **지금**은 진주에도 눈이 내리<u>겠</u>다.　　　　[현재의 일에 대한 추측]

　　ㄷ. 내일은 틀림없이 맑<u>겠</u>다.　　　　　　　[미래의 일에 대한 추측]

예를 들어서 (ㄱ), (ㄴ), (ㄷ)에서 모두 선어말 어미 '-겠-'이 쓰였다. 그런데 만일 '-겠-'이 발화시 이후의 일에 대한 표현(미래 시제)만을 나타낸다면, (ㄱ)과 (ㄴ)에서 쓰인 시간 부사어 '지금, 벌써'와 의미적으로 충돌할 수 있다. 이러한 점에서 '-겠-'은 시간을 나타내는 표현이라기보다는 (ㄱ)에서는 과거의 일에 대한 추측, (ㄴ)에서는 현재의 일에 대한 추측, (ㄷ)에서는 미래의 일에 대한 추측을 표현하는 것으로 볼 수 있다.

(2) ㄱ. 내일도 바람이 많이 불<u>겠</u>다.　　　(3) ㄱ. 내일은 일찍 일어나<u>리라</u>.

　　ㄴ. 제가 먼저 먹<u>겠</u>습니다.　　　　　　　ㄴ. 김 교수님도 부산에 도착했<u>으리라</u>.

　　ㄷ. 나도 그 정도는 마시<u>겠</u>다.

(2)에서 쓰인 '-겠-'은 (ㄱ)에서는 문장의 전체 내용에 대한 말하는 사람의 추측을 나타내며, (ㄴ)에서는 의지를 나타내고, (ㄷ)에서는 가능성을 나타낸다. 그리고 (3)에서 쓰인 '-으리-'는 (ㄱ)에서는 말하는 사람의 의지를 나타내며, (ㄴ)에서는 추측을 나타낸다.

(라) 동작상

〈 **동작상의 개념** 〉 '동작상(動作相, aspect)'은 동사가 표현하는 움직임이 시간 속에서 어떠한 모습으로 이루어지는가를 나타내는 언어적인 표현이다.(나진석 1971:115) 곧, 동작상은 '진행'과 '완료' 등의 동작이 일어나는 모습을 언어적으로 표현하는 문법 범주이다.

동작상의 종류를 설정하는 방법은 학자마다 매우 다르지만, 『고등학교 문법』 (2010:182)에서는 동작상의 종류로 '진행상'과 '완료상'만을 설정하고 있다.

첫째, '진행상(進行相, progressive)'은 시간의 흐름 속에서 어떤 동작이 일정한 시간 동안 계속되고 있음을 언어적으로 표현하는 것이다.

(29) ㄱ. 철수가 밥을 먹<u>고 있다</u>.　　　　　　　　　[현재 진행상]

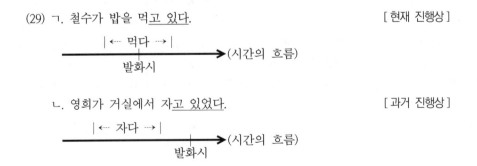

　　ㄴ. 영희가 거실에서 자<u>고 있었다</u>.　　　　　　[과거 진행상]

(ㄱ)에서 '먹고 있다'는 '현재 진행'의 동작상으로서, 발화시(=현재)를 기준으로 하여 그 전후에 일정한 시간적인 폭을 가지면서 '먹는 동작'이 일어남을 나타낸다. (ㄴ)에서는 '과거 진행'으로서 발화시 이전의 어느 시점(=과거의 시간)을 기준으로 하여 그 전후에 '자는 동작'이 진행되고 있음을 표현한 것이다.

둘째, '완료상(完了相, perfective)'은 과거로부터 진행되어 오던 어떠한 동작이 발화시(현재)에 완결되었음을 언어적으로 표현하는 것이다.

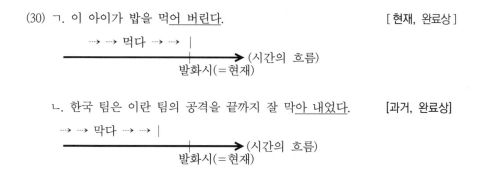

(30) ㄱ. 이 아이가 밥을 먹어 버린다.   [현재, 완료상]

ㄴ. 한국 팀은 이란 팀의 공격을 끝까지 잘 막아 내었다.   [과거, 완료상]

(ㄱ)에서 '먹어 버린다'는 과거 어느 때부터 시작된 '먹는 동작'이 발화시(현재)에 끝났음(완료됨)을 나타낸다. 마찬가지로 (ㄴ)에서 '막아 내었다'도 과거의 어느 때로부터 '막는 동작'을 시작하여 과거의 어떤 때에 그 동작이 끝났음을 나타낸다.

〈 동작상의 실현 방법 〉 국어의 동작상은 보조 용언이나 연결 어미를 통해서 표현된다.(『고등학교 문법』 2010:182)

ⓐ **진행상의 실현** : 진행상이 보조 용언이나 연결 어미를 통해서 표현될 수 있다.

첫째, 본용언과 보조 용언 구성에서 보조 용언을 통하여 진행상이 표현될 수 있다.

(31) ㄱ. 여름이 되니 많은 사람들이 해운대에서 놀고 있다.

ㄴ. 환자가 약이 없어서 다 죽어 간다.

ㄷ. 날이 밝아 온다.

(31)에서는 본용언인 '놀다, 죽다, 밝다'의 어간에 보조 용언인 '-고 있다, -아 가다, -아 오다'를 실현해서 동작이 계속되고 있음을 표현하고 있다. 이들 가운데에서 (ㄱ)에서 '-고 있다'는 어떠한 동작이 단순하게 진행되고 있음을 나타낸다. 이에 반해서 (ㄴ)의 '-아 가다'는 본용언이 뜻하는 행동이나 상태가 화자에게 멀어지거나 약해지면서 계속 진행됨을 나타내며, (ㄷ)의 '-아 오다'는 본용언이 뜻하는 행동이나 상태가 화자에게 가

까워지거나 강해지면서 계속 진행됨을 나타낸다.

둘째, 이어진 문장에서는 연결 어미로써 진행상이 표현될 수 있다.

(32) ㄱ. 영수는 노래를 부르<u>면서</u> 자전거를 탔다.

ㄴ. 어머니께서는 손님을 맞이하<u>느라고</u> 정신이 없으셨다.

(32)의 이어진 문장에서는 연결 어미인 '-으면서'와 '-느라고' 등을 통해서, 앞절의 서술어가 표현하는 '부르다'와 '맞이하다'의 동작이 진행되면서 뒷절의 동작이 이루어짐을 표현한다.

ⓑ **완료상의 실현** : 완료상은 본용언의 뒤에 실현된 보조 용언이나, 이어진 문장에 실현되는 연결 어미로써 표현될 수 있다.

첫째, 본용언과 보조 용언 구성에서 보조 용언을 통하여 완료상이 표현될 수 있다.

(33) ㄱ. 그 남자는 도박에 **빠져서** 평생 모은 돈을 다 <u>써 버렸다</u>.

ㄴ. 박지성 선수는 부상을 <u>견디어 내었다</u>.

ㄷ. 권율 장군은 적장을 <u>베고 나서</u>, 말을 달려 본진으로 돌아왔다.

(34) ㄱ. 어떤 여인이 버스 옆에 <u>서 있다 / 앉아 있다</u>.

ㄴ. 아버님은 돈을 장롱 속에 <u>숨겨 두었다</u>.

ㄷ. 나는 예금 통장의 비밀번호를 수첩에 <u>적어 놓았다</u>.

(33)에서는 보조 용언인 '-어 버리다, -어 내다, -고 나다'를 통해서 본용언인 '쓰다, 견디다, 베다'가 표현하는 동작이 완전히 끝남을 표현하고 있다. 이외에도 (34)의 '-어 있다, -어 두다, -어 놓다' 등의 보조 용언도 완료상을 나타내는데, 이들은 어떠한 동작이 끝나고 난 다음에 그 동작의 결과가 지속되는 의미를 나타낸다.

둘째, 이어진 문장에서는 연결 어미로써 완료상이 표현될 수 있다.

(35) ㄱ. 관광객들은 입장료를 <u>내고</u> 민속촌으로 들어갔다.

ㄴ. 경찰관이 사무실로 들어오는 것을 <u>보고서</u> 도둑은 뒷문으로 달아났다.

ㄷ. 아이는 공부를 하<u>다가</u> 잠이 들었다.

ㄹ. 현대인은 너무 많이 먹<u>어서</u> 건강에 탈이 생긴다.

ㅁ. 아무리 값비싼 고기도 먹어 <u>보아야</u> 맛을 알지.

ㅂ. 손님들이 도착하<u>자</u> 곧 비가 왔다.

ㅅ. 속이 안 좋아서 음식을 먹<u>자마자</u> 토해 버렸다

(35)의 이어진 문장에서는 연결 어미인 '-고, -고서, -다가, -아서/-어서, -아야/-어야, -자, -자마자'를 통해서, 앞절의 서술어로 실현된 동사의 동작이 완전히 끝나고 나서 뒷절의 동작이 일어남을 나타낸다.

3.4. 피동 표현

문장에서는 주어로 쓰인 주체가 어떠한 행위를 능동적으로 수행하는 방식으로 표현할 수도 있고, 주체가 다른 사람에게 어떠한 행위를 당하는 방식으로 표현할 수도 있다. 이와 같은 차이에 따라서 문장을 '능동문'과 '피동문'으로 구분할 수 있다.

3.4.1. 피동 표현의 개념

〈 피동문의 개념 〉 주어로 표현되는 대상(주체)이 스스로의 힘으로 행하는 행위나 동작을 '능동(能動, activity)'이라고 한다. 반면에 주어로 표현되는 대상이 다른 주체에 의해서 당하는 동작을 '피동(被動, passivity)'이라고 한다.

(1) ㄱ. 화가 난 원숭이가 개를 마구 <u>물었다</u>.
 ㄴ. 철수는 문법책을 쉽게 <u>읽었다</u>.

(2) ㄱ. 개가 화가 난 원숭이에게 마구 <u>물렸다</u>.
 ㄴ. 문법책이 철수에게 쉽게 <u>읽어졌다.</u>

(1)에서 '물었다'와 '읽었다'로 표현되는 동작은 주체인 '원숭이'와 '철수'가 스스로 행하는 동작인데, 이처럼 주체가 스스로 행하는 동작을 '능동'이라고 한다. 반면에 (2)에서 (ㄱ)의 '물렸다'로 표현되는 동작은 주어로 표현된 '개'가 '원숭이'에게 당하는 동작이며, (ㄴ)의 '읽어졌다'도 주어로 표현된 '문법책'이 '철수'에게 당하는 동작이다. (2)의 '물렸다'와 '읽어졌다'처럼 타인에게 주체가 동작을 당하는 것을 '피동'이라고 한다.

그리고 (1)처럼 능동으로 표현된 문장을 '능동문(能動文)'이라고 하고, (2)처럼 피동으

로 표현된 문장을 '피동문(被動文, passive sentence)'이라고 한다. 끝으로 (1)의 능동문을 (2)의 피동문으로 바꾸는 문법적인 방법을 '피동법(被動法, passivization)'이라고 한다.

〈 피동문의 형성 절차 〉능동문과 피동문 사이에는 통사론적인 대응 관계가 나타난다.

(3) 능동문: <u>호랑이가</u> [주어]   <u>토끼를</u> [목적어]   <u>잡았다</u> [서술어, 타동사]

(4) 피동문: 토끼가 [주어]   호랑이에게 [부사어]   잡히었다 [서술어, 자동사]

(3)의 능동문에서는 '먹다'와 같은 타동사가 서술어로 쓰였고 (4)의 피동문에서는 '먹히다'와 같은 자동사가 서술어로 쓰였다. 이처럼 서술어가 타동사에서 자동사로 교체됨에 능동문에서 주어로 표현된 '호랑이'는 피동문에서 '호랑이에게'(부사어)로 실현되었고, 능동문에서 목적어로 표현된 '토끼'는 피동문에서 '토끼가'(주어)로 실현되었다.

이렇게 통사적인 변화가 일어난 결과로 피동문에서 부사어로 실현된 부사어에는 '-에게/-한테/-에/-에 의해서' 등이 붙을 수 있다.

(5) ㄱ. 금강산에서 불곰이 사냥꾼<u>에게</u> 잡혔다.
   ㄴ. 어리광을 부리는 아이는 아버지<u>한테</u> 매달렸다.

(6) ㄱ. 토끼의 발이 올무<u>에</u> 감겼다.
   ㄴ. 전깃줄이 바람<u>에</u> 끊겼다.

(7) ㄱ. 온 나라가 왜군<u>에 의해서</u> 짓밟혔다.
   ㄴ. 태풍<u>에 의해서</u> 다리가 끊어졌다.

먼저 '-에게'와 '-한테'는 (5)에서처럼 체언이 '사냥꾼'이나 '아버지'와 같이 유정(有情)의 체언인 경우에 실현된다. 이 중에서 (ㄱ)에 쓰인 '-에게'는 대체로 글말(文語)에 쓰이는 반면에 (ㄴ)에 쓰인 '-한테'는 입말(口語)에 쓰인다. (5)의 '-에게'와 '-한테'가 유정 체언에 쓰이는 반면에 (6)의 '-에'는 '올무'나 '바람'과 같은 무정(無情)의 체언에 쓰인다. (7)의 '-에 의해서'는 (ㄱ)의 '왜군'과 같은 유정 체언과 (ㄴ)의 '태풍'과 같은 무정 체언에 두루 쓰일 수 있다. 그리고 '-에 의해서'는 대체로 글말에서 쓰이며, (ㄴ)처럼 피동문의 서술어가 '-어지다'로 형성된 통사적 피동문에서 자연스럽게 쓰인다.

〈 능동문과 피동문의 의미적인 차이 〉능동문과 피동문의 선택은 말하는 사람의 시점에 따라서 임의적으로 결정된다. 그러므로 일반적으로 능동문과 피동문은 화용론적인 기능에서만 차이가 날 뿐이고, 지시적인 의미에서는 차이가 나지 않는다.

그런데 능동문과 피동문에 수량사가 표현된 경우에는 두 문장의 지시적인 의미까지 차이가 나는 수가 있다.

(8) 능동문: 세 명의 여자가 남자 한 명을 찼다.

(9) ㄱ. 세 명의 여자가 모두 특정한 남자 한 명을 찼다.
    ㄴ. 세 명의 여자가 각각 남자 한 명씩을 찼다.

(10) 피동문: 남자 한 명이 세 명의 여자에게 차였다.

(8)의 문장은 능동문인데 이 문장은 두 가지의 의미로 해석할 수 있다. 곧 (9ㄱ)과 같이 '세 명의 여자가 모두 특정한 남자 한 명을 찼다.'는 의미로 해석될 수도 있고, (9ㄴ)처럼 '세 명의 여자가 각각 다른 남자 한 명씩을 찼다.'는 의미로 해석될 수도 있다. 그런데 (8)의 문장을 피동문으로 바꾼 (10)의 문장은 단일한 의미, 곧 (9ㄱ)의 의미로만 해석된다. 따라서 (8)처럼 수량사가 표현된 능동문의 의미는 그것을 피동문으로 바꾼 (10)의 문장과는 지시적인 의미가 달라질 수 있다는 것을 확인할 수 있다.

3.4.2. 피동문의 유형

피동문은 서술어의 형식에 따라서 '파생적 피동문'과 '통사적 피동문'으로 나뉜다.

유형	피동문 서술어의 짜임	용례
파생적 피동문	타동사 어근+ -{이, 히, 리, 기}-+ -다	보이다, 먹히다, 들리다, 안기다
	체언+ {-되-}+ -다	구속되다, 관련되다, 이해되다
통사적 피동문	용언 어간+ -어지다	먹어지다, 들어지다, 안아지다
	용언 어간+ -게 되다	먹게 되다, 죽게 되다, 가게 되다

〈표 2〉 피동문의 서술어가 형성되는 방법

(가) 파생적 피동문

〈 파생적 피동문의 개념 〉 '파생적 피동문'은 능동사(타동사)의 어근에 파생 접사가 붙어서 형성된 피동사를 서술어로 실현해서 형성되는 피동문이다.

    (11) ㄱ. 철수는 산을 <u>보았다</u>.

        ㄴ. 철수는 아버지의 건강을 늘 <u>걱정하였다</u>.

    (12) ㄱ. 산이 철수에게 <u>보였다</u>.

        ㄴ. 아버지의 건강이 철수에게 늘 <u>걱정되었다</u>.

파생적 피동문에서 서술어로 쓰이는 피동사는 (12ㄱ)처럼 능동사(=타동사)의 어근에 파생 접사가 붙거나 (12ㄴ)처럼 '체언'에 파생 접사인 '-되-'가 붙어서 형성된다. 이들 피동사는 어근에 파생 접사가 붙어서 형성되므로, 피동사를 통해서 성립되는 피동문을 '파생적 피동문'이라고 한다.

   〈 파생적 피동문에서 피동사를 형성하는 방법 〉 피동사는 능동사의 어근에 파생 접사가 붙어서 형성되는데, 피동사는 다음의 두 가지 방법으로 형성된다.

   첫째, 능동사의 어근에 파생 접사 '-이-, -히-, -리-, -기-' 등이 붙어서 피동사가 될 수 있다.

    (13) ㄱ. 멀리서 우리에게 금강산이 <u>보였다</u>.

        ㄴ. 곰이 변강쇠한테 <u>잡혔다</u>.

        ㄷ. 곰의 비명이 나에게 <u>들렸다</u>.

        ㄹ. 아기가 어머니에게 <u>안긴다</u>.

(13)의 피동문에서 서술어로 쓰인 '보이다, 잡히다, 들리다, 안기다'는, 능동사인 '보다, 잡다, 들다, 안다'의 어근인 '보-, 잡-, 들-, 안-'에 파생 접사인 '-이-, -히-, -리-, -기-'가 붙어서 파생된 피동사이다.

   둘째, '명사+-하다'의 짜임으로 된 능동사의 어근(=명사)에 파생 접미사인 '-되(다)'가 붙어서 피동사가 될 수 있다.

    (14) ㄱ. 줄기세포가 수많은 학자들에 의해서 <u>연구된다</u>.

        ㄴ. 신상품이 상인들에 의해서 많이 <u>반품되었다</u>.

(14)의 피동문에서 쓰인 '연구되다'와 '반품되다'는 능동사인 '연구하다'와 '반품하다'의

명사 어근인 '연구, 반품'에 피동 접사인 '-되-'가 붙어서 파생된 피동사이다.

〈 **피동사 파생의 제약** 〉 능동사로 쓰이는 타동사가 모두 피동사로 파생될 수 있는 것은 아니며, 오히려 타동사 중에는 피동사로 파생되지 않는 것이 더 많다.

(15) ㄱ. 느끼다, 돕다, 바라다, 받다, 배우다, 알다, 얻다, 잃다, 주다, 참다

ㄴ. 고집하다, 공양하다, 사냥하다, 사랑하다, 수색하다, 일하다, 자랑하다, 희망하다

ㄷ. 깨우다, 날리다, 높이다, 솟구다, 숨기다, 익히다, 좁히다, 죽이다

(ㄱ)의 타동사는 파생적 피동사를 파생하지 못하며, '-하다'가 붙어서 된 타동사 중에서 (ㄴ)에 제시된 '고집하다/*고집되다, 공양하다/*공양되다' 등도 피동사를 파생하지 못한다. 그리고 (ㄷ)에서 '깨우다, 날리다, 높이다'는 '깨다, 날다, 높다'에 사동 접사가 붙어서 파생된 사동사인데, 이처럼 이미 사동사로 파생된 말도 피동사로 파생될 수가 없다. 이러한 형태론적 제약 때문에 주동사를 사동사로 만드는 '-이-, -히-, -리-, -기-' 등은 굴절 접사가 아니라 파생 접사로 처리된다.10)

(나) 통사적 피동문

〈 **통사적 피동문의 개념** 〉 '통사적 피동문'은 용언의 어간에 보조 용언인 '-어지다'와 '-게 되다'를 실현해서 만든 피동문이다.

(16) ㄱ. 아이가 이 책을 잘 <u>읽었다</u>.

ㄴ. 이 책이 아이한테 잘 <u>읽어졌다</u>.

(17) ㄱ. 농부는 물을 <u>마셨다</u>.

ㄴ. 농부는 물을 <u>마시게 되었다</u>.

통사적 피동문의 서술어는 (16ㄴ)에서처럼 능동사의 어간에 보조 용언인 '-어지다'가 붙어서 형성되거나, (17ㄴ)에서처럼 능동사의 어간에 보조 용언인 '-게 되다'가 붙어서 형성된다. 이렇게 본용언에 보조 용언인 '-어지다'나 '-게 되다'가 붙은 것은 형태론적인 문법 현상이 아니고 통사론적인 문법 현상이다. 이러한 이유에서 '-어지다'와 '-게 되다'

---

10) '견디다, 던지다, 때리다, 만지다, 지키다'처럼 어근이 모음 /ㅣ/로 끝나는 타동사에도 피동의 접미사가 결합하지 못하여, 피동사가 형성되지 않는다. 이는 피동 접미사가 음운론적인 제약을 받는 예로 볼 수가 있다.

가 붙어서 실현되는 피동문을 '통사적 피동문'이라고 한다.

〈통사적 피동문에서 서술어를 형성하는 방법〉 통사적 피동문에서 서술어로 쓰이는 용언을 형성하는 방법은 '-어지다'에 의한 방법과 '-게 되다'에 의한 방법이 있다.

첫째, 통사적 피동문은 능동문에서 서술어로 쓰인 용언에 보조 용언인 '-어지다'를 실현해서 형성될 수 있다.

(18) ㄱ. 나뭇가지가 정원사들에 의해서 모조리 <u>잘라졌다</u>.

　　ㄴ. 교실의 문이 어린 학생들에 의해서 <u>고쳐졌다</u>.

(18)의 피동문에는 능동사인 '자르다'와 '고치다'의 어간에 보조 용언인 '-어지다'가 실현되어 '잘라지다'와 '고쳐지다'가 서술어로 실현되었다.

둘째, 통사적 피동문은 능동문에서 서술어로 쓰인 용언의 어간에 보조 용언인 '-게 되다'를 붙여서 실현될 수도 있다.(『고등학교 문법』 2010:184)

(19) ㄱ. 나는 배가 아파서 저녁을 <u>굶게 되었다</u>.

　　ㄴ. 그의 범행 사실이 곧 <u>드러나게 되었다</u>.

(19)의 통사적 피동문에는 능동사인 '굶다'와 '드러나다'의 어간에 보조 용언인 '-게 되다'를 실현하여 '굶게 되다'와 '드러나게 되다'가 서술어로 쓰였다. 그런데 능동사인 '굶다'와 '드러나다'가 과정성과 더불어 행동성의 의미를 나타내는 데에 반해서, '굶게 되다'와 '드러나게 되다'는 과정성만 남고 행동성의 의미는 사라져 버린다. 이와 같은 이유로 '-게 되다'를 통한 문장을 피동문으로 처리할 수 있는 것이다.

〈통사적 피동문의 특징〉 통사적 피동문의 서술어는 보조적 연결 어미와 보조 동사로서 성립한다. 따라서 통사적 피동문은 능동사의 어근에 파생 접미사가 붙어서 형성되는 파생적 피동문과는 몇 가지 점에서 차이가 있다.

첫째, 통사적 피동문을 형성할 때에 '-어지다'와 '-게 되다'가 붙을 수 있는 어간의 종류에는 제약이 적다.

(20) ㄱ. {먹-, 타-, 막-, 벗-, 읽-, 쓰-, 크-, 밝-, 켜-, 붉-, 흐리-, ……}+ -아/-어지다

　　ㄴ. {먹-, 타-, 막-, 벗-, 읽-, 쓰-, 크-, 밝-, 켜-, 붉-, 흐리-, ……}+ -게 되다

(20)의 '-어지다'와 '-게 되다'에서 '-어'와 '-게'는 용언의 활용 어미(굴절 접사)이기 때문

에 이들 활용 어미가 붙을 수 있는 어간의 종류에 제약을 받지 않는다. 이에 반해서 능동사로 쓰이는 모든 타동사가 피동사로 파생될 수 있는 것은 아니다. 오히려 타동사 중에는 피동사로 파생되지 않는 것이 더 많다.

둘째, 능동사에 피동 접미사가 붙어서 형성된 피동사에 또다시 피동을 나타내는 보조 용언인 '-어지다'가 붙어서, 피동의 의미가 중복되어서 표현되는 경우가 있다.

(21) 오늘은 문법책을 잘 <u>읽었다</u>.

(22) ㄱ. 오늘은 문법책이 잘 <u>읽힌다</u>.
　　 ㄴ. 오늘은 문법책이 잘 <u>읽어진다</u>.

(23) [?]오늘은 문법책이 잘 <u>읽혀진다</u>.

(22)의 문장은 (21)의 능동문을 피동문으로 바꾼 것이다. 여기서 (22ㄱ)은 파생적 피동문 인데, 서술어로 쓰이는 피동사는 능동사인 '읽다'의 어근에 피동 접미사인 '-히-'가 붙어 서 형성되었다. 그리고 (22ㄴ)은 통사적 피동문으로서 '읽다'의 어간에 보조 용언인 '-어 지다'가 붙어서 서술어가 형성되었다. 이에 반해서 (23)에서 '읽혀지다'는 '읽다'의 어근 에 피동 접미사가 붙어서 '읽히다'로 파생된 다음에, 여기에 또다시 '-어지다'가 붙어서 된 서술어이다. 따라서 (23)의 문장은 피동 표현이 겹쳐진 '잉여 표현(剩餘 表現)'이다.

(다) 파생적 피동문과 통사적 피동문의 차이

파생적 피동문은 서술어로 표현되는 행위가 비의도적으로 이루어짐을 뜻한다. 반면 에 통사적 피동문은 서술어로 표현되는 행위가 의도적으로 이루어짐을 뜻한다.

(24) ㄱ. 탈주병의 옷이 철조망에 <u>걸렸다</u>.
　　 ㄴ. 수건이 빨랫줄에 겨우 <u>걸어졌다</u>.

(ㄱ)의 파생적 피동문에서는 '걸리다'로 표현되는 피동의 동작이 행위자의 의도 없이 이루어진 것으로 해석된다. 이에 반해서 (ㄴ)의 '-어지다'에 의한 통사적 피동문에서 '걸 어지다'로 표현되는 피동의 동작은, 행위자의 의도로써 이루어진 것으로 해석된다.

통사적 피동문이 띠는 의도성 때문에, 통사적 피동문의 자연스럽지 못한 때도 있다.

(25) ㄱ. 책상 위에 먼지가 많이 <u>쌓였다</u>.

　　ㄴ. [?]책상 위에 먼지가 많이 <u>쌓아졌다</u>.

(ㄱ)의 문장은 화자의 의도와 관계없이 먼지가 자연적으로 쌓이는 경우를 표현한 것이다. 이러한 일은 일상생활에서 흔히 일어나는 일이기 때문에 (ㄱ)의 문장은 자연스럽다. 반면에 (ㄴ)의 문장은 어떤 사람이 먼지를 의도적으로 쌓으려고 노력하여 이루어진 것으로 해석된다. 이러한 일은 일상생활에서 일어나기가 극히 드물다. 따라서 (ㄴ)의 문장을 자연스럽지 못한 문장으로 생각하는 것이다.

3.5. 사동 표현

　문장은 주체가 어떠한 행위를 직접 수행할 수도 있고, 다른 사람(사동주)이 주체(행동주)를 시켜서 어떠한 행위를 수행할 수도 있다. 이와 같이 행위를 수행하는 방법의 차이에 따라서, 문장을 '주동문'과 '사동문'으로 구분할 수 있다.

3.5.1. 사동 표현의 개념

　〈사동 표현의 개념〉 문장 속에서 주어로 표현되는 대상(주체)이 자기 스스로 하는 동작을 '주동(主動, causative)'이라고 한다. 그리고 주체가 남으로 하여금 어떤 일을 하도록 시키는 동작을 '사동(使動, causative)'이라고 한다.

(1) ㄱ. 아기가 웬일인지 자꾸 <u>울었다</u>.

　　ㄴ. 인부들이 짐을 <u>쌌다</u>.

(2) ㄱ. 어머니가 아기를 <u>울렸다</u>.

　　ㄴ. 감독이 인부들에게 짐을 <u>싸게 했다</u>.

(1)에서 주어로 표현된 '아기'와 '인부들'이 스스로 동작을 하는데, 이처럼 '주동'으로 표현된 문장을 '주동문(主動文)'이라고 한다. 반면에 (2)에서는 주어로 표현되는 '어머니'와 '감독'이 '아기'와 '인부들'에게 어떠한 동작을 시키는데, 이처럼 '사동'으로 표현된 문장을 '사동문(使動文, causative sentence)'이라고 한다. 그리고 주동문이 사동문으로 바뀌

는 문법적인 절차를 '사동법(使動法, causativization)'이라고 한다.

〈 **사동문의 형성 절차** 〉 주동문과 사동문은 통사론적으로 다음과 같이 대응한다.

(3) 주동문:　　　　동작주[주어] + …… + 주동사

(4) ㄱ. 사동주[주어] + 피사동주 { -에게/-한테, -에, -로 하여금, -를 } + … + 사동사

　　ㄴ. 사동주[주어] + 피사동주 { -에게/-한테, -에, -로 하여금, -를 } + … + V-게 하다

(5) 아기가[주어] 우유를 <u>먹었다</u>[주동사].

(6) ㄱ. 어머니가[사동주] 아기에게[피사동주] 우유를 <u>먹였다</u>.

　　ㄴ. 어머니가[사동주] 아기에게[피사동주] 우유를 <u>먹게 했다</u>.

주동문은 (3)과 같이 '주어'와 그 주어가 직접 수행하는 동작을 풀이하는 '주동사'로 짜여 있다. (3)의 구조로 되어 있는 주동문을 (4)의 사동문으로 바꾸려면 다음과 같은 문법적인 절차를 거친다. 첫째, 주동문의 주동사는 사동문에서는 파생 접사가 붙어서 사동사로 바뀌거나 '용언의 어간(V)+-게 하다'의 형태로 바뀌어야 한다. 둘째, 사동문에서 남에게 어떠한 행동을 시키는 주체로서 '사동주(使動主)'를 주어로 도입하여 표현한다. 셋째, 주동문에서 주어로 표현되었던 체언이 사동문에서는 피사동주로 바뀌어서 부사어나 목적어로 표현된다. 이러한 절차에 따라서 (5)의 주동문은 (6)과 같은 사동문으로 전환된다.

〈 **피사동주의 실현 양상** 〉 주동문에서 서술어로 쓰이는 용언의 종류에 따라서, 사동문에서 피사동주로 실현되는 문장 성분이 달라질 수 있다.

첫째, 주동문의 서술어가 형용사나 자동사일 때에는, 주동문에서 주어로 표현되었던 체언이 사동문에서는 목적어로 표현된다.

(7) ㄱ. 길이[주어] 넓다.

　　ㄴ. 팽이가[주어] 돈다.

(8) ㄱ. 인부들이[사동주] 길을[목적어] 넓혔다.

　　ㄴ. 아이들이[사동주] 팽이를[목적어] 돌린다.

(7)에서 주동문에서 주동사로 쓰인 '넓다'는 형용사이고 '돌다'는 자동사이다. 이때에 (7)의 주동문에서 주어로 쓰였던 '길'과 '팽이'는 (8)의 사동문에서는 목적어로 실현된다.

둘째, 주동문의 서술어가 타동사일 때에는, 주동문에서 주어로 표현되었던 체언이 사동문에서는 부사어로 표현된다.

(9) ㄱ. 아이가[주어] 옷을 입는다.
　　ㄴ. 철수가[주어] 짐을 들었다.

(10) ㄱ. 할머니가[사동주] 아이에게[부사어] 옷을 입힌다.
　　ㄴ. 선생님이[사동주] 철수한테[부사어] 짐을 들게 하였다.

(9)의 주동문에서 서술어로 쓰인 '입다'와 '들다'는 타동사인데, 이러한 경우에는 주동문에서 주어로 실현되었던 말은 '-에게, -한테, -에, -로 하여금' 등이 붙어서 부사어로 실현된다. 곧 '아이'와 '철수'는 (10)의 사동문에서는 '아이한테'나 '철수에게'처럼 부사어로 실현되었는데, 이때에 주동문의 목적어는 사동문에서도 그대로 목적어로 유지된다.

주동사의 성격	주동문	→	사동문
형용사 · 자동사	〈주어〉	→	〈목적어: -을/-를〉
타동사	〈주어〉	→	〈부사어: -에게, -한테〉

〈표 3〉 주동사의 성격에 따른 피사동주의 실현 형태

3.5.2. 사동문의 유형

사동문의 유형으로는 어근에 파생 접미사가 붙어서 성립되는 '파생적 사동문'과 용언의 어간에 '-게 하다'를 실현하여서 성립되는 '통사적 사동문'이 있다.

유형	사동문 서술어의 짜임	용 례
파생적 사동문	용언 어근+-{이, 히, 리, 기, 우, 구, 추, 애}-+-다	속이다, 묻히다, 들리다, 맡기다, 지우다; 솟구다, 낮추다; 없애다
	체언+-시키-+-다	정지시키다, 감동시키다, 출발시키다
통사적 사동문	용언 어간+-게 하다	속게 하다, 맡게 하다, 지게 하다; 밝게 하다, 뜨겁게 하다

〈표 4〉 사동문에서 서술어가 형성되는 방법

(가) 파생적 사동문

〈 **파생적 사동문의 개념** 〉 '파생적 사동문'은 용언에 파생 접미사인 '-이-, -히-, -리-, -기-, -우-, -구-, -추-, -애-, -이우-'를 실현하거나, 또는 체언에 파생 접사인 '-시키-'를 실현하여서 형성된 사동사를 통해서 실현되는 사동문이다.

(11) ㄱ. 멧돼지가 <u>죽었다</u>.
ㄴ. 인부들이 작업을 <u>중지했다</u>.

(12) ㄱ. 군인들이 멧돼지를 <u>죽였다</u>.
ㄴ. 감독이 인부들에게 작업을 중지<u>시켰다</u>.

(12)의 문장은 (11)의 주동문에 대한 사동문이다. (12)의 사동문 가운데에서 (ㄱ)의 '죽이다'는 주동사인 '죽다'의 어근에 사동 접사인 '-이-'를 붙여서 파생된 사동사이다. 그리고 (ㄴ)의 '중지시키다'는 주동사인 '중지하다'에서 명사 어근으로 쓰이는 '중지'에 사동 접사인 '-시키-'를 붙여서 파생된 사동사이다. 피동사와 마찬가지로 주동사에 대응되는 사동사도 아주 제한적이다. 따라서 주동사를 사동사로 만드는 '-이-, -히-, -리-, -기-, -우-, -구-, -추-, -애-, -이우-' 등은 굴절 접사가 아니라 파생 접사로 처리된다.

〈 **사동사의 형성 방법** 〉 파생적 사동문에서 서술어로 쓰이는 사동사는 다음과 같은 방법으로 형성된다.

첫째, 자동사인 주동사에 사동 접사가 붙어서 사동사가 될 수 있다.

(13) ㄱ. 설탕이 물에 <u>녹았다</u>. (14) ㄱ. 배우가 무대에 <u>섰다</u>.
ㄴ. 요리사가 설탕을 물에 <u>녹였다</u>. ㄴ. 연출가가 배우를 무대에 <u>세웠다</u>.

'녹다, 맞다, 날다, 남다, 깨다(잠에서~), 솟다' 등은 자동사이다. 이들 자동사의 어근에 사동 접미사인 '-이-, -히-, -리-, -기-; -우-, -구-'가 붙어서 사동사인 '녹이다, 맞히다, 날리다, 남기다; 깨우다, 솟구다'가 파생된다. 그리고 사동사인 '세우다(止, 建), 재우다(宿), 태우다(乘, 燒), 채우다(滿)'는 각각 주동사인 '서다, 자다, 타다, 차다'의 어근에 사동 접사인 '-이우-'가 붙어서 사동사가 되었는데, 사동 접사 '-이우-'는 사동 접사인 '-이-'와 '-우-'가 중복하여 표현된 것으로 볼 수 있다.

둘째, 타동사인 주동사에 사동 접사가 붙어서 사동사가 될 수 있다.

(15) ㄱ. 아이가 한과를 <u>먹었다</u>.

ㄴ. 할머니가 아이에게 한과를 <u>먹였다</u>.

'먹다, 입다, 물다, 안다, 지다, 차다(着)' 등은 타동사인데, 이러한 타동사의 어근에 사동 접사인 '-이-, -히-, -리-, -기-, -우-, -이우-'가 붙어서 사동사인 '먹이다, 입히다, 물리다, 안기다, 지우다, 채우다(着)'가 파생된다.

셋째, 형용사인 주동사에 사동 접사가 붙어서 사동사가 될 수 있다.

(16) ㄱ. 교도소의 담이 <u>높다</u>.

ㄴ. 법무부에서 교도소의 담을 <u>높였다</u>.

'높다, 넓다, 낮다, 없다'는 형용사인데, 이들 형용사의 어근에 사동 접사인 '-이-, -히-, -추-, -애-'가 붙어서 사동사인 '높이다, 넓히다, 낮추다, 없애다'가 파생된다.

넷째, '명사(어근)+-하다'의 짜임으로 된 동사에서, 어근인 '명사'에 사동 접사인 '-시키-'를 붙여서 '명사+-시키다'의 형식으로 사동사가 될 수 있다.

(17) ㄱ. 승합차가 <u>정지했다</u>.

ㄴ. 교통 경찰관이 승합차를 <u>정지시켰다</u>.

'-하(다)'가 붙어서 동사로 파생될 수 있는 '정지, 공부, 고생' 등의 명사에 접미사인 '-시키(다)'가 붙어서 타동사인 '정지시키다, 공부시키다, 고생시키다' 등이 파생된다.

지금까지 살펴본 사동사의 형성 방법을 주동사의 문법적인 성격을 기준으로 삼아서 정리하면 다음과 같다.

주동사	접미사	능동사 → 사동사
형용사	-이-	높다 → 높이다
	-히-	좁다 → 좁히다, 넓다 → 넓히다, 밝다 → 밝히다
	-추-	낮다 → 낮추다, 늦다 → 늦추다
	-애-	없다 → 없애다

자동사	-이-	끓다 → 끓이다, 녹다 → 녹이다, 속다 → 속이다, 죽다 → 죽이다, 줄다 → 줄이다
	-히-	눕다 → 눕히다, 맞다 → 맞히다, 앉다 → 앉히다, 익다 → 익히다, 맞다 → 맞히다
	-리-	날다 → 날리다, 돌다 → 돌리다, 살다 → 살리다, 얼다 → 얼리다, 울다 → 울리다
	-기-	남다 → 남기다, 숨다 → 숨기다, 웃다 → 웃기다, 옮다 → 옮기다
	-우-	깨다 → 깨우다, 비다 → 비우다, 지다 → 지우다(除), 찌다(肥) → 찌우다, 피다 (發) → 피우다(開)
	-구-	솟다 → 솟구다, 달다 → 달구다, 돋다 → 돋구다, 일다(成) → 일구다
	-이우-	서다 → 세우다, 자다 → 재우다, 타다 → 태우다(乘, 燒), 차다 → 채우다(滿)
타동사	-이-	누다 → 누이다, 먹다 → 먹이다, 보다 → 보이다
	-히-	잡다 → 잡히다, 입다 → 입히다, 읽다 → 읽히다, 업다 → 업히다, 식다 → 식히다
	-리-	물다 → 물리다, 듣다 → 들리다, 들다 → 들리다, 얼다 → 얼리다, 알다 → 알리다
	-기-	안다 → 안기다, 뜯다 → 뜯기다, 벗다 → 벗기다, 맡다 → 맡기다, 감다 → 감기다
	-우-	지다 → 지우다(負)
	-이우-	차다 → 채우다(着)
명사+하다	-시키-	공부하다 → 공부시키다, 승진하다 → 승진시키다, 정지하다 → 정지시키다, 출발하다 → 출발시키다, 탈락하다 → 탈락시키다

〈표 5〉 사동사의 형성 방법

(나) 통사적 사동문

〈 **통사적 사동문의 성립** 〉 '통사적 사동문'은 주동사의 어간에 보조 용언인 '-게 하다'가 실현되어서 형성된 사동문이다.

(18) ㄱ. <u>심형래가</u> 영화를 찍었다.

ㄴ. <u>아이들이</u> 내 방에서 놀았다.

ㄷ. <u>119 구급대가</u> 아이들을 구했다.

ㄹ. <u>학생들이</u> 집에서 공부했다.

(19) ㄱ. 영화 제작사는 <u>심형래가</u> 영화를 찍게 했다.

ㄴ. 나는 <u>아이들을</u> 내 방에서 놀게 하였다.

ㄷ. 경찰은 <u>119 구급대에게</u> 아이들을 구하게 하였다.

ㄹ. 교장은 <u>학생들로 하여금</u> 집에서 공부하게 했다.

(19)의 문장은 주동사에 '-게 하다'가 실현되어서 형성된 통사적 사동문이다. 이때 주동문에서 주어로 표현되던 체언이 통사적 사동문에서는 주어, 목적어, 부사어 등의 문장 성분으로 다양하게 표현될 수 있다. 곧, (18)의 주동문에서 주어로 쓰인 체언들은 (19)의 (ㄱ)에서는 주어인 '심형래가'로 표현되었고, (ㄴ)에서는 목적어인 '아이들을'로, (ㄷ)과 (ㄹ)에서는 부사어인 '119 구급대에게'와 '학생들로 하여금'으로 표현되었다.

〈 **사동사의 사동화** 〉 주동사에 사동 접미사가 붙어서 형성된 사동사의 어간에 또다시 '-게 하다'를 붙여서 사동화할 수 있다.

(20) 형이 철수에게 토끼한테 풀을 <u>먹이게 하였다</u>.

(20)에서 '먹이게 하다'는 주동사인 '먹다'의 어근에 사동 접미사 '-이-'를 붙여서 사동사인 '먹이다'를 파생하고, 이렇게 파생된 '먹이다'의 어간에 보조 용언인 '-게 하다'를 붙여서 된 '먹이게 하다'가 사동문의 서술어가 되었다. 이처럼 (20)의 사동문은 사동법이 두 번 적용된 사동문인데, 행위의 주체와 그 서술어는 각각 다음과 같이 대응한다.

(21) 형이   철수에게 토끼한테   풀을   먹- -이- -게 하였다

(21)에서 능동사인 '먹다'의 행위 주체는 '토끼'이며, 사동사인 '먹이다'의 행위 주체는 '철수'이다. 그리고 파생적 사동법과 통사적 사동법이 겹쳐서 표현된 '먹이게 하다'의 행위 주체는 '형'이다.

(다) 파생적 사동문과 통사적 사동문의 차이

파생적 사동문과 통사적 사동문은 사동주가 수행하는 행위의 성격에 따라서 의미적으로 차이를 보일 수 있다. 곧, 사동문에서 서술어로 표현되는 행위는 어떤 경우에는 사동주가 직접적인 행동을 통하여 피사동주에게 어떠한 행동을 시키는 것으로 해석될 수 있다. 그리고 또 다른 경우에는 사동주가 직접적인 행동 이외에 다른 방법으로 피사동주에게 간접적인 방법으로 시키는 것으로도 해석될 수도 있다.

이처럼 직접 사동과 간접 사동의 의미와 관련하여 파생적 사동문과 통사적 사동문 사이에는 차이가 약간 있다.

(22) ㄱ. 철수가 아이를 침대에 <u>눕혔다</u>.

ㄴ. 철수가 아이를 침대에 <u>눕게 하였다</u>.

(23) ㄱ. 선생님께서 철수에게 책을 <u>읽혔다</u>.

ㄴ. 선생님께서 철수에게 책을 <u>읽게 하셨다</u>.

(22)에서 (ㄱ)의 파생적 사동문에서는 사동주인 '철수'가 '아이'를 직접 눕힌 것으로 해석되는 반면에, (ㄴ)의 통사적 사동문에서는 '철수'가 아이에게 말로써 교사(敎唆)함으로써 간접적으로 눕힌 것으로 해석된다. 반면에 (23)의 파생적 사동문과 통사적 사동문에서는 둘 다 사동주인 '선생님'이 '철수'에게 책을 읽는 행위를 언어를 통하여 간접적으로 시킨 것으로 해석된다. 따라서 (23)의 파생적 사동문과 통사적 사동문은 모두 간접적인 사동 행위를 표현한 문장으로 해석된다.

이처럼 파생적 사동문은 (22~23)의 (ㄱ)처럼 '직접 사동'으로 해석될 수도 있고 '간접 사동'으로 해석될 수도 있다. 그러나 파생적 사동문과는 달리 통사적 사동문은 (22~23)의 (ㄴ)처럼 '간접 사동'으로만 해석된다. 결국 파생적 사동문과 통사적 사동문의 의미적인 차이는 서술어를 비롯한 다른 문장 성분들의 문법적인 특성에 따라서 다르게 해석되는 것으로 보아야 한다.

3.6. 부정 표현

대부분의 문장은 어떤 대상의 움직임이나 상태 혹은 환언 관계 등을 긍정적으로 표현한다. 하지만 경우에 따라서는 부정의 요소를 문장에 실현하여 긍정 표현의 서술 내용을 부정하기도 한다.

3.6.1. 부정 표현의 개념

'부정문(否定文, negative sentence)'은 부정 요소가 쓰여서 특정한 문장이 서술하는 내용의 전체 또는 일부를 부정(否定)하는 문장이다.

(1) ㄱ. 정애 씨는 고스톱을 친다.

ㄴ. 경숙 씨는 영화를 보았다.

(2) ㄱ. 정애 씨는 고스톱을 <u>안 / 못</u> 친다.

ㄴ. 경숙 씨는 영화를 <u>보지 않았다 / 못했다</u>.

(1)처럼 부정의 요소가 실현되지 않은 문장을 '긍정문(肯定文, affirmative sentence)'이라고 한다. 이러한 긍정문에 부정의 의미를 나타내는 요소를 문장에 실현한 문장을 부정문이라고 한다.

예를 들어서 (2)의 부정문은 (1)의 긍정문에 (2ㄱ)처럼 부정 부사인 '아니(안)'나 '못'을 실현하거나, (2ㄴ)처럼 부정의 뜻을 가진 보조 용언인 '-지 않다'나 '-지 못하다'를 실현해서 형성되었다.

3.6.2. 부정문의 유형

〈 부정문의 유형에 대한 간략한 소개 〉 부정문의 유형은 문법적인 형식에 따라서 '짧은 부정문'과 '긴 부정문'으로 나눌 수 있고, 의미에 따라서는 '안 부정문'과 '못 부정문'으로 나눌 수 있다.

문장 종결의 유형	의미	짧은 부정문	긴 부정문
평서문 · 의문문 · 감탄문	단순/의지 부정	아니(안) 먹다	먹지 아니하다(않다)
	능력 부정	못 먹다	먹지 못하다
명령문	금지	—	먹지 마라 , 먹지 마
청유문	중단	—	먹지 말자

〈표 6〉 부정문의 유형

(가) 문법적 형식에 따른 부정문의 유형

(가)-1. 짧은 부정문과 긴 부정문

부정문은 부정 부사를 통해서 실현되는 '짧은 부정문'과 보조 용언을 통해서 실현되는 '긴 부정문'으로 나누어진다.

〈 짧은 부정문 〉 '짧은 부정문(어휘적 부정문)'은 부정 부사인 '아니(안)'나 '못'이 서술어 앞에 놓여서 문장의 내용을 부정하는 문장이다.

(3) ㄱ. 철수는 아침밥을 먹었다.

　　ㄴ. 철수는 아침밥을 <u>안 / 못</u> 먹었다.

(3)에서 (ㄴ)은 부정 부사인 '안'과 '못'을 서술어인 '먹었다'의 앞에 실현하여 (ㄱ)의 긍정 문의 내용을 부정한 문장이다. (ㄴ)의 부정문에 부정의 요소로 실현된 '안'과 '못'이 보조 용언인 '-지 아니하다'나 '-지 못하다'에 비해서 길이가 짧다는 점에서, (ㄴ)의 부정문을 '짧은 부정문'이라고 부른다.

〈**긴 부정문**〉 '긴 부정문(통사적 부정문)'은 부정을 나타내는 보조 용언인 '-지 아니하 다'나 '-지 못하다'가 본용언의 뒤에 실현되어서 문장의 내용을 부정하는 문장이다.

(4) 철수는 아침밥을 <u>먹지 아니하였다</u>. / <u>먹지 못하였다</u>.

(4)는 긴 부정문으로서 서술어인 '먹다'의 뒤에 보조 용언인 '-지 아니하다'와 '-지 못하 다'를 실현하여 문장의 내용을 부정하였다. (4)의 부정문에 부정의 요소로 실현된 '-지 아니하다'와 '-지 못하다'가 짧은 부정문에서 부정의 요소로 쓰이는 '안'이나 '못'에 비해 서 길이가 길다는 점에서, (4)의 부정문을 '긴 부정문'이라고 부른다.

(가)-2. 짧은 부정문의 서술어 제약

짧은 부정문과 긴 부정문은 문법적인 형식만 다른 것이 아니라 각각의 문장에서 서술 어로 쓰일 수 있는 용언의 종류에도 차이가 있다. 곧, 짧은 부정문에서 서술어로 쓰일 수 있는 용언의 종류는 긴 부정문에서 서술어로 쓰일 수 있는 용언의 종류보다 제약을 많이 받는다.

첫째, 서술어로 쓰인 용언이 합성어나 파생어이면 짧은 부정문에서는 잘 쓰이지 않는 경향이 있다.(남기심·고영근 1993:363) 다음 예들은 긴 부정문에서는 쓰이지만 짧은 부정 문에서 잘 쓰이지 못하는 복합어 용언의 예들이다.

(5) ㄱ. 앞서다, 오가다, 굶주리다, 값싸다, 이름나다, 얄밉다

　　ㄴ. 휘감다, 설익다, 빗나가다, 억세다, 새빨갛다; 기웃거리다, 인간답다, 깜박이다, 정답 다, 슬기롭다, 정성스럽다, 공부하다, 통일하다, 노하다, 악하다, 과분하다

(5)에서 (ㄱ)의 예들은 합성어로 된 용언이며 (ㄴ)의 예들은 파생어로 된 용언인데, 이들

은 모두 긴 부정문에서만 쓰이고 짧은 부정문에서는 쓰이지 못한다.

(6) ㄱ. 단풍이 새빨갛<u>지 않다</u>. / *<u>안</u> 새빨갛다.

ㄴ. 어제는 하루 내내 공부하<u>지 않았다</u>. / *<u>안</u> 공부했다.

ㄷ. 김 씨는 그 후로는 술집을 기웃거리<u>지 않았다</u>. / *<u>안</u> 기웃거렸다.

ㄹ. 중국의 기술력은 아직 한국을 앞서<u>지 않는다</u>. / *<u>안</u> 앞선다.

(6)에서 긴 부정문은 문법적인 문장이지만 짧은 부정문은 모두 비문법적인 문장이다. 이와 같이 (6)에서 실현된 짧은 부정문이 비문법적으로 된 것은 이들 문장에서 서술어로 쓰인 '새빨갛다, 공부하다, 인간답다, 앞서다' 등이 복합어이기 때문이다.

그런데 복합어로 된 용언 가운데서도 예외적으로 짧은 부정문에서 쓰일 수 있는 것이 있다.(남기심·고영근 1993:363) 곧, 다음에 제시된 용언들은 비록 복합어로 된 용언이기는 하지만, 긴 부정문과 짧은 부정문에서 다 쓰일 수 있다.

(7) ㄱ. 돌아-가다, 들어-가다, 내려-오다, 잡아-먹다, 스며-들다

ㄴ. 전<u>하</u>다, 상<u>하</u>다, 독<u>하</u>다, 연<u>하</u>다

ㄷ. 들<u>리</u>다, 막<u>히</u>다; 웃<u>기</u>다, 맞<u>추</u>다, 높<u>이</u>다

(8) ㄱ. 아까 가게에 찾아온 거지가 아직 <u>안</u> 돌아갔어요.

ㄴ. 라이언 일병의 사망 통지서는 아직 가족들에게 <u>안</u> 전했습니다.

ㄷ. 음악 소리가 약해서 청중들에게 잘 <u>안</u> 들렸다.

(7)과 (8)에서 (ㄱ)처럼 보조적 연결 어미로 형성된 합성 동사와, (ㄴ)처럼 파생 접미사 '-하다'가 붙어서 형성된 일부의 파생 용언, 그리고 (ㄷ)과 같은 피동사와 사동사는 짧은 부정문에서 서술어로 쓰일 수가 있다. 이처럼 짧은 부정문의 제약 현상은 개별 단어의 특성에 영향을 많이 받기 때문에, 짧은 부정문의 제약에 대한 일반적인 규칙을 설정하기가 어렵다.

둘째, '모르다'와 '없다'와 같은 특수 부정어는 짧은 부정문에서는 실현되지 않고 긴 부정문에서만 실현된다.

(9) ㄱ. *지희는 애인이 변심했다는 사실을 <u>안</u> 몰랐다.

ㄴ. *혜경이는 지금 집에 <u>안</u> 없다.

(10) ㄱ. 지희는 애인이 변심했다는 사실을 모르<u>지 않았다</u>.

ㄴ. 혜경이는 지금 집에 없<u>지 않다</u>.

'모르다'와 '없다'는 그 자체가 부정의 의미를 나타내는 특수 부정어인데, 이들은 (9)처럼 짧은 부정문에서는 쓰이지 않지만 (10)처럼 긴 부정문에서는 쓰일 수 있다.

셋째, 명령문과 청유문에서는 '안/못'으로 실현되는 짧은 부정문은 성립하지 않는다.

(11) ㄱ. 철수야, 오래된 김밥은 먹<u>지 마라. / 먹지 말자</u>.

ㄴ.*철수야, 오래된 김밥은 <u>안</u> 먹어라. / <u>못</u> 먹자.

명령문과 청유문에서는 (ㄱ)의 '-지 마라/말자'처럼 긴 부정문만 성립하고, (ㄴ)처럼 '안'이나 '못'으로 실현되는 짧은 부정문은 성립하지 않는다. 이러한 점에서 '말다'도 '모르다'와 '없다'처럼 특수 부정어로 처리될 수 있다.(고등학교 지도서 문법 2010:227)

(나) 의미에 따른 부정문의 유형

(나)-1. '안' 부정문과 '못' 부정문

〈 '안' 부정문 〉 '안' 부정문은 부정 부사인 '아니'나 보조 용언인 '-지 아니하다'를 통하여 긍정문의 내용을 부정하는 문장이다. '안' 부정문은 일반적으로는 '단순 부정(單純否定)'의 의미를 나타내지만, 화자의 의도에 따라서는 '의지 부정(意志否定)'을 나타내는 경우도 있다.(신원재 1987:32, 남기심·고영근 1993:366, 이상복 1979:37, 서정수 1996:961)

첫째, 문장의 서술어가 주체의 의지에 영향을 받지 않는 비행동성의 용언일 때에는, '안' 부정문은 이미 전제된 문장의 내용을 사실적인 측면에서 단순하게 부정하는 것으로 해석된다.

(12) ㄱ. 인호는 안색이 <u>안</u> 좋았다. / 좋<u>지 않았다</u>.

ㄴ. 남산이 <u>안</u> 보인다. / 보이<u>지 않는다</u>.

(12)에 쓰인 서술어는 각각 형용사인 '좋다'와 피동사인 '보이다'로서 이들은 모두 동작성이 없는 비행동성 용언이다. 이와 같이 비행동성의 용언이 서술어로 표현된 문장을 '안'이나 '-지 아니하다'로 부정하면, 문장에서 표현되는 사실을 단순하게 부정한 것으로 해석된다.

둘째, 행동성의 용언이 서술어로 쓰인 '안' 부정문은, 화자의 의도에 따라서는 '단순 부정'뿐만 아니라 '의지 부정'으로도 해석될 수 있다.

(13) 철수가 시골에 <u>안</u> 갔다. / 가<u>지 아니하였다</u>.

(13)의 '안' 부정문에는 행동성의 용언인 '가다'가 서술어로 쓰였다. 이 문장은 일반적으로는 주체의 의도와는 관련이 없이 "철수가 시골에 갔다."라는 사실을 단순하게 부정하는 것으로 해석된다. 다만, 말하는 사람의 의도에 따라서는 "철수가 시골에 가기 싫어서 의도적으로 안 갔다."라고 하는 의미로 해석되어 '의지 부정'으로 쓰일 수가 있다. 결과적으로 (13)에서 의지 부정의 의미가 나타날 때에는 다분히 화용론적으로 해석된 것이다.

그리고 하나의 문장 속에서 '안' 부정문이 '못' 부정문과 대조됨으로써, 의지 부정의 뜻이 두드러지는 수도 있다

(14) ㄱ. 옥소리 씨는 낙지를 <u>안</u> 먹는다.
ㄴ. 옥소리 씨는 낙지를 <u>안</u> 먹는 것이 아니고, <u>못</u> 먹는 것이다.

(ㄱ)의 부정문은 기본적으로 단순 부정의 의미로 쓰인다. 반면에 (ㄴ)의 이어진 문장에서 앞절의 '안' 부정의 의미는 의지 부정으로 해석되는데, 이것은 뒷절에서 실현된 '못' 부정 (=능력 부정)의 의미와 대조됨으로써 생겨나는 특수한 의미이다.

〈 '못' 부정문 〉 '못' 부정문은 부정 부사인 '못'이나 보조 용언인 '-지 못하다'를 통하여 실현되는 부정이다.

ⓐ '못' 부정문의 기본적 의미 : '못' 부정문은 '할 수 없음' 또는 '불가능성'의 뜻을 나타내는 부정문으로서, 이러한 부정을 '능력 부정(能力否定)'이라고도 한다.

(15) 나는 아침을 <u>못</u> 먹었다. / 먹<u>지 못했다</u>.

(15)의 문장은 '못'과 '-지 못하다'를 통해서 실현되는 부정문인데, 이는 외적인 요인에 의해서 어떠한 행위가 부정된 것으로 해석된다. 곧 (15)의 '못' 부정문은 '이가 아프거나, 소화가 안 되는 등의 요인에 의해서 어쩔 수 없이 '아침을 먹는 행동'이 부정됨'을 나타낸다.

ⓑ '못' 부정문의 화용론적·관용적 의미 : '못'과 '-지 못하다'는 능력 부정의 뜻을 나타내지만, 화용론적인 쓰임에 따라서는 '금지'나 '거부'의 뜻을 나타내기도 한다.

(16) ㄱ. 미성년자들은 술집에 <u>못</u> 들어간다. / 들어가<u>지 못한다</u>.   [능력 부정, 금지]

　　ㄴ. 나는 결혼식에 <u>못</u> 가겠다. / 가<u>지 못하겠다</u>.   [능력 부정, 거부]

(ㄱ)의 '못' 부정문은 '미성년자들이 술집에 들어갈 능력이 없음'을 나타낼 수도 있지만, 화자의 의도에 따라서는 '미성년자들이 술집에 들어가는 행위를 금지함'을 나타낼 수도 있다. 그리고 (ㄴ)의 '못' 부정문도 '내가 거기에 갈 능력이 없음'을 나타낼 수도 있고 결혼식에 가 달라는 상대방의 요청을 거부하는 뜻으로 쓰일 수도 있다.

(나)-2. '못' 부정문의 제약

'못' 부정문은 주체의 능력이 부정된다는 의미적 특징 때문에 '안' 부정문에 비하여 쓰임에 제약을 많이 받는다.

첫째, '못' 부정문에는 원칙적으로 형용사가 서술어로 쓰이지 않는다.

(17) ㄱ. 일숙이는 발이 <u>안</u> 크다. / 크<u>지 않다</u>.

　　ㄴ.*일숙이는 발이 <u>못</u> 크다. / *일숙이는 발이 크<u>지 못하다</u>.

일반적으로 동사는 움직임이나 변화를 수반하는 말이기 때문에 주체의 능력에 따라서 '할 수 있는 일'과 '할 수 없는 일'이 구분될 수 있다. 하지만 형용사는 속성상 움직임이나 변화를 기대할 수 없기 때문에 '할 수 있는 일'과 '할 수 없는 일'이 잘 구분되지 않는다. 따라서 형용사인 '크다'는 (ㄱ)처럼 '안' 부정문에서는 쓰일 수 있지만, (ㄴ)처럼 '못' 부정문에서는 쓰일 수 없다.

다만, 화자가 자신의 기대에 못 미치는 일을 표현할 때에는, 형용사도 '못' 부정문에서 서술어로 쓰일 수 있다.(기대 부정)

(18) ㄱ. 오늘은 날씨가 별로 좋<u>지 못하다</u>.

　　ㄴ. 지혜롭<u>지 못한</u> 사람들이 꼭 말썽을 피운다.

(ㄱ)의 '좋지 못하다'와 (ㄴ)의 '지혜롭지 못하다'는 화자의 기대에 못 미치는 상황을 표현하고 있다. 이러한 경우에는 '못'이 형용사 서술어를 부정하는 요소로 쓰일 수 있다. 이처럼 '못' 부정문에서 서술어로 쓰일 수 있는 형용사는 '좋다, 아름답다, 지혜롭다, 똑똑하다, 풍부하다, 넉넉하다, 풍족하다'처럼 평가의 의미를 나타내는 형용사라는 것이

특징이다.(남기심·고영근 1993:369)

둘째, 동사도 그것이 표현하는 행위가 인간의 임의적인 노력이나 능력으로 좌우할 수 있는 것이 아닌 경우에는, 능력 부정문의 서술어로 쓰이지 못한다.

(19) ㄱ. 걱정하다, 고민하다, 노심초사하다, 참회하다, 후회하다, 염려하다

ㄴ. 망하다, 당하다, 실패하다, 잃다, 지다, 패하다

(20) ㄱ. 철수는 취직 문제를 걱정하지 않았다. / *걱정하지 못했다.

ㄴ. 놀부네는 완전히 망하지 않았다. / *망하지 못했다.

예를 들어서 '먹다'의 행위는 특정한 개인의 임의적인 능력과 노력으로 성취할 수 있기 때문에 '못' 부정문에서 쓰일 수 있다. 반면에 (19)의 '걱정하다'와 '망하다' 등은 특정한 개인의 임의적인 능력과 노력으로 마음대로 좌우할 수 있는 것이 아니므로, 능력 부정의 문법 요소인 '못'이나 '-지 못하다'와 함께 쓰일 수 없다. 예를 들어서 '걱정하다'와 '망하다'와 같은 동사는 단순 부정을 나타내는 '-지 않다'에는 어간으로 쓰일 수 있지만, 능력 부정을 나타내는 '-지 못하다'에는 어간으로 쓰일 수 없다.

3.6.3. 명령문과 청유문의 부정

(가) 명령문과 청유문에 실현되는 부정문의 형식

평서문, 의문문, 감탄문으로 실현되는 부정문은 '안/못＋용언'의 형식이나 '어간＋-지 않다/-지 못하다'의 형식으로 표현된다. 이에 반하여 명령문과 청유문에서는 부정문이 '어간＋-지 말다'의 형식으로 나타난다.

(21) ㄱ. 여름철에는 피조개를 먹지 마라.11)   [금 지]

ㄴ.*여름철에는 피조개를 안/못 먹어라.

ㄷ.*여름철에는 피조개를 { 먹지 않아라 / 먹지 못해라 }.

---

11) '말다'에 명령형 어미인 '-아'나 '-아라'가 결합하면 '말아'나 '말아라'의 형태로 실현되지 않고 '마, 마라'의 형태로 불규칙하게 실현된다. (보기) (하)지 마(아), (하)지 마라, 마지못하다, 마지않다, (하)다마다, (하)자마자

(22) ㄱ. 집에서는 뱀을 키우<u>지 말자</u>.   [금지]

　　ㄴ.*집에서는 뱀을 <u>안/못</u> 키우자.

　　ㄷ.*집에서는 뱀을 { 키우<u>지 않자</u> / 키우<u>지 못하자</u> }.

명령문과 청유문에서는 (21~22)의 (ㄱ)에서처럼 보조 용언인 '-지 말다'의 형식을 통해서만 부정문이 실현된다. 반면에 (21~22)의 (ㄴ)과 (ㄷ)에서처럼 부정의 요소로서 '못/안'이나 '-지 않다/-지 못하다'가 쓰이면 비문법적인 문장이 된다. 그리고 명령문과 청유문에서 쓰이는 부정문은 '부정'의 뜻과 '명령'이나 '청유'의 뜻을 나타낸다. 따라서 '-지 말다'는 명령문에서는 청자에게 어떠한 행위를 금지하고, 청유문에서 화자와 청자가 함께 어떠한 행위를 함께 중단하자는 뜻을 나타내게 된다.

(나) '-지 말다'의 특수한 용법

'-지 말다'는 명령문과 청유문에서 동사의 어간에만 붙어서 실현되는 것이 일반적이다. 그런데 경우에 따라서는 '-지 말다'가 평서문에서 쓰이기도 하고 형용사의 어간에 붙어서 실현되기도 하는데, 이는 '-지 말다'로 표현되는 부정문의 특수한 용법이다. 첫째, '바람'이나 '희망'을 나타내는 동사가 서술어로 쓰이면, 평서문에도 '-지 말다'가 부정의 요소로서 쓰일 수 있다.(기대 부정)

(23) ㄱ. 노 대통령은 탄핵안이 국회에서 통과되지 { 않기를 / <u>말기를</u> } 바랐다.

　　ㄴ. 경찰이 내 가방을 뒤지지 { 않았으면 / <u>말았으면</u> } 좋겠다.

(23)에서 주절의 서술어로서 '바라다'와 '좋다'가 쓰였다. 여기서 '바라다'와 '좋다'는 '탄핵안이 국회에서 통과되는 일'과 '경찰이 자기의 가방을 뒤지는 일'이 이루어지지 않기를 희망하거나 기원하는 뜻을 나타낸다. 따라서 이들 문장은 '상황의 변화'를 바란다는 점에서 명령문과 비슷하게 기능한다. 이러한 의미적인 특징 때문에 서술어가 '희망'이나 '기원'을 나타내는 겹문장 속의 종속절에서는 부정의 요소로서 '-지 말다'가 쓰일 수 있다. 곧 (23)의 문장은 주절의 종결 형식이 명령문이나 청유문이 아니라는 점에서는 부정의 요소로 '-지 않다'를 실현할 수도 있다. 반면에 의미적으로 볼 때 어떠한 일이 이루어지지 않기를 바라거나 소원한다는 점에서는 부정의 요소로 '-지 말다'를 실현할 수 있는 것이다.

둘째, 일반적으로 형용사는 명령문과 청유문의 서술어로 쓰이지 않는다. 그런데 화자가 '기원'이나 '바람'의 의도를 표현할 때에는, 형용사의 어간에 '-지 말다'를 실현하여서 명령문의 형식을 취하는 예외적인 경우가 있다.

    (24) ㄱ. 제발 신랑의 키가 작<u>지만 마라</u>.
        ㄴ. 제발 성적이 나쁘<u>지만 마라</u>.

    (25) ㄱ. 제발 신랑의 키가 작<u>지만 않으면</u> 좋겠다.
        ㄴ. 제발 성적이 나쁘<u>지만 않으면</u> 좋겠다.

(24)의 문장에서 서술어로 쓰이는 '작다'와 '나쁘다'는 형용사이지만 '-지 말다'의 형식을 취하여 부정의 명령문에 쓰였다. (24)의 문장은 형식상으로는 '-지 마라'를 취하여 명령문으로 실현되었지만 그 기능을 보면 (25)처럼 '바람'이나 '기원'을 나타내는 평서문과 같다. 따라서 형용사를 서술어로 하여 부정의 명령문의 형식인 '작지만 마라'와 '나쁘지만 마라'가 쓰인 것이다.

3.6.4. 부정의 범위

〈**부정의 범위**〉 문장 속에서 실현된 부정 요소의 의미가 그 문장 속의 특정한 문장 성분에 미치는 현상을 '부정의 범위(scope of negation)'라고 한다.

    (26) ㄱ. 선생님이ⓐ 교실에서ⓑ 학생을ⓒ <u>안</u> 때렸다ⓓ.
        ㄴ. 선생님이ⓐ 교실에서ⓑ 학생을ⓒ 때리ⓓ<u>지 않았다</u>.

    (27) ㄱ. 교실에서 학생을 때린 사람은 <u>선생님</u>이 아니다.   (다른 사람이 때렸다.)
        ㄴ. 선생님이 학생을 때린 곳은 <u>교실</u>이 아니다.   (다른 곳에서 때렸다.)
        ㄷ. 선생님이 교실에서 때린 사람은 <u>학생</u>이 아니다.   (다른 사람을 때렸다.)
        ㄹ. 선생님이 교실에서 학생을 <u>때린 것</u>이 아니다.   (다른 행위를 했다.)

(26)의 문장은 화자의 발화 의도에 따라서 (27)처럼 다양한 의미로 해석될 수 있다.[12] (26)의 문장에서 주어인 '선생님이ⓐ'가 부정의 범위에 들어가면 (27ㄱ)과 같이 해석되며,

---

12) (26)에서 부정의 요소인 '안'과 '-지 않다'는 화자의 발화 의도에 따라서 문장 속의 특정한 성분만을 부정할 수 있다. 이때 부정 요소가 직접 부정하는 문장 성분에는 일반적으로는 강세가 부여되는데, 이를 통하여 청자는 부정된 분장 성분을 파악할 수 있다.

부사어로 쓰이는 '교실에서ⓑ'가 부정의 범위 들어가면 (27ㄴ)처럼 해석된다. 그리고 목적어로 쓰이는 '학생을ⓒ'이 부정의 범위에 들면 (27ㄷ)처럼 해석되며, 서술어로 쓰이는 '때리다ⓓ'가 부정의 범위에 들면 (28ㄹ)처럼 해석된다.

〈부정의 범위에 따른 문장의 중의성〉 부정문을 발화할 때, 화자의 발화 의도를 모르거나 특정한 문장 성분에 강세가 부여되지 않으면, 그 부정문은 중의성(重義性, ambiguity)을 띠게 된다. 특히 수량을 나타내는 부사어가 부정문에 쓰이면, 수량의 의미 전부가 부정되기도 하고 수량의 의미 일부가 부정되기도 해서 문장이 중의적으로 된다.

(28) 마을 사람들이 다 모이<u>지 않았다</u>.　　　　　　　[전체 부정/부분 부정]

(29) ㄱ. 마을 사람들이 다 [모이<u>지 않았다</u>].　　　　[전체 부정]
　　　 (마을 사람들이 모두 다 안 모였다.)

(30) ㄱ. 마을 사람들이 [다 모이-]<u>-지 않았다</u>.　　　　[부분 부정]
　　　 (마을 사람들이 모두 다 모인 것은 아니다.)

(28)에서 수량을 나타내는 부사어인 '다'는 부정문에서 쓰이면, '다'의 의미 전체가 부정되기도 하고 의미의 일부만 부정되기도 한다. 곧 '다'의 의미 전체가 부정되면 (29)처럼 해석되고, '다'의 의미 일부만 부정되면 (30)처럼 해석된다. 통사적으로 보면 (28ㄱ)의 문장은 '-지 않았다'가 '모이(다)'만 부정하였으므로 '전체 부정'으로 뜻으로 해석되고, (30ㄱ)의 문장은 '-지 않았다'가 '다 모이(다)'를 부정하였으므로 '부분 부정'의 뜻으로 해석되는 것이다.[13]

그런데 부정하려는 문장 성분에 '대조'나 '차이'의 뜻을 나타내는 보조사인 '-은/-는'을 실현하면 부정문에 나타나는 중의성이 해소되는 수가 있다.

(31) ㄱ. 선생님이 교실에서<u>는</u> 학생을 때리지 않았다.
　　 ㄴ. 선생님이 교실에서 학생<u>은</u> 때리지 않았다.
　　 ㄷ. 선생님이 교실에서 학생을 때리지<u>는</u> 않았다.

---

13) 이 현상을 달리 표현하면 (29ㄱ)에서는 부사인 '다'가 '-지 않았다'가 나타내는 부정의 범위 밖에 있고, (30ㄱ)에서는 부사인 '다'가 '-지 않았다'가 나타내는 부정의 범위 안에 있다.

(32) ㄱ. 마을 사람들이 다 모이지는 않았다.　　　　　[부분 부정]

　　　ㄴ. 마을 사람들이 다는 모이지 않았다.　　　　　[부분 부정]

(31)의 (ㄱ)에서는 부사어인 '교실에서'가 부정되며, (ㄴ)에서는 목적어인 '학생을'이 부정되고, (ㄷ)에서는 서술어인 '때리다'가 부정되어서 중의성이 해소된다. 그리고 앞의 (28)의 부정문에서는 부사인 '다'의 의미가 '전체 부정' 혹은 '부분 부정'으로 해석되었다. 반면에 (32ㄱ)과 같이 본용언의 서술어에 보조사인 '-는'을 실현하거나 (32ㄴ)처럼 '다'에 '-는'을 실현하면, 문장의 중의성이 해소되어서 '부분 부정'으로만 해석된다.

{ 부정 의문문과 대답말 }

국어에서 '부정 의문문'에 대한 대답말인 '네(예)'와 '아니요'는 질문한 사람의 언어적인 표현을 중심으로 표현되는 것이 특징이다.

첫째, 긍정 의문문에 대하여 대답하는 사람은 질문자가 발화한 의문문의 내용이 '참(眞)'이라고 판단하면 대답말을 '네'로 표현하고, '거짓(僞)'으로 판단하면 '아니요'로 표현한다.

　　　(1) 지금 부산에 눈이 오니?

　　　(2) ㄱ. 네, 와요.
　　　　　ㄴ. 아니요, 안 와요.

(1)의 긍정 의문문에 대한 대답은 (2)와 같이 표현된다. 곧 (2)에서 대답하는 사람이 (1)의 의문문이 표현하는 내용을 참'이라고 판단하면 (2ㄱ)처럼 "예, 와요."라고 대답하고, '거짓'이라고 판단하면 (2ㄴ)처럼 "아니요, 안 와요."라고 대답한다.

둘째, 부정 의문문에서는 대답하는 사람은 질문자가 발화한 표현(부정 의문문)을 '참'이라고 판단하면 대답말을 '예'로 표현하고, 질문자가 발화한 표현을 '거짓'으로 판단하면 대답말을 '아니요'로 표현한다.

　　　(3) ㄱ. 지금 부산에 눈이 안 오니?
　　　　　ㄴ. 지금 부산에 눈이 오지 않니?

　　　(4) ㄱ. 아니요, 와요. ― (3)의 의문문의 표현 자체에 대한 부정 대답말
　　　　　ㄴ. 네, 안 와요. ― (3)의 의문문의 표현 자체에 대한 긍정 대답말

대답하는 사람은 (3)의 의문문의 표현 자체를 '거짓'이라고 판단하면 (4ㄱ)처럼 대답말을 '아니요'로 표현한다. 반면에 (3)의 의문문의 표현을 '참'이라고 판단하면 (4ㄴ)처럼 대답말을 '예'로 표현한다. 결국 국어에서는 대답말인 '예, 아니요'는 의문문의 표현을 긍정하거나 부정하는 말이며, 대답말 뒤에 서술어의 형식으로 실현되는 '와요'와 '안 와요'는 의문문으로 표현된 '일'이나 '상황'을 긍정이나 부정하는 말이다. 이러한 현상을 한 마디로 요약하면 다음과 같다. 곧, 부정 의문문에 대한 대답 표현에서 실현되는 '네/아니요'와 같은 대답말은 그 뒤에서 서술어로 표현되는 '긍정-부정'의 판단과는 항상 반대가 된다.

반면에 영어에서는 부정 의문문에 대한 대답 표현이 국어와는 정반대로 실현된다.

(5) Isn't it snowing in Busan?

(6) ㄱ. <u>No</u>, it isn't.(아니요, 안 와요) ─ (5)의 '일'에 대한 부정 대답말
　　ㄴ. <u>Yes</u>, it is.(예, 와요)　　　 ─ (5)의 '일'에 대한 긍정 대답말

영어에서는 대답하는 사람이 의문문으로 표현된 일(상황)을 부정적으로 판단하면 'No'로 표현하고, 긍정적으로 판단하면 'Yes'로 표현한다. 곧 (5)에서 부산에 눈이 오는 일 자체가 거짓이면 (6)의 (ㄱ)처럼 'No'로 표현하고, 눈이 오는 일 자체가 '참'이면 'Yes'로 표현한다.

곧 국어의 부정 의문문에 대한 대답말은 의문문으로 표현되는 '일(상황)' 자체에 대한 '긍정/부정'의 표현이 아니라, 질문자의 표현(부정 의문문)에 대한 '긍정/부정'의 표현이다.

참고로 표면적으로는 부정 의문문의 형식을 갖추고 있지만, 실제로는 부정의 기능이 없이 어떠한 사실을 확인하는 기능을 하는 의문문이 있다.

(7) ㄱ. 너는 이미 밥을 먹었<u>잖니</u>?　　　　(8) ㄱ. <u>예</u>, 먹었어요.
　　ㄴ. 너는 이미 밥을 먹었다. <u>그렇지</u>?　　　　ㄴ. <u>아니요</u>, 안 먹었어요.

(7ㄱ)에서 서술어로 쓰인 '먹었잖니'는 '먹었지 않니?'가 줄어진 형태인데, 이때에는 (7ㄱ)은 실제로는 (7ㄴ)처럼 사실을 확인하는 긍정 평서문으로 해석된다. 따라서 (7ㄱ)의 문장은 부정 의문문이 아니라 확인 의문문으로 쓰였다. (7ㄱ)처럼 확인 의문문으로 쓰인 문장에 대한 대답말은 (7ㄴ)의 긍정의 문장과 동일하게 기능하므로 (8)처럼 대답하여야 한다.

3.7. 인용 표현

3.7.1. 인용 표현의 개념

'인용 표현(引用 表現)'은 다른 사람의 말(글)이나 생각 등을 직접 또는 간접적으로

가져오는 문법적 표현이다. 인용 표현은 인용하는 절(문장)에 부사격 조사 '-라고'와 '-고'가 붙어서 이루어진다.

(1) ㄱ. 인호 씨는 "<u>나는 10억 원을 받았다.</u>"라고 말했습니다.

ㄴ. 인호 씨는 <u>(자기는) 10억 원을 받았다</u>고 말했습니다.

(2) ㄱ. 나는 '<u>내일은 집에서 쉬어야지.</u>'라고 생각했다.

ㄴ. 김우석 박사는 <u>자기는 결백하다</u>고 주장했다.

(1)의 문장은 다른 사람의 말을 따온 '인용절을 안은 문장'이다. (ㄱ)은 '길동 씨'가 한 말을 그대로 따온 직접 인용문인데 인용절에 부사격 조사인 '-라고'가 실현되었다. 그리고 (ㄴ)은 말을 전달하는 사람이 '길동 씨'의 말을 자신의 입장으로 바꾸어서 따온 간접 인용문인데 인용절에 부사격 조사인 '-고'가 실현되었다.

인용절을 안은 문장은 생각·판단·주장 등을 따올 때에도 성립한다. 곧, (2)처럼 문장의 서술어가 '생각하다, 믿다, 주장하다, 약속하다, 명령하다, 제의하다……' 등일 때에도 인용절의 문법적인 형식만 갖추면 인용절을 안은 문장의 서술어로 쓰일 수 있다.[1]

3.7.2. 인용 표현의 유형

인용절은 남의 말을 인용하는 형식에 따라서 '직접 인용절'과 '간접 인용절'로 나뉜다. 직접 인용절은 다른 사람의 말을 그대로 따서 옮기는 인용절로서 부사격 조사인 '-라고'가 붙어서 성립한다. 반면에 '간접 인용절'은 다른 사람의 말을 전달하되, 그 말을 전달하는 이의 입장으로 내용이나 형식을 바꾸어서 표현한 인용절로서, 부사격 조사인 '-고'가

---

1) 남의 말이나 생각 혹은 사물의 소리를 아주 생생하게 인용할 때에는, 인용하는 말(인용절, 명사구, 부사)에 부사격 조사인 '-하고'를 실현할 수도 있다.(남기심 · 고영근(1993:385 참조.)

(보기) ㄱ. 김 사장은 사원들에게 "이제 다시 시작합시다."<u>하고</u> 말했다.

ㄴ. 병장의 옆에서 포탄이 "꽝"<u>하고</u> 터졌다.

(ㄱ)에서 '-하고'는 다른 사람의 말을 그대로 직접 인용하는 뜻을 나타내는 부사격 조사로서, 주로 '말하다, 묻다, 생각하다' 따위의 인용 동사와 함께 쓰인다. 반면에 (ㄴ)에서 '-하고'는 의성 부사인 "꽝"에 붙어서 포탄의 소리를 생생하게 표현한다. 이처럼 '-하고'를 실현하여 인용 표현을 발화할 때에는, 인용된 사람의 억양이나 길이, 세기 등을 그대로 표현하거나, 인용된 의성 · 의태 부사에 어조를 실어서 생생하게 표현한다. 반면에 국립국어원에서 간행한 『표준 국어 대사전』에서는 이때의 '하고'를 인용 동사로 처리한다.(철수는 "그래서 네가 예뻐진 거였군." <u>하고</u> 생각했다. 영희는 나를 보자, "쉿!" <u>하고</u> 입술에 손가락을 대었다.)

붙어서 성립한다.

다음의 발화 상황은 '장효리'가 '이동건'에게 한 말을 '이동건'이 다른 사람에게 옮기는 상황이다.

(3) 〈화자 : 장효리〉 : "나는 내일 너의 집에 가겠다."   〈청자: 이동건〉

(4) ㄱ. 〈화자 : 이동건〉 : 효리가 나에게 "나는 내일 너의 집에 가겠다."라고 말했다.
ㄴ. 〈화자 : 이동건〉 : 효리가 나에게 자기는 내일 우리 집에 오겠다고 말했다.
ㄷ. 〈화자 : 이동건〉 : 효리가 나에게   Ø   내일 우리 집에 오겠다고 말했다.

여기서 (3)의 (ㄱ)은 이동건이 장효리의 말을 직접적으로 인용한 표현인데, 이렇게 직접적으로 인용할 경우에는 부사격 조사로서 '-라고'를 쓴다. 이에 반해서 (4)의 (ㄴ)과 (ㄷ)은 이동건이 장효리가 한 말을 자신의 입장으로 내용이나 형식을 바꾸어서 간접적으로 인용한 표현이다. 이처럼 다른 사람이 한 말을 간접적으로 인용할 경우에는 부사격 조사로서 '-고'를 쓴다. 그리고 간접 인용절을 안은 문장의 전체의 주어와 안긴 문장 속의 주어가 동일할 때에는, (ㄴ)처럼 안긴 문장의 주어를 재귀 대명사인 '자기'로 바꾸어서 표현하거나 (ㄷ)처럼 안긴 문장의 주어를 생략하여 표현한다.

3.7.3. 간접 인용 표현의 제약 현상

간접 인용절에서는 서술어로 쓰인 용언의 종결 어미가 다른 형태로 바뀌거나, 특정한 종결 어미가 아예 실현되지 않을 수도 있다.

첫째, 종결 어미의 형태가 간접 인용절에서 다른 형태로 바뀌어서 실현될 수 있다.

(5) ㄱ. 철수 씨는 "저 사람이 봉준호 감독이다."라고 했다.   [직접]
ㄴ. 철수 씨는 저 사람이 봉준호 감독이라고 했다.   [간접]

(6) ㄱ. 선생님께서는 "지금 서울에는 비가 오는가/옵니까?"라고 물으셨다.   [직접]
ㄴ. 선생님께서는 지금 서울에는 비가 오느냐고 물으셨다.   [간접]

(7) ㄱ. 의사 선생님께서 "아침에는 죽을 먹어라."라고 말씀하셨다.   [직접]
ㄴ. 의사 선생님께서 아침에는 죽을 먹으라고 말씀하셨다.   [간접]

(5ㄱ)의 직접 인용절에서 서술격 조사인 '-이다'의 평서형은 '-다'로 실현되었는데, '-다'가 (5ㄴ)의 간접 인용절의 부사격 조사 '-고' 앞에서는 '-라'로 바뀌게 된다. (6)에서 의문형 어미인 '-는가'는 (ㄱ)의 직접 인용절에서는 그대로 실현되지만, 간접 인용절에서는 (ㄴ)처럼 '-느냐'의 형태로 바뀌어서 실현된다. (7)에서 명령형 어미인 '-어라'는 (ㄱ)의 직접 인용절에서는 그대로 실현되지만, (ㄴ)의 간접 인용절에서는 '-으라'로 바뀌어서 실현된다.

이처럼 직접 인용 표현에서 실현되는 평서형 어미인 '-다'와 의문형 어미인 '-는가', '-ㅂ니까/-습니까' 등이 간접 인용 표현에서는 각각 '-라'와 '-느냐'의 형태로 바뀌어서 실현되는 제약을 받는다.

둘째, 감탄형의 종결 어미인 '-구나'와 '-아라' 등은 간접 인용문에서 평서형의 종결 어미로 형태가 바뀌게 된다. 이에 따라서 직접 인용문의 감탄문은 간접 인용문에서는 평서문으로 전환된다.

(8) ㄱ. 영희는 '다빈 씨는 정말로 멋있<u>구나</u>.'라고 생각했다.　　　　　　[직접]

ㄴ.*영희는 <u>다빈 씨는 정말로 멋있**구나**</u>고 생각했다.　　　　　　[간접]

ㄷ. 영희는 <u>다빈 씨는 정말로 멋있**다**</u>고 생각했다.　　　　　　[간접]

(9) ㄱ. 아이는 밖에 나오자마자, "<u>아이, 추워**라**!</u>"라고 소리를 질렀다.　　[직접]

ㄴ.*아이는 밖에 나오자마자, <u>아이, 추워**라**</u>고 소리를 질렀다.　　[간접]

ㄷ. 아이는 밖에 나오자마자, <u>정말 춥**다**</u>고 소리를 질렀다.　　[간접]

(8~9)에서 감탄형 어미 '-구나'와 '-어라'는 (ㄱ)처럼 직접 인용절에서는 형태가 그대로 유지되지만, (ㄷ)처럼 간접 인용절에서는 평서형 종결 어미인 '-다'로 바뀌게 된다. 인용 표현에서 나타내는 어미의 변동 현상을 정리하여 표로 보이면 다음과 같다.

어미의 종류	직접 인용절	간접 인용절
서술격 조사의 평서형 어미	-이다 + -라고	-이라 + -고
의문형 어미	-는가/-ㅂ니까 + -라고	-느냐 + -고
명령형 어미	-어라 + -라고	-으라 + -고
감탄형 어미	-구나 + -라고 -아라 + -라고	-다 + -고

〈표 7〉 간접 인용 표현의 제약 현상

의 미 론 ⑤부

제1장 의미론과 의미의 이해

의미론이 언어학에서 차지하는 위상과 연구 영역 및 과제를 살펴본다. 그리고 '의미'에 대한 정의와 의미의 유형에 대하여 알아본다.

1.1. 의미론의 위상

인간의 언어를 통한 의사전달에 영향을 주는 요소는 '기호·메시지·발신자와 수신자·발화 장면·정보 전달의 통로' 등이 있다. 이들 요소 중에서 언어 연구 대상으로서 중심에 위치해 있는 것은 '기호'와 '메시지'이다.

〈**기호의 양면**〉 인간의 언어를 포함한 모든 기호와 메시지에는 '전달 형식(form)'과 '전달 내용(concept)'이라는 두 가지 측면이 있다.

$$(1) \ 기호 = \frac{전달\ 형식}{전달\ 내용}$$

예를 들어 실제의 사물인 '태극기'가 추상적인 개념인 '대한민국'을 대표한다고 할 때에, '태극기'의 표상(表象, 형태, 모양)은 '전달 형식'이 되며 '대한민국'이라는 개념은 전달 내용이 된다. 그리고 신호등의 '적색 불빛'이 '정지(停止)'를 표현한다고 할 때, '적색 불빛'은 전달 형식이 되며 '정지'라는 의미는 전달 내용이 된다.

인간의 언어도 기호의 일종이므로 전달 형식과 전달 내용이라는 양면이 있다. 이때 인간의 언어 기호의 전달 형식은 '음성(청각 영상, 시니피앙, signifiant)'이며 전달 내용은 '의미(개념, 시니피에, signifié)'이다. 곧 특정한 의미를 특정한 음성으로 전달하는 것이 인간의 언어 기호이다.

(2) 가위 $= \dfrac{/kawi/}{[✄]}$

(3) 언어 형식 $= \dfrac{전달\ 형식}{전달\ 내용} = \dfrac{/음성/}{[의미]}$

예를 들어 '가위'라는 말의 전달 형식은 /kawi/라는 '음성'이며, 전달 내용은 [옷감, 종이, 머리털 따위를 자르는 기구]라는 의미이다. 이와 같이 언어 기호의 단위(언어 형식)는 그것이 큰 것이든 작은 것이든 모두 특정한 음성에 특정한 의미가 결합된 형식으로 이루어져 있다.

〈 의미론의 위상과 하위 영역 〉 언어를 연구하는 학문인 '언어학'도 언어 형식의 위와 같은 특성에 따라서, '음운론, 의미론, 문법론'의 3대 영역으로 나뉜다.

$$\dfrac{음운론\ (음성\ 연구)}{의미론\ (의미\ 연구)} = 문법론\ (언어\ 형식\ 연구)$$

먼저 '음운론(phonology)'은 언어 형식의 말소리와 그 체계만을 연구하는 학문 영역이며, '의미론(semantics)'은 언어 형식의 의미와 그 체계에 한정해서 연구하는 학문이다. '문법론(grammar)'은 의미와 음운의 결합체인 언어 형식의 여러 가지 단위인 '형태소, 단어, 구, 절, 문장' 등을 대상으로 하여 그 형태와 기능을 연구하는 학문이다.

울만(Ullman 1951:39)에서는 언어학의 범주 내에서 의미론이 차지하는 위치를 다음과

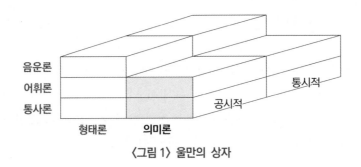

〈그림 1〉 울만의 상자

같은 그림으로 설명하였다.

〈그림 1〉은 이른바 '울만의 상자(Ullman's cabinet)'라는 그림이다. 이 그림은 의미론이 어휘론과 통사론의 두 영역을 연구 대상으로 하면서, 동시에 '공시적인 연구'와 '통시적인 연구'를 할 수 있음을 나타낸다. 여기서 '공시 의미론'은 '기술 의미론'으로도 불리는데, 어휘의 시니피에와 시니피앙의 관계에 대한 공시적인 연구와, 공존하는 어휘들의 의미 사이의 상호 관계(조직)에 대하여 연구한다. 이에 반하여 '통시 의미론'은 시간의 흐름에 따라서 어휘의 의미가 변화하는 모습을 연구한다.

그런데 〈그림 1〉에서는 '의미론'이 '음운론'과는 직접적인 관련을 맺지 않지만 '어휘론'이나 '통사론'과는 관련을 맺고 있다는 것을 보여 준다. 여기서 의미론의 두 가지 하위 영역이 나누어지는데, 어휘론에서 이루어지는 의미 연구를 '어휘 의미론'이라고 하고, 통사론에서 이루어지는 의미 연구를 '문장 의미론'이라고 한다.

의미가 반드시 어휘나 문장과 같은 언어적 표현으로만 드러나는 것은 아니다. 곧 어떠한 표현이 발화 장면(發話 場面)이나 말하는 사람의 의도에 따라서는 문맥 이외의 또 다른 의미를 나타낼 수도 있다.

(4) (아들) : 엄마 나, 아직 점심도 못 먹었어.

(5) ㄱ. (어머니 A) : 그러니? 잘 알았다. 참 안됐구나.

ㄴ. (어머니 B) : 그래. 배가 많이 고팠구나. 조금만 기다려. 저녁 차려 줄게.

예를 들어서 학교에서 점심까지 굶고 돌아온 아들이 (4)처럼 발화하였다면, (4)의 문장은 언어적인 표현만으로 보면 '자신이 점심을 못 먹었다.'고 하는 사실을 전달하는 평서문이다. 그러나 말하는 사람(=아들)의 의도를 감안하면 (4)는 '엄마에게 저녁을 차려 달라'고 하는 문장으로 해석될 수도 있다. (5)에서 (ㄱ)의 '어머니 A'는 아들의 말을 언어적인 표현 그대로만 해석하였고, (ㄴ)의 '어머니 B'는 아들의 의도와 발화 장면을 고려하여 아들의 말을 해석하였다. 이처럼 언어 표현을 언어 외적인 상황을 고려하여서 의미를 파악하는 의미론의 한 분야를 '화용론(pragmatics)'이라고 한다.

이처럼 의미론은 언어학의 한 분야로서 언어의 의미를 탐구하는 학문인데, 그 하위 영역으로는 '어휘 의미론, 문장 의미론, 화용론' 등이 있다. 곧, 의미론은 언어학의 하위 영역으로서, 인간의 자연 언어(natural language)를 대상으로 하여 그에 나타나는 어휘·문장·발화의 의미를 명시적으로 설명하는 학문이다. 이러한 연구를 통하여 궁극적으로 인간이 의사소통을 하는 원리를 이해하고, 언어로써 표현되는 인간의 사고 능력과 함께 이러한 능력을 수행하는 과정을 밝힌다.

1.2. 의미의 의미

앞에서 살펴본 바와 같이 언어를 구성하는 각 요소들은 '음운(음성)'과 '의미'의 결합으로 짜여 있다. 여기서 음운은 감각(청각)으로 직접적으로 확인할 수 있기 때문에 인식하기도 쉽고 그것에 대한 개념을 규정하는 것도 어렵지 않다. 반면에 의미는 음성에 맞붙어 있기는 하지만 감각적으로 인식할 수가 없다. 뿐만 아니라 일부 단어의 의미는 아주 추상적이어서 의미가 무엇인지 정의하기가 쉽지 않다. 따라서 여기서는 의미의 개념과 관련된 주요 학설 중에서 '지시설, 개념설, 용법설, 의의설'을 소개함으로써, 의미의 개념을 이해하는 데에 도움을 주고자 한다.

(가) 지시설

고대 그리스·로마 시대부터 시작된 '지시 의미론(referential semantics)'에서는 어떤 표현의 의미를 그 표현이 지시하는 것(지시물, object, referent)으로 보았다.

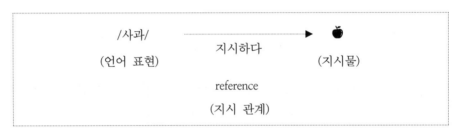

/사과/ ──────── 지시하다 ──────▶ 🍎
(언어 표현)　　　　　　　　　　　　　　　　(지시물)

reference

(지시 관계)

〈그림 2〉 언어 표현과 그 대응물

지시설에서는 예를 들어서 '사과'라는 언어 표현(expression)의 의미는 그 표현의 지시물(referent)인 '사과' 자체(object)이다. 곧, 특정한 언어 표현의 의미를 그 표현이 실제로 가리키는 사물과 동일하게 생각하는 것이다.

'지시설'은 그 지시 대상(referent)을 명확하게 인지할 수가 있을 때에는 그 표현의 의미를 비교적 쉽게 기술할 수 있다.

(1) ㄱ. 김철수, 고양이, 사람, 책상, 연필

　　ㄴ. 뛰다, 걷다, 움직이다, 기다, 먹다

예를 들어서 (ㄱ)에서 고유 명사인 '김철수'는 그 지시 대상인 '김철수'가 그 표현의 의미가 되며, (ㄴ)에서 동사인 '뛰다'의 의미는 실제로 사람이나 동물이 '뛰어가는 모습' 자체가 된다.

그러나 지시설은 언어 표현이 가리키는 대상을 감각으로 확인할 수 없을 때에는, 그 언어 표현의 의미를 제대로 기술해 내기가 어렵다.

(2) ㄱ. 소망, 미움, 절망, 환상 ; 생각하다, 잊다, 믿다, 어렵다 ; 상냥하다, 개운하다

ㄴ. 용(龍), 천마(天馬), 도깨비, 불사조(不死鳥)

ㄷ. 낯짝/얼굴/용안, venus(the morning star(샛별)-the evening star(개밥바라기))

(ㄱ)의 '소망, 생각하다, 상냥하다'처럼 지시물을 감각적으로 확인할 수 없거나, (ㄴ)의 '용'이나 '천마'처럼 지시물이 세상에 실제로 존재하지 않을 때에는, 지시설로써는 의미를 기술하기가 어렵다. 그리고 (ㄷ)의 '낯짝/얼굴/용안'과 '샛별-개밥바라기'처럼 지시물은 동일한데 그것을 나타내는 언어 표현이 둘 이상인 경우에는, 각각의 언어적 표현의 의미를 구분해서 기술하기가 어렵다.

(나) 개념설

'심리주의 의미론(mentalistic semantics)'에서는 지시설의 한계를 극복하기 위하여 언어 표현의 의미를 '개념'으로 규정하였다. 곧 어떠한 표현의 의미는 그 표현과 관련하여서 사람의 머릿속에 형성되어 있는 '관념(觀念)'이나 '개념(槪念, concept)'이다.

(3) '사과'의 의미 :

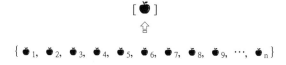

심리주의 의미론에서는 (ㄱ)의 '사과'의 의미는 '실제의 사과(지시물, referent)'가 아니라, 실제로 이 세상에 존재하는 수많은 사과($\emptyset_1$, $\emptyset_2$, $\emptyset_3$, $\emptyset_4$, $\emptyset_5$, $\emptyset_6$, $\emptyset_7$, $\emptyset_8$, $\emptyset_9$, …, $\emptyset_n$)가 사람의 머릿속에서 추상화되어서 형성되어 있는 개념(槪念)으로 보았다. '개(犬)'의 의미 또한 '진돗개, 풍산개' 등과 같이 실제로 존재하는 수많은 '개'가 추상화된 개념으로 파악한 것이다.

〈 의미의 기본 삼각형 〉 의미를 개념으로 보는 학설은 언어 기호에 대한 소쉬르(F. de

Saussure)의 생각에서부터 시작하여, 오그덴 & 리차즈(1923)의 '의미의 기본 삼각형'에서 완성되었다.

먼저 소쉬르는 언어 기호를 '시니피앙(청각 영상, signifiant)'과 '시니피에(개념, signifié)'의 결합체로 보았다. 그런데 소쉬르는 시니피앙과 시니피에를 일과 물건에 대한 '구체적인 실체(substances concrètes)'가 아니라, 일과 물건이 사람의 머릿속에 남긴 '잔재적인 흔적(engram)'으로 보았다. 언어 기호에 대한 소쉬르의 이러한 생각을 감안하면 언어 기호의 의미인 시니피에는 '개념'으로 해석된다.

오그덴 & 리차즈(1923:11)는 소쉬르의 의미에 대한 생각을 더욱 정밀하게 다듬어서 의미의 본질을 '의미의 기본 삼각형(basic semiotic triangle)'로써 설명하였다. 이 책에서는 '기호(symbol)'는 '지시물(referent)'과 직접적으로 연결되는 것이 아니라, 우리 마음 속의 개념인 '사고·지시(thought or reference)'를 통하여 연결된다고 보았다.

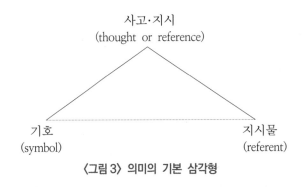

〈그림 3〉 의미의 기본 삼각형

예를 들어서 '고양이(猫)'라는 언어 기호는 실제의 '고양이(지시물, referent)'와는 직접적으로 관련을 맺지 않고, 반드시 인간의 머릿속에서 형성된 '사고나 지시(thought or reference)'를 통해서만 관계를 맺는다는 것이다. 이를 정리하면 언어 기호의 '의미'는 기호와 그 지시물인 실체 사이에서 연상되는 '심리적인 영상(개념)'이 된다.

〈 개념설의 장점과 단점 〉 개념설은 실제 세계에서의 대응물은 존재하지 않으나, 실제의 의사소통에서는 전혀 의미적 결함이 없이 쓰이는 언어 표현을 설명할 수 있는 장점이 있다.

    (4) 용(龍), 천마(天馬), 도깨비, 불사조(不死鳥)

(4)에서 '용, 천마, 도깨비, 불사조' 등은 실제로는 현실 세계에서 존재하지 않으므로 대

부분의 사람들이 한 번도 본 적이 없다. 그러나 이들 어휘에 대한 개념은 인간의 머릿속에 형성되어 있다. 따라서 이들 단어에 대응되는 지시물은 없지만, 이들 단어에 대하여 사람의 머릿속에 형성된 개념이나 영상을 의미로 볼 수 있는 것이다.

그러나 '의미'를 머릿속에 형성된 개념으로 보려는 학설에도 몇 가지 문제가 있다.

(5) ㄱ. 자아, 개념, 희망, 연민

ㄴ. 그리고, 혹시, 만일, 대하여

ㄷ. -이/-가, -을/-를, -의, -에게, -에서, -으로써

ㄹ. -었-, -겠-, -더-

(6) ㄱ. 개 : {진돗개, 삽살개} / {불도그, 도사견, 세퍼드} / {치와와, 푸들, 말티즈}

ㄴ. 기관차 : {증기 기관차 〉 디젤 기관차 〉 전동 기관차}

첫째, 인간의 언어 표현에는 (5)처럼 개념 자체를 불러일으킬 수 없는 단어가 있는데, 이러한 단어는 개념이나 영상으로써 의미를 규정하기가 어렵다. 둘째, (6ㄱ)처럼 동일한 단어에 대하여 여러 사람들이 각기 다른 개념을 형성할 수가 있으며, (6ㄴ)처럼 한 사람의 머릿속에 한번 형성된 개념도 시간이 흐름에 따라서 바뀌는 경우가 있다.

(다) 용법설

'화용 의미론(pragmatics)'에서는 어떤 표현 자체에 일정한 의미가 있다는 것을 인정하지 않고, 구체적인 맥락에서 그 표현이 사용되는 '용법(用法)'을 의미라고 본다.(use-is-meaning) (비트겐시타인 L. Wittgenstein, 퍼스 J. R. Firth)

일반적으로 동사 '먹다'의 의미는 그 자체만으로는 확정되지 않는다. 대신에 '먹다'가 일정한 문맥 속에서 쓰였을 때에만 그 의미가 구체적으로 드러난다는 것이다.

(7) ㄱ. 밥을 먹다.

ㄴ. 담배를 먹다.

ㄷ. 앙심을 먹다.

ㄹ. 겁을 먹다.

ㅁ. 뇌물을 먹다.

'먹다'는 '음식을 삼키다, 피우다, 감정을 품다, 느끼다, 받아서 가지다' 등의 뜻으로 쓰이

는데, 이러한 다의적 의미는 (7)처럼 구체적인 문맥에서 분명하게 결정된다. 이처럼 언어 표현의 의미는 결정되어 있는 것이 아니라 사용 맥락에 따라서 달라지므로, 언어의 의미를 기술하려면 용법상의 특징을 정확하게 기술해야 한다는 관점이다.

단어뿐만 아니라 문장의 의미도 그 자체로 고정되어 있는 것이 아니라, 그 쓰임에 따라서 달라질 수 있다.

(8) ㄱ. 일어서 주시겠습니까?
    ㄴ. 우리 다음에 소주나 한잔하자.

(8)의 (ㄱ)은 문장의 형식으로만 보면 의문문으로서 상대방의 의향을 물어보는 문장이다. 그러나 말하는 이의 의도를 고려하면 (ㄱ)은 어떠한 행동을 요청하는 명령문으로 쓰인 것이다. (ㄴ)의 문장도 문장의 형식으로만 보면 청유문이지만 말하는 이의 의도를 감안하면 가벼운 인사말로 쓰인 것이다.

이러한 용법설(用法說)은 언어 표현의 의미를 설명할 때에, 다음과 같은 몇 가지 장점이 있다.

(9) ㄱ. 그리고, 그러나, 혹은
    ㄴ. -이/-가, -을/-를
    ㄷ. -았-/-었-/-였-, -겠-, -습니다, -습니까

첫째, 용법설에서는 '접속어'나 '문법 형태소'의 의미를 그 단어나 문법 형태소의 용법으로 설명할 수 있다. 곧 (9)에서 접속 부사나, 조사, 어미 등의 의미를 지시설이나 개념설로써는 기술할 방법이 없었으나, 그 용법(기능)으로는 설명할 수가 있다. 예를 들어서 '그리고'를 '문장과 문장을 대등이나 첨가 관계로 이어주는 접속어'로 설명하거나, '-었-'을 '발화 시점 이전에 일어난 일이나 완료된 일을 표현하는 데에 쓰이는 선어말 어미'로 설명할 수 있다. 둘째, 하나의 언어 표현이 다의성을 띠는 현상을 용법설로써 설명할 수가 있다. 앞의 (7)에서 '먹다'에 나타나는 여러 가지 의미를 문맥에 따른 용법상의 차이로 설명할 수 있으며, (8)의 문장이 문맥 이외의 제3의 의미를 나타내는 것도 말하는 이의 의도에 따른 용법상의 차이로 처리할 수 있다.

그러나 언어 표현의 의미를 언어적, 비언어적인 용법으로 설명하는 용법설은 특정한 언어 표현에 대한 의미의 본질을 구체적으로 설명하지 못하는 문제가 있다. 곧, 말하는 이의 의도나 발화 상황은 언어 외적인 현상이므로, 이러한 언어 외적인 용법으로 어떠한

언어적 표현의 의미를 설명하는 데에는 문제가 있다.

1.3. 의미의 유형

'의미'라는 말은 아주 다양한 뜻으로 쓰이는데, G. N. Leech(1974:9)에서는 의미의 유형을 크게 '개념적 의미, 연상적 의미, 주제적 의미'의 셋으로 나누었다. 그리고 이 중에서 '연상적 의미'는 다시 '내포적 의미, 사회적 의미, 감정적 의미, 반사적 의미, 연어적 의미'로 하위 구분하였다.

(가) 개념적 의미

'개념적 의미(槪念的 意味, conceptual meaning)'는 어떤 언어 표현에 대해서 일반적으로 추론해 낼 수 있는 가장 보편적이고 핵심적인 의미이다. 곧, 개념적 의미는 발화 상황이나 화자의 의도에도 변하지 않고 일정하게 유지되는 기본적인 의미이다.

(1) '소년(boy)'과 '소녀(girl)'의 개념적 의미의 성분 분석
　　ㄱ. boy : [+HUMAN, −ADULT, +MALE]
　　ㄴ. girl : [+HUMAN, −ADULT, −MALE]

(2) ㄱ. 연　필 : 필기도구의 하나로서, 흑연과 점토의 혼합물을 구워 만든 가느다란 심을
　　　　　　　속에 넣고, 겉은 나무로 둘러싸서 만든다.
　　ㄴ. 만년필 : 글자를 쓰는 펜의 하나로서, 펜대 속에 넣은 잉크가 펜촉으로 흘러나와
　　　　　　　오래 쓸 수 있다.

예를 들어서 (1)에서 (ㄱ)과 (ㄴ)은 각각 '소년'과 '소녀'의 개념적인 의미 성분을 분석하여 나타낸 것이다. 이를 통하여 보면 '소년'은 '미성년이며 남성인 사람'의 개념적 의미를 나타내며, '소녀'는 '미성년이며 여성인 사람'의 개념적 의미를 나타낸다. 그리고 (2)에서 기술한 '연필'과 '만년필'에 대한 의미도 개념적 의미이다. 정보 전달을 위한 일상어에서 언어 표현은 주로 이러한 개념적 의미를 나타낸다.

개념적 의미를 '외연적 의미(外延的 意味, denotative meaning)'나 '인지적 의미(認知的 意味, cognitive meaning)'라고도 하는데, 사전에서는 주로 개념적 의미를 기술하기 때문에 이를

'사전적 의미'라고도 한다. 정보 전달을 위한 일상어에서 언어 표현은 주로 이러한 개념적 의미를 나타낸다.

(나) 연상적 의미

'연상적 의미(聯想的 意味, associative meaning)'는 발화 상황이나 화자의 의도에 따라서 달리 쓰이는 가변적인 의미이다. 이러한 연상적 의미는 '내포적 의미, 사회적 의미, 정서적 의미, 반사적 의미, 연어적 의미'로 구분된다.

〈 내포적 의미 〉 '내포적 의미(內包的 意味, connotative meaning)'는 어떤 표현이 언급하는 지시물(referent)에서 연상되는 특징에 의해서 생기는 부수적인 의미이다. 이러한 내포적 의미를 '함축적 의미(含蓄的 意味)'라고도 한다.

   (3) ㄱ. 돼지　: 뚱뚱하고 먹성이 좋다
　　　ㄴ. 곰　　: 미련하고 느리다
　　　ㄷ. 여우　: 교활하다
　　　ㄹ. 대나무: 절개가 굳다
　　　ㅁ. 난초　: 고고하다

예를 들어서 '돼지'의 함축적 의미는 뚱뚱하고 먹성이 좋으며, '곰'은 미련하고 느리며, '여우'는 교활하며, '대나무'는 절개가 굳으며, '난초'는 고고하다. 이러한 의미는 언어 표현 자체에서 나타나는 기본적인 의미가 아니라, 모두 지시물 자체의 특성에서 유추된 의미이다.

〈 사회적 의미 〉 '사회적 의미(社會的 意味, social meaning)'는 특정한 언어 표현이 그것을 사용하는 사람의 사회적 환경과 관련되는 의미를 전달하는 의미이다. 곧, 지역이나 사회적 신분 등에서 차이를 인식함으로써 나타나게 되는(decoding) 의미이다. 이러한 사회적 의미를 형성하는 요소는 다음과 같은 것이 있다.

   (4) ㄱ. 개인의 성격, 지역 방언, 언어의 변화 등에 따른 차이
　　　ㄴ. 매체의 차이에 의한 '음성 언어'와 '문자 언어'의 차이, 대화 참가자들의 '독백'이나 '대화'와 같은 차이
　　　ㄷ. (a) 직업 분야 : '법률어, 과학 용어, 광고 용어' 등의 차이
　　　　　(b) 신분, 나이, 사회적 계층 : 겸손어, 구어, 속어 등의 차이

ⓒ 발화의 양식 : 메모, 강연, 농담 등의 차이

ⓓ 개별 작가의 언어 : 이상(李箱)의 문체, 서정주의 문체 등의 차이

(ㄱ)은 긴 시간 동안 형성되는 문체적 특징이며, (ㄴ)은 담화적인 특징이며, (ㄷ)은 비교적 일시적인 문체적 특징이다. 이러한 사회적 의미는 단어와 문장의 개념적 의미에는 아무런 영향을 끼치지 않는다.

〈 정서적 의미 〉 '정서적 의미(情緖的 意味, affective meaning)'는 화자의 태도나 감정 등을 드러내는 의미이다. 이러한 정서적 의미는 화자와 청자의 개인적인 감정이나 태도 등에 의해서 전달되는 의미로서, 개념적·내포적·문체적 의미에 부수되는 의미이다.

첫째, 동일한 언어 표현도 화자의 심리 상태가 달리 표현되는 경우가 있다.

(5) ㄱ. <u>아</u>, 광복이라니.

ㄴ. <u>아</u>, 세월이 유수와 같군.

ㄷ. <u>아</u>, 기막힌 경관이로다.

ㄹ. <u>아</u>, 내가 틀렸군.

ㅁ. <u>아</u>, 등록금이 올랐군.

ㅂ. <u>아</u>, 덥구나.

예를 들어서 (5)에서 발화된 문장에서 똑같은 "아"라는 감탄사를 발화하더라도 화자의 심리 상태에 따라서 그 어조 등이 달라질 수 있다. 그러므로 청자는 그 말을 듣고서 화자의 정서적 의미를 읽어 낼 수 있다.

둘째, 특정한 단어 자체에서도 화자의 정서적인 의미가 나타날 수 있다.

(6) ㄱ. 모습, 얼굴, 머리, 입

ㄴ. 꼬락서니, 낯짝, 대가리, 주둥이

(7) ㄱ. 봉사, 화합, 자비, 은혜, 자선, 박애　　⇨ purr word(호감어)

ㄴ. 수구 세력, 빨갱이, 성폭력, 인종차별　⇨ snarl word(경멸어)

(6)의 단어들은 사람이나 짐승의 형상에 대한 표현인데, (ㄱ)의 단어에는 화자의 감정이 들어 있지 않지만, (ㄴ)의 단어에는 화자의 좋지 않은 감정이 드러나 있다. 그리고 (7)에서 (ㄱ)의 단어에는 개념적 의미뿐만 아니라 '선(善)'의 정서적 의미가 부수적으로 드러

나고, (ㄴ)의 단어에는 '악(惡)'의 정서적 의미가 부수적으로 나타난다.

〈반사적 의미〉 '반사적 의미(反射的 意味, reflected meaning)'는 어떤 말을 사용할 때에, 그 말의 원래의 뜻과는 아무런 관계없이 언어적 표현에 특정한 반응을 불러일으킬 때에 생기는 의미이다.

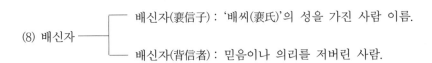

(8) 배신자 ── 배신자(裵信子) : '배씨(裵氏)'의 성을 가진 사람 이름.
           └─ 배신자(背信者) : 믿음이나 의리를 저버린 사람.

예를 들어서 '배신자(裵信子)'라는 사람의 이름을 듣고서 '배신자(背信者)'를 연상하여 웃는 경우가 있는데, 이는 '배신자'의 반사적 의미 때문에 일어난 현상이다.

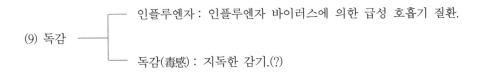

(9) 독감 ── 인플루엔자 : 인플루엔자 바이러스에 의한 급성 호흡기 질환.
          └─ 독감(毒感) : 지독한 감기.(?)

'독감(毒感, influenza)'은 의학적으로는 일반 감기와 전혀 다른 질병이다. 그럼에도 불구하고 일반 사람들은 '독감(毒感)'이라는 명칭 때문에 독감을 아주 증상이 심한 '감기'로 인식하고 있다. 이는 독감의 명칭 때문에 실제의 질병의 특성과 관계 없이 인플루엔자를 감기의 일종으로 오해된 것이다.

〈연어적 의미〉 '연어적 의미(連語的 意味, collocative meaning)'는 단어와 단어가 서로 연결되면서 새롭게 나타나는 의미를 말한다. 곧, 연어(連語)는 단어와 단어가 이어져서 구나 절을 이루는 현상이다. 이처럼 단어와 단어가 공기(共起)됨에 따라서 나타나는 새로운 의미를 '연어적 의미' 혹은 '배열적 의미(配列的 意味)'라고 한다.

연어적 의미는 단어와 단어가 연결되면서 생기는 연어적 의미인데, 주로 관용어나 속담 등에서 활발하게 나타난다.

(10) ㄱ. 이번 시험에서 보기 좋게 <u>미역국을 먹었다</u>.   (불합격하다)
     ㄴ. 동수는 그날부터 도박에서 <u>손을 떼었다</u>.   (관여하지 않다)

(11) ㄱ. 낫 놓고 기역자도 모른다.
     ㄴ. 시치미를 떼다.

(10)은 관용어인데 '미역국을 먹다'와 '손을 씻다'는 각각 '낙방하다'나 '완전히 그만두다' 등의 새로운 의미를 나타낸다. 그리고 (11)은 속담인데 (ㄱ)은 '아주 무식함'을 나타내는 의미를 나타내며, (ㄴ)은 '자기가 하고도 하지 아니한 체하거나 알고 있으면서도 모르는 체함'의 의미를 나타낸다.

연어적 의미는 단어와 단어가 이어질 때에 발생하는 공기 관계(共起 關係, co-occurrence relation)로 말미암아서 생기는 의미이다. 이러한 공기 관계를 검토하면 유사한 의미를 나타내는 단어들의 의미적인 차이를 알 수 있다.

(다) 주제적 의미

'주제적 의미(主題的 意味, thematic meaning)'는 어순을 변경하거나 강세 등을 부여함으로써 말하는 이나 글을 쓴 사람의 의도가 특별히 드러나는 의미이다. 문장에서 주제적 의미가 나타나더라도 문장의 지시적 의미는 변하지 않는다.

(12) ㄱ. 호랑이가 토끼를 잡았다.　　　[행 위 자-피행위자-능동사]
　　　ㄴ. 토끼가 호랑이에게 잡혔다.　　　[피행위자-행 위 자-피동사]

(13) ㄱ. 영이가 <u>철수를</u> 때렸대요.　　　[주　어-목적어-서술어]
　　　ㄴ. <u>철수를</u> 영이가 때렸대요.　　　[목적어-주　어-서술어]

(14) ㄱ. 영이가 철수<u>의</u> 뺨을 때렸습니다.[관형어-대상]
　　　ㄴ. 영이가 철수<u>를</u> 뺨을 때렸습니다.[목적어-대상]

(12)에서 (ㄱ)의 능동문에는 행위자인 '호랑이'가 이야기의 초점인 반면에, (ㄴ)의 피동문에는 피행위자인 '토끼'가 이야기의 초점이다. (13)에서 (ㄱ)은 〈주어-목적어-서술어〉의 일반적인 어순을 취함으로써 행위자인 '영이'가 이야기의 초점인 반면에, (ㄴ)은 〈목적어-주어-서술어〉의 어순을 취함으로써 피행위자인 '철수'가 이야기의 초점이다. (14)에서 (ㄱ)은 일반적인 문장이지만 (ㄴ)에서는 '철수의'에서 관형격 조사인 '-의'를 목적격 조사인 '-를'로 바꿈으로써 '철수'를 강조하고 있다. 이 외에도 특정한 문장 성분에 강세를 부여함으로써 그것을 강조하여 표현할 수 있다.

언어 표현은 일상 언어에서 개념적 의미로 쓰이는 것이 일반적이다. 하지만 발화 상황이나 화자의 의도에 따라서는 연상적 의미와 주제적 의미로 사용되어서 언어 표현의 의미가 다양하게 쓰일 수 있다.

제2장 어휘의 의미

어휘의 의미는 어휘 체계 속에 있는 특정한 단어의 의미를 분석하거나, 특정한 단어의 의미와 그와 관련이 있는 단어의 의미를 비교함으로써 규명된다. 곧 '의미 성분' 이론에서는 어떤 단어가 나타내는 의미를 하위 의미 성분으로 분석하여 단어의 내적인 의미 구조를 객관적으로 기술한다. 그리고 '의미 관계' 이론에서는 특정한 단어의 의미가 다른 단어의 의미와 맺은 상호 관계를 살핌으로써 단어의 의미를 구조적으로 규명한다.

개개의 어휘는 다른 어휘와 '상하 관계, 동의 관계, 반의 관계, 동음 관계, 다의 관계' 등의 관계를 맺을 수가 있다. 이처럼 어떤 단어가 다른 단어와 의미적으로 맺는 관계를 '의미 관계(意味 關係)'라고 한다.

2.1. 상하 관계

2.1.1. 상하 관계의 개념

'상하 관계(上下 關係, hyponymy)'는 단어의 의미에 대한 계층적 구조로서, 한 단어가 의미상 다른 단어를 포함하거나 다른 쪽에 포함되는 관계를 말한다.(H. Jackson 1988:65)

예를 들어서 아래의 〈그림 1〉에서 '어버이'는 '아버지/어머니'와 상하 관계를 형성하며, '아버지'도 '양아버지/친아버지'와 상하 관계를 형성한다.

(1) ㄱ. 어버이 : 아버지, 어머니

　　ㄴ. 아버지 : 친아버지, 양아버지

　　ㄷ. 어머니 : 친어머니, 양어머니

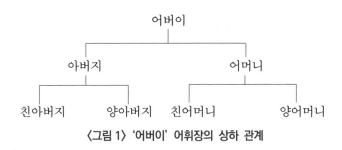

〈그림 1〉 '어버이' 어휘장의 상하 관계

2.1.2. 상하 관계의 특성

〈**상위어와 하위어**〉 상하 관계에서는 특수한 의미를 나타내는 어휘소가 일반적인 어휘소에 포함되기 마련이다. 이 경우에 일반적인 의미를 나타내는 어휘소를 '상위어(上位語, 상의어, hyperonym)'라고 하고, 특수한 의미를 나타내는 어휘소를 '하위어(下位語, 하의어, hyponym)'라고 한다. 그리고 특정한 하위어와 동위(同位) 관계에 있는 어휘소들을 '공하위어(共下位語, 공하의어, co-hyponyms)'라고 한다.

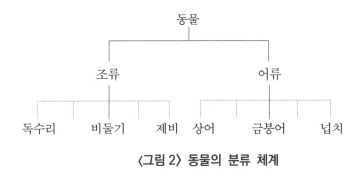

〈그림 2〉 동물의 분류 체계

〈그림 2〉는 동물의 분류 체계에서 나타나는 상하 관계의 예를 보인 것이다. 첫째, '동물'은 '조류, 어류, 비둘기, 금붕어'의 상위어이며, '비둘기'는 '동물'과 '조류'의 하위어이다. 둘째, '동물'과 '조류' 그리고 '동물'과 '어류'는 '직접 상하 관계'가 성립하며, '동물'과 '비둘기', 그리고 '동물'과 '금붕어'는 '간접 상하 관계'가 성립한다. 셋째, '조류'와 '어류'는 '동물'의 '공하위어'인데, 이들 공하위어들은 '양립 불능의 관계'에 놓이게 된다.

〈 **상하 관계와 의미 성분** 〉 상위어는 하위어보다 더 일반적이고 포괄적인 지시 범위를 차지하지만, 반대로 어휘에 포함되는 의미 성분의 수는 하위어가 상위어보다 더 많다.

(2) 동물 ⊃ 인간 ⊃ 여자 ⊃ 어머니　[어휘의 지시 범위]

(3) ㄱ. 동　물 : [+생물], [+동작성]

　　ㄴ. 인　간 : [+생물], [+동작성], [+인간]

　　ㄷ. 여　자 : [+생물], [+동작성], [+인간], [+여성]

　　ㄹ. 어머니 : [+생물], [+동작성], [+인간], [+여성], [+모성]

상위어와 하위어의 의미 성분을 분석하면, (3)에서처럼 '인간, 여자, 어머니' 등의 하위어로 내려갈수록 의미 성분이 더 추가된다.

2.2. 동의 관계

2.1.1. 동의 관계의 개념

'동의 관계(同意關係, 유의 관계, synonymy)'는 형태가 다른 둘 이상의 단어(어휘소)가 동일하거나 유사한 의미를 나타낼 때에 성립하는 의미 관계이다. 이러한 동의 관계에 있는 단어들을 '동의어(同意語, 유의어, synonym)'라고 한다.

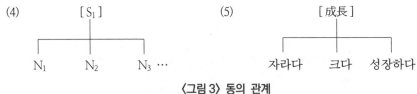

(4)　　　[S_1]　　　　　(5)　　　[成長]

N_1　　N_2　　N_3 …　　　자라다　크다　성장하다

〈그림 3〉 동의 관계

서로 다른 단어 N_1, N_2, N_3 등이 동일한 의미인 S_1을 나타낼 때에, N_1, N_2, N_3 등은 동의 관계에 있다고 할 수 있으며 N_1, N_2, N_3은 모두 동의어가 된다. 예를 들어서 '자라다, 크다, 성장하다'는 모두 '성장(成長)'이라는 의미를 나타내므로 동의 관계가 형성된다.

2.2.2. 동의 관계의 유형

〈**동의 관계의 유형**〉 두 단어의 의미가 모든 상황에서 동일한 경우는 드물다. 곧, 두 단어의 개념적 의미가 동일한 경우는 흔히 있으나, 연상적 의미나 주제적인 의미까지 동일한 경우는 드물다. 따라서 동의 관계는 동일성의 정도에 따라서 '절대적 동의 관계'와 '상대적 동의 관계'로 나뉜다.

① **절대적 동의 관계** : '절대적 동의 관계(absolute synonymy)'는 동의어들이 '개념적 의미'뿐만 아니라 '연상적 의미'와 '주제적 의미'까지 동일하며, 모든 문맥에서 대치가 가능한 의미 관계이다.

  (1) 호랑이/범, 봉투/피봉, 찌/동동이, 광견병/공수병, 메아리/산울림, 속옷/내의

(1)의 동의어는 개념적 의미와 연상적 의미 모두가 동일하며, 거의 모든 문맥에서 대치가 가능하므로 절대적 동의 관계에 있다.

② **상대적 동의 관계** : '상대적 동의 관계(relative synonymy)'는 동의어들이 개념적 의미에 한정하여서 동의 관계가 성립하거나, 특정한 문맥에 한정해서만 동의어들이 대치될 수 있는 동의 관계이다. 이러한 상대적 동의 관계는 다시 두 가지 유형으로 나뉜다.

첫째, 개념적 의미만 동일하고 나머지 연상적인 의미가 모두 달라서, 동의어들을 서로 대치하기가 어려운 동의 관계가 있다.

  (2) 부친/아버지/아빠, 모친/어머니/엄마, 얼굴/면상, 까까/과자, 잠/낸내

곧 '부친/아버지/아빠' 등의 동의어는 개념적 의미는 동일하지만 어감이나 화용론적인 쓰임에서 차이가 나기 때문에 상대적인 동의 관계에 있다.

둘째, 특정한 문맥에서만 개념적 의미·연상적 의미·주제적 의미가 동일하여서, 그러한 특정 문맥에서만 동의어들을 서로 대치할 수 있는 동의 관계가 있다.

  (3) 참다/견디다, 눈치/낌새, 틈/겨를

  (4) ㄱ. 그는 고통을 {견디었다/참았다}   [견디다-유정, 무정]
      ㄴ. 댐이 수압을 {견디지/*참지} 못하고 무너졌다.   [참다 -유정, *무정]

(5) ㄱ. 그가 {눈치/[*]낌새}를 <u>챘다</u>.   [눈치-채다/있다]

ㄴ. {눈치/[*]낌새}가 좀 <u>있어라</u>.   [낌새-채다/[*]있다]

(6) ㄱ. 일꾼들은 잠시 앉아서 쉴 {틈/겨를}도 없다.   [틈 -시간, 공간]

ㄴ. 나무와 나무 사이에 조그만 {틈/[*]겨를}이 생겼다.   [겨를-시간, [*]공간]

(3)에서 '참다/견디다', '틈/겨를', '눈치/낌새'는 상대적 동의어다. 이들 상대적 동의어는 (4~6)에서 (ㄱ)의 문맥에서는 서로 대치될 수 있지만 (ㄴ)의 문맥에서는 대치될 수 없다. 이처럼 (3)의 참다/견디다', '틈/겨를', '눈치/낌새'의 단어들은 각각 제한된 문맥에서만 동의 관계를 형성하므로 상대적 동의 관계에 있다.

2.3. 반의 관계

2.3.1. 반의 관계의 개념

〈반의 관계의 정의〉 둘 이상의 단어에서 의미가 서로 짝을 이루어 대립하는 관계를 '반의 관계(反意關係, antonymy)'라고 하고, 이러한 관계에 있는 단어들을 '반의어(反意語, antonym)'라고 한다.

반의 관계에 있는 두 단어(= 반의어)는 오직 한 개의 의미 성분만 다르고, 나머지 의미 성분들은 모두 같다는 특징이 있다.

(1) ㄱ. 아버지: [+사람], [+직계], [+1세대 위], [+남성]

ㄴ. 어머니: [+사람], [+직계], [+1세대 위], [−남성]

(2) ㄱ. 아버지 : [+사람], [+친족], [+남성], [+한 세대 차이], [+윗사람]

ㄴ. 아들   : [+사람], [+친족], [+남성], [+한 세대 차이], [−윗사람]

(1)에서 '아버지'와 '어머니'는 [+사람], [+직계], [+1세대 위]의 공통 성분을 가지면서, [남성]의 성분으로만 대립적이다. 그리고 (2)에서 '아버지'와 '아들'은 [+사람], [+친족], [+남성], [+한 세대 차이]의 공통 성분을 가지면서, [윗사람]의 성분으로만 대립된다.

〈반의 관계의 성립 조건〉 두 단어 사이에 반의 관계가 성립하기 위해서는 '동질성의

조건'과 '이질성의 조건'을 갖추어야 한다.(심재기 1989:36)

첫째, 반의 관계에 있는 단어는 동일한 의미 범주에 속해야 하며, 동시에 품사와 형태가 동일해야 한다.(동질성의 조건)

    (3) ㄱ. 남편/아내, 위/아래, 삶/죽음
         ㄴ. *오빠/탁자, *기쁘다/무겁다, *기다/때리다

    (4) ㄱ. 기쁨/슬픔, 기쁘다/슬프다
         ㄴ. *기쁨/슬프다, *슬픔/기쁘다

    (5) ㄱ. 무겁다/가볍다, 무거운/가벼운, 무거우냐/가벼우냐
         ㄴ. *살다/죽은, *살았다/*죽는다

(3)에서 (ㄱ)의 '남편'과 '아내'는 동일한 범주에 속하므로 반의 관계가 성립하지만, (ㄴ)의 '오빠'와 '탁자'는 이질적인 의미 범주에 속하므로 반의 관계를 형성하지 않는다. (4)에서 (ㄱ)의 '기쁨'과 '슬픔'은 동일한 품사이므로 반의어를 형성할 수 있으나, (ㄴ)의 '기쁨'과 '슬프다'는 다른 품사이므로 반의 관계가 성립하지 않는다. (5)에서 (ㄱ)의 '무겁다'와 '가볍다'는 둘 다 기본형으로서 반의어를 형성하지만, (ㄴ)의 '살다'와 '죽은'은 그 활용 형태의 범주가 다르므로 반의어를 형성하지 못한다.

둘째, 반의 관계에 있는 단어는 의미적으로 '대조적 배타성'이 있어야 한다.(이질성의 조건)

    (6) ㄱ. 아들[+남성] / 딸[-남성]
        ㄴ. 길다[+길이, +長] / 짧다[+길이, -長]

(6)에서 (ㄱ)의 '아들'과 '딸'은 '성(性)'과 관련하여, (ㄴ)의 '길다'와 '짧다'는 '장단(長短)'과 관련하여 의미적으로 대조적인 배타성이 있어서 반의 관계를 형성한다.

2.3.2. 반의어의 유형

반의어는 그 의미적 특성에 따라서 '상보 반의어, 등급 반의어, 방향 반의어'의 세 가지 유형으로 나눌 수가 있다.(임지룡 1993:158 참조.)

〈 상보 반의어 〉 '상보 반의어(相補 反意語, complementary opposite)'는 반의 관계에 있는

어떤 개념적 영역을 상호 배타적인 두 구역으로 나누는 반의어이다.

(7) ㄱ. 남성/여성, 미혼자/기혼자, 참/거짓, 삶/죽음
    ㄴ. 출석하다/결석하다, 합격하다/불합격하다, (과녁에) 맞다/빗나가다

(ㄱ)에서 어떠한 사람이 '남성'이면 '여성'이 될 수 없으며, 반대로 '여성'이면 '남성'이 될 수 없다. 그리고 (ㄴ)에서 어떤 사람이 수업에 '출석'하면 '결석'이 성립되지 않으며, 반대로 수업에 '결석'하면 '출석'이 성립될 수가 없다. 이처럼 상보 반의어는 두 어휘 사이에 중간 단계의 의미 영역이 존재하지 않아서, 두 어휘가 서로 양립(兩立)할 수 없는 반의어이다.

〈 등급 반의어 〉 '등급 반의어(等級 反意語, gradable antonym)'는 두 단어 사이에 정도성 (gradablity)이 있는 반의어이다.[1]

(8) ㄱ. 뜨겁다/차갑다, 덥다/춥다, 길다/짧다, 쉽다/어렵다
    ㄴ. 뜨겁다 - (따뜻하다) - (미지근하다) - (시원하다) - 차갑다

(8)에서 '뜨겁다'와 '차갑다'의 사이에는 '따뜻하다, 미지근하다, 시원하다'의 어휘가 중간 단계의 의미가 들어갈 수 있다. 이렇게 정도성이 있으면서 반의 관계를 형성하는 단어의 짝을 '등급 반의어'라고 한다.

〈 방향 반의어 〉 '방향 반의어(方向 反意語, directional opposite)'는 두 단어가 어떠한 공간이나 시간상의 위치나 관계를 기준으로 대립하는 반의어이다.[2] 이때의 방향은 어떤 기준점을 중심으로 한 상대적 개념이다.

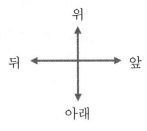

---

1) 임지룡(1993:158)에서는 'gradable antonym'를 '반의 대립어(反意 對立語)'로 번역하였고, 윤평현 (2011:142)에서는 '등급 반의어(等級 反意語)'로 번역하였다.
2) '방향 반의어'를 윤평현(2011:145)에서는 '관계 반의어(關係 反意語, relative antonym)'로 이름을 붙였다.

예를 들어서 위의 그림에서 '앞'과 '뒤'와 '위'와 '아래'는 화살표에서 교차점의 위치를 기준으로 직선으로 서로 대립되는 방향에 있다. 따라서 이들 단어들은 서로 반의 관계를 형성한다.

방향 반의어는 의미적 특성에 따라서 다음과 같이 하위 유형으로 나누어진다.

(9) ㄱ. 앞/뒤, 동/서, 오른쪽/왼쪽, 부모/자식, 형/동생, 주인/하인, 팔다/사다, 주다/받다[3]
　　ㄴ. 꼭대기/밑바닥, 출발선/결승선, 시작/끝, 출발하다/도착하다, 하나/열, 머리/발끝
　　ㄷ. 가다/오다, 들어가다/나오다, 오르다/내리다, 올라가다/내려오다, 전진하다/후퇴하다
　　ㄹ. 언덕/구렁, 두둑/고랑, 암나사/수나사, 양각/음각, 볼록거울/오목거울

(ㄱ)의 '역의어(逆意語, converse)'는 어떤 축을 중심으로 특정한 요소의 방향을 다른 쪽에 상대적으로 명시함으로써, 두 단어 사이의 관계를 나타내는 반의어이다. (ㄴ)의 '대척어(對蹠語, antipodal)'는 두 단어가 방향의 양극단을 나타내는 반의어이다. (ㄷ)의 '역동어(逆動語, reversive)'은 주체가 맞선 방향으로 이동하거나 변화하는 것을 나타내는 반의어이다. (ㄹ)의 '대응어(對應語, counterpart)'은 어떤 균일한 표면이나 입체가 서로 다른 방향을 나타내는 반의어이다.(임지룡 1993:164 참조.)

2.4. 다의 관계와 동음 관계

하나의 형태나 표현이 둘 또는 그 이상의 의미를 나타내는 현상을 '의미의 복합 관계'라고 하는데, 이에는 '다의 관계'와 '동음 관계'가 포함된다.(임지룡 1993:211 참조)

2.4.1. 다의어와 동음어의 구분

다의 관계'는 '먹다(食, 飮, 喫)'처럼 하나의 형태에 관련이 있는 둘 이상의 의미가 대응되는 의미 관계이며, '동음 관계'는 '밤(夜, 栗)'처럼 하나의 형태에 관련이 없는 둘 이상의 의미가 대응되는 의미 관계이다.

---

3) 역의어인 '팔다/사다', 주다/받다'는 동작의 주체가 서로 반대편에 위치하면서 객체를 이동시킨다. 반면에 역동어인 '가다/오다', '오르다/내리다'는 동작의 주체가 서로 반대 방향으로 이동한다.

<그림 4> 다의어   <그림 5> 동음어

　　다의어와 동음어는 '어원적 동일성'의 기준과 '의미적 유연성'의 기준으로 구분한다.
첫째로 하나의 형태에 두 가지의 의미가 관련되어 있을 때에, 통시적으로 볼 때 두 의미
가 동일한 어원에서 나왔으면 다의어로 간주되고, 두 의미가 각각 다른 어원에서 나왔으
면 동음어로 간주된다. 둘째로 공시적으로 볼 때에, 하나의 형태에 관련되어 있는 의미
가 서로 관련이 있다고 인식되면 다의어로 간주되고, 의미들이 관련이 없다고 인식되면
동음어로 간주된다.

　　예를 들어서 '속(內), 속(內臟), 속(心), 속(中心)'은 다의 관계를 맺고 있으며, '배(船), 배
(梨), 배(腹), 배(倍)'는 동음 관계를 맺고 있다.

　　(1) '속'의 다의성

　　　　ㄱ. 철수는 주머니 속에 손을 넣었다.　　　　　　　　　　　[內]

　　　　ㄴ. 나는 과음으로 속이 더부룩하다.　　　　　　　　　　　[內臟]

　　　　ㄷ. 그 사람은 속이 참 넓다.　　　　　　　　　　　　　　[心]

　　　　ㄹ. 밤송이를 까 보니 속은 거의 다 벌레가 먹었다.　　　　[中心]

　　(2) '배'의 동음성

　　　　ㄱ. 태풍 때문에 배가 뜨지 못했다　　　　　　　　　　　　[船]

　　　　ㄴ. 할아버지는 물이 많고 단 배를 좋아하신다.　　　　　　[梨]

　　　　ㄷ. 그는 배를 깔고 엎드려 자는 습관이 있다.　　　　　　[腹]

　　　　ㄹ. 속도가 네 배로 빨라졌다　　　　　　　　　　　　　　[倍]

(1)에서 '속'은 (ㄱ)에서는 '內', (ㄴ)에서는 '內臟', (ㄷ)에서는 '心', (ㄹ)에서는 '中心'의 뜻
을 나타낸다. (ㄱ~ㄹ)의 문맥에서 '속'은 모두 어원이 같으며, 이들 단어가 나타내는 뜻도
모두 '內'의 뜻과 관련이 있으므로 다의성을 띤다. 반면에 (2)에서 '배'는 (ㄱ)에서는 '船',
(ㄴ)에서는 '梨', (ㄷ)에서는 '腹', (ㄹ)에서는 '倍'의 뜻을 나타낸다. 이처럼 (ㄱ~ㄹ)의 문맥
에 실현된 각각의 '배'는 의미나 어원적으로 관련이 없으므로, 동음어로 처리된다.

2.4.2. 다의 관계

(가) 다의 관계의 개념

'다의 관계(多義 關係, polysemy)'는 하나의 단어(어휘소)에 서로 관련이 있는 두 가지 이상의 의미가 대응되는 의미 관계이다.

일반적으로 단어는 이러한 다의 관계가 성립하느냐에 성립하지 않느냐에 따라서 '단의어'와 '다의어'로 구분할 수 있다. 곧, '단의어(單意語, monosemic word)'는 하나의 의미만을 나타내는 단어이며, '다의어(多意語, polysemic word)'는 하나의 단어가 서로 관련이 있는 여러 가지 의미를 나타내는 단어이다.

(3) 먹다 　ㄱ. 기본 의미: [밥을 먹다] — 음식물을 입안으로 삼키는 행위

　　　　　ㄴ. 파생 의미: (담배, 뇌물, 욕, 마음, 겁, 나이, 더위, 물, 두 섬, 녹)을 먹다

'먹다'는 문맥에서 따라서 아주 많은 의미를 나타내는데, 이들 의미 가운데에서 (ㄱ)은 중심적인 의미인 '기본 의미'이며, (ㄴ)은 주변적인 의미인 '파생 의미'이다. 이러한 기본 의미와 파생 의미 사이에는 의미적 유연성(意味的 有緣性, motivation)이 유지된다.

(나) 다의어의 의미 구조

다의어의 구조는 의미 변화의 내부적인 동기인 '유사성(類似性)'과 '인접성(隣接性)'에 따라서 대별된다.

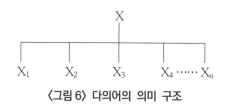

〈그림 6〉 다의어의 의미 구조

곧, 어떤 단어의 의미인 X가 'X₁, X₂, X₃, X₄, ……, Xₙ'의 의미로 분화되는 과정에서, 그들 사이의 관계가 형태·기능상으로 유사한 것을 '유사성에 따른 의미 구조'라고 하고, 시간·공간상으로 인접되어 있는 것을 '인접성에 따른 의미 구조'라고 한다. 이때 'X'는 가장 기본적이고 핵심적인 의미인 '기본적(중심적) 의미'이며, 'X₁, X₂, …, Xₙ'는 중심적인 의미가 문맥이나 상황에 따라서 그 범위가 확장되어서 다른 의미를 나타내는 '파생적

(주변적) 의미'가 된다.

첫째, '유사성'에 따른 다의어의 의미 구조로서, 동사인 '먹다'가 나타내는 의미 구조를 살펴본다.(국립국어원의 『표준국어대사전』 인터넷판 참조)

> (4) 먹다(食)
>> ㄱ. 철수는 음식을 배불리 먹었다.
>> ㄴ. 할아버지께서는 담배를 먹었다.
>> ㄷ. 우리는 연탄가스를 먹었다.
>> ㄹ. 그들은 앙심을 먹고 투서를 했다
>> ㅁ. 내년이면 나도 삼십을 먹는구나.
>> ㅂ. 삼풍백화점 붕괴 사고로 온 국민들이 충격을 먹었다.
>> ㅅ. 어제는 하루 종일 욕만 되게 먹었네.
>> ㅇ. 세무 공무원들이 뇌물을 먹고 탈세를 눈감아 주었다.

(ㄱ)은 '음식 따위를 입을 통하여 배 속에 들여보내다'의 뜻을, (ㄴ)은 '담배나 아편 따위를 피우다'의 뜻을, (ㄷ)은 '연기나 가스 따위를 들이마시다'의 뜻을, (ㄹ)은 '어떤 마음이나 감정을 품다'의 뜻을, (ㅁ)은 '일정한 나이에 이르거나 나이를 더하다'의 뜻을, (ㅂ)은 '겁, 충격 따위를 느끼게 된다'의 뜻을, (ㅅ)은 '욕, 핀잔 따위를 듣거나 당하다'의 뜻을, (ㅇ)은 '(속되게) 뇌물을 받아 가지다'의 뜻을 나타낸다. 대체적으로 볼 때에 (ㄱ)의 '음식을 배불리 먹다'에 쓰인 '먹다'는 기본적 의미로 간주되며, 나머지 (ㄴ)에서 (ㅇ)의 차례로 중심적 의미에서 멀어지는 '먹다'의 파생적 의미로 간주된다.

둘째, '인접성'에 따른 다의어의 의미 구조로서, '코'와 '저녁'이 나타내는 의미 구조를 살펴본다.

> (5) ㄱ. 그녀는 코가 크다.   [鼻]
>> ㄴ. 어머니는 감기에 걸려서 코를 흘렸다.   [鼻液]

> (6) ㄱ. 입추가 지나니 저녁에는 제법 선선하다.   [夕]
>> ㄴ. 오늘은 평소보다 일찍 저녁을 먹고 잤다.   [夕飯]

(5)에서 (ㄱ)의 '코'는 기본적인 의미로서 신체의 일부의 뜻을 나타내고 (ㄴ)의 '코'는 파생적 의미로서 '콧물'의 뜻을 나타낸다. 이는 '코(鼻)'와 '콧물(鼻液)'이 서로 공간적으로

인접해 있기 때문에, '코'가 다의적인 의미 구조를 형성한다. 그리고 (6)에서 (ㄱ)의 '저녁'은 기본적인 의미로서 '해가 질 무렵부터 밤이 되기까지의 사이의 시간'의 뜻을 나타내고, (ㄴ)의 '저녁'은 파생적 의미로서 '저녁에 먹는 밥'의 뜻을 나타낸다. 이는 '저녁(夕)'과 '저녁밥(夕飯)'이 시간적으로 인접해 있기 때문에, 다의적인 구조를 형성한다.

2.4.3. 동음 관계

(가) 동음 관계의 개념

'동음 관계(同音 關係, homonymy)'도 하나의 표현에 여러 개의 의미가 대응되는 의미의 복합 관계이다. 동음 관계에 있는 단어(어휘소)를 '동음어(同音語, homonym)'라고 하는데, 동음어는 우연히 형태(소리)만 같을 뿐이지 형태 속에 담겨 있는 의미는 전혀 무관하다.

    (7) 골(谷) / 골(腦), 비(雨) / 비(빗자루, 彗), 풀(草) / 풀(糊)

    (8) ㄱ. 버스에 사람이 가득 <u>찼다</u>.   [滿]
        ㄴ. 그는 상대편 선수를 발로 <u>찼다</u>.   [蹴]
        ㄷ. 손목에 시계를 <u>찼다</u>.   [着]
        ㄹ. 겨울 날씨가 매우 <u>찼다</u>.   [寒]

(7)에서 '골'의 형태는 '谷'과 '腦'의 뜻을 나타내고, '비'의 형태는 '雨'와 '彗'의 뜻을 나타낸다. 그리고 (8)에서 '차다'의 형태는 각각 (ㄱ)에서 (ㄹ)까지 각각 '滿', '蹴', '着', '寒'의 뜻을 나타낸다. 그런데 이들 단어는 어원이나 의미적인 관련성이 없이 우연히 형태가 같아진 경우인데, 이러한 단어의 의미적인 관계를 '동음 관계'라고 한다.

(나) 동음어의 유형

라이온즈(J. Lyons 1995)는 동음 관계를 어느 정도 엄밀하게 규정하느냐에 따라서, '절대적 동음 관계(絶對的 同音 關係)'와 '부분적 동음 관계(部分的 同音 關係)'로 구별할 수 있다고 하였다.(임지룡 1993:221, 윤평현 2011:178 참조)

〈 절대적 동음어 〉 라이온즈(J. Lyons 1995)에 따르면 '절대적 동음어(絶對的 同音語, 완전 동음어, absolute homonym)'는 의미에서 연관성이 없어야 하며, 두 단어의 어형이 음운과 철자의 양면에서 동일해야 하며, 두 가지 형태가 문법적으로 대등해야 한다는 조건을

지킬 때에 성립한다. 이러한 절대 동음어는 철자도 같고 소리도 같으므로 '동철자 동음
이의어(同綴字 同音異意語)'라고 할 수 있다.

　(9) ㄱ. 골(谷) / 골(腦), 때(時) / 때(垢), 비(雨) / 비(彗, 빗자루), 손(手) / 손(客); 갈다(磨) / 갈다
　　　　(耕), 굽다(炙) / 굽다(曲), 쓰다(用) / 쓰다(書), 싸다(包) / 싸다(泄)
　　　ㄴ. 가사(歌辭) / 가사(家事) / 가사(袈裟), 인정(人情) / 인정(認定) / 인정(仁政)
　　　ㄷ. 벌(野) / 벌(罰), 소(牛) / 소(沼), 팔(手) / 팔(八), 시내(川) / 시내(市內)

(ㄱ)의 예는 순우리말과 순우리말에서 나타나는 절대적 동음어이다. 여기서 '골(谷)1'과
'골(腦)'은 의미적으로 관련이 없고, 음운과 철자가 모두 동일하며 문법적으로 명사이다.
이러한 특징 때문에 '골(谷)'과 '골(腦)'은 절대적 동음어를 형성한다. 그리고 (ㄴ)의 '가사(歌
辭), 가사(家事), 가사(袈裟)'는 한자어와 한자어에서 나타나는 절대적 동음어이다. 그리고
(ㄷ)의 '벌(野)'과 '벌(罰)'은 순우리말과 한자어의 사이에서 나타나는 절대적 동음어이다.
　〈부분적 동음어〉'부분적 동음어(部分的 同音語, partial homonym)'는 글자의 형태나 소리
에서 차이를 보이는 동음어이다.
　첫째, '이철자 동음 이의어(異綴字 同音 異意語, homophone)'는 철자가 다르면서 소리가
같은 동음어이다. 이는 대부분 음운의 변동 현상에 따라서 형성되는 동음어이다.

　(10) ㄱ. 밖(外) / 박(匏瓜), 낫(鎌) / 낮(晝) / 낯(面) / 낱(各) / 낟(穀), 빚(債務) / 빗(櫛) / 빛(光),
　　　　곳(所) / 곶(串) / 곧(卽), 값(價) / 갑(匣); 묽다 / 묶다 / 묵다, 빚다 / 빗다, 읽다 / 익다
　　　ㄴ. 학문(學問) / 항문(肛門), 닫히다(閉) / 다치다(傷)
　　　ㄷ. 넘어 / 너머, 달이다 / 다리다, 반듯이 / 반드시, 붙이다 / 부치다, 식히다 / 시키다

(ㄱ)의 '밖(外)'과 '박(南瓜)'은 기본 형태는 다르지만 '평파열음화'에 따라서 특정한 음운
적 환경에서 서로 동음어가 될 수 있다. '묽다, 묶다, 묵다'는 '자음군 단순화'나 '평파열
음화'에 따라서 특정한 음운적 환경에서는 동음어가 될 수 있다. (ㄴ)의 '학문(學問)'은
비음화에 따라서 '항문(肛門)'과 동음어가 되었다. (ㄷ)의 '넘어(越, 동사)'는 연음 법칙에
따라서 '너머(越, 명사)'와 동음어가 되었다. (10)에 제시된 동음어들은 모두 철자는 다르
지만 소리가 같은 '이철자 동음 이의어'이다.
　둘째, '동철자 이음 이의어(同綴字 異音 異意語, heteronym)'는 철자나 음소(자음과 모음)가
같으면서도 소리의 고저, 장단, 강세 등의 운소가 다른 동음어이다.

(11) ㄱ. 눈(雪) : / 눈(眼)

　　ㄴ. 발(簾) : / 발(足)

　　ㄷ. 벌(蜂) : / 벌(罰)

(12) ㄱ. 말(言) : − 말(斗) / 말(馬)

　　ㄴ. 배(培) : − 배(梨) / 배(舟) / 배(腹)

　　ㄷ. 손(孫) : − 손(客) / 손(手)

(13) ㄱ. 우리 − 1인칭 대명사(복수)

　　ㄴ. 우리 − 짐승을 가두어서 기르는 곳

(11)과 (12)의 동음어들은 철자나 음소(音素)가 동일하지만, 표준어에서 자음과 모음에 함께 실현되는 소리의 길이가 다르다. 그리고 (13)에서 (ㄱ)의 '우리(我)'와 (ㄴ)의 '우리(柵)'는 세기(강세)의 실현 양상이 다르다.

동음어의 종류		철자	소리	의미	예
절대적 동음어	동철자 동음 이의어	同	同	異	골(谷)−골(腦)
부분적 동음어	이철자 동음 이의어	異	同	異	밖(外)−박(南瓜)
	동철자 이음 이의어	同	異	異	눈 : (雪)−눈(眼)

〈표 1〉 동음어의 유형

제3장 문장의 의미

문장은 문법 규칙에 따라서 단어들이 결합하여 이루어진다. 인간의 언어를 통한 의사소통은 기본적으로 문장을 단위로 하여 이루어지므로, 단어들의 의미가 결합하여 문장의 의미를 이루는 과정과 절차를 이해하는 것이 중요하다. 여기서는 문장의 의미와 관련하여 문장의 '동의성'과 '중의성'을 살펴본다.

3.1. 문장의 동의성

3.1.1. 동의성의 개념

〈 **동의성과 동의문의 개념** 〉 '동의성(同意性, synonymy)'은 서로 다른 형태의 언어 표현이 동일한 의미로 해석되는 언어적 현상이다. 그리고 이러한 동의 관계에 있는 문장들을 '동의문(同意文, synonymous sentence)이라고 한다.

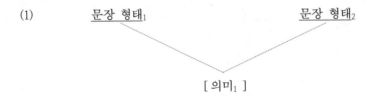

(1)　　　　　文장 형태₁　　　　　　　　　　文장 형태₂

[의미₁]

이러한 동의문은 주로 '풀이 관계(환언, paraphrase)'에 있는 문장들 사이나, 관용적 표현과 일상적 표현, 그리고 '능동문-피동문'과 '주동문-사동문' 등에서 주로 나타난다.

(2) ㄱ. 그는 <u>화가</u>이다.　　　　　　　[≒ 그는 <u>그림을 그리는 직업을 가진 사람</u>이다.]

　　ㄴ. 그는 나의 <u>생질</u>이다.　　　　　　[≒ 그는 <u>내 누이의 아들</u>이다.]

(3) ㄱ. 그녀는 <u>콧대가 높다</u>.　　　　　　[≒ 그녀는 <u>자존심이 세다</u>.]

　　ㄴ. 아내는 내 술버릇을 <u>눈감아</u> 준다.　[≒ 아내는 내 술버릇을 <u>이해해</u> 준다.]

(4) ㄱ. 철수가 영희를 잡았다.　　　　　　[≒ 영희가 철수에게 잡혔다.]

　　ㄴ. 할머니께서 손자에게 옷을 <u>입히셨다</u>. [≒ 할머니께서 손자에게 옷을 <u>입게 하셨다</u>.]

(2)의 (ㄱ)에서는 '화가(畵家)'를 '그림을 그리는 직업을 가진 사람'으로 풀이하였고, (ㄴ)에서는 '생질(甥姪)'을 '내 누이의 아들'로 풀이하였다. (3)의 (ㄱ)에서는 관용적인 표현을 일상적인 표현으로 풀이하였으며, (4)에서 (ㄱ)의 피동문과 (ㄴ)의 사동문은 그에 대응되는 능동문과 사동문을 표현했다. 결과적으로 (2~4)의 문장에는 그에 대응되는 문장에 대하여 동의성이 나타난다.

　문장의 동의성은 문장의 중심 의미 곧, 개념적 의미의 동일성을 뜻한다. 어떠한 두 문장의 의미가 같다고 말하더라도 그 두 문장의 의미가 완전하게 같은 것은 아니다. 따라서 동의문이라고 해도 개념적 의미가 동일한 것에 한정되고, 개념적 의미를 제외한 연상적 의미나 주제적 의미까지 동일하지는 않다. 예를 들어서 (4)에서 (ㄱ)과 (ㄴ)의 문장은 그에 대응되는 문장과 비교할 때에, 주제적인 의미는 차이가 나지만 개념적 의미는 같으므로 동의문으로 처리한다.

3.1.2. 동의성의 유형

동의성은 동의어를 사용함으로써 생기거나 문장 구조의 차이에서 생길 수 있다.

3.1.2.1. 어휘적 동의성

어휘적 동의성은 전달하고자 하는 내용은 같지만, 화자가 선택하는 어휘가 다르기 때문에 나타나는 동의성이다.

(가) 동의어에 따른 동의성

어휘적 동의성은 화자가 동일한 구조로 형성된 문장에서 동의어를 사용함으로써 문장과 문장 상이에 동의성이 나타난다.

(3) ㄱ. 영호는 평생 <u>속옷</u>(≒내의)을 입지 않았다.
ㄴ. <u>멍게</u>(≒우렁쉥이)는 남해 바다에서 많이 난다.

(ㄱ)에서는 동일한 구조의 문장 안에 동의어인 '속옷'과 '내의'가 목적어로 실현되어서, (ㄴ)에서는 동의어인 '멍게'와 '우렁쉥이'가 주어로 실현되어 동의문이 형성되었다.

(나) 반의어에 따른 동의성

반의 관계에 있는 두 단어 중에서 한쪽의 단어를 부정하거나 단어의 위치를 바꾸면 동의 관계가 성립할 수가 있다.

첫째, '상보(相補) 반의어'는 서로 양립할 수 없는 반의어로서, 한쪽을 부정하면 다른 쪽과 동의 관계가 성립된다.

(4) 철수는 <u>남자이다</u>. (≒ 철수는 <u>여자가 아니다</u>.)

둘째, '방향(方向) 반의어'는 두 단어가 서로 방향성을 가지고 대립하는 반의어이다. 특정한 방향 대립어와 직접적으로 관련이 있는 단어가 실현되는 위치를 바꾸면, 동의 관계가 성립된다.

(5) ㄱ. 꽃병은 탁자의 <u>위</u>에 있다.　　　　(≒ 탁자는 꽃병의 <u>아래</u>에 있다.)
ㄴ. 주인은 할머니에게 고기를 <u>주었다</u>.　　(≒ 할머니는 주인에게서 고기를 <u>받았다</u>.)

(ㄱ)에서는 '꽃병'의 위치를 나타내는 '위'가 쓰였다. 그런데 이들 방향과 직접적으로 관계가 있는 '꽃병'과 '탁자'의 위치를 바꾸고, 동시에 '위'에 대립되는 방향 대립어인 '아래'를 실현하면 두 문장 사이에 동의 관계가 성립한다. 마찬가지로 (ㄴ)에서 '주다'는 방향성 서술어이다. 여기서 '주다'의 방향성과 직접적으로 관련되는 '주인(=출발점)'과 '할머니(=도착점)'의 위치를 바꾸고, 서술어를 '주다'의 방향 대립어인 '받다'로 바꾸면 두 문장 사이에는 동의 관계가 성립한다.

(다) 어휘소의 대치에 따른 동의성

〈 풀어 쓴 표현으로 대치하기 〉 특정한 단어의 의미를 쉽게 풀어서 표현함으로써, 원래의 단어와 풀어 쓴 단어 사이에 동의 관계가 성립될 수 있다.

(6) ㄱ. 대통령은 교민들과 <u>애국가를</u> 불렀다.
ㄴ. 대통령은 교민들과 <u>대한민국의 국가를</u> 불렀다.

(6)에서는 '애국가'를 '대한민국의 국가'로로 풀어서 표현하였는데, 이처럼 풀어서 표현하기를 통해서 동의문이 형성되었다.

〈 관용어와 속담으로 대치하기 〉 일반적 표현을 동일한 의미를 나타내는 비유적 표현이나 관용 표현으로 대치함으로써 동의 관계가 성립할 수 있다.

(7) ㄱ. 그녀는 <u>잔꾀가 매우 많다.</u>   (≒ 여우다)
ㄴ. 김 씨는 남의 과자를 먹고 <u>모르는 척하였다.</u>   (≒ 시치미를 떼었다)
ㄷ. 그 사람은 <u>아주 무식하다.</u>   (≒ 낫 놓고 기역 자도 모른다)

(ㄱ)에서는 일반적인 표현인 '잔꾀가 매우 많다'를 은유법을 적용하여 '여우'로 바꾸어서, (ㄴ)에서는 '모르는 척하다'를 관용 표현인 '시치미를 떼다'로 바꾸어서 표현하였다. 그리고 (ㄷ)에서는 '아주 무식하다'를 속담인 '낫 놓고 기역 자도 모른다'로 바꾸어서 표현하였다. 이렇게 일반적인 표현을 비유법이나 관용 표현, 속담 등으로 바꾸어서 표현함으로써, 원래의 문장과 대치된 문장 사이에 동의 관계가 성립한다.

3.1.2.2. 통사적 동의성

'통사적 동의성'은 문장의 개념적인 의미는 같으면서도, 문장의 통사 구조가 다른 두 문장 사이에 동의성이 나타날 수 있다.

(가) 능동과 피동에 따른 동의성

능동문이 피동문으로 전환된 결과로써, 두 문장 사이에 개념적 의미에서 동의 관계가 성립할 수 있다.

(8) ㄱ. 형사가 범인을 <u>잡았다</u>.　　　　(≒ 범인이 형사에게 <u>잡혔다</u>.)

　　ㄴ. 김 교수가 물리학을 <u>연구하였다</u>.(≒ 물리학이 황 교수에 의해서 <u>연구되었다</u>.)

(ㄱ)과 (ㄴ)의 문장은 능동문을 피동문으로 전환한 것인데, 이때 능동문과 피동문 사이에는 개념적인 동의 관계가 성립한다. 다만, 능동문에서는 행위자(agent)인 '고양이'와 '황 교수'에게 전달의 초점이 맞추어져 있는 반면에, 피동문에서는 피행위자인 '쥐'와 '물리학'에 전달의 초점이 맞추어져 있다는 차이가 있다.

(나) 피동문과 사동문의 실현 방식에 따른 동의성

〈 파생적 사동문의 통사적 사동문의 동의성 〉 사동문은 파생 접미사인 '-이-, -히-, -리-, -기-, -우-, -구-, -추-'나 '-시키-'로 형성되는 '파생적 사동문'과 '-게 하다'로 형성되는 '통사적 사동문'으로 구분된다. 이러한 파생적 사동문과 통사적 사동문은 개념적 의미에서는 동일하다. 하지만 파생적 사동문은 사동주가 하는 행위가 직접적이거나 간접적인 반면에, 통사적 사동문은 사동주의 행위가 간접적이다.[1]

(9) ㄱ. 동건은 소영을 혀를 깨물어서 <u>죽였다</u>. (≒ 죽게 하였다)

　　ㄴ. 선생님께서 철수에게 책을 <u>읽히셨다</u>. (≒ 읽게 하셨다)

　　ㄷ. 교장 선생님께서 6월부터 학생들에게 하복을 <u>입히셨다</u>. (≒ 입게 하셨다)

(ㄱ)의 '죽였다'는 직접 사동으로, (ㄴ)의 '읽히셨다'는 간접 사동으로 해석된다. 그리고 (ㄷ)의 반면에 '입히셨다'는 직접 사동과 간접 사동의 두 가지 의미로 해석된다. 곧, 파생적 사동문은 '직접 사동'으로 해석될 수도 있고 '간접 사동'으로 해석될 수도 있는 것이다. 반면에 (ㄱ)의 '죽게 하였다', (ㄴ)의 '읽게 하셨다', (ㄷ)의 '입게 하셨다'로 실현되는 통사적 사동문은 '간접 사동'으로만 해석된다. 결국 파생적 사동문과 통사적 사동문의 의미적인 차이는 서술어를 비롯한 다른 문장 성분들의 문법적인 특성에 따라서 생기는 것으로 보아야 한다.

〈 파생적 피동문과 통사적 피동문의 동의성 〉 피동문은 파생 접미사인 '-이-, -히-, -리-, -기-'나 '-되다'로 형성되는 '파생적 피동문'과 '-어지다'로 형성되는 '통사적 피동문'으로 구분된다. 이러한 파생적 피동문과 통사적 피동문은 개념적 의미에서는 동일하지만,

---

1) '행위의 직접성'은 사동주가 직접 행동으로 수행함을 나타내며, '행위의 간접성'은 사동주가 행위로서 수행하지 않고 언어적으로 어떠한 행위를 시키는 것(敎唆)을 나타낸다.

파생적 피동문은 '행위의 소극성'과 관련이 있는 반면에 통사적 피동문은 '행위의 적극성'과 관련이 있다.

(10) ㄱ. 탈주범의 옷이 철조망에 <u>걸렸다</u>.
ㄴ. 수건이 빨랫줄에 겨우 <u>걸어졌다</u>.

(10)에서 (ㄱ)의 파생적 피동문에서는 '걸리다'로 표현되는 피동의 동작이 행위자의 의도 없이 이루어진 것으로 해석된다. 이에 반해서 (ㄴ)의 '-어지다'에 의한 통사적 피동문에서 '걸어지다'로 표현되는 피동의 동작은 어떠한 행위자가 의도적으로 작용한 결과로 이루어진 것으로 해석된다.

(11) ㄱ. 책상 위에 먼지가 많이 <u>쌓였다</u>.
ㄴ. [?]책상 위에 먼지가 많이 <u>쌓아졌다</u>.

(11)에서 (ㄱ)의 문장은 화자의 의도와 관계없이 먼지가 자연적으로 쌓이는 경우를 표현한 것이다. 이러한 일은 일상생활에서 흔히 일어나는 일이기 때문에 (ㄱ)의 문장은 자연스럽다. 반면에 (ㄴ)의 문장은 어떤 사람이 먼지를 의도적으로 쌓으려고 노력하여 이루어진 것으로 해석되는데, 이러한 일은 일상생활에서 일어나기가 극히 드물다. 따라서 (ㄴ)의 문장이 자연스럽지 못한 문장으로 생각되는 것이다.

(다) 부정의 실현 요소에 따른 동의성

〈 **부정문의 유형** 〉 '부정문(否定文, negative sentence)'은 부정 요소가 쓰여서 특정한 문장이 서술하는 내용의 전체 또는 일부를 부정(否定)하는 문장이다.

(12) 철수는 아침밥을 먹었다.

(13) ㄱ. 철수는 아침밥을 <u>안</u> 먹었다.　　　　　[짧은 부정문, 사실 부정문]
ㄴ. 철수는 아침밥을 <u>못</u> 먹었다.　　　　　[짧은 부정문, 능력 부정문]

(14) ㄱ. 철수는 아침밥을 <u>먹지 아니하였다</u>.　　[긴 부정문, 사실 부정문]
ㄴ. 철수는 아침밥을 <u>먹지 못하였다</u>.　　　[긴 부정문, 능력 부정문]

(13)과 (14)의 문장은 부정 부사인 '안'이나 '못'과 부정의 보조 용언인 '-지 아니하다'나 '-지 못하다'를 실현하여 (12)에 실현된 긍정문의 내용을 부정한 문장이다.

〈 짧은 부정문과 긴 부정문의 동의성 〉 부정문은 '안'이나 '못'과 같은 부정 부사를 통해서 실현되는 '짧은 부정문'과 '-지 아니하다'처럼 부정의 보조 용언을 통해서 실현되는 '긴 부정문'으로 나누어진다. (13)은 부정 부사인 '안'과 '못'을 서술어인 '먹었다'의 앞에 실현하여 (12)의 긍정문의 내용을 부정한 문장이다. 반면에 (14)는 긴 부정문으로서 서술어인 '먹다'의 뒤에 보조 용언인 '-지 아니하다'와 '-지 못하다'를 실현하여 문장의 내용을 부정하였다. (13)의 짧은 부정문과 (14)의 긴 부정문은 개념적인 의미가 동일하여 이들 문장 사이에 동의 관계가 성립한다.[2]

〈 '안' 부정문과 '못' 부정문의 동의성 〉 '안' 부정문은 (13ㄱ)과 (14ㄱ)처럼 부정 부사인 '안'이나 보조 용언인 '-지 아니하다'를 통하여 긍정문의 내용을 부정하는 문장인데, 이러한 '안' 부정문은 일반적으로는 '사실 부정(事實否定, 단순 부정)'의 의미를 나타낸다.[3] 이에 반해서 '못' 부정문은 (13ㄴ)과 (14ㄴ)처럼 부정 부사인 '못'이나 보조 용언인 '-지 못하다'를 통하여 실현되는 부정문이다. 이러한 '못' 부정문은 '할 수 없음' 또는 '불가능성'의 의미를 나타내는 부정문으로서, 이러한 부정을 '능력 부정(能力否定)'이라고도 한다. 이처럼 '안' 부정문과 '못' 부정문은 개념적인 의미에서만 동의 관계를 형성하므로 부분적인 동의 관계가 성립한다.

(라) 어순의 변화에 따른 동의성

〈 문장 성분의 위치 변화에 따른 동의성 〉 국어의 문장 성분은 화자의 의도에 따라서 위치를 바꾸어서 실현될 수도 있다.

이처럼 어순이 비교적 자유롭게 바뀔 수 있다는 것은, 문장 성분의 차례가 서로 뒤바뀌더라도 문장이 문법적으로 어그러짐이 없고 개념적인 의미가 바뀌지 않는다는 것을 의미한다.

(15) ㄱ. 영이가 사과를 철수에게 주었다.

　　 ㄴ. <u>사과를</u> 영이가 철수에게 주었다.

　　 ㄷ. <u>철수에게</u> 영희가 사과를 주었다.

---

2) 다만 (14)의 긴 부정문은 표현에 거의 제약을 받지 않으며 일반적인 의미로 쓰이는 반면에, (13)의 짧은 부정문은 표현에 제약이 많은 대신에 부정의 의미가 강조되는 차이가 있다.

3) '안'이나 '-지 아니하다'로 실현되는 부정문은 화자의 의도에 따라서는 '의지 부정(意志否定)'을 나타내는 경우도 있다.

(15)의 (ㄱ)은 기본 어순으로 실현된 문장이며, (ㄴ)과 (ㄷ)은 어순이 달라진 문장이다. 여기서 (ㄴ)과 (ㄷ)의 문장은 (ㄱ)에 비하여 비록 어순은 바뀌었지만 여전히 문법적인 문장이며 개념적인 의미도 바뀌지 않았다. 다만, (ㄱ)에 비하여 (ㄴ)과 (ㄷ)은 각각 목적 어인 '사과를'과 부사어인 '철수에게'가 강조되어서 주제적 의미만 바뀐다. 이처럼 문장 성분의 위치가 바뀜으로써 동의 관계가 성립된다.

〈 부사절의 위치 변화에 따른 동의성 〉 '부사절을 안은 문장'에서 부사절의 위치를 이동시 킴으로써, 원래의 문장과 동의 관계를 형성할 수 있다.

(16) ㄱ. <u>황사가 끼면</u> 눈병 환자가 급증한다.

ㄴ. <u>김 선생님이 호통을 치시니까</u> 깡패들이 달아났다.

(17) ㄱ. 눈병 환자가 <u>황사가 끼면</u> 급증한다.

ㄴ. 깡패들이 <u>김 선생님이 호통을 치시니까</u> 달아났다.

(16)에서 문장의 맨 앞에 있는 부사절을 (17)에서는 문장의 가운데로 이동시켰는데, 이 를 통해서 (16)의 문장과 (17)의 문장은 개념적 의미에서 동의 관계를 형성한다.

(마) 서법 표현의 대치에 따른 동의성

문장의 구조를 '명제(proposition)'와 '서법(modality)'으로 구분하였을 때에, 의미가 유사 한 서법 표현을 사용함으로써 문장과 문장 사이에 동의성이 나타날 수 있다.

(18) ㄱ. 비가 많이 내리<u>겠</u>다.

ㄴ. 비가 많이 내릴 <u>것이다</u>.

ㄷ. 비가 많이 내리<u>리</u>라.

(19) ㄱ. 이 짐은 아이들도 들<u>겠</u>다.

ㄴ. 이 짐은 아이들도 들 <u>수 있다</u>.

(18)에서 '-겠-'과 '-을 것이다', '-리-'는 모두 '추측'의 서법적인 의미를 나타내고, (19) 에서 '-겠-'과 '-을 수 있다'는 모두 '가능성'의 서법적인 의미를 나타냄으로써, 문장 사이에 동의 관계를 형성한다.

3.2. 문장의 중의성

3.2.1. 중의성의 개념

'중의성(重義性, ambiguity)'은 하나의 언어적 표현이 둘 이상의 의미를 나타내는 현상이다. 동의성이 둘 이상의 언어 표현에 한 가지의 의미가 결합된 데에 반해서, 중의성은 한 가지 언어 표현에 두 가지 이상의 의미가 결합된 것이다.

(1) ㄱ. 지난해에는 <u>차(茶/車)</u> 값이 많이 떨어졌습니다.   [동음 관계]
ㄴ. 철수는 <u>울면서</u> 떠나는 영수를 배웅했다.   [통사적 구조]
ㄷ. 학생이 다 출석하지 <u>않았다</u>.   [의미적 해석]

(ㄱ)의 문장은 '차(車)'와 '차(茶)'의 동음 관계로 말미암아서 두 가지 뜻으로 해석될 수 있다. (ㄴ)의 문장은 통사적인 구조를 어떻게 파악하느냐에 따라서 '철수가 울면서 배웅한 것'으로 해석될 수도 있고, '영수가 울면서 떠난 것'으로도 해석할 수 있다. (ㄷ)의 문장은 부정의 보조 용언인 '않았다'가 작용하는 영역에 따라서, '학생 모두가 다 출석하지 않았다'의 전체 부정과 '모든 학생이 출석한 것은 아니다.'의 부분 부정의 의미로 해석할 수 있다. 문장에서 일어나는 중의성은 (ㄱ)처럼 단어 사이에서 일어나는 동음 관계에서 일어나는 중의성과, (ㄴ)처럼 통사적 구조를 인식하는 방식에서 일어나는 중의성과, (ㄷ)처럼 의미적인 해석의 차이에 따른 중의성으로 나눌 수 있다.

3.2.2. 중의성의 유형

문장의 중의성은 그것이 발생하는 요인에 따라서 '어휘적 중의성, 통사적 중의성, 작용역의 중의성'으로 유형을 구분할 수 있다.

(가) 어휘적 중의성

첫째, 어떤 다의어(多意語)가 문장에 쓰였을 때에, 문장의 의미가 중의성을 띨 수 있다.

(2) ㄱ. <u>손</u>이 크다.   [手 / 씀씀이]
ㄴ. <u>손</u>이 거칠다.   [手 / 손버릇 / 솜씨]
ㄷ. <u>손</u>을 씻었다.   [手 / 관계]

(3) ㄱ. <u>귀</u>가 얇다.　　　　　　　　[耳 / 줏대]

　　ㄴ. <u>코</u>가 높다.　　　　　　　　[鼻 / 자존심]

　　ㄷ. <u>입</u>이 짧다.　　　　　　　　[口 / 식성]

　　ㄹ. <u>발</u>이 넓다　　　　　　　　　[足 / 대인 관계]

(2)의 예는 '적용의 전이'에 따라서 형성된 다의어로 인해서 문장에 중의성이 생긴 예이다. 곧 '손'의 기본적인 의미인 '手'의 뜻을 다른 표현에 적용하여, (ㄱ)에서는 '손'이 '手'와 '씀씀이' 뜻으로, (ㄴ)에서는 '手'와 '손버릇'과 '솜씨'의 뜻으로, (ㄷ)에서는 '手'와 '관계'의 두 가지의 뜻으로 해석될 수 있다. 그리고 (3)의 예도 '귀, 코, 입, 발'이 개념적인 의미인 '耳, 鼻, 口, 足'으로 해석되기도 하고 비유적(함축적)인 의미로 쓰이기도 하여 중의성을 띤다.

　둘째, 두 단어의 동음 관계에 따라서 하나의 문장이 둘 이상의 의미로 해석될 수 있다.

(4) <u>달</u>이 <u>차다</u>.(만월이다 / 달빛이 차갑다 / 만기가 되다 / 만삭이 되다)

(5) ㄱ. <u>배</u>(腹/船)가 탈이 나다.

　　ㄴ. 주최 측에서 <u>차</u>(車/茶)를 준비했습니다.

(4)와 (5)는 명사에 나타나는 동음 관계에 따라서 중의성을 띠는 문장이다. (4)에서는 '달'과 '차다'에서 나타나는 동음 관계 때문에 중의성이 나타났다. 반면에 (5)에서는 각각 '배(腹/船)'와 '차(車/茶)'에서 나타나는 동음 관계에 따라서 중의성이 나타났다.

(나) 통사적 중의성

　'통사적 중의성(구조적 중의성)'은 어떠한 문장이 서로 다른 통사적인 구조로 해석되기 때문에 생기는 중의성이다.

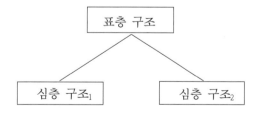

표층에서는 동일한 문장이, 심층에서는 문법적인 구조가 '심층 구조₁'과 '심층 구조₂'로
다르게 해석될 때에 문장의 중의성이 나타나는 것이다.

첫째, 문장 속에서 수식하는 말(관형어)과 수식을 받는 말(체언) 사이에 통사적 구조가
달라서, 문장에서 중의성이 생길 수 있다.

(6) ㄱ. 찬란한 슬픔의 봄   ㄴ. 찬란한 슬픔의 봄

(7) ㄱ. 내가 좋아하는 영희의 애완견이 죽었다.

ㄴ. 게으른 거북이와 토끼가 달리기 시합을 하였다.

(6)에서 '찬란한'은 명사인 '슬픔'을 수식할 수도 있고 명사구인 '슬픔의 봄'을 수식할
수도 있다. 마찬가지로 (7ㄱ)에서 관형어인 '내가 좋아하는'이 수식하는 중심어가 '영희'
일 수도 있으며 '영희의 애완견'일 수도 있다. 그리고 (7ㄴ)에서 '게으른'이 수식하는 중
심어가 '거북이'일 수도 있으며, '거북이와 토끼'일 수도 있다. 이러한 점에서 (7)의 (ㄱ)
과 (ㄴ)의 문장에도 중의성이 나타난다.

둘째, 문장에 실현된 조사 '-과/-와'가 접속 조사로 기능하느냐 '-과/-와'가 공동의
의미를 나타내는 부사격 조사로 기능하느냐에 따라서, 문장에 중의성이 생길 수 있다.

(8) 나는 형과 아우를 찾아다녔다.

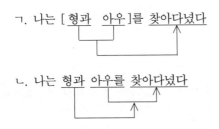

ㄱ. 나는 [형과 아우]를 찾아다녔다

ㄴ. 나는 형과 아우를 찾아다녔다

(8)에 실현된 조사 '-과'를 (ㄱ)처럼 접속 조사로 해석하여 '형과 아우'라는 명사구가 형
성된 것으로 볼 수도 있다. 반면에 (ㄴ)처럼 '-과'를 부사격 조사로 해석하여 '형과'가
공동의 뜻을 나타내면서 부사어로 기능하는 것으로 볼 수도 있다. 이렇게 '-과'가 서로
다른 문법적인 기능을 하는 것으로 볼 수 있으므로 (8)의 문장은 중의성을 띤다.

셋째, 부사어가 심층 구조에서 주체(주어)로 해석되느냐 객체(목적어)로 해석되느냐에
따라서, 문장에 중의성이 생길 수 있다.

(9) 어머니는 <u>아버지보다</u> 사위를 더 칭찬하였다.

　　ㄱ. [어머니와 <u>아버지</u>]**가** 사위를 칭찬하였다. [어머니〉<u>아버지</u>]**가** 사위를 칭찬하다

　　ㄴ. 어머니가 [<u>아버지와</u> 사위]**를** 칭찬하였다. 어머니가 [<u>아버지</u>〈사위]**를** 칭찬하다

(9)에서는 부사어인 '아버지보다' 속구조에서 서술어와 어떠한 '격관계(格關係, case relation)'를 형성하느냐에 따라서 중의성을 띤다. 곧 (ㄱ)에서는 '아버지'가 심층 구조에서 서술어에 대하여 '주체'로 역할을 하는 데에 반해서, (ㄴ)에서는 '아버지'가 심층 구조에서 서술어에 대하여 '객체'로 역할을 한다.

　넷째, 명사구 사이에 있는 동사가 어떠한 명사구와 통사적 관계를 맺고 있느냐에 따라서, 문장에서 중의성이 발생할 수 있다.

(10) **철수**는 <u>웃으면서</u> 자기에게 다가오는 **영자**를 밀쳤다.

　　ㄱ. **철수**는 <u>웃으면서</u>, 자기에게 다가오는 영자를 밀쳤다.

　　ㄴ. 철수는, <u>웃으면서</u> 자기에게 다가오는 **영자**를 밀쳤다.

(11) **영수**가 <u>보고 싶은</u> **친구들**이 많다.

　　ㄱ. 영수가 친구들이 많은데, **영수**는 (그) 친구들을 <u>보고 싶다</u>.

　　ㄴ. 영수가 친구들이 많은데, **(그) 친구들**은 영수가 <u>보고 싶다</u>.

(10)에서 동사인 '웃으면서'가 앞에 실현된 철수와 통사적인 관계를 맺으면 (ㄱ)과 같이 해석되고, 뒤에 실현된 영자와 통사적인 관계를 맺으면 (ㄴ)처럼 해석된다. 그리고 (11)에서 동사구인 '보고 싶다'가 앞에 실현된 '영수'와 주어–서술어 관계의 통사적인 관계를 맺으면 (ㄱ)과 같이 해석된다. 반면에 '보고 싶다'가 뒤에 실현된 '친구들'과 주어–서술어의 통사적인 관계를 맺으면 (ㄴ)처럼 해석된다.

　다섯째, 동사에 나타나는 움직임의 모습이 문법적으로 실현된 것을 동작상(動作相, aspect)'이라고 한다. 그런데 동작상이 어떻게 해석되느냐에 따라서도 중의성이 생길 수 있다.

(12) ㄱ. 이순신 장군이 칼을 <u>차고 있다</u>.　　　　[진행상/완료 지속상]

　　ㄴ. 아이가 한복을 <u>입고 있다</u>.

(13) 그녀가 <u>입던</u> 옷을 동생에게 주었다.

    ㄱ. 그녀가 옷을 <u>입던 도중에</u> 그 옷을 벗어서 동생에게 주었다.   [진행상]

    ㄴ. 그녀가 <u>평소에 입고 다니던</u> 옷을 동생에게 주었다.   [습관적 행위]

(12)에서 '차고 있다'와 '입고 입다'는 모두 '어떠한 동작이 진행되는 의미'를 나타내기도 하고, '동작이 끝나고 난 뒤에 그 상태가 지속됨'을 나타내기도 한다. (13)에서 '입던'은 (ㄱ)처럼 진행되던 동작이 완료되지 않은 상태를 나타낼 수도 있고, (ㄴ)처럼 일정한 기간 동안 습관적으로 수행하던 행동을 나타낼 수도 있다.

(다) 의미적 중의성

어떤 단어의 의미가 다른 단어의 의미에 영향을 미치는 범위를 '작용역(作用域, scope)'이라고 한다. 중의성은 하나의 문장에서 나타나는 작용역이 다르게 해석됨에 따라서 발생할 수가 있다.

〈 **부정의 작용역에 따른 중의성** 〉 '부정(否定)'을 나타내는 말의 작용역이 다르게 해석됨에 따라서 중의성이 발생할 수 있다.

(14) 선희가 개를 때리<u>지 않았다</u>.

    ㄱ. 개를 때린 것은 <u>선희가</u> 아니다.   (= <u>다른 사람이</u> 개를 때렸다.)

    ㄴ. 선희가 <u>개</u>를 때린 것은 아니다.   (= 선희가 <u>다른 것을</u> 때렸다.)

    ㄷ. 선희가 개를 <u>때린 것</u>은 아니다.   (= 선희가 개를 <u>만졌다</u>.)

(14)에서 보조 용언인 '-지 아니하다'가 나타내는 부정의 뜻이 어떠한 문장 성분에 영향을 미치느냐에 따라서 중의성이 발생한다. 곧 부정의 뜻이 주어인 '선희'에 미치면 (ㄱ)의 의미로, 목적어인 '개'에 미치면 (ㄴ)의 의미로, 서술어인 '때리다'에 미치면 (ㄷ)의 의미로 쓰인다.

(15) 학생이 다 출석하<u>지 않았다</u>.

    ㄱ. 학생들 전부가 결석했다.   [학생이 다 [**출석하지 <u>않았다</u>**] ― 전체 부정]

    ㄴ. 학생들의 일부만 출석했다.   [학생이 [**다 출석하–**]–<u>지</u> <u>않았다</u>] ― 부분 부정]

(15)에서 '-지 않다'가 '출석하다'만 부정하면 부사인 '다'는 부정의 범위 밖에 있게 되고

(ㄱ)처럼 전체 부정으로 해석된다. 반면에 (15)에서 '–지 않다'가 '다 출석하다'를 부정하면 '다'는 부정의 범위 안에 있게 되고 (ㄴ)처럼 부분 부정 의미로 해석된다. 곧, '–지 않다'가 나타내는 부정의 작용역에 따라서 (15)의 문장은 두 가지로 해석되어서 중의성을 띤다.

〈 수량사의 작용역에 따른 중의성 〉 수(數)나 양(量)을 나타내는 단어를 '수량사(數量詞, quantifier)'라고 하는데, 이러한 수량사의 의미가 미치는 범위가 다르게 해석됨에 따라서 중의성이 생길 수 있다.

(16) <u>포수 다섯 명</u>이 토끼 한 마리를 잡았다.

    ㄱ. <u>포수 다섯 명 모두가</u> 토끼 한 마리를 잡았다.   [포괄적 지시]
    ㄴ. <u>포수 다섯 명 각자가</u> 토끼 한 마리를 잡았다.   [개별적 지시]

(17) <u>모든</u> 남학생이 한 여학생을 좋아한다.

    ㄱ. 남학생이 <u>모두가</u> 한 여학생을 좋아한다.   [포괄적 지시]
    ㄴ. 남학생 <u>각자가</u> 좋아하는 여학생이 한 명씩 있다. [개별적 지시]

(16)에서 '포수 다섯 명'의 전체적 의미가 '토끼 한 마리'에 영향을 미치면 (ㄱ)의 의미로 해석된다. 반면에 '포수 다섯 명'의 개별적 의미가 '토끼 한 마리'에 영향을 미치면 (ㄴ)의 의미로 해석된다. (17)에서도 수량사인 '모든'의 의미가 미치는 범위에 따라서 중의성이 발생한다. 곧 '남학생의 전체적인 의미'가 '한 여학생'에 영향을 미치면 (ㄱ)의 의미로 해석되고, '남학생 각자의 의미'가 '한 여학생'에 미치면 (ㄴ)의 의미로 해석된다.

〈 부사어의 작용역에 따른 중의성 〉 문장 속에 부사어가 실현될 때에, 부사어가 어떤 말을 수식하느냐에 따라서 중의성이 생길 수 있다.

(18) 어린 학생이 <u>건방지게</u> 대들었다.

    ㄱ. '어린 학생이 대든 것'은 <u>건방졌다.</u>   [<u>건방지게도</u> **어린 학생이 대들었다**]
    ㄴ. 어린 학생이 <u>건방진 태도로</u> 대들었다.   [어린 학생이 <u>건방지게</u> **대들었다**]

(18)에서 부사어로 쓰인 '건방지게'가 문장 부사어로 쓰여서 그 의미가 문장 전체의 내용에 작용하면 (ㄱ)처럼 해석된다. 반면에 '건방지게'가 성분 부사어로 쓰여서 그 의미가 서술어인 '대들었다'에만 작용하면 (ㄴ)처럼 해석된다.

3.2.3. 중의성의 해소

한 문장이 두 가지 의미로 해석되면 의사소통에 지장이 생길 수 있다. 따라서 대화에 참여하는 사람은 중의성을 없애기 위해서 여러 가지 언어적인 수단을 쓰게 된다.

(가) 문맥에 의존하여 중의성을 해소

문장에 나타나는 중의성은 문맥(文脈, context)을 통해서 해소될 수가 있다. 곧, 문장에 쓰인 명사들이 동음 관계를 형성하여 중의성이 생길 때에는, 명사항과 서술어 사이에 나타나는 '공기 관계(共起關係, co-occurrence)'로써 중의성을 없앨 수 있다.

(19) ㄱ. 배를 많이 먹고 배를 탔더니, 배가 아파서 혼이 났다.
　　 ㄴ. 영희는 훔친 사과를 먹으면서 과일 가게 주인에게 사과를 했다.

(ㄱ)의 '배(梨)'와 '배(船)', '배(腹)'는 각각 서술어인 '먹다', '타다', '아프다'와 맺는 선택 제약 규칙에 따라서 중의성이 해소되었다. 그리고 (ㄴ)의 '사과(沙果)'와 '사과(謝過)'는 '먹다'와 '하다'와 맺는 선택 제약 규칙에 따라서 중의성이 해소되었다.

(나) 단어의 형태를 변화시켜 중의성을 해소

중의성이 일어나는 단어의 발음 형태나 표기 형태를 바꾸거나 특정한 단어를 첨가함으로써, 어휘적인 중의성을 없애는 경우도 있다.

(20) ㄱ. 초　 : 양초/식초
　　 ㄴ. 광주 : 전라도 광주(光州)/경기도 광주(廣州)

(21) ㄱ. 잠자리[잠자리]/잠자리[잠짜리]
　　 ㄴ. 고기 배[고기배]/고깃배[고기빼]

(22) 이상의 날개
　　 ㄱ. 理想의 날개
　　 ㄴ. 李箱의 날개

(20)에서는 중의성이 일어나는 단어에 특정한 단어를 첨가함으로써 중의성을 해소하였

다. 곧 '초'의 동음어에 '양(洋)'과 '식(食)'을 첨가하여 중의성을 해소하였다. (21ㄱ)의 '잠자리[잠짜리]'는 사잇소리를 실현함으로써 '잠자리[잠자리]'와 중의성을 해소하였다. 그리고 (21ㄴ)의 '고기 배'와 '고깃배'는 발음 형태와 표기 형태를 달리하여서 중의성을 해소하였다. (22)에서는 '이상'을 한자로 표기함으로써 중의성을 해소하였다.

(다) 어순과 조사를 교체하여 중의성을 해소

문장에서 중의성이 발생할 때에 단어가 실현되는 어순이나 조사를 바꿈으로써, 문장의 중의성이 해소되는 수도 있다.

첫째, 관형어가 명사구를 수식하거나 부사어가 용언을 수식할 때에, 어순과 일부 조사를 교체함으로써 중의성을 해소할 수 있다.

 (23) 대통령은 <u>아름다운</u> 시골의 소녀를 만났다.
   ㄱ. 대통령은 <u>아름다운</u> 시골에서 소녀를 만났다.
   ㄴ. 대통령은 시골에서 <u>아름다운</u> 소녀를 만났다.

 (24) 그는 <u>어제</u> 고향에서 올라온 친구를 만났다.
   ㄱ. 고향에서 <u>어제</u> 올라온 친구를 <u>그는</u> 만났다.
   ㄴ. 그는 고향에서 올라온 친구를 <u>어제</u> 만났다.

(23)의 문장은 '아름다운'이 어떠한 문장 성분과 통사적인 관계를 맺느냐에 따라서 문장에서 중의성이 나타난다. 이러한 중의성은 어순과 조사의 형태를 바꾸어서 (ㄱ)이나 (ㄴ)처럼 표현함으로써 없앨 수 있다. 그리고 (24)에서도 부사어가 용언구를 수식할 때에 (ㄱ)이나 (ㄴ)처럼 어순을 교체함으로써 중의성을 없앨 수 있다.

둘째, '대조'의 뜻을 나타내는 보조사 '-는'을 실현하거나 '강조'의 뜻을 나타내는 보조사 '-도'를 실현함으로써, 문장의 중의성을 해소할 수도 있다.

 (25) 할머니가 김밥을 <u>팔지 않았다</u>.
   ㄱ. 할머니<u>는</u> 김밥을 팔지 않았다.
   ㄴ. 할머니는 김밥<u>은</u> 팔지 않았다.
   ㄷ. 할머니는 김밥을 팔지<u>는</u> 않았다.

(25)의 문장은 '-지 않다'가 부정하는 내용(부정의 작용역)과 관련하여 중의성이 드러난

다. 이러한 중의성은 (ㄱ~ㄷ)처럼 부정하려는 문장 성분에 주제나 대조를 나타내는 보조사인 '-는/-은'을 실현하여서 중의성을 해소할 수 있다.

(26) 어린 학생이 <u>건방지게</u> 대들었다.

    ㄱ. 어린 학생이 건방지게(도) 대들었다.

    ㄴ. <u>건방지게</u> 어린 학생이 대들었다.

    ㄷ. <u>건방지게도</u> 어린 학생이 대들었다.

(26)에서는 부사어의 작용역에 따라서 중의성이 발생한다. 이러한 중의성을 해소하기 위해서 (ㄱ)처럼 부사어 '건방지게'에 보조사인 '-도'를 첨가하거나 (ㄴ)처럼 어순을 바꾸거나, (ㄷ)처럼 어순을 바꾸고 동시에 '-도'를 첨가하여서 중의성을 해소할 수 있다. (26)에서 (ㄱ~ㄷ)은 부사의 작용역이 모두 문장 전체에 미치는 것으로 해석된다.

(라) 휴지·어조·강세 등을 실현하여 중의성을 해소

첫째, 문장에서 '휴지(休止, pause)'를 실현함으로써 중의성을 해소할 수 있다.

(27) 양귀비는 '붉은 입술과 뺨'이 매우 예뻤다.

    ㄱ. 붉은-**입술과 # 뺨**   [[붉은 입술]과 뺨]

    ㄴ. 붉은 # **입술과-뺨**   [붉은 [입술과 뺨]]

(28) 창수 형이 온다.

    ㄱ. 창수-형이 온다.   [창수 = 형]

    ㄴ. 창수 # 형이 온다.   [창수의 형]

(29) 그의 예술에 대한 관심

    ㄱ. 그의 # 예술에 대한 **관심**이 대단했다.   [그의 [[예술에 대한] 관심]]

    ㄴ. 그의-**예술**에 대한 # 관심이 대단했다.   [[그의 예술]에 대한 관심]

(27~29)에서 명사구인 '붉은 입술과 뺨'과 '창수의 형', '그의 예술에 대한 관심' 등은 명사구 내부의 문장 성분끼리의 통사적 구조를 어떻게 해석하느냐에 따라서 중의성이 발생한다. 이와 같은 문장은 문장을 발화할 때 (ㄱ)과 (ㄴ)처럼 휴지를 다르게 실현함으로써 문장의 중의성이 해소될 수 있다.

둘째, '억양(抑揚, intonation)'이나 '단어의 길이'로써 중의성을 해소할 수 있다.

(30) 초등학생이 술을 다 먹다니.

ㄱ. 초등학생이 [술]을 다 먹다니

ㄴ. 초등학생이 술을 [다] 먹다니

(31) 영희가 김 씨를 좋아했어.

ㄱ. 영희가 김 씨를 좋아했어. →

ㄴ. 영희가 김 씨를 좋아했어? ↗

(32) ㄱ. 오늘 수업은 다했다. / 오늘 수업은 다~ 했다.

ㄴ. 참 잘한다 / 참 잘~ 한다!

(30)은 화자가 문장에서 실현된 성분 가운데 어느 성분을 강조하느냐에 따라서 화용론적인 중의성이 발생할 수 있다. 이러한 중의성은 (30)의 (ㄱ)과 (ㄴ)처럼 억양을 다르게 발화함으로써 해소할 수 있다. (31)에서는 종결 어미가 반말체의 '-어'로 실현되었기 때문에, 글말에서는 평서문으로도 의문문으로 해석될 수 있어서 중의성이 생긴다. 이러한 경우에는 입말에서는 억양을 통해서 평서문인지 의문문인지를 구분하여 중의성을 해소할 수 있다. (32)의 문장은 입말에서 단어의 길이를 조정하여 발화함으로써 화자의 칭찬, 조롱, 반어, 명령 등의 화용론적 의미를 드러내어서 표현할 수도 있다.

셋째, '강세(强勢, stress)'를 실현함으로써, 문장의 중의성이 해소될 수 있다.

(33) 류현진이 2012년에 다저스 팀으로 옮겼어요.

ㄱ. **류현진이** 2012년에 다저스 팀으로 옮겼어요.

ㄴ. 류현진이 **2012년에** 다저스 팀으로 옮겼어요.

ㄷ. 류현진이 2012년에 **다저스 팀으로** 옮겼어요.

ㄹ. 류현진이 2012년에 다저스 팀으로 **옮겼어요.**

(33)의 문장에서 강세가 실현되지 않으면 화자가 어느 성분을 강조하는지 알 수 없으므로, 화용론적으로는 중의성을 띤다고 볼 수 있다. 이에 대하여 화자는 (ㄱ~ㄹ)처럼 자신이 강조하려는 특정한 문장 성분에 강세를 두어서 화용론적 중의성을 해소할 수 있다.

제4장 담화의 의미

4.1. 발화와 담화

〈**발화**〉 언어학의 전통적인 영역인 '음운론, 문법론, 의미론' 등은 주로 메시지(문장)의 내용(의미)과 형식(소리)에 관심을 두고 연구를 진행한다. 이에 반해서 '화용론'은 '언어적 표현(발화, utterance)'을 둘러싸고 있는 외부적인 환경인 '화자, 청자, 시간적·공간적 장면' 등과 관련을 지어서 '언어 표현(발화)'을 연구하는 분야이다.

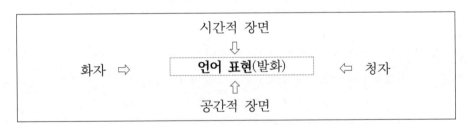

〈그림 1〉 담화 상황을 이루는 요소

곧 〈그림 1〉처럼 언어 사용에 참여하는 화자(話者)와 청자(聽者), 그리고 시간과 공간적 장면 등이 '담화 상황'을 이룬다. 화용론은 이러한 담화 상황과 관련을 지어서 언어 기호(발화, utterance)의 의미와 기능을 연구하는 분야이다.

〈**발화 의미의 특징**〉 '문장의 의미'와 '발화의 의미'는 다음과 같은 점에서 차이가 나타난다. 먼저 문장의 의미는 '표현 형식―의미' 사이의 2중 관계에서 파악되는 의미이며, 개별 의미소의 의미와 통사적 규칙으로써 형성된다. 이에 반하여 '발화의 의미'는 표현 형식뿐만 아니라 화자와 청자, 그리고 발화 장면을 포함한 '담화 상황(situation)'까지 개입하여서, '표현 형식―발화 의미―담화 상황'의 3중 관계에서 파악되는 의미이다.

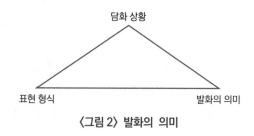

〈그림 2〉 발화의 의미

이처럼 발화는 담화의 상황과 밀접하게 관련되어 있기 때문에, 발화의 의미는 문장의 의미와 다를 수 있다. 곧, '발화 의미'는 담화 상황을 고려한 의미이기 때문에, 담화 상황에서 일어날 수 있는 다양한 변수로 인하여 문장의 의미와는 다른 특징이 나타날 수 있는 것이다.

이처럼 발화는 담화의 상황과 밀접하게 관련되어 있기 때문에, 발화의 의미는 문장의 의미와 다를 수 있다. 곧, '발화 의미'는 담화 상황을 고려한 의미이기 때문에, 담화 상황에서 일어날 수 있는 다양한 변수 때문에 문장의 의미와는 다른 특징이 나타나는 것이다.

첫째, 화자의 의도나 청자의 처지에 따라서, '발화(發話, utterance)'의 의미가 문장의 의미와 다를 수가 있다. 예를 들어서 다음의 〈그림 3〉에서처럼 '철수'가 '영애'에게 데이트를 신청하는 상황에서 서로 다음과 같은 대화를 했다고 가정하자.

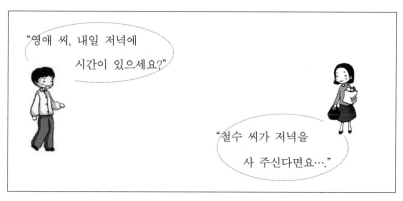

〈그림 3〉 화용론의 관점에서 해석한 발화의 의미

'철수'와 '영애'의 의도를 감안하면 〈그림 3〉에 표현된 '발화'는 언어적 표현(massage) 자체와는 사뭇 다른 의미를 나타낸다. 곧 '철수'의 의도를 감안하면 '철수'의 발화는 '데이트 신청'의 의도를 에둘러서 표현한 것이며, '영애'의 발화는 '철수'의 데이트 신청을 받아들일 의사를 에둘러서 표현한 것이다.

화자의 의도와 청자의 처지에 따라서는, 하나의 언어 표현이 다양한 발화 의미를 나타낼 수도 있다.

(1) ㄱ. 엄마, 나 지금 배가 대단히 고파.   [학교에서 막 돌아온 아이가 엄마에게]

   ㄴ. 잘~ 한다.   [선생님이 유리창을 깬 학생에게]

   ㄷ. 저, 다음 역에서 내리는데요.   [복잡한 지하철에서 문가에 있는 사람에게]

(1)의 발화는 상황에 따라서 문맥 이외의 다른 의미를 나타낼 수 있다. 곧 (ㄱ)은 '음식물을 달라고 요청하는 명령문'으로 해석될 수 있으며, (ㄴ)은 '유리창을 깬 학생을 질책하는 말'로, (ㄷ)은 화자가 '지하철에서 하차할 수 있도록 길을 터 달라고 하는 부탁'으로 해석될 수 있다.

반대로 화자의 의도에 따라서, 다양한 언어 표현이 하나의 발화 의미로 실현될 수가 있다.

(2) ㄱ. 이 짐 좀 들어 줘.   [명령문]

   ㄴ. 이 짐 좀 들자.   [청유문]

   ㄷ. 이 짐 좀 들어 주면 좋겠다.   [평서문]

   ㄹ. 이 짐 좀 들어 줄래?   [긍정 의문문]

   ㅁ. 이 짐 좀 들어 주지 않을래?   [부정 의문문]

(ㄱ~ㄹ)의 문장은 각각 '명령문, 청유문, 평서문, 의문문' 등으로 표현의 형식이 각각 다르다. 그러나 이들 문장은 화용론적인 기능으로 보면 모두 화자가 청자에게 짐을 들어 줄 것을 명령하거나 요청하는 문장이다. 이처럼 화용론에서는 (3)의 (ㄱ~ㄹ)은 문법적인 형식은 각각 달라도, 기능은 동일한 발화로 볼 수 있다.

둘째, 문장 자체만으로는 파악할 수 없었던 언어 내용이, 시간·공간적인 장면을 통해서 구체적으로 드러날 수 있다.

(3) ㄱ. <u>너</u>는 <u>내일</u>까지는 <u>그녀</u>를 <u>여기</u>에 데려와야 한다.   [3월 4일에 학교에서 발화]

　　ㄴ. <u>철수</u>는 <u>3월 5일</u>까지는 <u>영자</u>를 <u>학교</u>에 데려와야 한다.

(ㄱ)의 문장에서 쓰인 대명사 '너'와 '내일, 그녀, 여기'는 문맥 자체로는 그 지시 대상을 파악할 수가 없다. 이러한 대명사의 의미(= 지시 대상)는 발화 장면에서 화자와 청자의 시간과 공간적인 위치에 따라서 결정되므로, 실제의 발화 장면 속에서만 그 지시 대상이 (ㄴ)의 '철수, 3월 5일, 영자, 학교'인 것을 확인할 수 있다.

　이처럼 발화 상황에 따라서는 언어적 표현과 그에 대응되는 의미가 1 대 1로 대응하지 않는 경우가 많다. 그러므로 언어적 표현과 그에 대응되는 의미는 화자·청자의 처지나 담화 상황에 따라서 아주 복잡하고 다양한 관계를 맺고 있다.

　〈담화〉 현실의 언어 생활에서는 하나의 발화만 독립적으로 발화되는 경우는 매우 드물고 대개는 발화들이 이어져서 하나의 담화를 형성한다. 곧, '담화(談話, discourse)'는 특정한 상황에서 어떠한 주제를 중심으로 하여 화자와 청자가 주고받은 발화들의 묶음이다.

　그런데 여러 발화들이 그냥 나열된다고 해서 담화가 형성되는 것은 아니다. 담화는 그것을 구성하는 언어 요소들이 형식적으로는 '응집성(凝集性)'을 갖추고, 내용적으로는 주제를 중심으로 '통일성(統一性)'이 있는 구조체를 이루어야 하는 것이다. 여기서 '응집성(凝集性, cohesion)'은 담화를 구성하는 구성 요소들이 '지시 표현, 대용 표현, 접속 표현' 등에 의해서 형식적으로 결속되어 있는 성질이다. 반면에 '통일성(統一性, 결속성, coherence)'은 개별 발화가 어떠한 주제를 중심으로 모여서 내용상으로 하나의 구조체를 구성하는 것이다. 곧, 응집성은 문장들이 모여서 담화를 구성할 때에 필요한 형식적인 조건이며, 통일성은 문장들이 모여서 담화를 구성할 때에 필요한 내용적인 조건이다.

(4) 나는 어제 저녁에 남포동에서 영희와 한정식을 먹었어. 철수가 나를 보자고 했어. 집으로 돌가가기 전에 영희와 나는 '아바타' 영화를 보았어. 잠시 시간이 생겨서 우리들은 호프집에서 맥주를 마셨어. 종업원도 우리들처럼 음악 감상을 매우 좋아한대.

(5) 옛날 옛적에 한 <u>나무꾼</u>이 살았습니다. 어느 날 <u>그 나무꾼</u>은 뒷산에 나무를 하러 올라갔습니다. <u>그런데 나무꾼</u>이 나무를 하던 중에 이상한 장면을 보게 되었습니다. 하늘나라에서 내려온 <u>선녀</u>들이 조그만 연못에서 목욕을 하고 있었던 것입니다. <u>나무꾼</u>은 목욕하고 있던 한 <u>선녀</u>의 옷을 몰래 훔쳐서 감추어 두었습니다. 목욕을 마치고 다른 <u>선녀</u>들은 <u>하늘나라</u>로 다시 올라갔으나, <u>옷</u>을 잃어 버린 <u>선녀</u>는 <u>하늘나라</u>로 올라가지 못했습니다. (이하 생략)

(5)에 실현된 발화들은 전체적으로 보면 의미적으로 하나의 담화를 구성하지 못한다. 이는 (6)의 발화들이 의미적으로 서로 관련성 없이 나열되어 있고, 담화 구성 요소도 적절하게 실현되지 않아서 응집성을 갖추지 못했기 때문이다. 이에 반해서 (2)에서는 개개의 발화가 유기적으로 짜여서 하나의 통일된 담화를 구성하고 있다. 이처럼 (2)의 발화가 하나의 담화를 구성할 수 있는 것은 '나무꾼, 선녀, 하늘나라, 옷'이 문맥에 되풀이되었고, 접속어인 '그런데'와 지시어인 '그' 등이 실현되어서 응집성을 갖추었기 때문이다.[1]

〈 담화의 구성 요소 〉 담화(談話)는 문장의 형식을 갖춘 개별적인 발화(發話)가 유기적으로 결합되어서 형성된 하나의 언어적 통일체이다. 이러한 담화는 화자와 청자, 시공간적인 장면, 발화(언어 표현) 등과 같은 구성 요소에 따라서 형성된다.

담화를 짜 이루는 데에 기여하는 요소를 '담화의 구성 요소'라고 한다. 이러한 담화 구성 요소로는 '화자(필자), 청자(독자), 언어 표현, 맥락(脈絡)'이 있다.

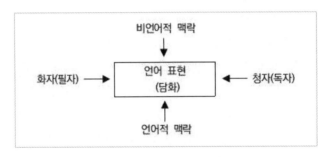

〈그림 4〉 담화의 구성 요소

곧, 어떠한 담화가 구성되려면 화자(필자)와 청자(독자)가 전제되어야 하며, 담화가 이루어지는 언어적 맥락과 비언어적 맥락을 배경으로 하여 화자가 청자에게 전달하는 발화(發話)가 있어야 한다. 여기서 '언어적 맥락'은 선행 발화와 후행 발화 사이에 성립하는 맥락이며, '비언어적 맥락'은 특정한 발화가 그것을 둘러싼 언어 외적인 요소(화자, 청자, 시·공간적인 장면, 사회·문화적 배경 등)과 맺는 통사·의미론적인 맥락이다.

---

1) 담화는 일반적으로 개별 발화가 '응집성'과 '통일성(결속성)'을 바탕으로 유기적으로 모여서 하나의 담화를 이룬다. 그러나 특정한 발화가 '화자·청자·시공간적인 상황' 등의 비언어적 맥락을 바탕으로 단독으로 담화를 이룰 수도 있다.(보기: ① 불이야! ② 자나 깨나 불조심. ③ 속도를 줄이시오. ④ 백지장도 맞들면 낫다.) ①~④의 개별 발화들은 비언어적 맥락을 바탕으로 하나의 담화를 이룬다.

4.2. 담화의 맥락

'맥락(脈絡, context)'은 담화의 형성하거나 담화를 구성하는 개별 발화의 의미를 해석하는 데에 영향을 끼치는 요소이다.

〈그림 5〉 맥락의 유형

맥락은 먼저 '언어적 맥락'과 '비언어적 맥락'으로 구분되며, 비언어적 맥락은 다시 '상황 맥락'과 '사회·문화적 맥락'으로 구분된다.

4.2.1. 언어적 맥락

'언어적 맥락'은 특정한 발화가 그것의 앞뒤에 실현된 언어적 표현과 관련해서 형성되는 맥락이다.

(1) ㄱ. 어머니는 아들을 위하여 털실로 장갑을 짰다.
　　ㄴ. <u>그러나</u> 아들은 <u>그것</u>을 겨우내 끼지 않았다.

(1)에서 (ㄱ)의 발화와 (ㄴ)의 개별 발화는 내용이나 형식의 측면에서 담화를 구성하고 있다. 이때에 (ㄱ)과 (ㄴ)의 문장은 '그러나'와 같은 접속어와 '그것'과 같은 지시 대명사를 실현하거나, '아들'과 같은 명사를 되풀이하여 표현함으로써 하나의 담화로 엮기게 된다. 결국 (1)의 문장들은 언어적 맥락을 통해서 하나의 담화로 구성된 것이다.
언어적 맥락을 형성하는 언어적 현상으로는 '대용, 문맥 생략, 반복, 접속, 신정보-구정보의 구조, 주제-설명의 구조' 등이 있다.

(가) 대용 표현

어떤 언어 표현이 앞서 발화된 문맥에 표현되어 있는 다른 언어적 표현을 대신하는 경우가 있는데, 이를 '대용(代用) 표현'이라고 한다. 이러한 대용 표현을 통해서 언어적 맥락이 형성될 수 있다.

(2) 철수는 내일 <u>영애</u>와 <u>울산</u>에 놀러 갈 거지?

(3) ㄱ. 아니, 나는 <u>그녀</u>와는 안 가.
　　 ㄴ. 아니, 나는 <u>거기</u>는 안 갈 거야.

(3ㄱ)의 '그녀'는 앞선 문맥인 (2)에 표현된 '영애'를 대용하며, (3ㄴ)의 '거기'는 (2)에 표현된 '울산'을 대용하였다. 결국 (3)에 실현된 대명사 '그녀'와 '거기'가 나타내는 의미는 앞선 문맥인 (2)를 통해서 확인할 수 있다. 이러한 대용 현상을 통하여 (3)의 (ㄱ)이나 (ㄴ)의 문장은 대용 표현에 의하여 앞선 문맥인 (2)와 언어적 맥락을 형성하고, 이러한 언어적 맥락에 기대어서 (2)와 (3)의 문장은 하나의 담화를 이루었다.

(나) 문맥 생략 표현

앞선 발화에서 이미 실현되어서 알려진 요소를 다음 발화에서 실현하지 않을 수 있는데, 이와 같은 생략을 '문맥 생략(文脈 省略)'이라고 한다. 이와 같은 문맥 생략을 통해서도 언어적 맥락이 형성될 수 있다.

(4) 갑 : 철수는 어제 시험에서 몇 점 받았니?

(5) 을 : 30점.

(4)와 (5)는 '갑'과 '을'의 대화인데, '갑'의 질문에 대하여 '을'은 문장의 다른 요소는 모두 생략하고 '30점'이라는 명사구만 발화했다. 이렇게 문장에서 다른 모든 요소를 다 생략하고 '30점'이라는 말만 발화해도 '갑'과 '을'의 대화가 자연스러운 이유는 앞선 문맥('갑'이 발화한 말)을 통해서 생략된 언어 요소의 내용을 알 수 있기 때문이다. 이처럼 '갑'의 발화와 '을'의 발화가 문맥 생략을 통해서 언어적인 맥락을 형성하고 있기 때문에, (4)와 (5)의 문장은 담화를 형성하였다.

(다) 반복 표현

앞의 발화와 뒤의 발화에 동일 어구를 반복하여 표현함으로써 개별 발화 사이에 언어적인 맥락이 형성될 수 있는데, 이로써 두 발화가 담화를 이룰 수가 있다.

(6) <u>철수</u>가 <u>비빔밥</u>을 식당에서 먹었다. <u>철수</u>는 처음부터 <u>비빔밥</u>을 좋아한 것은 아니었다. <u>철수</u>

는 초등학교 때까지는 **비빔밥**을 먹지는 않았다. 그러나 <u>철수</u>가 중학교 무렵에 진주에서 **비빔밥**을 먹어 보고는 그 맛에 푹 반했다.

(6)에 실현된 네 개의 발화에는 '철수'와 '비빔밥'이 되풀이하여 표현되었다. 이렇게 동일한 명사가 되풀이됨으로써 네 개의 발화가 서로 언어적 맥락을 형성하고, 이러한 맥락을 바탕으로 결과적으로 담화를 이루었다.

(라) 접속 표현

앞선 발화와 뒤 이은 발화 사이에 '접속어(接續語)'를 실현함으로써 개별 발화들이 언어적 맥락이 형성될 수 있는데, 이로써 두 발화가 담화를 이룰 수 있다.

첫째, 발화와 발화 사이에 그들이 연결되는 의미 관계에 알맞게 '접속 부사'를 실현하여서, 개별 발화를 의미적으로 통합할 수 있다.

(7) 김 형사는 사건 현장에서 범인을 잡지는 못했다. <u>그러나</u> 사건 현장에서 범인이 떨어뜨린 열쇠를 발견했다. <u>따라서</u> 그 열쇠에서 범인의 지문을 채취할 수만 있다면 범인을 잡는 것은 시간 문제였다. <u>그런데</u> 열쇠에 묻어 있는 지문이 분명하지 않아서 '국립 과학 수사 연구소'에 지문 감식을 의뢰해야 하는 것이 문제였다.

(7)에서는 네 개의 발화가 실현되었는데, 이들 발화는 '그러나', '따라서', '그런데'와 같은 접속어를 통해서 이어졌다. 이처럼 문장과 문장을 직접적으로 잇는 접속어를 통해서 개별의 발화가 하나의 담화를 이룰 수도 있다.

둘째, 구(句)의 형식으로 된 접속어를 사용해서 개별 발화를 담화로 통합할 수 있다.

(8) 요즈음은 '제철 과일'이 별로 없다. <u>예를 들어서</u> 여름 과일이었던 '수박, 참외, 포도' 등은 일 년 내내 출하되고 있어 슈퍼마켓의 과일 코너에서 팔리고 있다. <u>그뿐만 아니라</u> 가격 또한 제철에 나는 과일과 별로 차이를 보이지 않아서, 돈만 있으면 언제든지 모든 과일을 맛볼 수 있다. <u>다시 말해서</u> 우리는 돈만 있으면 식생활에 관한 한 예전의 중국 황제보다도 더 풍요롭게 생활할 수 있다.

(8)에서는 '예를 들어서', '뿐만 아니라', '다시 말해서' 등의 접속어를 실현해서 앞선 발화와 뒤의 발화를 이어서 하나의 담화체를 이루고 있다. 이들 접속어들은 구(句)의 구성인데, 앞의 (7)에 쓰인 '그러나, 따라서, 그런데'와 마찬가지로 발화와 발화를 잇는 접속

기능을 한다. 이들 접속어로 말미암아서 개별 발화들이 언어적 맥락을 형성하면서 전체 발화가 하나의 통일성 있는 담화를 이루었다.

(마) 발화의 정보 구조

발화 속에 실현되는 문장 성분에는 여러 가지의 정보가 담겨 있다. 정보 전달의 관점에서 개별 발화의 구조를 '구정보-신정보'의 구조와 '주제-설명'의 구조로 나눌 수 있다. 이처럼 개개의 발화에 내재하는 정보의 구조가 언어적 맥락을 형성하는 요인이 되기도 한다.

(마)-1. '신정보-구정보'의 구조

〈 **신정보와 구정보의 실현 방식** 〉 하나의 발화 속에는 여러 가지 문장 성분이 실현되어 있는데, 이들 문장 성분에는 발화 참여자가 이미 알고 있는 정보가 실려 있기도 하고 새로운 정보가 실려 있기도 하다. 이처럼 문장의 구조를 정보 전달의 측면에서 분석하면 새로운 정보를 나타내는 부분과 이미 알고 있는 정보를 나타내는 부분으로 나눌 수 있다.

문장에 실현된 신·구정보에는 일정한 표지가 붙어서 실현될 수가 있는데, 조사 '-이/-가'와 '-은/-는'이 이러한 표지로 기능한다.

첫째, 문장에서 신정보를 전달하는 요소에는 조사 '-이/-가'를 실현하여 표현한다.

(9) 갑 : 누가_{초점} 먼저 서울에 도착했나요?

(10) ㄱ. 을₁ : 철수가_{신정보} <u>먼저 도착했습니다.</u>_{구정보}
ㄴ. 을₂ : [?]철수는_{신정보} <u>먼저 도착했습니다.</u>_{구정보}

'갑'과 '을'의 대화에서 '갑'이 발화한 (9)의 문장에는 '어떤 사람이 먼저 서울에 도착했다는 사실'이 전제되어 있다. 그러므로 '갑'의 물음에 대하여 '을'이 발화한 (10ㄱ)의 문장에서 '먼저 도착했다'는 청자가 이미 알고 있는 구정보을 담고 있다. 그리고 (10ㄱ)에서 '철수'는 '갑'이 알고 싶어 하는 '새로운 정보'가 되는데, 이러한 새로운 정보에는 조사 '-가'가 표지로 쓰인다. 만일 새로운 정보를 나타내는 '철수'에 구정보의 표지인 '-는'을 실현하게 되면 (10ㄴ)처럼 부자연스러운 문장이 된다.

둘째, 문장에서 구정보를 전달하는 요소에는 조사 '-은/-는'을 실현하여 표현한다. 이처럼 '-은/-는'이 화용론적으로 구정보를 나타내는 표지로 쓰일 때에는 대부분 문장의 첫머리에 위치하여서 '화제(주제)'의 기능을 담당한다.

(11) 갑 : 영희가 언제_{초점} 집을 샀나요?

(12) ㄱ. 을₁ : 영희는_{구정보} <u>작년에</u>_{신정보} <u>집을 샀습니다</u>_{구정보}

　　 ㄴ. 을₂ : [?]영희가_{구정보} <u>작년에</u>_{신정보} <u>집을 샀습니다</u>_{구정보}

'갑'과 '을'의 대화에서 '갑'이 발화한 (11)의 의문문에는 '영희가 집을 샀다는 사실'이 전제되어 있으므로, 청자인 '을'에게는 '영희'는 구정보가 된다. 이처럼 구정보로 전달되는 '영희'에는 (12ㄱ)처럼 구정보 표지인 '-는'이 실현되는 것이 자연스럽다. 만일 구정보인 '영희'에 (12ㄴ)처럼 신정보 표지인 '-가'를 실현하면 부자연스러운 문장이 된다.

그리고 아래에 제시된 전래 설화처럼 '단독적 발화'가 일어나는 담화 상황에서도 정보 전달의 양상에 따라서 '-이/-가'와 '-은/-는'이 구분되어서 쓰인다.

(13) A. 옛날 옛적에 어느 시골에 한 나무꾼이_신 살았습니다. 그런데 그 나무꾼은_구 나이가 들도록 장가를 들지 못했습니다. 그 나무꾼은_구 장가들 돈이 없었던 것입니다.

B. 그러던 어느 날 나무꾼이_신 산에서 나무를 하고 있는데, 늙은 산신령이_신 나타나서 나무꾼에게 복주머니를 하나 건네주었습니다. 나무꾼은_구 그 복주머니를 받아서 집으로 돌아왔습니다.

(13)의 글은 이야기의 내용상 (A)와 (B)의 두 가지의 담화로 구성되어 있다. (A)에서 '나무꾼'이 처음 등장할 때에는 신정보를 전달하여 조사 '-이'가 실현되었고, 두 번째 이하의 문장에서는 '나무꾼'이 구정보를 전달하여 조사 '-은'이 실현되었다. 그런데 (B)의 담화에서는 새로운 담화 상황이 형성되기 때문에 첫 번째 문장에서는 '나무꾼'과 '산신령'에 신정보를 나타내는 '-이'를 실현하였고, 두 번째 문장에 나타나는 '나무꾼'에는 구정보를 나타내는 '-은'을 실현하였다.[2]

　〈 신정보와 구정보로써 형성되는 담화 〉 '구정보(舊情報)'는 하나의 발화에 이미 전제되어 있어서, 청자의 의식 속에 들어 있는 정보이다. 반면에 '신정보(新情報)'는 청자에게 알려

---

2) 보조사인 '-은/-는'은 문장에서 '대조'의 뜻을 나타낼 수가 있는데, 이때에는 '-은/-는'이 신정보를 나타내는 표지가 되기도 한다.(보기 1: 너는 라면을 좋아하니? 예, 라면은_{구정보} 좋아합니다. 하지만 국수는_{신정보} 싫어합니다.) 보기 1에서 두 번째 문장에 실현된 '국수'는 대화에 처음 등장하는 신정보이지만 구정보에 실현되어야 하는 '-는'이 실현되었다. 이 경우에 '-는'은 주제의 뜻이 아니라 대조의 뜻으로 쓰였다. 이처럼 '-은/-는'이 실현된 말이 주제가 아니라 대조의 뜻을 나타낼 때에는 신정보를 나타내기도 한다.(보기 2: 호랑이는_{신정보} 가죽을 남기고 사람은_{신정보} 이름을 남긴다.)

지지 않아서 청자가 궁금하게 생각하는 사항으로서, 화자가 문장을 통해서 새롭게 제시하는 정보이다.

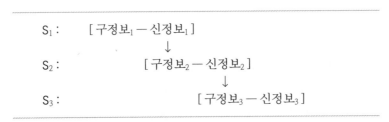

S$_1$:　　　 [구정보$_1$ ― 신정보$_1$]
　　　　　　　　　　↓
S$_2$:　　　　　　 [구정보$_2$ ― 신정보$_2$]
　　　　　　　　　　　　↓
S$_3$:　　　　　　　　　 [구정보$_3$ ― 신정보$_3$]

〈그림 6〉 구정보와 신정보로 형성되는 담화 구조

이와 같이 하나의 문장 속에는 '구정보'를 나타내는 말과 '신정보'를 나타내는 말이 서로 관련을 맺으면서 점진적으로 새로운 정보를 추가하면서 화자와 청자가 서로 의사소통을 한다. 결과적으로 S$_1$과 S$_2$와 S$_3$의 문장은 그 내부에 〈그림 6〉처럼 '구정보-신정보-구정보-신정보'를 나타내는 말이 순환되는데, 이를 통해서 전체적으로 하나의 담화 구조를 형성하게 된다. 이처럼 여러 개의 개별 발화는 '구정보-신정보'의 구조를 통해서 앞의 문장과 뒤의 문장이 서로 관련을 맺으면서 하나의 담화 구조를 형성한다.

(마)-2. '주제-설명'의 구조

발화의 정보 구조는 '주제(화제)―설명(논평)'의 정보 구조로도 분석할 수도 있다.
〈 주제와 설명의 개념 〉 대부분의 발화는 '~에 대하여 ~으로 설명하다'의 형식으로 실현된다. 곧, 발화의 구조는 화자가 청자에게 '말하려는 것'과 '그것(=말하려고 하는 것)에 대한 풀이'의 두 부분으로 구분할 수 있다.

(14) ㄱ. 기린은$_{주제}$ 목이 길다.$_{설명}$
　　　ㄴ. 콩쥐는$_{주제}$ 치마를 잘 입지 않았다.$_{설명}$

(ㄱ)에서 '기린'은 이 발화에서 말하려는 것(주제)이며, '목이 길다'는 말하려는 것에 대한 풀이이다. (ㄴ)에서 '콩쥐'는 이 발화에서 말하려는 것(주제)이며, '치마를 잘 입지 않았다'는 말하려는 것에 대한 풀이이다.

| • 주제(主題, topic): 발화에서 말하려고 하는 그 무엇이다. |
| • 설명(說明, comment): 주제에 대하여 풀이하는 부분이다. |

<표 1> 주제와 설명

　여기서 발화에서 '무엇에 대하여 말하려는 것'을 '주제(主題)' 또는 '화제(話題)'라고 하고, '말하려고 하는 것에 대한 풀이'를 '설명(說明)' 또는 '논평(論評)'이라고 한다. 이처럼 담화를 이루는 개별 발화들이 '주제-설명'의 구조를 통해서 앞의 발화와 뒤의 발화가 관련을 맺는 담화 구조를 형성할 수 있다.

　〈 '주제-설명' 구조의 실현 방식 〉 발화의 '주제-설명'의 구조에서는 일반적으로 주제는 문장의 왼쪽에 위치하며, 설명은 오른쪽에 위치한다. 그리고 주제를 나타내는 말은 체언에 보조사 '-은/-는'이 붙으면서 문장의 맨 앞에 나타나는 것이 일반적이다. 이처럼 어떠한 문장 성분에 보조사 '-은/-는'이 붙으면서 문장의 첫머리로 이동하여 주제로 표현되는 것을 '주제화(主題化)'라고 한다.

(15) ㄱ. 김 선생님께서_{주어} 지금 삼성중학교에서 근무하고 있으십니다.

　　ㄴ. 송 총장이 헛돈을_{목적어} 많이 씁니다.

　　ㄷ. 내가 종이학을 영희한테_{부사어} 주었다.

(16) ㄱ. 김 선생님께서는_{주제} 지금 삼성중학교에서 근무하고 있으십니다._{설명}

　　ㄴ. 헛돈은_{주제} 송 총장이 많이 씁니다._{설명}

　　ㄷ. 영희한테는_{주제} (내가) 종이학을 주었다._{설명}

(15)에서 (ㄱ)의 '김 선생님께서'는 주어로 쓰였으며, (ㄴ)의 '헛돈을'은 목적어로 쓰였으며 (ㄷ)의 '영희한테'는 부사어로 쓰였다. 이들 문장 성분은 모두 정상적인 위치에서 실현되었다. 이에 반해서 (16)에서 '헛돈은'과 '영희한테는'은 모두 체언에 주제를 나타내는 보조사 '-는'이 실현되면서 문장의 맨 앞으로 이동하였다. 이처럼 (16)의 (ㄴ)과 (ㄷ)에서 목적어와 부사어가 문장의 첫머리로 이동한 것은 주제화에 따른 어순의 이동에 해당된다. 이렇게 문장 성분이 문장의 앞으로 이동한 것은 주제(말거리, 화제)를 표현하기에 가장 적절한 위치가 문장의 첫머리이기 때문이다.[3]

---

　3) '주어'와 '주제'는 그것이 쓰이는 언어적인 층위가 다르다. 곧 개별 문장을 기본 단위로 연구하는

결국 화용론적인 측면에서 보면 (16)에서 '김 선생님은', '헛돈은', '영희한테는'은 모두 문장의 첫머리(왼편)에 실현되어서 '주제'임을 나타내며, 이들 주제를 나타내는 문장 성분을 제외한 나머지 부분은 문장의 오른쪽에 실현되어서 '설명'을 나타낸다.

〈 '주제–설명' 구조로 형성되는 담화 〉 여러 개의 발화가 이어서 실현될 때에는 '화제–설명'의 구조가 되풀이되면서 하나의 통일된 담화를 형성할 수도 있다.

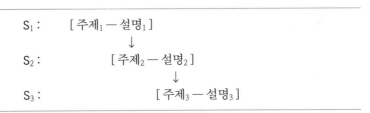

S_1 :　　　[주제$_1$ — 설명$_1$]
　　　　　　　　↓
S_2 :　　　　　[주제$_2$ — 설명$_2$]
　　　　　　　　　↓
S_3 :　　　　　　[주제$_3$ — 설명$_3$]

〈그림 7〉 담화의 주제–설명 구조

발화$_1$은 '주제$_1$–설명$_1$'의 구조를 갖추었는데, 발화$_2$에서는 발화$_1$에서 이미 제시된 설명$_1$이 주제$_2$로 바뀌어서 '주제$_2$–설명$_2$'의 구조가 된다. 그리고 발화$_3$에서는 발화2에서 이미 제시된 설명$_2$가 주제$_3$으로 바뀌어서 '주제$_3$–설명$_3$'의 구조가 된다. 이처럼 발화의 연속체인 S_1, S_2, S_3은 주제–설명의 구조를 통해서 하나의 담화를 형성하게 된다.

다음은 거북선에 대한 해설을 세 개의 문장의 형태로 발화한 것인데, 이들 발화들에 나타나는 '주제–설명'의 실현 양상을 살펴보자.

(17) ㄱ. <u>거북선은</u>화제 <u>세계 최초의 철갑선이다.</u>설명

ㄴ. <u>철갑선은</u>화제 <u>나무 위에 철판으로 거죽을 싸서 만든 병선(兵船)이다.</u>설명

ㄷ. <u>철판으로 만든 병선은</u>화제 <u>적군의 병선과 싸우는 데에 큰 이점이 있다.</u>설명

ㄹ. <u>그 이점은</u>화제 <u>아군의 은폐가 용이하고 적의 공격으로부터 안전하다는 것이다.</u>설명

(18) 거북선은 세계 최초의 철갑선이다. 철갑선은 나무 위에 철판으로 거죽을 싸서 만든 병선(兵船)이다. 철판으로 만든 병선은 적군의 병선과 싸우는 데에 큰 이점이 있다. 그 이점

통사론의 측면에서 보면 (15ㄱ)의 '김 선생님께서'는 주어가 되지만, 담화 속에서 실현되는 발화를 기본 단위로 연구하는 화용론적인 측면에서 보면 (16ㄱ)의 '김 선생님께서는'은 주제어가 된다. 곧, 통사론적인 층위에서 쓰인 주어가 화용론적인 측면에서는 주제어로 쓰인 것이다. 그리고 (15) 에서 (ㄴ)의 '헛돈을'과 (ㄷ)의 '철수한테'는 통사론적인 층위에서 목적어와 부사어로 쓰였다. 그런데 이들 문장 성분이 화용론적인 차원에서는 (16ㄴ)의 '헛돈은'과 (16ㄷ)의 '영희한테는'에서처럼 주제어로 쓰였다.

은 아군의 은폐가 용이하고 적의 공격으로부터 안전하다는 것이다.

(17)의 개별 발화는 '주제-설명'의 구조를 형성하고 있다. 이들 개별 발화는 모두 (18)처럼 앞 문장과 뒤의 문장이 연쇄적으로 '주제-설명'의 구조를 형성하고 있으므로, 결과적으로 (17)에 실현된 4가지 개별 발화들은 (18)처럼 언어 내부적으로 하나의 담화를 형성한다.

2.2.2. 비언어적 맥락

'비언어적 맥락'은 특정한 발화가 '화자 · 청자 · 시공간적 배경 · 사회 문화적 배경' 등, 언어적 표현을 제외한 담화 구성 요소와 관련을 맺으면서 형성되는 맥락이다. 이러한 비언어적 맥락에는 '상황 맥락'과 '사회 · 문화적 맥락'이 있다.

(가) 상황 맥락

'상황 맥락'은 화자와 청자, 그리고 시간과 공간 등의 요인으로 형성되는 맥락이다. 곧, 화자의 의도와 청자의 처지, 그리고 시간과 공간적 배경과 관련하여 형성되는 맥락으로서, 이들 맥락에 따라서 동일한 발화의 내용이 다르게 표현되거나 해석될 수 있다. 상황 맥락과 관련이 있는 언어적 표현으로는 '화자와 청자에 관련된 상황 맥락', '시 · 공간적 상황에 관련된 상황 맥락'이 있다.

(가)-1. 화자와 청자에 따른 상황 맥락

화자와 청자에 관련된 맥락으로서 '화자의 의도', '상대 높임 표현, 청자에 대한 심리적 거리 표현, 시점 표현' 등이 있다.

〈 화자의 의도 〉 화자의 의도에 따라서 어떠한 언어적 표현이 다르게 해석될 수 있는데, 이때에는 화자의 의도가 상황 맥락을 형성한다.

예를 들어서 다음은 학교에서 막 돌아온 '아들'과 집에 있는 '어머니'가 나눈 대화이다.

(19) ㄱ. 아들 : 엄마, 나 지금 배고파.　　　　　　　　[평서문-호소]

ㄴ. 엄마 : [?]그래, 참 안됐구나.

(20) ㄱ. 아들 : 엄마, 나 지금 배고파.　　　　　　　　[명령문-요청]

ㄴ. 엄마 : 응, <u>라면을 끓여 줄게</u>. 잠시만 기다려.

(19)에서 '아들'은 (ㄱ)처럼 평서문으로 발화했지만, 아들의 의도는 엄마에게 '먹을 것을 달라.'고 하는 요청이다. 만일 엄마가 아들의 발화 의도를 이해하지 못한 채로 아들의 발화를 문맥 그대로 받아들여서 (ㄴ)처럼 대답했다면, 어머니의 발화는 상황 맥락에 맞지 않는 발화가 된다. 결국 '아들'의 발화는 형식은 평서문으로서 '배가 고프다.'고 하는 '호소(呼訴)'의 기능을 하지만, 발화 의도는 '먹을 것을 달라.'고 하는 '요청'의 기능을 한다. 따라서 엄마가 아들의 의도를 잘 이해하였다면 (20ㄴ)처럼 발화하여야 하는데, 그 결과 (ㄱ)과 (ㄴ)의 발화가 하나의 담화를 형성할 수 있다.

청자는 화자가 발화한 의도를 잘 알아야 대화를 효율적으로 할 수 있는데, 이는 아들의 발화가 아들의 의도와 함께 상황 맥락을 형성하고 있기 때문이다.

〈 상대 높임 표현 〉 '높임 표현(대우 표현)'은 화자가 청자나 문장 속에서 표현된 어떤 대상을, 그의 지위가 높고 낮은 정도에 따라서 언어적으로 대우하는 표현이다.

(21) ㄱ. 선생님 : 철수<u>야</u>, <u>네</u>가 이 유리창을 깨었<u>니</u>?
     ㄴ. 학　생 : <u>저</u>는 유리창을 깨지 않았<u>습니다</u>.

선생님과 학생의 대화에서 (ㄱ)에서 화자인 '선생님'은 청자인 '학생'을 아주 낮추어서 표현하였다. 곧, 선생님이 발화한 호격 조사 '-야'와 2인칭 대명사인 '너'와 의문형 어미인 '-니'는 모두 청자를 아주 낮추어서 대우한 표현이다. 반면에 (ㄴ)에서 화자인 '학생'은 청자인 '선생님'을 아주 높여서 표현하였다. 곧, 학생이 발화한 '저'는 겸양의 표현이며, '-습니다'은 청자를 아주 높여서 대우한 표현이다.

이처럼 상대 높임 표현은 화자가 청자를 대우하는 상황적 맥락을 형성하여서, 하나의 담화를 이루었다.

〈 심리적 거리 표현 〉 높임 표현을 통해서 화자와 청자의 서열만 확인하는 것은 아니다. 국어의 높임 표현은 화자와 청자 사이의 친소성(親疎性)과 같이, 어떠한 대상에 대한 심리적인 거리를 표현할 수 있다.

첫째, 화자는 높임 표현을 통해서 어떤 대상에 대한 개인적인 친밀감을 표현할 수도 있다.

(22) ㄱ. 김구는 그 길로 임시 정부를 찾아갔다.
     ㄴ. 김구 <u>선생님께서는</u> 그 길로 임시 정부를 찾아가<u>셨</u>다.

(22)에서 화자는 동일한 인물을 (ㄱ)처럼 낮추어서 대우할 수도 있고 (ㄴ)처럼 높여서

대우할 수도 있다. 여기서 (ㄱ)의 문장은 '김구'에 관한 일을 객관적으로 진술한 표현이며, (ㄴ)의 문장은 '김구'에 대한 개인적인 존경심이 드러나 있는 표현이다.

둘째, 화자는 높임 표현을 통해서 대화 상대방에 대한 감정을 드러낼 수 있다.

　(23) ㄱ. 무슨 말씀이세요? 선생님의 애가 저희 애를 먼저 때렸잖습니까?
　　　 ㄴ. 무슨 말이야. 당신의 애가 우리 애를 먼저 때렸잖아?

그리고 (23)은 두 집안의 아이들끼리 싸운 일에 대하여 그들의 부모들이 서로 잘잘못을 따지는 문장이다. 동일한 대상에 대하여 처음에는 (ㄱ)처럼 상대를 높여서 표현할 수도 있지만, 감정이 격해지면 (ㄴ)처럼 낮추어서 표현할 수도 있다.

이처럼 화자가 문장으로 표현된 주체나 청자와의 개인적인 친소 관계나 감정으로 맥락을 형성하고, 그 맥락적 특징이 언어적 표현으로 반영된 것이다.

　〈시점 표현〉 발화에 나타난 어떠한 대상에 대하여 취하는 화자의 관심도가 언어 표현에 반영되는 경우가 있는데, 이러한 현상을 발화의 '시점(視點, empathy)'이라고 한다. 시점이 적용되면 화자가 관심을 많이 두는 요소를 주어로 표현하는 경향이 매우 강하다.

　첫째, '이기다/지다', '주다/받다', '때리다/맞다'와 같은 반의어가 문장에 실현될 때에는, 동일한 일에 대하여 말하는 시점에 따라서 발화의 표현 양상이 달라질 수 있다.

　예를 들어서 프로 야구 경기에서 롯데 팀과 삼성 팀이 벌인 시합의 결과가 2:3으로 나왔다고 가정하자. 이와 같은 경기의 결과를 문장으로 표현할 때에는 다음과 같은 2가지 방법으로 표현할 수 있다.

　(24) ㄱ. <u>롯데 팀</u>이 삼성 팀에 2 대 3으로 <u>졌습니다</u>.
　　　 ㄴ. <u>삼성 팀</u>이 롯데 팀에 3 대 2로 <u>이겼습니다</u>.

보통의 경우에 화자는 자기가 관심을 제일 많이 두는 대상을 주어로 설정하면서 문장에서 맨 앞자리에 표현한다. 따라서 동일한 경기 결과를 표현하더라도 만일 화자가 롯데 팀의 팬일 경우에는 (ㄱ)처럼 표현하겠지만, 반대로 화자가 삼성 팀의 팬이라면 (ㄴ)처럼 표현할 것이다.

　둘째, '주다/받다', '때리다/맞다'가 서술어로 쓰인 문장에서 시점의 원리가 적용되어서 서로 다르게 표현된 예이다.

(25) ㄱ. 김현식이 손예진에게 루이비통 가방을 <u>주었다.</u>

ㄴ. 손예진이 김현식에게서 루이비통 가방을 <u>받았다.</u>

(26) ㄱ. 놀부의 처가 흥부를 밥주걱으로 <u>때렸다.</u>

ㄴ. 흥부가 놀부의 처에게 밥주걱으로 <u>맞았다.</u>

(25)의 문장은 동일한 일을 반의어인 '주다'와 '받다'로 표현한 것이다. (ㄱ)의 '주다'가 서술어로 쓰인 문장은 화자가 '김현식'에게 관심을 두고 표현한 것이며, (ㄴ)의 '받다'가 서술어로 쓰인 문장은 '손예진'에게 관심을 두고 표현한 것이다. 그리고 (26)의 문장도 시점의 원리에 따라서 화자가 관심을 두는 대상을 주어로 표현함에 따라서, 문장의 서술어를 '때리다'와 '맞다'로 달리 표현한 문장이다.

셋째, 능동문과 피동문도 '시점의 원리'에 의해서 결정된다. 곧 같은 일에 대하여 화자가 어떠한 대상에 관심을 두느냐에 따라서 능동문과 피동문으로 달리 표현된다.

〈그림 8〉 '개 – 쫓다 – 닭'의 상황

(27) ㄱ. 개가 닭을 쫓았다.   [능동문]

ㄴ. 닭이 개에게 쫓겼다.   [피동문]

예를 들어서 화자가 행위의 주체인 '개'에 관심이 있을 때에는 (ㄱ)과 같이 '개'를 주어로 취하여서 능동문으로 표현한다. 이에 반해서 화자가 행위의 객체인 '닭'에 관심이 있는 경우에는 (ㄴ)처럼 '닭'을 주어로 취하여서 피동문으로 표현한다. 결국 (27)의 예는 화자가 관심을 두는 대상에 따라서 각기 다르게 표현된 것이므로, 시점이 언어에 영향을 끼친 예이다.

이처럼 화자의 관심도가 발화 속의 특정 언어 요소와 상황적 맥락을 형성하여서, 개별 발화들이 담화를 형성할 수가 있다.

(가)-2. 시간과 공간에 따른 상황 맥락

현실 세계에서 발화가 일어나는 시간·공간적인 상황도 맥락을 형성하는 데에 영향을 준다. 시·공간적 상황 맥락에 따라서 담화 구조를 이루는 언어적 표현으로는 '직시 표현, 격식체와 비격식체의 표현, 현장 생략 표현' 등이 있다.

〈직시 표현〉 '직시 표현(直示)'은 화자가 특정한 시간과 공간을 기준으로 하여서, '사람, 사물, 장소, 시간' 등을 직접적으로 가리키는 표현이다.

(28) ㄱ. 나는 어제 그녀를 여기까지 안고 왔다.

ㄴ. 정동건은 3월 14일에 구소영을 순풍산부인과까지 안고 왔다.

(ㄱ)에서 '나', '어제', '그녀', '여기'는 각각 화자(=정동건)가 '3월 15일'의 시간과 '순풍산부인과'의 장소를 기준으로 하여 특정한 사람(=구소영)을 가리키는 직시적 표현이다. 이에 반해서 (ㄴ)의 '정동건, 3월 14일, 구소영, 순풍산부인과'와 같이 실질적인 뜻을 나타내는 표현을 '비직시 표현'이라고 한다.

직시 표현은 특정한 발화 장면에서 대화 참여자들이 관계하여 성립하므로, 직시 표현을 발화할 때에는 직시 표현의 기준점이 있다. 이러한 기준을 '직시의 중심'이라고 하는데, 화자는 전적으로 자기 중심적인 방법으로 '직시의 중심'을 설정한다.[4] 곧, 직시의 '중심 인물'은 '화자'이며, '중심 시간'은 화자가 발화를 수행하고 있는 시간이다. 그리고 '중심 장소'는 화자가 발화할 때에 위치한 장소이며, '중심 발화(메시지)'는 화자가 발화하고 있는 순간의 언어적 표현이다. (28ㄱ)의 발화에서 직시의 중심 인물은 '정동건'이며, 중심 시간은 '3월 15일'이며, 중심 장소는 '순풍산부인과'이며, 중심 발화는 (28ㄱ)의 발화 자체이다.

〈격식체와 비격식체 표현〉 화자와 청자가 동일하여도 발화 장면이 공적(公的)이냐 사적(私的)이냐에 따라서 종결 어미의 실현 양상이 달라질 수 있다. 곧, 국어의 종결 표현은 문장에서 실현되는 종결 어미의 형태에 따라서 '격식체'와 '비격식체'의 종결 표현으로 나뉜다.[5] 공식적 상황에서는 격식체를 주로 쓰고 비공식적 상황에서는 비격식체의 종결

---

4) Karl Bühler(1934)에서는 '나-여기-지금(I-here-now)'이 직시의 중심을 이룬다고 하였다. 곧 '나(I)'는 화자 자신이며, '여기(here)'는 화자가 발화할 때에 위치한 장소이며, '지금'은 화자가 발화하는 '시간(now)'이다.

5) '격식체의 상대 높임법'은 나이나 직업, 직위 등의 주어진 사회적 규범에 의해 어느 특정한 등급의 종결 어미를 쓰게 되어서, 화자에게 개인적인 선택의 여지가 없을 때에 사용하는 상대 높임법이다.(보기: ① 철수가, 왔다. ② 철수가 왔네. ③ 철수가 왔소. ④ 철수가 왔습니다.) 격식체의 상대

표현을 사용하는 경향이 있다.

　동일한 관계에 있는 사람들 사이의 대화일지라도 그것이 어떠한 발화 상황에서 이루어졌느냐에 따라서 높임법의 실현 양상이 달라질 수 있다.

　　(29) ㄱ. "판매 계획은 김희순 대리께서 보고하십시오."　　[화자(부장) 〉 청자(대리)]
　　　　 ㄴ. "김희순 대리, 잠시 나 좀 봐."　　　　　　　　　[화자(부장) 〉 청자(대리)]

(ㄱ)과 (ㄴ)의 대화는 직장에서 박 부장이 부하 직원인 김 대리에게 한 발화이다. 이 가운데 (ㄱ)은 공식적인 회의에서 박 부장이 김 대리에게 한 격식체의 발화고, (ㄴ)은 부장이 김 대리를 사무실에서 개인적으로 부르는 상황에서 한 비격식체의 발화이다.

　이처럼 발화가 일어나는 공간적인 장면의 성격에 따라서 발화의 종결 형태가 달라짐으로써, 의례적 성격의 담화와 비의례적인 성격의 담화를 이룰 수 있다.

　〈 현장 생략 표현 〉 화자와 청자가 발화 현장에서 제시되어 있는 대상을 직접 인지하여서 그 대상을 직접적으로 언급할 때가 있다. 이러한 경우에는 원래의 문장에 실현되어야 할 성분이 실현되지 않을 수 있다. 이렇게 발화 현장에서 알 수 있는 요소를 문맥에 실현하지 않는 현상을 '현장 생략(現場 省略)'이라고 한다.

　다음은 '철수'가 '영이'에게 '사과'를 전달하는 담화 상황에서 발화하는 대화이다.

　　(30) ㄱ. 철수 : 너 이것을 가질래?　　　　　　　　[영이에게 사과를 보이며]
　　　　 ㄴ. 영이 : 그래, 너 그것을 나에게 줘.　　　　 [철수에게 손을 내밀며]

　　(31) ㄱ. 철수 : (너) (이 사과를) 가질래?
　　　　 ㄴ. 영이 : 그래. (네가) (나에게) (그 사과를) (줘)

　　(32) ㄱ. 철수 : 가질래?
　　　　 ㄴ. 영이 : 그래.

만일 구체적인 발화 장면이 제시되지 않았다면 (31)과 같이 온전한 문장의 형식으로

높임법은 직접적이며 단정적이며 객관적이고 의례적인 성격이 있는 높임법이다. 반면에 '비격식체 상대 높임법'은 청자에게 개인적 감정이나 느낌, 태도를 보이기 위하여 스스로 어떠한 문체를 선택하여 사용하는 상대 높임법이다.(보기: ⑤ 철수가, 왔어. ⑥ 철수가 왔어요.) 이는 부드럽고 비단정적이며 주관적이며, 격식을 덜 차리는 정감적인 성격의 상대 높임법이다.

발화해야 한다. 반면에 (32)와 같은 생략 표현은 구체적인 발화 장면 속에서 화자와 청자, 그리고 '사과'가 드러나 있기 때문에 가능하다. 곧 공간적인 발화 장면에서 화자와 청자가 '철수'와 '영이'이며, 전달의 대상이 '사과'라는 것을 직접적으로 확인할 수 있다. 발화 장면에서 직접적으로 알 수 있는 요소를 (31)처럼 생략하여서 (32)와 같이 표현하는 것을 '현장 생략'이라고 한다.

이러한 현장 생략 현상은 대화 참여자들이 발화 현장에서 알 수 있는 요소를 생략함으로써 맥락을 형성하고, 결과적으로 개별 발화가 담화를 형성할 수가 있다.

(나) 사회 · 문화적 맥락

사회 · 문화적 맥락은 특정한 공동체에서 사회적, 문화적으로 오랜 시간에 걸쳐 만들어진 맥락이다. 곧, 사회 · 문화적 맥락은 하나의 사회 집단이 구성한 집단적인 지식이며, 혹은 개인이 사회에 소속되어 있거나 집단 속으로 동화되어 가는 과정에서 형성하는 사회 · 문화적인 지식이다.

대화에 참여하는 청자나 제3자가 이러한 사회 · 문화적인 맥락을 이해하고 있지 않으면 의사소통이 제대로 이루어질 수 없는 경우가 많다.

첫째, 장모가 사위에게 한 다음의 발화에서 높임법의 사용에서 사회 · 문화적인 맥락이 작용한 예를 볼 수 있다.

(33) ㄱ. 나 서방, 어서 오게.　　　　　　　　　　[장모가 사위에게]
　　　ㄴ. 나 서방, 어서 오시게.

일반적인 높임법을 적용하면 상위자인 장모가 하위자인 사위에게 (ㄱ)처럼 발화해야 할 것 같다. 그러나 실제 언어 생활에서는 장모는 (ㄴ)처럼 주체 높임의 선어말 어미인 '-시-'를 실현하여 사위를 높여서 발화하는 것이 일반적이다. 이러한 표현은 '백년 손님'이라고 하여 장모가 사위를 아주 어렵게 대우하던 전통적인 문화가 언어적 표현에 반영된 것이다.

둘째, 일상적으로 사용하는 인사말에서도 사회 · 문화적인 맥락을 이해하여야만 발화의 뜻을 이해할 수 있는 예가 있다.

(34) ㄱ. 인호 : 영희야 잘 가. 우리 나중에 밥 한번 같이 먹자.
　　　ㄴ. 영희 : [?]그래. 언제 밥 먹을래?

(ㄱ)은 '인호'가 '영희'와 헤어지면서 한 발화인데, 이 발화는 언어적 표현 자체로는 청유문이어서 '약속'이나 '권유'의 기능을 한다. 그러나 한국 사회에서는 실제로는 '약속'이나 '권유'의 뜻이 아니라, 헤어질 때의 인사말로 쓰이고 있다. 따라서 한국의 사회·문화적인 맥락을 이해하지 못하는 외국인들은 (ㄴ)처럼 상황에 맞지 않게 발화할 수 있다. 결국 (34)와 같은 대화에 나타난 표현도 사회·문화적인 맥락을 바탕으로 담화를 형성한 것이다.

셋째, 일상 생활에서 사용하는 관용적인 언어 표현에서 사회·문화적인 맥락이 작용한다.

(35) ㄱ. <u>쌀팔러</u> 간다.   [쌀을 사러 가다]
　　　ㄴ. <u>쌀을 사러</u> 간다.

국어에서는 '쌀팔러 가다'라는 표현이 쓰이는데, 이는 실제로는 '쌀을 사러 가는 행위'를 나타낸다. 이러한 표현은 16세기의 문헌인 『훈몽자회』(1527)에 이미 '쏠 풀다'의 형태로 나타났는데, 실제의 행위와 반대의 뜻을 나타내는 것이 특징이다. 이러한 표현은 과거에 궁핍하던 시절에 '집에 쌀이 떨어져서 쌀을 사러 가는 일'을 부끄러워해서, 이를 '집에 있는 쌀을 팔러 가는 것'으로 표현한 데서 유래한다. 따라서 (ㄱ)에서 '쌀팔러 가다'와 같은 발화는 과거 우리나라의 선조들의 삶을 이해하여야만 그 본뜻을 이해할 수가 있다.

넷째, 옛날부터 전해 내려온 속담(俗談), 격언(格言) 등의 의미를 해석할 때에도 개별 문장을 넘어서 사회·문화적인 맥락을 이해해야 한다.

(36) ㄱ. 말은 나면 제주로 보내고 사람은 나면 서울로 보내라.
　　　ㄴ. 여자 팔자 뒤웅박 팔자.

(36)에서 (ㄱ)의 속담은 우리나라에서 예전부터 서울을 중심으로 정치·문화·경제·교육의 활동이 이루어져서 누구든지 서울에 가서 생활해야 성공할 수 있다는 사회 문화적 현상을 표현한 것이다. (ㄴ)의 속담은 예전의 봉건 사회에서 여자의 운명은 어떤 남자를 만나느냐에 달려 있다는 생각을 표현한 것이다.

(37) ㄱ. 법은 멀고 주먹은 가깝다.
　　　ㄴ. 잘 키운 딸 하나 열 아들 안 부럽다.

(37)에서 (ㄱ)의 격언은 사회적인 약자가 법에 따라서 사법적인 보호를 받기보다 현실적으로 폭력에 의해서 억울한 일을 당하기가 더 쉽다는 사회적 현상을 표현한 관용어이다. (ㄴ)의 격언도 1980년대 말에 전통적인 남아 선호 경향에 따라서 남녀의 성비가 불규형적인 상태에 이르자, 정부에서 이러한 사회적 현상을 바로잡기 위해서 작성한 표어이다.

언어 표현의 의미를 잘 이해하기 위해서는 문장 그 자체의 의미뿐만 아니라, 그러한 언어 표현이 생성된 한국 사회의 문화와 사회 현상을 이해하여야 한다. 특히 오랜 시간을 거쳐서 전해 온 속담, 격언 등의 관용 표현은 사회 · 문화적인 맥락을 바탕으로 담화를 형성하는 것으로 보아야 한다.

참고 문헌

강신항(1990), 『훈민정음연구』(증보판), 성균관대학교 출판부.

강인선(1977), 「15세기 국어의 인용구조 연구」, 서울대학교 석사논문.

고경태(1998), 「근대국어의 어말어미」, 『근대국어 문법의 이해』, 박이정.

고성환(1993), 「중세국어 의문사의 의미와 용법」, 『국어학논집』 1, 태학사.

고영근(1995), 「중세어의 동사형태부에 나타나는 모음동화」, 『국어사와 차자표기』(소곡 남
　　　풍현 선생 화갑 기념 논총), 태학사.

고영근(2010), 『제3판 표준 중세국어 문법론』, 집문당.

고영근·구본관(2008), 『우리말 문법론』, 집문당.

고영근·남기심(1996), 『표준 국어 문법론』, 탑출판사.

고창수(1992), 「국어의 통사적 어형성」, 『국어학』 22집, 국어학회.

교육과학기술부(2009), 『고등학교 교육과정 해설—국어』

교육인적자원부(2010), 『고등학교 교사용 지도서 문법』, (주)두산동아.

교육인적자원부(2010), 『고등학교 문법』, (주)두산동아.

구본관(1996), 「15세기 국어 파생법에 대한 연구」, 서울대학교 박사논문.

구현정(2009), 『대화의 기법: 이론과 실제』, 경진출판.

구현정·전영옥(2005), 『의사 소통의 기법』, 박이정.

국립국어연구원(1997), 『국어의 시대별 변천 연구: 근대국어』 2.

국립국어원, 『표준 국어 대사전』, 인터넷판.

권용경(1990), 「15세기 국어 서법의 선어말어미에 대한 연구」, 『국어연구』 101, 국어연구회.

권인영(1991), 「18세기 국어의 형태 통어적 연구」, 연세대학교 박사논문.

김갑년 옮김(1999), 『화용론 입문』, 한국문화사.

김계곤(1996), 『현대 국어의 조어법 연구』, 박이정.

김동소(1998), 『한국어 변천사』, 형설출판사.

김두봉(1922), 『깁더 조선말본』, 역대문법 대계(1986), 김민수·하동호·고영근 공편, 탑출판사.

김소희(1996), 「16세기 국어의 '거/어'의 교체에 대한 연구」, 『국어연구』 142, 국어연구회.

김수태(1999), 『인용월 연구』, 부산대학교출판부.

김영송(1963), 『방언-음운, 경상남도지 중권』, 경상남도지 편찬위원회.

김영송(1981), 『우리말의 소리 연구』, 과학사.

김영욱(1990), 「중세국어 관형격조사 '익/의, ㅅ'의 기술과 관련된 문제 해결을 위하여」, 『주시경학보』 8, 탑출판사.

김영욱(1995), 『문법형태의 역사적 연구』, 박이정.

김완진(1980), 『향가 해독법 연구』, 서울대 출판부.

김유범(1998), 「근대국어의 선어말어미」, 『근대국어 문법의 이해』, 박이정.

김일웅(1984), 「풀이말의 결합가와 격」, 『한글』 186호, 한글학회.

김일웅(1985ㄱ), 「생략과 그 유형」, 『부산한글』 제4집, 한글학회 부산지회.

김일웅(1985ㄴ), 「생략의 유형」, 『약천 김민수 교수 화갑 기념 국어학 신연구 I 』, 탑출판사.

김일웅(1987), 「월의 분류와 특징」, 『한글』 제198호, 한글학회.

김일웅(1989), 「담화의 짜임과 그 전개」, 『인문논총』 제34집, 부산대학교.

김정수(1984), 『17세기 한국말의 높임법과 그 15세기로부터의 변천』, 정음사.

김정시(1994), 「17세기 국어 종결어미 연구」, 『우리말의 연구』, 우골탑.

김정아(1985), 「15세기 국어의 '-ㄴ가' 의문문에 대하여」, 『국어국문학』 94.

김정아(1993), 「15세기 국어의 비교구문 연구」, 서울대학교 박사논문.

김차균(1999), 『우리말의 시제 구조와 상 인식』, 태학사.

김창섭(1997), 「합성법의 변화」, 국어사연구회 편, 『국어사 연구』, 태학사.

김충회(1972), 「15세기 국어의 서법체계 시론」, 『국어학논총』 5·6, 단국대학교.

김충회(1990), 「겸양법」, 『국어연구 어디까지 왔나』, 동아출판사.

김태자(1987), 『발화분석의 화행의미론적 연구』, 탑출판사.

김형규(1981), 『국어사 개요』, 일조각.

나진석(1963), 『방언-어법, 경상남도지 중권』, 경상남도지 편찬위원회.

나진석(1971), 『우리말 때매김 연구』, 과학사.

나찬연(1993), 「우리말의 이음에서의 생략과 삭제 현상 연구」, 부산대학교 석사논문.

나찬연(1997), 「우리말 의미중복표현의 통어·의미 연구」, 부산대학교 박사논문.

나찬연(2004), 『우리말 잉여 표현 연구』, 도서출판 월인.

나찬연(2011), 『수정판 옛글 읽기』, 월인.

나찬연(2013ㄱ), 『표준 발음법의 이해』, 월인.

나찬연(2013ㄴ), 『언어·국어·문화』, 도서출판 월인.

나찬연(2017), 제5판 『현대 국어 문법의 이해』, 월인.

나찬연(2019), 『국어 어문 규정의 이해』, 도서출판 월인.

나찬연(2019), 『국어 어문 규정의 이해』, 월인.

나찬연(2020ㄱ), 『중세 국어의 이해』, 경진출판.

나찬연(2020ㄴ), 『중세 국어 강독』, 경진출판.

나찬연(2020ㄷ), 『근대 국어 강독』, 경진출판.

나찬연(2022), 『길라잡이 국어 어문 규정』, 경진출판.

나찬연(2023), 『현대 국어 문법』, 경진출판.

남광우(2009), 『교학 고어사전』, (주)교학사.

남기심·고영근(1993), 『표준국어문법론』, 탑출판사.

노대규(1983), 『국어의 감탄문 문법』, 보성문화사.

노동헌(1993), 「선어말어미 '-오-'의 분포와 기능 연구」, 『국어연구』 114, 국어연구회.

류광식(1990), 「15세기 국어 부정법의 연구」, 건국대학교 박사논문.

류성기(1995), 「국어 사동사에 관한 통시적 연구」, 전주대학교 박사논문.

류성기(1997), 「근대 국어 형태」, 『국어의 시대별 변천 연구 2: 근대국어』, 국립국어연구원.

리의도(1990), 『우리말 이음씨끝의 통시적 연구』, 어문각.

문교부(1991), 『고등학교 문법』 교사용 지도서, (주)대한교과서.

문화체육관광부(2012), 『국어 어문 규정집』, (주)대한교과서.

민현식 외(2015), 고등학교 『언어와 매체』, 천재교육.

민현식(1982), 「현대국어의 격에 대한 연구」, 『국어연구』 49, 국어연구회.

민현식(1988), 「중세국어 어간형 부사에 대하여」, 『선청어문』 16·17, 서울대학교 국어교육과.

민현식(1999), 『국어 정서법 연구』, 태학사.

박선자(1996), 「한국어의 의미적 특징」, 우리말연구회 편, 『한국어의 이해』, 만수출판사.

박종갑(1996), 『토론식 강의를 위한 국어 의미론』, 박이정.

박진호(1994), 「중세국어 피동적 -어 잇- 구문」, 『주시경학보』 13(주시경연구소), 탑출판사.

박희식(1984), 「중세국어의 부사에 대한 연구」, 『국어연구』 63, 국어연구회.

방민오(2015), 『고등학교 언어와 매체』, 미래엔.

서울대학교 국어교육 연구소(1999), 『국어 교육학 사전』, 대교출판.

서재극(1969), 「주격 '가'의 생성기반에 대한 연구」, 『신태식박사송수기념논총』.

서재석 외(2001), 『화용론』(PAAL 응용 언어학 번역 총서 1), 박이정.

서정목(1993), 「국어 경어법의 변천」, 『한국어문』 2.

서정수(1996), 『국어 문법』(수정 증보판), 한양대학교 출판원.

서태길(1990), 「한정조사 '서'에 대한 연구: 그 결합형을 중심으로」, 고려대학교 석사논문.

서태룡(1997), 「어말어미의 변화」, 『국어사연구』(오수 전광현·송민 교수 화갑기념논문집),

국어사연구회.

성기철(1979), 「15세기 국어의 화계 문제」, 『논문집』 13, 서울산업대학교.

성기철(1990), 「공손법」, 『국어연구 어디까지 왔나』, 동아출판사.

손세모돌(1992), 「중세국어의 'ㅂ리다'와 '디다'에 대한 연구」, 『주시경학보』 9, 탑출판사.

송창선(1996), 「근대국어의 사동·피동 표현 양상 연구」, 『문학과 언어』 제17집.

시정곤(1992), 「'-이다'의 '-이-'가 접사인 몇 가지 이유」, 『주시경학보』 11, 탑출판사.

신지영(2000), 『말소리의 이해』, 한국문화사.

신진연(1988), 「간투사의 위상 연구」, 『국어연구』 38호, 국어연구회.

신현숙(1980), 「'더라'의 쓰임과 의미」, 『논문집』 12, 건국대학교.

심재기 외(1989), 『의미론 서설』, 집문당.

안경화(1987), 「한국어 숙어의 유형에 대한 분석적 연구」, 서울대학교 석사논문.

안명철(1985), 「보조조사 '-서'의 의미」, 『국어학』 14집, 국어학회.

안병희(1966), 「부정격(Casus Infinitus)의 정립을 위하여」, 『동아문화』 6.

안병희·이광호(1993), 『중세국어문법론』, 학연사.

안주호(1991), 「후기 근대 국어의 인용문 연구」, 『자하어문논집』 8.

양순임(2011), 『제3판 말소리』, 도서출판 월인.

양정호(1991), 「중세국어의 파생접미사 연구」, 『국어연구』 105, 국어연구회.

양주동(1965), 『증정 고가연구』, 일조각.

양태식(1984), 『국어 구조 의미론』, 태화출판사.

연규동(1998), 통일시대의 한글 맞춤법, 박이정

염광호(1998), 『종결어미의 통시적 연구』, 박이정.

왕문용·민현식(1993), 『국어문법론의 이해』, 개문사.

우인혜(1988), 「개화기국어의 시제와 상 및 서법에 관하여: 당시의 교과서를 중심으로」, 『한국학논집』 13, 한양대 한국학연구소.

유경종(1995), 「근대국어 피동과 사동 표현의 연구」, 한양대학교 박사논문.

유동석(1984), 「양태조사의 통보기능에 대한 연구」, 『국어연구』 60, 국어연구회.

유동석(1987), 「15세기 국어 계사의 형태 교체에 대하여」, 『우해 이병선 박사 회갑 기념 논총』.

윤여탁 외(2014), 고등학교 『고등학교 독서와 문법』, ㈜미래엔.

윤평현(2008), 『국어 의미론』, 역락.

이 용(1992), 「18세기 국어의 시상에 관한 연구」, 서울시립대학교 석사논문.

이경희(1998), 「근대국어의 격조사」, 『근대국어문법의 이해』, 박이정.

이관규 외(2015), 고등학교 『언어와 매체』, 비상교육.

이관규(2002), 『개정판 학교 문법론』, 도서출판 월인.

이광정(1983), 「15세기 국어의 부사형어미」, 『국어교육』 44·45.

이광호(1972), 「중세국어 '사이시옷' 문제와 그 해석 방안」, 『국어사 연구와 국어학 연구』(안병희 선생 회갑 기념 논총), 문학과지성사.

이광호(1972), 「중세국어의 대격 연구」, 『국어연구』 29, 국어연구회.

이광호(1995), 「후음 'ㅇ'과 중세국어 분철표기의 신해석」, 『국어사와 차자표기』(남풍현 선생 회갑기념), 태학사.

이광호(2004), 『근대 국어 문법론』, 태학사.

이기갑(1978), 「우리말 상대높임 등급체계의 변천 연구」, 서울대학교 석사논문.

이기갑(1981), 「씨끝 '-아'와 '-고'의 역사적 교체」, 『어학연구』 17-2.

이기갑(1987), 「미정의 씨끝 '-으리-'와 '-겠-'의 역사적 교체」, 『말』 12, 연세대 한국어 학당.

이기문(1963), 『국어표기법의 역사적 연구』(신정판), 한국연구원.

이기문(1998), 『국어사개설』(신정판), 태학사.

이기백(1986), 「국어 어미의 사적 연구」, 『논문집』 6집, 한국방송통신대.

이남순(1988), 『국어의 부정격과 격표지』, 탑출판사.

이동석(1998), 「근대국어의 파생법」, 『근대국어 문법의 이해』, 박이정.

이문규(2013), 『국어 교육을 위한 현대 국어 음운론』, 한국문화사.

이삼형 외(2015), 고등학교 『고등학교 언어와 매체』, ㈜지학사.

이상복(1979), 「동사 '말다'에 대하여」, 『연세어문학』 9·10집, 연세대학교 국어국문학과.

이숭녕(1958), 「주격 '가'의 발달과 그 해석」, 『국어국문학』 19.

이숭녕(1981), 『중세국어문법』(개정 증보판), 을유문화사.

이승연(1998), 「근대국어의 합성법」, 『근대국어 문법의 이해』, 박이정.

이승욱(1997), 『국어문법체계의 사적 연구』, 일조각.

이승희(1996), 「중세국어 감동법 연구」, 『국어연구』 139, 국어연구회.

이영경(1992), 「17세기 국어의 종결어미에 대한 연구」, 서울대학교 석사논문.

이익섭(1986, 1995), 『국어학개설』, 학연사.

이익섭·임홍빈(1984), 『국어문법론』, 학연사.

이익환(1995), 『수정·증보판 의미론 개론』, 한신문화사.

이주행(1993), 「후기 중세국어의 사동법」, 『국어학』 23, 국어학회.

이주행(2000), 『한국어 문법의 이해』, 도서출판 월인.

이진호(2012), 『국어 음운론 강의』, 삼경문화사.

이태영(1985), 「주격조사 {가}의 변화기에 대하여」, 『국어문학』 25, 전북대.

이태영(1991),「근대국어 -씌셔, -겨셔의 변천과정 재론」,『주시경학보』 8.

이태영(1997),『역주 첩해신어』, 태학사.

이태욱(1995),「중세국어의 부정법 연구」, 성균관대학교 박사논문.

이현규(1978),「국어 물음법의 변천」,『한글』 162.

이현규(1984),「명사형어미 '-기'의 변화」,『목천 유창돈 박사 회갑 기념 논문집』, 계명대학교 출판부.

이현복(2000),『개정판 한국어의 표준 발음』, 교육과학사.

이현희(1982),「국어 종결어미의 발달에 대한 관견」,『국어학』 11, 국어학회

이현희(1982),「국어의 의문법에 대한 통시적 연구」,『국어연구』 52.

이현희(1993),「19세기 국어의 문법사적 고찰, 근대이행기의 사회와 사상」,『서울대 한국문화연구소 제5회 학술토론회』.

이혜경 역(2023),『진화하는 언어—유인원에서 사이보그까지, 언어는 어떻게 창조되고 진화했는가』, 웨일북. Morten H. Christiansen , Nick Chater(2023), The Language Game, How improvisation created language and changed the world, Penguin Books.

이호영(1996),『국어음성학』, 태학사.

이홍식(1993),「'-오-'의 기능 구명을 위한 서설」,『국어학논집』 1, 태학사.

이희승(1956),「존재사 '있다'에 대하여」,『논문집』 17, 서울대학교.

이희승·안병희(1995),『고친판 한글 맞춤법 강의』, 신구문화사.

임동훈(1996),「어미 '시'의 문법」, 서울대학교 박사논문.

임지룡(1993),『국어 의미론』, 탑출판사.

장경희(1977),「17세기 국어의 종결어미 연구」,『논문집』 16집, 서울대학교 사범대학.

장경희(1986),『현대국어의 양태범주 연구』, 탑출판사.

전광현(1967),「17세기국어의 연구」,『국어연구』 19.

전광현(1997),「근대 국어 음운」,『국어의 시대별 변천 연구 2: 근대국어』, 국립국어연구원.

전정례(1995),「새로운 '-오-' 연구」, 한국문화사.

정 광(1968),「주격 '가'의 발달에 대하여」,『우리문화』 2, 서울대.

정 철(1962),「국어 음소 배열의 연구」, 경북대학교 석사논문.

정재영(1996),『중세국어 의존명사 'ᄃᆞ'에 대한 연구』(국어학총서 23), 태학사.

정희원(1997),「역대 주요 로마자 표기법 비교」,『새국어생활』 제7권 제2호, 국립국어연구원.

조남호(1997),「근대 국어 어휘」,『국어의 시대별 변천 연구 2: 근대국어』, 국립국어연구원.

주시경(1914),『말의 소리』(역대문법대계), 탑출판사.

차재은(1992),「선어말어미 {-거-}의 변천 연구」, 고려대학교 석사논문.

차현실 외(1998), 『현대 국어의 사용 실태 연구』, 태학사.

최기호(1978), 「17세기 국어의 존대법 체계 연구」, 연세대학교 석사논문.

최기호(1981), 「청자존대법 체계의 변천양상」, 『자하어문논집』 1, 상명여자대학교.

최동주(1994), 「선어말 {-더-}의 통시적 변화」, 『주시경학보』 14.

최동주(1995), 「국어 시상체계의 통시적 변화에 관한 연구」, 서울대학교 박사논문.

최현배(1961), 『고친 한글갈』, 정음사.

최현배(1980=1937), 『우리말본』, 정음사.

최현배(1980=1937), 『우리말본』, 정음사.

최형용(2015), 『고등학교 언어와 매체』, 정음사.

한재영(1986), 「중세국어 시제체계에 관한 관견」, 『언어』 11(2), 한국언어학회.

한재영(1990), 「선어말어미 '-오/우-'」, 『국어 연구 어디까지 왔나』, 동아출판사.

한재영(1992), 「중세국어의 대우체계 연구」, 『울산어문논집』 8, 울산대학교 국어국문학과.

허 웅(1975=1981), 『우리 옛말본』, 샘문화사.

허 웅(1981), 『언어학』, 샘문화사.

허 웅(1984), 『국어학』, 샘문화사.

허 웅(1986), 『국어 음운학』, 샘문화사.

허 웅(1989), 『16세기 우리 옛말본』, 샘문화사.

허 웅(1992), 『15·16세기 우리 옛말본의 역사』, 탑출판사.

허 웅(2000), 『20세기 우리말의 형태론(고침판)』, 샘문화사.

현종애(1991), 「근대국어 명령형 어미 연구」, 서강대학교 석사논문.

홍윤표(1969), 「15세기 국어의 격연구」, 『국어연구』 21, 국어연구회.

홍종선(1981), 「국어 부정법의 변천 연구」, 고려대학교 석사논문.

홍종선(1983), 「명사화어미의 변천」, 『국어국문학』 89, 국어국문학회.

홍종선(1984), 「속격·처격의 발달」, 『국어국문학』 91, 국어국문학회.

홍종선(1986), 「국어 체언화 구문의 연구」, 고려대학교 박사논문.

홍종선(1987), 「국어 시제의 발달」, 『어문논집』 27, 고려대.

홍종선(1992), 「문법사 연구」, 『국어학연구백년사(2)』, 일조각.

홍종선(1998), 『근대국어 문법의 이해』, 박이정.

황선엽(1995), 「15세기 국어의 '-(으)니'의 용법과 기원」, 『국어연구』 135, 국어연구회.

河野六郎(1945), 朝鮮方言學試攷 - 「鋏」語考, 京城帝國大學校文學會論聚 第十一輯, 京城：東
    都書籍株式會社 京城支店.

Austin, J. L. (1962), *How to do things with words*, Oxford.

Baugrand, R. & Dressler, W. (1981), *Introduction to Text Linguistics*, Longman, London.

Bloomfield, L. (1962), "Language", Ruskin House, George Allen & Unwin LTD.

Clark, H. H. & Clark, E. V. (1977), *Psychology and Language: An Introduction to Psycholinguistics*, New York: Harcourt, Brace & Jovanovich.

Cruse, D. A. (1986), *Lexical Semaentics*, London: Cambridge Uinversity Press.

Cruse, D. A. (1990), "Language, Meaning and Sense: Semantics, In Collinge", N. E. (ed.), *An Encyclodia of Language*, London and New York: Routledge.

Daniel Jones (1960), *an outline of English phonetics*(Nine editions), Cambridge W. Heffer & Sons LTD.

Denes & Pinson (1970), *The Speech Chain*(Seventh printing), Bell Telephone Laboratories.

Edgar H. Sturtevant (2007), *An Introduction to Linguistic Science*, McMasterPress.

F. de Saussure (1915), *Course in General Linguistics*, Philosophical Library, New York.

Frege, G. (1975), "On sense and reference", In D. Dasidson & G. Harman (eds), *The Logic of Grammar*, Encino. CA: Dickenson Pub. Co.

Geckeler, H. (1971), *Strukturelle Semantik und Wortfeldtheorie*, Múnich: Fink.; 장연천 옮김 (1987), 『구조의미론과 낱말밭 이론』, 집현사.

Gechkeles, H. (1980), "Die Antonymie Lexikon", In Kastovsky, D. (ed.), *Perspektiven der lexikalischen Semantik: Beiträge zum Wuppertaler Simantikkolloquium* vom 2-3, 1977. Bonn.

Gordon, D. & Lakoff, G. (1973), *Conversational postulates*, Cole and Morgan (eds.).

Götz Hindelang. (1982), E*inführung in die Sprechakttheorie*.

Greenberg, H. (ed.) (1963), *Universals of Language*, MIT Press.

Grice, H. P. (1975), "Logic and Conversation", In D. Davidson. & G. Harman eds. (1975), *The Logic of Grammar*, Encino. CA: Dickenson Pub. Co.

Guno, S.(1980), "Discourse Deletion", *Harvard Studies in Syntax and Semantics* vol. Ⅲ.

Halliday, M. A. K. and R. Hasan (1976), *Cohesion in English*, London: Longman.

Jackson, H. (1988), *Words and Their Meaning*, New York: Longman.

Karl Bühler (1934), *Sprachtheorie*, Die Darstellungsfunktion der Sprache, Jena.

Kastovsky, D. (1982), *Privative opposition and lexical semantics*, stydia Anglica Posnaniensia.

Leech, G. N. (1974), *Semantics*, London: Penguin Books.

Leech, G. N. (1983), *Principle of Pragmatics*, London: Longman.

Lyons, J. (1968), *Introduction to Theoretical Linguistics*, London and New York: Cambrigde University Press.

찾아보기

지은이 나찬연은 1960년에 부산에서 태어났다. 부산대학교 국어국문학과를 나오고(1986), 같은 학교 대학원에서 문학 석사(1993)와 문학 박사(1997) 학위를 받았다. 지금은 경성대학교의 인문문화학부 국어국문학전공에서 교수로 재직하고 있으면서 국어학과 국어 교육 분야의 강의를 맡고 있다.

주요 논저

우리말 이음에서의 삭제와 생략 연구(1993), 우리말 의미중복 표현의 통어·의미 연구(1997), 우리말 잉여 표현 연구(2004), 옛글 읽기(2011), 벼리 한국어 회화 초급 1, 2(2011), 벼리 한국어 읽기 초급 1, 2(2011), 제2판 언어·국어·문화(2013), 제2판 훈민정음의 이해(2013), 근대 국어 문법의 이해-강독편(2013), 표준 발음법의 이해(2013), 제5판 현대 국어 문법의 이해(2017), 쉽게 읽는 월인석보 서, 1, 2, 4, 7, 8, 9, 10, 11, 12(2017~2022), 쉽게 읽는 석보상절 3, 6, 9, 11, 13, 19(2017~2019), 제2판 학교 문법의 이해 1, 2(2018), 한국 시사 읽기(2019), 한국 문화 읽기(2019), 국어 어문 규정의 이해(2019), 현대 국어 의미론의 이해(2019), 『국어 교사를 위한 고등학교 문법』(2020), 중세 국어의 이해(2020), 중세 국어 강독(2020), 근대 국어 강독(2020), 길라잡이 현대 국어 문법(2021), 길라잡이 국어 어문 규정(2021), 중세 국어 서답형 문제집(2022), 현대 국어 문법(2023), 국어 교육을 위한 학교 문법 1, 2(2024)

* 전자메일: ncy@ks.ac.kr

* '학교 문법 교실(http://scammar.com)'의 '강의실'과 '문답방'에서는 이 책의 내용과 관련한 학습 자료를 제공하며, '문답방'을 통하여 독자들의 질문에 대하여 지은이가 직접 피드백을 합니다.

국어 교육을 위한 학교 문법 1
：언어와 국어 · 음운 · 형태 · 통사 · 의미

©나찬연, 2024

1판 1쇄 인쇄__2024년 02월 10일
1판 1쇄 발행__2024년 02월 20일

지은이__나찬연
펴낸이__양정섭

펴낸곳__경진출판
　　　등록__제2010-000004호
　　　이메일__mykyungjin@daum.net
　　　사업장주소__서울특별시 금천구 시흥대로 57길(시흥동) 영광빌딩 203호
　　　전화__070-7550-7776　**팩스**__02-806-7282

값 29,000원
ISBN 979-11-92542-76-8 94710
　　　979-11-92542-73-7 94710(세트)